Johanna Busmann

Chefsache Mandantenakquisition

Johanna Busmann

Chefsache Mandantenakquisition

Erfolgreiche Akquisestrategien für Anwälte

DE GRUYTER

Johanna Busmann, busmann training®, Hamburg.

Zitiervorschlag: *Busmann*, S. 140

Hinweis:
Alle Angaben in diesem Werk sind nach bestem Wissen unter Anwendung aller gebotenen Sorgfalt erstellt worden. Trotzdem kann von dem Verlag und die Autorin keine Haftung für etwaige Fehler übernommen werden.

ISBN 978-3-11-029362-3
e-ISBN 978-3-11-029363-0

Bibliografische Information der Deutschen Nationalbibliothek
Die Deutsche Nationalbibliothek verzeichnet diese Publikation in der Deutschen Nationalbibliografie; detaillierte bibliografische Daten sind im Internet über http://dnb.d-nb.de abrufbar.

Satz: Medien Profis GmbH, Leipzig
Druck: Hubert & Co. GmbH & Co. KG, Göttingen
♾ Gedruckt auf säurefreiem Papier
Printed in Germany

www.degruyter.com

Vorwort

Akquise gelingt nicht durch anwaltliche Kompetenzen, sondern durch deren Kommunikation an zukünftige und bestehende Mandanten.

Akquise gehört inzwischen zum Alltag einer jeden Kanzlei und stellt Anwälte immer wieder in persönlicher, struktureller, organisatorischer und vor allem kommunikativer Hinsicht vor größere Hindernisse.

Dieses Werk begleitet Sie auf diesem „Parcours". Es erläutert – geordnet nach den Buchstaben des Alphabets – Voraussetzung und Wirkung hunderter erfolgreich erprobter Akquisetipps für Kanzleien jeder Größe und für Anwälte aller Rechtsgebiete.

Zahlreiche Tipps sind sofort umsetzbar, andere erfordern und bewirken mittelfristig gewisse strukturelle Maßnahmen und wieder andere betreffen langfristige Aktionen im Kanzleimanagement.

Mein besonderer Dank gilt den unermüdlichen Lektorinnen ebenso wie den vielen Anwälten, ihren Mandanten(!) und ihren Assistentinnen, die mir in hunderten von Interviews ihre Zeit und ihr Wissen zur Verfügung stellten.

Kreativität, Mut und besonders der unbeirrte Wunsch vieler Anwälte, sich durch mich, eine ehemalige Lehrerin(!), seit 23 Jahren in die Karten schauen zu lassen, inspirierten mich zu diesem Buch.

Eine ganz besondere Rolle spielen dabei mehr als 30 Erfahrungsberichte von Anwälten aus der Praxis, die mit Namen und Telefonnummer über ihre individuelle Umsetzung dieser Akquisestrategien berichten.

Sie alle drücken durch ihre Mitwirkung an diesem Projekt ein großartiges und mich berührendes Vertrauensverhältnis zur Idee dieses Buches und zu mir persönlich aus.

Mögen sich Spaß und Tatendrang beim Lesen und Umsetzen stets die Waage halten!

Für Bemerkungen, Anregungen und Kritik bin ich aufgeschlossen und dankbar.

Sie erreichen mich unter:
busmann training ®, Johann-Mohr-Weg 8, 22763 Hamburg
Tel.: 040 / 8 927 22
E-Mail: info@busmann-training.de
www.busmann-training.de

Hamburg, im Oktober 2012 Johanna Busmann

Geleitwort

Mandanten kommen nicht aus der Steckdose...

Es war 1977, als der amerikanische Supreme Court im Rechtsstreit Bates gegen die Anwaltskammer des Staates Arizona erstmals einem Anwalt die Werbung erlaubte.

Wie ein Erdbeben erschütterte diese Entscheidung die amerikanischen Anwaltschaft – und mit entsprechender Verspätung auch die europäische, deutsche und österreichische. In den 35 Jahren seitdem haben sich europäische Gerichtshöfe ebenfalls dazu durchgerungen, auch den Anwälten die Erlaubnis zu geben, direkt um Mandanten werben zu dürfen.

Und damit war der Weg frei! Anwälte durften sich nun vermehrt und aktiv um neue Aufträge und neue Mandanten bemühen; sie hatten jetzt die Freiheit, Werbung zu machen, und das hieß im Umkehrschluss: sie mussten es ganz unverhofft auch!

Plötzlich wurde es allen Anwälten bewusst: Der Mandant kommt nicht mehr wie der Strom aus der Steckdose, sondern er lässt sich auch von inhaltsreicher Werbung, einem strukturierten Marketing und einer gezielten „Ansprache“ beeinflussen.

Auch heute noch sehen einige Anwälte ihre neue Freiheit als Fluch und beginnen eher zaghaft, ihre „Marktpositionierung“, ihr „Kanzleimarketing“, ihr „Unternehmensziel“ und ihre „Akquisestrategien“ zu überdenken.

Das vorliegende Werk von Johanna Busmann berichtet nicht nur darüber, was inzwischen alles möglich ist. Es geht viel weiter: Es ist ein Lernbuch mit sehr konkreten, detaillierten und vielfach erfolgreich erprobten Anleitungen, wie Akquise im Anwaltsbereich gelingen kann.

Die Autorin berichtet aus ihren Trainings-Erfahrungen in deutschen und österreichischen Kanzleien jeder Größe und beschreibt, geordnet nach den Buchstaben des Alphabets, was dort zu Akquiseerfolgen geführt hatte – und besonders: wodurch.

Es ist ein Praxisbuch. Besonders wenn namentlich genannte Anwälte jeder Kanzleigröße und aus allen Rechtsgebieten selbst über Akquisemaßnahmen berichten, die für ihre Kanzleien erfolgreich waren, zeigt sich die Alltagstauglichkeit der vorgestellten Maßnahmen.

Eine spannende Zusammenstellung, die es meines Wissens in dieser Art auf dem Büchermarkt in Deutschland und Österreich noch nicht gibt.

Und zum Abschluss noch ein Hinweis: Dieses Werk von Johanna Busmann ist kein Buch, welches man wie einen Krimi durchliest und nach einigen Wochen vergisst. Es ist ein Buch, das auf den Nachttisch gehört. Und stur soll jeden Abend eine Seite gelesen und durchgearbeitet werden. Und das Gelesene soll dann am nächsten Tag in der eigenen Kanzlei umgesetzt werden.

So hat man Zeit, sich ausgiebig mit jedem der wertvollen Denkanstöße zu befassen, diesen in der eigenen Kanzlei einzusetzen und dadurch kurz- und langfristig davon zu profitieren.

Dr. Ivo Greiter
Greiter Pegger Kofler & Partner
Rechtsanwälte in Innsbruck — 15. September 2012

Inhaltsübersicht

Inhalt

Literaturverzeichnis

Arntzen, Friedrich, Psychologie der Zeugenaussage, 5. Aufl., München 2011 (zit.: *Arntzen*)

Bender, Rolf/Nack, Armin/Treuer, Wolf-Dieter, Tatsachenfeststellung vor Gericht, 3. Aufl., München 2007 (zit.: *Bender/Nack/Treuer*)

Blanchard, Kenneth H./ Randolph, Alan/Grazier, Peter, Go Team! Teamarbeit auf höchstem Niveau, Offenbach 2010 (zit.: *Blanchard/Randolph/Grazier*)

Buchner, Dietrich, Team-Coaching: Gemeinsam zum Erfolg, Wiesbaden 1995 (zit.: *Buchner*)

Busch, Wilhelm, Bilder zur Jobsiade, 108.–111. Aufl., München 1958 (zit.: *Busch*)

Dilts, Robert/Epstein, Todd, Know-How für Träumer – Strategien der Kreativität, Paderborn 1994 (zit.: *Dilts/Epstein*)

Fombrun, Charles, Reputation: Realizing Value from the Corporate Image, Boston 1996 (zit.: *Fombrun*)

Fisher, Roger/Ury, William/Patton, Bruce, Das Harvard-Konzept, 23. Aufl., Frankfurt/M. 2009 (zit.: *Fisher/Ury/Patton*)

Frankl, Viktor, „... trotzdem Ja zum Leben sagen" – Ein Psychologe erlebt das Konzentrationslager, München 1977 (zit.: *Frankl*)

Heinemann, Gerrit, Multi-Channel-Handel: Erfolgsfaktoren und Best Practices, 2. Aufl., Wiesbaden 2008 (zit.: *Heinemann*)

Heinze, Roderich, Der Aufschwung beginnt bei mir, Zürich 1997 (zit.: *Heinze*, Aufschwung)

Heinze, Roderich, Keine Angst vor Veränderungen, Heidelberg 2004 (zit.: *Heinze*, Veränderungen)

Hofmann, Roland/Rothfischer, Doris/Trossen, Arthur, Mediation – Die Grundlagen der Mediation in Theorie und Praxis, 2. Aufl., Altenkirchen 2008 (zit.: *Hofmann/Rothfischer/Trossen*)

Hommerich, Christoph/Kilian, Matthias, Mandanten und ihre Anwälte, Bonn 2007 (zit.: *Hommerich/Kilian*)

Heussen, Benno, Anwaltsunternehmen führen, 2. Aufl., München 2011 (zit.: *Heussen*)

Meffert, Heribert/Bruhn, Manfred, Dienstleistungsmarketing, 6. Aufl., Wiesbaden 2006 (zit.: *Meffert/Bruhn*)

Mohl, Alexa, Der Zauberlehrling: Das NLP Lern- und Übungsbuch, 10. Aufl., Paderborn 2010 (zit.: *Mohl*)

Ponschab, Reiner/Schweizer, Adrian, Kooperation statt Konfrontation: Verhandeln in der Anwaltspraxis, 2. Aufl., Köln 2009 (zit.: *Ponschab/Schweizer*)

Ruede-Wissmann, Wolf, Satanische Verhandlungskunst und wie man sich dagegen wehrt, 9. Aufl., München 2010 (zit.: *Ruede-Wissmann*)

Friedmann, Michael/Schinkel, Arne/Pestov, Artjom/Levelev, Daniel, Online-Marketing für Rechtsanwälte, E-Book, September 2012, www.123recht.net/anwalt-online-marketing, (zit.: *Friedmann/Schinkel/Pestov/Levelev*)

Schulz von Thun, Friedemann, Miteinander Reden 1: Störungen und Klärungen, Allgemeine Psychologie der Kommunikation, 48. Aufl., Hamburg 2010 (zit.: *Schulz von Thun*)

Schmuck, Michael, Deutsch für Juristen – Vom Schwulst zur klaren Formulierung, 3. Aufl., Köln 2011 (zit.: *Schmuck*)

Seiwert, Lother/Buschbell, Hans/Mandelkow, Dieter, Zeitmanagement für Rechtsanwälte, Bonn 1998 (zit.: *Seiwert/Buschbell/Mandelkow*)

Simon, Hermann, Hidden Champions des 21. Jahrhunderts: Die Erfolgsstrategien unbekannter Weltmarktführer, Frankfurt/M. 2007 (zit.: *Simon*)

Scherer, Hermann, Sie bekommen nicht, was Sie verdienen, sondern, was Sie verhandeln: Strategien für die erfolgreiche Verkaufsverhandlung, Offenbach 2002 (zit.: *Scherer*)

Tracy, Brian, Verkaufsstrategien für Gewinner, Wiesbaden 1996 (zit.: *Tracy*)

Watzlawick, Paul/Beavin, Janet/Jackson, Don, Menschliche Kommunikation: Formen, Störungen, Paradoxien, 12. Aufl., Bern 2011 (zit.: *Watzlawick/Beavin/Jackson*)

Weidenmann, Bernd, Wissenserwerb mit Bildern, Bern 1994 (zit.: *Weidenmann*)

Woodsmall, Wyatt, Timeline, Paderborn 1992 (zit.: *Woodsmall*)

Abkürzungsverzeichnis

a.a.O.	am angegebenen Orte
AnwBl	Anwaltsblatt
BB	Betriebsberater
BerlAnwBl	Berliner Anwaltsblatt
BGH	Bundesgerichtshof
BNI	Business Network International
BRAK	Bundesrechtsanwaltskammer
BRAO	Bundesrechtsanwaltsordnung
Bspw.	beispielsweise
BUND	Bund für Umwelt und Naturschutz
bzw.	beziehungsweise
ca.	circa
CD	Client Development
CI	Corporate Identity
CRM	Client (Customer) Relationship Management
d.h.	das heißt
DAT	Deutscher Anwalts Tag
DHZ	Deutsche Handwerks Zeitung
ECTA	European Communities Trademark Association
EDV	Elektronische Datenverarbeitung
etc.	et cetera
evtl.	eventuell
FA	Fachanwalt
GAU	Größter anzunehmender Unfall (Begriff aus der Kernenergie)
ggf.	gegebenenfalls
HR	Human Resources
inkl.	inklusive
INTA	International Trademark Association
jur.	juristisch
Kap.	Kapitel
KK	Kognitiver Konflikt
m.E.	meines Erachtens
Mwst.	Mehrwertsteuer
NLP	Neurolinguistisches Programmieren
o.a.	oben angeführt
o.g.	oben genannten

OVG	Oberverwaltungsgericht
PDF	Portable Document Format
PKH	Prozesskostenhilfe
PLZ	Postleitzahlen
PMN	Professional Management Network
PR	Public Relations
QM	Qualitätsmanagement
RAK	Rechtsanwaltskammer
RSS	Really Simple Syndication
RVG	Gesetz über die Vergütung der Rechtsanwältinnen und Rechtsanwälte
S., s.	Seite; siehe
SEO	Search Engine Optimizing
sog.	sogenannte
STAR	Statistisches Berichtssystem für Rechtsanwälte
StPO	Strafprozessordnung
u.a.	unter anderem
u.s.w.	und so weiter
u.U.	unter Umständen
USA	United States of America
USP	Unique Selling Proposition oder Point
vgl.	vergleiche
Vol.	Volume
WIN	World Investor Lawyers Network
WLAN	Wireless Local Area Network
z.B.	zum Beispiel
z.T.	zum Teil
ZPO	Zivilprozessordnung

Glossar

Add-on	Erweiterung, Zusatz
Allrounder	Rechtsanwalt, der auf vielen Rechtsgebieten tätig ist
Beauty Contest	Wettbewerb mehrerer Anbieter um einen Auftrag, s. Pitch
Billable Hours	abrechenbare Stunden, die ein Anwalt für seinen Mandanten arbeitet
Blended Fee	durchschnittlicher Stundensatz, der für jeden Anwalt eines Auftrags gilt
Blog	Internet-Tagebuch
Boutique	kleinere spezialisierte Kanzlei
Break-Even-Point	Punkt, an dem Kosten und Gewinn ausgeglichen sind und von dem aus die Gewinnzone beginnt
Briefing	Kurzinformation, -besprechung
Bundling	zusätzliche, verwandte Produkte als „Komplettpaket" anbieten
Cash-Pooling	wird zum Finanzausgleich zwischen verschiedenen Konzernteilen angewendet
Chat	Unterhaltung mehrerer Personen in einem virtuellen Raum
Client-Relationship	Kundenbeziehung
Client-Relationship-Management	Pflege der Kundenbeziehungen eines Unternehmens, Kundenbetreuung, s. Customer-Relationship-Management
Cloud Computing	Daten und Dienste werden elektronisch ausgelagert und ortsunabhängig zur Verfügung gestellt
Cold Calls	unverlangte Anrufe zu Akquisezwecken
Commitment	Bindung, Verpflichtung
Conditio sine qua non	jur., notwendige Bedingung
Corporate Lawyers	Rechtsanwälte, die auf Gesellschaftsrecht spezialisiert sind
Corporate Identity	stellt visuelle und auditive Wiedererkennbarkeit der Unternehmensidentität her
Cross-Buying	Zusätzliche Käufe andersartiger Produkte eines Kunden bei demselben Anbieter
Cross-Selling	Ausweitung derzeitiger Aufträge in Richtung „mehr desselben Produkts" oder in Richtung „mehr von verwandten Produkten"
Customer-Relationship-Management	Pflege der Kundenbeziehungen eines Unternehmens, s. Client-Relationship-Management

Dumping	Verkaufspreis, der unter dem durchschnittlich üblichen Marktpreis liegt
Early-Mover	Vorreiter, jmd., der Strömungen früh erkennt und nutzt
Early -Mover Advantage	aus dieser vorausschauenden Aktivität den (Akquise-)Vorteil haben
Eat what you Kill	Entnahmesystem nach Akquiseleistung, Umsatz bzw. Billable Hours (s. dort)
Employer Branding	Arbeitgeber überzeugen neu einzustellende Nachwuchskräfte von der „Marke" des Unternehmens
Fanpage	Webseite, auf der sich Anhänger einer Person oder eines Unternehmens austauschen können; „Kleine Webseite" auf Facebook
Full Service	Alles aus einer Hand; s. One-Stop-Shop
Give-Away	Werbegeschenke an (zukünftige) Kunden, meist mit Kanzleilogo
Handling	Handhabung
In-house Event /Training	Veranstaltung / Seminar in der eigenen Kanzlei
Kognitiver Konflikt	eine sicher geglaubte Information wird durch eine scheinbar ihr widersprechende, ebenfalls korrekte Information torpediert, um Denkaktivität zu fördern
Leveraging	Hebelwirkung, hier verwendet als Mehrfachnutzung einmal durchstrukturierter Inhalte
Litigation	Rechtsstreit vor Gericht
Litigation-PR	prozessbegleitende Kommunikation, besonders bei prominenten oder imageträchtigen Streitfällen
Liveact	Live-Auftritt vor Publikum
Lockstep-System	Entnahmesystem nach Seniorität, unabhängig vom selbst generierten Umsatz, regelmäßige Steigerungen nach Dauer der Kanzleizugehörigkeit bzw. nach Alter
Matching	die partielle Aufnahme der Muster eines Gesprächspartners in das eigene Repertoire
Meet-the-Need	den Bedarf treffen, Bedürfnisse erfüllen
Meta-Ebene	Kommunikation über die Kommunikation
Modulhafte Rechnungslegung	Eine Rechnung erfolgt zunächst für den ersten Arbeitsabschnitt (häufig: Umfangsermittlung) des Mandats
Non-Sprachen	Körpersprachen
Non-verbal	bezieht sich auf Kommunikationsebenen, wie Gestik, Mimik, Modulation, Stimme, räumliche Faktoren, wie Sitzordnung

Of Counsel	ein außerhalb der offiziellen Kanzleihierarchie angegliederter, oft mit besonderen Funktionen ausgestatteter Anwalt
One-Face-to-the-Customer	immer derselbe Ansprechpartner steht dem Mandanten zur Verfügung
One-Stop-Shop	alle Rechtsgebiete/Bedarfe werden aus einer Kanzlei angeboten/gedeckt, s. Full Service
Out-of-Office Reply	Mailprogramm versendet automatisch Abwesenheitsmitteilungen
Pareto Prinzip	oder auch 80-20-Regel; hier wird sie verwendet als wünschenswertes Kanzlei-Organisationsprinzip für die Akquise
Paraphrase	Zusammenfassung bzw. Umschreibung des Gehörten, häufig mit einfacheren, fokussierten, eigenen Worten
Peer Group	soziales Umfeld einer Person mit gemeinsamen Werten, Einstellungen und Verhaltensweisen
Peer-Review-Verfahren	Befragen der Konkurrenz, um geeigneten Anwalt zu finden (in den USA verbreitet)
Pitch	Wettbewerb mehrerer Anbieter um einen Auftrag im Beratergewerbe, s. Beauty Contest
Podcasts	Serie von Medienbeiträgen, die als Audio- oder Videodatei im Internet geladen oder abonniert werden können
Post-Bid-Feedback	Feedback der Kunden nach der Präsentation des Angebots
Pro bono	Anwalt übernimmt kostenlose Beratung/Vertretung eines bedürftigen Mandanten
Proliferation Fee	der Überträger eines Mandates an einen Kollegen erhält dafür einen Bonus und ist dadurch mit diesem in einer „Beutegemeinschaft“
Promoten	bekannt machen, bewerben
Pull Communication	locken bzw. anziehen der Kunden durch gezieltes Marketing, Werbung spricht den Verbraucher direkt an, gerne mit Feedback
Push Communication	drücken bzw. treiben der Kunden in eine Richtung durch breit gestreute Werbung/Kommunikation ohne direktes Feedback vom Empfänger
Ranking	Rangliste; Rang
Real Estate	Immobilienwirtschaft
Reframing	umdeuten, einen anderen Rahmen (frame) geben
Re-Tweet	Antwort auf Twitter

Round Table	Entscheidungsprozesse am „Runden Tisch“; Metapher für „Eigenverantwortung hoch“ und „Hierarchien flach“ sowie für Projektteams
RSS Feed	Really Simple Syndication – speichert Artikel einer Webseite oder dessen Kurzbeschreibung und stellt sie maschinenlesbar bereit, wird vor allem für Blogs und für Newsletter verwendet
Self-Fulfilling Prophecy	sich selbst erfüllende Erwartung: ein Ereignis tritt – durch eigene Aktivität – erst dadurch ein, dass man es zuvor erwartete
Save-the-Date	Mitteilung vor der eigentlichen Einladung mit dem Ziel, den Event-Termin im Kalender rechtzeitig frei zu halten
Search Engine Optimizing	bezeichnet Techniken zur Optimierung der Auffindbarkeit von Webseiten durch Suchmaschinen
Subtext	der nicht mitgesprochene Text, die Botschaft/Wirkung hinter den Worten
SWOT-Analyse	Analyse der Strengths (Stärken), Weaknesses (Schwächen), Opportunities (Chancen) und Threats (Bedrohungen), unterstützt strategischen Planung
Target	Ziel
Teaser	Appetitanreger, Werbemittel, durch das die Neugier angeregt werden soll
Track-Record	Liste erfolgreich beendeter Mandate bzw. erfolgreich beratener Mandanten
Trigger	Auslöser
Unique Selling Proposition	Alleinstellungsmerkmal, Besonderheit eines Produkts, Einzigartigkeit einer Dienstleistung oder eines Unternehmens, = Unique Selling Point
Usus	Gebrauch, Gewohnheit
Warm Calls	verlangte Anrufe zu Akquisezwecken
What you give is what you get	Vorleistung bringt Ressourcen/Umsatz
Wireless Local Area Network	kabelloser Internetempfang

Teil 1 Einleitung

A. Bedeutung

Anwaltliche Akquise ist Alltag. Sie ist in **allen Kanzleigrößen** abhängig von kongruent besetzten **Unternehmerrollen des Anwalts** – und damit von einem **Unternehmensziel.**

Jedes Detail anwaltlicher Akquise ist **zu 100 % lernbar**; ihre wichtigste Basis dagegen entzieht sich – glücklicherweise erfolgreich! – jeglicher Trainingsmaßnahme, und das ist der **Wille.** Der **Erfolg** eines Anwalts beginnt immer dort, wo auch seine **Niederlage** beginnt: Im **eigenen Kopf.**

B. Definition: Was ist Akquise eigentlich?

Akquise ist die **Gesamtheit aller Maßnahmen**, die dazu führen, auf **direktem oder indirektem Weg neue Kunden** zu gewinnen, **ehemalige Kunden** zurückzugewinnen und **derzeitige Mandate** auszuweiten.

Sind Sie **ernsthaft an Akquise interessiert**? Dann merkt Ihre Umgebung das ohne Mühe **an Ihren eigenen Auftritten**: Ihre

- **Akquiseaktivitäten** folgen einem definierten **Unternehmensziel.** Aus diesem resultiert Ihre **besondere Spezialisierung**. Ohne diese beiden **geht es nicht**! Sie segmentieren Ihre Mandantschaft nach **Branche, Rechtsgebiet, Geographie, Sprache, Werbepotenzial etc.** Dadurch wissen Sie, welche **ehemaligen Mandanten** Sie zurückholen, welche neuen Sie **akquirieren** und welche **bestehenden Mandate** Sie ausweiten möchten. Mandanten, die nicht (mehr) in Ihr Segment passen, werden durch Sie an **versierte Kollegen** weiter geleitet. Sie wissen: Alles, was dabei schief geht, fällt auf Sie zurück!
- **A-Aufgaben**[1] sind ein Trio aus **Akquise, Mitarbeiterführung** und **Fristsachen**. Alles, wirklich alles andere in Ihrer Kanzlei kann warten, ohne dass die Kanzlei zusammenbricht. Ihre A-Aufgaben sind **nicht delegierbar** und **nicht verschiebbar**! Diese sehr alte Erkenntnis hat in Ihrer Kanzlei zu einer sehr neuen **Restrukturierung Ihres Arbeitsalltags geführt.** Nichts Organisatorisches kommt mehr an Ihr Ohr. Terminkalender, Datenerfassung und Unterlagenliste organisiert Ihre Assistentin. A-Aufgaben nehmen – angelehnt an das **PARETO-Prinzip**[2] – etwa

---

1 Vgl. *Seiwert/Buschbell/ Mandelkow*, Abbildung S.132 - Rangfolgedefinition der anfallen Arbeiten pro Tag nach A-, B- und C- Aufgaben.

2 Das „Pareto Prinzip" ist die **80-zu-20-Regel.** Hier wird sie verwendet als wünschenswertes Kanzlei Organisationsprinzip für die Akquise: 20 % aller täglichen Anwalts-Aktionen sollten für A-Aufgaben verwendet werden. Vilfredo Pareto, italienischer Volkswirt (1848–1923).

20% Ihres Netto-Arbeitsalltags ein, um dadurch **80% Ihres Umsatzes** zu erwirtschaften.

- **Assistentin** ist eine serviceorientierte, herzliche und sachverständige **Repräsentantin Ihres Hauses** und fühlt sich durch Sie **unterstützt.** Sie hat viele glasklare **Anweisungen** und **entlastet** Sie von etwa 80% Ihrer B-Aufgaben.
- **Sprache** ist Laien gegenüber **verständlich und reduziert.** Sie gehen verstehend auf den **Bedarf des (zukünftigen) Mandanten** ein und wirken zu jeder **Zeit empathisch**. Sie haben die Anzahl Ihrer **Worte halbiert** und die Ihrer **Fragen verdoppelt**, denn Sie **lassen den reden**, von dem Sie etwas wollen.
- **Präsentationen** sind spannend: Sie **dialogisieren jeden Ihrer Monologe** und ersetzen folgenlose Verallgemeinerungen durch leicht verständliche, wahrheitsgemäße **Quantifizierungen und Spezifizierungen Ihrer Kompetenzen.** Dabei präsentieren Sie nur jenen Teil Ihrer Leistung, den der (zukünftige) Mandant **kennen will.** Sie **langweilen ihn niemals**. Sie setzen Ihre **jüngeren Anwälte gekonnt in Szene**, denn Sie kennt man bereits! Ihre **Vorträge** sind begehrte **Lern-Events**, denn Sie sprechen nicht **vor sondern für Publikum**.
- **Broschüren, Newsletter und Mandantenfragebogen** informieren den Leser zuallererst über dessen **Nutzen**. Sie sprechen die **Sprache des Lesers**. Jedes Feedback wird ausgewertet.
- **Corporate Identity** macht Sie visuell und auditiv wieder erkennbar. Sie bieten – wie Ihre Assistentin – einen **respektvoll-aufmerksamen Telefonservice**, wieder kehrende Visualisierungen nach außen sowie eine **kommunikations- und führungsstarke Unternehmenskultur** nach innen.
- **Mitbewerber** zeigen Ihnen, wo Sie stehen. Sie **würdigen** sie jederzeit verbindlich und bieten jedem neuen Interessenten eine **Zweitmeinung** bzw. einen direkten **Leistungsvergleich** an, gerade weil er schon einen **anderen Anwalt** hat.
- **Mandantengespräche** sind und wirken empathisch, effizient und **erstklassig strukturiert**. Sie informieren im **Erstgespräch** verbindlich, gern und verständlich über Ihr **Honorar,** das ebenso wenig **Gegenstand von Debatten** ist, wie die ihm zu Grunde liegende **Leistung.** Sie geben und kontrollieren **„Hausaufgaben"** und **stellen Ihre Assistentin persönlich vor.**
- **Beschwerdepolitik** basiert auf einer **kostenlosen Qualitätskontrolle** durch die Bevölkerung. Sie lieben, fordern und brauchen **Lob und Kritik**, denn durch beides werden eigene **Fehler zu Lern-Events**.
- **Kanzlei-Veranstaltungen** bieten dem Gast eine intellektuelle und emotionale **Heimat:** Gästegruppen ohne Anwalt oder Anwaltsgruppen ohne Gast sind in Ihrem Haus undenkbar.

C. Fünf folgenschwere anwaltliche Denkirrtümer über anwaltliche Akquise – nebst Korrektur

„Erfahrung ist der Name, den Menschen ihren Irrtümern verleihen", sagte bereits Oscar Wilde. **Stagnation** und **Rückschritt** sind selbst in gut organisierten Kanzleien die Folge dieser Irrtümer.

Ungewohnt **monokausal** reden Anwälte, wenn sie ihre Gedanken über **Akquise** verbinden mit ihrer **Persönlichkeit** („Akquise liegt mir nicht"), mit ihrem **Zeitmanagement** („Für Akquise fehlt mir die Zeit") oder mit der bösen **Konjunktur** ("Akquise ist momentan zum Scheitern verurteilt"). Solche Denkgewohnheiten **blokkieren Ihren Akquiseerfolg**! Bitte möglichst flexibilisieren! Lesen Sie hier die fatale **Hitliste anwaltlicher Lieblings-Irrtümer** über Akquise – nebst Entkräftung.

- **Irrtum 1: Akquise kann man nicht lernen – entweder hat man Talent oder eben nicht**

Das ist falsch. Anwälte können **jede Akquisestrategie lernen**, nur die wichtigste nicht, den **Willen!** Introvertierte Anwälte können ebenso verbindliche und unwiderstehliche Akquisiteure sein oder werden wie solche, die als „Draufgänger" seit Jahren auf den Bühnen der Republik stehen. Der erste lernt die wahrheitsgemäße und verbindliche **Quantifizierung** und **Spezifizierung** seiner Kompetenzen, der zweite lernt die **gezielte Zurückhaltung** in seiner Präsentation. Ihre **Gemeinsamkeit?** Sie lernen beide Akquise. Kein Anwalt muss seit der 6. Klasse durchgängig Klassensprecher gewesen sein, um ein guter Anwalt zu werden.

- **Irrtum 2: Akquise ist eine Ansammlung spektakulärer Einzelaktionen**

Das ist falsch. Nachhaltige **Akquise hat Struktur und ist alltäglich**. Manche Anwälte sehen in Akquise zwar gern spektakuläre und **auffällige Einzelaktionen**, bekleben Busse mit Werbeschildern, rufen wildfremde Menschen ohne Vorbereitung an, fördern großflächig Marathonläufe – und sind dabei auch manchmal erfolgreich. Langfristig erfolgreiche Akquise jedoch hat eine **Struktur** und durchzieht den Alltag. Sie nimmt etwa **20 % der täglichen Netto-Arbeitszeit** ein. Sich **diese Zeit frei zu halten**, das ist höhere Kunst – und Basis für Erfolg. Sie erfordert eine **Umstrukturierung Ihres Delegationsverhaltens.** Ungestört einen Vortrag vorzubereiten, eine **A-Akte schneller als geplant** zu bearbeiten und B-Aufgaben zu mindestens 80% an Ihre Assistentin zu delegieren, das macht Akquise aus. Das wird vom Mandanten bemerkt und vor allem **weiter getragen**.

- **Irrtum 3: Akquise ist teuer**

Das ist falsch. Nicht die Akquise selbst ist teuer, sondern das **Nicht-Wissen über die Wirksamkeit der zu diesem Zweck verwendeten Maßnahmen**. Ich höre das Kosten-Argument auch von Anwälten, die eine € 2.500,– teure, dick umrahmte Anzeige in den gelben Seiten haben, ohne **genau zu wissen,** wie viele Mandanten durch diese Maßnahme zu ihnen kommen. Dann ist die Anzeige tatsächlich teuer! In manchen Kanzleien ist eine solche Anzeige eine **reine Geldverschwendung**, in anderen **Basis des Geschäfts**. Akquise ist immer dann teuer, wenn der Erfolg der ergriffenen Maßnahmen nicht **schlüssig quantifiziert** und **dokumentiert** wird. Manche Anwälte fragen ihre neuen Mandanten nicht nach der Herkunft des Kontakts und wieder andere **dokumentieren die Antwort nicht.** Viele der hier beschriebenen erfolgreich ausprobierten Akquisestrategien kosten gar **kein Geld**, andere bringen **schnelle Renditen**, manche davon **kosten Zeit,** wieder andere lediglich **Überwindung**. Test it!

- **Irrtum 4: Akquise brauchen wir nicht**

Das ist so gut wie immer falsch. Diese Aussage beschreibt einen **Status quo** („Die Mandanten kommen doch auch so") und suggeriert dessen **Nicht-Veränderung über alle Zeitzonen**. Wer so spricht, berücksichtigt normalerweise die **Zeitzonen Vergangenheit und Gegenwart**; die **Zukunft bleibt unerwähnt**, ebenso deren mögliche nur teilweise beeinflussbare **Parameter** wie **konjunkturelle Entwicklung, Unternehmensziel, Entwicklung am Anwaltsmarkt, Fusionen, Krankheiten** etc. Anwälte, deren stillere Aktionen im normalen Alltag längst der Akquise dienen, lehnen durch diesen Satz „Klinkenputzerei" und **allzu offensives Vorgehen** ab. Der Satz dient manch älterem Anwalt der **Abwehr neuer Zeiten** und dem **Festhalten an Standesrecht** sowie **alten inneren Regeln**. Anwälte **sortieren sich selbst aus dem Wettbewerb aus**, wenn sich um sie herum die Umgebung ändert – und sie sich nicht mit!

- **Irrtum 5: Akquise kostet Zeit**

Das stimmt nur kurzfristig. Langfristig hilft die **strategische Gewichtung von Akquise**, Zeit einzusparen. Zeit ist subjektiv. Jeder hat 24 Stunden am Tag, und in längst nicht allen anwaltlichen Rollen erlebt ein Anwalt Zeitnot. Wenn er ein guter Berater ist, nimmt er sich für seine Mandanten mehr Zeit als sein Kollege, **ohne in dieser Rolle in Zeitnot zu geraten**. Wenn er dagegen **ungern in der Chefrolle** ist, wird ihm Mitarbeiterführung als **Zeitverschwendung** vorkommen. Wenn er frisch verliebt ist, hat er objektiv 2 Stunden pro Tag mit Telefonieren verbracht – und schafft sein Tagespensum dennoch lockerer als zuvor. Wie kommt das? In der **Rolle des Akquisiteurs** geraten Anwälte gern in „Zeitnot", wenn sie **Akquise nicht mögen** oder für „nicht nötig" halten und lieber ihre Zeit **mit B-Aufgaben vertrödeln** (Terminkalender, Aktenauskünfte und Datenerfassung).

D. Gebrauchsanleitung in drei Schritten

I. Lesen Sie modulhaft

Akquise ist **interdisziplinär**: In-house-Seminare sind beispielsweise ineffizient ohne **Mandantenbefragungen**. Diese wiederum sind undenkbar ohne eine gut genutzte **Kanzleisoftware** und eine exzellent gebriefte **Assistentin**. Letztere wiederum hat es schwer ohne die kongruente Besetzung der anwaltlichen **Chefrolle**. Alles hängt zusammen. Zahlreiche Verweise in den Fußnoten leiten Sie zu verwandten Kapitel.

Fangen Sie einfach beim interessantesten Punkt an, Sie landen automatisch bei seinen „Geschwistern".

Unter jeder Überschrift finden Sie meine **prozentuale Einschätzung** indirekter (Mandant indirekt angesprochen) und direkter (Mandant direkt angesprochen) Akquise.

II. Ärgern Sie sich nur kurz

Meine Sprache ist manchmal frech, immer pragmatisch – und **niemals respektlos** gemeint. Unhaltbare Verallgemeinerungen wie „Anwälte können nicht gut delegieren" drücken **strukturelle** und **nie individuelle** Dispositionen der Leser aus. Die **männliche Sprachform** ist ebenso wenig ein Hinweis auf meinen Sexismus wie die weibliche Sprachform, wenn ich von Assistentinnen rede; von den etwa 3500 Assistent(inn)en, die ich für den Telefonservice trainiert habe, waren höchstens 30 männlich. Die **direkte Anrede** soll Sie schützen vor wohlmeinenden „Man sollte mal…"- Marketing-Ansätzen, und die Erwähnung einiger **kommerzieller Beratungsunternehmen** weist auch auf die Qualität anderer hin. Manche Akquise relevante Themen wie z. B. „Messeauftritte", „Umgang mit nicht-anwaltlichen Rechtsberatern" oder „Mediatoren und Akquise" fehlen aus **Platzgründen**.

III. Nutzen Sie den Akquise-Blog

Seit dem Veröffentlichungsmonat gibt es auf meiner Webseite den **„Akquise-Blog"**. Leser beschreiben und diskutieren dort ihre Erfahrungen mit den Tipps dieses Buches.

Jeder Leser, der durch **detailreiche Kritik, begründetes Lob** oder **weiter führende Tipps** im **Akquise-Blog** unter www.busmann-training.de das Buch bereichert und sich öffentlich namentlich zu erkennen gibt, nimmt an einer **Verlosung** von fünf Intensivseminaren pro Jahr im Wert von je € 710,– teil. Die Gewinner werden – ihre Zustimmung vorausgesetzt – im Blog öffentlich bekannt gegeben.

Teil 2 Das ABC der Mandantenakquisition

Assistentin

10 % direkte Akquise 90 % indirekte Akquise

Ihre Assistentin[1] ist das **Herz des Büros**, die **Visitenkarte** der Kanzlei, **erste Anlaufstelle** für Interessenten und **„Chief Officer“ der Büroorganisation.** Sie steht – trotz ihrer objektiv bedeutenden Rolle – vor subjektiv bedrohlichen Herausforderungen.[2]

Ihre Hauptempfindung ist die **Gratwanderung**: Sie sitzt **zwischen zwei Stühlen** und navigiert – mehrfach täglich verzweifelt – zwischen Mandanten- und Anwaltsansprüchen. Ihre schlimmste Situation ist gleichzeitig ihre häufigste: Der Mandant will den Anwalt sprechen, während das umgekehrt nicht der Fall ist!

So hat sie nicht nur mit **Mandanten** zu kämpfen, die schwierig zu führen sind, sondern auch mit einer **Büroorganisation**, die oft „handgeklöppelt“ daher kommt und vor allem mit **Chefs**, die sich **Mitarbeiterführung** und ein **Akquise förderndes Kanzleimarketing** nicht gerade Freude strahlend auf ihre Fahnen geschrieben haben.

Dieses Kapitel hilft Ihnen, anwaltliche **Anweisungen an die Telefonmitarbeiter** zu optimieren. Es bietet der Assistentin und ihrem Chef (bzw. dem Assistenten und seiner Chefin!) rhetorische und organisatorische **Handlungsvorschläge**, durch die die **Akquise nachweisbar erleichtert** wird.

Das Kapitel ist in **vier** Bereiche unterteilt:

I. Die Rolle der Anwaltsassistentin – eine Bestandsaufnahme

II. Der Telefonservice – Aufgaben der Assistentin (I)

III. Die Kanzleiorganisation – Aufgaben der Assistentin (II)

IV. Die Kanzleiführung – Anwälte unterstützen ihre Assistentinnen

---

1 Leser, besonders Leserinnen, mögen verzeihen, wenn in diesem Artikel hauptsächlich von Assistentinnen gesprochen wird. Männliche Assistenten trauen sich derzeit noch selten in diesen Multitasking-Beruf!

2 Die Autorin hat etwa 3.000 Anwaltsassistentinnen in Kanzleien jeder Größe für den Telefonservice trainiert und etwa 1.000 weitere in den öffentlichen Telefonseminaren „Am Draht auf Draht“. Alle Erkenntnisse dieses Kapitels stützen sich auf die Aussagen der Assistentinnen, ihrer Chefs und auf meine Beobachtungen während dieser Seminare.

I. Die Rolle der Anwaltsassistentin – eine Bestandsaufnahme

Assistentinnen sind häufig die erste Ansprechstation für den Interessenten und befinden sich damit **automatisch in einer dominanten Akquiseposition.** Wenn der Anwalt **außer Haus** ist oder mit dem Erstanrufer **nicht telefonieren möchte**, steigt ihre **akquisitorische Verantwortung.**

Selbst wenn die Assistentin durchstellen kann, hat sie den Mandanten – zunächst ganz allein – zu **betreuen**, ihn im Gespräch mit Informationen zu versorgen, ihm einen Termin zu verschaffen, seine Daten möglichst vollständig zu ermitteln, ihm Material zu übersenden, ihm eine Anfahrtsskizze zu mailen, ein Rückrufversprechen mit Zeitlimit zu versehen und ihm im Ganzen den Eindruck zu geben, dass sein **Anruf hochwillkommen** ist.

Um diese komplexe Rolle auszufüllen, benötigen Assistentinnen die **unbedingte, ständige Unterstützung** durch ihre Chefs! Diese geben jedoch hauptsächlich drei Gründe an, warum sie ihren Telefonservice nur unzureichend auf **Akquiseaufgaben** einstellen:

- Ressourcenargument: Anwälte haben Mitarbeiterführung nicht gelernt.
- Investitionsargument: Anwälte geben ungern viel Geld aus für hoch-qualifizierte Assistenz.
- Delegationsargument: Anwälte delegieren ungern wichtige Aufgaben an andere Profis.

1. Ressourcenargument: Anwälte haben Mitarbeiterführung in ihren Ausbildungen nicht gelernt

Regelmäßiges **Feedback, Motivations- und Kritikgespräche** sowie **Zielvereinbarungen** gelten eher als unerreichbare Sterne am Anwaltsfirmament. Generell können Menschen schlecht weitergeben, was sie selbst nicht gelernt haben. Sie **loben und kritisieren** viel zu wenig und in beiden Fällen gerät **unspezifisches Lob** entweder zu **„Schleimerei“** oder während der alljährlichen Weihnachtsfeier zu einer **lieblos generalisierten Selbstdarstellung** des Chefs: „Wir sind vor allem stolz auf unsere Mitarbeiter, ohne die wir nicht da stünden, wo wir heute stehen“ mit dem – gewiss nicht ungern gesendeten – **Subtext:** „Ich habe ganz schön tolle Leute eingestellt. Seht Ihr das?“. Über Jahre weiß in solchen Kanzleien kein Mitarbeiter, was er wann und warum genau richtig gemacht hat. Solche Chefs verwechseln auch gern **Kritik** mit dem **„Anschnauzen im Ärgerstatus“**, das nicht einmal ihnen langfristig dient. Sie demonstrieren lediglich eine kurzfristig wohltuende **Externalisierung eigener Führungsschwäche** auf dem Rücken Unbeteiligter.

Falls Anwälte überhaupt die Unfreundlichkeit ihrer Mitarbeiterin am Telefon **bemerken, attackieren** sie sie meist nicht in quantifizierter und nicht in spezifizierter Art und Weise: „Seien Sie mal freundlicher!“ oder: „Immer dieser unwirsche

Ton“ oder: „Hören Sie auf mit diesen ewigen Mandantengesprächen, es gibt genug zu schreiben“ oder: „Wie können Sie dem sagen, dass ich da bin!“ oder: „Sagen Sie irgendwas! Mit dem will ich nicht sprechen!“. Die Mitarbeiterin erfährt jedoch keinesfalls, **wie genau** sie sich optimieren soll. Unter Umständen ist ihr völlig **unklar, wie sie wirkt**, weil es ihr noch nie jemand erklärt hat.

Tipp
Ändern Sie das und führen Sie ab sofort **Kritikgespräche**, aus denen **beide Beteiligte als Gewinner** hervorgehen – nicht einer als Sieger und der andere als Verlierer!

Ein **Kritikgespräch** wird:
- unter **vier Augen** durchgeführt zu einem vorher festgelegten Termin,
- im **Zimmer des Chefs** stattfinden,
- **herzlich im Ton** und **hart in der Sache** geführt,
- durch **Fragen** vom Chef geleitet,
- einen **Redeanteil von 8:2** zugunsten der Mitarbeiterin haben,
- die Verantwortung für das **Beheben** des Fehlers **auf die Mitarbeiterin übertragen**,
- eine **Kontrollmöglichkeit** des Chefs einrichten,
- **weitere Verbesserungswünsche** des Chefs bekanntgeben und
- auf die **Zukunft** gerichtet sein.

2. Investitionsargument: Anwälte fürchten die Investition in hochqualifizierte Assistenz

Aus Sicht der Assistentin ist ihr Gehalt niedrig, aus Sicht des Anwalts hoch. Für wohlwollende **externe Beobachter** sind beide Sichtweisen irrelevant, denn eine Assistentin ist dann gut, wenn sie nachweisbar das **Geschäft des Anwalts fördert**, indem sie seine **Akquiseraten steigert** und seine **Abläufe optimiert.**

■ **Telefonservice**

Ein unfreundlicher und nicht lösungsbereiter „Telefondienst“ **vergrault** Mandanten, ein herzlicher, hilfsbereiter und verbindlicher Service **bindet** sie. Dessen ungeachtet wird in 75% deutscher Anwaltskanzleien jeder Größe der Telefonservice durch **untrainierte Telefonkräfte** ausgeführt(!), bei einem guten Drittel davon gehen Auszubildende im 1. und 2. Lehrjahr ans Telefon, während ausgebildete Sekretärinnen das Schreiben von Schriftsätzen übernehmen. Diese **Umkehrung von Wirkungsnotwendigkeiten** behindert anwaltliche Akquise in einem leider noch nicht statistisch erfassten Ausmaß.

■ **Technik**

Einen Teil dieser Herausforderungen können Sie **technisch** lösen: Umschalten der Telefonanlage, Ändern der Warteschleifenmusik (der Weg von „Für Elise“ zu einem coolen Jazzstandard ist kürzer, als Sie denken), eine zweite oder dritte Telefonleitung für den Empfang einrichten, die **Telefonanlage selbst austauschen** (besetzte Telefone müssen am Empfangstelefon sichtbar sein, in den Dezernaten muss das Display anzeigen, ob der Anruf vom Empfang oder von außen kommt), Ausstatten der Empfangsmitarbeiter mit **Pieper oder Funktelefonen**, falls diese oft in der Gegend herumlaufen müssen (Faxe abholen, Konferenzräume einrichten, Gäste zum Fahrstuhl bringen etc.). Anweisung des Anwalts: Telefonate von der Empfangsnummer auf **private Handys** umleiten; **Mittagspausen**[3] **sollten für Neuanrufer** nicht wahrnehmbar sein!

■ **Qualifikation**

Ausbildungen zum **Rechtsfachwirt**[4] berücksichtigen längst die gewandelten **Anforderungen an diesen komplexen Beruf** und bilden Anwaltsassistentinnen zu selbstständig arbeitenden **Büromanagern** aus, damit der Anwalt sich komplett auf sein **Kerngeschäft** zurückziehen kann. Rechtsfachwirte verdienen mindestens 1/3 mehr als eine ausgebildete ReNo – und das zahlt sich aus.

■ **Personalsuche**

Die **Suche** nach der **passenden Assistentin** gleicht tatsächlich oft der Suche nach der Nadel im Heuhaufen! **Dazu haben sich einige Tipps bewährt:**

– Werben Sie **Empfangsmitarbeiter aus 4-Sterne Hotels** ab! Beobachten Sie sie zuvor von der Hotelhalle aus zwischen 16.00 und 18.00 Uhr beim Einchecken der Gäste. Mit etwas Glück sehen Sie in diesen beiden Stunden, was in Ihrer Kanzlei fehlt. Natürlich verdienen erfahrene Hotelkräfte mehr als eine ausgebildete ReNo, doch oft lohnt sich das, denn: **Fristenkontrolle kann man schnell lernen, Servicebereitschaft nur mühsam.**

! Vorsicht

Erfahrene Hotel-Empfangsmitarbeiter erwarten **Führungsqualitäten** von ihrem Chef; sonst sind sie gleich wieder weg. Und das wird noch teurer!

– Delegieren Sie die **Suche** nach Ihrer passenden Assistentin an eine **Organisation**, die sich damit auskennt.

– **Stellenanzeigen**, die nicht ausdrücklich und konkret auf die **verlangten Servicequalitäten** abstellen, sind häufig Geldverschwendung, da sie allerhand

3 Siehe im Kapitel „Kanzleimarketing" unter „Anrufbeantworter".

4 Eine Rollenbeschreibung für Rechtsfachwirte findet sich unter http://www.soldan.de: „Auf Grund ihrer Qualifikation werden Rechtsfachwirte vornehmlich in Bereichen wie Zwangsvollstreckung und Verkehrsunfallsachen eingesetzt, leiten das Sekretariat, organisieren den Arbeitsablauf in der Kanzlei, übernehmen die Urlaubseinteilung der Mitarbeiter und sind für die Auszubildenden zuständig. Dabei haben Rechtsfachwirte in den Bereichen, in denen sie ausgebildet sind, teilweise umfassenderes Wissen als viele Juristen – vor allem in Spezialgebieten wie Kosten- und Zwangsvollstreckungsrecht."

untaugliche Bewerber/-innen anziehen. **Präzisieren Sie Ihre Forderungen.** Verlangen Sie **Fortbildungsbereitschaft** und **gewandtes Auftreten** am Telefon ebenso wie **eigenständiges Kundenmanagement** und **Organisationslust.** Denken Sie daran, dass „Teamgeist" und „Belastbarkeit" nichts als moderne **Worthülsen** sind, die jeder Leser unterschiedlich interpretiert. **Spezifizieren** Sie auch hier Ihre Anforderungen.

Tipp
Eine schlechte Sekretärin ist immer überbezahlt, eine gute immer unterbezahlt, egal, wie viel Gehalt sie erhält!

---

3. Delegationsargument: Anwälte delegieren ungern wichtige Aufgaben an andere Profis

Das hat mit dem **Selbstbild** eines Anwalts zu tun. Ein Anwalt sieht sich als Vertreter eines „Besserwisserberufs" und wird – sachlich betrachtet – für diese **Besserwisserei bezahlt**, ähnlich wie Steuerberater, Architekten, Ärzte etc.

Obwohl die meisten Vertreter dieser „Freien Berufe" selbst **Unternehmer** sind, verhalten sie sich nicht so: Sie wurden alle in ihren Ausbildungen nie gezielt darauf vorbereitet, dass es für erfolgreiche Unternehmer neben unbestrittener **Fachkompetenz** auch noch **Managementkompetenzen** geben muss. Letztere verhindern, dass der Besserwisser in seiner Wissenswerkstatt – unbemerkt von der Öffentlichkeit – vor sich hinwurschtelt und sind behilflich, sein Fachwissen an die Öffentlichkeit und dadurch die Öffentlichkeit in die Kanzlei zu bringen (**externe Wirkung**) sowie alle Grundlagen und Folgen davon zu verwalten (**interne Wirkung**). Beides haben Freiberufler nicht gelernt.

Der folgende ausgedachte Dialog[5] zwischen einem **Anwalt** und seinem **Coach** bringt zum Ausdruck, wie ein Anwalt durch Vorannahmen und **unzureichende Delegation** seinen eigenen **Erfolg ausbremst**:

---

5 Ein guter Coach redet einfühlsam und respektvoll, vermeidet „Warum-Fragen" und setzt seinen Klienten auch sonst niemals unter Druck! Dieses Gespräch würde also als Kunstfehler gelten!
Es ist eine Zusammenfassung von etwa 1.500 ähnlichen Gesprächen mit Anwälten. Es ist verkürzt auf Inhalte, verdeutlicht dadurch anwaltliche Vorannahmen über die Rolle ihrer Assistentin und über das Wesen von „Organisation" und streift das Thema anwaltlicher Inkongruenzen bei der „Besetzung der Chefrolle". Vgl. auch das Kapitel „Yes, I can".

Beispiel – Anwaltliche Führungsschwäche ist ein Akquisehindernis

Coach: „Welche Aufgaben hat Ihre Assistentin?"

Anwalt: „Sie entlastet mich von **allen organisatorischen Aufgaben**."

Coach: „Welche Aufgaben umfasst das genau?"

Anwalt: „Nun, sie übernimmt eben die **ganze Organisation**. Sie schreibt Schriftsätze, sie notiert Fristen, sie macht Wiedervorlagen, sie verteilt die Post, sie schreibt Rechnungen, sie empfängt Mandanten, sie führt sie ins Konferenzzimmer, sie kocht auch Kaffee."

Coach: „Ich höre heraus, dass dies Aufgaben sind, die erst beginnen, wenn der **Mandant schon da ist**?"

Anwalt: „Nein, das nicht nur. Sie führt ja meistens auch das **erste Telefonat**."

Coach: „Ach so. Was hat Ihre Assistentin in diesem **Ersttelefonat** zu leisten?"

Anwalt: „Sie nimmt den Nachnamen und die Telefonnummer auf dem Rückrufzettel auf und stellt dann durch. Wenn ich nicht da bin, bietet sie einen Rückruf an."

Coach: „Das heißt, sie organisiert auch **das erste Gespräch mit Ihnen**?"

Anwalt: „Ja, das schon."

Coach: „Ja, das ist wichtig. Einige **organisatorische Aufgaben** bleiben da noch offen. Macht sie die auch? Zum Beispiel: Wer erklärt im ersten Telefonat Ihre **Leistungen**, wenn Sie nicht da sind? Führt sie eigenständig Ihren **Terminkalender**? Macht sie Termine für das **Erstgespräch**? Kümmert sie sich um die Vollständigkeit der **Mandantenunterlagen** für dieses Erstgespräch? Unterrichtet sie locker über **Erstberatungsgebühren**, wenn der Anrufer das wissen will? Nimmt sie die kompletten **Daten** des neuen Mandanten im Erstgespräch auf und überträgt sie in die **Kundenkartei**? Macht sie die **Kollisionsprüfung**? Übersendet sie die **Anfahrtsskizze**? Ist sie eine **würdige**, **kenntnisreiche** und **sehr freundliche** Vertreterin Ihres Kaiserschlosses?[6] Nimmt sie den Kern des Falles oder den **Kern des Wunsches** auf, bevor sie durchstellt? Erledigt sie **wirklich alles Organisatorische** und lässt auch den Mandanten **nicht zu Ihnen durch**, bevor sie weiß, was er will?"

Anwalt: „Das meiste davon mache ich meist selbst. Meine Assistentin ist doch **keine Pufferzone** zwischen mir und dem Mandanten!"

Coach: „Warum nicht?"

Anwalt: „Der Mandant will ja, wenn er anruft, **nicht meine Sekretärin sprechen, sondern mich!**"

Coach: „Oh, Das ist ja bedauerlich. Sie würde das doch bestimmt ganz gut machen. **Wer bestimmt, mit wem er wann spricht**?"

Anwalt: „Na eigentlich ist das meine Aufgabe."

Coach: „Das stimmt. Im Moment würde das bedeuten, dass Ihr Mandant einige **organisatorische Dinge mit Ihnen bespricht**?"

Anwalt: „Ja, das kommt schon vor."

Coach: „Haben Sie manchmal das Gefühl, **dadurch Zeit zu verlieren**?"

Anwalt: „In der Tat. **Ziemlich oft sogar**."

6 „Der Kunde ist König, der Anwalt demnach Kaiser" – mehr zu dieser in schwierigen Situationen hilfreichen Metapher im Kapitel „Umgang mit Mandanten".

II. Der Telefonservice – Aufgaben der Assistentin (I)

Inzwischen – das war vor zwei Jahren noch anders – rangiert der Telefonkontakt zur Anwaltsassistentin in der Chronologie der Kontaktaufnahme auf **Platz zwei**; er ist **zur zweiten Visitenkarte der Kanzlei geworden**. Viele Interessenten landen über Online-Suchmaschinen oder Anwaltssuchdienste auf der **Webseite** der Kanzlei, bevor sie erstmals anrufen.

Großartige Erfolge verzeichnen demnach Kanzleien, in deren Webseite die **Assistentin des Dezernats** „X“ mit vollem **Namen, Foto, E-Mail-Adresse und telefonischer Durchwahl** ihre organisatorische Hilfe anbietet, so dass der Erstanrufer sein Telefonat einleitet mit: „Ich habe Sie hier vor mir und freue mich, dass Sie gleich am Telefon sind.“

Der Einstieg scheint bereits eine Art **Vertrauensverhältnis** zu begründen. Damit sich der Telefonservice zu einem **veritablen Akquiseinstrument** entwickeln kann, sollten **Anwälte und ihre Assistentinnen** folgende 15 Tipps beachten:

1. Ihre Assistentin ist angewiesen auf Ihre Anweisungen

Anwälte mögen Anweisungen nicht, weil sie folgenreich sind. Was genau soll Ihre Assistentin dem Mandanten sagen, wenn Sie zum dritten Mal „keine Lust“ hatten, diesen Anrufer entgegenzunehmen oder zum vierten Mal nicht zurückgerufen haben? Satirisch anmutende **Scheinlösungen,** wie „Sagen Sie irgendwas“, „Jetzt nicht“, „Vertrösten Sie ihn“ oder „Ich habe Ihnen doch gesagt, ich will ihn nicht sprechen“, dokumentieren Ihre Wahl. Sie wählen hier ein auf die Umgebung destruktiv wirkendes inneres Muster, nämlich die Lust an der Externalisierung eigener Schwäche: Sie agieren eigene Verfehlungen auf dem Rücken Ihrer Assistentin aus.

Muster erkennen Sie daran, dass sie immer wiederkehren, weil sie dem Inhaber vordergründig Entspannung verschaffen. Durch ein solches Muster machen Sie nicht nur die Assistentin krank und den Mandanten zu einem durch **berechtigten Zorn** angetriebenen Derwisch, sondern gefährden auch Ihre eigene **Integrität** und **Gesundheit**.

- **Anweisungen machen Sinn, wenn**
  - Ihre Assistentin die Anweisung ohne Haftungsrisiken ausführen kann,
  - Sie und Ihre Kollegen Anweisungen vereinheitlichen,
  - Sie Ihre Anweisungen selbst einhalten und
  - Sie das Ergebnis kontrollieren.
- **Anweisungen fehlen häufig in Anwaltskanzleien**
  - im Umgang mit Ihren **Abwesenheiten**. Was genau soll sie sagen während Ihrer Krankheiten und Urlaube? Mit welcher Lösung?
  - für das **Durchstellen von Anrufern**. Bieten Sie Ihr also eine Liste mit A-Mandanten, Ehemännern/-frauen, Richtern, Kindern etc., die durchgestellt werden dürfen – und lassen Sie alle Kundengespräche generell ungestört.

- beim **Benennen von Kooperationspartnern**, deren Rechtsgebiete Sie nicht selbst vorhalten. Weisen Sie Ihre Assistentin an, folgenden Text auswendig zu lernen: „*Privates Baurecht bieten wir in unserer Kanzlei gar nicht an. Deshalb* (nicht: „aber"!) *arbeiten wir seit x Jahren mit Herrn Dr. Ingo Weißkirch zusammen, einem Fachanwalt auf diesem Gebiet. Darf ich Ihnen die direkte Durchwahl zu seiner Sekretärin Frau Schubert geben?*"
- über die **Unterlagen**, die jeder Mandant zum Erstgespräch mitbringen muss. Bitte Liste einreichen, damit Ihre Assistentin die Unterlagen aufzählen kann.
- über den Umgang mit **Honoraranfragen.** Was soll Ihre Assistentin wörtlich sagen? Welche Lösung darf sie anbieten?

■ **Anweisungen fehlen, weil der Anwalt**
- nicht weiß, welche sicher zu einem **Erfolg** führen,
- nicht wie ein **autoritärer Hansel** dastehen will,
- fürchtet, sich damit **selbst zu beschränken**,
- fürchtet, seine Kollegen nicht „**unter einen Hut** zu bringen".

Ein **Horror-Szenario** für jede Anwaltsassistentin besteht darin, im Ganzen viel **zu wenige Anweisungen** ihres Chefs zu erhalten („Bitte niemanden durchstellen bis 18 Uhr"), diese dann einzuhalten und dafür **anschließend kritisiert** zu werden: „Sie haben Dr. Berger nicht durchgestellt! Sie wissen doch, dass ich mit ihm Golf spiele".

2. Ihre Assistentin promotet schon durch ihre Meldung die Kanzlei

„*Anwaltskanzlei Berger und Partner, mein Name ist (Petra) Bertram. Guten Morgen!*" ist eine **perfekte Meldung, lächelnd, frisch und deutlich vorgetragen**. Der **Nachname ist abgesetzt** vom Kanzleinamen und dadurch – selbst bei komplizierten Nachnamen – für den anderen verständlich. Die Stimme ist **angenehm, ruhig, verbindlich** und strahlt **Kompetenz** aus. Überlegen Sie, ob ein langer Kanzleinamen bei der Meldung abgekürzt werden darf. Vermeiden Sie alle **Missverständnisse**: „Anwaltskanzlei Berger Traunstein" kann den nur anfangs lustigen Gruß „Guten Tag Frau Traunstein" auslösen, obwohl Traunstein als Stadt gemeint war. Zu peinlichen **Korrekturen** führt auch: „Anwaltskanzlei Berger und Schmidt, Bode" („Hallo Frau Schmidt-Bode, kann ich einen Anwalt sprechen?")

Ähnlich unlustig ist es für den Mandanten, wenn er gar nicht weiß, ob der Empfang ihn an die Assistentin oder direkt an deren Chefin weiterleitet, und extrem nervig wird es für ihn, wenn er etwas **mehr als ein Mal erklären** muss oder auf unbestimmte Zeit im **Telefonorkus verhungert**.

Im Telefonempfang, falls dieser **abgetrennt ist von den Dezernaten**, darf bei hohem Telefonaufkommen der Nachname fehlen. Manche Großkanzleien mit mehreren Empfangsassistenten haben folgende Meldung erfolgreich getestet: „*X-Anwälte, hier ist der/Sie sprechen mit dem Empfang, Guten Morgen*!" Alles andere kam den Sprechern zu lang und den Mandanten zu künstlich vor.

Sorgen Sie durch ein **Schild auf dem Empfangstisch** mit dem Namen der Empfangsdame für eine freundliche, persönliche Ansprache oder für einen **Wiedererkennungseffekt** beim ersten persönlichen Kontakt. Einen Verstoß gegen Ihre **Schweigepflicht** begehen Sie, wenn im Empfang wartende Mandanten Nachnamen anderer Mandanten am Empfangstelefon mithören können. Richten Sie u.U. eine vierwöchige **Probezeit ein bei Namensschildern** am Revers für Assistentinnen, die Kundenkontakt haben. Ihre Mitarbeiterin muss sich damit wohlfühlen.

3. Ihre Assistentin bietet im Ersttelefonat eine Anfahrtsskizze an

„Darf ich Ihnen noch eine Anfahrtsskizze per E-Mail übersenden? Dann wissen Sie gleich den Weg.“ Die Anfahrtsskizze selbst ist in Zeiten serienmäßiger Navigationssysteme häufig unnötig; das Angebot, sie zu senden, dagegen keinesfalls. Dieses Angebot dient nämlich hauptsächlich der **Ermittlung der persönlichen E-Mail-Adresse** des Anrufers.

Lassen Sie eine **eigene Anfahrtsskizze** für Ihre Homepage entwerfen, mit selbst erklärenden Daten wie Tankstelle, Autobahnausfahrt, etc. Durch Anklicken sollte sich diese **Skizze vergrößern** und bequem ausdrucken lassen. Ein erfahrener Designer kostet zwischen 60 und 120 € die Stunde. Das ist bedeutend günstiger als sich durch eine unerlaubte Kopie von Online-Karten eine Unterlassungsklage einzuhandeln. Manche Kanzleien bieten die selbst designte Skizze für die Innenstadt und einen **Link zu „Google Maps“** für die weiträumigere geografische Einordnung.

Die frisch ermittelte E-Mail-Adresse wird sofort doppelt verwendet. Sie wird noch vor Vertragsschluss korrekt in die **Kundenkartei** eingetragen. Dadurch können Sie Ihre neuen Mandanten (und besonders die, die sich gegen Sie entschieden haben) nach deren Zustimmung zu **Vorträgen** und **Kanzlei-Events** einladen.

4. Ihre Assistentin erfragt den Kern des Falles/Wunsches und leitet diesen an Sie weiter

Der Mandant soll nichts zweimal sagen müssen. Wenn Sie während des ersten Anrufs abwesend sind oder nicht gestört werden möchten, stellt Ihre Assistentin Ihre **Erreichbarkeit** „gefühlt“ sicher. Sie nimmt den Kern seines Falles in ihre **Telefonnotiz** auf, vereinbart einen **Termin** und teilt ihm seine **Hausaufgaben** mit. Wenn Sie zurückrufen oder Ihr Erstgespräch beginnen, lesen Sie dem Mandanten diese **knappe Fallinformation** vor: „Meine Assistentin Frau Bertram hat mir schon aufgeschrieben, dass Sie...“ und schließen mit der **Kontrollfrage:** „Stimmt das alles so?“

Spätestens hier wird deutlich, dass **Erreichbarkeit zu den delegierbaren B-Aufgaben** gehört. Für viele Anwälte ist diese Erkenntnis anfangs erstaunlich, weil sie im Gegensatz zu statistischen Erhebungen zu stehen scheint, in denen „Erreichbarkeit des Anwalts“ zu den führenden Qualitätsmerkmalen einer Anwaltskanzlei gehört. **Erreichbarkeit ist sichergestellt, wenn der Mandant sich so fühlt, als habe er den Anwalt erreicht.** Eine gewandte Assistentin nimmt die Nachricht auf und der Anwalt ruft absprachegemäß zurück.

Lesen Sie hier, wie eine Anwältin (R) ihre **Kanzleiorganisation** umgestellt und ihre Assistentin (Ö) „in Szene gesetzt“ hat – und was das bewirkt:

Best Practice

R: Seit dem Training konnte ich das Aufgabengebiet von Frau Öttl sehr erweitern. Das gibt mir mehr Freiraum für meine juristische Arbeit. Die Mandanten spüren sofort, dass sie am Telefon professionell betreut werden. Sie sind seither deutlich stärker als früher bereit, gegenüber Frau Öttl Informationen „preiszugeben“ und wollen nicht mehr alles nur der Anwältin erzählen. So können viele Anrufe schon durch Frau Öttl erledigt werden.

Ö: Seit ich Fragetechniken geübt habe, frage ich detailliert nach dem Grund des Anrufs. Die Auskunftsfreudigkeit der Mandanten ist dadurch deutlich gestiegen. Die Infos, die ich erhalte, sende ich meiner Chefin per E-Mail. Organisatorische Anliegen filtere ich heraus und erledige sie sofort selbst. Mit dieser Technik erreiche ich, dass viel weniger Gespräche mit der Chefin notwendig sind und die Anrufer ihr Gespräch trotzdem zufrieden beenden.

R: Im Beratungsgespräch nehme ich Bezug auf die Informationen, die ich schon über meine Assistentin erhalten habe. Die Mandanten sind sehr zufrieden, wenn sie merken, dass tatsächlich alles angekommen ist. Ich erwähne dabei Frau Öttls Namen und erhöhe damit ihre gefühlte Kompetenz, auch aus Sicht der Mandanten. Sehr häufig erhalte ich jetzt positive Bemerkungen über unsere tolle Kanzleiorganisation. Die Mandanten fühlen sich gut aufgehoben und sagen mir das auch.

Ö: Erstanrufer kann ich jetzt gut beruhigen. Ich teile ihnen ohne ihr Nachfragen mit, welche Unterlagen sie zur Besprechung mitbringen sollen. Ich frage nach dem Kern der Sache und nehme ihn auf. Regelmäßig frage ich jetzt nach zwei Telefonnummern. Das erleichtert uns die Rückfragen, falls mal etwas dazwischen kommen sollte. Die vereinbarten Besprechungstermine wiederhole ich am Telefon nochmals mit Wochentag, Datum und Uhrzeit. Das alles gibt den Mandanten Sicherheit.

R: Rückrufbitten betrachte ich als A-Aufgaben. Dafür nehme ich mir Zeit und lasse alles andere für einen Augenblick liegen. Rückrufzusagen halte ich zuverlässig ein. Das ist sehr gut möglich, da durch die professionelle Arbeit von Frau Öttl für mich nur noch diejenigen Rückrufe verbleiben, in denen es wirklich um rechtliche Dinge geht. Sehr angenehm ist für mich, dass ich jetzt vor Beginn des Gesprächs auch immer schon das konkrete Anliegen des Mandanten kenne. Ich kann mich viel besser auf das Gespräch einstellen.

Ö: Wir haben seither deutlich weniger ungehaltene Nachfragen von Anrufern. Sollte sich ein Mandant trotzdem in aufgebrachtem Ton melden, kann ich ihn sofort beruhigen. Ich bin sehr froh, dass ich jetzt weiß, wie ich solche Situationen souverän bewältigen kann.

R: Frau Öttl stellt den Mandanten über ihre eigene E-Mail-Adresse organisatorische Hilfen in Aussicht. Dieses Angebot nehmen die Mandanten gerne an. Sie wenden sich inzwischen häufig per E-Mail mit Terminwünschen direkt an Frau Öttl. Wir konnten die Anzahl der Telefonate dadurch insgesamt deutlich verringern.

Ö: Dadurch kann ich selbst besser planen. Diese E-Mails helfen mir, meinen Tag zu organisieren; ich beantworte sie, wenn gerade Zeit ist. Den Text unseres Anrufbeantworters haben wir inzwischen auch geändert. Er enthält keine Uhrzeiten mehr. Wir wissen, dass der Mandant nicht unsere Sprechzeiten, sondern unsere Reaktion hilfreich findet.

Rechtsanwältin Anna Maria Ramelsberger und ihre Assistentin Rosina Öttl, Anwaltskanzlei Ramelsberger & Weber (Bürogemeinschaft), Passau, Tel.: 0851-956780

---

5. Ihre Assistentin sagt niemals ein „Nein" ohne Lösung

Alle Telefonate Ihres Hauses bieten aus der Sicht des Kunden eine Lösung! Im Kommunikations-Alltag untrainierter Anwaltsassistentinnen sind **servicefeindlich wirkende Peinlichkeiten** an der Tagesordnung. Selbst wenn Absicht und Wortwahl der Sprecherin das Gegenteil suggerieren sollen. Mit: „Tut mir leid, er ist in einer Besprechung", ist dem Anrufer nicht gedient. Die Stimme geht runter und mehr Information kommt nicht. Auch wenn diese Äußerung der Wahrheit entspricht, der Anwalt also wirklich in einer Besprechung ist, stellen sich dem Ratsuchenden zwei Fragen:

- Wo bleibt die Lösung?
- Tut es ihr wirklich leid, dass der Anwalt seine Arbeit macht?

Die Ausdrücke „Tut mir leid" und „leider" sind oft **semantisch unsinnig** eingesetzt: Rechtsanwalt Berger ist **leider** in einer Besprechung. Die Sprecherin wird kaum ernsthaft bedauern, dass der Anwalt seine Arbeit macht! „Leider" gehört nur dort hin, wo man wirklich etwas bedauert. Dieser Satz wird im trainierten Zustand zu: *„Herr Berger ist momentan in einer Besprechung, so dass ich Sie* ***leider*** (Das bedauert sie ja wirklich) *nicht direkt* (indirekt ist der Anrufer schon verbunden) *mit ihm verbinden kann. Darf ich mir notieren, wie wir helfen können? Dann geht es nachher schneller für Sie.*" (**Nutzenargumentation**).

Nach demselben Muster wird „Das ist nicht möglich. Der (!) ist bis morgen Mittag außer Haus" zu: *„Rechtsanwalt Dr. Burgner ist bis morgen Mittag auf einem Kongress, deshalb würde ich mir gern Ihre beiden Rückrufnummern notieren, unter denen* ***wir*** *(*Falls der Anwalt es nicht schafft, rufe ich selbst an.*) Sie bis 18 Uhr zurückrufen können. Ist Ihnen das Recht?*" (**Lösung + Kontrollfrage**).

„Keine Ahnung. Da müssen Sie noch mal anrufen." wird zu: *„Das kann ich leider momentan nicht sicher sagen. Wissen Sie was? Ich mache mich schlau und rufe Sie bis 15 Uhr zurück. Ist Ihnen das Recht?"* (**Lösung + Kontrollfrage**).

„Das kann ich auch nicht ändern" wird zu *„Ich weiß im Moment nicht genau, wie wir das hinkriegen. Ich erkundige mich. Darf ich Sie bis 18 Uhr noch einmal anrufen?"* (**Lösung + Kontrollfrage**).

Das gruselig reduzierte „Moment" wird zu *„Bleiben Sie bitte einen Moment in der Leitung. Ich bin gleich mit der Information wieder da. Geht das?"* (**Lösung + Kontrollfrage**).

Beispiel

In Wien hat eine große Kanzlei fast dieselbe Telefonnummer wie das österreichische Landwirtschaftsministerium. Die Damen vom Telefonempfang der Kanzlei haben inzwischen eine Liste mit den Abteilungen dieses Ministeriums, um die (pro Jahr etwa vier) **verirrten Anrufer dorthin kompetent weiterleiten** zu können! Dabei wird beidseits viel gelacht! **Kein Nein ohne Lösung!** (In der Kanzlei laufen bereits Wetten, in welchem Jahr das Landwirtschaftsministerium Kunde dieser Kanzlei wird.)

Signalisieren Sie selbst Ihren Mitarbeitern gegenüber eine **proaktive Lösungsbereitschaft** und äußern Sie niemals für andere hörbar eine **ablehnende Haltung** gegenüber Ihren Mandanten.

6. Ihre Assistentin verwendet eine absolut verbindliche Servicesprache

Jedes Telefonat ist erst gut, wenn der Mandant zufrieden ist! Unter keinen Umständen ist also der Auftritt der Anwaltsassistentin ein **Ärgernis für den Mandanten**. Es ist vollkommen gleichgültig, wodurch die Assistentin das herstellt. Hier einige alltägliche **Service-Formulierungen, die ihr den Telefonservice erleichtern**:

- „Das mache ich **gern** für Sie." oder „Das ist **mein Beruf!**" (niemals: „Kein Problem").
- **„Selbstverständlich** geht das."
- „Tut mir leid, dass es nicht sofort geklappt hat. Wenn es jetzt wieder nicht klappt, finden **wir** eine **Lösung**!"
- „Wir schauen jetzt, **wie** wir das hinkriegen" (nicht: „ob wir das hinkriegen").
- „Das habe ich **notiert**." (**auditiver Zuhörbeweis,** ähnlich wie „ja", „mhm" und „verstehe").
- „Darf ich mir vielleicht einige **Punkte aufschreiben**? Dann geht es nachher **für Sie schneller**?"
- Im **Beschwerdemanagement:** „Ich entschuldige mich dafür, dass Sie solche Mühe hatten damit. Ich werde mich persönlich um eine Lösung bemühen. Darf ich Sie um Ihre Mobilfunknummer bitten, damit ich Sie **so schnell es geht** informieren kann?"
- Aus der **Warteschleife** (in der ein zurückhaltender Jazzstandard und nicht „Für Elise" hörbar ist) befreit Ihre Assistentin die Anrufer durch: „Danke für's Warten, Frau Berger".
- Wenn es einer eilig hat, verwendet er ein **Vokabular der Eile**: Die Wörter **schnell, unverzüglich, innerhalb von 5 Minuten, sofort** etc. sind für solche Mandanten **sexy**. Verwenden Sie sie also auch: „Ich stelle Sie **sofort** zu Frau Berger durch. Das ist die Assistentin unseres Spezialisten für..." oder „Ich kann Sie höchstwahrscheinlich **innerhalb von fünf Minuten** zu ihm direkt durchstellen. Möchten Sie warten oder soll ich Sie nach seinem Gespräch schnell verbinden?" (Keinesfalls muss er noch einmal anrufen!).

! **Vorsicht**

Bitte beachten Sie, dass **mundartlich behauptete Eile** wie z. B. im rituellen schwäbischen „gschwind" **nicht für jeden Hörer** zu den Vokabeln **glaubhafter Eile** gehören.

---

7. Ihre Assistentin vermeidet um jeden Preis Telefon-Müll

- „Der ist nicht da."
- „Tut mir Leid, er ist in einer Besprechung"
  „Tut mir Leid, sie hat noch zwei Mandanten drinne."
- „Ich weiß nicht, wo er ist"
- „Anwaltskanzlei Berger."
- „Er ist im Moment auf dem Klo."
- „Augenblick, ich leg Sie mal um."
- „Das klappt wahrscheinlich nicht."
- „Das weiß ich nicht."
- „Das ist heute ganz schlecht."
- „Wie war Ihr Name?"
- „Wollen Sie nun einen Termin oder nicht?"
- „Da kann ich auch nichts machen."
- „Das geht heute nicht."
- „Sie müssen schon deutlicher sprechen."
- „Das haben wir schon öfter versucht."
- „Die Akte ist nicht da."
- „Moment, ich hol' Ihnen den mal runter."
- „Der ist doch in Urlaub."
- „I cannot follow you."
- „Das muss meine Kollegin gewesen sein."
- „Er war vorhin noch da."
- „Der Schriftsatz müsste schon raus sein."
- „Tut mir leid, ich bin nur Auszubildende."
- „Das kann ich ja nicht wissen."
- „Sie müssen nicht dreimal am Tag anrufen!"
- „Das müssen Sie mir schon sagen."
- „Da müssen Sie mit mir vorliebnehmen."
- „Ich weiß nicht, wann er zurückkommt."
- „Ich habe Ihnen doch eben schon gesagt ...,"
- „Ich weiß nicht, ob er da ist."
- „Da geht keiner ran."
- „Da verbinde ich Sie lieber mal mit dem Rechtsanwalt X."
- „Ich habe da nichts mit zu tun."
- „Woher soll ich wissen, wann das Gutachten kommt?"
- „Mir sagt ja keiner was."
- „Und was soll ich nun tun?"
- „Wahrscheinlich haben Sie Ihre Rechnung nicht bezahlt."

8. Ihr Telefonempfang ist das Dach des gesamten Telefonservice

In größeren Kanzleien ist der Telefonempfang von den Dezernaten getrennt. Der Telefonempfang muss **Durchlaufzeiten** stets optimieren, darf nur **kurz** mit den Anrufern sprechen, muss die **Freude über den Anruf** dokumentieren, den Anrufer **sofort an die richtige Stelle** weiterleiten und sollte sein **Weiterleitungsvokabular** auswendig lernen. Bitte beachten Sie besonders zwei **Schwierigkeiten dabei**:

- **Schweigepflicht**

Die Kanzlei **verstößt gegen ihre Schweigepflicht**, wenn der wartende Mandant die Namen anderer Anrufer aus dem Mund der Empfangsassistentin hört. Da empört sich leider nicht nur die Anwaltskammer. Gleich den Wartebereich abschirmen.

- **Weiterleitung**

Weitere **Sollbruchstellen** entstehen überall dort, wo eine **telefonische Weiterleitung nötig** wird. Der **Transport des Telefonats** vom Empfang zur Dezernatsassistentin ist an sechs Punkten suboptimal, wenn:

- der Anrufer länger als 15 Sekunden wartet,
- der Anruf mehrfach zurück zum Empfang kommt,
- der Anruf im falschen Dezernat landet,
- der Anrufer seinen Bedarf mehrfach wiederholen muss,
- der Anrufer nach dem dritten Versuch aus der Leitung fliegt,
- der Anrufer in Warteschleifen „Für Elise“ oder gar nichts hört.

9. Weiterleitung in die Dezernate

a) Wenn der Anrufer unbekannt ist

Die Goldene Regel lautet: Der Empfang beheimatet jeden Anrufer. Diese Regel ist nicht abhängig von **Tagesform**, äußeren **Bedingungen** oder **Persönlichkeit** des Anrufers! Die Assistentin **wiederholt den Nachnamen** des Anrufers bei der Begrüßung ein Mal und **verwendet seinen Gruß** – auch „Grüß Gott“ wird gematcht, selbst wenn Sie kein Bayer sind.

Beispiel

Unbekannter Noch-Nicht-Mandant: „Keller hier, **hallo**, ich möchte Dr. Gebhards sprechen.“ ***„Hallo** Herr Keller, ich kann sie sofort zu Frau Bergmann durchstellen. Das ist seine Assistentin. Sie hilft gern weiter. Kleine Sekunde bitte.“*

In diesem Beispiel klingt der **Wunsch des Anrufers** so sicher, dass die Empfangsassistentin nicht den Bedarf **im Kern erfragen** muss, um ins **richtige Dezernat** stellen zu können.

---

b) Wenn Sie seinen Nachnamen nicht oder nicht richtig verstanden haben

Für die weitere Aktion ist entscheidend, den **Nachnamen** schnell richtig zu verstehen, denn dadurch wird er richtig geschrieben, richtig gesprochen und korrekt in **Rückrufmails und Kundenkartei** notiert. Auch **Kollisionsprüfungen**, schnelles **Raussuchen der Akten** und schnelles, **richtiges Weiterleiten** sind sofort möglich.

Es ist immer derselbe Satz, der dazu führt, dass Mandanten Ihnen ihren Nachnamen einigermaßen gern erstmals, nochmals oder nochmals sehr langsam nennen. Der Satz lautet: ***„Herr Preccinczky,*** (Nachnamen auszusprechen versuchen) ***darf ich mir Ihren Nachnamen noch einmal korrekt notieren, damit es nachher für Sie schneller geht?*** (Nutzenargumentation) ***Ich habe ihn jetzt mit „P, R, E, ... geschrieben.*** (Mit eigener Leistung voraus gehen!) ***Ist das richtig?*** (Kontrollfrage)" Der Mandant wird Sie gern korrigieren, da Sie erkennbar bereits einen **Versuch** gemacht haben; er wird sich dadurch **nicht mehr generell weigern,** seinen Namen bekannt zu geben.

Auch bei Allerweltsnamen ist das präzise Nachfragen unerlässlich: *Guten Tag, Herr Meyer, darf ich mit Ihren Nachnamen und Vornamen einmal korrekt notieren, damit es für Sie nachher schneller geht? Ich habe „Meyer" jetzt mit EY geschrieben ist das richtig?"* **Niemals** lautet Ihre Nachfrage: „Wer ist da überhaupt? oder „Wie war Ihr Name?". Bewährt hat sich auch: *„Oh je, das klingt wahrscheinlich komplizierter als es ist. Könnten Sie* ***mir mit Ihrem Namen bitte noch einmal helfen****, damit ich es richtig weiterleiten kann?"* (**Nutzen**).

Schreiben Sie immer alles mit, was Sie rauskriegen; der Anrufer könnte **vor Datensicherung** in der **Leitung verloren gehen**!

c) Wenn der Mandant bekannt ist

Wenn der Mandant bekannt ist, dann klingt Ihre Meldung herzlicher und enthält **aktive Erkennungszeichen** (*„Herr Dr. Müller, Sie versuchen es bestimmt noch einmal wegen ...*) sowie **vorweggenommene Beschwerden** *(„Oh je, Frau Spering, hat das vorhin nicht geklappt? Ich versuche es gern noch einmal.").* Falls die Telefonnummer im Display bekannt ist und der Anrufer **leger genug** ist, begrüßen Sie ihn doch einmal **als Erste**: *„Guten Tag, Dr. Kurt, Biermann hier von der Kanzlei Baumeister und Partner. Was kann ich für Sie tun?"* und *„Ein Hallo nach Düsseldorf"* kann Ihr Telefonat einleiten, wenn Sie im Display sehen, dass aus dem Düsseldorfer Standort Ihre Kollegin anruft. Ein Anruf durch einen **Anwalt Ihres Standorts** sollte Sie ebenfalls dazu bewegen, den **Namen des Anwalts** als Erstes zu sagen, den Sie ja in Ihrem Display sehen.

d) Wenn der Anwalt nicht sofort zu sprechen ist

Sie lesen hier ein schnelles Beispieltelefonat mit Weiterleitung aus dem Empfang:

- **Empfang zur Anruferin**: „Guten Tag, Frau Dr. Weißkirch. Könnten Sie mir bitte kurz andeuten (das Wort verhindert, dass die ganze Sache detailreich geschildert wird), worum es geht, damit ich Sie schnell weiterleiten kann?“ (Dr. Weißkirch sagt ein inhaltliches Stichwort, einen Anwaltsnamen oder ein Rechtsgebiet)

- **Empfang zur Anruferin**: „Vielen Dank, dann stelle ich Sie am besten gleich zu Frau Paul. Das ist die Sekretärin von Herrn Dr. B., unserem Spezialisten für das Arbeitsrecht. Frau Paul hilft Ihnen gerne weiter.“ (Dr. Weißkirch in Warteschleife)
- **Empfang zur Dezernatskollegin**: „Hallo Petra, ich habe hier Frau Dr. Weißkirch von der Cool GmbH. Ein neues Mandat. Sie will wissen, was zu beachten ist, wenn man betriebsbedingt kündigen will.“
- **Dezernatssekretärin zur neuen Mandantin**: „Guten Tag Frau Dr. Weißkirch. Hier spricht Petra Paul. Meine Kollegin hat mir schon gesagt, dass Sie eine Frage in Bezug auf betriebsbedingte Kündigungen haben. (Dr. Weißkirch muss nichts wiederholen.) Herr Rechtsanwalt Dr. B. telefoniert gerade; darf ich mir deshalb inzwischen ein paar Details aufschreiben, damit es gleich für Sie schneller geht?“
- Auch hier wird ein „Nein“ nur mit Lösung präsentiert! Dr. Weißkirch nennt nun Details (Sie muss in dieser Situation **nicht** nochmals anrufen). Dr. B hat aufgelegt. „Oh, ich sehe gerade, jetzt kann ich es versuchen. Kleine Sekunde bitte.“
- **Dezernatssekretärin zum Anwalt:** „Hallo Herr B., Frau Dr. Weißkirch von der Cool GmbH ist dran. Sie möchte wissen, was sie bei betriebsbedingten Kündigungen beachten muss. Sie ist Inhaberin dreier Elektronik-Fachhandels-Geschäfte in Wiesbaden.“
- **Anwalt zur Anruferin:** „Guten Tag, Frau Dr. Weißkirch. Rechtsanwalt B. ist hier. Ich habe schon gehört, Sie sind von der Cool GmbH, betreiben drei Elektronik-Fachhandels-Geschäfte in Wiesbaden und ziehen betriebsbedingte Kündigungen in Erwägung. Stimmt das so?“ **Der Anwalt wiederholt ebenfalls von sich aus alles, was er weiß und schließt mit einer Kontrollfrage ab.**

Über alle Stationen beweisen Assistentinnen und Anwälte hier, dass sie **zuhören, hilfsbereit sind, einen großartigen Informationsstil pflegen**, dass sich der eine auf den anderen **blind verlässt** – und dass sie das alles auch noch **gern tun**!

e) Wenn Sie „Nein“ sagen müssen

Die Goldene Regel lautet „Kein Nein ohne Lösung!“, und das klingt so: *„Ich erreiche ihn im Augenblick leider nicht; er ist in einer Besprechung. Darf ich mir deshalb Ihre **beiden Telefonnummern notieren**, unter denen **wir** Sie in den nächsten zwei Stunden erreichen können?“* Zwei Telefonnummern wie selbstverständlich erfragen und **niemals den Anruf des Anwalts versprechen**, wenn dieser nicht ganz sicher zurückruft; daher das Wort „wir“.

Falls die **direkte Weiterleitung zum Anwalt** in Ihrer Kanzlei erwünscht ist, der Anwalt aber gerade telefoniert: *„Ich erreiche ihn momentan nicht“ oder „Er telefoniert gerade, darf ich zu seiner Sekretärin, Frau Goldschmitt weiterleiten? Sie hilft gerne weiter.“*

Wenn **weder ein Anwalt noch eine Assistentin** erreichbar sind: *„Herr Berger, auch dort wird gerade gesprochen. Darf ich mir Ihre beiden Telefonnummern notieren,* *damit* ***wir*** (keinen bestimmten Anrufer versprechen) *Sie innerhalb der nächsten zwei Stunden* (vernünftige, machbare Marge benennen!) *zurückrufen können?*"

f) Wenn nicht erfolgreich durchgestellt werden kann

Zunächst ist eine **Entschuldigung** mit **Erklärung** fällig: *„Das tut mir leid; es wird überall gesprochen.*" **Versuchen Sie es nochmals von sich aus** und benennen Sie diesen Versuch ebenfalls: *„Ich versuche es gleich noch einmal, und wenn es wieder nicht klappt, kommen Sie zu mir zurück und ich* ***finde eine Lösung für Sie****. Einverstanden?*" Falls es wieder nicht funktioniert und Sie es sich zeitlich leisten können: *„Wissen Sie was? Ich notiere mir jetzt genau Ihre Fragen und dann rufen* ***wir*** *Sie bis 18 Uhr zurück", oder: „Seine Sekretärin Frau Berger ruft Sie zurück".* **Niemals geben Sie unhaltbare Versprechen.**

Bei Rückrufangeboten ermitteln Sie stets die **Mobilfunknummer zusätzlich**: *„Ihre Telefonnummer habe ich schon abgeschrieben aus dem Display. Darf ich mir sicherheitshalber noch Ihre Mobilfunknummer notieren?*" Letzteres ist besonders wichtig, wenn der Anruf aus dem Festnetz kommt und/oder die Anrufnummer nicht auf dem Display zu sehen ist. In jedem Fall fragen Sie nach der **besten Rückrufzeit**, jedoch ohne eine bestimmte Zeit zu versprechen.

III. Die Kanzleiorganisation: Aufgaben der Assistentin (II)

1. Ihre Assistentin wird durch Sie dem neuen Mandanten vorgestellt

Enorme Vorteile auf allen drei Seiten bringt das folgende Vorgehen: Das Erstgespräch ist zu Ende. Sie erklären dem Mandanten, dass Sie ihm nun noch Ihre **Assistentin vorstellen** möchten, da sie andere Aufgaben hat als Sie. Erläutern Sie, während diese nach der persönlichen Vorstellung den Dienst- und den Honorarvertrag sowie ggf. die Hausaufgabenliste „für seine Akten" kopiert, die **genaue Arbeitsteilung** in Ihrem Team: *„Frau Bertram und ich arbeiten schon seit drei Jahren zusammen. Sie ist zuständig für den Versand der Abschriften, für die Terminvergabe, für Auskünfte aus der Akte. Sie weiß immer genau, ob Ihr Gutachten schon eingetroffen oder der Brief raus ist. Sie weiß alles Organisatorische. An mich wenden Sie sich bitte wegen aller rechtlichen und taktischen Fragen.*"

Vorsicht **!**

Sofern der Mandant unterwegs zum Vorzimmer Namen von anderen Mandanten lesen kann, begehen Sie einen **Verstoß gegen Ihre Schweigepflicht**. Holen Sie in diesem Fall Ihre Assistentin zur **persönlichen Vorstellung ins Besprechungszimmer.**

Arbeiten Sie mit **Halbtagskräften**, erklären Sie auch dies: „Eine meiner Assistentinnen kann ich Ihnen heute bereits vorstellen. Nachmittags ist Frau Bertram für alles Organisatorische zuständig."

Wenn Sie 30 Erstgespräche pro Woche beginnen, ist Ihnen dieses Vorgehen vielleicht zu zeitaufwändig; beschränken Sie sich in dem Fall versuchsweise auf **„A-Mandanten"**. Sie werden feststellen, dass diese sich bedeutend leichter führen lassen als die „Nicht-Vorgestellten", und Sie werden feststellen, wie viel **teure Arbeitszeit** Sie Ihrer Assistentin und damit sich ersparen würden, wenn Sie **alle Mandanten** persönlich vorstellten.

Manchmal möchten Anwälte die Assistentin wegen der „Unordnung im **Bienenstock**" nicht persönlich vorstellen. Dieser Einwand verkennt m.E. einerseits, dass der Mandant gewöhnlich selbst auch einen „unordentlichen Bienenstock" hat und andererseits, dass Sie Ihre Assistentin auch zur persönlichen Vorstellung **ins Besprechungszimmer** bitten könnten.

Falls Sie Ihre Assistentin allerdings vorstellen, muss Ihre Assistentin **ordentlich auftreten.** Sichtlich zu viel und sichtlich zu wenig Make-up sind dabei ebenso Tabu wie die Präsentation frisurloser, bauchnabelfreier oder mundfauler Erscheinungen.

Die Vorteile dieses Vorgehens liegen für alle drei Seiten auf der Hand:

- **Die Assistentin** fühlt sich in **Kompetenz** und **sozialem Status** angehoben und wird nicht mehr krank. Der stets durch unzureichende Mitarbeiter-Führung initiierte „Dienst nach Vorschrift" gehört genauso schnell der Vergangenheit an, wie die Angewohnheit mancher Mandanten, die Assistentin am Telefon anzugreifen oder mit schlechter Laune zu überziehen. Ihre Assistentin erhält etwa 1/3 weniger der sog. „nicht notwendigen **Stress-Anrufe**" dieses Mandanten; die **Telefonfrequenz** sinkt sofort messbar. Test it!
- **Der Anwalt** arbeitet effizient, denn er wird nicht mehr wegen lästiger organisatorischer Anfragen bei **A-Aufgaben** gestört. Rechnen Sie mal aus, wie viele Minuten Ihres Tages Sie mit organisatorischen Dingen verplempern. Jede dieser Minuten ist ein **Symptom fehlender oder unzureichender Delegation** an Ihre Mitarbeiterin. Diese Erkenntnis steht in krassem Gegensatz zu Äußerungen von etwa 75 % der In-house trainierten Anwalts-Assistentinnen, die gern **„höherranginge Aufgaben"** hätten. Diese Assistentinnen geben an, dass ihre fachlichen Ressourcen bei weitem nicht ausgeschöpft sind.
- **Der Mandant** weiß schon, bevor er den ersten Besuch beendet hat, was hier gespielt wird: **Full-Service** und **exakte Team-Kooperation** mit hohem **Respekt** voreinander. Diesen Respekt wird er selbst auch zeigen. Er hat ein eigenes Bild von beiden Personen und wird dadurch weder die so vorgestellte Assistentin angreifen noch wird er verlangen, den Anwalt wegen organisatorischer oder Sachstands-Anfragen zu sprechen. Der Mandant wird wegen dieser Art der Teampräsentation den Eindruck haben, der Kanzlei vertrauen zu können, noch bevor die erste Sachleistung für ihn erbracht ist.

Inzwischen haben einige Kanzleien dadurch gute Erfolge erzielt, dass sie das **Dezember-Gehalt** ihrer Empfangsassistentin um € 120,– aufstocken. Gegenleistung: Die Assistentin kauft im Weihnachts-Sale einen **Hosenanzug** in gedeckten Farben, den sie Ihnen im Januar vorführt und in vielen Kombinationen bei der Arbeit trägt. Durch diese Maßnahme fällt es auch männlichen Anwälten leichter, derzeitige **Kleider-Fauxpas** ihrer Mitarbeiterinnen elegant und sehr wirkungsvoll(!) anzusprechen.

2. Ihre Assistentin schreibt eine Begrüßungsmail an den neuen Mandanten

Der neue Mandant hat gerade den Vertrag und die Honorarvereinbarung unterschrieben, wurde soeben Ihrer Assistentin vorgestellt und verlässt nun Ihr Büro. Da verfasst Ihre Assistentin per E-Mail von ihrem **eigenen Account** aus folgenden Brief an den Mandanten:

„Sehr geehrter Herr Weißkirch, auch ich freue mich auf unsere neue Kooperation und bin gern behilflich in allen organisatorischen Fragen! Mit herzlichen Grüßen, Ihre Sybille Bertram (Assistentin von Herrn Rechtsanwalt Dr. Burgner).“

Natürlich ist dieser Brief als **Textbaustein** gespeichert und lautet bei jedem neuen Mandanten gleich, es sei denn, Ihre unbezahlbar präsente Assistentin fügt Individualisierungen aufgrund ihrer Vorinformationen hinzu: *„Ich hoffe sehr, Ihre Rückreise gestaltete sich baustellenlos und zügig“*. **Begrüßungsmails** erreichen das Büro des Mandanten früher als dieser selbst.

Wieder haben alle drei einen Vorteil: der Mandant kann alle **organisatorischen Anfragen** und Terminwünsche mitten in der Nacht, während der Mittagspause, aus anderen Zeitzonen oder aus dem Flugzeug elektronisch äußern. Er umgeht auf elegante Weise jedes Risiko **gruseliger Anrufbeantwortertexte**[7] **und anwaltlicher Rückruf-Phobien**; immer erreicht er jemanden und ist endlich nicht mehr von „**Öffnungszeiten**“ abhängig!

Auch die Assistentin ist in ihrer **Zeitplanung unabhängiger**, da sie für Antworten auf E-Mail-Anfragen keine besetzten Telefonleitungen, lange Wartezeiten oder die allseits gefürchtete 11-Uhr-Telefonhäufung in Kauf nehmen muss. Vorteil des **Anwalts**: er bekommt von alledem nichts mit.

3. Ihre Assistentin integriert non-verbale Strategien

Ihre Assistentin steht auf, wenn ein Mandant in den Raum kommt. Sie vertritt das **Territorium** in dem Augenblick allein! Sie geht auf seine Augenhöhe und spricht ihn – falls keine Missverständnisse möglich sind – bei seiner Ankunft mit **seinem**

7 Vgl. auch das Kapitel „Kanzleimarketing“.

Namen an, noch bevor er sie begrüßt. Anwälte teilen ihrem Empfang die **Namen und Ankunftszeit von Besuchern** elektronisch mit (nicht der Fall bei Ihnen? Sofort einrichten!).

Die Assistentin bietet von sich aus an, die **passende Anwältin** anzurufen und begleitet den Mandanten zu seinem Platz im Wartebereich oder zu seinem Konferenzraum. Sie nimmt den Mantel ab und bietet Kaffee und Zeitungen an.

Sie steht auch auf, wenn ein **Gast mit Anwalt aus dem Konferenzraum** kommt; sie lächelt, und nickt und geht ihm sogar entgegen, falls der Anwalt den Gast bereits verabschiedet hat. Sie begleitet ihn zur **Garderobe**, fragt nach Ausfahrticket bzw. Taxiwunsch, bietet einen Schirm an und wünscht ggf. „Gute Reise", „Auf Wiedersehen" oder sogar „Bis bald, Herr Bergmann".

4. Ihre Assistentin verwendet elektronische Nachrichtensysteme wie Outlook

Richten Sie alle Anwälte darauf ein, einen **Computer** auf dem Schreibtisch zu haben und diesen auch zu bedienen! In erstaunlich vielen Kanzleien gibt es Anwälte, die aus **geschmäcklerischen Gründen** darauf verzichten.

Richten Sie in allen Computern zumindest Outlook ein (oft besser: eine **Anwaltssoftware**, die u. a. neben interner Kommunikation auch die Einrichtung einer **Kundenkartei** mit diversen **Suchkriterien** ermöglicht) und sorgen Sie dafür, dass alle **interne Kommunikation vereinheitlicht** wird, besonders nach Fusionen, Übernahmen anderer Standorte oder Neuausrichtungen Ihrer Kanzlei.

Verwenden Sie im Sekretariat Outlook[8] für die **elektronische Nachrichtenübermittlung**, aktivieren Sie unbedingt die **Lesebestätigung**[9] und treffen Sie mit Ihrer Assistentin folgende Vereinbarung: Sobald Ihre Assistentin die Lesebestätigung sieht, ist sie nicht mehr zuständig für die Erledigung des Rückrufs, sondern Sie. So sind alle drei Seiten sicher, dass **niemals ein Versprechen gebrochen wird.**

Outlook sichert das Kommunikationssystem während Ihrer Abwesenheiten sowohl Ihrer Assistentin als auch mit Mandanten. Tragen Sie Ihre **Abwesenheiten** jedes Mal ein und aktivieren Sie die **„Out-of-Office Reply"**. Durch beides ersparen Sie sich viel Ärger, Ihrer Assistentin das anstrengende **Dauerflunkern** und Ihrem Mandanten den Eindruck **destruktiv wirkender Unsicherheitsdokumentationen** („Ich muss mal sehen, ob er da ist", „Ich weiß nicht, ob er mit Ihnen sprechen kann", „Ich weiß nicht, wo er gerade ist", „Er war vorhin noch beim Essen", etc.).

---

8 Diverse Anwaltssoftware bietet viele Extra-Features für die Büroorganisation! Auch wenn in vielen Kanzleien die gekaufte Software nur unterhalb ihrer Möglichkeiten genutzt wird, es lohnt sich, ein solches System anzuschaffen!

9 Klicken Sie im Menü *Extras – Optionen* – auf die Registerkarte *Einstellungen* und dann auf Schaltfläche *E-Mail-Optionen* und weiter auf *Verlaufsoptionen*. Dann setzen Sie ein *Häkchen* bei *Lesebestätigung*.

5. Ihre Assistentin führt Ihren Terminkalender

Erreichbarkeit ist eine B-Aufgabe und damit delegierbar. Erfahrungen zeigen, dass das Vertrauensverhältnis zum Anwalt noch keinen Schaden nimmt, wenn dieser nicht sofort zu sprechen ist. Der Schaden tritt erst ein, wenn ihm die Assistentin ein **„Nein ohne Lösung"** zumutet oder wenn der Anwalt nicht oder nicht **innerhalb der versprochenen Zeit** zurück ruft.

Eine geschulte Assistentin vermittelt stets den Eindruck von **Erreichbarkeit des Anwalts** und regiert aus diesem Grund seinen **Terminkalender**. Manche Anwälte sind dagegen. Sie geben an, dass

- es „bei uns nicht anders geht",
- sie andernfalls nicht „Herr ihrer Zeit" sind,
- ihre „Sekretärin das nicht überschaut".

Ihre Assistentin wird, so bleibt zu hoffen, für die Erledigung **eines Teils anwaltlicher B-Aufgaben** bezahlt, die – bei korrekter **Delegation** – für die Assistentin zu **A-Aufgaben** werden.

Falls Sie bislang diese Delegation gescheut haben, weisen Sie Ihre Assistentin probehalber für vier Wochen an, eigenständig alle Termine zu verwalten. Hier kommt ein Text, den sie dazu auswendig lernen kann. Mandanten schätzen diesen Text, weil sie hier „die Wahl haben". Der Text zur Terminvereinbarung – hunderte von Malen erfolgreich getestet – lautet:

*„Wenn ich das alles richtig verstanden habe, Herr Berger, benötigen Sie **dringend** einen Termin bei unserem Spezialisten/Fachanwalt für X-Recht, Herrn Rechtsanwalt Dr. Burgner. Ich habe **schon mal** in seinem Kalender geschaut und zwei Termine **für Sie zur Auswahl** gefunden. Der erste ist **schon** Freitag um 14.30 Uhr, der zweite **wäre** in der nächsten Woche am Dienstag um 15.15 Uhr. **Welchen nehmen Sie?**"*

Sprachstrategen unter Ihnen bemerken den **Indikativ** im ersten, den **Konjunktiv** im zweiten Teil des Satzes. Der erste Termin wird also „nahe gelegt", während der zweite „auch möglich" ist. „Schon" suggeriert **zeitnahe Erledigung**, die beiden Termine und die offene Frage ermöglichen dem Mandanten eine **„gefühlte Wahl"**. Der Subtext ist hier dreifach:

- Wir haben viel zu tun!
- Wir sind gern für Sie da!
- Wir sind gut organisiert!

In manchen Rechtsgebieten wird sie vielleicht nach der generell **besten Terminzeit** fragen, („Passt es Ihnen besser vormittags oder nachmittags?"), bevor sie denselben Text aufsagt.

Falls Sie **ausnahmsweise selbst** einen Termin mit einem neuen Mandanten verabreden, ist Ihr erster Schritt, diesen **an Ihr Büro zu übermitteln**. Falls Sie einen elektronischen Kalender verwenden, programmieren Sie ihn bitte so, dass er **automatisch Kalender-Daten an Ihr Büro überträgt.**[10]

10 Informieren Sie sich in diesem Zusammenhang auch über „Cloud Computing"!

Gewöhnen Sie sich an, **wichtige Besprechungs-Termine als A-Termine** in Ihrem Kalender farblich zu kennzeichnen. Dadurch weiß ihre Assistentin, dass diese **Termine Vorrang** haben: sie wird diesem Mandanten vorgestellt werden, sie darf in der Zeit nicht Mittagspause machen, sie muss andere Termine ggf. verschieben, sie muss evtl. andere Getränke im Konferenzraum eindecken (nach Cappuccino fragen, statt nur eine Kanne Kaffee hinzustellen), den besseren Konferenzraum reservieren, ihn beim Empfang unbedingt mit Namen ansprechen, er darf immer durchgestellt werden, seine Schriftsätze werden zeitlich vorgezogen etc.

6. Ihre Assistentin gibt dem Mandanten „Hausaufgaben" für das Erstgespräch

Hausaufgaben sind ein wichtiges Akquise-Instrument! Sie beweisen eine gute **Teamkoordination** und stärken die **Autorität Ihrer Assistentin** dem neuen Mandanten gegenüber.

Voraussetzung dafür ist lediglich Ihre **Anweisung** an Ihre Assistentin, den neuen Mandanten über alles zu informieren, was er vor dem ersten Gespräch erledigen und zum ersten Gespräch mitbringen muss. Dazu benötigt sie **Listen.**

„Darf ich Sie bitten, drei Unterlagen zu Ihrem Gespräch mitzubringen? Dann geht alles viel schneller. Haben Sie etwas zu schreiben? (warten). *Also erstens den Kaufvertrag. Dann die x-Urkunde und drittens die y-Korrespondenz. Schaffen Sie das alles bis Donnerstag 14.30 Uhr?"* (Termin wiederholen und Kontrollfrage).

Teilen Sie bitte Ihrer Assistentin mit, **welche Unterlagen und Vorleistungen** sie für das erste Gespräch anfordern soll. **Ein Beispiel:** Die Assistentin eines Arbeitsrechtlers sollte – im Falle längerer Abwesenheit des Chefs – aufgefordert sein, den Erst-Anrufer auf das Erstellen einer Zeugenliste vorzubereiten, wenn es sich bei diesem um eine **fristlose Kündigung** handelt.

Der Satz „Bringen Sie bitte Ihre gesamte Korrespondenz schon einmal chronologisch geordnet mit" wird wegen der **fehlenden Spezifizierung** und wegen der **griechischen Vokabel** oft missverstanden und ist damit untauglich.

Bitte bedenken Sie, dass Hausaufgaben nur erledigt werden, wenn sie **stringent, verständlich und charmant** genug präsentiert werden; niemand folgt gern einem **Imperativ**, wenn er sich ohnehin schon klein fühlt.

7. Ihre Assistentin neutralisiert Attacken und nutzt Beschwerden

Unspezifizierte und unquantifizierte Attacken fordern von Ihrer Assistentin alles. Gehen Sie mit ihr die **zehn hauptsächlichen Einwände und Attacken** durch, die sie am Telefon hört. Sie werden feststellen, dass mindestens die Hälfte davon durch **gebrochene Versprechen** ausgelöst worden sind. Das ist wichtig für ihre Reaktion, denn diese ist bei trainierten Mitarbeitern zwei-geteilt:

a) Beschwerdemanagement[11]

Sobald eine **Verfehlung der Kanzlei** Beschwerden ausgelöst haben, befinden Sie sich im „Beschwerdemanagement". **Beschwerdemanagement ist ein Akquiseinstrument**! Es sind vollkommen andere **Kommunikationsstrategien** als beim vorherigen Punkt angezeigt, um **Beschwerden in Pluspunkte** umzuwandeln!

Zunächst **entschuldigt** sich die Assistentin sofort: *„Es tut mir wirklich leid, was da passiert ist. Das ist gewiss nicht im Sinne unserer Kanzlei. Ich möchte mich zunächst dafür entschuldigen und Ihnen anbieten, mich* ***jetzt persönlich*** *darum zu kümmern."* Ihre Assistentin macht sofort **pro-aktive Angebote** und gibt bekannt, dass sie mitschreibt, die **Beschwerde weiter leiten** und **recherchieren** wird, wie es passieren konnte. Manch präsentationsstarke Assistentin hat sogar gute Erfahrungen damit gemacht, nach **weiteren Beschwerden** zu fragen, die sie selbstverständlich **„Optimierungsmöglichkeiten"** nennt: *„Ich bedanke mich bei Ihnen, dass Sie uns das so offen sagen. Für uns ist das wichtig, weil wir dann wissen, in welchen Bereichen wir unsere* ***Leistungen weiter verbessern*** *können. Darf ich fragen, ob Ihnen weitere Optimierungsmöglichkeiten aufgefallen sind? Ich würde sie gern ebenfalls weiter leiten."*

b) Aggressiv unterlegte oder gewohnheitsmäßige Attacken

Liegt dagegen keine Verfehlung durch Sie oder Ihre Kanzlei vor, befindet sich Ihre Assistentin im Bereich der Neutralisierung von **aggressiv unterlegten oder gewohnheitsmäßigen Attacken.**

Solche Attacken deuten auf **stammhirnliche Aktivitäten des Sprechers** hin und sind motiviert durch die beiden Impulse Flucht (=„Abhauen") und Kampf (=„Draufhauen"), in beiden Fällen also durch „hauen".

Entwicklungsgeschichtlich gesehen sicherten diese beiden Impulse das Überleben der Gattung Säugetier, und tatsächlich bedienen sich untrainierte Zweibeiner auch heute noch animalisch-reflexhaft dieser beiden Impulse:

- Rechtfertigung, Schweigen oder Übergehen („Abhauen")
- Gegenangriff, Zurechtweisung oder Vortrag („Draufhauen")

Trainierte Assistentinnen dagegen **entmachten Aktivitäten des Stammhirns**, indem sie einen unmittelbaren **Denkzwang auslösen**. Zu diesem Zweck spezifizieren und quantifizieren sie jede Art von Angriff durch offene Fragen: „Wann genau ist das passiert? Ich würde mir das gern mitschreiben." *„Was kann ich tun, um weiter zu helfen?" „Wie wollen wir verbleiben?" „Was kann ich noch für Sie tun?" „Was darf ich ausrichten?"*

Diese **Technik der Frage** zwingt Angreifer zum Denken, minimiert Widerstände und schlechte Laune und blockiert dadurch die stammhirnlichen Impulse „Flucht

11 Vgl. zum Beschwerdemanagement das Kapitel „Kanzleimarketing".

und Kampf" zugunsten des Denkhirns, das trotz seiner entwicklungsgeschichtlichen Pubertät (es ist einige Millionen Jahre jünger) durchaus erwachsen funktionieren kann – wen man es lässt.

8. Ihre Assistentin spricht nicht über Honorare

Anfragen häufen sich, in denen Ihre Assistentin am Telefon gefragt wird: „Ich möchte mich scheiden lassen; **wie teuer ist das bei Ihnen**?" Fast jede Assistentin könnte das von ihren rhetorischen Fähigkeiten durchaus zufrieden stellend beantworten. Sie sollte es jedoch aus zwei Gründen **nicht** tun: Sie wird in **Debatten** verstrickt werden, die sie **nicht gewinnen** kann, und die **Gegenleistung des Mandanten** kann nicht mehr in **direktem Zusammenhang** mit anwaltlicher Leistung erklärt werden; das macht es dem Anwalt schwerer!

Bewährt haben sich zwei Antworten:

- **„**Ich habe die Anweisung, über anwaltliche Honorare nicht zu informieren. In allen Fällen gibt nur der Anwalt darüber Auskunft und das wird er auch erst tun, nachdem er die Akte eingesehen hat. Alles andere wäre unseriös.**"** Der Hinweis auf die Anweisung und auf die „fehlende Seriosität" wird weitere Nachfragen an die Assistentin ganz ohne Drama verhindern helfen.
- Es gibt nur eine **Honorarinformation,** die bei Bedarf schon im telefonischen Empfang ausgesprochen werden sollte. Es ist die Antwort auf die ungeduldig unterlegte Frage: „Sie müssen doch wissen, was ein erstes Gespräch kostet!" In der Situation hat sich vielfach bewährt: **„**Da haben Sie Recht. Bei einigen wenigen unserer Mandanten (Perspektivwechsel!)[12] hat ein einziges Gespräch ausgereicht, und das kostet maximal 190 Euro plus MWSt."

In machen Kanzleien ist der Telefonempfang angewiesen, den Honorarmodus (etwa: Vorschussforderungen, PKH Anträge etc.) sofort zu erwähnen. Bitte auch in diesem Fall eine **einheitliche Anweisung** geben, wie sich verhalten werden soll.

IV. Kanzleiführung – Anwälte unterstützen ihre Assistentinnen

Der Telefonservice ist eine zentrale **Managementaufgabe. Anwälte unterschätzen ihn** – bewusst oder unbewusst – vor allem in seiner akquisitorischen Funktion. **Anwälte sind Führungskräfte**! Sie haben durch Anweisungen, deren Kontrolle und durch ein **einheitliches, verlässliches Führungsverhalten** dafür zu sorgen, dass der **Telefonservice die Akquise befördert.**

12 Perspektivwechsel wird erklärt im Kapitel „Durchsetzung".

Motivation und das Gefühl, in den Kanzleizusammenhang mit festgelegten Aufgaben **sicher eingebunden** zu sein, gibt den Mitarbeitern **Selbstbewusstsein** und wird sie beflügeln, **eigenständiger** zu arbeiten, den Chef gern und bedeutend umfassender zu **entlasten**, den „Griffel nicht um 17 Uhr wegzuwerfen" und die **Mandanten als höchstes Gut der Kanzlei** zu sehen. Motivieren Sie Ihre Assistentinnen dazu! Machen Sie sich bewusst:

Tipp

Wenn einer nur darf, wenn er soll aber nie kann, wenn er will, dann mag er auch nicht, wenn er muss. Wenn er aber darf, wenn er will, dann mag er auch, wenn er soll, und dann kann er auch, wenn er muss. Daraus folgt: Diejenigen, die können sollen, müssen wollen dürfen!

Durch die enge **Verbindung zwischen Assistenz und Anwalt** und durch klar kommunizierte **Koordination beidseitiger Aufgaben** wird Akquise einfach!

Bei jedem In-house-Telefontraining sind daher die Chefs bzw. Partner der Sozietät oder des Standorts aufgerufen, während der letzten Stunde des Trainings dabei zu sein. In dieser Stunde erfahren sie in Gegenwart ihrer Assistentinnen, was sie **selbst tun** könnten, um den **Telefonservice noch effizienter zu gestalten**. Die Assistentinnen präsentieren bei dieser Gelegenheit ihren Chefs eine **Wunschliste**:

- **Genaue Anweisungen geben, an die sich alle Anwälte halten**
  - Sollen wir eigenständig die **Terminvergabe** regeln?
  - Welche **Papiere** muss der Erstmandant mitbringen?
  - Wer ist **A-Mandant** mit welchen Sonderrechten?
  - Sollen wir den Kern der Sache erfragen und auf der **Rückrufmail** vermerken?
  - Sollen wir die **Daten** des Erstanrufers komplett erfragen und in die **Kundenkartei** eintragen?
- **Rückrufe**

Bitte alle **Rückrufe** unbedingt immer wie versprochen durchführen. Alles andere vergeudet Zeit und Energie. („Mandanten werden sauer und lassen das bei uns ab. Sie blockieren 1/3 unserer täglichen Telefonzeit.").

- **Nie ein „Nein ohne Lösung" bieten!**

Auch Anwälte halten sich an diese Regel! Wenn „jetzt" kein Anrufer durchgestellt werden darf, wann dann? („Wir müssen sonst 30x am Tag lügen und vertrösten.")

- **Den Empfang entlasten (besonders in Großkanzleien)**

Er hat besonders vor 9.00 Uhr und nach 17.00 Uhr viele Doppelaufgaben mit der Folge, dass in diesen Zeiten Mandanten-Anrufe zu den Sekretariaten einfach durchgestellt werden, **ohne Ansprache und Weitergabe** von Informationen. Weitere Folge davon: auf dem Display ist meistens noch „Empfang" zu erkennen, so dass die Assistentin denkt, dass es sich um einen internen Anruf vom Empfang handelt und sich entsprechend leger mit „Hallo Sabine" am Telefon meldet.

- **Höflichkeit**

Ihrer Mitarbeiterin pro-aktive **Höflichkeit** zeigen und sagen, wann aus den Sekretariaten etwas benötigt wird, statt wild herum zu suchen („Wir helfen gern.").

- **Probezeit einrichten**

Eine Probezeit einrichten für das persönliche Vorstellen neuer Mandanten und für das Senden einer **Begrüßungsmail.** („Wir würden beides gern mal ausprobieren.").

- **Loben**

Mehr **loben** („Wir möchten ernsthafter und konkreter gewürdigt werden.") und häufiger **konstruktiv kritisieren** („Wir wüssten immer gern, wie wir etwas besser machen können.").

- **Kooperation**

Unbedingt **an einem Strang ziehen**! („Der eine sagt das, der andere das; wir können es keinem Recht machen.")

- **Terminkalender**

  - Ihre **Terminkalender vereinheitlichen** und **synchronisieren** („Acht Anwälte verwenden vier unterschiedliche Kalender, einer davon ist aus Papier und liegt im Anwaltszimmer unter einem Meter Akten.").
  - Alle **Abwesenheitszeiten** und ungestörte **Arbeitsstunden** in der Anwaltssoftware eintragen. („Wir müssen uns sonst immer was aus den Fingern saugen. Ganz peinlich, wenn der Anwalt mit dem Mandanten bereits geredet hatte. Wenn wir das nicht wissen und auftragsgemäß behaupten, er sei weg, wird unsere Flunkerei auch noch enttarnt!")
  - Alle **Namen von Besuchern** eintragen, damit wir die Gäste **freundlich mit korrekten Namen begrüßen** können. („…, auch wenn sie den Anwalt nur mittags zum Lunch abholen.")

- **Konferenzräume**

Alle **Konferenzwünsche rechtzeitig mitteilen.** („Das Eindecken eines Raums kostet Zeit. Das geht nicht auf Zuruf!")

- **Mandantendatei**

Ihre **Kundenkartei** regelmäßig pflegen lassen („Wir können keine **sicheren Kollisionsprüfungen** durchführen, wenn ein Gegner nicht oder nicht vollständig in der Kundenkartei aufgeführt ist. Wir pflegen die Kundenkartei auch gern selbst, brauchen dafür aber eine Anweisung.")

- **Mitarbeiter-Feedback**

Ein regelmäßiges Mitarbeitergespräch einrichten, um Abläufe zu optimieren.

---

i **Tipp**

MMM, der „Montag-Morgen-Muntermacher" hat sich bewährt, ein „jour fixe" einmal im Monat; wechselnde Partner/Chefs richten ein Arbeits-Frühstück für alle aus – mit Tagesordnung! – ab 8.00 Uhr pünktlich. Alle sind zur Anwesenheit verpflichtet.

---

i

Erfolgstipps
- Binden Sie Ihre Assistentin viel mehr in die Akquise ein!
- Geben Sie mehr Anweisungen organisatorischer Art – und halten Sie diese selbst ein!
- Fordern und fördern Sie sie viel mehr! (ehrliches Lob und detailreiche Kritik!)
- Richten Sie den „MMM“ ein – Montag-Morgen-Muntermacher! (jour fixe)
- Geben Sie organisatorische Aufgaben an sie ab. Schaffen Sie sich Zeit für A-Aufgaben!

Beauty Contest

90% direkte Akquise 10% indirekte Akquise

„*Das ist ein Mix aus blinde Kuh und russischem Roulette*“, beschreibt der Inhaber einer Werbeagentur[1] diese Akquisemethode – und viele Anwälte schimpfen mit ihm: Die **verlangte Präsentation einer Kanzleileistung** für einen Anfrager wird „Beauty Contest“ oder synonym auch „Pitch“ genannt. Die Methode ist **teuer, zeitaufwändig** und vollkommen **unsicher im Ergebnis.**[2] Zu **viele Faktoren** beeinflussen die Entscheidung.

Wer jedoch durch dieses Akquise-Instrument schon **Mandate und Mandanten** gewonnen hat, strebt **Einladungen** zu solchen „Schönheitswettbewerben“ immer wieder an – und bekommt sie auch!

Dieses Kapitel wird in elf Abschnitten behilflich sein, Ihre Kanzlei für **Einladungen zu solchen Pitches zu qualifizieren und** Ihre Chancen während eines solchen **Auswahlverfahrens** zu erhöhen:

I. Definition
II. Steckbrief
III. So werden auch Sie eingeladen
IV. Vorbereitung
V. Anforderung an die Präsentatoren
VI. Präsentationsteam
VII. Auswahlkriterien der Anfrager
VIII. Rhetorik
IX. Fragen der potenziellen Mandanten
X. Aus diesen Gründen scheitern Anwälte im Beauty Contest
XI. Peer-Review-Verfahren

I. Definition

Der „Beauty Contest“ ist der **Wettbewerb** mehrerer Kanzleien um ein meist **zeitlich** und **finanziell umfängliches** oder auch **sehr spezialisiertes**, in jedem Fall **imageträchtiges Mandat**. Die Anfrager sind oft Rechtsabteilungen eines Konzerns auf der

1 Eduard Böhler, Präsident des Creativ Club Austria (CCA).

2 Viele Kanzleien wurden mehrfach zweite, blieben jedoch positiv in Erinnerung der Anfrager mit der Folge späterer Mandatierung – und dann ohne weitere Präsentation! Die Mühe lohnt sich nachgewiesenermaßen auch, wenn Sie mehrmals zweiter oder sogar Dritter werden!

Suche nach **quantitativer oder qualitativer Unterstützung** oder auch mittelständische Unternehmen ohne eigene Rechtsabteilung, die vor einer großen Aufgabe stehen und ein **juristisches Beraterteam** brauchen.

Die erweiterte Definition umfasst im **viel kleineren Bereich** alle Situationen, in denen ein zukünftiger Mandant anruft, um **Anwälte in ihren Leistungen zu vergleichen**, bevor er das Mandat erteilt.

II. Steckbrief

Seit 1995 trainieren deutsche Anwälte[3] ihre **Präsentationstechniken und Teamauftritte** für diese „*wichtigsten 45 Minuten meiner Karriere seit dem Staatsexamen*" (ein Anwalt).

Die **telefonische Anfrage** nach einem „Beauty Contest" dauert im Regelfall zwischen 3 und 15 Minuten, die schriftliche per E-Mail oder Brief kann von vier Zeilen bis zu drei DIN-A-4 Seiten lang sein.

Die Anfrager sind in der Regel **Aktiengesellschaften** oder **größere GmbHs** sowie **stark spezialisierte**, kleinere Mittelständler. Manchmal stellen Rechtsabteilungsmitarbeiter den Kontakt her, manchmal treten diese gar nicht in Erscheinung. **Inhabergeführte Mittelständler** melden sich entweder persönlich oder lassen durch ihren Geschäftsführer den Bedarf skizzieren.

Je höher das erwartete **Honorarvolumen**, je langfristiger der erhoffte **Imagegewinn** und je größer die **Chancen** zu gewinnen, desto mehr **Zeit und Geld investieren Anwälte** in seine Vorbereitung. Sie bereiten sich zwischen einem halben Tag für einen Anwalt und zwei Wochen für drei Anwälte vor. Für jede Teilnahme werden zwischen € 1.000 und € 150.000 investiert. Einschlägig arbeitende Kanzleien erhalten **bis zu fünf Anfragen im Monat**.

Nicht jede angesprochene Kanzlei darf sich persönlich präsentieren. Bereits das vorab **schriftlich eingereichte Material** führt bei etwa jeder dritten Anfrage zur **Absage**. Verantwortlich dafür sind **unergiebige Referenzmandate**[4] **und unzureichende Deallisten**.

Zwischen Anfrage und Präsentation vergehen bis zu 14 Tage. Das Ergebnis erhält man meist wenige Stunden danach, spätestens nach zwei Wochen.

Die Präsentationsteams bestehen auf beiden Seiten aus jeweils bis zu fünf Mitgliedern. Die Präsentation selbst dauert zwischen 30 und 200 Minuten.

Die benötigten **Rechtsgebiete** umfassen hauptsächlich M & A, Gesellschafts-, Arbeits-, Internationales Steuer-, Kartell- und Wettbewerbsrecht. In internationalen Zusammenhängen werden während der Präsentation per Video oder Telefon Kanz-

---

3 Amerikanische Anwälte verwenden diese Methode seit 1989.

4 Vgl. auch Kapitel „Reputation".

leipartner zugeschaltet. Immer häufiger finden die Präsentationen in Englisch statt und immer mehr **mittelständische, spezialisierte Kanzleien** und auch Boutiquen werden um eine Beteiligung gebeten.

III. So werden auch Sie eingeladen

Wie gelangt man auf die Einladungsliste zu einem Beauty Contest? „*Interne Mundpropaganda ist der beste Weg*", berichtet Thomas Lünendonk.[5] Er hat 32 Konzerne, darunter 17 DAX notierte Unternehmen zu ihren **Auswahl-Modi für Berater** befragt. Alle haben einen **Kriterienkatalog für Beratungsaufträge**.

Professionelle Einkäufer von Rechtberatungsleistungen haben eine gute Nachricht für **Anwälte mit Expansionswünschen**: Diese müssen nicht länger unbedingt mit dem Vorstand eines Unternehmens Golf spielen, um einen **Beratungsauftrag** zu ergattern. Es zählen nicht mehr – wie früher – die Beziehungen nach ganz oben bei der Akquise, sondern „*heute sollten Berater auch in Kontakt bleiben mit Projektleitern und dem Einkauf. Denn der pflegt die Beraterlisten und hält deren Leistungen nach.* [...] *Viele Berater versuchen auch, durch kostenlose Workshops und Projekte einen Fuß in die Firmentür zu kriegen und ihre Referenzlisten aufzuhübschen.*"[6]

Reputation[7] ist in jedem Fall entscheidend für die Häufigkeit solcher Einladungen. „*Wer keinen etablierten Namen hat, kann hier nicht mitmischen*", beschreibt Markus Hartung[8] die Konsequenz einer hauptsächlich **umsatzbasierten Splittung der deutschen Anwaltschaft** in den letzten acht Jahren. Mit einer **Vielzahl wegweisender Zahlen** erläutert Hartung, dass, wodurch und wie sehr sich in Deutschland die 30 umsatzstärksten Kanzleien **von der Restgruppe abgesetzt** haben und warum das für andere Kanzleien schwer einholbar ist.

Indiziell belegten, laut Hartung, konstant angestiegene Anwaltshonorare in diesem Segment einen „**Nachfrageüberhang**" in Großkanzleien. Dieser sei dadurch möglich geworden, dass die Anfrager sich bislang nicht um **kostengünstigere Alternativen zur Rechtsberatung durch Großkanzleien** gekümmert hätten.

Diese Erkenntnis bietet eine **großartige** und bislang völlig **ungenutzte Akquisechance für Boutiquen**: Überdeutliches Engagement, kontinuierliche Spezialisierung und ein unveränderter Zielfokus in Verbindung mit der **Wendigkeit einer**

5 Thomas Lünendonk, Gründer der Lünendonk GmbH – Marktforschungsinstitut in Kaufbeuren zitiert nach „Berater auf dem Laufsteg", *Terpitz*, Handelsblatt online v. 15.5.2007.

6 Susanne Koppelmann, verantwortlich für den Einkauf von Professional Services bei der Bayer AG, zitiert nach „Berater auf dem Laufsteg", *Terpitz,* Handelsblatt online v. 15.5.2007.

7 Vgl. auch das Kapitel „Reputation".

8 „Marktentwicklung bei großen wirtschaftsberatenden Kanzleien in Deutschland", Anwbl 2011, S. 607, 611; Markus Hartung ist Direktor des „Bucerius Center on the Legal Profession" an der Bucerius Law School in Hamburg.

kleinen Organisation, das macht Boutiquen zu relevanten Marktplayern. Alle Faktoren formen gemeinsam den **„Namen am Markt“**. Boutiquen mit Stärken in allen vier Bereichen schlagen Großkanzleien schon heute.

Sie schaffen den **Einstieg in die „Luxusliste“** der 30 Großkanzleien durch vier Maßnahmen:

- Nutzen Sie den **Kostendruck** in Unternehmen nach der Währungskrise und bieten **geringere Stundensätze.**
- Senken Sie die Eintrittsschwelle durch inhaltlich begrenzte **„Probemandate“** und bieten eine reelle **Vergleichsmöglichkeit** zu Großkanzleien.
- Beweisen Sie **wendige Kompetenz**, **besondere Flexibiliät** (klein ist schnell!), eine **erhabene Publikationspolitik** (auch elektronisch) und eine durchgehende **öffentliche Vortragstätigkeit** auf **eingeschränkten Gebieten**[9] für eine **begrenzte Klientel.**
- Weisen Sie ein an den Schnittstellen **störungsarmes Kooperationsnetz** nach.

IV. Anforderung an die Präsentatoren

Die **Anforderungen an die Präsentatoren** werden **schärfer.** Ein Erfolgsfaktor für den Sieg war unter anderem der **Umgang mit den folgenden Punkten.**

Anfrager aus Dax Unternehmen haben schon:

- **umfängliche Angebote über Wochenenden und Feiertage verlangt.**

Wie wichtig ist es Ihnen? Falls Sie das Mandat haben wollen, ohne zu murren **über das Wochenende zu arbeiten.** Splitten: Nur **das wichtigste Drittel** zur Präsentation mitbringen, den Rest **mit Zeitlimit** ankündigen und, so gut es eben geht, **mündlich vortragen.** Zur Not: Falls sich etwas verschieben lässt, ganz verschieben.

- **viel zu kleine und zu dunkle Räume ohne ausreichende Getränke angeboten.**

Manieren sind Glückssache. Egal, ob dies aus taktischen Gründen oder versehentlich oder mangels anderer **Räume geschieht: Übersehen**, übergehen, das Beste draus machen! Bestaunen Sie die **Riten Ihrer Gastgeber**, ohne sie je übel zu nehmen oder gar zu übernehmen! Dissoziieren Sie sich. **Keinerlei Bemerkung** dazu, falls keine vom Gastgeber kommt!

- **Kanzleien rausgeschmissen, weil ein Anwalt die Abteilungsleiterin (verwechselt mit Sekretärin!) um einen Kaffee gebeten hatte.**

Sie haben **keine Hoheit in diesem Gewässer**! Reißen Sie sich zusammen! Kommen Sie ohne Kaffee aus oder fragen Sie im Notfall **offen** den Konferenzleiter! Er ist hier der Chef. Vorsicht! Normalerweise ist es ihm peinlich, wenn seine Mitarbeiter so etwas vergessen haben. Beobachten Sie lieber zuvor, ob anderen **dasselbe fehlt wie Ihnen**, machen Sie evtl. **Allianzen** und schauen Sie, wie die anderen das regeln. Dieser Fall

9 Vgl. auch das Kapitel „Reputation“.

ist so selten, denn der Anfrager will nicht Ihre **Ich-Resistenz** testen, sondern Ihre **Kompetenzen** kennen lernen! Daher **wird er Sie gut behandeln**!

- **vier Anbieter innerhalb von zwei Stunden eingeladen; alle trafen sich im Flur.**

Das ist ein Vorteil! In einem solchen Fall wissen Sie, dass der Anfrager es entweder **bewusst oder unbewusst** auf einen **Stresstest** angelegt hat, übrigens **auch für sich selbst**. Vielleicht will er nicht zwei Tage das Hotel bezahlen! Vielleicht kam das Konsortium nur an dem Tag zusammen. Vielleicht ist es auch **für den Anfrager aufreibend und ungemütlich**. Lächeln Sie darüber. Freuen Sie sich, dass Sie zu den Eingeladenen gehören. **Nutzen Sie auch die Zeit**, um herauszubekommen, wie die anderen auftreten.

- **während der Präsentation gegähnt und auf die Uhr geschaut.**[10]

Das ist ein derzeit noch **kostenloser Hinweis: Sie lösen Langeweile aus!** Selbst nach einer durchzechten Nacht oder nach Störungen durch drei masernkranke Kinder darf der Anfrager **nicht gähnen müssen**, während Sie Ihre **Leistungen präsentieren**! Sie haben doch hoffentlich nicht als vierter Präsentator langweilige Informationen von langweilen PowerPoint Folien abgelesen? Nehmen Sie es immer als Ansporn, Ihre Präsentation **ohne jede Zeitverzögerung zu unterbrechen. Sofort Beamer aus**. Alles **dialogisieren**. Sofort **mehr Fragen** stellen! Gehen Sie auf die **Meta-Ebene:**[11] „Bin ich auf der richtigen Spur oder habe ich das Thema verfehlt? Ich glaube, ich setze noch mal an." Oder: „Ich habe den Eindruck, dass ich doch Ihren Bedarf nicht hundertprozentig treffe. **Welche Richtung wünschen Sie**?"

- **sich in Dialoge mit einem Anwalt begeben; alle anderen aus dem Anwaltsteam kommen nicht zu Wort.**

Sie beweisen dadurch Ihre **schlechte Vorbereitung**! In Ihrem Präsentationsteam sind mehrere Anwälte? Dann obliegt es dem „Senior" der Runde, dafür zu sorgen, dass **alle in der Runde ihre Kompetenzen beweisen können**. Eine Fachfrage, die ihm gestellt wird, **gibt er weiter** an seine Teamkollegen! Für den **Akquisefehler „Dialogfalle"** sind immer zwei verantwortlich: der, der sie anstößt und der, der **so etwas zulässt**! Wozu haben Sie Ihre Teamkollegen mitgebracht? Ein **Desaster**, wenn einer aus Ihrem Team nicht zu Wort kommt! Sie erwecken dadurch den Eindruck, **altmodisch patriarchalisch** organisiert zu sein und vor allem: dass Sie **Ihrem eigenen Team nichts zutrauen** (!), dass das Team selbst **nichts kann** und **keinen Ehrgeiz** hat!

- **den Termin einen Tag vor der Präsentation abgesagt.**

Niemals persönlich nehmen. Nach Gründen fragen. Oft sind die ganz harmlos. Fragen nach **Ersatztermin**, wenn der nicht sofort mitgeteilt wird. Fragen, was mit dem **eingesandten Material** geschehen soll. Fragen, ob **weiteres Material**

---

10 Das ist selbstverständlich eine Folge langweiliger Präsentation.

11 Meta-Ebene = eine Ebene „höher", nämlich „über das Gesprochene sprechen" („Ich glaube, jetzt habe ich es unverständlich dargestellt. Ich fange noch mal neu an.").

gewünscht wird. Nach Themen fragen, die man **in der Zwischenzeit vorbereiten** darf. Sich freuen, dass Sie viel **Zeit gewonnen** haben! Gehen Sie endlich mal vormittags Eis essen!

- **ihre Einkäufer mitgebracht, nur um den Preis zu drücken.**

Niemals persönlich nehmen. Das würden Sie doch auch tun, wenn Sie der Anfrager wären. Das ist also nicht schlimm. Schlimm ist, wenn Sie Ihre Antworten auf das **zu erwartende Gefeilsche** nicht genauestens **einstudiert** und mit allen anderen **abgesprochen** haben. Schlimm ist, wenn Sie sich in der **Partnerrunde** nicht klar sind, wie Sie gemeinsam mit so etwas umgehen, und schlimm ist, wenn Sie **vor Ort einknicken** und von einer **einmal geäußerten Honorarforderung abgehen**, weil jemand Einwände hat. Das **beschädigt Ihr Image** nach außen und sorgt auch nicht immer für ein **kongruentes Selbstbild**. Lieber von vornherein die Bedingungen für **Pauschalen** nennen oder eine **„Einstiegsrate"** für **den ersten Teil des Mandates vorschlagen**.

- **Spezialwissen aus einem Pitch gesaugt, ohne zu beauftragen.**

Einzige schlüssige, mir bekannte Lösung: Sich **still ärgern** und beim zweiten Mal **erneut antreten**. Etwas Verlust ist immer! Komplizierte **rechtliche Fragen** schließen sich an eine solche Situation an.[12] Sie zu verfolgen, hieße: für immer den Kontakt abbrechen, sich als schlechter Verlierer zeigen und nicht die **eigene Prophylaxe zu optimieren**. Die besteht in der Beantwortung folgender Fragen im Vorfeld der Präsentation: Wie groß ist das **Auftragsvolumen**? Wie viele/welche **Mitbewerber** habe ich? Wann wird der Pitch entschieden? Es gibt übrigens **„schwarze Schafe"**, die für das honorarlose Abgraben von Spezialinformationen bekannt sind; sie wollen sich Anwaltshonorare ersparen. Sprechen Sie das an, von Geschäftsfrau zu Geschäftsfrau: „Sie wissen ja wie das im Geschäft läuft: Irgendwann möchte man ein Ergebnis sehen. Deshalb meine Frage: Wann dürfen wir mit dem nächsten Schritt rechnen?"

V. Vorbereitung

„Der Anfrager braucht normalerweise keine Beweise für unser Fach- und Branchenwissen; er will vor allem sicher sein, dass wir sein Vertrauen rechtfertigen." So skizziert ein Partner einer Großkanzlei die Notwendigkeit, sich auf den Anfrager einzustellen. **Vorbereitung**, so führt er weiter aus, sei dabei fast alles; suboptimal informiert in einen Beauty Contest zu gehen bedeute **reine Geldverschwendung.**

Was ist also zu tun?

Zunächst wird die **Webseite** des Anfragers akribisch studiert. Sie gibt Auskunft über die Gesellschaftsform, aktuelle Firmenentwicklungen, Kooperationspartner,

---

12 Vgl. etwa http://www.karstenundschubert.de/nc/publikationen/designrecht.html, *Schubert/Jehle*, „Fallstricke und rechtliche Möglichkeiten bei der Teilnahme an Pitches".

Großaufträge, Presseberichte, patentierte Produkte, derzeitige und frühere (Rechts-) Berater, Öffentlichkeitsarbeit, Personalwechsel in der Führung, Fusionen, hierarchische Strukturen, derzeitige Projekte, Unternehmens- bzw. Branchenvokabular und neue Geschäftsfelder.

Dann wird das **Anschreiben** untersucht: Was braucht er wirklich? Welchen Bedarf skizziert er wörtlich? Welcher gewöhnlich dahinter liegende **Beratungsbedarf** wird nicht ausdrücklich erwähnt? Welche **Rechtsberatungsfelder** sind für ihn derzeit **uninteressant?**

An dieser Analyse orientiert sich welches **schriftliche Material** dem Anfrager vorab übersandt wird. Relevante Mandate werden in der **Dealliste** prominent erwähnt.

Gibt es eine **Historie** mit diesem Anfrager? Wie kam der Anfrager darauf, uns einzuladen? Vertreten wir seine **Lieferanten**? War schon einmal eine Führungskraft des Hauses in einem unserer **Vorträge**? Gab es **Messekontakte**? In welche unserer Abteilungen oder Standorte bestanden schon einmal **Verbindungen** oder zu einer seiner Gesellschaften? Wann war das? Wer war beteiligt? Mit welchem **Ergebnis**? Welche **Erfahrungen** haben wir in der **Branche** zu bieten? Was kriegen wir außerdem über unsere **interne Dokumentation** heraus?

Partner laden den Anfrager in manchen Fällen zum **Lunch** oder zu **Industrieevents** ein, besonders wenn sie ihn kennen, wenn Kollegen des Hauses ihn schon beraten haben oder wenn sie dieses Vorgehen aus anderen Gründen als **nicht peinlich oder übergriffig** einschätzen.

Welche unserer bestehenden oder ehemaligen Mandate taugen in diesem Fall als **Referenz**? Welche davon dürfen wir veröffentlichen? Welche unserer Mandanten könnten wir zusätzlich um **Genehmigung zur Veröffentlichung** bitten? Kriegen wir durch ein **Telefonat** mit dem Anfrager im Vorfeld der Präsentation weitere relevante Informationen, die uns bei **Auswahl der Unterlagen**, bei der **Zusammenstellung des Teams** und bei der **Kurzpräsentation** einer rechtlichen Vorgehensweise helfen könnten?

Tipp

Die elektronische Standard-**Kanzleipräsentation** ist für fast jeden Anfrager aus zwei Gründen langweilig:

- Die Präsentation ist visuell intolerabel mit viel zu viel unsortierten Details und
- er kennt die Inhalte längst! Er hätte sich nicht an die Kanzlei gewandt, wenn deren Reputation im angefragten Bereich nicht tadellos und über jeden Zweifel erhaben wäre. Kanzleipräsentationen werden daher im Vorwege oft lediglich als elektronisches Handout überreicht.[13]

---

13 Anwälte aus Großkanzleien berichten, dass vorab übersandte Kanzleipräsentationen für die Anfrager sogar so uninteressant sind, dass sie nicht einmal während der Präsentation ausgedruckt vorliegen.

Dann wird der **Wettbewerb** untersucht: Welche Kanzleien sind schon einmal in der Presse **zusammen mit diesem Anfrager** aufgetaucht? Wissen wir, gegen wen wir antreten? Was können wir besser als sie? Was haben dagegen die Mitbewerber, was wir nicht haben? Wann treten wir an? Sind die Anfrager nach drei Präsentationen schon müde oder jedenfalls am Anfang noch frisch?

Jede Kanzlei hat in den Augen der Anfrager Schwächen. Kanzleien ermitteln ihre Schwächen selbst und lernen die Antworten auf besonders **kritische Fragen** in diesem Bereich auswendig.

Bei wichtigen Präsentationen **trainiert** das Team seinen Auftritt. **Exakte Abläufe von Begrüßung bis zum Abschied werden nachgestellt, die Rollen der Teammitglieder festgelegt, der Moderatorenstatus**[14] **wird geprobt, in Rollenspielen werden weitere Schwächen aufgedeckt** und **weitere Stärken ausgebaut**, kritische Fragen werden beantwortet und ursprünglich eingeplante **Folien** werden in **Anzahl der Worte** und **Anzahl der Folien** um mindestens **80 % reduziert.**

Die **Vorbereitungszeit** kann bis zu 400x so lange dauern wie die Präsentation selbst.

VI. Präsentationsteam

Wer geht mit? Diese Frage richtet sich **nicht nach Zeitplänen der Kanzlei**, sondern nach dem **Bedarf des Kunden**. **„Meet the Need“**[15] ist das Erfolgsrezept! Alle **explizit gewünschten Rechtsbereiche haben einen Vertreter am Tisch**. Zusätzlich empfiehlt es sich, nicht ausdrücklich erwähnte Rechtsgebiete zu repräsentieren, falls diese im skizzierten Fall nötig werden. Teams wirken durch diese Maßnahme **visionär und erfahren.**

Das „**Matching**“ von Seniorität, Hierarchieebenen, Personenzahl, Geschlecht und Sprache ist eine weitere **Erfolgskomponente**: Ist das Anfragergremium zusammen mit dem 62-jährigen Vorstand hochkarätig besetzt, fühlt es sich gegenüber einer Runde frisch gegelter 38-jähriger Aufsteiger vermutlich **nicht ernst genommen**. Investmentbanker dagegen empfinden schlagartig **Misstrauen**, wenn sie zwei 60jährigen Anwaltsstars gegenüber sitzen. Sie fragen sich: **Wo bleiben die jungen Wilden**? Veraltete und **patriarchale Kanzlei-Strukturen** werden von **zwei Geschäftsführerinnen** im Anfragerteam assoziiert, wenn eine in Ehren ergraute Herrenriege die Kanzlei präsentiert. **Gleichgültig gegenüber einem Mandat** wirkt auch eine Kanzlei, die **nur einen Anwalt** zu einer Präsentation vor vier Anfragern entsendet. Will der Anfrager einen Teil der Produktion nach Polen verlegen, sollte ein **polnischsprachi-**

---

14 Der Senior moderiert das Gespräch, verteilt Redebeiträge und bringt selbst keinerlei inhaltliche Beiträge.

15 In Deutsch etwa: „den Bedarf zufrieden stellen“.

ger Anwalt mitkommen oder per **Video** zugeschaltet werden können, zumindest hätte man Zahlen und Fakten polnischer Kooperationspartner, darunter vor allem Kenner des polnischen Steuerrechts, **präsentationsfertig in der Tasche**.

Interkulturelle Kenntnisse können entscheidungserheblich sein: Japaner benötigen für eine positive Grundstimmung dieselbe Anzahl von Personen auf der Gegenseite und empfinden auch ein eigenes „Nein" als Beleidigung, Amerikaner lieben Small Talk und sagen frei heraus, was sie denken.

Bei großen Transaktionen begleitet ein **Seniorpartner** das Team und nimmt die **Moderatorenrolle** ein: Kommt eine Frage aus dem Arbeitsrecht, leitet er diese weiter an seinen 20 Jahre jüngeren Spezialisten. Der Senior präsentiert dadurch sein **Team** und zeigt, dass er den jüngeren Anwälten **vertraut**. Er hat sie eingestellt – und das nicht ohne Grund! Dieses Verhalten ist überaus ansteckend und entlastet übrigens während des Mandats in einem kuriosen Umfang Zeitkonten: der Mandant wird in solchen Fällen nicht mehr verlangen, wegen jeder Frage den Senior zu sprechen.

Kann wegen der oftmals knappen Vorbereitungszeit nicht der passende Partner zur Stelle sein, wird ein anderer mit den passenden Informationen geschickt. Findet die Präsentation vor der **Rechtsabteilung** statt, sollte man sich vor allem auf die Erörterung von Rechtsfragen einstellen. Je mehr Nicht-Juristen auf Seiten der Anfrager sind, desto weniger diskutieren sie Rechtliches!

VII. Auswahlkriterien der Anfrager

Die Anfrage enthält **Eckdaten** und normalerweise **keine Details**. Trainierte Anwälte fragen nach. Schon beim ersten **Nachfass-Telefonat** (E-Mails zum Nachfassen sind suboptimal, um einen persönlichen Kontakt aufzubauen) erfassen sie daher **möglichst viele Details des Bedarfs**, erkennen vielleicht schon darin die **Kaufkriterien des Anrufers** sowie **Anforderungen an das Team** und das vorab übersandte Material. Welche **Fragen** werden kommen? Welche sind schwierig zu beantworten? Besonders in Zeiten während und nach einer Kanzlei-Fusion werden darüber hinaus die **neuen strategischen Eckdaten** der Kanzlei und die Antworten auf allgemeine und spezielle Fragen abgestimmt und **einstudiert.**

Innere Auswahlkriterien der Anfrager, d. h. wichtige **innere Werte**, wie Qualität, Kompetenz, Zuverlässigkeit und Transparenz werden ebenso bei den künftigen Rechtsberatern vorausgesetzt, wie untadelige **Rechtskenntnisse** und eine erstklassige **Kosten-Nutzen-Relation**. Seine Werte treten hauptsächlich durch folgende Fragen in Erscheinung:

- **Können die Service?** Der entscheidende Unterschied liegt für ihn oftmals im **Service**: Ist die Kanzlei in der Lage, während des Mandats immer denselben Ansprechpartner zu bieten („**One-Face-to-the-Customer**")? Werden Zeiten eingehalten? Sind die Teams flexibel? Werden Versprechen gehalten? Kommen alle Informationen rechtzeitig? Machen die auch mal was am Wochenende?

- **Können die Empathie?** Gekauft wird allein durch Vertrauen; die Rechtskenntnisse gibt es überall! **Versteht und durchdringt** der Anwalt das Anliegen? Kennt er unsere Branche? **Fühlt er sich in uns ein**? Hat er seine **Hausaufgaben** gemacht? Geht er ehrlich und lösungsbereit mit eigenen Schwächen um? Versteht er **Widerspruch als Chance**? Können wir ihm **vertrauen**? Kann man sich an diesen Berater **anlehnen** und ihm andererseits **vorgeben**, was er tun soll? Wir wollen keinen selbstverliebten Besserwisser oder sendungsbewussten Guru, aber auch kein Weichei, das uns nie widerspricht!
- **Können die „One-Stop-Shop"?** D. h. bietet er alles aus einer Hand an – besonders in solchen Fällen, in denen er selbst nicht alle gewünschten Rechtsberatungsleistungen bereit hält sondern durch **Kooperationspartner** abarbeiten lässt? Sagen die uns rechtzeitig, wann wir am besten die Steuerrechtler hinzu ziehen? Geht das alles über **einen Tisch**, und einer **behält immer den Überblick**?
- **Können die Transparenz?** Sind die Anwälte bei der Erwähnung unserer Gegenleistung genauso sicher und verbindlich wie bei der Erläuterung ihrer Leistung? Der Interessent hat **Anspruch auf Transparenz**. Das gilt für die fachlichen Leistungen ebenso wie für die **Kosteninformationen**. Klare **Unternehmensentscheidungen der Kanzlei** sind Grundlage für Antworten auf **Honorarfragen.** Gibt es generell Verhandlungsmöglichkeiten? In welchen Fällen wird pauschal honoriert? Wann findet eine Deckelung statt? Welche Stundensätze werden für wen berechnet? Diese Fragen müssen im Sinne der **Corporate Identity** an allen Standorten gleich beantwortet werden.
- **Können die Team?** Der Mandant stellt schnell fest, ob es sich hier um ein „lieblos zusammen genageltes Team"[16] handelt, oder um eine an den Bedürfnissen des Anfragers orientierte situativ-pragmatische Zusammenstellung von „Projektmanagern", die **nur ein Ziel** im Kopf haben: das des Anfragers.
- **Können die „was Besonderes?"** Liefert die Kanzlei **Spezialservices**?[17] Hat sie eigene Kontakte zu Versicherungen, Gegnern, Multiplikatoren? Teilen sie Hobbies der Mandanten? Kommen sie manchmal zu uns statt wir immer nur zu ihnen?

---

16 Jörg Heynlein im Geschäftsbericht 2010 der KSB Intax Gruppe, S. 36, http://www.ksb-intax.de/fileadmin/user_upload/KSB_INTAX_Gesch%C3%A4ftsbericht_2010.pdf. Ein großartiges Beispiel von lustvoll und kraftvoll wirkender, verständlicher und ungewöhnlicher Öffentlichkeitsarbeit.

17 Zur Akquisition neuer Mitarbeiter führen manche Kanzleien auch für den Mandanten „Beauty Contests" durch und bieten im Bereich HR-Management weitere Dienstleistungen an.

VIII. Rhetorik

Rhetorische Grundregeln bringen Sie ein gutes Stück weiter. Hier sind die wichtigsten, die bereits **vielen Teams zu Erfolgen verholfen** haben:

- **Fragen[18] Sie**

Wer fragt, führt. Fragen **geben dem Gegenüber Raum**. Durch dessen Antworten erkennen Sie die richtige (oder falsche) Richtung. Durch Fragen spezifizieren und signalisieren Sie **Interesse und Kompetenz**. Sie **verschieben dadurch den Redeanteil** zugunsten des potenziellen Mandanten und erreichen eine unaufdringliche, üblicherweise **angenehm wirkende Führung**.

- **Bringen Sie Hauptsachen in Hauptsätzen**

Hauptsätze haben die **größte Aufmerksamkeit des Gesprächspartners**. Hauptsätze sollten daher auch wichtige Botschaften transportieren. Für den Anwalt ist diese Regel eine Herausforderung. Die Ausdrucksweise sollte **kurz, konkret und präzise** sein. Drücken Sie selbst Unklarheiten klar aus.

- **Paraphrasieren[19] Sie**

Die Zusammenfassung des Gesagten **beseitigt nicht nur Missverständnisse** und Unklarheiten sondern bewirkt auch den Eindruck, man **interessiere** sich für Alltag, Branche, Nöte und Besonderheiten des Anfragers und richte sich auf diese ein.

- **Versehen Sie jedes „Nein" mit einer Lösung**

Ein „Nein" ist für den Frager immer irritierend. Egal, ob es sich um Ablehnung, Relativierung oder Widerstand handelt. Kombinieren Sie Ihre „Neins" sofort mit einer **Erklärung** oder gar mit einer **Lösung**. Der Gesprächspartner gewinnt so den Eindruck, dass die Kanzlei **lösungsorientiert** ist. „Rechtlich wird das so nicht gehen, da es gegen Bestimmungen des österreichischen Steuerrechts verstößt. Wir haben stattdessen folgenden Weg erfolgreich gewählt ..."

- **Strukturieren Sie Ihre Botschaften**

„Da gibt es drei Dinge zu beachten, nämlich erstens ..., zweitens ... und drittens... Bei welchem Punkt sollen wir beginnen?"[20] Anwaltliche Botschaften haben für Nicht-Anwälte häufig **keinen Anfang und insbesondere kein Ende**. Fassen Sie sich kurz, und lassen Sie Ihr Gegenüber bestimmen, bei welchem Punkt er mehr Informationen benötigt.

- **Zitieren Sie Anwesende**

Anwälte geraten beim Sprechen gern und schnell in den **Paragrafen-Rausch**. Unterbrechen Sie den und geben Sie Ihren Hörern das Gefühl, nur für sie zu sprechen: „Wir können zunächst von einigem Widerstand ausgehen, und das stützt Ihre These

---

18 Zur akquisitorischen Funktion von Fragetechniken s. das Kapitel „Durchsetzung".

19 Siehe das Kapitel „Durchsetzung" zur akquisitorischen Funktion der Paraphrase.

20 Siehe das Kapitel „Durchsetzung" zur Strukturierung komplexer Botschaften für Laien durch das „Brecht'sche Theater".

von vorhin, Frau Dr. Weißkirch, die Käufer werden sich wehren. Sie haben auch gute Gründe dafür. Wir sollten also ..."

- **Spezifizieren und quantifizieren Sie Ihre Kompetenz**

Der Anfrager ist an **konkreten Zahlen und Fakten** interessiert, denn er braucht ein möglichst konkretes **Entscheidungsgerüst.** „Allein in den letzten beiden Jahren (quantifizieren) war ich neunmal (quantifizieren) an der steuerrechtlichen Ausarbeitung von x (spezifizieren) beteiligt, davon dreimal (quantifizieren) in einem vergleichbaren Fall. Es ging konkret um die ... (spezifizieren)."

- **Perspektivwechsel**[21]

Anwälte empfinden die Gratwanderung zwischen kompetenter Darstellung und arroganter Wirkung wie die Wahl zwischen Pest und Cholera: Die Mandantenfrage „Können Sie das wirklich?" verführt sie zu **nicht quantifizierbaren, arrogant wirkenden Redeweisen** wie: „Wir können alles", „Wir sind die Besten", Wir haben schon Schwierigeres geschafft", „Wir sind die Nummer 1", „Es gibt nichts, was wir nicht können". Der Sprecher erhebt sich dadurch über den Frager. Um das zu vermeiden, sprechen trainierte Anwälte bei Kompetenzanfragen stets aus der „Position nicht anwesender Dritter": **„Unsere Mandanten erwähnen immer wieder, dass wir ...**" Dadurch macht **Angeberei einer nicht-defensiven Zurückhaltung** Platz.

IX. Fragen der potenziellen Mandanten

Viele der von potenziellen Mandanten gestellten Fragen betreffen die Bereiche **Kosten, Qualität** und **Effektivität der Arbeit** sowie die **Zusammenstellung des Teams.** Deshalb sollten Anwälte auf diese Gebiete besonders gut vorbereitet sein. Die Grundregel für den zum „Beauty Contest" geladenen Anwalt lautet daher: Je **komplizierter eine Frage für den Anwalt ist, desto genauer sollte er die Antwort im Voraus kennen und vorbereiten.** Hier die häufigsten Fragenkomplexe[22] in einem Beauty Contest:

1. Kosten

Hier kommen Fragen nach der Gegenleistung. Die Anfrager **kennen die durchschnittlichen Stundenhonorare** der Mitbewerber und reagieren darauf gewöhnlich **ungestresst.** Stress entsteht eher durch Weglassen der Zahlen und durch unklare, **nicht quantifizierte**, wegwerfende oder **unwillige** Erläuterungen der Honorarmodi

21 Siehe Kapitel „Durchsetzung" zur akquisitorischen Funktion dreier unterschiedlicher Perspektivwechsel.

22 Alle Fragen wurden Teilnehmer meiner Trainings in einem Beauty Contest gestellt.

oder deren Höhe! Üben Sie **Klarheit und Transparenz**. Möglichst viele eindeutige Zahlen, das **unverlangte Ansprechen des Themas** auf eine freundliche, bestimmt Art sowie eine ruhige, sichere Ausstrahlung sind Erfolgsfaktoren.

- Was kostet es?
- Können Sie uns eine Pauschale anbieten?
- Rechnen Sie alle Anwälte gleich ab?[23]
- Wir zahlen nicht für die Fortbildungen Ihrer Junioren! Wie stellen Sie sicher, dass wir nur notwendige Stunden zahlen?
- Wie entwickelt sich der Preis, wenn der Fall (un)komplizierter ist?
- Können wir ein Erfolgshonorar vereinbaren?

2. Qualität

Hier kommen Fragen nach Mitbewerbern, Selbstbild, Marktposition, Mandantenfeedback, Reputation, Erfahrung. Perfekte Wirkung erzielen Sie durch **gezielte und untereinander abgesprochene Antworten**, die nicht nur einer gibt. Jeder antwortet **bei Spezialfragen** für sein Dezernat und – besser noch – für sich persönlich. Die **Allgemeinfragen** beantwortet am besten zunächst der **Senior** des Teams (und leitet dann weiter für **Details** an einen Senior Associate!), zum Beispiel die ersten beiden:

- Welchen Vorteil haben wir, wenn wir mit Ihnen zusammenarbeiten?
- Wir haben bis jetzt zusammengearbeitet mit ... (Name eines Mitbewerbers). Was halten Sie von dieser Kanzlei?
- Sie gelten als Experten für X. Sind Sie Experte auch auf dem Gebiet Y?
- Sprechen Ihre Anwälte verhandlungssicher ... (Sprache)?
- Wie viele Angelegenheiten hatten Sie in dieser Art in den letzten zwei Jahren?
- Wie stellen Sie sicher, dass die Arbeit internationalen Standard hat?

3. Arbeitseffektivität

Hier kommen Fragen über alltägliche **Abwicklung**, Organisation, **Arbeitsteilung, Erreichbarkeit**(!), Flexibilität, **Verantwortlichkeit** („One-Face-to-the-Customer"), Delegation an Kooperationspartner oder andere Abteilungen („One-Stop-Shop"). Oft sind die Antworten darauf schlecht vorbereitet. **Strukturieren** Sie Ihre Antworten. Fassen Sie **Vorteile** kurz zusammen.

- Wer ist verantwortlich für dieses Mandat? Können Sie uns immer denselben Ansprechpartner garantieren?

23 Das ist meist die Frage nach einem durchschnittlichen Stundensatz = „Blended Fee".

- Wie funktioniert der Know-how-Austausch zwischen Abteilungen und Standorten?
- Wie flexibel sind Sie? Was passiert, wenn sich plötzlich unser Bedarf verdoppelt?
- Wie stellen Sie Ihre Erreichbarkeit sicher? Was passiert, wenn das nicht der Fall ist?
- Welche Begleitleistungen können wir erwarten? (Headhunter, Unternehmensberater, Interimsmanager)

4. Team

Hier kommen Fragen nach **Zusammenstellung** (Rechtsgebiet, Hierarchien und Standorte) des Teams. Tragen Sie Sorge dafür, dass jene jüngeren Teammitarbeiter, die später mit dem Fall betraut sein werden, unbedingt **zur Präsentation mitgehen**. Bereiten Sie genau vor, **was sie zu welchem Thema** sagen werden! Moderieren Sie **deren Redebeiträge** und zeigen Sie sich stolz auf Ihre jungen Leute! Das fördert Ihr **eigenes Zeitmanagement** während der Abwicklung des Mandats und vor allem das Vertrauen des Anfragers in Ihre Teamkompetenzen:
- Wer leitet die Bearbeitung?
- Wie können wir sicher sein, dass diese Leitung bestehen bleibt?
- Wie halten Sie es mit dem „Vier-Augen-Prinzip"?
- Welche Arbeiten übergeben Sie an Ihre Junioren?
- Wie viele Anwälte aus ... (Land, Stadt) können bei Bedarf sofort zugeschaltet werden?

X. Aus diesen Gründen scheitern Anwälte im Beauty Contest

1. Kommunikation

„Wir haben mit fünf Kanzleien gesprochen und fünfmal einen nahezu identischen Monolog gehört." Mit diesen Worten bestätigte ein Industrieller,[24] was viele Anwälte befürchten: Die **Entscheidung** für oder gegen eine Kanzlei fällt nicht durch deren Rechtskenntnisse, sondern durch **Kommunikation**. Aus Sicht der Anfrager sind fachliche Kompetenzen bei allen eingeladenen Kanzleien gleich; noch nie wurde ein Beauty Contest durch „suboptimale Rechtskenntnisse" verloren.

---

24 Dr. Holger Strnad, LL.M., Leiter Recht und Revision, ESG Elektroniksystem-und Logistik-GmbH, München, berichtete während der Herbsttagung der ARGE Anwaltsmanagement im Oktober 2008 in Hamburg über die Sicht der Industrie auf anwaltliche Präsentationen.

Folgende Faktoren dagegen haben Anfrager schon als **ausschlaggebend für Niederlagen**[25] **bezeichnet:**

- zu wenig Anwälte,
- kein eigener Standort in Shanghai,
- zu wenig Expertise in Polen,
- zu teuer,
- keine eigenen Steuerrechtler,
- zu junge Anwälte,
- Kanzlei nicht in der passenden Stadt,
- kürzlicher Wechsel eines ganzen Teams in eine andere Kanzlei,
- nur eine Person kam zur Präsentation.

Was tun?

Jeder einzelne dieser Faktoren war schon ausschlaggebend für eine Niederlage – und alle wären **durch geschickte Kommunikation ausgleichbar** gewesen:

Wenn öffentlich bekannt ist, dass eine ganze Gruppe von Anwälten gerade Ihre Kanzlei verlassen hat, müssen Sie damit **pro-aktiv** (also: von sich aus!) umgehen, es selbst ansprechen – und die **Lösung skizzieren**, vor allem, wenn diese in der Presse noch nicht bekannt ist.

Wenn Sie „zu wenig Expertise in Polen" haben, müssen Sie **pro-aktiv darstellen, wie Sie dieses Manko abstellen werden**. Wenn Sie als „zu teuer" gelten, müssen Sie pro-aktiv damit umgehen!

Wenn Sie gefragt werden „Können Sie das auch wirklich?", strahlen Sie den Frager an und **spezifizieren und quantifizieren wahrheitsgemäß**, gut gelaunt und bestens vorbereitet Ihre Kompetenzen, ohne mit der Wimper zu zucken. Sie schließen Ihre Erklärung mit einer offenen Frage ab, so dass der Hörer wieder ins Spiel kommt: **„Über welchen Punkt soll ich mehr berichten**?"

Tipp

Kommunikation ist der sicherste Erfolgsgarant im Beauty Contest!

---

2. Top Ten Auftragskiller

Lesen Sie hier die **Top 10** der häufigsten **Auftragskiller** (begleitet von **„Kurz-Tipps"**) im „Beauty Contest".

25 Nur wenige Kanzleien arbeiten mit einem strukturierten „Post-Bid-Feedback", durch das ihnen die Gründe für Niederlagen und Erfolge mitgeteilt werden. Ein paar Tage nach Ihrer Niederlage sollten Sie zumindest mit dem Anfrager telefonieren, um die Gründe heraus zu bekommen.

Präsentierende Anwälte

- **reden viel zu viel und fragen zu wenig.**
  Besonders tragisch wirkt der Senior, der den Gastgeber und seine jüngeren Teamkollegen nicht zu Wort kommen lässt – oder beide gar korrigiert.[26]
  Verteilen Sie die Redeanteile nach Rechtsgebieten und Erfahrung im Team. Der Senior sollte selbst nicht inhaltlich antworten.
- **flüchten sich in Rechtfertigungspositionen**, Allgemeinplätze oder unklare Ansagen, wenn die Rede auf das Honorar kommt.
  Locker informieren! Die Anfrager wollen genaue **Zahlen** hören. Von sich aus die **Bedingungen für Pauschalen** oder den Usus der **„blended fee“**[27] oder den Usus der **„modulhaften Rechnungslegung“**[28] nennen. **Perspektivwechsel** helfen Ihnen, Unsicherheiten und Angeberei zu vermeiden: **„Viele unserer Mandanten schätzen es**, dass wir zunächst…“
- **wollen immer ihr ganzes Wissen zeigen**, statt es auf den Teil zu begrenzen, der für den Anfrager interessant ist.
  Fragen, **welcher Teil für den Gastgeber interessant** ist. Lassen Sie den Anfrager reden! Führen Sie durch **offene Fragen.** Verzichten Sie auf peinliche, **uninteressante Wissensparaden und Dauergeplapper.** Drehen Sie **Redeanteile** zugunsten des Anfragers!
- **reden öffentlich despektierlich über Mitbewerber.**
  Ein Satz, zum Auswendiglernen schön (!), hat schon viel Erfolg und Lockerheit gebracht, wenn der Anfrager mit anderen Kanzleien kooperiert und diese auch benennt: „Das zeigt uns, in welchem hohen Segment Sie Rechtsrat beanspruchen. Wir sind immer sehr gern in einem direkten Leistungsvergleich mit unseren Wettbewerbern.“ Beachten Sie vor allem die vier **Subtexte**: Wir mögen unseren Wettbewerber, wir loben Ihre bisherige Anwaltswahl, wir sind selbst in einem hohen Segment – und wir sind ganz sicher, dass wir gut sind.
- **verwenden Juristenvokabular gegenüber Nicht-Juristen.**
  Wichtiges braucht wenig Worte! Lange Sätze, Fachvokabular und Fremdworte weglassen. Hauptsachen in Hauptsätze!
- **verwenden elektronische Folien**[29] **mit überladenen und redundanten Informationen.**

---

26 Das gibt es auch umgekehrt: Der Senior kommt ohne Aktenkenntnis mit in die Präsentation, er will durch seinen Namen punkten. Der jüngere Kollege ist verzweifelt, beide wirken uneins in taktischen Fragen.

27 Durchschnittshonorar, das für jeden Mitarbeiter in diesem Mandat gilt.

28 Eine Rechnung für den Umfang des **ersten Arbeitsschrittes** im Mandat. Ab dem zweiten Schritt kann man eine seriöse Schätzung des Aufwandes abgeben.

29 Der Anfrager hat in vielen Fällen vier suboptimale Kanzlei-Präsentationen und ca. 200 Redundanzen an einem Tag zu überleben und bekommt schon Stress, wenn nur der Beamer angestellt wird.

Mindestens die Hälfte der von Ihnen derzeit geplanten Folien kann gewöhnlich weg. Mehr als die Hälfte der Texte, die Sie derzeit auf jeder Folie haben, ebenfalls. Anwälte haben so viele Folien, weil sie **nicht für jeden Anfrager neue machen wollen!** Das ist **Sparen am falschen Ende**! Beschränken Sie sich auf **zwei Hauptfolien**: eine paraphrasiert den **bekannt gewordenen Bedarf**, die zweite **dessen Lösung**. Halten Sie weitere **Lösungsfolien** in petto. Kanzleipräsentationen sind für den Anfrager besonders schrecklich: Er hat die Informationen alle schon; sonst wäre die Kanzlei nicht eingeladen worden!

- **tappen in die „Dialogfalle".**
  Sie schauen und sprechen stets nur den Frager an, wenn sie antworten; die anderen Mitglieder des Teams – auch des eigenen – verhungern während der Antwort.
  Schon öfter erwähnt: der „Senior" des Anwaltsteams **verteilt die Redebeiträge** auf seine jüngeren Kollegen, um diese in Szene zu setzen!
- **spezifizieren und quantifizieren ihre Kompetenzen nicht,** sondern behaupten sie allgemein.
  Das macht Sie unglaubwürdig! **Spezifizieren Sie und quantifizieren Sie Ihre Kompetenzen**: *„In den letzten sechs Monaten habe ich in vier von sechs Mandaten die steuerrechtliche Optimierung der Y geleitet, in zwei anderen Fällen, davon einer übrigens in Schweden, lag der Fokus eher auf dem Z. dabei war ich mit der Ausgestaltung der Verträge in Sachen X befasst."*
- sind durch rein kognitiv ausgerichtete Ausbildungen divenhaft und besserwisserisch sozialisiert und wirken daher gegenüber Nicht-Juristen entweder **arrogant, aggressiv oder unterwürfig**.
  Das sind völlig **überflüssige Unsicherheitsbeweise**! Blickkontakt halten, nachfragen, nicken, matchen,[30] lächeln, kurze Sätze sprechen, Empathie und Verständnis beweisen, paraphrasieren, Botschaften strukturieren, Perspektive wechseln, Einwände nutzen und durch eine über jeden Zweifel erhabene **Fragetechnik** die Führung halten – diese **Erfolgsgaranten** setzen Ihre Fachkenntnis in Szene!
- **rezipieren mangels Empathie** berechtigte Informationsfragen wie „Können Sie das denn wirklich?" als **Attacken.**
  Versetzen Sie sich in den Anfrager! Er will Sie mit solchen Fragen nicht ärgern, sondern erwartet eine sachliche Auskunft. Antworten Sie professionell und sachlich. Griffige Zahlen und konkrete Beispiele runden die Antwort ab.

---

30 „Matching" = die partielle Aufnahme der Muster eines Gesprächspartners in das eigene Repertoire; zu allen anderen in diesem Punkt erwähnten Kommunikationstechniken – s. Kapitel „Durchsetzung".

XI. Peer-Review-Verfahren[31]

„Weißt Du einen guten Insolvenzrechtler in Bayern, der unsere angeschlagene Tochter wieder auf Vordermann bringt? Einen Anwalt, der uns bei der Umsetzung von Kurzarbeit unterstützt? Einen, der unsere Konzernstruktur so umgestalten kann, dass die Steuerlast sinkt und das Cash-Pooling funktioniert?“ So leitet das Handelsblatt einen Artikel[32] über einen in Deutschland neuartigen Anwalts-Qualitätscheck ein.

Woher weiß man, ob ein Anwalt etwas taugt? Und wer könnte es wissen?

Seit 25 Jahren veröffentlicht der US-Verlag BestLawyers® Listen mit den **Namen renommierter Wirtschaftsanwälte in den USA.** Die Methode dahinter: Das Rechercheteam fragt Wirtschaftsanwälte, welchen Kollegen **außerhalb der eigenen Kanzlei sie ihrem Klienten empfehlen würden**, falls sie das Mandat aus Zeit- oder Kollisionsgründen nicht selber übernehmen könnten.

Ein **Anwalt empfiehlt also einen anderen Anwalt**; in einem extrem kompetitiven Umfeld muss der Befragte erst einmal **über seinen eigenen Schatten** springen. Seine Antwort fällt sachlich, verlässlich und vor allem wenig emotional aus.

Die Methode „Anwalt empfiehlt Anwalt“ hat BestLawyers® erstmals im Jahr 2009 auch in Deutschland eingeführt. Herausgekommen sind über 1000 **Empfehlungen zu 41 Rechtsgebieten aus dem Wirtschaftsrecht**. Die Ergebnisse veröffentlicht „Handelsblatt Legal Success“[33] im Rahmen einer exklusiven Partnerschaft.

Was sprach gegen Mandantenbefragungen? Mandanten zur Leistung ihres Anwalts im Wirtschaftsrecht zu befragen, hatte sich **nicht bewährt**: Die für die Befragung ausgewählten Mandanten fühlten sich geehrt, ausgewählt worden zu sein und bewerteten ihren eigenen Anwalt daher ausgesprochen positiv, so dass nicht die Mandanten, sondern *„die Marketingleiter der Wirtschaftskanzleien einen großen Einfluss auf das Ergebnis“*[34] hatten.

Wie können Sie das nutzen? Deutsche Anwälte sollten ihr **Networking optimieren**, an **Fachtagungen teilnehmen**, sich **öffentlich zeigen**, einmal die Woche mit Kollegen zum **Lunch** gehen, sich über XING vernetzen, sich auf **Kongressen** bemerkbar machen, an **In-house Veranstaltungen der Mitbewerber** teilnehmen, in **Mittelstandszeitschriften** oder anderen relevanten Zeitschriften der Zielgruppe publizieren, **Radius-Arbeit** betreiben und selbst **Korrespondenzmandate** vergeben.

Sollten Peer-Review Verfahren in Deutschland **auch außerhalb des Wirtschaftsrechts** Fuß fassen, läge darin eine große, noch **komplett ungenutzte Akquise-Chance für weitere Anwaltsgruppen.**

---

31 Übersetzt etwa: „Kollegen-Begutachtung“.

32 *Creutz*, Handelsblatt v. 2.5.2009, „Die Stunde der Anwälte“.

33 Erscheint sechsmal im Jahr als Beilage zum Handelsblatt.

34 So Carl Dawson, Pressesprecher von BestLawyers® in: *Creutz*, Handelsblatt v. 2.5.2009, „Die Stunde der Anwälte“.

Erfolgstipps

- Präsentieren Sie, was der Interessent braucht! Grenzen Sie den Bedarf ein durch Fragen!
- Entmüllen Sie Ihre sichtbaren und hörbaren Kanzleipräsentationen!
- Gehen Sie gut vorbereitet oder gar nicht hin!
- Klären Sie Rollen im Team. Wer sagt was? Moderatorenstatus einrichten für den Senior! Junioren mitnehmen und stolz sein auf sie!
- Ermitteln Sie die Gründe für Niederlagen und Siege! Sprechen Sie intern offen über beides!

Cross-Selling

30 % direkte Akquise 70 % indirekte Akquise

Das produzierende Gewerbe verdreifacht seit vielen Jahren seine Umsätze durch Cross-Selling. Marketingspezialisten rufen dazu auf, und auch Dienstleister jubeln über Ernteerträge auf bislang unbeackerten Feldern. Sie alle haben gemerkt, wie viel Brachland[1] ungenutzt herumliegt, wenn man sich nur um einen Acker kümmert. Cross-Selling überzeugt!

Die fünf Abschnitte dieses Kapitels werden behilflich sein, derzeitige **Mandate auszuweiten** und Mandanten durch **weitere Leistungen Ihres Hauses zu binden**:

I. Was ist Cross-Selling?
II. Das Problem: Anwälte schöpfen 80 % ihrer Cross-Selling Potenziale nicht aus
III. Die Lösung (Überblick): So funktioniert Cross-Selling in einer Anwaltskanzlei
IV. Die Lösung (Details): Die „drei K" des Cross-Selling
V. Best Practice

I. Was ist Cross-Selling?

Cross-Selling bezeichnet die Ausweitung eines derzeitigen Auftrags[2] und ist damit ein Akquisetool in der Zeitzone Gegenwart. Cross-Selling gilt als Teilbereich des Customer-Relationship-Management[3] mit dem Ziel, durch den Verkauf sowohl einander ergänzender, als auch unterschiedlicher Produkte und Dienstleistungen des Unternehmens Kundenzufriedenheit, Kundenbindung und Umsätze zu erhöhen.

Rhetorisch bedeutet ein erfolgreiches Cross-Selling die Gratwanderung zwischen unangemessener Zurückhaltung und billiger Promotion.

1 Brachland = in der Landwirtschaft ist Brachland die Voraussetzung für die Fruchtbarkeit eines Ackers. Landwirte lassen einen Acker ein Jahr lang absichtlich ruhen, damit er im Folgejahr umso bessere Erträge bringt.

2 Anders als in manchen Definitionen wird in diesem Buch das Zurückgewinnen ehemaliger Mandanten aus dem Thema Cross-Selling ausgegliedert. Im Kapitel „Ehemalige Mandanten zurück gewinnen" finden Sie dazu Tipps.

3 Customer-Relationship-Management ist eine kundenorientierte Unternehmensstrategie, die durch die systematische Gestaltung und konsequente Ausrichtung eines Unternehmens auf seine Kunden und die Kundenbeziehungs-Prozesse dazu beitragen soll, Kunden langfristig zu binden.

1. Was ist der Nutzen von Cross-Selling?

„Jede Kanzlei hat das Ziel, möglichst viele **Mandatsbeziehungen langfristig zu stabilisieren.** Dies schafft wirtschaftliche Sicherheit für die Kanzlei, aber auch Sicherheit auf Seiten der Stammkunden, die im Zweifelsfall wissen, welchem rechtlichen Dienstleister sie vertrauen können. Aus diesem Verständnis heraus muss jede Mandatsbeziehung als Investition einer Anwaltskanzlei in Mandanten gesehen werden, die langfristige Erträge bringen sollte."[4]

Cross-Selling gelingt unabhängig von Konjunktur und Kunden, Zeiten und Zufällen sowie Branchen und Berufen. Vor allem die Umsätze können, wie eine branchenübergreifende Studie[5] eindrucksvoll nachweist, allein durch Cross-Selling um bis zu 50 % gesteigert werden.

Finanzielle **Investitionen bleiben gering**, denn der Kunde ist schon da; er hat bereits ein **Vertrauensverhältnis zu seinem Lieferanten** aufgebaut und ist im besten Fall bereits zufrieden mit dem Erstkontakt.

Wenn ein Kunde mehrfach profitiert, ist er **loyaler** als zuvor zu seinem Lieferanten; „Cross Buying" steigert die **gefühlte Kundenbindung**[6]. Das verringert seine „Fremdgeh-Neigung" und erhöht die Dauer seiner Beziehung zum Lieferanten ebenso wie die Anzahl seiner Weiterempfehlungen. Er ist darüber hinaus bereit, bei einem **„Alles-aus-einer-Hand" Service**[7] einen **höheren Preis** zu zahlen, weil es für ihn aus psychologischen und organisatorischen Gründen **bequem** ist.

Anwender des strukturierten Cross-Selling sind begeistert, denn **Anwerbekosten** für neue Kunden und die Pflege der Kundenkartei fallen nur einmal an und bringen **mehrfache Renditen**. Außerdem können mehrere **Produkte gebündelt** und in einer Aktion vorgestellt werden.

2. Was macht Cross-Selling zu einem Ärgernis?

Doch es ist nicht alles Gold, was glänzt! Die Kehrseite der Medaille ist ein beständiges Branchen übergreifendes Ärgernis, und die **Ausweitung eines derzeitigen Auftrags** ist vielerorts umstritten: „Nichts nervt die Kunden mehr, als wenn das Verkaufspersonal versucht, weitere Ware ungefragt an den Mann zu bringen. In einer Umfrage

---

4 After-Sales-Service – Beziehungsmarketing der Anwälte, „Anwalt", April 2002, S. 18–20.

5 „Cross-Selling: Aus der Kundenbeziehung mehr herausholen", *Homburg/Schäfer*, Harvard Business Manager 6/2000, S.35–44.

6 Besonders eindrucksvolle Zahlen für Cross-Selling kommen von Apple. Wie die amerikanische Investmentbank RBC Capital Markets in einer Umfrage (v.11.6.2011 „iCloud schafft Kundenbindung") unter 4163 iPhone-Usern weltweit heraus fand, wollten bereits zu dem Zeitpunkt hochgerechnet 150 Millionen (damals 73 %) der iPhone User auch den Cloud-Service nutzen.

7 Entspricht der Strategie des „One-Stop-Shop" in großen und mittelständischen Kanzleien.

der Unternehmensberatung „accenture", gaben 70% aller Befragten an, in diesem Fall „wahrscheinlich" oder „sehr wahrscheinlich" zur Konkurrenz zu gehen... Cross-Selling wird sogar als noch lästiger empfunden als unfreundliches Personal, und das in allen Einkommensschichten."[8]

Diese Erkenntnis kommt aus dem Reich der Gebrauchsgüter, deckt sich mit unseren Alltagserfahrungen und sollte uns alarmieren: Wir trauen uns kaum noch, ein T-Shirt einzukaufen aus Furcht vor der Kassierer-Frage nach Pay-back Karten. Auch die Frage beim Arzt: „Soll ich auch noch den Sauerstoffgehalt Ihres Blutes messen?" sowie das „bundling"[9] bei Amazon sind aus unserem Konsumenten-Alltag nicht mehr weg zu denken. Diese Art der „Ausweitung der Kampfzone"[10] generiert massenhaft **gefühlte Verlierer.**

3. Was sind die Voraussetzungen für effizientes Cross-Selling?

Nach Untersuchungen von Marketingspezialisten ist es rund **fünf bis zehnmal teurer, einen Neukunden zu akquirieren, als einen Bestandskunden zu halten.**[11] Es lohnt sich also in vielfacher Hinsicht, derzeitigen Kunden einen realen – und bis dahin vielleicht unbewussten – **weiter führenden Bedarf bewusst zu machen** und sie dadurch zufrieden zu stellen: Zeit, Energie und sehr viel Geld werden dadurch eingespart.

Der Erfolg von Cross-Selling ist abhängig von **personellen, organisatorischen und kommunikativen Maßnahmen, die alle ineinandergreifen**. Bei einem strukturierten Cross-Selling bleibt nichts dem Zufall überlassen!

Daher richten Unternehmen ein so genanntes Cross-Selling Management System ein, häufig mit eigenem **Budget,** eigenem **Controlling** und eigenen **Verantwortlichen**. Es koordiniert alle Cross-Selling Maßnahmen.

Um Cross-Selling zu einem nachhaltigen Erfolg zu führen, muss der Anbieter
- dem richtigen Kunden das **richtige Produkt** zur **richtigen Zeit** anbieten,
- dem Kunden das weiter führende Produkt so anbieten, dass der Kunde **nicht genervt** ist,
- nach **strategischen Punkten** entscheiden, was sich für wen als „Einstiegsprodukt" eignet,

---

8 „Aus der Kundenbeziehung mehr herausholen", *Homburg/Schäfer*, Harvard Business Manager 6/2000, S. 35–44.
9 „Bundling" = (dt. bündeln) zusätzliche Produkte als „Komplettpaket" anbieten, z. B.: zur Kamera die passende Tasche.
10 „Ausweitung der Kampfzone" ist ein preisgekrönter Roman des französischen Schriftstellers Michel Houellebecq. Durch Verlassen ursprünglicher Umgebungen und Verhaltensweisen versucht der Ich-Erzähler, neue Erfahrungen für sich zu nutzen.
11 Vgl. *Heinemann*, S. 74.

- attraktive **weiter führende Produkte** im Portfolio haben,
- dem derzeitigen Kunden den **Nutzen** dieser weiter führender Produkte erläutern,
- definieren, **welche Kunden** er derzeit von solchen Angeboten **ausschließt,**
- wissen, **wozu, wodurch und wie lange** er manche Kunden von solchen Angeboten ausschließt,
- alle **Kundendaten** (mit Zusatzwünschen, Zusatzpotenzialen, derzeitigem Stand, bisherigem Honorarvolumen, Referenzpotenzial) detailreich verwalten und vor allem ständig **aktualisieren,**
- in **ständigem Kontakt** mit dem Kunden bleiben, um geänderte Bedarfe des Kunden zu verstehen,
- beständig seinen Mitarbeitern die nachhaltige **Geschäftsrelevanz des „Pamperns"**[12] erklären und sie veranlassen, A-Mandanten besonders gut zu behandeln,
- seine Mitarbeiter permanent in Cross-Selling Strategien **schulen.**

II. Das Problem: Anwälte schöpfen 80 % ihrer Cross-Selling Potenziale nicht aus

1. Überblick

Anwälte haben längst die Notwendigkeit eingesehen, von Handel, Industrie und von Dienstleistern effiziente Akquisestrategien abzuschauen. Sie praktizieren **Kundenfeedback-Systeme**, optimieren ihre **Mitarbeiterführung**, akquirieren **pro-aktiv neue Kunden**, arbeiten bewusst und gezielt an ihrer **Reputation**, richten **„Round Tables"** ein, bereiten **Mitarbeitergespräche** vor, trainieren ihre Assistentinnen für den **Telefonservice**, bearbeiten ihre Mandate im **Team**, veranstalten **Betriebsausflüge** und **Kundenevents**, bloggen, twittern und XINGen, lassen **Partnermeetings** extern moderieren, halten Nutzen-orientierte **Vorträge**, **sponsorn** Marathonläufe, agieren nach **Business-Knigge**, verhandeln Interesse-geleitet, ziehen **Hierarchieebenen** ein, lernen zu delegieren und das **Delegierte zu kontrollieren**, informieren einigermaßen locker über ihr Honorar, kleiden sich ordentlich, aktualisieren ihre Kundenkartei wöchentlich, praktizieren – wenn auch widerwillig –Small Talk, engagieren den **QM-Zertifizierer,** motivieren und trainieren sich und ihre Angestellten, tracken den Besucherstrom auf ihrer **Webseite,** ernennen endlich **Anwältinnen** zu Partnerinnen, schreiben verständliche **Aufsätze** in relevanten Publikationen, geben **Statements ab in WISO** und freuen sich jede Woche auf ihren **„MMM",** den Montags-Morgen-Muntermacher (wie in einigen Kanzleien die „Brötchenrunde" getauft wurde). Anwälte tummeln sich also längst schon auf **Spielplätzen des Kundenbe-**

12 Englisch für jmd. verwöhnen.

ziehungsmanagements; doch spätestens beim Thema Cross-Selling hören Kommunikation, Organisation und Engagement auf.

Anwälte behandeln ausgerechnet die **einfachste aller pro-aktiven Akquisemethoden** unbegreiflich schlecht. **Cross-Selling Potenziale in Kanzleien jeder Größe, jeder Spezialisierung und jeder Historie sind zu mindestens 80 % ungenutzt!**[13]

2. Wodurch erscheint Cross-Selling also so schwierig?

Abgeschlossen ist der Fall, abgelegt die Akte und abgehakt das Mandat. Während das Schicksal tausender von **Karteileichen** unbekannt ist, beginnt nun „die Phase des Wartens auf eine erneute Mandatierung."[14] Eine derart **passive Inszenierung** einer Kanzlei und der dazu gehörigen Personen ruiniert **Ruf, Elan und Gesundheit** aller Beteiligten – und natürlich den **Geldbeutel.** Außerdem geben Karteileichen kein Feedback![15]

Fassungslos beobachten Externe, wie **gering anwaltlicher Wille ausgeprägt ist, Mandate strukturiert auszuweiten.** Die **Begründungen** der Anwälte lassen allerdings aufhorchen. Sie sind „ein Sammelsurium aus psychologischen, kommunikativen und organisatorischen Bedingungen, die schwer aufzulösen sind."[16]

Neun von zehn Anwälten vernachlässigen Cross-Selling und geben dafür folgende Gründe an:[17]

- Sie haben Angst davor, wie ein **Versicherungsvertreter** zu wirken: „Billige Geldschneiderei", „Meine Mandanten wissen selber, was sie brauchen" (Zitate aus der Umfrage).
- Anwälte sehen sich bei der unverlangten Erwähnung möglicher weiterer Bedarfe schnell in der Rolle desjenigen, der sich **„anbiedert".** Sie befürchten, den Eindruck bevorstehenden sozialen Abstiegs zu machen und produzieren Alpträume bei der Vorstellung, dem Mandanten unverlangt weiteres Geschäft antragen. „Der hat es ja wohl nötig" ist hier das häufig imaginierte Todesurteil.

---

13 Ergebnis aus Umfrage in ca. 60 der durch mich trainierten Kanzleien jeder Größe. Interessant dabei: ohne lange nachzudenken, konnte jeder Anwalt aus dem Stand drei völlig vernachlässigte Mandanten nennen, die nicht ein einziges Mal nach Mandatsende gefragt worden waren nach zusätzlichem Bedarf – und das, obwohl es sich mutmaßlich gelohnt hätte.

14 After-Sales-Service – Beziehungsmarketing der Anwälte, „Anwalt", April 2002, S. 18–20.

15 Vgl. zur Akquiserelevanz von „Leistungs-Feedbacks" im gleichnamigen Kapitel.

16 Ein Anwalt auf die Frage, wie er sich brachliegende Umsätze in mutmaßlich sechsstelliger Höhe, aufgelaufen in zwei Jahren durch fehlende Cross-Selling Aktivitäten, erkläre.

17 Umfrage in ca. 60 der durch mich trainierten Kanzleien jeder Größe; die häufigste Meldung steht an Position eins.

- Sie **fürchten die klare Unternehmer-Rolle** und empfinden es als politisch nicht korrekt, die Mandanten in A, B und C Kunden einzuteilen. Diese Art von **innerer Richtung** wirkt auf sie unmenschlich.
- Damit hängt auch zusammen, dass sie C-Mandanten schlecht **„wegschicken“** können. Sie machen sich den **Nutzen des „Wegschickens“** für alle drei Beteiligten(!) nicht klar.
- Sie agieren **egoistisch** und befürchten, dass ihr **Ruhm geschmälert** wird, wenn sie den Mandanten an einen Kollegen „abgeben“. Sie befürchten auch, dass ihre **Kompetenz** in Frage gestellt wird, wenn sie überhaupt einen Kollegen hinzu ziehen.
- Andere Dezernate bzw. assoziierter Anwälte liefern vielleicht **schlechte Arbeit** ab: „Erst gebe ich etwas aus der Hand und dann macht der Kollege seine Sache nicht gut! Das fällt auf mich zurück!“ (Zitat Umfrage) Qualitätskontrolle Kollegen gegenüber wird als Misstrauensvotum gewertet. Sie gilt als inhaltlich schwierig und wird als psychologisch peinlich gewertet.
- **Rhetorische Methoden** fehlen, den Mandanten ihren Bedarf **unaufdringlich** bewusst zu machen oder neu zu schaffen.
- Anwälte **hören nicht gut zu**; sie bemerken angedeuteten, weiter führenden Bedarf während der Abwicklung des Erstmandats nicht.
- Manche wollen bewusst das **Hauptthema nicht stören** und „vergessen“ die Paraphrase des Folgethemas am Schluss des Gesprächs oder des Mandats.
- Viele geben **Zeitprobleme** an: „Zu viele Akten auf dem Tisch; da kann ich nicht noch überlegen, mit wem ich ein Plauderstündchen einlege!“[18] (Zitat Umfrage)
- Das **Image des Jägers** (neu akquiriertes Mandat) ist kanzleiintern grandioser als das **Image des Hegers** (erweitertes bestehendes Mandat).
- vor allem in Großkanzleien: die **Entnahmepolitik** der Kanzlei würdigt erweiterte Mandate nicht gleichrangig mit neuen Mandaten: „You eat what you kill“[19] **honoriert die Neuakquise** und **verhindert das „Weiterreichen“ von Mandaten** an andere Abteilungen bzw. Anwälte. Ein Lockstep-System[20] würde ebenso wie die „proliferation fee“[21] das Cross-Selling befördern.

18 Ausgerechnet jene Anwälte, die mit ihrer Mandantenstruktur unzufrieden sind, benennen häufig „Zeitprobleme“ als Hindernis für Cross-Selling. Dass Cross-Selling ein Mittel ist, mehr einträgliche bzw. mehr zum Kanzleiziel passende Mandate zu erhalten, ist für manche von ihnen eine provokante und unglaubhafte Behauptung.

19 „Eat What you Kill“ - Entnahmesystem nach Akquiseleistung und „Billable Hours“; die reine Umsatzorientierung ist üblich in angloamerikanisch fusionierten Kanzleien

20 Lockstep System = Entnahmesystem nach Seniorität, unabhängig vom selbst generierten Umsatz, regelmäßige Steigerungen nach Dauer der Kanzleizugehörigkeit, üblich in deutschen bzw. deutschstämmigen Kanzleien, ebenso in Österreich.

21 Proliferation Fee (= „Verbreitungsgebühr“); Der Überträger eines Mandates an einen Kollegen erhält dafür einen Bonus; er ist dadurch mit ihm in einer „Beutegemeinschaft“.

- **Datenbanken fehlen** oder werden **nicht ständig aktualisiert** (kommt auf dasselbe raus!). Aktuell angedeutete Bedarfe, frühere Mandate sowie weitere **Kontakte zum Target** werden nicht festgehalten!
- Am Ende des Erstmandats steht rituell das **Übersenden der Rechnung**, denn: „Wir haben das immer schon so gemacht." (Zitat Umfrage) Ein **Abschlussgespräch** zur ruhigen und **eleganten Einleitung** eines weiter führenden Mandates, zum Überreichen der Rechnung und zum Einholen eines aussagestarken Feedbacks wird häufig abgelehnt als „zu teuer", „zu aufwändig", „zu viele, kleine Mandate", „Mandant geografisch zu weit entfernt" etc. (Zitate Umfrage)
- Geschäfts-Mandanten sind oft in benachbarten Rechtsbereichen bereits durch **Kollegen anderer Kanzleien beraten.** Ein weiter führendes Angebot in dieser Situation „fühlt sich doch an wie lauwarmes Bier!" und wie eine **„Einmischung** in die Mandantenbeziehungen von Kollegen" und nicht zuletzt: „Das macht doch viel zu viel Druck". (Zitate Umfrage)

Die Anzahl anwaltlicher Einwände und Befürchtungen steht allerdings bei dieser einfachsten aller direkten anwaltlichen Akquisemethoden **in keinem Verhältnis zu ihrer Einfachheit.**

Sehr viel Wille, einige Organisation und wenige rhetorische Übungen sind notwendig, damit die **Gratwanderung zwischen unangemessener Zurückhaltung und billiger Promotion** locker gelingt.

Tipp

i

Es ist schwieriger, einen neuen Mandanten zu gewinnen, als einen bestehenden an die Kanzlei zu binden.

III. Die Lösung (Überblick): So funktioniert Cross-Selling in einer Anwaltskanzlei

1. Arten des Cross-Selling in Kanzleien

In der Anwaltskanzlei bezeichnet Cross-Selling die **Ausweitung eines bestehenden Mandates auf zwei Arten:** entweder durch das Prinzip „mehr desselben" – das heißt, ein arbeitsrechtliches Mandat wird durch ein **weiteres arbeitsrechtliches Mandat** erweitert, und vermutlich kann derselbe Anwalt weiter tätig werden oder durch die Ausweitung in ein **anderes Rechts- (bzw. Beratungs-) gebiet:** Ein arbeitsrechtliches Mandat wird durch eine Intervention im Steuerrecht ergänzt. Dabei wird in der Regel ein anderer Anwalt das zusätzliche Rechtsgebiet betreuen.

Eine geglückte Mandatsausweitung bewirkt eine langfristige Werbeaktivität Ihres Mandanten! Der zufriedene Mandant vertraut seinem Anwalt. Wenn Letzterer einen weiter führenden Bedarf entdeckt und anspricht, ist das für den Kunden in jedem Fall glaubhaft und meist inhaltlich sofort nachvollziehbar.

Cross-Selling erfordert auch eine **Analyse der Ist-Situation möglicher Mandanten.** Diese Tabelle kann bei der Einschätzung allgemeiner Akquise-Potenziale behilflich sein:

Bedarf des (potenziellen) Mandanten	**Gedeckt**	**fremd gedeckt**	**ungedeckt**
Ist-Zustand	Mandant wird derzeit durch seinen Anwalt versorgt.	Potenzieller Mandant wird derzeit durch Mitbewerber versorgt.	Potenzieller Mandant ist noch nicht anwaltlich vertreten, hat noch keine Auswahl getroffen bzw. keinen bewussten Bedarf gespürt
Cross-Selling Potenzial	Niedrig = Einzelmandat Mittel = langfristig weiterer Bedarf möglich, auch in anderen Rechtsgebieten. Hoch = weiter führender Bedarf ist üblich oder durch Mandanten angedeutet.	Mittel = Mandant hat durch anderen Anwalt bereits Vertrauen in Anwälte. Interessiert an Zweitmeinung, eigene Mandanten oder andere Allianzen als Kontakthelfer?	hoch
Aktionen	Vertrauen ausbauen, Erfahrungen anderer Mandanten und auf Nutzen zusätzlicher Produkte hinweisen, letztere ggf. ins Programm aufnehmen.	Beständig und zurück haltend kontaktieren, direkte Leistungsvergleiche anbieten, zu Vorträgen einladen, aktuelle Rechtsprechung durch „kleine, frische Aufsätze“ kommentieren.	Bedarf schaffen bzw. bewusst machen durch Vorträge, Newsletter (Genehmigung einholen!), Vergleiche, Nutzenargumentation, Perspektivwechsel: Wie es meinen Mandanten ergangen ist, als...“

Ein ausgeweitetes Mandat ist in aller Regel die Folge **gegenseitiger Vertrauensbeweise.** Doch häufig ist der Nutzen für den Mandanten auch in der Sache selbst begründet: sein Rechtsberatungs-Bedarf ist oftmals tatsächlich **größer, als er selbst ahnt.**

Der Mandant mandatiert **sicher erneut**, wenn
- er kein klassischer „Einzelfall-Mandant“ ist,
- mit dem Erstmandat zufrieden war,
- der Nutzen für das nächste Mandat für ihn größer ist als seine Bedenken,
- die Hinleitung zum Ausweitungsthema elegant und kenntnisreich ankommt.

2. Es bleibt ja alles in der Familie

Cross-Selling-Großfamilien werden in Anwaltskanzleien ebenso genutzt wie Cross-Selling-Kleinfamilien. Eine Ausweitung bestehender Mandate **innerhalb dieser „Clans" liegt doppelt nahe**, sie ist **einfach zu kommunizieren** und sogar dem **Laien sofort einsichtig**:

Typische Cross-Selling-Großfamilien sind:
- die Prozessfächer (Familien-, Arbeits, Miet-, Straf- und Verkehrsrecht),
- die Wirtschaftsberatung (Gesellschafts-, Kartell- und Steuerrecht, IP),
- die Branchenberatung (Immobilien, Medizin, IT, Kommunen).

Typische Cross-Selling-Kleinfamilien sind:
- Vergabe- und Verwaltungsrecht,
- Familien- und Erbrecht,
- Immobilien- und Architektenrecht.

a) Einzelanwälte

Einzelanwälte setzen meist auf die Prozessfächer, also auf eine Kombination aus Rechtsgebieten wie: Familien- und Arbeitsrecht, Miet-, Straf- und Verkehrsrecht und haben **völlig ungenutztes Cross-Selling Potenzial in deren Gemeinsamkeit: dem Prozesse führen!** So hieße der Trigger für diese Mandanten nicht: „Wenn Sie mal Probleme mit Ihrem Vermieter haben, kommen Sie ruhig wieder", sondern: „Sie haben ja gemerkt: „Ich kämpfe gern vor Gericht! Immer wieder gern! Darf ich Sie eigentlich unverbindlich zu meinen Vorträgen einladen?"

Außerdem lassen Einzelanwälte in der Regel eine **strategische Option** vollkommen außer Acht: die Kooperation mit einem anderen Büro, das auf ein anderes (oder überhaupt auf ein) Rechtsgebiet spezialisiert ist. Es wird höchste Zeit, sich **strategisch auszurichten,**[22] um nicht unter zu gehen! Einzelkanzleien bilden nach der STAR Analyse von 2008[23] die größte Gruppe aller deutschen Anwaltskanzleien und richten immer noch überwiegend ihre Aktionen **eher nach Zufällen oder nach Tagesform aus**. Doch es geht auch anders.

---

22 In *Hommerich/Kilian*, AnwBl 2008, S. 623–633, mahnen die Autoren den Abschied von jeder Beliebigkeit in Kleinkanzleien dringlich an, sofern diese nicht untergehen wollen. Das betrifft besonders deren häufig fehlende, offensive strategische Aufstellung. Die Grundthese: Je deutlicher sich die Anwaltschaft segmentiert in jene, die Wirtschaftsmandanten beraten und jene, die ausschließlich Privatklientel bedienen, desto schwächer wird die Möglichkeit letzterer, sich durch „Quersubventionierung" am Leben zu halten. Das Prinzip also, dass viele nicht-lukrative Mandate durch einige lukrative ausgeglichen werden können, ist strukturell unzeitgemäß. Umdenken ist angesagt!

23 Vgl STAR Analyse des Instituts für Freie Berufe Nürnberg (IFB) für das Jahr 2008: Die Einzelkanzlei einschließlich der Bürogemeinschaft ist die mit Abstand am häufigsten gewählte Kanzleiform (Westen: 67, 3 %; Osten: 74,4 %).

Wenn die Anwälte zweier Einzelkanzleien geschäftlich befreundet sind und **klare Absprachen** haben, können sie, um die Mandatsstruktur in beiden Kanzleien zu klären, die Mandanten für die jeweils nächsten **Mandate „tauschen"** und die Rechtsgebiete gleich mit ihnen. Der eine gibt seine Familienrechtler ab dem nächsten Mal an den Kollegen und „übernimmt" dessen Verkehrssünder, denn er will den **Fachanwaltstitel für Verkehrsrecht** machen. Er braucht die Fälle und hat Spaß an dem Gebiet. Natürlich veranstalten dann beide zusammen **gemeinsame öffentliche Vorträge**. Und dann nehmen sie noch eine **dritte Kleinkanzlei** dazu, von der der eine alle zukünftigen Verkehrsrechtsfälle bekommt, der andere alle Familienfälle, während er von beiden das Arbeitsrecht übernimmt. Alle Mandatstransfers werden selbstverständlich persönlich vorgenommen; sonst geht das **Vertrauensverhältnis** nicht mit auf den Kollegen über, und der Mandant fühlt sich abgeschoben. Die Webseiten werden verlinkt; die Visitenkarten bei den beiden Kollegen ausgelegt. DAS sind Kooperationen! „What you give is what you get;" allen dreien zusammen dürften durch solche koordinierten Maßnahmen **mehr Anfragen** bevor stehen als jemals zuvor.

Der Haupteinwand dagegen wird selten offen ausgesprochen und ist als Akquise behinderndes Muster zwischen den Ohren vieler Anwälte jeder Kanzleigröße angesiedelt. Dort verfügt es leider über einen – gemessen am Ziel – unangemessen dominanten Status und lautet: „Wir können ganz schlecht abgeben."

b) Mittelständische Kanzleien

Mittelständische Kanzleien dagegen setzen erfolgreich auf den **Branchenfokus** und bieten normalerweise innerhalb dieses Fokus[24] erfolgreich die **Ausweitung derzeitiger Mandate** an. Manche Kanzleien haben den Fokus nochmals aufgeteilt (z. B. Medizinrecht: Patientenanwälte und Ärztevertreter) oder eine weitere Spezialisierung hinzu genommen (Sprachen, Länder, Professoren bzw. Industrielle als Of counsel, mehrere Fachanwaltstitel etc.). Branchenfamilien sind u. a. Immobilien-, Medizin-, IT-, Verwaltungs- oder Seerecht.

Mittelständische Kanzleien haben ihre Ausrichtung inzwischen **häufig erfreulich genau definiert**. Sie präsentieren ihre Webseite, Blogs, Newsletter, Veranstaltungen, Vorträge, Broschüren, **Rechtsgebietskombinationen**, Pressemitteilungen, Fernseh- und Gerichtsauftritte sowie insbesondere die **Mandantenstruktur eng fokussiert**. Je spezialisierter sie sind, desto leichter gelingt ihnen das. Sie haben ein ausgedehntes **Netz von Kooperationspartnern**, auf die sie nicht passende Rechtsberatungsbedarfe ihrer Mandanten weiter leiten und verfügen über ein beneidenswertes Netz an Multiplikatoren.

---

24 Viele erfolgreiche Beispiele sind aufzählbar, in denen dies auch außerhalb des eigenen Fokus geschieht. Durch jahrelange Kooperationen mit immer denselben Kanzleien „regeln" die spezialisierten Mittelständler nebengeordnete Rechtsberatungsbedarfe.

Mittelständische Kanzleien blockieren sich trotz großartiger, oft jahrelang erarbeiteter Akquisestrukturen leider oft selbst dadurch, dass ihre Anwälte **organisatorische Details selbst regeln möchten**, statt sich um A-Aufgaben zu kümmern. Manche von ihnen führen sogar ihren kompletten Terminkalender selbst und vergessen darüber, ihre Mandanten nach weiteren Bedarfen zu fragen. Das ist eine **Verschleuderung von Ressourcen!**

c) Großkanzleien

In Großkanzleien ist Cross-Selling am einfachsten, zumindest was die **organisatorischen, personellen und fachlichen Ressourcen** angeht.[25]Da normalerweise alle im Wirtschaftsrecht notwendigen Rechtsgebiete **unter einem Dach** vorhanden sind, können sie locker mehrsprachige Projekte stemmen mit zwanzig Anwälten, die zwei Jahre an einem Fall arbeiten. Allerdings sind sie beim Cross-Selling zu anderen Abteilungen des eigenen Hauses oft nicht durchlässig genug: Häufig wissen „die im Real Estate" nicht, was „die im Corporate" an Aktionen gestartet haben und mit wem, wer beim Kongress was mit wem besprochen hat, in welchen Bereichen ältere Kontakte vorliegen und wie sie nutzbar gemacht werden können.

So kommt es vor, dass eine Internationale Transaktionsaktionsgesellschaft im Immobilienbereich seit zwei Jahren erfolgreich von einer Großkanzlei vertreten wird, ohne dass die Abteilung Gesellschaftsrecht derselben Kanzlei davon weiß. Letztere setzt – völlig unnötig!! – große Investitionen in Gang, um an diese Gesellschaft heran zu kommen. Einzige Ursache dieser **großflächigen Verschwendung von Zeit, Geld und Energie** ist die **unzureichende Dokumentation** bereits erfolgter Schritte im Intranet.[26] Wie nahe liegend wäre es, den **bestehenden Kontakt auszunutzen** für eine **gemeinsame Vorstellung aller Beteiligten** bei einem Lunch.

Selten auch hören Anwälte in Großkanzleien aufmerksam auf Bedarfe ihrer Mandanten in anderen Rechtsgebieten, dies vor allem, weil sie annehmen (häufig zu Recht), dass ihr Mandant in dem anderen Rechtsgebiet schon von einer anderen Großkanzlei betreut wird. Der Mandant würde gewiss nicht Nein sagen zu einem „direkten, unverbindlichen Leistungsvergleich mit unseren Mitbewerbern im Bereich X."[27] Test it!

Die linke Hand weiß in Großkanzleien manchmal nicht, was die rechte tut. Das Intranet ist zwar eingerichtet und jeder nutzt es auch. Doch auch in diesen Kanzleien

---

25 Rein umsatzbasierte Entnahmesysteme sowie eine suboptimale Dokumentation machen diesen Vorteil meist wieder zunichte.

26 In Einzelfällen kommt es auch vor, dass Abteilungen gar nicht ins Intranet schauen, was an Kontakten anderer Abteilungen bereits vorhanden ist.

27 Großartiger, in allen Kanzleigrößen hundertfach erfolgreich erprobter Satz im Umgang mit Mandanten, die durch Mitbewerber betreut sind: „Wir sind immer interessiert an einem direkten Leistungsvergleich mit unseren Mitbewerbern. Was halten Sie davon, wenn ich Ihnen unverbindlich in einem kleinen frischen Aufsatz vorstelle, was wir unseren Mandanten in dieser Lage empfehlen?"

wird bisweilen der neue Blog früher eingerichtet und aktualisiert als die **interne Kundendatenbank**, die es technisch locker erlauben würde, jeden neuen Kontakt nach jedem Vortrag unter dem Stichwort „Interessent" einzutragen – mit bisherigen Aktionen, Vereinbarungen, Gesprächsthemen, Beratern, Angeboten oder Spezial-Interessen.

Die in jeder Großkanzlei eingestellten CD-Beaufragten[28] verzweifeln nicht selten darüber, dass auch sie die Informationen nicht, nicht rechtzeitig oder nicht vollständig erhalten.[29] Auch das ist eine **Verschleuderung von Ressourcen.**

Eine der größten Ressourcen von Großkanzleien ist aus Mandantensicht der „One-Stop-Shop". Großkanzleien werben damit, und ihre Mandanten lieben und brauchen diese **Mischung aus Bequemlichkeit, geballter Kompetenz und „Rundum-Sorglos-Paket"**. Der „One-Stop-Shop" ist eine institutionalisierte Voraussetzung für Cross-Selling, und Großkanzleien setzen diese Ressource geschickt in Szene – sogar bei der Veröffentlichung von Personalentscheidungen wie hier nach der Gewinnung einer Außenrechtsspezialistin:

„Die Rechtsanwältin Dr. Bärbel Sachs ist eine hoch angesehene Expertin des Außenwirtschafts- und des Exportkontrollrechts, ... Ihre Entscheidung für Noerr ist auch ein Beleg für die ausgezeichnete Aufstellung unseres Fachbereichs im Markt...."

Dr. Sachs selbst sagt: „Die internationale Vernetzung von Noerr stellt eine ideale Plattform für das europäische und internationale Außenwirtschaftsrecht dar. Der fokussierte Full-Service-Ansatz bietet zudem ein hohes Cross-selling-Potential."[30]

Vielleicht können Kanzleien jeder Größe hieraus lernen, dass die **Erwähnung von Cross-Selling Potenzialen lange vor jedem Gedanken an ein Mandat bereits Sinn macht.**

3. Wie organisieren Kanzleien ein strukturiertes „Cross-Selling"?

Die strukturierte und flächendeckende Einführung von Cross-Selling als Akquisestrategie in einer Anwaltskanzlei erfordert mehrere organisatorische Optimierungen. Um Cross-Selling auszuschöpfen, müssten Anwaltskanzleien

- auflisten, bei **welchen Mandanten sich die Ausweitung des Mandats lohnt**: Umsatz, Image, Ausweitung des Portfolio, Expansion in ein neues Rechtsgebiet, Radiusakquise etc.
- Mandanten vom **Cross-Selling generell ausschließen**, wenn eine weiter führende Betreuung keine entsprechenden Umsatz-, Image oder Expansionsvorteile generiert. Damit dieser Punkt ohne Imageverluste funktioniert, ist ein Delega-

28 Client Development.

29 Dies hat auch negative Konsequenzen auf die vollständige Zusammenstellung von Deallisten und Kontakten zur Vorbereitung eines „Beauty Contest", vgl. gleichnamiges Kapitel.

30 http://www.noerr.com/desktopdefault.aspx/tabid-55/140_read-4330/.

tionssystem unabdingbar: Wer betreut meinen Mandanten im nächsten Mandat weiter? Solche Mandanten sollen zu Referenzträgern werden und daher regelmäßig verständliche Newsletter erhalten.
- ihre **Mandantenstruktur** besser kennen: welcher Umsatz und welcher Gewinn wurde mit welchen Mandanten erzielt? Wie schätzen wir die zeitliche Entwicklung über die Jahre ein? Welche unbearbeiteten Felder sehen wir? Wo liegt der geografische Fokus? Welcher Mandant hat uns weiter empfohlen? Bewährt hat sich eine monatlich aktualisierte Matrix.
- eine **Datenbank** führen, (Interne Dokumentation, Intranet) aus der hervor geht, was der Mandant benötigen könnte, wann und wozu er schon einmal da war, wer bei welcher Gelegenheit diesen Mandanten wieder ins Boot holen bzw. weiter beraten könnte.
- **Ergebnisse im Kollegen- bzw. Partnerkreis präsentieren** und offen diskutieren; die meisten vergebenen Chancen entstehen durch mangelhafte oder gar fehlende Kommunikation innerhalb der Kanzlei; insbesondere werden Anwälte anderer Dezernate nicht häufig, nicht früh und nicht offensiv genug in das Folgemandat eingebunden.
- **Vergütungsmodelle** vorhalten, die erweiterte Mandate als vollwertige Akquise einstufen und honorieren.
- Cross-Selling zur **Unternehmenskultur** machen und **„One-Stop-Shop“** auch in kleineren Kanzleien anbieten, auch dann, wenn die Fachleute anderer Gebiete NICHT in derselben Kanzlei sind. Die Rechnungen laufen über einen Tisch. **Haftungsfragen** sind geklärt. Für dieses vereinfachte Handling sind Mandanten bereit, einen **höheren Preis** zu zahlen und anwaltliche Leistungen **ungefragt zu promoten.**

IV. Die Lösung (Details): Die „drei K“ des Cross-Selling

Die „Drei K“ des Cross-Selling sind **unverzichtbar, greifen ineinander** und **beeinflussen die Kanzleistruktur** erheblich:
- Kundenmanagement: Cross-Selling erfordert eine **Strukturierung** Ihrer Mandantschaft.
- Kundenbefragung: Cross-Selling erfordert ein systematisches **Kunden-Feedback.**
- Kommunikation: Cross-Selling erfordert eine filigrane **Kommunikationskultur.**

1. Kundenmanagement: Strukturierung Ihrer Mandantschaft

Ein systematisches Kundenmanagement ist die Grundlage für eine **zuverlässige und strukturierte Akquise in der Gegenwart.** Ein solches System fehlt in den meisten Kanzleien. Das heißt: Es fehlt die **Sortierung der Kunden, mit denen Sie Ihr**

Geschäft weiter führen möchten. Auf dem Weg dorthin ist Ihr wichtigstes Geschäftsfeld bekanntlich der Bereich zwischen Ihren Ohren. Dort entstehen Niederlagen und Siege! Dort entsteht der Wille! Dort entstehen Ideen![31] Einige Empfehlungen daher für diese Schaltzentrale vorweg:

a) Definieren Sie den Wert Ihrer Mandate und Mandanten – eine Übung

Cross-Selling muss sich lohnen. Nicht jedes Mandat und nicht jeder Mandant **eignen sich dafür! Gestehen Sie sich das als erstes ein und beginnen Sie zu sortieren**!

Es gibt eine ruhige Methode, die Sie allein abends beim Glas Wein oder mit Kollegen in der Kneipe beim Bier mit Papier und Stift machen können.[32] Diese Methode macht Spaß, ist vielfach erprobt und leitet den Prozess „**Einrichtung einer Mandantenstruktur**"[33] (nächster Abschnitt) ein:

Definieren Sie in einer **Matrix** den **Wert eines jeden Mandanten**, zunächst aus den letzten sechs Monaten. Es geht nur um Mandanten, die Sie **unbedingt halten bzw. wieder gewinnen wollen**!

Die sollten als **A-Mandanten** spürbar und in vielen Details einen **besseren Status** haben als Mandanten, die Sie nicht wiedersehen möchten. Definieren Sie auch, durch wen, durch was genau und ab wann Sie sie das spüren lassen. Überlegen Sie eine Methode, durch die Sie sie am besten ansprechen können.

Verwerten Sie dafür alle **Erkenntnisse aus Ihrem Small Talk**! **Aktualisieren** Sie künftig diese Matrix wöchentlich bei kleineren, monatlich bei größeren Mandaten. Die Matrix sieht etwa so aus:

Mandant	Mandat/ Volumen	Bedarf? (auch vermuten!)	Aktionen bislang	Aktionen Zukunft	Referenz-potenzial?	Kate-gorie
Peter Gregor	Kündi-gungs-schutz 1100 Euro beendet 3.4.2012 Abfindung	Mietrecht (wohnt in Wohn-anlage, Vermieter macht Stress)	keine	Einladung RA Berger zum Vortrag „Alles unter Dach und Fach"	Mittel; Mitglied im „Aviation Club"	B

31 Vgl. „Selbstmanagement für die Akquise" im Kapitel „Yes, I can".

32 Manche Anwaltssoftware enthält Berechnungen nach einem Punktesystem: Wieviel ist ein Mandant „wert"...

33 Alltagstaugliche und pragmatische Ausführungen dazu bei *Heussen*, S. 151. Rechtsanwalt Prof. Dr. Benno Heussen recherchiert seit Jahren über anwaltliche Managementprozesse und hilft, sie zu optimieren.

Tischlerei Marks	Holzliefe-rung nass, 4500 Euro beendet 5.6.2012 Wandlung	Arbeits-recht? Kündigung Mitarbeiter	Arbeits-rechts-Newsletter geschickt	Gegner Lunch? Derzeitiger Anwalt: Meier Rechts-anwälte	Hoch; Mitglied im Haupt-verband Deutscher Holz-industrie	A

Jeder Ihrer Mandanten hat einen unterschiedlichen **Wert für die Kanzlei**. Jeder Mandant ist wertvoll, der

- **Umsatz bringt**: Überprüfen Sie, ob Umsatz und aufgewandte Zeit in einem **betriebswirtschaftlich sinnvollen Rahmen** sind.
- **die Ausrichtung der Kanzlei unterstützt**: Der nächste ist vielleicht wertvoll, weil er durch seinen Bedarf genau in die **zukünftige Ausrichtung** der Kanzlei passt: Ein Minimandat im gewerblichen Rechtsschutz kann auf jeden Fall ein **A-Mandat** sein. Wenn Sie gerade in diesem Gebiet Ihre **Fachanwaltsausbildung** anstreben, symbolisiert er nicht nur den Beginn einer **respektablen Fallliste** sondern auch den Beginn einer großen Freundschaft!
- **im Radius des langfristig angepeilten Ziels ist:** Auch ein Mandant im **Radius** eines **angepeilten, größeren Mandanten** oder im Dunstkreis eines **angestrebten Rechtsgebiets** oder eines **angepeilten Multiplikators** (im Tischlerbeispiel oben der „Hauptverband Deutscher Holzindustrie“) ist immer ein **A-Mandant**! Das können der Lieferant, Berater, Nachbar, Tenniskollege, Mitarbeiter, Ihr eigener Zahnarzt – und natürlich auch der Gegner des eigentlichen Akquiseziels (!) sein. Geben Sie alles, damit er sich wohlfühlt und Sie oft mandatiert!
- **der Kanzlei Image bringt:** Ein weiterer **klassischer Wert** eines Mandanten besteht in dem **Image**, das er der Kanzlei bringt: ein Türöffner zu einer ganz neuen **sozialen Schichtung** oder einer bislang völlig **unbekannten Branche** Ihrer Mandantschaft kann unverhofft ins Haus schneien. Über private Kontakte, etwa über Schule oder Kindergarten, kann ein Mandatsverhältnis aus einer bislang für die Kanzlei **sozial völlig neuen Umgebung** entstehen. Dieses Mandat kann eine Änderung der kompletten **Mandantenstruktur** hervorrufen. Zugreifen!
- **ein hohes Referenzpotenzial hat:** Das gilt auch für einen potenziellen **Multiplikator**, der einen nur kleinen Fall bringt, etwa ein Vereinsvorsitzender oder ein Journalist. Solche Mandanten haben manchmal so unschätzbare „**Referenzpotenziale**“, dass das **Honorarvolumen** auch noch beim zweiten Mandat eher nebensächlich ist!
- **bei Ihnen eine Passion auslöst:** Dasselbe gilt manchmal für einen Mandanten mit einem **unmöglichen Fall**, in den Sie sich erst einarbeiten müssen. Viele Anwälte haben sich dabei in ihr heutiges Rechtsgebiet **verliebt** – und sich dann darauf erfolgreich spezialisiert!

- **eine Innovation in der Kanzlei- oder Berufsausrichtung bewirkt:** Wieder ein anderer kann für Sie wertvoll sein, wenn er Sie auf die **Entwicklung neuer rechtlicher Dienstleistungen** aufmerksam macht, dadurch dass er sie gerade braucht.

b) Richten Sie eine Mandantenstruktur ein

Eine Mandantenstruktur einzurichten, bedeutet die Frage: „Welche Gemeinsamkeiten werden alle meine Mandanten haben?" Dabei reicht es nicht festzustellen: Sie haben „alle ein Problem", und es reicht meistens auch nicht, wenn sie „alle ein Problem im Arbeitsrecht" haben.

Innerhalb einer Branche wird auf Messen, Tagungen, Round Tables viel mehr getratscht als unter Inhabern desselben Rechtsproblems! **Die Branche schweißt Menschen zusammen, das Rechtsproblem trennt Menschen eher – auch aus Scham!**

Das Prinzip „Ich vertrete Zoodirektoren, und sie kriegen bei mir alles aus einer Hand" wirkt also unter Umständen akquiseförderlicher als das Prinzip „Ich vertrete Arbeitgeber, und unter ihnen ist auch ein Zoodirektor".

Sobald Sie wissen, welche **Mandantschaft Sie anpeilen**, können Sie **Cross-Selling sinnvoll** betreiben. Sie können sowohl alle Mandanten, die nicht in Ihr „Raster" passen, an Kollegen abgeben, die ein anderes Raster haben, als auch Mandanten, die aus den o. g. Gründen Ihren Mandantenfokus begünstigen, stützen, halten, verwöhnen und so zu **Multiplikatoren in der relevanten Gruppe** machen.

---

i **Tipp**

Bestimmen Sie Ihre Klientel eher durch deren Branchen- als durch deren Problem-Gemeinsamkeiten!

---

c) Ergreifen Sie weitere Maßnahmen

Stellen Sie äußeres **Erscheinungsbild** der Kanzlei, **Telefonservice**, Struktur im Mandantengespräch, **Delegation** an Ihre Assistentin, ggf. **Honorarstruktur** etc. sofort um, wenn Sie anfangen, strukturiert durch Cross-Selling Ihre **Bindung zu einigen Mandanten zu vertiefen**. Animieren Sie diese Mandanten, mit Ihnen im Gespräch zu bleiben, indem Sie mit ihnen **in Kontakt bleiben.**

Mandanten werden „weiter gehenden Bedarf an rechtlichen Informationen, an Rechtsberatung und rechtlicher Vertretung nicht ohne weiteres artikulieren. Vor allem Mandanten, die **Hemmschwellen im Umgang mit Anwälten** empfinden, werden auf diese Weise nicht optimal bedient. Potenziale rechtlicher Beratung und Vertretung bleiben ungenutzt."[34]

---

34 After-Sales-Service – Beziehungsmarketing der Anwälte, „Anwalt", April 2002, S. 18–20.

Erläutern Sie Ihrer Assistentin unbedingt, **wer A-Mandanten sind** und weisen Sie sie an, wie sie diese zu behandeln hat: am Tag des Live-Kontakts Mittagspause verschieben, Hosenanzug ja – sichtbares Piercing(!) nein, Cappuccino statt Kaffee anbieten, Small Talk ausweiten, freundlich und herzlich sein, Arbeitsplatz erklären („*Hallo Herr Bergmann, mein Name ist Birgit Schnieder. Wir haben ja schon telefoniert. Ich bin hier zuständig für alles Organisatorische, also natürlich auch für das Kaffee servieren. Was darf's sein?*“) etc.[35]

Auch der Anwalt selbst hat **Pflichten im Umgang mit A-Mandanten**: Er sollte

- ständig in Kontakt bleiben,
- die Genehmigung zum Übersenden regelmäßiger Mandantenbriefe erfragen,
- diese Mandantenbriefe (Newsletter) mandantentauglich verfassen,
- den Mandanten immer zu Vorträgen einladen,
- den Mandanten zwischendurch immer mal anrufen,
- Produkte erstellen, die den Mandanten interessieren könnten und
- direkt nach Gerichtsurteilen „kleine frische Aufsätze“ versenden.

2. Kundenbefragung: systematisches Kunden-Feedback

Eine aktuelle Studie überrascht: 85 % der Anwälte jeder Kanzleigröße kennen nach eigener Einschätzung die **Bedürfnisse und Anforderungen ihrer Mandanten**, doch nur 9 % derselben (!) befragten Anwälte gibt an, regelmäßige **Mandantenbefragungen** durchführen.[36] Da reibt sich doch der geneigte Laie erstaunt die Augen: Woher könnte das Wissen über Mandanten stammen, wenn nicht **von ihnen**?

Gerade durch solche Mandantenbefragungen,[37] so kommentieren die Autoren der Studie, wäre doch die „tatsächliche und nicht nur die gefühlte Zufriedenheit des Mandanten zu erfahren“. Die Autoren vermuten weiter, dass sich bei den Anwälten nicht verifizierte, irreale Annahmen und „möglicherweise ein gewisser **Hang zur Selbstüberschätzung und zur Unterschätzung der Risiken latenter Unzufriedenheit**“ breit machen könnten.[38]

---

35 Zur eigenständigen Kommunikation der Assistentin mit dem Mandanten vgl. das Kapitel „Assistentin“.

36 *Sieben/Klostermann*, BB 41/2011, S. VI, Im Blickpunkt: Kanzleibarometer 2011 – Herausforderungen und Erfolgsfaktoren, Ergebnis einer Befragung von 74 Kanzleien im Jahr 2011. 35 % der befragten Kanzleien haben weniger als 5 Berufsträger (BT), 32 % bis zu 30 BT, 8 % bis 100 BT und 24 Prozent mehr als 100 BT. 59 % der befragten Kanzleien sind an einem Standort, 16 % an mehr als vier Standorten.

37 Vgl. das Kapitel „Leistungs-Feedback“.

38 Beide Zitate ebenfalls aus der o.a. Studie.

Bei einer Befragung von 75 Top-Kanzleien[39] sieht das Ergebnis etwas beruhigender aus; dort sind es immerhin 53 % der Kanzleien, die **strukturierte Mandantenumfragen** durchführen. Vielleicht könnte an dieser Stelle die These gewagt werden: Je größer die Kanzlei, desto flächendeckender werden Mandantenbefragungen zur Akquise eingesetzt.

Allerdings fragt fast die Hälfte der befragten Großkanzleien **nicht nach der Wirkung**, die sie auf ihre Mandanten erzielt haben. Diesen Kanzleien entgehen dadurch einerseits massenhaft kostenlose Hinweise über Optimierungsbedarf und **Lernpotenziale in der Kanzlei**, andererseits versagen sie sich das **pro-aktive Herstellen einer Wellnessoase** („Du bist uns wichtig!") gerade zum Ende des Mandats. Sie würde weitere Mandatierungen lang- oder sogar kurzfristig ermöglichen und in jedem Fall die für jegliche Akquise unabdingbare **„Weiter-Tratsch-Quote"** schlagartig erhöhen!

In diesem Kanzlei-Segment ist die Klientel normalerweise ökonomisch potent, sozial gut versorgt, hat ein ungewöhnlich hohes **Referenzpotenzial** und ist gewöhnlich von vielen anwaltlichen Mitbewerbern umgeben, die sich gern um die Abtrünnigen kümmern! Ein Jammer! Es gibt keinen Grund, das nicht selbst zu erledigen!

Immerhin gut die Hälfte (55 %) der befragten Anwälte aus der Umfrage des „Betriebsberater" hinterlegt **Informationen** zu Mandanten und Interessenten in einer **einheitlichen Datenbank**. Die Autoren weisen allerdings auf die Struktur üblicher anwaltlicher Datenbanken hin: In der Regel finden sich dort lediglich Rahmendaten, die durch die Kanzleisoftware abrufbar sind. Die für das **Cross-Selling unabdingbaren Informationen** fehlen dort! Das sind: Kontakthistorie, derzeitige Aktivitäten, bisherige Kontakte nach dem Erstmandat, Vortragseinladungen, kurze Anrufe zwischendurch, Einladungen zum Lunch, geplante Aktivitäten anderer Kollegen derselben Kanzlei bezüglich dieses Mandanten sowie Veränderungen in seinem Umfeld werden nicht oder nur sporadisch eingetragen.

Gerade kleine Mandate **verdecken anfangs einen Beratungsbedarf**, der weit über ein einzelnes Mandat hinausgeht und richtig einträglich werden kann. Auch dazu dient die Erfassung des Potenzials. Wie wird das **Weiterempfehlungsverhalten** eines Mandanten eingeschätzt, und welches „Referenzpotenzial" hat er? Richten Sie eine **Suchabfrage „Referenzkontakt"** ein. Dort tragen Sie alle Mandanten ein, die nicht wiederkommen, sondern nur weiter empfehlen sollen. Diese Mandanten bekommen von Ihnen zweierlei: einen anderen guten Anwalt (seine Arbeit fällt auf Sie zurück!), der sie beim nächsten Mandat weiter versorgen wird sowie **regelmäßige** verständliche **Newsletter**, eingeleitet durch einen unwiderstehlich ausgedrückten **Leser-Nutzen.**

---

39 *Schieblon*, 3. PMN Benchmark Studie Anwaltsmarketing Juli 2011, S. 32 (Ergebnis einer Befragung von 75 TOP Kanzleien – nach Ranking in JUVE Rechtsmarkt 10/2010).

Sogar in Kanzleien, in denen die Software solche Eintragungen ermöglicht und nach unterschiedlichen Suchbegriffen auswerfen könnte, werden diese Eintragungen häufig nicht gemacht. Die Software ist in solchen Fällen fast so teuer wie die Verluste, die trotz ihrer Anschaffung monatlich (!) billigend in Kauf genommen werden.

Tipp
Die Cross-Selling Datenbank muss detailreich gefüllt, ständig aktualisiert und automatisch mit allen Anwalts-Rechnern der Kanzlei synchronisiert werden. Investieren Sie!

---

3. Cross-Selling erfordert filigrane Kommunikation

Anwälte vollbringen aus dem Stand Glanzleistungen, wenn sich der Mandant nach seinem ersten Mandat von sich aus erneut meldet. Anwälte fühlen sich dadurch zu Recht geehrt und bestätigt! Doch umgekehrt verhalten sich Anwälten merkwürdig scheu. Sie weisen ihre Mandanten nach dem ersten Mandat nicht von sich aus auf **weitere Mandanten-Bedarfe** hin, die die ursprünglichen Rechtsberatungsleistungen sinnreich komplettieren würden. Sie halten auch **nicht freiwillig beständigen Kontakt zu Cross-Selling Kandidaten.**

Untersuchen Sie, welcher Grund Sie **hauptsächlich hindert und entmachten Sie diesen Grund**! Denn alle Seiten haben Vorteile durch ein geglücktes „Cross-Selling“: Der Mandant ist **nachhaltig geschützt** durch die erfahrene Voraussicht seines Anwalts und wird **nicht wechseln wollen**. Der Anwalt gewinnt neben einem **zuverlässigen Kooperationspartner** und einem langfristig **verdoppelten Umsatz** etwas viel Wichtigeres: einen sicheren, jahrelangen **Multiplikator seiner Leistung.**

Der Mandant hat gute Gründe, seine Rechtsberatungsbedarfe nicht oder nicht sofort komplett bekannt zu geben: vielleicht berät ihn ein **anderer Anwalt** in dieser Sache, vielleicht scheut er die Offenlegung seiner Probleme aus **Scham** oder aus **Kostenfurcht** –oder vielleicht **kennt er sie selbst gar nicht.**

Um dem bestehenden oder ehemaligen Mandanten Cross-Selling Potenziale bewusst zu machen oder ihm zu ermöglichen, diese selbst zu benennen, sollten Anwälte ein paar **rhetorische Regeln** beachten:

a) Ansprechen während eines Abschlussgesprächs

Trainierte Anwälte **hören großartig zu.** Sie **paraphrasieren** einen Nebensatz des Mandanten im Erstgespräch und **verschieben dessen Beantwortung** auf später: *„Herr Berger, da sprechen Sie einen weiteren wichtigen Punkt an. Wenn Sie einverstanden sind, verschieben wir den auf etwas später; er gehört indirekt zum Thema. Ich mache mir hier eine Notiz.“*

Achtung
Am Ende des Gesprächs auf die Notiz zurückkommen und sagen, was mit ihr passiert.

Sobald eine Mandatsausweitung allseits attraktiv erscheint, laden Anwälte ihn zu einem (u.U. auch telefonischen) **Abschlussgespräch** ein. Das Abschlussgespräch stellt **drei Dinge** sicher:

- Der Mandant erhält die **Rechnung überreicht** (beim Telefonat Informationsrechnung gemailt). Sie wird Punkt für Punkt besprochen. Die Rechnungen trainierter Anwälte enthalten **keinerlei Überraschungen** (schon gar keine negativen!) für den Mandanten und werden dadurch **schneller bezahlt.**
- Er erhält eine **Feedback Möglichkeit**. Manche Anwälte füllen einen Feedback Bogen selber aus.[40]
- Ein im Erstgespräch verschobener, später ermittelter oder statistisch wahrscheinlicher **Bedarf wird skizziert und paraphrasiert**: „Herr Berger, darf ich abschließend noch mal zurück kommen auf eine Frage, die anderen meiner Mandanten in Ihrer Lage Sorgen macht, (oder: „..., die mir unterwegs aufgefallen ist") und das ist: „X". Abhängig von seiner Reaktion können Sie ihn sofort mit einem **Fachanwalt zu diesem Gebiet** in Kontakt bringen. Dieser sollte zuvor Bescheid wissen, dass er evtl. gegen 16 Uhr wegen einer neuen Mandatsanbahnung angerufen wird.

Beispiel
Die Anwältin lädt den Mandanten zur **Rechnungsübergabe** ein in ihre Kanzlei. Nachdem sie alle Details der Rechnung nochmals erklärt und ein Feedback über **Verbesserungspotenziale ihrer Kanzlei** eingeholt hat, weitet sie das Thema aus (Mandant hatte Bedarf angedeutet) durch Paraphrase: *„Herr Berger, Sie hatten da **vor drei Monaten** eine Bemerkung gemacht, die hatte ich mir **damals notiert*** (Paraphrase). *Sie deuteten etwas an über Ihren Sohn, der demnächst aus den USA zurück kommt und gern in das Unternehmen einsteigen würde. **Viele meiner Mandanten** sind froh* (Perspektivwechsel), *wenn sie rechtzeitig für eine steuerfreundliche Übergabe sorgen können. **Wie steht's damit bei Ihnen**?"* (Sie sagt nicht: „Ich rate Ihnen" oder „Sie müssen")

b) Ansprechen durch die Nutzenargumentation

Der Anwalt zeigt auf, welchen **Nutzen** sein Mandant hätte, würde er sein **Mandat ausweiten.** Dabei ist die direkte Empfehlung eine verbreitete Methode für das Cross-

40 Diese Methode ist aus exzellenten Hotels abgeschaut, in denen die Rezeptionistin während des Check-out die Fragen durchgeht und selbst die Antworten notiert: „Haben Sie zwei Minuten Zeit für ein kleines Interview?" Das ist genau das Gegenteil von lieblos auf den Nachttisch geworfenen oder dezent versteckten DIN A 5 Bögen mit viel zu viel Text oder mit Noten zum Ankreuzen! Von derselben Rezeptionistin erhalten Gäste dann eine Mitteilung per Email, was genau durch eine Beschwerde in die Wege geleitet wurde, begleitet von einem Upgrade beim nächsten Besuch. Denn: „Sie haben uns geholfen, unsere Qualität zu optimieren. Wir laden Sie ein zu einem Test..."

Selling. *„Herr Berger, wenn Sie erlauben, würde ich Sie gern hinweisen auf eine weitere Möglichkeit, die wir noch nicht besprochen haben: Wenn wir jetzt auch noch X in die Wege leiten, könnten Sie dadurch rechtzeitig sicher stellen, dass...“* Wenn er zögert, **lässig nach Hause gehen lassen** zum Nachdenken. Bewährt hat sich der **Perspektivwechsel** auch, wenn der Mandant noch zweifelt: „Viele meiner Mandanten überdenken das Ganze noch mal eine Nacht und rufen dann am nächsten Morgen an, ob wir das so machen sollen oder nicht.“ Achtung: „Erwähnen Sie diesen Rat auf keinen Fall mehrmals, denn: „**Ratschläge sind Schläge**!“ Ihr Mandant muss Ihnen trauen, damit er Ihrem Rat folgt!

c) Ansprechen durch den Perspektivwechsel

Der Anwalt erläutert, welchen konkreten **Nutzen ANDERE seiner Mandanten** schon hatten, wenn sie rechtzeitig auch noch „X“ abgesichert haben: *„Herr Berger, **andere Mandanten in Ihrer Situation** hatten **zusätzlich die Befürchtung**, dass sie durch X in Schwierigkeiten geraten könnten. Wie steht es damit bei Ihnen?“* Sie bewirken den Eindruck **unaufdringlicher Kompetenz** mit dem Subtext: „Das habe ich schon oft gemacht; ich bin kompetent.“ Wenn Sie erprobte Verfahren mit deren **Vorteil** erwähnen, erreichen Sie zumindest ein **Nachdenken des Mandanten**. Achtung: Die erwähnten Situationen anderer Mandanten müssen vergleichbar sein! Je konkreter Sie skizzieren, in welchen Situationen „X“ schon sinnreich war und mit welchem Nutzen, desto **weniger aufdringlich** wirken Sie!

Beispiel

Der 58-jährige Mandant, ein selbstständiger Tischler, möchte zwei seiner 13 Mitarbeiter wegen schlechter Leistungen entlassen. Er macht sich **Sorgen um die Zukunft seiner Tischlerei**, die seit 87 Jahren in Familienbesitz ist. Die Umsatzzahlen sind schlecht; ein Großauftraggeber ist seit 8 Jahren der Garant für einigermaßen stabile Auslastung. Der Anwalt recherchiert alle Details des **ursprünglichen arbeitsrechtlichen Bedarfs** und weitet dann die „Kampfzone“ aus: *„Herr Berger, viele meiner Mandanten in Ihrer Situation stehen **zusätzlich** vor der Herausforderung, ihr traditionsreiches Unternehmen in verlässliche Hände zu übergeben und dabei noch Steuern zu sparen. **Wie steht es damit bei Ihnen**?“* (Er sagt nicht: „Ich rate Ihnen“). Für den Fall seiner sofortigen Zustimmung steht ein **Spezialist für die Unternehmensnachfolge** bereit, **telefonisch oder live** dazu zu kommen.

---

d) Ansprechen durch „Matching“[41] des Katastrophenfokus

Mandanten mit dem **Metaprogramm „Weg von“**[42] benötigen zu ihrer eigenen Motivation das **Aufzeigen von Katastrophen**, damit sie **aktiv werden**. Sie „müssen“

---

41 Siehe Kapitel „Durchsetzung“.

42 Metaprogramme sind Wahrnehmungsfilter und damit wichtig für die Motivation. Inhaber des Metaprogramms „Weg von“ sind extern motivierbar durch das besondere Betonen einer Katastro-

immer wissen, welcher Katastrophe sie zu entgehen haben. Sie **torpedieren eigene und fremde Ziele** immer dann, wenn sie „eine bunte Blumenwiese erreichen, statt ein graues Trümmerfeld verlassen“[43] sollen. Der trainierte Anwalt zeigt, um das **System zu matchen**, in diesem Fall **Katastrophen** auf, die der Mandant **meiden** möchte: „Wenn wir jetzt nicht „X“ veranlassen, passiert wahrscheinlich Y.“ Trainierte Anwälte arbeiten in diesem Fall sogar mit dem Einrichten einer Katastrophe, ohne selbst die Lösung zu sagen: “Im schlimmsten Fall kann ja auch noch ... passieren, da sind wir dann in Bezug auf „Y“ fast machtlos und geraten in eine gefährliche Defensive.“ Sie warten, bis der Mandant selbst fragt: „Was können wir dann dagegen tun?“ Und selbst danach noch mögen manche Mandanten Katastrophen: „Naja, einfach wird das nicht. Auf jeden Fall MÜSSEN[44] wir dann...“

e) Ansprechen durch Wechsel der Zeitzonen

Auch durch den Wechsel der **Zeitzonen Gegenwart, Vergangenheit und Zukunft** kann Cross-Selling gelingen. Manche Anwälte verfünffachen den Ursprungsbedarf bereits bei der Anamnese(!) des Ursprungsfalls durch **geschicktes Fragen** in **unterschiedlichen Zeitzonen** und aus **unterschiedlichen Perspektiven**. Der folgende Fall zeigt das. Er ist außerdem ein großartiges Beispiel für die **Akquise eines Gegners** (Referenzkunden) durch aufmerksames Zuhören und gute Arbeit.

V. Best Practice

Hier verfünffacht eine Bremer Anwältin die Anzahl ihrer Mandate. Normalerweise – so auch hier – berichtet der Mandant von seinem Fall zunächst in der Gegenwart:

Mandat 1: Vertragsrecht

„Die Leasinggesellschaft X hat unseren Leasingvertrag gekündigt und klagt auf Herausgabe von 15 Sonnenbänken. Wir sind Betreiber eines Sonnenstudios und haben

---

phe, von der sie weg möchten. Sie enttarnen sich vor allem als „Negativsprecher“, die zuerst Mängel wahrnehmen und sofort aussprechen. Sie erkennen immer als erstes, was „fehlt“, was „nicht ausreicht“ und was „äußerst fraglich ist“. Sie reagieren allergisch auf positive Bemerkungen und gehen sofort dagegen an! Dieses Muster nutzt ein geschickter Verhandler aus: Er spricht – u.U. gegen seine eigene Auffassung! – negativ, so dass der andere auch dagegen angeht. („Leicht ist das nicht zu schaffen; ich sehe da kaum Chancen“, bis der andere sagt: „Es sei denn, wir...“).

43 Roderich Heinze, „Der Aufschwung beginnt bei mir“ und „Keine Angst vor Veränderungen“, Dr. Heinze war mein Ausbilder. Er sprach stets in unvergessenen Bildern.

44 Das Wort „müssen“ sollten Sie sich in allen anderen Akquisesituationen verbieten! Anwälte mit dem entgegen gesetzten Metaprogramm „Hin-Zu“ müssen anfangs lachen, wenn sie diese Negativsprache verwenden. Das geht vorbei. Test it!

monatliche Leasingraten in Höhe von insgesamt 20 000 Euro nicht bezahlt. Wenn wir die Bänke abgeben müssen, sind wir erledigt."

Die Anwältin könnte sich nun mit einem Mandat begnügen und lediglich wegen der Klage auf Herausgabe der Sonnenbänke tätig werden. Stattdessen wechselt die Anwältin die Zeitzone: Sie erfragt, wie es zur Kündigung des Vertrags kam, d. h. sie erforscht die Historie (Vergangenheit):

Mandat 2: Mietrecht
„Was war Ihr Grund, nicht zu zahlen?" Die Anwältin erfährt dadurch, dass die Kunden des Mandanten wegen einer Baustelle vor dem Sonnenstudio ausblieben, dass dadurch außerdem Mietrückstände für die vergangenen fünf Monate in Höhe von 5000 Euro entstanden waren – und dass der Vermieter bereits mit Kündigung der Gewerberäume gedroht hatte.

Dadurch entstehen weitere Fragen aus gewechselter Perspektive (Vergangenheit) wie etwa:

Mandat 3: Mietrecht
„Hat Ihr Vermieter Sie darüber informiert, dass diese Baustelle eingerichtet wird?" Es kommt raus, dass dies nicht der Fall war. Die Anwältin deutet dem Vermieter schriftlich und sehr freundlich die Möglichkeit einer Schadenersatzforderung Ihres Mandanten an.

Nach Mandatsabschluss ruft der ehemalige Gegner (Vermieter) an und teilt mit, dass die Anwältin ihn beeindruckt habe durch ihre unnachgiebige und freundliche Art. Er berichtet dass die Stadt die obige Baustelle nun schon zwei Monate länger als es ihm angekündigt worden war, betreibe.

Mandat 4: Verwaltungsrecht
Durch diese Information und durch schriftliches Androhen einer weiteren Schadenersatzklage, diesmal gegen die Stadt, bekommt die Anwältin die Stadt und den Vermieter an denselben außergerichtlichen Verhandlungstisch.

Erneut zeigt sich der Mandant beeindruckt, diesmal durch ihren geduldigen und scheinbar sanften Stil gegenüber Behördenvertretern.

Mandat 5: Mietrecht
Später überträgt dieser Vermieter von 13 Gewerbeobjekten weitere Mandate im gewerblichen Mietrecht .

Die Anwältin gewinnt nicht nur deutlich mehr an Umsatz, sondern vor allem ein belastbares Vertrauensverhältnis zu einem weiteren gewerblichen Mandanten ihrer Stadt.

Rechtanwältin Nicole Mertgen, Partnerin bei Dr. Fuchs, Schönigt und Partner, Bremen, Tel. 0421-1655293

Erfolgstipps

- Cross-Selling lohnt sich immer! Tun Sie alles dafür! Es ist die einfachste aller pro-aktiven Akquisemethoden, denn das Vertrauensverhältnis besteht bereits.
- Richten Sie eine Mandatenstruktur ein. Sortieren Sie aktiv!
- Veranstalten Sie Abschlussgespräche mit drei Tagesordnungspunkten: Rechnung überreichen, Feedback einholen, weiteren Bedarf paraphrasieren oder durch Perspektivwechsel etablieren.
- Optimieren Sie Ihre interne Dokumentation und führen Sie strukturierte Mandantenbefragungen durch. Ohne sie geht es nicht!
- Bieten Sie A-Mandanten nach dem ersten Mandat online und live permanenten Zusatznutzen an.

Durchsetzung

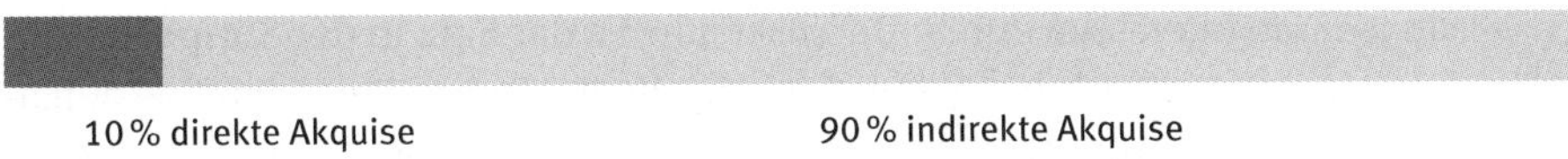

„Wenn sich Meinungen, Löwenmännchen und all-inclusive Reisen durchsetzen, dann können Anwälte das doch auch!“[1] Was als Einleitung zu einem Vortrag vor Anwälten ziemlich gewagt klingt, ist im Anwaltsalltag längst Gewissheit: **Durchsetzung ist Pflicht, Lust und ökonomische Notwendigkeit zugleich.**

Dieses Kapitel wird behilflich sein, Durchsetzung vom **Geruch des Zufalls** zu befreien. Es besteht aus vier Teilen, davon bieten die mittleren beiden die **rhetorische Grundausstattung für erfolgreiche Akquisiteure**:

I. **Durchsetzungsstarke Anwälte sind Kult**
II. **Gesprächsführung für die Akquise 1: Basics**
III. **Gesprächsführung für die Akquise 2: Feinheiten**
IV. **Wie die „Werner Hupe GmbH“ Mandant wird – ein Akquise-Dialog in zwei Phasen**

I. Durchsetzungsstarke Anwälte sind Kult

Mandanten tragen keine anwaltliche Fähigkeit häufiger und leidenschaftlicher in die Öffentlichkeit als die **Durchsetzungskraft ihres Anwalts**. Sie bezahlen ihn ja genau dafür! In **allen Sprachniveaus** dokumentieren sie öffentlich ein **starkes „Wir“-Gefühl** mit ihrem Anwalt: „Der hat’s ihm aber ordentlich gegeben!“, oder: „Die Lieferbedingungen wurden erneut optimiert. Das haben wir allein der Anwältin zu verdanken!“ sind unbezahlbar **nachhaltige Imagekampagnen**.

Tipp
Mandanten werben jahrelang für ihren durchsetzungsstarken Anwalt!

■ **Durchsetzung ist Anwalts-Alltag**

Anwälte setzen **in ihren Kanzleien** einigermaßen locker Arbeitsaufträge, Hausaufgaben, Vorgehensweisen, Terminverschiebungen, In-house-Events, Chefstatus, Honorarvereinbarungen, Strategien, Verständlichkeit, Marketing-Etats, Rechtsmeinungen,

1 Diese Einleitung zu meinem Vortrag „Ein Nein ist eine Aufforderung zum Tanz“ wird stets variiert, meist durch provokante „Wachmacher“ aus der Auftrittsregion.

Arbeitsstile, Telefontermine, eine weitere Putzfrau, Fortbildungen, Öffnungszeiten, MMMs[2] und sogar die Anschaffung einer Cappuccino-Maschine durch.

Sie setzen auch **außerhalb ihrer Kanzleien** Rechtsmeinungen, Strategien, Anweisungen und Interessen durch. Durchsetzung ist das **Salz in der Suppe** anwaltlicher Argumentation. Noch nie gab es Richter, die ihr Territorium kampflos aufgaben oder gegnerische Anwälte, die ihre Positionen freiwillig zurücksteckten. Ebenso „kampfbereit" zeigen sich bisweilen Mitarbeiter, Kollegen und sogar eigene Mandanten, wenn sie frustriert sind oder sich unverstanden fühlen.

- **Durchsetzung ist ein zentrales Akquise-Tool**

Sie beeindruckt Mandanten, Gegner, potenzielle Mandanten, den inneren Schweinehund, Gerichte, Presse, den Kanzleivermieter, Mitarbeiter, Kollegen und – nicht zu vergessen – die privaten Partner.

- **Durchsetzung gilt in Akquisesituationen als schwierig**

In Akquisesituationen dagegen geben Anwälte manchmal zu früh auf, manche **meiden** sogar Akquisesituationen. Es erscheint ihnen **schwierig**, sich freundlich gegenüber dem **Mitbewerber** zu positionieren, sich weder **angeberisch** noch zu **schüchtern** zu verhalten, ihre **Leistungen** glaubhaft zu **quantifizieren**, bei kritischen Fragen **locker** zu bleiben, sich **Zweiflern** gegenüber zu beweisen, cool über das **Honorar** zu informieren und dem **inneren Schweinehund** zu zeigen, wer der **Boss** im Haus ist.

Sie verlassen sich gern mal auf **wackelige Faktoren** wie Tagesform, schwache Gegner oder Glück – natürlich auch, um sich im Misserfolgsfall nicht zu viel **Verantwortung** aufzubürden. Doch Glück, Tagesform oder schwache Gegner sind höchstens **sporadische Vollzugshelfer** und **keinesfalls verlässliche Erfolgsfaktoren**!

II. Gesprächsführung für die Akquise: Basics

Den wichtigsten Schritt haben Sie bereits getan, das ist die **Entscheidung, diesen einen Mandanten, diese eine Firma oder dieses eine Mandat zu gewinnen**. Wie mehrfach in diesem Buch ausgeführt, ist diese Entscheidung die **Basis** für alles andere. Das „Wer" ist entschieden, das „Was" ist entschieden, und am „Wie" sollte es nun **nicht mehr scheitern**!

2 „MMM" ist der Montag-Morgen-Muntermacher, in manchen Kanzleien die Wochenbesprechung, in anderen eine gemeinsame Mini-Frühstücksrunde, in wieder anderen der jour fixe mit Anwalt und Mitarbeitern. Besonders in kleinen Kanzleien, die mit dem Instrument der „festen Rückrufzeiten" (vgl. Kapitel „Kanzleimarketing") arbeiten, werden beim MMM die Zeiten für die ganze Woche festgelegt, zu denen der Anwalt Mandanten zurückruft.

Der Mandant sitzt vor Ihnen, ist jetzt im Augenblick bzw. in wenigen Minuten am Telefon oder steht zehn Meter entfernt von Ihnen bei einem Empfang. Jetzt geht es nur noch um **rhetorische Methoden.**

Vier Basics dienen ihnen als **rhetorische Grundlage.** In allen Akquisegesprächen werden sie Sie stützen, deshalb sollten Sie alle vier stets im Gepäck haben:

1. Die **offene Frage** – Managerin der Menschenführung
2. Die **geschlossene Frage** – Königin der Kontrolle
3. Die **Paraphrase** – Wegbereiterin der Empathie
4. Die **Ich-Botschaft** – Botschafterin der taktischen Selbstverkleinerung

1. Die offene Frage – Managerin der Menschenführung

„Wer fragt, führt!" Diese uralte rhetorische Regel mag allein durch die **Häufigkeit ihrer Erwähnung** den einen oder anderen Leser langweilen – im Gespräch weicht diese Langeweile schnell einer **nachhaltigen Faszination** – übrigens auch auf der Seite des **Sprechers.** Die offene Frage beginnt mit einem **Fragewort** (Wie? Was? Welcher? Wessen? Wann? Wohin? Wodurch? Wozu? Wo?) und hat immer mehr als ein „Ja" oder „Nein" als Antwort.

- **Indikation der offenen Frage**

Die offene Frage ist **Gesprächseröffner, Gesprächsstrukturierer, Krisenmanager, Energiesparlampe, Sachverhaltsermittler** und **Garant** für eine sensationell elegante **Durchsetzung in kritischen Situationen.** Sie garantiert einen lockeren Gesprächseinstieg – auch im Small Talk[3] – eine blitzschnelle Sachverhaltsermittlung, eine freundliche Überlegenheit, eine geschickte Neutralisierung von Einwänden, Ihren unangreifbaren Kaiserstatus in kritischen Momenten – mit einem Wort: **Die offene Frage garantiert Ihre Führung.**

Sie beginnt mit einem Fragewort und wird normalerweise mit mindestens einem vollständigen Satz beantwortet. Die offene Frage **öffnet den Gesprächspartner** („Worum geht es Ihnen in erster Linie?"). Sie **regt ihn an, aktiviert** ihn, **zwingt** ihn auf Ihr Terrain – und Sie als Frager verzichten mit der korrekt gestellten offenen Frage auf eine **eigene Wertung.** („Was war Ihre Intention?") Sie erfordert von Ihrem Gesprächspartner eine **ausführliche Antwort** („Wie kam es zu dem Streit?") und verleitet ihn zum **Darlegen seiner eigenen Position.** Sie bringt den anderen zum **Denken und Sortieren** („Welche Möglichkeiten hätte Ihr Geschäftsführer gehabt?") und **entschärft dadurch Killerphrasen,** präzisiert Einwände und **pragmatisiert Widerstände** („Welche Alternative sehen Sie?"). Die offene Frage versachlicht auch Sie in emotional belasteten Kontexten. Die Antworten sind normalerweise **ausführlich und nicht fokussiert.** In aller Regel **ermöglicht und erfordert** die Antwort

3 Vgl. auch das Kapitel „Small Talk".

auf die offene Frage eine spätere **Paraphrasierung** (Zusammenfassung) des für Sie brauchbaren Antwortteils.

- „**Was** hat Sie dazu gebracht, Ihr Angebot zurückzuziehen?"
- „**Wie** erklären Sie sich dieses Verhalten des Geschäftsführers?"
- „Seit **wann** wissen Sie von den Lizenz-Verhandlungen?"
- „**Was** passierte dann?"
- „**Welche** Ziele verfolgen Sie damit?"
- „**Was** ist aus Ihrer Sicht die Alternative?"
- „**Was** soll diese Regelung hauptsächlich bewirken?"
- „**Was** brachte Sie dazu?"

■ **Wirkung der offenen Frage**

Die offene Frage wirkt wie das **Gegenteil** der „Entweder-Oder" – Disposition in der Juristenausbildung und fällt Anwälten daher zunächst schwer. Geübte Akquisiteure lassen durch die offene Frage auch dann dem Gesprächspartner **viel Raum**, wenn sie **die Antwort längst kennen**. Sie ist also ein **taktisches Instrument der Führung**, wirkt **empathisch** und **interessiert** und ist darauf gerichtet, dem Gesprächspartner ein **Wohlbefinden, dem eigenen Argument das Siegertreppchen** und sich selbst den **Führungsstatus zu** verschaffen.

Offen gestellte Fragen nach der Taktik im Mandat („Wie gehen wir nun vor?") beantwortet der **Mandant** mit einer **direkten Machtübertragung** an Sie: „Das weiß ich doch nicht. Sie sind doch der Anwalt".

Anwälte fürchten diese – oft patzig klingende – Antwort. Zu Unrecht! Besonders der anfangs kritische Mandant erteilt seinem Anwalt die volle taktische Verantwortung und wird ihm folgen. Arbeiten Sie auf diesen Moment hin **und schätzen Sie ihn stets mit einem inneren Lächeln**! Denn in diesem Augenblick überträgt der Mandant Ihnen nicht nur die **Lösung** (Sachebene) und die **taktische Verantwortung** (Macht) sondern auch sein **Vertrauen** (Beziehungsebene).

2. Die geschlossene Frage – Königin der Kontrolle

Sie ist die – hoffentlich freundliche – Stimme im Navigationsgerät **der Fokussierung** und die – hoffentlich nur aus taktischem Grund angewandte – analytische Meisterin der **Kontrolle**. Verkaufstrainer und ihre Jünger nennen sie die **„klassische Abschlusstechnik"**.

Sie beginnt mit einem **Verb oder Hilfsverb** und wird mit **„Ja" oder „Nein"** beantwortet. Sie erfragt **Informationen** in einem sehr **präzisen, eingeschränkten** Bereich.

■ **Indikation der geschlossenen Frage**

Die geschlossene Frage ist indiziert, wenn Sie einen potenziellen Mandanten dazu bringen wollen, sich **festzulegen**, sich **präzise** auszudrücken, das Augenmerk auf einen **bestimmten Punkt** zu legen und sich von **Weitschweifigkeit zu verabschie-**

den. („Wurde der Vertrag von beiden Seiten schriftlich unterzeichnet?") Die geschlossene Frage leitet **Commitments** ein („Können wir das so machen?") und **kontrolliert** z. B. „Hausaufgaben"[4] („Schaffen Sie das alles bis Mittwoch 14.30 Uhr?"). Mit ihrer Hilfe können Sie die Ergebnisse der bisherigen Anamnese Schritt für Schritt **rekonstruieren.** Sie ist als Instrument der Fragetechnik immer dann unerlässlich, wenn Sie **sachliche bzw. logische Zusammenhänge** recherchieren („Haben Sie den Betriebsrat schon informiert?") oder einen Interessenten auch im positiven Sinne **„bedrängen"** („Geben wir also noch Zeit bis Mittwoch?") wollen.

Vorsicht **!**

Die geschlossene Frage wird oft an der falschen Stelle – meist zu früh – gestellt, und das ist der **häufigste rhetorische Fehler im Akquisegespräch.** Sie lässt dem Interessenten zu **wenig Raum** zur Darstellung seiner eigenen Sicht, hat hohe **suggestive Anteile** und legt den anderen in **Richtung, Redestil** und **Selektion der Wahrnehmung** fest („Wollen Sie nun Ihren Schwager verklagen?").

- „**Soll** ich zuerst die rechtlichen Möglichkeiten erläutern?"
- „**Wissen** Sie, was die Käufer damit vorhaben?"
- „**Sind** Sie einverstanden?"
- „**Ist** Ihnen klar, dass die Geschäftsbeziehung dadurch beendet wird?"
- „**Wollen** Sie das wirklich?"
- „**Gibt** es noch einen Einwand dagegen?"

■ Wirkung der geschlossenen Frage

Anwälte verwenden geschlossene Fragen **viel zu früh** und **viel zu häufig**. Dadurch vergeben sie sich die Möglichkeit, **Informationen zu gewinnen**, Gespräche zu **führen** und **Energie zu sparen.** Geschlossene Fragen sind **Manipulationsveranstaltungen** mit hohen **Energieverlusten** auf Seiten des Fragers, während der Befragte sein Gehirn absolut nicht aktivieren muss. **Geschlossene Fragen** sind durchschnittlich dreimal so lang wie offene; allein die **Anzahl der Worte** spricht Bände! Je mehr Antwortteile in die Frage aufgenommen werden, desto kleiner wird der Raum für den Antwortenden; der Befragte hat stets nur die Wahl zwischen **ja und nein.**

Besonders tragisch ist die falsche Verwendung der geschlossenen Frage während einer **Zeugenvernehmung.** Sie finden im folgenden Frage-Beispiel **elf manipulative Antwortteile**: „Stand (?) er (?) bereits länger (?) hinter (?) der Tür, als der Herr Z. (?) mit dem Dokument (?) in der Hand (?) den Raum (?) durch die halboffene (?) Tür (?) betrat (?)?"

Allein das Wort „betrat" manipuliert den Hörer zu der Annahme, keinesfalls könnte der Raum durch „poltern", „rennen" oder „kriechen" **betreten** worden sein.

---

4 Vgl. zur Bindewirkung von „Hausaufgaben" das Kapitel „Mandantengespräch".

Und natürlich hat niemand den Hauch einer Ahnung, auf welchen **Antwortteil** sich der Zeuge bezieht, wenn er diese Frage mit „Nein" beantwortet! Der Zeuge selbst übrigens erst recht nicht.

Anwälte verwenden geschlossene Fragen leider nicht aufgrund **taktischer Überlegungen** sondern einzig und allein aufgrund **unüberprüfter Gewohnheiten,** und die **sind die schlechtesten Ratgeber aller Zeiten!** Geschlossene Fragen kosten Energie, Zeit und Nerven – und sicher manches Mandat.

Tipp
Verwandeln Sie daher generell 90 % Ihrer geschlossenen Fragen in offene.

Geschlossene Frage:	Offene Frage:
„Haben Sie sich bezüglich der Abwicklung Ihrer Angelegenheit schon entschieden?"	„Wie machen wir weiter?"
„Haben Sie das Ziel, die Geschäftsbeziehung unter diesen Umständen fortzusetzen?"	„Was soll mit der Geschäftsbeziehung geschehen?"
„Wollen Sie eine genaue Aufstellung der anfallenden Nebenkosten oder reicht Ihnen eine Pauschalrechnung?"	„Wie sollen wir bezüglich der Rechnung vorgehen?"
„Kennen Sie die Interessen der Verkäufer bezüglich des Umweltgutachtens genau?"	„Welche Interessen vermuten Sie auf der Verkäuferseite?"

3. Die Paraphrase – Wegbereiterin der Empathie

Sie drücken mit Ihren Worten aus, was der Gesprächspartner meint. Oft **vereinfacht** die Paraphrase seinen Wortbeitrag. („Das heißt also, er hatte gelogen?"). Manchmal **klärt sie Wortbeiträge** durch eine **provokante Verkürzung**, die auf eine **Korrektur** abzielt. („Wenn ich das richtig verstanden habe, war Ihnen im Grunde **nur wichtig**, dass Sie eine Entschuldigung bekommen?"), manchmal dient sie auch „nur" als **Sachverwalter** („Wenn ich mal zusammenfassen darf: Sie sind bereit, doch auf eine Klage zu verzichten, wenn ein Teil der Summe sofort gezahlt wird?"). Auch wenn Sie selbst eine Zusammenfassung des Besprochenen nicht benötigen; beim Gesprächspartner kommt die Paraphrase **empathisch und fürsorglich** an.

- **Indikation der Paraphrase**

Sie stellen durch die **Paraphrase** Ihre eigene Welt zugunsten der Welt Ihres Gesprächspartners zurück, um **Vertrauen** des Gesprächspartners zu gewinnen („Das bedeutet, dass Sie **vor allem** um das Wohl Ihrer Kinder fürchten?"). Die Paraphrase hilft Ihnen, **eigene Wertungen zu unterbinden** und den Gesprächspartner im **Fokus des Interesses** zu halten („Ihnen geht es also hauptsächlich darum, Ihre Ehe zu erhalten?") Die Paraphrase löst **fünf Vorteile** im Akquisegespräch aus:

Empathie: **Der Gesprächspartner fühlt sich verstanden**, wenn Sie korrekt paraphrasieren. Die Paraphrase ist für ihn der Beweis des Zuhörens, der Beweis, dass seine Geschichte, sein Unternehmen oder seine Denkweise für Sie interessant und wichtig sind.

Verstehen: **Sie selbst schließen inhaltliche Missverständnisse** aus. Jeder Mensch hat ein unterschiedliches Wahrnehmungssystem. Missverständnisse sind der Beweis für Kommunikation und selbst bei allseitigem **Schweigen** unvermeidlich. „Das heißt für Sie also, dass Sie an Ihren alten Arbeitsplatz zurück wollen?"

Effizienz: **Sie sparen Zeit** und blockieren Vielredner. „Herr Berger: Bis jetzt habe ich drei Punkte heraus gehört, nämlich x, y und z. **Gibt** es einen vierten?" (Kontrollfrage)

Struktur: **Sie strukturieren das Gespräch** und sich selbst. Durch die Paraphrase fassen Sie die schon genannten Punkte zusammen. Die noch unbesprochenen bleiben übrig. Dadurch erreichen Sie eine **hohe Konzentration** auf die noch fehlenden Bereiche – auch bei Ihrem Gesprächspartner.

Manipulation:[5] **Sie beeinflussen die Richtung des Gesprächs.** Ihr Gesprächspartner schimpft über die Zustände in seiner Tischlerei, über viele Aktionen einzelner Tischler im Besonderen und über „Undankbarkeit in der Gesellschaft" im Allgemeinen. Er kann sich kaum beruhigen. Die **manipulative Paraphrase** schafft das für ihn und bringt ihn in ein verhandlungsfähiges Fahrwasser („Sie machen sich also so richtig **Sorgen um den Fortbestand Ihrer Tischlerei.**"). Sie streift eine **höhere Ebene**[6] (Sorge) als der **Gegenstand des Schimpfens** (Aktion): Mit dieser Paraphrase ist der sachliche **Grundstein für das Mandat** gelegt. Bei der **Sorge** können **beide ansetzen**; der Schimpfer stimmt zu, und alle **irrelevanten Themen** wurden durch die **Manipulation** abgespalten.

5 Hier verwendet im ursprünglichen, neutralen Sinn: manipulare (=etwas mit den Händen geschickt handhaben, drehen). Die negative Konnotation des Wortes ist eine neuzeitliche Erfindung und wird gefühlt gleich gesetzt mit „über den Tisch ziehen" oder „bewusst täuschen". Jeder Mensch manipuliert übrigens: Ob er schweigt oder redet, seine Sätze zu Ende bringt oder schon vor dem erste Akkusativobjekt abbricht. Da die Wirkung Kommunikation ausmacht, ist sie auf den anderen unausweichlich. Es versteht sich ebenfalls von selbst, dass jeder Mensch, der sich durch Sie über den Tisch gezogen fühlt, einen Krieg gegen Sie beginnt. Auch das ist nicht unbedingt abhängig von Ihrer Absicht.

6 Vgl. zur Kongruenz der Kommunikations-Ebenen das Kapitel „Yes I can".

Beispiel
Zusammenfassend könnte ich also sagen, dass...?
Wenn ich Sie richtig verstanden habe, ...?
Für Sie ist also wichtig,...?
Sie meinen also,...?
Habe ich Sie richtig verstanden, dass...?
Das heißt also, dass...?
Würden Sie mir zustimmen, wenn...?
Ich habe das so verstanden, dass...
Ist es also richtig, dass...?

4. Die Ich-Botschaft – Botschafterin der taktischen Selbstverkleinerung

„Wenn du wirklich was von jemandem willst, präsentiere dich 1,7 cm unterhalb der normalen Demutslinie."[7] Die Ich-Botschaft **tilgt versehentliche oder absichtliche Angeberei** und autoritär wirkende **Zurechtweisungen** („Sie geben dem Käufer zu viel Raum" wird zu: „Mir ist noch nicht ganz klar, wie Sie sich gegenüber dem Käufer positionieren wollen") und verwandelt die **unangemessene Härte** mancher anwaltlicher Akquisiteure in eine **freundliche, abwartende Haltung** („Da sind Sie ja selbst Schuld an dem Streit" wird zu: „Ich habe noch nicht ganz verstanden, wie es zu diesem Zerwürfnis kam."). Die Ich-Botschaft beeindruckt insbesondere genervte Interessenten und Mandanten durch ihre **unaufgeregte Eleganz** und **bemerkenswerte Schlichtheit** („Sie widersprechen sich doch. Entweder X oder Y." wird zu: „Ich bin derzeit noch etwas ratlos, was Ihr Ziel angeht.").

- **Indikation der „Ich-Botschaft"**

Sie löst **Widerstände von Gesprächspartnern** wie von selbst auf und verwandelt so ganz nebenbei auch den ungeübten Anwalt in einen **taktisch versierten Kaiser.** („Ich sehe noch nicht ganz klar in dem Punkt zur Positionierung Ihres Sohns in der Geschäftsführung.")

Übrigens: Ein Satz, der mit „Ich" beginnt, ist **nicht automatisch** eine Ich-Botschaft. „Ich finde, du hast nichts verstanden" ist sogar das **Gegenteil**!

Die Ich-Botschaft verändert den Fokus der Kommunikation, besonders in **kritischen Gesprächssituationen.** Sie ersetzt den **automatischen Attacke-Charakter der Du-Botschaften** durch den **automatischen Eigenverantwortungston der Ich-Botschaft.**[8] Sie lädt dadurch alle möglichen Missverständnisse von vornherein auf die eigenen Schultern und **vergrößert** (!) so den Gesprächspartner.

7 Dr. Roderich Heinze.

8 Üben Sie das auch mal zu Hause: „Du hast mir wieder nicht zugehört" wird auch privat ersetzt durch „Ich habe mich bestimmt unklar ausgedrückt".

Beispiel

Du-Botschaft:	Ich-Botschaft:
Sie reden so schnell.	**Ich** bin nicht so schnell mitgekommen.
Sie drücken sich unklar aus.	**Ich** habe das nicht ganz verstanden.
Sie verwechseln ja die Zeiträume.	**Ich** habe noch ein Problem mit den Zeiträumen.
Sie widersprechen sich.	**Ich** sehe noch nicht ganz klar in dem Punkt X.

Tipp
Vergrößern Sie Ihre potenziellen Mandanten, denn: Von welcher Masse sollte ein Gesprächspartner abgeben, der sich klein fühlt?

III. Gesprächsführung für die Akquise: Feinheiten

Dieses Kapitel erläutert **zehn weitere, komplexere rhetorische Interventionen**, durch die Kanzleien einen Mandanten zunächst **gewinnen**, später für **rechtliche Strategien begeistern** und schließlich zu einem **Multiplikator der Kanzleileistungen** machen können. Sie werden im Folgenden **aufgelistet** und an **Beispielen erklärt**.

Die folgenden zehn Tipps machen den Anwalt **unabhängig von Zufällen** und unterstützen seine **Durchsetzung**. Jede dieser Methoden ist in hunderten Kanzleien und tausenden von Verhandlungen erfolgreich getestet und wird hier jeweils anhand von **typischen Akquisesituationen** dargestellt.

Wie Anwälte:

1. Mandanten **locker führen**: „matching";
2. **Komplexe Antworten für Laien strukturieren**: Das „Brecht'sche Theater";
3. Ein **Gegenargument** platzieren: „Gerade weil" statt: „ja, aber";
4. **Negative Nachrichten** überbringen: „Euphemismus ade!"
5. **Kritische Haltungen** drehen: „Perspektivwechsel";
6. Ihr **Produkt an den Mandanten bringen**: „Nutzenargumentation";
7. **Verbale Attacken nutzen, statt sie zu fürchten** – die „offene Frage";
8. Selbst **geglaubte Einwände in Lösungen umwandeln**: Die „Strategie 102";
9. Einen **negativen Gehalt in einen positiven drehen**: „Reframing";
10. Ihre **Kompetenzen „verkaufen"** – Spezifizieren und quantifizieren Sie!

1. Wie Anwälte potenzielle Mandanten locker führen – „Matching"[9]

Matching bezeichnet eine Verhandlungsstrategie, die den Gesprächspartner innerhalb von Sekunden **innerlich vergrößert**, so dass er gern abgibt. Matching funktio-

9 Vgl. „Matching der Wahrnehmungssysteme" im Kapitel „Umgang mit Mandanten".

niert durch die **partielle Übernahme von Mustern**[10] **des Verhandlungspartners in das eigene Repertoire und betrifft fünf Bereiche:**
- Sprechtempo,
- Lautstärke,
- Wortwahl,
- Befindlichkeit,
- Non-Sprache.

Achten Sie auf diese Muster bei Ihren Mandanten, damit Sie die **Nachrichtenwelten**[11] **Ihrer Mandanten verstehen.** Das ist die Grundlage jeder Motivation!

---

i **Tipp**
Menschen lassen sich nur in ihrer eigenen Welt bewegen. Ermitteln und verwenden Sie also die Muster derjenigen Menschen, die Sie bewegen wollen.

---

a) Entwicklungsgeschichtliche Einordnung

Matching sichert etwa seit 50 Millionen Jahren das Überleben der Gattung Säugetier[12] und ist auch im Stammhirn[13] der Zweifüßer unveränderbar verankert. Besonders in **Bedrohungssituationen verhalten wir uns animalisch**: wir suchen nach Allianzen mit Gesinnungsgenossen, wir meiden, fürchten oder bekämpfen Angreifer und Andersdenker und nähern uns denen an, die wir mögen. Wir stärken uns durch unsere **Spiegelbilder.** Das Wort „spiegeln" gilt als deutsche Übersetzung für „matching" und erinnert uns an zweierlei:
- Manche Menschen sind uns **„aus dem Stand" sympathisch**[14]. Mit denen haben wir „sofort einen Draht", mit denen werden wir „schnell warm", und mit denen verstehen wir uns „ohne Worte" und ohne jedes Nachdenken: Babybrabbeln wird kopfstimmig imitiert, Verliebte im Restaurant beginnen zeitgleich beim

---

10 Ein Muster hat mit dem Inhalt nichts zu tun. Es bezeichnet die Art und Weise, durch die ein Inhalt nach außen transportiert (Kommunikationsmodus) bzw. nach innen gestützt (Werte, Befindlichkeiten) wird. Oft wird das Wort synonym mit „Angewohnheit" verwendet.

11 „Nachrichtenwelt" = Gesamtheit aller Gehirn-Filter, durch die Wahrnehmungen kanalisiert und nutzbar gemacht werden. Ob Angewohnheiten zu Filtern werden können oder Filter von Anfang an Angewohnheiten hervorrufen, ist in der Gehirnforschung ein Dauerstreit. Sicher ist, jeder Mensch hat andere Filter.

12 Definitorische Differenzen in Wissenschaftskreisen müssen hier keine Rolle spielen. Nach dem Ende der Kreidezeit vor rund 65 Millionen Jahren lebten Säugetiere zeitgleich mit Dinosauriern auf der Erde.

13 Zu Wechselspiel und Einordnung von Stammhirn und Denkhirn vgl. das Kapitel „Umgang mit Mandanten".

14 Beachten Sie in diesem Zusammenhang die gehirnphysiologischen Forschungen zu „Spiegelneuronen". Buchtipp: „Warum ich fühle, was du fühlst" von Wolfgang Bauer.

Anblick der Speisekarte zu flüstern, Fußballfans im Stadion umarmen gemeinsam hüpfend unbekannte Nachbarn, und das Gelächter ist unter gleichgesinnten Fremden automatisch gleich laut! In solchen intuitiven Allianzen werden Fehler schnell verziehen, Allianzen noch schneller geschlossen und Verträge ohne jede Anstrengung über Jahre gehalten und optimiert (unbewusstes matching).

– Manche Menschen sind uns **„aus dem Stand" unsympathisch**. Solche meiden oder bekämpfen wir intuitiv, es sei denn, wir wollen sie als Kunden. Hier kommt das Denkhirn ins Spiel: gute Verhandler stellen matching „künstlich" her: Sie **tun und geben einfach, was der andere braucht** – und nicht, was sie zufällig übrig haben (bewusstes matching).

b) „Mismatching" macht Mandanten misstrauisch

Anwälte, die die Muster Ihrer Gesprächspartner missachten, riskieren Ärger und verlieren viel Zeit und Energie. Sie werden wirken, als stellten Sie sich **über den Mandanten**; schlimmer noch: als sei er Ihnen **gleichgültig**. Beides verletzt die Regeln einer guten Kundenbeziehung. Die immer noch viel zitierte Auffassung von Anwälten, der Mandant sei „der größte Feind des Anwalts" dokumentiert – mit Verlaub! – eine zynische Sicht auf eine Personengruppe, die auch den hinterletzten Stapel Klopierpapier in der Kanzlei finanziert!

Misstrauen gegenüber einem Anwalt entsteht, wenn er „nicht dieselbe Sprache spricht", „ganz anders tickt", wenn er „in einem anderen Film ist" oder „abgehoben daher redet". Beispielsweise erregt in Sekundenschnelle „ein dynamischer, extrovertierter Verkäufer bei jenen Kundentypen Misstrauen, die ein hohes Bedürfnis nach Individualität und/oder nach Sicherheit haben.[15]

c) „Matching" macht Mandanten munter

Mandantengespräche werden durch mismatching kompliziert und durch matching federleicht. Folgende Beispiele dokumentieren das:

■ **Sprechtempo/Lautstärke**

– **Problem:** Ein 90 Dezibel Dampfplauderer wird ein sorgfältig entwickeltes und bedächtig präsentiertes Argument seines Anwalts als dessen Schwäche auslegen und kaum auf den Inhalt hören können. Umgekehrt wirken zackige Repliken und abgehackte Kommentare auf den langsam und vorsichtig sprechenden Mandanten hektisch, vorschnell und arrogant.

15 IPM- Institut für persönlichkeitsorientiertes Management AG, Schweiz, Handbuch der IPM Systematik, S. 8.

- **Lösung:** Sprechen Sie ein paar Sekunden lang **ähnlich laut/leise** und **ähnlich schnell/langsam** wie Ihr Gegenüber. Kehren Sie dann allmählich zu der von Ihnen präferierten Sprechweise zurück. Ihr Gegenüber wird Ihnen folgen und dann selbst so ähnlich sprechen wie Sie! Test it!

■ **Wortwahl**

- **Problem:** Ein Unternehmermandant wird im Arbeitsrecht durch das Wort „Massenentlassungen" ebenso **ideologisch alarmiert** sein wie ein Betriebsratsmitglied durch das Wort „Freisetzung", das er als Euphemismus empfindet. Der anwaltliche Satz „Das erfordert eine langfristige rechtliche Absicherung" löst vollkommen entgegen gesetzte Reaktionen bei den Zuhörern aus: Der Mitarbeiter der Rechtsabteilung findet ihn richtig und wichtig, während der neben ihm sitzende Controller sofort Ausgaben in Millionenhöhe assoziiert und durch denselben Satz die nackte Panik entwickelt!
- **Lösung:** Bedienen Sie die **Nachrichtenwelten der Anwesenden** verbal und auch nonverbal nacheinander und vergessen Sie dabei niemals einen Entscheider: „Das erfordert, wie Sie wissen, (Blick zum Anwalt, nicken) eine langfristige rechtliche Absicherung, und erst die Kosten-Nutzen-Relation wird langfristig (Blick zum Controller, nicken) über den Erfolg der Maßnahme entscheiden". Alle werden nicken. Test it! Sogar kleine rhetorische Angewohnheiten Ihrer Gesprächspartner lösen **großes Wohlbefinden** aus, sobald sie von Ihnen verwendet werden: Jemand, der dauernd das Wort „wahrscheinlich" benutzt, wird „wahrscheinlich" an dem Wort großen Spaß haben.

■ **Befindlichkeit**

- **Problem**: Auf einen Mandanten in einem Zustand extremer Verzweiflung, Sorge oder Wut wird die sofortige anwaltliche Konzentration auf die Sache abwehrend und unsensibel wirken.[16] Typisch anwaltliche Redeweisen wie: „Wir sollten zunächst dafür sorgen, dass..." (Aktionismus) oder „Das kriegen wir schon wieder hin" (Billigtrost) oder „Machen Sie sich keine Sorgen, ich bin Fachanwalt für..." (Kompetenzkasperei) sowie „Ist Ihnen eigentlich klar, dass..." (Vortrag) sind für den verzweifelten Mandanten – falls überhaupt! – erst **nach schlüssigen Empathiebeweisen** erträglich.
- **Lösung:** Empathie ist zu 100 % lernbar! Drücken Sie aus, was der Mandant **braucht, wünscht, fühlt oder denkt**, bevor Sie zur Sache übergehen: „Das muss Sie schwer gekränkt haben" oder „Andere meiner mittelständischen Mandanten erhoffen sich in dieser Lage vor allem, dass..." oder „... und jetzt wissen Sie natürlich nicht mehr, wo Ihnen der Kopf steht, wo man anfangen soll und was jetzt nötig ist, stimmt's?" oder „Am wichtigsten ist Ihnen also zunächst..." Warten Sie, bis ihr Gesprächspartner nickt oder zustimmt. Bis dahin verstär-

16 Über den Zusammenhang von Absicht und Wirkung in der Kommunikation vgl. das Kapitel „Umgang mit Mandanten".

ken Sie notfalls nochmals Ihr Verständnis für seine Situation. Und glauben Sie niemals, dass Geschäftsmandanten „so etwas" nicht brauchen! Vertrauen ist der Anfang von allem!

- **Körpersprache**
  - **Problem:** Ein im Erstgespräch kerzengerade aufrecht sitzender Mandant wird wahrscheinlich den in seinem Sessel lässig zurück gelehnten Anwalt als **desinteressiert und arrogant** empfinden, während der Anwalt, der während des Gesprächs beide Unterarme auf seinen Schreibtisch gelegt hat, **bedürftig, schwach oder zu dominant** auf einen Mandanten wirken kann, der zurück gelehnt im Sessel kauert.
  - **Lösung:** Gleichen Sie Ihre Non-Sprachen ebenfalls an! Auch dabei werden Sie feststellen, dass Ihre Gesprächpartner sich Ihrem äußeren Habitus anpassen, sobald Sie etwa zwei Minuten lang auf dessen **Symmetrie** achten. Sie können übrigens indiziell ermitteln, wie sympathisch Sie auf den zukünftigen Mandanten wirken, indem Sie den **Grad der Symmetrie** zwischen sich und ihm ab und zu registrieren. Vorausgesetzt, Sie wollen den Mandanten gewinnen, erhöhen Sie den **Grad der äußeren und inneren Symmetrie**, so gut es geht. **Imitieren Sie nicht!** Das Bild von der äußeren und inneren Symmetrieachse ist oft hilfreich, um sich an diese ungewohnte Aufgabe zu erinnern. Haben Sie niemals Angst, dass der andere diese **Vorkehrungen bemerken** wird. Störend ist für den anderen immer nur das **mismatching,** und mit etwas Übung kriegen Sie den für Sie „richtigen" Grad der Anpassung heraus.
- **Daraus folgt:**

Beachten und verwenden Sie **verbale und non-verbale Muster** Ihres Mandanten, so gut es geht und so lange Sie das mit Ihrer **Persönlichkeit in Einklang** bringen.

Diese Aufforderung gilt **nur für die ersten Minuten** der ersten Begegnung. Sobald ein **Vertrauensverhältnis** besteht, wird der Mandant **seine Muster abschwächen** und schließlich sogar Ihren folgen. Selbstverständlich gilt das auch am Telefon! Der lauteste Mandant wird nach wenigen Sekunden in erträglicher Lautstärke sprechen, wenn Sie seine Lautstärke einige Sekunden selbst verwendet haben und dann leiser werden. Test it!

Einige Leser werden erlebt haben, dass matching im Gespräch mit manchen Gesprächspartnern **automatisch** und **ohne Nachdenken** geschieht. Diese Beobachtung hat eine lange Geschichte.

d) Matching hat mit Imitation nichts zu tun

Bewusstes Matching ist für viele Anwälte anfangs schwierig. Stammhirnliche Impulse befehlen dem Gehirn unweigerlich, **unsympathische Menschen zu meiden oder zu bekämpfen** (Flucht oder Kampf). Bewusstes Matching ist anfangs an eine gewisse Überwindung gekoppelt: die permanente Konfrontation mit unbekannten und ungeliebten Mustern ist zunächst anstrengend und löst große Bedenken aus: „Bin ich dann noch ich selbst?“ Dieser Einwand ist einerseits eine gute Gelegenheit, die **Schlagkraft des eigenen Ziels** zu untersuchen („Ist mir dieser Mandant so viel wert, dass ich seine Muster in den Griff kriegen möchte?“) und unterstellt andererseits eine gewisse **Nähe zur Imitation.**

Imitation jedoch ist hier nicht gemeint: Meiden Sie übertriebene (anbrüllen, weinen), sozial unverträgliche (am Kopf kratzen, als Norddeutscher Bayerisch zu reden versuchen, gähnen) oder Ihnen **unsympathische Kommunikationsmuster** des anderen. Falls Ihnen das Ausdrücken fremder Befindlichkeiten „schleimig“ vorkommt („Ich kann mir gut vorstellen, wie sehr Sie das gekränkt hat“) ersetzen Sie es durch die sachlichere **Paraphrase** („Das bedeutet, dass Sie den Vorschlag für unangemessen hielten?“). Der Mandant wird beides goutieren, sich allerdings wohler fühlen, wenn Sie das auch tun.

2. Wie Anwälte eine komplexe Antwort für Laien strukturieren – Das „Brecht'sche Theater“

Anwälte haben ihre Argumente, deren Ausnahmen und deren Relevanz regelmäßig vollständig im Kopf. Sie vergessen ebenso regelmäßig, ihr **hochkomplexes Fachwissen sprachlich und strukturell zu vereinfachen**, damit der zukünftige Mandant ihnen folgen kann.

Anwälte hoffen vergeblich, dass allein der **Inhalt sachlicher Argumentation** ein **Vertrauensverhältnis** zum Mandanten begründen könnte. Aus Mandantensicht dagegen ist Fachkompetenz eine „conditio sine qua non“,[17] wird also bereits **vor** der Anfrage vorausgesetzt. Nur, was darüber hinausgeht, **beweist dem Mandanten Qualität** und macht für ihn den Unterschied zum Mitbewerber aus!

---

i **Tipp**
Nicht nur der Inhalt einer Antwort bewirkt die Aufmerksamkeit des Laien, sondern auch dessen Präsentation!

Der Interessent an einer anwaltlichen Leistung möchte **ohne Umwege verstehen**, welche Leistungen und **Vorteile der Anwalt ihm bringt** oder bringen würde. Das betrifft den arbeitslosen Sozialarbeiter ebenso wie den Geschäftsführer, den Vortragsbesucher ebenso wie die zufällige Bekanntschaft und den Dauermandanten ebenso wie den „Neuling“. Anwälte **scheuen dramatische Vereinfachungen** und sprachliche Banalisierungen ihres Wissens aus **Furcht, inkompetent zu wirken.** Besonders Anwälte in den ersten drei Berufsjahren berichten, sich schon zu Beginn

17 Nicht diskussionsfähige Voraussetzung.

einer Antwort unwohl zu fühlen, wenn sie Details überhaupt nicht oder nicht gleich erwähnen.[18]

a) Was hat Bertolt Brecht damit zu tun?

Bertolt Brecht stand vor demselben Problem. Er wollte sein **Publikum überzeugen** und komplexe Ideologien vermitteln. Er hatte schließlich eine Präsentations-Idee, die die Theaterwelt revolutionierte: Er projizierte auf den noch geschlossenen Theater-Vorhang den Inhalt des gleich folgenden Aktes.[19] Der Theatergänger, der nun schon weiß, was passieren wird, achtet dadurch **konzentriert auf das Wie**, auf die Methoden. Er ist also „am Gang, nicht am Ausgang"[20] interessiert.

Der Theaterbesucher wird zu einem **analytisch-distanzierten Betrachter** der handelnden Figuren statt zu einem emotional eingespannten Konsumenten.

b) Brecht'sches Theater – Wie geht das? (Struktur)

Anwälte erklären Laien permanent **rechtliche oder taktische Vorgehensweisen.** Sie verwenden das Brecht'sche Theater, um dem Laien eine **komplexe Information hindernisfrei verständlich zu machen.** Sie vermeiden dabei Details, Umwege und Rechtsvokabular. Das Brecht'sche Theater besteht aus drei Punkten:

Anwälte

- **benennen Thema und Anzahl der gleich folgenden Argumente**

(Vorhang ist noch zu). Dadurch weiß der Hörer, dass er sich in Kürze nur auf eine **bestimmte Anzahl** von Punkten und nur auf ein **eingegrenztes Thema** zu konzentrieren hat und kann sein Gehirn fokussieren.

- **benennen die angekündigten Themen stichpunktartig nacheinander**

(Vorhang ist offen). Die Aufzählung hat **keine Details**, eine einfache Sprache und wird dem Mandanten live **an den Fingern visualisiert**, bzw. am Telefon durch „erstens ..., zweitens..., drittens... strukturiert". Dadurch bekommt der Hörer **leicht verständliche Eckdaten**, eine Art „abgestecktes Areal".

---

18 Verständlich, denn die juristischen Ausbildungen in Deutschland und Österreich sind ausgerichtet auf das fehlerfreie Abspulen aller Eventualitäten. Spätere Haftungsregeln bestrafen ebenfalls die „Auslassung" von Details.

19 Bertolt Brecht wollte ein analytisches Theater, das den Zuschauer eher zum distanzierten Nachdenken und Hinterfragen anregt als zum Mitfühlen. Zu diesem Zweck „verfremdete" und desillusionierte er das Spiel absichtlich, um es als Schauspiel gegenüber dem wirklichen Leben erkennbar zu machen (Brecht nannte dies den „Verfremdungseffekt"). Zuschauer und auch die Schauspieler selbst sollten analysieren und synthetisieren, das heißt, von außen an eine Rolle herangehen. (Information nach Bertelsmann Lexikon, episches Theater)

20 Die „Checkliste Galileo Galilei" mit dem Zitat „Nicht der Ausgang, sondern der Gang der Handlung ist deshalb für Brecht wichtig" finden Sie unter www.bts.imbach.com.

- **schließen die Aufzählung durch eine Frage ab,**

damit der Hörer wieder „ins Spiel kommt". Dadurch kann der Hörer entscheiden, **welchen Punkt er wichtig** oder unwichtig finde, in welchem Bereich der Anwalt weiterreden soll. **Aufmerksamkeit** und **Merkfähigkeit** steigen signifikant und zeitgleich an.

c) Wie können Anwälte das in den Akquise-Alltag übertragen?

In den folgenden Akquisesituationen erfragt ein potenzieller Mandant komplexe Strategien in einfachen Worten. Verhandlungsstarke Anwälte und ihre Assistentinnen „matchen" diese Kombination durch das „Brecht'sche Theater".

Die **Frage am Schluss** ist jeweils ein wichtiger Test für **Verstehen und Vertrauen.** Hier sind einige Beispiele aus **diversen anwaltlichen Akquisesituationen.**

- **Vortrag**

Ein Hörer fragt: „Was muss man eigentlich bei einer Scheidung zwischen einer Deutschen und einem Ausländer beachten?" Der vortragende Anwalt[21] bedankt sich für die Frage, setzt sich, schaut alle Zuhörer an und sagt: „Wichtige Frage! Also ganz generell, ohne dass ich genaue Hintergründe Ihrer Frage kenne, sind immer dieselben drei Dinge (Vorhang ist noch zu) wichtig: nämlich (Vorhang auf): „X", (Daumen hoch), „Y" (Finger hoch) und „Z". (Finger hoch). Welchen Punkt soll ich näher erklären?"

- **Mandantengespräch**

Der Mandant fragt: „Wie gehen wir am besten vor?" Der Anwalt strukturiert die Antwort so, dass der Mandant sie sich gut merken kann und aktiviert den Mandanten am Schluss durch die Frage: „Also wir gehen am besten in einem Dreierschritt vor: (Daumen hoch) „Zuerst ersuche ich X um ein Gespräch, dann (Finger hoch) informieren Sie Ihre Y, und schließlich (2. Finger hoch) bitten Sie um eine Z. Mit welchen Schwierigkeiten müssen wir dabei rechnen?"

- **Kanzleipräsentation**

Diese telefonische Anfrage eines Interessenten leitet eine direkte Akquise ein: „Wir sind im gewerblichen Mietrecht bislang ganz gut vertreten durch die Kanzlei X und suchen jetzt nach zweiten Meinungen. Was sollte uns veranlassen, mit Ihnen zusammen zu arbeiten?" Eine Kombination aus **Perspektivwechsel** (Verbindlichkeit erhöhen, Angeberei minimieren) und **Brecht'schem Theater** (Struktur) bietet sich an: „Vielleicht berichte ich zunächst von drei Vorteilen, von denen unsere Mandanten immer wieder berichten, bevor wir in Details einsteigen? Unsere Mandanten schätzen an uns vor allem unsere 13-jährige Erfahrung im Bereich X sowie unsere Aufstellung Y. Auch unser Z führt immer wieder zu Zufriedenheit. Welcher dieser Punkte ist für Sie am wichtigsten?"

---

21 Mehr Vortragstechniken unter dem Kapitel „Vorträge".

- **Small Talk**

Small Talk Situation im Zugabteil. Man gerät ins Plaudern. Ein Passagier fragt den vor ihm sitzenden Anwalt:[22] „Was machen Sie denn da so in Ihrer Kanzlei?" Der Anwalt antwortet: „Wir vertreten ausschließlich Unternehmer und haben drei Schwerpunkte im Arbeitsrecht: Wir kümmern uns erstens um die X, zweitens um die Y und drittens um die Z. Welcher Bereich ist für Sie interessant?" Durch den ersten Teil der Antwort sortiert der Anwalt bewusst seine Mandantschaft und ermittelt dadurch zügig den Status des Fragers. Durch den zweiten sagt er „klar und angenehm, was erstens, zweitens und drittens käm".[23] Er strukturiert seine Botschaft, macht eine Liste seiner Kompetenzen und vermeidet dabei Details, denn er weiß noch nicht, was den anderen interessiert.

- **Ersttelefonat mit Assistentin**

Die Assistentin erklärt dem Mandanten, welche Unterlagen er zum ersten Besprechungstermin mitbringen muss. Sie sagt: „Herr Berger, es gibt drei Dinge, die Sie bitte mitbringen zu Ihrem ersten Gespräch. Haben Sie etwas zu schreiben? (Warten, bis er mitschreiben kann) Erstens: Wir brauchen den Arbeitsvertrag, zweitens das Kündigungsschreiben und drittens, falls vorhanden, eine Rechtsschutzversicherung. Schaffen Sie das alles bis morgen 14 Uhr?" (geschlossene Kontrollfrage).

3. Wie Anwälte ein Gegenargument platzieren – „Gerade weil" statt: „ja, aber"

Anwälte müssen permanent **Gegenargumente** im Kopf der Gesprächspartner platzieren. Kritische Verhandlungspartner, unsichere Mandanten, halsstarrige Gegner und vor allem anspruchsvolle zukünftige Mandanten fordern alles! **Gegenmeinungen sind Alltag** im Anwaltsberuf. Mandanten bezahlen ihren Anwalt für die Durchsetzung einer „Gegenmeinung".

a) „Ja, aber" tötet das zuvor Gesagte

Wer durch die Formulierung **„ja, aber"** die „feindliche" Meinung des anderen kommentiert, torpediert nicht nur den „feindlichen" Inhalt (Meinung des anderen) sondern auch dessen **subjektive Berechtigung** (Entstehung der gegnerischen

---

22 Reisezeit ist Akquisezeit! Akquisewillige Anwälte steigern die Neugier der Mitreisenden durch öffentliche Lektüre der NJW oder anderer für Laien erkennbarer Berufsinsignien und warten, bis sie angesprochen werden! Investieren Sie in eine 1. Klasse Bahncard und buchen Sie einen Abteilplatz! Beim Lesen der NJW werden Sie immer von Nicht-Juristen angesprochen! Bester Zeitpunkt: Nach der Fahrkartenkontrolle Mitreisende anlächeln, in Small Talk verwickeln und erst dann wieder in die Lektüre vertiefen. Sie können auch in die drei Jahre alte NJW die „Gala" (das hat die Autorin selbst getestet) oder „Wild und Hund" einschlagen und in Wahrheit diese lesen. Es klappt immer noch!

23 *Busch*, Fünftes Kapitel.

Meinung). Daher wirkt das „ja aber" auch aggressiv gegen den Inhaber einer Meinung, nicht nur gegen die Meinung selbst. Verwender von „ja, aber" transportieren daher – oft ungewollt – **aggressive Subtexte.**[24]

Beispiel

An kleinen, privaten Dialogen wird das bereits deutlich:

A: „Ich würde gern auch Tante Herta einladen."

B: „Ja, aber Tante Herta wohnt viel zu weit weg."

„Ja, aber" – Sprecher transportieren auf der **Sachebene einen Einwand** und auf der **Beziehungsebene eine Attacke**. Der Einwand von B wirkt **monolithisch**. Da die Beziehungsebene jegliche Kommunikation dominiert,[25] wird der Redebeitrag von A **faktisch entwertet**. „Ja, aber" produziert Subtexte wie: „Du hast die Sache nicht durchschaut" oder: „Du hast wirklich keine Ahnung". Sie lösen beim Mandanten – je nach seiner Persönlichkeit – Auflehnung oder Frust aus. Gesteigert wird das noch durch die Modulation von B: die Stimme geht runter; es kommt nicht der Ansatz einer Lösung, denn es ist ja **alles gesagt**.

„Ja, aber" wirkt aggressiv – unabhängig vom Wunsch des Sprechers und unabhängig von der Korrektheit des Inhalts. „Ja, aber" wird gern von Menschen verwendet, die über ihre Wirkung auf andere nicht nachdenken oder nachdenken müssen, ist also in **strategischen, kundenorientierten Berufen wie dem Anwaltsberuf deplatziert**. Selbst wenn beide sachlich korrekt reden, bleibt der **schlechte Nachgeschmack** einer ungewollten und doch nicht minder **systematischen Zurechtweisung** des Gesprächspartners.

b) Durch „gerade weil" oder „gerade deshalb" wahren beide ihr Gesicht

Wer seine Gegenmeinung durch ein „gerade weil", „gerade wegen" oder „gerade deshalb" einleitet, **tastet die subjektive Berechtigung der Ursprungsbotschaft nicht an**. Der andere **wahrt sein Gesicht** und bleibt „auf Linie", ist vermutlich sogar gern mit der **gemeinsamen Lösungssuche** befasst.

Beispiel

A: „Ich würde gern auch Tante Herta einladen."

B: „Ja, deshalb (oder: dann) sollten wir überlegen, wie wir das mit der Reise hinkriegen. **Sie wohnt ja so weit weg** (Ursprungseinwand eingebettet). Was müssten wir beachten?"

---

24 Subtext = der nicht gesprochene Text, also: die Wirkung unterhalb der Worte.

25 Ausführliche Erläuterungen zur Dominanz der Beziehungsebene über die Sachebene bei *Watzlawick/Beavin/Jackson*, S. 22 ff.

Der „Sockel“ des anderen bleibt unversehrt. Der Einwand von B ist nun in eine Frage bzw. einen Vorschlag **eingebunden.** Diese Durchsetzungstechnik schließt stets mit einer Frage ab, so dass **Führung immer gesichert** bleibt und A wieder zum Zug kommt. Dadurch wird der andere entweder bei der **Behebung des Problems behilflich** sein oder ohne Gesichtsverlust – und ohne Streit! – umschwenken.

c) Wie sich Anwälte durch rhetorisches Aikido[26] durchsetzen

Niemand ändert ohne Grund seine Meinung. Falls es doch geschieht, geschieht es **innerhalb des gegnerischen Systems durch Überzeugung**, nicht außerhalb durch Überreden, Drohen oder Appelle.[27] Es ist hohe Schule der Verhandlungskunst, eine **feindliche Meinung unangetastet stehen zu lassen** und sogar zu würdigen, ohne ihr jemals zu folgen.

In der rechten Spalte der jetzt folgenden Tabelle vermeidet der Anwalt „ja, aber“ und lässt dadurch die Meinung des Mandanten (links) unangetastet. Sprachlich wird sie sogar verstärkt, obwohl der Anwalt vom Gegenteil überzeugt ist. Der Mandant gewinnt so Sicherheit und die **innere Ruhe, das Gegenargument überhaupt anzuhören.**

Die Abschlussfrage signalisiert auch hier wieder, dass der Mandant „die Wahl hat“. Auch dadurch verdeutlicht der Anwalt, dass alle Argumente gleichrangig eine gewisse Berechtigung haben:

Mandant:	**Anwalt „aber“:**	**Anwalt „gerade weil“:**
„Bei dem Geschäftsführer kommen wir damit nicht durch.“	„Ja, aber wir haben noch längst nicht alle Möglichkeiten ausgeschöpft“.	„Deswegen lassen Sie uns alle Möglichkeiten untersuchen, die wir haben. Ist Ihnen das Recht?“
“Ich möchte den Arbeitsplatz auf jeden Fall behalten“.	„Ja, aber haben Sie sich gut überlegt, was dann passieren kann?“	„Gerade wegen Ihrer Zukunftssorgen lassen Sie uns alle Möglichkeiten mal genau untersuchen. Einverstanden?“
„Meine Gesellschafter raten mir davon ab.“	„Das kann schon sein, aber...“	„Gerade weil die Reaktionen eher kritisch sind, sollten wir alle Sachargumente sorgfältig abwägen. Was halten Sie davon?“

26 Aikido = betont defensive asiatische Kampfsportart. Der Name setzt sich zusammen aus Ai (Harmonie), Ki (Lebensenergie) und Do (Lebensweg). Naturmetaphern verdeutlichen die Idee der Durchsetzung: Der Sturm knickt die starre Eiche, nicht aber den flexiblen Bambus.
27 Vgl. das Kapitel „Umgang mit Mandanten“.

4. Wie Anwälte negative Nachrichten überbringen – Euphemismus ade

Steuereintreiber im zaristischen Russland lebten gefährlich – und nie lange! Sie waren Verkünder neuer Steuern – z. B. auf Bärte, Särge und Salz – und Eintreiber enormer Summen für den ungeliebten Zarenhof, und viele von ihnen verbluteten qualvoll, aufgespießt auf einem Dreizack, Lieblingswaffe wütender Bauern und Handwerker. **Der Überbringer schlechter Nachrichten wurde in der öffentlichen Wahrnehmung immer schon mit dem Produzenten derselben gleich gesetzt.** Kein Wunder, dass daher das Überbringen negativer Nachrichten auch heute für Anwälte eine **Herausforderung** darstellt:

Wie kommuniziert man diesen ungeliebten Teil des Alltags elegant und verbindlich? Angst und Unsicherheit in dieser schwierigen Situation führen zu **Wortbrei, Rechtfertigungen und Schleifchenargumentation.**[28] Vor allem lösen sie Angst und Unsicherheiten beim Mandanten aus. Doch Hilfe naht: Das Überbringen von schlechten Nachrichten ist eine A-Aufgabe, wird also durch Sie selbst und sofort nach Bekanntwerden der Nachricht vorgenommen und besteht aus fünf Etappen:

- Ankündigung, dass gleich eine solche Botschaft kommt – mit Allianzangebot!
- Aussprechen der Botschaft ohne Beschönigung in einem einzigen Hauptsatz;
- Erklärung(-sversuch), wie es dazu kam;
- Wechsel der Zeitzone (Problem = Gegenwart, Lösung = Zukunft);
- Zustimmung für Lösung einholen.

Tipp
Reden Sie nicht drumrum!

Beispiel – „Der Böse ist ein Dritter"
Das Landgericht hat die Klage abgewiesen. Sie rufen **selbst und sofort** den Mandanten an und präsentieren folgenden Text: „Herr Berger, ich habe heute eine Nachricht, die Sie nicht freuen wird (**Ankündigung**), und mich hat es ebenfalls (**Allianz**) völlig überrascht. Das Landgericht hat die Klage abgewiesen (**Hauptsatz ohne Euphemismus**), und wir haben heute zu überlegen, wie wir weiter vorgehen wollen (sofort **Zeitzone wechseln**)".

Der Mandant will in der Regel wissen, wie es dazu kam. „Wenn ich es genau wüsste, würde ich es Ihnen gern erklären. Wir haben auf die schriftliche Begründung zu warten. Ich kann nur vermuten (**Erklärungsversuch**), dass das Gericht unserer Argumentation nicht gefolgt ist. Deshalb (nicht: „aber"!) sollten wir jetzt gleich Plan B besprechen (**Zukunft**). Sind Sie damit einverstanden?" (**Kontrollfrage**, um die Zustimmung zu bekommen).

Sollte Ihre Kanzlei selbst den Fehler begangen haben, sieht die Sache anders etwas aus und Sie landen im **Beschwerdemanagement.**[29]

28 Schleifchenargumentaion = jemand begründet etwas nochmals, nachdem der andere es schon längst akzeptiert hat. Eine gruselige, zeitraubende und unsicher bzw. eitel wirkende Angewohnheit mancher Anwälte. Sofort abstellen!

29 Details zum Beschwerdemanagement im Kapitel „Umgang mit Mandanten".

5. Wie Anwälte kritische Haltungen drehen – Perspektivwechsel

„Erklären Sie es mir, als sei ich sechs Jahre alt". Dieser weltberühmte Perspektivwechsel[30] bringt einen Mandanten dazu, seinem Anwalt gegenüber in **einfachster Sprache** und **ohne emotionale Umwege** den **Kern des Falles** zu präsentieren.

Perspektivwechsel sind **höchst effiziente Verhandlungstricks**. Anwälte setzen sie ein, wenn sie sich **mit wenig Aufwand durchsetzen** und durch eine **unaufgeregte Selbstdarstellung** sowie durch einen schnellen **Zugang zu fremden Sachverhalten** punkten möchten.

Für die anwaltliche Akquise sind drei unterschiedliche Perspektivwechsel relevant:

	Perspektivwechsel 1	Perspektivwechsel 2	Perspektivwechsel 3
Wie es geht:	Ich versetze mich in die Situation des anwesenden Zweiten oder umgekehrt.	Ich begebe mich selbst in die Position eines nicht anwesenden Dritten.	Ich bewerte die ganze Situation aus den Augen eines nicht anwesenden Dritten.
Wozu es dient:	Verständnis erzeugen, Empathie beweisen und andere motivieren	Sprache banalisieren, vor allem geeignet für Gutachtervernehmungen vor Gericht	Cross-Selling einleiten, Information beschaffen, Angeberei vermeiden
Wie es klingt:	„Wenn ich mich in Ihre Lage versetze, kann ich sehr gut verstehen, dass Sie..." (Empathie beweisen)	„Erklären Sie es mir bitte, als hätte ich von Arbeitsrecht noch nie etwas gehört. Was ist passiert?" (Besserwissern juristisches Vokabular abgewöhnen und deren Halbwissen elegant kritisieren)	„Viele mittelständische Mandanten in Ihrer Situation haben zusätzlich die Sorge, dass..." (Cross-Selling einleiten)
	„Wenn Sie jetzt der Anwalt wären, wie würden Sie dann reagieren?" (Unmut über fehlende Unterlagen verständlich machen)	„Könnten Sie mir das so erläutern, als hätte ich noch nie mit Lebensmittelchemie zu tun gehabt?" (Sprachniveau banalisieren, hier Sachverständiger vor Gericht)	„Einige meiner Mandanten haben das ganz in Ruhe durchdacht und am nächsten Morgen mitgeteilt, ob wir das so machen können. Ist das für Sie auch ein Weg?" (Honorarkritik annehmen + locker Kompetenz beweisen)

30 Aus dem Kinofilm „Philadelphia" von Jonathan Demme, 1993.

	Perspektivwechsel 1	Perspektivwechsel 2	Perspektivwechsel 3
Wie es klingt:	„Wenn ich in Ihrer Lage wäre, wäre mir besonders wichtig, zunächst...." (Ideen geben ohne Vorschlag)	„Bitte erklären Sie es mal so, als sei ich Ihr Postbote." (Furcht vor Autoritäten nehmen)	„Was wird schlimmstenfalls Ihr Arbeitgeber vor Gericht über Sie behaupten?" (peinliche Informationen bei fristloser Kündigung locker rauskriegen)
	„Wenn ich jetzt selbst Ihr Problem hätte, was würden Sie mir raten?" („Dissoziierte" Sicht herstellen, Mandanten einbinden und verhandlungsfähig machen)		„Viele Mandanten loben besonders drei Punkte: 1......2.......3....." Welcher davon ist für Sie interessant?" (Antwort auf Akquisefrage: „Warum sollte ich mit Ihnen zusammen arbeiten?" Angeberei keine Chance)

6. Wie Anwälte ihr „Produkt" an den Mandanten bringen – Nutzenargumentation

„Möchtest du mal mit einem 12 Zylinder 5,3 Liter Hubraum fahren?" Was vielleicht für manchen Autokenner ein sofortiges „Ja" zur Folge hätte, ist für Nicht-Abonnenten der „Auto-Motor-Sport" möglicherweise eher ein gleichgültiges Schulterzucken wert: „Woher soll ich so etwas wissen? Was bringt es mir?"

Die Merkmale eines Produkts sind **bemerkenswert irrelevant** für Menschen, die die **Auswirkungen dieser Merkmale** nicht kennen. Deshalb hat der nächste Anbieter einer Probefahrt bessere Chancen: „Möchtest du mal **in einem Auto abheben**? Eine superbequeme, sanft schaukelnde, sehr leise schnurrende und wahnsinnig starke Luxuskarosse wartet da hinten auf eine Probefahrt mit dir." Da können doch auch mal Mädchen bei starken Autos schwach werden, oder?

a) Anwaltliche Produkte sind nicht-anfassbar und hoch erklärungsbedürftig

Anwälte sollten aus diesem Dialog lernen, denn **anwaltliche Produkte** sind nicht einmal Probefahrt tauglich. Das anwaltliche Produkt ist das Gegenteil von einem Kühlschrank: **nicht anfassbar**, nicht **selbst zu bedienen** und erst recht nicht **bei Nichtgefallen austauschbar**. Es muss sogar dann bezahlt werden, wenn es **unzureichend erklärt, suboptimal designt** und schließlich auch noch **erfolglos** ist.

Nicht anfassbar und hoch erklärungsbedürftig – durch diese prekäre Kombination sind Beratungsprodukte so schwer an den Verbraucher zu bringen. Sichere Prognosen über **Wirkung und Haltbarkeit des Produkts** fallen schwer und der Mandant rollt genervt die Augen über dümmliche, weil stets unbewiesene Leerfloskeln wie: „Bei uns stimmt die Qualität" oder: „Wir sind für unsere Mandanten da".

b) So nutzen Sie die Merkmal-Vorteil-Nutzen-Argumentation[31]

Der potenzielle Mandant fragt Sie, aus welchem Grund er mit Ihnen zusammenarbeiten sollte. Sie zählen klassischerweise einige **Merkmale** Ihrer Kanzlei auf: „Wir haben 2 Familienrechtler, beide sind Fachanwälte."

Der Interessent denkt: „Aha. Ja und? Was bringt mir das?" Ihm wird diese **Information nicht reichen**. Er **muss wissen**, was er davon hat, welchen **Nutzen** ihm das bringt. Also fügen Sie hinzu, was der potentielle Mandant dadurch gewinnt: „Sie haben dadurch immer **Zugriff auf eine kompetente Beratung**. Das wiederum sichert Ihnen **Zuverlässigkeit und Qualität** unserer Leistungen."

Merkmal
Was habe ich? Was biete ich?
„Ich bin Fachanwalt für Arbeitsrecht seit 6 Jahren."

↓

Nutzen
Was ist der Haupt-Nutzen des Mandanten?
„Meine Mandanten sparen dadurch viel Zeit und Geld".

Die Merkmal-Vorteil-Nutzen-Argumentation ist eine **Verkaufsargumentation**, die an dem **Hauptinteresse des Kunden** „aufgehängt" ist. In der ersten Akquisitionsphase gilt es, diesen **Kunden-Nutzen herauszuhören** und immer wieder **selbst zu erwähnen.** Ein Interessent, dessen Hauptkaufreiz in einem **guten Preis-Leistungsverhältnis** besteht, benötigt also einen anderen **Inhalt** als einer, dem es vorrangig um **Qualität** geht.

Wer hauptsächlich „**Geld sparen**" will, wird nervös, wenn ihm dauernd „**hohe Qualität**" versichert wird – und umgekehrt. Der Qualitätsfreak hält das **kurzfristige Sparen** für eine sichere **Geldverschwendung**, und wer hauptsächlich „**Sicherheit**" für den Bestand seines Unternehmens anpeilt, wird „**Imagefragen**" für oberflächlich halten.

31 Diese Verkaufstechnik ist Standard in Verkaufsschulungen. In der Literatur zur Verkaufspsychologie (z. B. www.verkaufscoach-online.de) werden Sie viel über die „Merkmal-**Vorteil**-Nutzen-Argumentation" finden. In anwaltlichen Akquisegesprächen scheint die Erwähnung des **Vorteils** zu wenig vom **Nutzen** unterscheidbar zu sein. Der „Vorteil" fehlt daher als Überzeugungsschritt in diesem Buch. Hier wird lediglich die **verkürzte Variante** „Merkmal-Nutzen" erklärt. In der Tabelle (s.u.) kommt der „Vorteil" allerdings aus Vollständigkeitsgründen noch vor.

Wenn Sie den dominanten Kundennutzen selbst benennen, hält der Mandant Sie schon in den ersten Minuten des Gesprächs für einen **Sachkenner** und für einen **empathischen Gesprächspartner.**

Hier ist die **Merkmal-Vorteil-Nutzen Argumentationskette** einer beliebige Kanzlei:

	Merkmal – das haben wir:	Vorteil – das bieten wir:	Nutzen für den Kunden:
1	8 unserer 10 Anwälte sind Fachanwälte.	Wir arbeiten mit Spezialisten.	Qualität gesichert
2	Wir sind an 3 deutschen Standorten präsent.	Wir kommen überall hin.	Flexibilität gewährleistet
3	Wir arbeiten in Teams.	Wir bearbeiten Mandate effektiv.	Zeitersparnis ermöglicht
4	Wir sprechen verhandlungssicher Französisch.	Wir vertreten effektiv – auch im Ausland!	Internationalität geboten
5	Wir haben Steuerrechtler auch an Bord.	Wir bieten „alles aus einer Hand".	Geld gespart

c) So verwenden Sie die Nutzenargumentation rückwärts

Geübte Anwälte präsentieren die Merkmal-Nutzen-Argumentation **rückwärts**, erläutern also das **Attraktivste** (den Nutzen) **zuerst,** schaffen dadurch **Neugier** auf das, was kommt und eine besonders hohe **Konzentration auf den Inhalt.**

Die folgenden Sätze entwickeln die **Nutzenargumentation rückwärts** aus der **Tabelle oben** und kombinieren ihn mit dem **Perspektivwechsel.** Durch letzteres werden Angeberei und der Eindruck **unbewiesener Behauptungen** vermieden:

- Unsere Mandanten (Perspektivwechsel 3) können sich auf unsere gleich bleibende **Qualität** (Nutzen) verlassen, denn wir arbeiten mit ausgewiesenen Spezialisten: 8 unserer 10 Anwälte sind Fachanwälte (Merkmal).
- Unsere Mandanten (Perspektivwechsel 3) schätzen unsere **Flexibilität** (Nutzen). Die gewährleisten wir dadurch, dass wir geografisch perfekt verteilt sind: Wir haben drei Standorte in Deutschland (Merkmal).
- Durch unsere Arbeit sparen unsere Mandanten (Perspektivwechsel 3) viel **Zeit** (Nutzen). Wir sind in Teams organisiert (Merkmal) und arbeiten dadurch – auch in mehreren Rechtsgebieten zeitgleich – äußerst effektiv.
- Unsere Mandanten (Perspektivwechsel 3) schätzen unsere **Internationalität** (Nutzen). Wir verfügen allein in Frankreich über ein weites Netz an Kooperationen und sprechen fließend Französisch (Merkmal).
- Unsere Mandanten (Perspektivwechsel 3) sparen **Geld** (Nutzen) dadurch, dass wir „alles aus einer Hand" anbieten und vor allem rechtzeitig unsere eigenen Steuerrechtler (Merkmal) einbinden.

d) Das „kleine Lexikon“ der Nutzen-Argumentation

Doch nicht nur die Inhalte sind wichtig, um das **Nutzensystem zu matchen**. Jeder Interessent benötigt auch ein **spezielles Vokabular**, um sich sofort wohl zu fühlen. Zu jedem Kundennutzen gehören passende, aktive Verben.

Lesen Sie hier die typischen **Zugangsvokabeln** zu dem **bevorzugten System** Ihrer Interessenten und unter der Tabelle deren Anwendung:

Nutzen des Kunden	Zugangs-Vokabel
Gewinn/Wirtschaftlichkeit	vermehrt, erhöht, steigert, rationalisiert, verringert, beschleunigt, erspart, optimiert
Sicherheit, Zuverlässigkeit	garantiert, verhindert, vermeidet, sichert, bewahrt, gewährleistet
Kostenreduktion	spart, reduziert, vermindert, verringert, minimiert, kontrolliert
Schnelligkeit/Flexibilität	beschleunigt, rationalisiert, vereinfacht, unterstützt, verbessert, ermöglicht
Rationalisierung	treibt voran, gewährleistet, steigert
Geltung, Anerkennung, Prestige	bestätigt, verbessert, demonstriert, zeigt, belegt, ermöglicht, steigert, dokumentiert

Beispiel 1

Und so klingt es, wenn Sie **aktive Verben** zur Verdeutlichung des Kundennutzens im Akquisegespräch verwenden:

- Das **beschleunigt** die Einigung. (Zeit)
- Das **reduziert** unseren Aufwand erheblich. (Kostenreduktion)
- Das **steigert** die Produktivität der Zusammenarbeit in dieser Phase. (Gewinn)
- Das **garantiert**, dass die Geschäftsführer rechtzeitig eingebunden werden. (Sicherheit)
- Das **bestätigt** Ihre These von der... (Prestige)
- Das **gewährleistet** eine ungestörte Abwicklung. (Rationalisierung)
- Das **vereinfacht** die Kombination beider Strategien. (Flexibilität)
- Das **minimiert** die Ausgaben. (Gewinn)

Beispiel 2

Kombinieren Sie nun noch das **Nutzenvokabular** mit dem **Perspektivwechsel**:

- Das **erspart** unseren Mandanten (Perspektivwechsel) viel Ärger.
- Viele unserer Mandanten (Perspektivwechsel) konnten dadurch Ihr Risiko **verringern.**
- Unseren Mandanten (Perspektivwechsel) war dadurch eine flexiblere Abwicklung **möglich.**
- Dadurch konnten unsere Mandanten (Perspektivwechsel) ihre Budgets besser **kontrollieren.**
- Unsere Mandanten (Perspektivwechsel) konnten dadurch ihre Bonität **dokumentieren.**
- Dadurch **verbessern** unsere Mandanten (Perspektivwechsel) ihre Position gegenüber der Versicherung.

7. Wie Anwälte verbale Attacken nutzen, statt sie zu fürchten – die offene Frage

Ein akquisestarker Anwalt macht durch offene Fragen aus jeder **unsachlichen Kritik Pluspunkte,** aus jedem **Einwand einen Image-Gewinn** und aus jeder **Attacke eine sachliche Verhandlungsbasis.**

Manche Einwände eines Interessenten sind **nicht selbst geglaubt**. Sie bezeichnen eher seine ungerichtete, **generelle Unzufriedenheit** („Das sind doch alles nur Spekulationen"), dokumentieren **schlechte Laune** („Der redet viel, wenn der Tag lang ist") oder entwickeln sich zu **verallgemeinerten Attacken** („Das verhindern die schon, keine Sorge").

Vorwürfe, Zynismus und Aggressionen gegen andere oder gegen sich selbst dokumentieren **„schlecht formulierte Wünsche"**[32] **des Sprechers** und verdeutlichen dessen **derzeitige mentale Disposition.**

Sie sind weit entfernt von ernsthaften Beschreibungen realer Hindernisse. Trainierte Anwälte freuen sich über **Einwände, Widerstände** und sogar über **unsachliche Attacken aller Art**, solange sie **geäußert werden,** denn dadurch haben sie jedes Mal zwei Vorteile: Sie wissen,

- wie der Sprecher denkt und fühlt – und können ihn dadurch **„handeln",**
- dass der Sprecher **mit der Sache verbandelt** ist. Stünde er gleichgültig dem Anwalt und seinem Angebot gegenüber, schwiege er.

Tipp

Der sprechende Kritiker ist manchmal schwer zu führen, der schweigende nie.

Die offene Frage **blockiert das Stammhirn**[33] eines unsachlichen Kritikers, zwingt ihn zum Denken und macht aus ihm einen **denk- und verhandlungsfähigen Strategen.**

Die offene Frage sichert nicht die Entscheidung in der Sache selbst, sondern die **Bereitschaft zum Nachdenken** über die Sache! Der Anwalt wirkt **unerschrocken, verbindlich und lösungsorientiert**, wenn er offene Fragen stellt und behält dadurch **in kritischen Situationen die Führung**.

Beispiele

„Sie sind Dienstag schon wieder in Urlaub? Wann arbeiten Sie überhaupt?"	„Was kann ich vor meinem Urlaub für Sie tun?"
„Sie haben doch keine Ahnung von der Werbebranche."	„Welche Informationen genau fehlen mir?"
„Ausgerechnet jetzt? Das hat keinen Sinn."	„Welcher Zeitpunkt passt Ihnen besser?"

32 Martin Haberzettl, österreichischer Managementcoach, www.haberzettl-schinwald.com.
33 Weitere Ausführungen zu „Stammhirn" und „Denkhirn" im Kapitel „Umgang mit Mandanten".

„Das ist viel zu gefährlich. Bloß keine Experimente!"	„Welches konkrete Risiko sehen Sie?"
„Das haben wir noch nie so gemacht."	„Was kann schlimmstenfalls passieren, wenn wir es probieren?"
„Die Kanzlei Y ist günstiger"	„Das ist gut möglich. Was machen wir jetzt?"
„Ich muss es mir noch mal überlegen."	„Bis wann dürfen wir mit Ihrer Entscheidung rechnen?"

8. Wie Anwälte selbst geglaubte Einwände in Lösungen umwandeln: Die „Strategie 102"

Andere Einwände sind vom Sprecher selbst geglaubt und dokumentieren dessen **begründete Sorge**. Diesen Sprechern **fehlt oft eine Idee**, durch die sie eine derzeitige Schwierigkeit überwinden können. Anwälte, die diese Idee vermitteln, sind Kult!

Die **„Strategie 102"** ist ein rhetorischer Trick, durch den der **ursprüngliche Denkrahmen** eines Probleminhabers zugunsten eines **neuen Lösungsweges aushebelt** wird. Durch die „Strategie 102" sind drei Dinge sicher gestellt:

- Die Sorge des Sprechers wird **ernst genommen,**
- ein **neuer Denkraum** wird eröffnet,
- der Probleminhaber erkennt selbst einen **neuen Weg zur Lösung**.

a) Namensfindung „Strategie 102"

Die Bezeichnung **„Strategie 102"** geht zurück auf den folgenden denkwürdigen **Dialog** im Privatumfeld der Autorin. Zwei siebenjährige Kinder werden zum Tennistraining gefahren. Beide Kinder sind in der ersten Klasse und haben bis 100 rechnen gelernt. Der Fahrer gibt Rechenaufgaben nach hinten:

Fahrer:	„Wie viel ist 68 + 4?"
Kinder:	(schwere mathematische Gewitterwolken auf der Stirn) beraten sich mit Hilfe von Fingern und Debatten und antworten: „72?"
Fahrer:	(begeistert) „Richtig!" Er macht die nächste Aufgabe schwieriger; sie geht „rückwärts über den Zehner": „Und wie viel ist 31 – 3?"
Kinder:	(pechschwarze Unwetterwolken auf der Stirn) überlegen hin und her, Finger etc. und antworten schließlich: „28"
Fahrer:	(sehr begeistert) „Ja!" Er macht die nächste Aufgabe noch schwieriger: „Und wie viel ist 98 + 4?"
Kinder:	(drohender Tornado auf der Stirn) legen los, debattieren, Finger etc., setzen sich plötzlich kerzengerade hin und schimpfen empört: **„Wir haben nur bis 100 rechnen gelernt!"**
Fahrer:	(großer Verhandler) **„Stellt euch mal vor, Ihr hättet schon weiter rechnen gelernt als nur bis 100. Wie viel wäre es dann?"**
Kinder:	nun ohne jedes Zögern: „Na dann 102."

Diese Situation zeigt die **Macht der Kommunikation**: Der Fahrer hebelt den **sicher geglaubten Denkrahmen** der Kinder aus. Er ermöglicht ihnen einen **neuen Denkraum**, den sie allein nicht hätten betreten können.[34] In diesem neuen Denkraum befindet sich die **Lösung**, die sie nun durchaus **selbst finden** können. Die mathematischen Fähigkeiten reichen vollkommen aus, um auch **jenseits bisheriger Grenzen** richtige Lösungen zu produzieren.

b) Wie Sie durch die „Strategie 102" selbst geglaubte Einwände flexibilisieren

In Akquisesituationen gibt es immer wieder **selbst geglaubte Einwände** der potenziellen Mandanten, und immer wieder lohnt es sich, ihre **eigenen mentalen Begrenzungen** zugunsten erreichbarer Lösungen zu flexibilisieren.

Die „Strategie 102" besteht sprachlich aus drei Teilen:

- Sie leitet einen **hypothetischen Status** im Gehirn des Gesprächspartners ein durch
  - **Nehmen wir mal an**, die beiden gäben uns...
  - **Tun wir mal einen Moment lang** so, als sei...
  - **Angenommen**, wir könnten...
- Sie eröffnet einen **attraktiven**, noch nie betretenen, **neuen Denkraum.**
- Sie endet mit einer offenen Frage, die den anderen **aktiviert und zur Lösungsfindung motiviert.**

Die Strategie 102 **macht Undenkbares denkbar, flexibilisiert sicher geglaubte Vorannamen** und gibt **Raum für neue Lösungen.**

Beispiele aus Akquisegesprächen

Mandant: „Das ist bei unserer derzeitigen Personaldecke nicht vorstellbar."
Anwalt: „Nehmen wir mal an, wir könnten das durch ein paar Vorkehrungen (neuer Denkraum) auch bei Ihrer derzeitigen Personladecke etablieren. **Was wäre dann**?
(Mandant betritt erstmals diesen Denkraum.)

Mandant: „Dem stimmen meine Gesellschafter niemals zu!"
Anwalt: „Angenommen, wir könnten sie überzeugen, dass sie **selbst einen Nutzen** (neuer Denkraum) durch ihre Zustimmung hätten; **was wäre dann?"**
(Mandant betritt erstmals diesen Denkraum.)

Mandant: „Die rücken niemals die Unterlagen freiwillig raus!"
Anwalt: „Tun wir mal so, als könnten wir sie sogar dazu bewegen, uns längerfristig behilflich (neuer Denkraum) zu sein, **was wäre** dann?"
(Mandant betritt erstmals diesen Denkraum.)

34 Manche Leser werden sich erinnern: Die Mathematikbücher für die erste Klasse hatten noch zu Beginn der 90er Jahre den didaktisch fahrlässigen und erstaunlich manipulativen Titel „Rechnen bis 100". Er wurde aus gehirnphysiologisch nachvollziehbaren Gründen inzwischen umgewandelt in „Zahlen bis 100". Logisch: Wer bis 100 rechnen kann, kann auch sehr viel weiter rechnen!

Mandant: „Das ist mir zu teuer. Wir wissen ja ohnehin schon nicht mehr, wie wir die Lieferanten bezahlen sollen."

Anwalt: „Angenommen, Sie würden heute durch diese Investition spätere Zahlungen bedeutend verringern (neuer Denkraum). **Was wäre dann?"**
(Mandant betritt erstmals diesen Denkraum.)

---

c) Wie Sie durch die „Strategie 102" Vorwände von Einwänden trennen

Die „Strategie 102" hilft auch, **Vorwände** (Jemand hält den wahren Grund seiner Kritik zurück und behauptet einen vorgeschobenen Grund) von **Einwänden** (Jemand sagt, was aus seiner Sicht tatsächlich dagegen spricht) zu unterscheiden. Sie eröffnet den neuen Denkraum, die **Forderung sei komplett erfüllt** und fragen dann nach dem **verbleibenden Rest.** Gewöhnlich erreichen Sie dadurch ein **Bewusstsein**, dass die zunächst geforderte **Position** das Problem gerade **nicht** löst.

Beispiel

Mandant: „Der Gartenzaum muss höher! Sonst läuft da gar nichts!"

Anwalt: „Angenommen, der Gartenzaun wäre **genau so hoch**, wie Sie es wünschen, wie würde sich dann **das Problem entwickeln**?"

Mandant: „Ihre Strategie ist mir noch nicht einsichtig. Die Reihenfolge stimmt doch nicht."

Anwalt: „Nehmen wir mal an, wir würden **Ihren Zeitplan wählen**, wäre dann **alles in Ordnung?"**

---

9. Wie Anwälte einer negativen Bedeutung eine positive Wendung geben: „Reframing"

„Reframing" ist eine der **elegantesten rhetorischen Durchsetzungsmethoden.** Diese geniale Kommunikationstechnik arbeitet mit oft völlig unerwarteten **inhaltlichen „Umdeutungen"**, bringt **Humor** in aussichtslose Situationen und sorgt für ein **zügiges Umdenken.** „Reframing" heißt der Wortbedeutung nach: „einen anderen Rahmen (= frame) geben". Es kommt unter geübten Sprachanwendern[35] in allen Lebenssituationen vor.

---

35 Kinder im Alter bis zu etwa acht Jahren reframen intuitiv, da sie „erwachsene" Konnotationen noch nicht verstehen. Beispiel: während eines Abendessens erzählt ein Gast von seiner Passion für Gartenarbeit und führt unter anderem aus: „Und dann pflanze ich gern Blumen, gieße die auch. Und besonders gern grabe ich." Das Kind fragt: „Nach was?" und löst damit größte Heiterkeit unter den Erwachsenen aus. Das Kind ist übrigens durch das Gelächter der Erwachsenen beleidigt, da in der Kinderwelt ein objektbefreites Graben noch nicht existiert. Das Kind kennt noch keine zwei Bedeutungen von Graben.

a) Reframing im Bewerbungsgespräch

Jeder Leser kennt das typische Reframing in einem Bewerbungsgespräch: „Was sind Ihre Schwächen?“ fragt der Chef. Der trainierte Bewerber antwortet: „Auf jeden Fall meine Ungeduld. Ich kann es nie abwarten, bis die Lösung sich abzeichnet.“ Der letzte Teil der Antwort kehrt den ursprünglich negativen Gehalt („Schwäche“) in den positiven Gehalt „Lösung nicht abwarten können“. Die Bedeutung des Wortes „Schwäche“ wird hier umgedeutet in eine Stärke.

b) Reframing in regionaler Folklore

Auch in regionaler Folklore kommt eine **Umdeutung der Werte** durch reframing vor: „Wie ist das Wetter in Hamburg?“ Hamburger antworten: „Super Arbeitswetter heute!“ Rheinländer oder Bayern antworten: „Na dann nichts wie auf die Elbwiesen/ in den Biergarten!“ „Oh, nein, damit warte ich lieber noch; es regnet in Strömen.“ Der Hamburger dreht Regenwetter kurzerhand in „Tolles Arbeitswetter“ und gibt dem Regen eine **positive Bedeutung.**

c) Reframing im Witz

„Reframing“ legt es auf elegante **semantische Kollisionen an, torpediert unüberprüfte Vorannahmen** und **bereichert daher oft Witze**: „Gnädigste, ist Ihnen klar, dass Sie hier mit 80 durch die Innenstadt gebrettert sind?“ beschwert sich der Polizist bei der Autofahrerin. „Oh, Officer, das muss wohl der Hut sein, der mich so alt macht.“ Oder: Schweizer Polizist zu Tourist: „Stopp. Hier geht es nicht weiter. Die Schweizer Pässe sind gesperrt.“ Tourist: „Das macht nichts; wir haben deutsche.“ Oder „Mathelehrer: „Eigentlich müssten 70 % von Euch eine 6 kriegen.“ Schüler: „So viele sind wir doch gar nicht.“

d) Reframing im Mandantengespräch

Im Mandantengespräch dient das Reframing dem **Ausbau anwaltlicher Macht**. Es minimiert dort Einwände und Widerstände. Der Anwalt positioniert sich durch Reframing als **Beherrscher der Situation** und beruhigt den Mandanten schlagartig, oft unter Beimischung von **Humor** und immer in **Kombination mit anderen Techniken**:

- Mandant: „Ich weiß nicht mehr, wo oben und unten ist. Jetzt kommt auch noch mein Schwager mit dem Angebot X. Ich steh mit dem Rücken zur Wand.“
- Anwalt: „Eine so verfahrene Situation schildern meine Mandanten oft.“ (Perspektivwechsel) Sie hat wirklich nur einen einzigen Vorteil: wer **mit dem Rücken zur Wand steht, hat den ganzen Raum im Blick**. (reframing dreht negative Konnotation) „Welche Punkte sollten wir zuerst ordnen?“ (offene Frage = Führung)

„Mit dem Rücken zur Wand stehen“ bekommt plötzlich eine **positive Bedeutung**, die sogar eine Art „Schutz“ ausdrückt.

e) Reframing in der Akquise

Geschulte Anwälte drehen **negative Bemerkungen über das Honorar**: „Und das machen Ihre Mandanten mit? So einen **hohen Preis**?" in positive Bemerkungen über ihre Leistung: „Oh ja, sie sind von unseren **Leistungen** begeistert".

Oft können Anwälte eine **defokussierte Aggression** des Mandanten nicht direkt für ihre rechtliche Strategie nutzen. In Mandantengesprächen **drehen sie daher den Zorn** über „die Verhältnisse" in die „Sorge über die Zukunft". Das Reframing hilft ihnen also, den **Fokus der Befindlichkeit** zu drehen und **Ideologien zu übergehen.**

Beispiel

Mandant: „Unglaublich, wie die mit uns umgehen! Da arbeitet man 23 Jahre am Band, stützt das Unternehmen mit allem, was man hat, und dann fliegt man einfach so raus! Und die Bosse sitzen oben und feixen sich eins!"

Anwalt: „Ja, diese Situation ist extrem ungerecht und unangenehm (matching Befindlichkeit) und viele meiner Mandanten (Perspektivwechsel) machen sich – genau wie Sie – in dieser Lage große **Sorgen um ihre Zukunft.**"

Der Anwalt **dreht die Befindlichkeit** „Zorn auf die Fremden da oben" zu „eigene Sorge über die Zukunft", da er erstere **nicht als Basis für seine Rechtsberatung nutzen** kann.

10. Wie Anwälte ihre Kompetenzen „verkaufen" – spezifizieren und quantifizieren Sie

Nicht nur in anwaltlichen Webseiten und Broschüren sorgen **Leerfloskeln** für betretene Gesichter. Auch in Akquisegesprächen irritieren sie Gesprächspartner; selbst dann, wenn diese bis dahin von dem anwaltlichen Auftritt überzeugt waren. „Wir haben viel Erfahrung auf dem Gebiet des Energierechts." (Ach, wirklich? Wie viel ist viel?) „Wir arbeiten langjährig in vielen Fachgebieten zusammen." (Tatsächlich? In wie vielen? Wie lange?) „Wir verfügen über große Expertise in Sachen Familienrecht." (Wie groß denn? Da kann ja jeder kommen!) „Wir sind seit einigen Jahren spezialisiert auf die Beratung von Kommunen." (Soso; in welcher Hinsicht?) Alle **Allgemeinplätze** sorgen für eine **Reduzierung zuvor aufgebauter Kompetenz** – oder machen einen kompetenten Eindruck im Ganzen schwierig.

Spezifizierungen und Quantifizierungen gehören zum Vertrauensaufbau. Der Mandant erwartet klare Aussagen über das, was er – neben dem Vertrauensverhältnis – am dringendsten benötigt: glaubhafte Kompetenzen. Glaubhafte Aussagen unterscheiden sich von unglaubhaften durch **exakte Quantifizierungen** (Wie viel genau?) und **aussagekräftige Spezifizierungen** (Was genau?).

So wird „Wir haben viel Erfahrung auf dem Gebiet des Energierechts" zu „Ich selbst berate seit sechs Jahren (Quantifizierung) Energieunternehmen; derzeit vier (Quantifizierung) davon in der Erstellung rechtssicherer Lieferverträge (Spezifizierung). Dabei war ich in zwei Fällen (Quantifizierung) hauptsächlich mit der X (Spezifizierung) befasst. Möchten Sie weitere Details?"

IV. Die „Werner Hupe GmbH" – wie ein Interessent zum Mandanten wird

Im letzten Teil dieses Kapitels wird die Anwaltskanzlei einen Mandanten gewinnen. Viele der zuvor benannten **zehn rhetorischen Durchsetzungs-Strategien** werden dabei behilflich sein und in Klammern erläutert.

Ausgangslage: der Fall „Werner Hupe GmbH"
Die „Werner Hupe GmbH" ist Vertragshändler in der Automobilbranche in einer 150 000 Einwohner-Stadt und dort Betreiber einer Kfz-Werkstatt mit 52 Mitarbeitern. Die **Krise der Automobilwirtschaft** hatte sie in Zeiten der Abwrackprämie einigermaßen gemeistert. Die „Werner Hupe GmbH" ist nun existenzbedroht: **Marktsättigung** und **geringe Nachfrage an Reparaturen** – klassische Branchenkiller nach der Abwrackprämie – sowie der **emotionale Charakter** des Chefs, Herrn Werner Hupe, haben dazu geführt.

Letzteres will der Chef **nicht wahrhaben**; Zerwürfnissen mit Mitarbeitern und besonders die **Kündigung** zweier empörter Mitarbeiter in der Buchhaltung bereiten ihm seit Wochen schlaflose Nächte. Die beiden haben aus Rache **Dokumente aus dem aktuellen Controlling** verschwinden lassen. Herr Hupe hatte sich an seinen Anwalt, Fachanwalt für Arbeitsrecht, gewandt und wenig Aufschlussreiches gehört, außer, dass ein **Fehlverhalten in dieser Situation strafrechtliche Konsequenzen** haben könnte. Das machte ihn zusätzlich sauer. „Wozu bezahle ich Euch Idioten eigentlich?" hatte er ins Telefon gebrüllt.

Hupe weiß nicht, ob er kurz vor der **Insolvenz** oder schon mittendrin ist. Er weiß auch nicht, wie er die Gehälter seiner Mitarbeiter in den nächsten Monaten noch bezahlen soll. Der **Betriebsrat** ist „auf Krawall gebürstet"; von dem ist keinerlei **Unterstützung** zu erwarten.

In dieser Situation ruft er – nach einem weiteren schlaflosen Wochenende – in einer **von seinem Hausanwalt empfohlenen Kanzlei** am Montagmorgen um 9.10 Uhr an.

---

1. Akquise-Phase: Mandatsannahme per Telefon

Empfang: Bergmann & Partner, mein Name ist Kerstin Wodrack. **Was kann ich für Sie tun**? (offene Frage, Eröffnung, Raum geben)

Hupe: Hallo Hupe hier. Ich brauch einen Anwalt. Und zwar jetzt gleich.

Empfang: **Hallo** (matching der Begrüßungsformel) Herr Hupe. Darf ich mir notieren (Eigeninitiative voraus!), um was es etwas genauer geht, damit ich Sie **sofort** (matching Befindlichkeit = Eile, Sorge) **richtig verbinden kann?** (Nutzenargumentation)

Hupe: (aufgebracht) Notieren? Bei mir geht alles drunter und drüber! Ich schlafe seit Wochen schon nicht mehr! Und Sie wollen notieren? Ich will einen Anwalt sprechen! Jetzt!

Empfang: Herr Hupe, **deshalb** (niemals: aber!) will ich Ihnen gern **sehr schnell** helfen. Sie **brauchen ja schnelle Hilfe** (matching Befindlichkeit); das höre ich sofort raus. Ich brauche ein paar Stichwörter, damit ich weiß, welcher Anwalt Ihnen helfen kann. **Was ist Ihr Hauptproblem**? (durch offene Frage die Führung übernehmen)

Hupe: Ich bin mit dem Kopf unter Wasser! Mein Geschäft geht den Bach runter! Das ist mein Hauptproblem! Meine Mitarbeiter sind mit Unterlagen abgehauen, ich weiß nicht, wie ich Gehälter zahlen soll und der Betriebsrat stellt sich quer!

Empfang: Ich verstehe, Herr Hupe, ich hab schon geschaut. Unser **Fachanwalt für Insolvenzrecht** (Kompetenzen der Anwälte promoten) ist Herr Dr. Markgraf. Er telefoniert gerade. Damit es **am schnellsten** (matching Eile) für Sie geht, verbinde ich mit seiner **Assistentin Frau Berger** (persönliches Kümmern, Problem lösen, Teameffekt betonen) Bitte einen kleinen Augenblick.
(Warteschleife. Jazzmusik. 10 Sekunden.)

Berger: Hallo Herr Hupe, mein Name ist Berger. Ich bin die **Assistentin** von unserem **Spezialisten für das Insolvenzrecht, Herr Dr. Markgraf** (Anwälte promoten). Er telefoniert noch. Ich habe schon **von meiner Kollegin gehört** (Mandant muss niemals etwas zweimal sagen!), dass Sie ein Problem haben mit gestohlenen Unterlagen, mit den Gehältern und mit dem Betriebsrat. Ist das alles richtig wieder gegeben? (korrekte Paraphrase signalisiert Aufmerksamkeit, Interesse und Super-Informationsfluss in der Kanzlei)

Hupe: Ja, leider. Kann ich jetzt bitte endlich den Anwalt sprechen?

Berger: Ich mache das so schnell es geht (matching Eile) möglich. Darf ich schon **einige Details notieren**, damit es **gleich für Sie noch schneller geht?** (Halten am Telefon durch Nutzenargumentation, Wirkung: Wir sind auf Ihrer Seite)

Hupe: Wenn es sein muss. Was denn?

Berger: Ich nehme schon mal Ihre Daten auf, dann kann ich **sofort** schauen, **ob wir Sie vertreten dürfen** (Nutzenargumentation) **Ist Ihnen das Recht?** (geschlossene Kontrollfrage. Falls er „nein“ sagt, festen Telefontermin vereinbaren!)

Hupe: Hupe, Werner. Werner Hupe GmbH, Autowerkstatt, Mittelring 38 in Reifenhausen, 52 Mitarbeiter. Seit 134 Jahren im Besitz der Familie, Absatzprobleme seit mindestens zwei Jahren, werde von eigenen Leuten beklaut. Was noch?

Berger: Habe ich **alles notiert** (Sicherheit geben!). Darf ich Ihre **Telefonnummern** (immer im Plural!) **und Ihre E-Mail Adresse** noch **notieren** (eigene Aktion voraus! Nicht: „Wie ist Ihre Telefonnummer?“), **damit wir Sie immer erreichen können**? (Durchsetzen durch Nutzenargumentation)

Hupe: (aufgebracht) Mein Gott, ist das so wichtig? Ich will doch erstmal einen Anwalt erreichen, nicht umgekehrt! Das ist ja wohl bei Ihnen nicht so einfach... Also 01234-567890 und 0172-7654321 und info@wernerhupe.de

Berger: Danke. Herr Hupe, ich sehe gerade, Dr. Markgraf hat aufgelegt. Ich **probiere** (nicht versprechen, was Sie nicht sicher halten können) es jetzt. Sekunde bitte!
(Warteschleife. Jazzmusik. 10 Sekunden. Assistentin klärt Chef auf)

Markgraf: Hallo Herr Hupe, Markgraf hier! **Tut mir Leid, dass Sie warten mussten** (Entschuldigung für das Warten = Ich mache mir hauptsächlich deinen Kopf) Ich hab schon von Frau Berger gehört (= Informationsfluss und blindes Vertrauen zur Assistentin): in Ihrer Autowerkstatt gibt's eine **Reihe von Herausforderungen**? (vom „Problem" zur „Herausforderung" = Lösbarkeit angedeutet) Gehälter schwierig, Betriebsrat schwierig, Unterlagen weg? **Schwierige Lage für Unternehmer**, wenn das alles so zusammen kommt (matching Befindlichkeit und Erwähnung der attackierten „Rolle Unternehmer" = Vertrauensmaßnahmen), das **kenne ich**! (sofort Paraphrase des Gehörten, Mandant sagt nichts zweimal! Kombiniert mit „kenne ich" = Kompetenz!)

Hupe: Ja, kann man wohl sagen. Endlich erreiche ich Sie! Hat ja lange genug gedauert!

Markgraf: **Ja, alle Mandanten sprechen bei uns ganz in Ruhe zu Ende. Sie auch**! (Regeln des Kaiserschlosses ruhig bekannt geben. Anrufer sofort in die bestehende Mandantengruppe integrieren = „Auch du hast jetzt bereits Rechte bei uns" – leitet einen gefühlten vorvertraglichen Status ein.) Sind Sie einverstanden, wenn **wir beide zusammen** (Allianz) **jetzt alles mal ordnen**? (ruhige Struktur und anbieten durch geschlossene Frage, „ordnen" ist ein attraktives Wort, denn Ordnung fehlt ihm vor allem) Sie schildern mir **in großen Zügen** (Details im Live-Gespräch), was Sie auf dem Herzen haben, und **danach entscheiden wir**, wir wir's angehen, einverstanden? (Alle Statements schließen mit einer Frage ab; Vertrauensverhältnis entsteht, denn der Mandant hat immer die Wahl)

Hupe: Ja. (die erste nicht relativierte Zustimmung, Anerkennung des anwaltlichen Machtstatus)

Markgraf: Legen Sie einfach los. Ich **schreib mit.** (schriftliche Dokumentation = gefühlter vorvertraglicher Status) Das **Schlimmste am besten zuerst.** (Diese Aufforderung kommt selbst in den subjektiv schlimmsten Problemstellungen des Mandanten interessiert und nicht ganz ohne Humor an. Test it!)

Hupe: Gut. Also: Die beiden Controller haben... der Betriebsrat hat... die Gehälter sind...

Frau Berger vereinbart anschließend mit ihm einen Termin in seinem Unternehmen.

2. Akquise-Phase: Das Erstgespräch

Dr. Markgraf betritt am Tag danach um 16.30 Uhr die Räume der „Werner Hupe GmbH“. Da er auch noch mit dem Betriebsrat reden wird, hat er Jackett, Krawatte und kalbslederne Aktentasche im Auto gelassen. Hupe kommt im Flur auf ihn zu:

Hupe: Guten Tag, Dr. Markgraf. Gott sei Dank sind Sie da – hier geht alles drunter und drüber. Auch unser einziges Konferenzzimmer ist besetzt. Da sind schon wieder Lieferanten, die auf ihr Geld warten. Wir gehen einfach in die Küche.

Markgraf: Gern. Kriegen wir dort einen Kaffee? (erfüllbare, einfache Wünsche äußern)

Hupe: Na klar. Den serviere ich heute selbst (eigene Miniaktivität entspannt); unsere Frau Schmitt hat schon Feierabend.

Markgraf: Ich hab mir Ihre Informationen durch den Kopf gehen lassen („Ich bin für Sie da, auch wenn ich nicht da bin“); am besten ist, wir (vorvertragliche Allianz) fangen **gleich** an, die **Wichtigsten zu ordnen**.

Hupe: (nickt. Steht am Kaffeeautomaten)

Markgraf: Also vielleicht **das Wichtigste** für Sie vorweg: Ihre Lage ist **nicht außergewöhnlich schwierig**, auch wenn es sich für Sie so darstellt (Empathie, Beruhigung, Kompetenz). Sie haben mir bislang noch nichts gesagt, das **meine Mandanten** nicht fast jedes Mal vorgetragen haben (Perspektivwechsel: „Andere haben es auch geschafft.“). Es gibt sogar mehrere erprobte Wege zu einer **Lösung** (positives Vokabular).

Hupe: Das kann man kaum glauben, wenn man drin steckt. Ist alles total verfahren!

Markgraf: Ja, das stimmt. Meine Mandanten sind anfangs ebenfalls alle **ziemlich verzweifelt** in einer solchen Situation. (Perspektivwechsel: „Du bist nicht allein!“) Bei Ihnen kommt ja noch dazu, dass sich das Unternehmen seit 134 Jahren im Besitz der Familie befindet. Da fühlt man sich nicht **besonders toll**, wenn das **gefährdet** ist. (matching Befindlichkeit: „Ich verstehe Dich.“)

Hupe: Allerdings. Im Tennisclub hab ich davon noch nichts erzählt.

Markgraf: Gut so (Lob). Erzählen Sie es erst, wenn Sie auf dem Weg sind. Jeder braucht mal den **Blick von außen** (Anwaltliche Leistung unerlässlich). Herr Hupe? Ich würde zunächst gern einen **Überblick** geben über Ihre Themen und über die **Struktur der Lösung** (Sogar die Lösung hat eine Struktur), wenn Sie einverstanden sind.

Hupe: Da bin ich ja mal gespannt. Ich habe jedenfalls die erste Nacht seit drei Wochen durchgeschlafen.

Markgraf: Ja. Es geht voran, wenn man die Punkte nach und nach **analytisch beleuchtet**! (Zustimmung und Empathie = Lösung). Ich möchte Ihnen **zunächst drei Punkte** (Brecht’sches Theater) erläutern: 1) Der Betriebsrat muss aktiv werden. Das ist seine Funktion. Er dürfte im Moment gar nicht auf Ihrer Seite stehen. Er steht immer auf der Seite der Belegschaft. Das hat mit Ihnen **persönlich nichts zu tun** (Perspektivwechsel: „Nicht jeder ist dein Feind, der sich wie einer verhält"). 2) Wir **unterteilen die Lösung** Ihres finanziellen Problems in eine rechtliche und eine kaufmännische. Für beides sind **Fachleute** zuständig. Die Zahlen übernimmt **immer** (Usus = Absolutheitswort = Nicht diskussionsfähig!) ein so genannter Sanierungsmanager, die Paragraphen ein Anwalt. Mein Rat ist hier in allen ähnlichen Fällen (Perspektivwechsel: „Führt auch woanders zu Erfolg"): Holen Sie **Spezialisten** an Bord, die Ihnen helfen, die Dinge wieder voll in den Griff zu kriegen. Halten Sie mir gegenüber auf keinen Fall Informationen zurück; ich muss jetzt nämlich sehr schnell den Dingen auf den Grund gehen. Wir erarbeiten (Allianz) dann ganz schnell gemeinsam einen **vernünftigen Schlachtplan**. 3) Die Controller sind mit den Buchungs-Unterlagen auf und davon. Das erleben wir häufig (Kompetenz und Empathie: „Du bist nicht allein" = Erleichterung). Sie verfolgen mit dem Diebstahl der Unterlagen eigene, oft sogar **verständliche Interessen** (Gegenseite durchschauen = Zorn und Angst abbauen). Diese Interessen müssen wir rauskriegen; in manchen Fällen kann man sie schnell zufrieden stellen (Perspektivwechsel = den Gegner zu Verbündeten machen). Alternativ können wir versuchen, aus den noch vorliegenden Unterlagen den **derzeitigen Status** zu ermitteln. Habe ich die wichtigsten Punkte erwischt?

Hupe: Ja. Ich glaube schon. Die beiden müssen wirklich eins auf's Maul kriegen. Die machen mir zusätzliche Probleme. Ich will die verklagen! Wieso kriegen die nicht mindestens so viele Schwierigkeiten wie ich?

Markgraf: Sie wollen sich rächen. Die wollen sich rächen. Das versteh ich. Nur: Was sollte uns Rache nützen? (Offene, rhetorische Frage = Denkanstoß) Unser **Ziel** ist doch: Wir wollen ein **Traditionshaus retten** (matching der Befindlichkeit: warmherzige Formulierung; Familienunternehmen!) und nicht Hans und Franz ärgern, stimmt's? (Zielklärung) Nehmen wir mal an, wir könnten sie sogar dazu bewegen, uns zu helfen. Was wäre dann? (Strategie 102 = Undenkbares denkbar machen = positiver, neuer Denkraum aktiviert das Gehirn des Probleminhabers)

Hupe: Sie glauben doch wohl nicht, dass die uns die Unterlagen wieder rausrükken? Die nicht! Klappt das denn bei Ihren anderen Mandanten? (erstes Indiz für Umdenken; Mandant beginnt, dem Anwalt zu folgen)

Markgraf: Manchmal schon, manchmal sogar erstaunlich schnell. Herr Hupe, mal ganz unter uns: Verklagen, Polizei, Rache und so weiter, das dauert alles **viel zu lange**. Diese Zeit haben wir gar nicht. Wir können **drei Sachen** tun: 1) Rauskriegen, was sie bezwecken mit dem Diebstahl und ihre Interessen befrieden, damit sie die Unterlagen rausrücken. 2) Testen wie sie reagieren, wenn wir ihnen sagen, dass sie vielleicht auch wegen Insolvenzverschleppung Schwierigkeiten kriegen könnten und 3) könnten wir versuchen, ohne die geklauten Unterlagen den aktuellen Status zusammen zu stellen. (Brecht'sches Theater bringt erneut Struktur in die Lösung!)

Hupe: Klingt vernünftig. Das wär ja der Hammer!

Markgraf: Das stimmt. Manchmal haut das hin (matching Sprachniveau; eigentlich zu leger, nach dieser Bemerkung von Hupe ist klar: er braucht das so). Wir sollten den **Gegner zu einem Verbündeten** machen. Da wäre noch was: Die meisten meiner Mandanten fürchten im Vorfeld eines Insolvenzantrags auch die **strafrechtlichen Seiten** (Perspektivwechsel = Der Schrecken der Botschaft wird minimiert, da alle das befürchten müssen). Ihr Arbeitsrechtler hat das ja – ganz zu Recht – schon angedeutet. (Umgang mit Mitbewerb = Souveränität)

Hupe: Kriege ich da etwa noch ein weiteres Problem?

Markgraf: Das ist nicht ausgeschlossen, wenn wir uns nicht **umgehend** um folgende **drei Punkte** (Brecht'sches Theater) kümmern: 1) Ein Unternehmer kurz vor einem möglicherweise notwendigen Insolvenzantrag darf unter Umständen gar nichts mehr zahlen oder ggf. nur noch absolut betriebsnotwendige laufende Kosten. Alles andere vermindert die sog. Insolvenzmasse, und das wird rechtlich bewertet wie eine Steuerhinterziehung. (Ein klares Wort zur rechten Zeit bringt immer Freude und Heiterkeit) 2) Mit den Lieferanten muss dringend eine rechtlich saubere Lösung gefunden werden. Wir müssen sofort mit denen reden und Vertrauen zurück gewinnen. Einer sitzt ja gerade in Ihrem Konferenzraum. Manche von ihnen neigen in ihrer Sorge zu unkalkulierbaren Aktionen. Das fängt mit Lieferstopp an und endet mit dunklen Akten auf dem Hof. Das wollen wir doch beides keinesfalls, oder? (matching Sprachniveau = gleiche Ebene schaffen, Allianz) 3.) Wir besprechen am besten **jetzt gleich mein Honorar**, damit ich **sofort** für Sie Schritte einleiten kann (Honorarinformation eingeleitet = „Sonst kann ich für Sie nichts tun")

Hupe: Ja, das habe ich gelesen, dass Anwälte keinerlei Angst haben, die Insolvenzmasse zu verringern!

Markgraf: Ja, stimmt, ohne **Profis kommen Sie da nicht raus!** (reframing = negativer Gehalt der Ursprungsbotschaft „Du bist sicher teuer" in positiven Gehalt drehen: Profis kosten und bringen immer was. Reframing signalisiert auch, dass die ursprüngliche Botschaft nicht kommentiert werden wird.) **Meine Mandanten** zahlen (Perspektivwechsel) mein Honorar **immer** auf Stundenbasis. Das heißt, sie zahlen genau nur die Minuten, die ich für Sie tätig bin. In der Stunde beträgt das x Euro + MWSt., und wir verfahren nach einem 6 Minuten-Takt laut Rechtsprechung. Wissen Sie, was das bedeutet? (die geschlossene Kontrollfrage in einem Detailthema signalisiert, dass über die Zahl nicht diskutiert wird).

Hupe: Das glaube ich jetzt nicht!
Markgraf: Was genau?
Hupe: X Euro pro Stunde? Wer soll das bezahlen?
Markgraf: Womit vergleichen Sie das Honorar? (Offene Frage zur Neutralisierung von Einwänden.)[36]

Der Vertrag zwischen der Hupe GmbH wird acht Minuten später schriftlich geschlossen, und die Arbeit beginnt.

---

i

Erfolgstipps

- Entmachten Sie alle Einwände durch offene Fragen, Reframing, Strategie 102 oder durch manipulative Paraphrasen!
- Üben Sie das Übermitteln negativer Nachrichten! Denken Sie an 80 % Zukunftsanteil dabei.
- Strukturieren, kürzen und banalisieren Sie Ihre Botschaften! Üben Sie das „Brecht'sche Theater"! Stimme runter am Schluss!
- Setzen Sie Fragetechniken nach taktischen Kriterien ein!
- Spezifizieren und quantifizieren Sie Ihre Kompetenzen!

---

36 Weiter mit der Behandlung von Einwänden s. Kapitel „Honorarinformation".

Ehemalige Mandanten zurück gewinnen

30 % direkte Akquise | 70 % indirekte Akquise

„Du brauchst keinen Grund zu gehen, wenn du keinen mehr hast, um zu bleiben", singt Ina Müller[1] über den nicht immer **sprachlich kommunizierten Wechselwillen** privater Begleiter. Anwälte können davon ebenfalls schaurig-alltagstaugliche Lieder singen. Wenn der Mandant während des Mandates oder nach dem Mandat **zu einem anderen Anwalt wechselt**, ist der Anwalt normalerweise „not amused". Sein **persönliches Image** leidet; die **negative Publicity** für die Kanzlei ist garantiert.

Nichts als Nachteile bringt ein solcher Anwaltswechsel mit sich. Das sind **keine guten Voraussetzungen**, diese missliche Situation **aktiv zu bereinigen**!

Anwälte mögen das aktive **Zurückgewinnen von ehemaligen Mandanten** nicht. Diese Akquisestrategie in der **Zeitzone Vergangenheit** konfrontiert sie mit **unschönen Hindernissen**, und viele Anwälte geben daher „verloren gegangene" Mandate **vorschnell** auf.

Dabei ist erwiesen: **Neun von zehn Kunden** sind „bereit zurückzukommen, wenn Unstimmigkeiten von früher behoben werden".[2]

Viel **Geld** und noch viel mehr **Energie** sparen Anwälte ein, wenn sie **ehemalige Mandantenbeziehungen** – und mit ihnen die ehemaligen Vertrauensverhältnisse – **reaktivieren.**

Dieses Kapitel wird in drei Abschnitten behilflich sein, ehemalige Mandanten, die Sie **zurück gewinnen wollen**, unabhängig von deren Wechselgrund wieder **an Ihre Kanzlei zu binden:**

I. Wodurch wechseln Mandanten?
II. Was tun, um ehemalige Mandanten erneut zu überzeugen?
III. Ein gelungenes Beispiel – Mandantenrückgewinnung am Telefon

I. Wodurch wechseln Mandanten?

Mandanten wechseln ihren Anwalt **offensiv** (Grund erklärt) oder **defensiv** (Grund nicht erklärt). Wechselgründe werden manchmal von **Mandanten**, manchmal vom **Anwalt selbst** und manchmal **gar nicht** erläutert. Der Anwalt, der Mandant selbst oder ihn umgebende **externen Faktoren** können für den Wechsel verantwortlich sein.

1 Ina Müller, aus dem Lied „Der Grund" auf der CD „Liebe macht taub" (2010).
2 Sagt Anne M. Schüller, Managementtrainerin in ihrem Hörbuch „Effiziente Kundenrückgewinnung".

Ermitteln Sie in jedem Fall, **welcher Grund** Ihren Mandanten zu einem Wechsel bewegt hat; dieser Grund ist Ihr „**Hebel**“ für die Rückgewinnung. **Drei Faktoren** können für einen **Anwaltswechsel ausschlaggebend** sein:

- **Manchmal liegt es am Anwalt**

Häufig wurde „Feedback“ nicht als **integraler Bestandteil** der Kanzleipolitik eingeführt und der Anwalt fragt daher aus **strukturellen Gründen** nicht nach der Zufriedenheit der Mandanten. Statt weiter führenden **Bedarf zu ermitteln**, hält ein solcher Anwalt seine Arbeit **nach Ende des Mandats für erledigt**.

Dies ist ein flächendeckendes Drama mit komplett **unterschätzten ökonomischen Folgen** in deutschen Anwaltskanzleien. **80 % aller Chancen** laufende Mandate auszuweiten bleiben **ungenutzt!**[3]

Manchmal fragt der Anwalt auch **aus inhaltlichen Gründen** nicht nach weiterem Bedarf oder Feedback, weil er

- einen Cross-Selling Bedarf für nicht gegeben oder für **unwirtschaftlich hält;**
- den Mandanten für **unsympathisch** hält und eine weitere Zusammenarbeit ablehnt;
- seinen **Arbeits-Schwerpunkt gewechselt** hat und Fälle in den nun „unpassenden Rechtsgebieten“ an einen erfahrenen Kollegen **delegiert;**
- sich aufgrund von Misserfolgen **schämt** oder diese nicht **verbindlich und freundlich** erläutert.

- **Manchmal liegt es – zumindest aus Anwaltssicht – auch am Mandanten selbst**

Bei näherem Hinsehen entpuppen sich allerdings alle hier genannten Gründe als **Folgen eines suboptimalen Anwaltsverhaltens.** Der Mandant

- geht begründungslos, denn der Grund ist dem Mandanten **unbekannt** oder **peinlich.** Er kann vielleicht **keinen echten Anwalts-Fehler benennen**, sondern fühlt sich „einfach so“ unwohl;
- geht begründungslos, denn er ist von seinem Anwalt so **genervt,** dass der „Anwalt keinen Anspruch mehr hat“ auf eine Erklärung;
- wechselt begründungslos und **ohne böse Absichten** nach dem ersten Mandat, um „Anwaltsleistungen zu vergleichen“;
- geht begründungslos, weil er das **Leistungsspektrum der ersten Kanzlei nicht kennt.** Später stellt sich heraus, er hatte gar nicht gewusst, dass die Kanzlei „das auch macht“.
- hatte nur ein **Einzelmandat.** Klassischer Fall: ein kleinerer Verkehrsunfall ohne Spätfolgen.

- **Manchmal liegt es an externen Faktoren**

Die Rückgewinnung eines ehemaligen Mandanten ist schwierig (und bleibt manchmal unmöglich), wenn **externe Faktoren im Umfeld des Mandanten** eine weitere **Kooperation verhindern**: Umzug, Firmenfusionen, neue Geschäftsführer (bringen

3 Vgl. „Ausweitung derzeitiger Mandate“ im Kapitel „Cross-Selling“.

eigene Anwälte mit), Generationswechsel in Unternehmen, strategische Neuorientierungen oder Verlagerungen von Unternehmen im Zuge der Globalisierung können einen erheblichen **Einfluss auf Anwaltswechsel** haben.

II. Was tun, um ehemalige Mandanten erneut zu überzeugen?

Grund genug, diese von allen Anwälten als **unbequem** empfundene Situation zu entzerren. Jeder Anwalt kennt dieses Schreckgespenst: der liebste Mandant steht zwei Monate nach Mandatsende mit dem bösesten Konkurrenten auf dem Gerichtsflur. Im Diplomaten-Slang heißt so etwas: eine **ungeliebte Herausforderung.**

Was also tun, wenn ein Mandant **mitten im Mandat** den Anwalt wechselt oder **nach einem Mandat** nicht mehr zu Ihnen zurückkommt? Und Anschlussfrage: Was bewegt Ihre Mandanten, zu Ihnen **zurück zu kommen**? Lesen Sie hier **sieben Ideen**:[4]

1. Räumen Sie zwischen Ihren Ohren auf

Innere Einwände gegen die Rückgewinnung „verloren gegangener" Mandanten machen Interventionen zunächst schwierig. Begründungen für die **anwaltliche Zurückhaltung** erscheinen unbeteiligten Betrachtern wie **Reflexe,** die sich äußern in

- **Sarkasmen**: „Reisende soll man nicht aufhalten."
- **Passiver Aggression**: „Gegen dessen Dumpingpreise habe ich ohnehin keine Chance."
- **Beschwichtigungen**: „Der kommt schon zurück; der ist jetzt bei so einem Billigheimer gelandet."
- **Offener Empörung**: „Ich bin immer loyal zu meinen Kunden. Wenn die (!) das nicht würdigen, sind sie nicht die richtigen für mich."

Tipp

Statt sich aufzuregen über den Mandanten oder dessen Weggang zu verharmlosen, überlegen Sie, wie Ihre Prophylaxe ab sofort aussehen wird. Überlegen Sie auch, wen Sie zurück holen wollen. Bedenken Sie, dass alle verloren gegangenen Mandanten, deren Weggang Sie mit verantworten, über Sie schlecht sprechen. Darum: verlieren Sie keine Zeit! Übernehmen Sie das Zepter wieder!

---

4 Prophylaxe ist natürlich das Gebot der Stunde. Das ganze Buch handelt davon, wie Anwälte Mandanten gewinnen und halten. In diesem Kapitel wird daher die Frage: „Wodurch bleibt der Mandant immer bei mir?" nicht erneut beantwortet.

2. Besiegen Sie Ihren „inneren Schweinehund"

Anwälte, die sich aufmachen, ihre ehemaligen Mandanten zurück zu gewinnen, haben oft einen besonders **mächtigen Gegner** besonders nah bei sich: es ist ihr **innerer Schweinehund**. Der versucht, sich um jeden Preis um die eigene **Verantwortung** zu drücken und ist daher ein **denkbar schlechter Berater**.

Der innere Schweinehund überträgt die **Verantwortung** für den Wechsel des Mandanten auf den Mandanten und **entmachtet** dadurch sein eigenes „Herrchen". Der innere Schweinehund übersieht beispielsweise gern, dass es **einst der Mandant** war, der sich **für Sie entschieden** hatte. Selbst wenn aus Mandantensicht etwas schief gelaufen ist, bestand einst ein **Vertrauensverhältnis** zu Ihnen – und **Vertrauen ist die Grundlage aller Geschäfte**.

---

i **Tipp**
Ein gefährdetes oder gar zerstörtes Vertrauensverhältnis zum Mandanten ist stets die **Folge anwaltlichen Verhaltens**!

---

3. Bleiben Sie verantwortlich

Wenn ein Mandant Sie verlässt, haben Sie **ihn dazu veranlasst**. Dies klingt zunächst nicht wie eine besonders erfreuliche Mitteilung. Deshalb überprüfen Sie doch einmal folgenden Gedankengang: Wären allein die **Konjunktur**, der neue **Geschäftsführer**, die **Dumping-Preise** Ihres Mitbewerbers, die **Persönlichkeit** Ihres Mandanten oder die wachsende **Anwaltsdichte** in Ihrer Stadt für den Weggang verantwortlich, hätten Sie **keinerlei Spielraum für eigenes Handeln mehr**, denn keinen dieser Faktoren werden Sie **selbst und allein** beeinflussen können. Ermitteln Sie also stets, **welchen Anteil Sie selbst** am Weggang des Mandanten haben. Sie finden immer etwas.

Ein unter Anwälten verbreitetes **Denkmuster** wie „Reisende soll man nicht aufhalten" sorgt erst für jene **Passivität**, die Ihnen zwar subjektiv **Entlastung** („Den Nörgler bin ich los"), objektiv jedoch vor allem **Umsatzeinbußen** einbringt. Manche dieser Denkmuster lähmen Ihre **Eigenaktivität** und verhindern fahrlässig jene **analytische Haltung**, für die Sie sonst gerühmt werden.

Auf diese Weise gefährden Sie unmittelbar Ihren **Unternehmerstatus**. Sie sehen die **Rücklichter** leider nicht nur von Ihrem frustrierten Mandanten, sondern auch von den **durchschnittlich zehn (!) weiteren, potenziellen Mandanten**, die er vor Ihnen gewarnt hat.[5]

---

5 Diese Zahlen erforschte erstmals 1978 Noriaki Kano, Professor an der Universität Tokio, im Kano-Modell. Er maß und segmentierte Kundenzufriedenheit in der ersten weltberühmt gewordenen

4. Sortieren Sie Ihre Mandanten

Nicht jeder Mandant „passt“ zu Ihnen und Ihrem Kanzleiziel. **Sortieren Sie**: welche Ihrer ehemaligen Mandanten möchten Sie wieder zurückholen? Machen Sie eine **Liste!** Wenn ein Mandant Ihnen **umsatz-, branchen- oder marketingrelevante** Vorteile bringt, sollten Sie ihn **in jedem Fall wieder gewinnen.** Umsatzvorteile bringt der mit dem Honorarvolumen X, **Branchenvorteile** bietet der, der exakt in das von Ihnen angepeilte oder bereits realisierte **Portfolio** passt. Marketingvorteile bringt der, der für Sie **Radiusarbeit** betreiben kann und sich in für Sie relevanten **Netzwerken** oder **sozialen Umgebungen** aufhält.

5. Dokumentieren Sie Mandanten-Abschiede

Abgewanderte Mandanten müssen – ihre **wichtige Rolle** für die Kanzlei vorausgesetzt – **systematisch registriert** und unter **eigenem Suchbegriff** in der **Kundenkartei** geführt werden. **Kanzleifehler**, die zu ihrem Weggang führten, werden sofort behoben, denn sie sind gefährlich, wenn sie **häufiger als einmal** auftreten. Ermitteln Sie diese Fehler furchtlos, besonders Ihre eigenen. Geben Sie sie ebenso furchtlos in der Kanzlei bekannt und verpflichten Sie alle Mitarbeiter sowie sich selbst, es **in Zukunft besser** zu machen. Gehen Sie mit gutem Beispiel voran. Dadurch flexibilisieren Sie Ihre Fehlerpolitik[6] und machen Ihren Mitarbeitern Mut, eigene Fehler ebenfalls einzugestehen und selbst zu beheben. Analysieren Sie akribisch die **Wechselgründe jedes Einzelnen** und notieren Sie sie dazu. Ein **Frühwarnsystem** kann für Prophylaxe sorgen; ein **Kontrollsystem** überwacht den Umgang mit früheren Fehlern.

Mandanten, die unvermittelt mit **alten Gewohnheiten brechen**, sind ein **schlechtes Zeichen.** Jemand, der sich nie meldete und nun zu Telefonitis neigt oder umgekehrt: Mandanten, die zu Telefonitis neigten und nun plötzlich gar nicht mehr von sich hören lassen, sind häufig in **schwerer Sorge** wegen der **Qualität ihres Anwalts.** Beachten Sie solche Signale!

Kundenzufriedenheits-Studie für Mitsubishi. Seine Ergebnisse sind – obwohl für die Autoindustrie ermittelt – bis heute auch für den Dienstleistungssektor unwiderlegt. „Unverlangte Publicity“ macht nur der begeisterte Kunde. Er wartet also nicht, bis er gefragt wird nach einem guten Anwalt, sondern berichtet über diesen spontan. Statistisch gesehen tut er das einmal, während der unzufriedene Kunde 10-fache unverlangte (!) Antiwerbung für die Kanzlei macht.

6 Mehr zur „erweiterten Fehlertoleranz“ als Marketinginstrument im Kapitel „Kanzleimarketing“.

6. Telefonieren Sie kurz und kultivieren Sie den langen Atem

Wer langatmig telefoniert und dabei kurzatmig ist (oder aus Nervosität wird), sollte das Telefonieren zu Akquisezwecken **generell unterlassen**. Jede der beiden Angewohnheiten wirkt **bedürftig** und **unsicher**; gemeinsam sind diese beiden **unausstehlich!**

Vorsicht, Ihr Fuß in der Tür sichert nicht die geöffnete Tür! Selbst wenn Sie pro-aktiv Kontakt aufgenommen haben und selbst wenn Ihr ehemaliger Mandant erneut zu einem Kontakt bereit ist und sogar, wenn er sich durch Sie zum Lunch einladen lässt: das heißt noch gar nichts: **Sie werden weiter werben müssen.**

Es wird sich weiter so anfühlen, als liefen Sie hinter dem Mandanten her. Sie haben **Image-Beschwerden sich selbst gegenüber**. Sie empfinden Ihre **Selbstoffenbarung als „schleimig"** und die 90-Dezibel-Zwischenrufe Ihres inneren Schweinehundes als berechtigt („Du machst dich zum Gespött der Leute!").

Trost naht: Sie wissen ja, dass **Einwände Ihre Beteiligung an der Sache anzeigen**. Beantworten Sie für sich selbst die Frage: „Was wird mir entgehen, wenn ich diesen Mandanten laufen lasse?" Beherzigen Sie **nach selbstkritischer Prüfung** aller **weiteren Aspekte** stets die Binsenweisheit: „Wer kämpft, kann verlieren, wer nicht kämpft, hat bereits verloren."[7]

7. Akzeptieren Sie externe Hindernisse – und bleiben Sie am Ball

Gemein: Externe Faktoren sind manchmal stärker als Sie. Wer höchste Bearbeitungsqualität liefert und **alle Mandanten begeistert**, kann sie **dennoch verlieren. Externe Faktoren** wie Fusionen, Umzüge und neue Ansprechpartner sind das zweitgrößte Hindernis bei der **Rückgewinnung** von Mandanten. Der Mandant war **begeistert** über die Arbeit seines Anwalts, und er ist es noch; plötzlich wird ihm – zeitgleich mit dem neuen Chef – auch ein neuer Rechtsberater „vor die Nase gesetzt". **Er muss sich fügen**. Hier ist der Anwalt **leider nicht mit verantwortlich** für den Wechsel seines Mandanten.

---

i **Tipp**

Nur wer einen suboptimalen Zustand **mit verantwortet,** kann ihn **selbst und allein** verändern.

Besonders **langer Atem** ist hier gefragt. Nur **besondere Maßnahmen** halten Sie im Gespräch. Diskutieren Sie solche Maßnahmen mit Ihren Kollegen. Halten Sie auf jeden Fall regelmäßig **Kontakt** und docken Sie auch **im Umfeld** des Ex-Mandanten (Lieferanten, Gegner, Nachbarn, Konkurrenten, Kollegen etc.) mit **Angeboten** an.

---

7 Wird Bertolt Brecht und Rosa Luxemburg zugeschrieben.

Unter Umständen müssen Sie ihn und **seine Umgebung** zwei Jahre lang unbeirrt **zu Ihren Vorträgen** und **In-House Veranstaltungen einladen** und persönlich ab und zu anrufen, um sich unverbindlich durch einen **„kleinen, frischen Aufsatz"** zu einer sehr **frischen Rechtslage** im Gespräch zu halten. Übersenden Sie diesen Aufsatz per E-Mail **während Ihres Telefonats**. Machen Sie Eindruck: Handeln Sie schneller als seine derzeitigen **Anwälte**!

Die Zeit ist **anstrengend**, bis er wieder ein „Testmandat" vergibt. Falls das geschieht, wissen Sie: Er hat **selbst lange gebraucht**, sich in seiner Umgebung durchzusetzen. Danken Sie ihm das! Schätzen Sie seine **Minisignale** und geben Sie **immer wieder Ihre.**

III. Ein gelungenes Beispiel – Mandantenrückgewinnung am Telefon

Eine erfolgreiche Akquise in die Zeitzone Vergangenheit ist **pro-aktiv**, erfordert einen **langen Atem** und ziemlich viel **Mut**, berücksichtigt alle **drei Zeitzonen** und besteht aus **sieben Schritten.**

- **Ausgangslage**

Der Gründer und Namensgeber einer Sozietät mit fünf Anwälten in einer Stadt mit 120.000 Einwohnern, ausgestattet mit 22 Jahren Berufserfahrung und 2 Fachanwaltstiteln sowie nach eigenen Angaben mit dem Image, **„Platzhirsch"** am Ort zu sein, verliert **innerhalb eines Jahres drei Mandate**, darunter ein sehr einträgliches. Einen der ehemaligen Mandanten trifft er vor Gericht mit dessen **neuem Rechtsbeistand** wieder. Der Anwalt gibt an, **gekränkt und ratlos** zu sein. Er selbst erklärt sich diese **Häufung von Niederlagen** durch **„erstarkte Konkurrenz am Ort"**, deren **„Dumpingpreis-Politik"** er nicht teilt und gutheißt. Der Anwalt, früher ausgestattet mit der festen Überzeugung „Die Kunden kommen von selbst zu mir" und der Erfahrung „Aktive Akquise liegt mir nicht" möchte nun **seiner Rolle als „Platzhirsch"** ernsthaft gerecht werden und sein **„Rudel zusammen halten"**. Er verliert die Furcht, als schwach da zu stehen, wenn er „hinter den Dreien her läuft" (Zitat) und erkennt: **Schwach ist ein Platzhirsch nur ohne Rudel.**

Fast zwei Jahre später (!) nimmt er zu allen Kontakt auf. Der Anwalt hatte akzeptiert, dass seine **Umsätze gefährdet** sind, wenn er nicht bereit ist, **flexibel auf Veränderungen seiner Umgebung zu reagieren**. Er holte zwei der drei Mandanten mehr als zwei Jahre nach deren Weggang durch folgendes Vorgehen wieder in sein Boot.

- **Ziel festlegen**

Sie definieren, **welcher Mandant** zurückkommen soll (Liste, am besten mit Begründung). Tragen Sie diesen Plan in der **Partnerversammlung** vor. Legen Sie die Zeit fest, zu der der Anruf ihn am besten erreicht. **Sehr effizient**: Ein Beschluss in der Partnerversammlung: Jeder Ihrer Kollegen benennt **drei lohnende Mandanten,** die er zurück holt. Überlegen Sie, in welchen Fällen Sie beim ersten Gespräch auch einen späteren **gemeinsamen Auftritt** anbieten könnten. Das ist sinnreich, wenn Sie über seinen **individuellen oder branchentypischen Bedarf** etwas erfahren haben oder wenn **neue Gesetzeslagen** einen solchen Bedarf wahrscheinlich machen.

- **Anruf vorbereiten**

Sie **recherchieren** alles, was Sie herausfinden können über Ihren ehemaligen Mandanten. Ist er nach Mandatsende noch einmal bei einem Ihrer Vorträge gewesen? Ist er umgezogen? Hat er sein Geschäft verändert? Sind neue Lieferanten da? Hat sich etwas verändert am **ursprünglichen Mandatsthema?** Haben Sie seine Durchwahl? Hat er noch dieselbe Sekretärin? etc.

- **Anruf tätigen**

„Herr X, hier spricht Rechtsanwalt Meyer. Es ist ja schon **eine Weile** her, dass wir unser Mandat gegen die Y hatten. Sie werden sich **bestimmt wundern**, dass ich Sie anrufe, und ich habe gleich **zwei Gründe** dafür. Haben Sie in diesem Moment **etwa fünf Minuten Zeit für mich**?" (Zeitkorsett eingrenzen und einhalten!)

- **Gemeinsame Historie paraphrasieren**

„Wir haben es **denen ja ganz schön gezeigt** damals bei der Y und hatten **viel Pech** wegen der X. (Vergangenheit). Darf ich fragen, wie es Ihnen **inzwischen** mit der... geht? (Gegenwart) Gut aufpassen, dass er sich nicht ausgeforscht vorkommt.

- **Fehler zugeben durch Selbstoffenbarung**

„...und es ist ja noch etwas schief gelaufen. Ich glaube, dass Sie sich **damals sehr geärgert haben über mich**, weil ich **mehrfach nicht zurück gerufen habe**, stimmt's? (Warten, bis er antwortet) Wir haben **das zum Anlass genommen**, die Organisation in der Kanzlei zu optimieren." Wieder gut aufpassen: **selbstkritisch ja, „schleimig" nein**! Bei diesem Punkt raufen sich viele Anwälte die Haare; sie glauben, „so etwas" nicht zu können. Gestehen Sie **Fehler offen** ein. Verstehen Sie Ärger. Beweisen Sie **Empathie**! Testen Sie bitte auch diesen Satz: „Und – ganz offen gesagt: Es hat mich schon sehr beschäftigt, Sie auf dem Gerichtsflur mit dem Kollegen Dr. Weißkirch zu sehen. Ich rufe Sie heute an, weil ich **gern Ihr Vertrauen zurück gewinnen möchte**. Würden Sie uns unter Umständen **eine weitere Chance** geben?" Sprechen Sie **ehrlich** und ganz **direkt** den Grund Ihres Anrufes aus. Er wird **sowieso erkannt!** Darum herum reden und so tun, als sei nichts geschehen, wird einen **weiteren schlechten Eindruck** machen.

Tipp

Probleme auf der **Beziehungsebene** können **nicht auf der Sachebene gelöst** werden! Sprechen Sie daher das zwischen Ihnen Stehende **direkt** an. Machen Sie dabei **kurze** Sätze, die Sie **nicht relativieren**!

- **Zum Lunch einladen**

„... und deshalb würde ich Sie gern in der nächsten Woche zum **Mittagessen einladen** und dort mal **in Ruhe ausloten**, ob irgendwann eventuell eine neue **Kooperation** für Sie denkbar ist. Was halten Sie davon?"

■ **Aufsatz schicken**

Der „kleine frische Aufsatz“ ist ein **vielfach erfolgreich erprobtes Instrument zur Neu- und Rückgewinnung von Mandanten** und wirkt wie eine **Vorleistung**. Sie **geben immer etwas, bevor Sie nehmen können:** „Ich habe übrigens einen ganz neuen, kleinen Aufsatz **für meine Mandanten** (Perspektivwechsel)[8] verfasst, den ich auch Ihnen gern übermitteln würde. Er beschreibt, wie Unternehmer Y verhindern können, ohne X zu fürchten. (Nutzen!) Ist das interessant für Sie?“ (Kontrollfrage). „Ja, den kann ich natürlich auch sofort mailen. Ist Ihre E-Mail-Adresse noch dieselbe?“

Erfolgstipps

- Identifizieren Sie, welche Mandanten zurückkommen sollen.
- Besiegen Sie Ihren inneren Schweinehund! Laufen Sie hinter Ex-Mandanten her.
- Laden Sie ihn zum Lunch ein. Richten Sie dafür ein festes Budget ein. Bieten Sie Nutzen.
- Selbstoffenbarung macht Eindruck! Stehen Sie zu Ihren Fehlern. Trauen Sie sich.
- Handeln Sie schneller als seine jetzigen Anwälte! Ein „kleiner, frischer Aufsatz“ zu einer frischen Rechtslage hält Sie im Gespräch.

---

8 Mehr über den Perspektivwechsel im Kapitel „Durchsetzung“.

Flexibilität

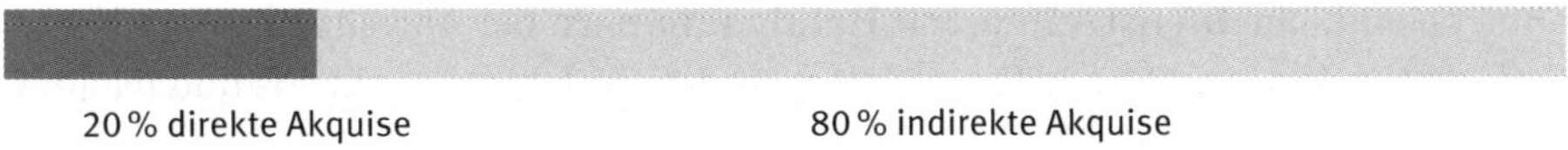

In Deutschland erwirtschaften 156.000 Anwälte in 46.500 Kanzleien ein jährliches **Honorarvolumen** von € 18 Milliarden. 1.200 dieser Kanzleien haben mehr als 10 Anwälte und kommen zusammen auf einen Marktanteil von 42 % aller Honorare. 89 % dieser Kanzleien sind **Einzelkanzleien** oder arbeiten mit weniger als fünf Anwälten.[1]

„Einsatz statt Umsatz" – ist das die Konsequenz für **kleinere Kanzleien**? Keineswegs. Dieses „Schicksal" ist nicht Pflicht. Anwälte kleiner Kanzleien können auch anders: **„Umsatz durch Einsatz"** lautet ihre Devise. Sie wissen, wer sich auf die schiere Größe seiner Kanzlei nicht verlassen kann, braucht **nachhaltigen Ersatz.**

Mandanten von Kleinkanzleien gehen immer wieder zu „ihren" Kleinkanzleien zurück, wenn sie dort eine bestimmte **Kombination von Qualitätssignalen** vorfinden. **Durchsetzung**[2] (als Fähigkeit) und **Flexibilität** (als Eigenschaft) ihres Anwalt bewirken zusammen mit der **Empathie** (weitere Fähigkeit) für die Situation des Mandanten ein **Vertrauensverhältnis** und markieren meist den „Beginn einer großen Freundschaft".

Durch immer **wieder kehrende Qualitätssignale** können kleine Kanzleien ihre Mandanten an sich binden. Sie werden dadurch zu einer **echten Konkurrenz** für größere Organisationen.

In diesem Kapitel stellen **Anwälte aus kleineren und mittleren Kanzleien** ihre spezielle Art von **„Flexibilität" und deren Folgen für die Akquise** in sieben Berichten **selbst vor.**

Jeder Bericht zeigt unterschiedliche **Spielarten (Konzepte) von „Flexibilität".**

I. Das Konzept „Anders-Sein"
II. Das Konzept „Schneller-Sein"
III. Das Konzept „Strategie"
IV. Das Konzept „Sturheit"
V. Das Konzept „Eigeninitiative"
VI. Das Konzept „Spontaneität"
VII. Das Konzept „Intuition"
VIII. Das Konzept „Inspiration"

1 *Creutz*, „Deutschlands Top-Juristen", Handelsblatt v. 24.10.2011.
2 Vgl. Kapitel „Durchsetzung".

I. Das Konzept „Anders-Sein“

Es darf gestaunt werden: Eine Kanzlei ohne **Anrufbeantworter**, ohne **Mittagspause**, ohne behördliche **Dienstzeiten**, mit **Handynummern** der Anwälte und Fachkräfte, **Sprechstunden** – auch samstags – von sechs Uhr früh bis spät abends und telefonischer **Wochenendbereitschaft**.[3]

So lautet das Angebot auf der Webseite einer Düsseldorfer Kanzlei. Während Mandanten der Konkurrenz sich noch mit **bemerkbaren Mittagspausen und arbeitnehmerfeindlichen Arbeitszeiten** ihrer Anwälte sowie mit deren gruseligen **Telefonanrufbeantwortertexten,** postalisch versandten Anträgen und langwierigen Anspruchsschreiben herumschlagen, erwarten ihn und andere Mandanten dieses Büros ein **ganz besonderer Service**, wie folgendes Beispiel zeigt:

---

i **Best Practice**

„Wir geben das, was die Mandanten brauchen und nicht das, was hier zufällig übrig ist. Dabei führen wir die Mandanten streng, effizient und ausschließlich nach unseren Regeln. Unsere Flexibilität ist Ergebnis einer jahrelang voran getriebenen, totalen Vernetzung in alle Bereiche der Gesellschaft. Wir sind umgeben von Problemlösern jeglicher Couleur. „Gestern Crash, heute cash“ ist unser Leitspruch bei Verkehrsunfällen. Unser roter Anhänger mit dieser Aufschrift steht vor der Automeile in Düsseldorf. Wir verstehen den Spruch wörtlich: Der Reparaturkostenvorschuss wird von uns selbst seit 18 Jahren direkt nach dem Auftrag des Mandanten in einer kleinen, hoch spezialisierten und qualitativ über jeden Zweifel erhabenen Reparaturwerkstatt eingezahlt. Die Reparaturkosten dort liegen erheblich unter denen der Vertragswerkstätten und erheblich unterhalb der errechneten Sätze aller Gutachten. Unsere Mandanten sparen durch unverschuldete Unfälle immer Geld!

Besonders Vertriebsleute brauchen ihr Auto sofort. Auf Wunsch bekommen sie nicht nur um sechs Uhr am Tag nach dem Unfall den ersten Besprechungstermin, sondern auch während dessen eine Telefonleitung zum Kfz-Sachverständigen, der bereits um sieben Uhr einen Mietwagen mitbringt, den er wiederum durch Mobiltelefon mit immer derselben Autovermietung in zwei Minuten anmietet. Der Reparaturtermin beginnt um acht Uhr und endet fünf Stunden später. Der Kunde kann alle Termine wie geplant wahrnehmen.

Bei Hausbesuchen erweitern wir Mandate in Mietsachen: Ursprüngliche Beschwerden über Mieterhöhungen ziehen oft Hausbesuche in der Wohnung des Mandanten durch einen unserer Mitarbeiter nach sich. Durch sein Lasermessgerät stellt er fest: Die Wohnung ist kleiner als im Mietvertrag behauptet. Wir fordern für die gesamte Mietzeit die entsprechende Miete zurück.

Unsere Mitarbeiter begleiten auf Wunsch Eltern zum Jugendamt, Ausländer zur Ausländerbehörde und mich bei jedem Mandantengespräch. Stellt sich heraus, dass der Mandant kompliziert ist

---

3 Auf Facebook mit folgender Ankündigung: *„Sie treffen auf einen hemdsärmligen tatkräftigen und schlagfertigen und beileibe nicht arbeitsscheuen Vollblutanwalt aus Leidenschaft mit Humor, der Ihnen rundheraus und ungeschönt die Wahrheit über Ihren Fall und seine Aussichten sagt.... In den allermeisten Fällen diktiert er seinen Schriftsatz in Ihrem Beisein ab und Sie freuen sich, dass endlich jemand genau Ihre Position richtig und prägnant darstellt. Bereits am Folgetag finden Sie die Abschrift in Ihrem E-Mail-Account. Mandatsanfrage/Vorgespräch sind immer kostenlos: Fragen kostet nix!!!“*

und rechtlich irrelevante Dinge erzählen möchte, dient ihm mein persönlicher Assistent, ein ausgebildeter Sozialpädagoge, als Stütze und ‚seelischer Mülleimer'.

Wenn ich dazu komme, schildert er mir in vier Minuten den Fall. Er empfängt gegnerische Gutachter im Haus der Mandanten, wo er protokolliert, Fachfragen stellt und zur Not später als Zeuge fungiert. Der Mandant hat immer den Eindruck, den ‚langen Arm' seines Anwalts bei sich zu haben.

Eine ehemalige Staatsanwältin leitet mein Büro. Sie telefoniert mit Richtern und Gegnern auf Augenhöhe und erledigt viele rechtliche Fragen sowie über 90 % aller organisatorischen Anfragen.

Ich vergebe auf Wunsch Abendtermine, oft auch zum Abendessen. Pauschalpreise benenne ich dafür vorab, und der Mandant kann ganz in Ruhe seinen Fall vorstellen.

Sehr gern lade ich bei Scheidungen den Gegner ebenfalls zum Abendessen oder in ein Café ein. Eine schnelle und finanzamtsoptimierte Einigung spart Geld und Energie und schützt das Kindeswohl. Besonders überzeugend wirkt offensichtlich mein Satz: ‚Jetzt haben wir beide es ja zwei Jahre lang miteinander zu tun. Da sollten wir uns vielleicht kennen lernen und überlegen, wie wir das am besten mit dem Finanzamt regeln?'“

Rechtsanwalt Martin Lauppe-Assmann, 40233 Düsseldorf, Tel.: 0211-6999050-0, Mobil: 0171-5115851, www.lauppe-assmann.de

II. Das Konzept „Schneller-Sein“

Die reine **Geschwindigkeit** und die **sofortige Erreichbarkeit** können über **Mandate entscheiden**. Das gilt in besonderem Maße, wenn die Mandanten selber immobil sind. **Strafverteidiger** berichten von der Erleichterung **inhaftierter Mandanten** über den sofortigen Anwaltsbesuch. Manche Strafverteidiger schließen weit über **50 % ihrer Mandatsverträge** im **Gefängnis** ab. In manchen **Wirtschaftsstrafsachen** reist weder der Mandant zum Anwalt noch der Anwalt zum Mandanten; dort wird gemeinsam ein **neutraler Ort** ge- und besucht, um Details zu klären.

Besuche bei **Stadtfesten**, bei **Weihnachtsfeiern** der Firma des Nachbarn und unverlangte Anrufe beim **Kindergarten** der eigenen Tochter, nachdem Lärmbeschwerden der Nachbarn bekannt wurden, haben schon zu **langfristigen Mandantenbeziehungen** geführt. Besonders als **„Retter in der Not“** sehen Mandanten ihre Anwälte gern. Lesen Sie selbst:

i

Best Practice

Der Mandant ruft wegen eines Verkehrsunfalls an. Meine Assistentin bietet einen sofortigen Termin an, den der Anrufer ablehnt, weil er im Krankenhaus liegt. Sie ist angewiesen, in diesem Fall dort für denselben Tag einen Lokaltermin zu vereinbaren. Ich nutze die Mittagspause, um in die 50 km entfernte Stadt zu fahren und erfahre, dass der Mandant bereits drei Anwaltskanzleien seiner Stadt angerufen hatte. Alle drei hatten ihm einen Termin nach seiner Entlassung angeboten und „Gute Besserung“ gewünscht. Das Ursprungsverfahren brachte uns nicht nur € 2.500 Honorar ein sondern auch drei weitere Mandate aus der benachbarten Stadt mit einem Gesamtvolumen von € 6.500 sowie das – vermutlich unbezahlbare – Image, immer sofort zur Stelle zu sein.

Rechtsanwalt Rudolph, Minden, Tel.: 0571-85314

III. Das Konzept „Strategie"

Patentanwälte arbeiten seit Jahren mit dem Mittel der **„geografischen Flexibilität".** Viele Akquisegespräche finden auf **Kongressen** und im **Unternehmen des Mandanten** statt. Was beim Steuerberater längst zum Alltag gehört und beim Hausarzt ebenfalls wieder in Mode kommt, kann auch beim Rechtsanwalt nicht verkehrt sein.

Wenn Sie ohnehin viel reisen, überlegen Sie, welche Mandanten Sie **unterwegs besuchen** können. Geografische Flexibilität **stärkt auch bestehende Kundenbindungen** und ist eine **Methode des „Cross-Selling".**[4] **Besuche beim Mandanten** bewirken immer den Eindruck von **Servicebereitschaft** und besonderer **Fürsorge.**

Das gilt auch in der eigenen Stadt: Sich selbst auf den Weg zu machen, um mit **möglichen Gegnern** zu sprechen, **bevor diese** von einem **Rechtsstreit überhaupt etwas erfahren**, erweist sich als vorausschauend und **Ressourcen schonend** – auch für die Mandanten – wie Sie an diesem Beispiel sehen:

---

i

Best Practice

Die Mandantin verlangt die Herausgabe ihrer beiden Lederjacken von ihrer Reinigung, an die sie vorab bereits € 155,– bezahlt hat. Die Reinigung findet bei der Abholung die Jacken nicht. Statt ein Anspruchsschreiben aufzusetzen, begibt sich ihre Anwältin, selbst zu dieser Reinigung in einem ganz anderen Stadtteil Bremens und gibt eigene Kleider zur Reinigung ab. Sie „gerät ins Plaudern" und erfährt etwas über den kürzlichen Inhaberwechsel und über die kürzliche Auslagerung der Lederreinigung an eine andere Spezial-Leder-Reinigung. Die Anwältin klärt daraufhin ihre Identität und ermutigt den neuen Inhaber, nochmals zu suchen. Sie lässt ihre Visitenkarte da. Der neue Inhaber findet nach zwei Wochen die ungereinigten und unversehrten Jacken und entscheidet sich, die Reinigung „erneut" durchzuführen und die Anwaltskosten zu zahlen.

Die Mandantin ist selbstständige Friseurin, neu in der Stadt und überträgt innerhalb von zwei Jahren zwei Folgemandate im gewerblichen Mietrecht mit einem Gegenstandswert von je € 36.000 sowie ein erbrechtliches Mandat mit € 80.000 Gegenstandswert an die Anwältin.

Nicole Mertgen, Partnerin bei Dr. Fuchs, Schönigt und Partner, Bremen, Tel 0421-1655293

IV. Das Konzept „Sturheit"

Das Ziel ist unbeweglich, die Methoden flexibel – und nicht umgekehrt! **„Fest dran glauben und flexibel dran bleiben"** – dieser Glaubenssatz machte aus der ersten angestellten Position einer Rechtsanwältin eine Erfolgsgeschichte. Sie beschreibt, wie ihr **Glaube an ihr eigenes Ziel** und ein gewisser – mit ihrer **Persönlichkeit untrennbar verbundener** – „Biss" zu einem veritablen **„Sprungbrett"**[5] wurde. Die Geschichte handelt von „befristeten Verträgen und unbefristetem Vertrauen" und beschreibt, wie aus „Dranbleiben" eine **Lebensphilosophie** wird:

---

4 Vgl. das Kapitel „Cross Selling".

5 Mehr zu „Sprungbrettmandaten" im Kapitel „Reputation".

Best Practice

i

„Alles begann mit einer Feuerwehrstelle bei einer großen Versicherung. Durch meine Zuverlässigkeit, durch mein intensives Nachfragen (Meine Chefs wichen mir schon aus, weil ich auf sie zuverlässig kompliziert wirkte!) und besonders durch mein Nachfassen beim Gegner half ich im Alter von 32 Jahren beim detaillierten Aufbereiten eines seit fünf Jahren anhängigen Falles. Keiner traute sich richtig ran. Er war im Giftschrank versteckt, als ich begann. Sein Gegenstandswert betrug über eine Million Euro, und ich machte mich in nächtelanger Detailarbeit daran, Risiken und Chancen aufzudröseln. Wir haben uns schließlich verglichen.

Mein befristeter Vertrag, dieser großer Vergleich und meine unverhohlene Ehrlichkeit in Bezug auf Defizite in der Organisation der Abteilung waren offenbar meine Pluspunkte! Ich durchbrach jahrelange Regeln der Versicherung, indem diese nicht „Listenanwälte“ beauftragte sondern mich. Ich erhielt dadurch die Chance, nun als Externe mit eigener Kanzlei, mich mit großen renommierten und bundesweit agierenden Kanzleien zu messen.

Auch für mich war diese Zeit eine Lehrstunde! Noch heute halte ich den telefonischen Kontakt zu meinen Mandanten in mindestens monatlichen Abständen. Unsere Bürotechnik ist inzwischen unserem Bedarf angepasst – nicht umgekehrt wie früher!

Ich garantiere trotz eines aus Kostengründen nicht immer besetzten Sekretariats einen Rückruf innerhalb von max. 24 Stunden und schaffe den meistens noch am selben Tag. Ich rufe persönlich zurück und erfreue meine Kunden durch meine Durchsetzungsfreude und meine Herzlichkeit. Diese Kombination ist mein wichtigstes Erfolgsrezept!

Allein im Jahr 2011 hatte ich allein aus dem Umfeld dieser Versicherung zehn neue Mandanten, die auf mich durch Empfehlung aufmerksam wurden. Honorarvolumen dieser zehn neuen Mandate ca. € 8.000,00.

Ich mache regelmäßig Abschlussbesprechungen, bei denen ich die Rechnung überreiche und taste mich an weiteren Bedarf meiner Mandanten heran. Oft kommen dabei weitere Mandate heraus.“

Rechtsanwältin Claudia Peine, Hannover, Tel.: 0511-70033515

V. Das Konzept „Eigeninitiative“

Wer schon einmal an einem See gestanden und einen Stein hinein geworfen hat, versteht das Bild als Symbol für eine **kongruente, gleichmäßige Akquisetätigkeit**! Von innen nach außen werden die Kreise immer größer. Was „seine Kreise zieht“ ist **ungestört, beruhigend, unbegrenzt – und vor allem selbsttätig ausgelöst**. An dieses Bild erinnert die folgende Geschichte:

Best Practice

i

„Im Jahre 2000 wurde ich in die berühmte Focus Große Anwaltsliste II mit dem Fach Sozialrecht aufgenommen. Durch diese Liste und zahlreiche gewonnene Prozesse wurden Kreissozialämter und Jobcenter auf meine Leistungen aufmerksam. Für sie fertigte ich Widerspruchsbescheide und begann, zukünftige Mitarbeiter von Jobcentern auszubilden.

Diese Sozialberater sprechen – gegen einen anrechnungsfreien Betrag von € 100,– monatlich – mit meinen Mandanten und potenziellen Mandanten über ihre Sorgen und Nöte. Sie nehmen die Unterlagen entgegen und sorgen dafür, dass Beratungshilfe und Prozesskostenhilfeunterlagen stimmen. Dieser Service ist kostenlos. Die Sozialberater werden von mir wöchentlich rechtlich geschult. Bei dieser Gelegenheit werden gleich die Vorträge für Selbsthilfegruppe und ähnliche Einrichtungen entwickelt.

Für meinen Blog „sozialrechtsexperte“ gewann ich einen Frührentner, der täglich neue Entscheidungen einstellt und kommentiert. Außerdem verbreitet er den Inhalt des Blogs in Foren für Harz IV-Betroffene, z. B. Tacheles, Elo forum, Sozialticker usw. Ich habe jetzt ca. 1.000 Leser pro Tag (Besucherzahlen sind im Blog registriert) und konnte die Zahl meiner neuen Mandate seit Juni 2010 mehr als verdoppeln.

Rückblickend wurde mein Erfolg am Markt möglich durch eine
- extreme Spezialisierung,
- erfolgreiche Werbung, die den Zielmandanten „abholt“,
- „gut geschmierte“ Kanzleiorganisation für die Abwicklung des Massengeschäfts,
- gute anwaltliche Leistung (m.E. in diesem Fall tatsächlich erst an vierter Stelle).

Ludwig Zimmermann, Fachanwalt für Sozial- und Arbeitsrecht Potsdam, Tel.: 0331-2709271, www.sozialrechtsexperte.blogspot.com

VI. Das Konzept „Spontaneität“

Die schnellen Entschlüsse sind ja oft die Besten. Nicht alles ist durchdacht. Manchmal geht was schief. Der Weg ist lang, manchmal beschwerlich. Die Aktion ist für andere **nicht unbedingt verständlich**. Für einen selbst manchmal auch nicht. Und doch, fast scheint es, als hätten gerade die **spontanen Entscheidungen ein unsichtbares Band zum Gehirn**, zur **Seele des Entscheiders**. Ein Anwalt berichtet von den jahrelangen, segensreichen Folgen jenes „kleinen Augenblicks“:

Best Practice

Meine Kanzlei ist in „Suburbia“; die Kinder meiner Mandanten heißen oft Kevin, Danny und Dustin. In sozialen Brennpunkten ist eine nachhaltige Akquise wichtig. Alle kurzfristigen Erfolge kann man sich abschminken. Wirtschaftlich schwache Mandanten haben Angst vor Anwälten und sind sich unsicher, ob sie überhaupt erwünscht sind. Ein Vertrauensverhältnis zu ihnen aufzubauen, kann Jahre dauern.

Ich habe aus dem Stand durch selbst entworfene Plakate („Schnelle Hilfe bei Hartz IV“ und „Kündigung – was nun?“) am Fenster meiner Kanzlei den Laden zum Laufen gekriegt und etwas später gemerkt, dass Hartz IV-Mandanten Super-Multiplikatoren sind. Sie
- entfalten die meiste Dynamik in Sachen Mundpropaganda, auch zuverlässig für andere Rechtsgebiete. Familienangehörige, Nachbarn und Freunde erfahren schnell über „den Anwalt“;
- haben häufig wirtschaftlich potente Verwandte, die sich sehr erkenntlich zeigen, wenn man die „Sorgenkinder“ erfolgreich vertritt;
- bergen auch ein ziemliches Potenzial im Erbrecht (z. B. als geprellter Pflichtteilsberechtigter).

Dann habe ich Flyer verteilt in Lokalen, durch die viele Mandanten anfangs aufmerksam wurden. Ich habe viel Laufkundschaft, vielleicht 40 %, und inzwischen sind 80 % meiner Mandanten Hartz IV-Empfänger. Ich bin nicht mehr so streng mit Terminen wie früher. Ein Termin ist für einige meiner Mandanten offensichtlich bereits ein Hinderungsgrund zu erscheinen. Ich habe stattdessen meine Wartezimmer-Situation optimiert: Meine Mandanten lesen dort in Laiensprache abgefasste Urteile und Gesetzes-Neuregelungen. Sie können schon einen Fragebogen ausfüllen und den Kuli mitnehmen.

Ich trinke mit meinen Mandanten auch hin und wieder mal so einen Kaffee im Büro, höre was die so erzählen und finde die meisten nett. Das ist für mich eine wichtige Geschäftsgrundlage.

Ich habe wenig Mitbewerber: Sozialrecht ist rechtlich komplex, arbeitsintensiv, haftungsträchtig und gilt als nicht lukrativ. Den letzten Punkt kann ich bestreiten. Ich verdiene bis zu € 1.000 pro

Mandat, durch die Kombination von Prozesskostenhilfe, streitwertunabhängigen Rahmengebühren und Kostenerstattung beim Gegner. Die Verfahrensgebühr erhöht sich dann noch mal um 30 %.

Über die Kosten zu sprechen, erschreckt meine Mandanten. Ich brauche viel Fingerspitzengefühl.

Michel Lensmann, Rechtsanwalt mit Tätigkeitsschwerpunkt Sozialrecht, Recklinghausen, Tel.: 02361-6581952

VII. Das Konzept „Intuition“

Mandanten möchten **starke Anwälte**. Anwälte tun Alles, um diesen **Erwartungen gerecht zu werden**. Was jedoch geschehen kann, wenn Mandanten Stärke ausgerechnet in einem Rechtsgebiet benötigen, das **nicht zum eigenen Spezialgebiet** gehört, das erklärt die folgende Geschichte doppelt. Sie ist nicht nur ein Beweis für eine **großartige Intuition** (die ja im landläufigen Sinne „Wissen ersetzen“ kann), sondern ein Lehrbuch-Beispiel dafür, wie eine eher „zufällige“ Begegnung den Griff zu **unüblichen Verhandlungsmethoden** sinnvoll machen kann. Wie ausgerechnet durch eine **kleine Drohung** ein **mittleres Geschäft** und eine **große Reputation** entstehen können, das zeigt der folgende Bericht:

Best Practice

„Meiner 86-jährigen Mandantin waren Anlagefonds mit einer Laufzeit von 16 Jahren(!) und einem Anlagewert von rund € 100.000 verkauft worden. Erst ihr Neffe hatte sie danach über diese fragwürdige Anlage aufgeklärt. Obwohl die Widerrufsfrist bei Mandatsannahme verstrichen war, nahm ich das Mandat an. Meine Erfahrung im Bank- und Anlagerecht war damals zwar begrenzt, aber einer Dame in dem fortgeschrittenen Alter einen Anlagenfonds mit derart langer Laufzeit zu verkaufen, „stank zum Himmel“. Ich vereinbarte für den Erstkontakt mit der Bank eine Pauschale von € 250,– mit der Mandantin.

Ich stieg in das Telefonat mit der Bank ein: „Ich könne nicht nachvollziehen, wie Sie in diesem Fall unseriösen Geschäftsgebarens Gefahr laufen wollten, dass die Geschädigte sich an die Presse wendet“ und wurde danach direkt zur Geschäftsführung durchgestellt, die sich für dieses „Versehen“ relativ schnell entschuldigte. Das Signal für die Rückabwicklung des Kaufs kam vereinbarungsgemäß telefonisch vier Tage später von der Bank, die auch die Anwaltskosten in Höhe von € 1.500 zahlte. Das Protokoll der Rückabwicklung blieb der einzige Schriftwechsel in diesem Fall.

Die betagte Dame beauftragte mich bereits in der Woche darauf mit der Regelung ihres Erbes. Meine Mandantin wohnt in einem Pflegeheim und organisierte dort einen Tischvortrag mit mir. Ich wählte dafür den Titel „Betagt und gewagt? Rechtsfragen in höherem Alter“ und hielt vor 30 Bewohnern eine Frage-und-Antwort-Präsentation im Speisesaal am Tisch. Zehn Fragen hatte ich als Stichwortliste für jeden Zuhörer kopiert. Hieraus entstanden weitere Mandate“.

Rechtanwältin Nicole Mertgen, Partnerin bei Dr. Fuchs, Schönigt und Partner, Bremen, Tel 0421-1655293

VIII. Das Konzept „Inspiration“

Kreative Köpfe **nutzen den Augenblick.** Ein paar Tage dreht sich eine **plötzliche Idee** vielleicht – „wie ein Mühlrad bei mir im Kopf herum“,[6] doch dann nimmt sie „Gestalt“ an und „der Pudels Kern“ tritt hervor. In der folgenden Geschichte beschreibt ein Anwalt, wie er als **„lachender Dritter“** langfristiger **Profiteur eines Streits** zwischen anderen wurde. **Tun, was man wirklich kann und wirklich können, was man tut,** erweist sich als **Erfolgskomponente** und als **lebenslanger Luxus**, wie diese Geschichte andeutet:

Best Practice

„Räuber! Verbrecher! Gauner!“ So beschimpften sich gegenseitig lautstark Steuerberater und Betriebsprüfer in einer Verhandlung – und brachten mich auf eine Idee:

Sobald Steuerschulden eines Unternehmens bei Tilgung der Gesamtsumme die Existenz des Unternehmens gefährden, steht viel mehr auf dem Spiel als nur diese Summe, das ganze Unternehmen steht zur Disposition – mit seinen Arbeitsplätzen, seinem Image und mit all den Gründerideen dahinter.

Mein Mandant, Betreiber zweier Großrestaurants war durch eine Betriebsprüfung ins Visier des Finanzamtes geraten. Auf der Grundlage eines in der Restaurantbranche üblichen Schätzwertes forderte das Finanzamt eine Nachzahlung in Höhe von € 350.000 bei einem durchschnittlichen Bruttojahresumsatz von € 650.000. Die Insolvenz stand im Raum.

Mein Mandant wusste sofort, dass ich vom Steuerrecht keinerlei Ahnung habe. Vom Umgang mit Behörden dagegen umso mehr (Baubehörde, Finanzamt, Ausländeramt, Wirtschaftskontrolldienst, usw.)

So entstand der Vorschlag, das Mandat als „Vermittler“ zwischen Steuerberater und Finanzamt einzusetzen und alle Vorgänge über meine Kanzlei abwickeln zu lassen.

Ziel war die außergerichtliche Einigung verbunden mit einer drastischen Reduktion der Steuerschuld. Im ersten meiner inzwischen vier Fälle in diesem Bereich (ein fünfter ist gerade im Anmarsch!) gelang eine Schuldenreduktion um 70 %!

Ich kann drei Tipps verallgemeinern:

- Immer mit einer Frage – nie mit einer Forderung (!) – in eine Behörde gehen.
- Die Stellschrauben der Steuerschätzung kennen und aushebeln (im meinem ersten Fall gelang das über den Nachweis höherer Produktionskosten).
- Nichtwissen immer sofort bekennen – und an Wissende delegieren! (in meinem Fall: Steuerfachmann hinzuziehen!).

Ich habe das Hauptmandat im ersten Fall mit ca. € 7000 abgerechnet. Der Honorarumsatz in diesen Mandaten bewegt sich zwischen € 3.500 bis € 8.000. Ein Erfolgshonorar ist möglich, hängt aber von der Finanzkraft und dem Charakter des Mandanten ab. Aufgrund der Honorarvereinbarung nach Stundensatz rechnet sich aber jedes Mandat.

Rechtsanwalt Volker Stöckmann, Stuttgart, Tel.: 0711-7457700

---

6 Goethe, Faust I.

i

Erfolgstipps

- Seien Sie **Querdenker**! Tun Sie etwas, was Sie noch nie taten – und **andere erst recht nicht**.
- Begutachten Sie alles **aus der Sicht des Mandanten**. Was braucht er? Das macht flexibel.
- Machen Sie aus der Not mehrere Tugenden, aus **Müssen Wollen** und aus **Wünschen Ziele!**
- Halten Sie durch! **Verändern Sie nicht das Ziel, sondern die Methoden**, die dorthin führen.
- Erwirtschaften Sie sich **Reputation** durch **viele kleine Schritte** – statt durch einen spektakulären.

Gerichtliche Auftritte – Akquise im Gerichtssaal

100 % indirekte Akquise

Wie bei allen **Machtspielen** sind auch im Gerichtssaal manche **Hauptrollen verdeckt**, andere treten offen hervor. Richter sind **Zeremonienmeister** und halten prozessuale **Zügel**. Sie spielen unbestritten die **formellen Hauptrollen. Ihr Drama ist**, sie haben das dafür **notwendige Instrumentarium** nicht gelernt.[1] Sie verzögern manchen **Prozessverlauf** – ohne dies zu beabsichtigen – durch ein zu **autoritäres** oder zu **nachgiebiges Regime** und wirken dadurch unsicher **den Anwälten** gegenüber.

Anwälte haben ihrerseits **kommunikationstaktische Komponenten** ihrer Gerichtsauftritte nicht gelernt. Sie präsentieren daher **Inhalte, Argumente** und **Positionen** häufig nicht optimal.

Vielleicht haben deshalb Gerichtsveranstaltungen nicht nur aus Sicht von Laien den Charakter von **Showveranstaltungen** – die letzte Bühne, auf der **Juristen öffentlich streiten.**

Akquise im Gerichtssaal gelingt auf vielerlei Arten. Ihr **eigener Mandant berichtet** von Ihrem Engagement, Ihr **gegnerischer Mandant** beauftragt Sie mit dem nächsten Mandat, der **gegnerische Kollege** überträgt Ihnen ein **Korrespondenz- oder Kollisionsmandat, Journalisten berichten** über Sie, das **Publikum erlebt Sie**, und auch manche **Ihrer Zeugen** behalten Sie im Gedächtnis. Vor und nach gerichtlichen Verhandlungen können **Presseagenturen** informiert, Nachrichten auf **Facebook gepostet** und **Pressekonferenzen** abgehalten werden. **Gerichtsreporter** warten stets auf Futter und sind längst nicht nur an **Mord und Totschlag** interessiert.

Dieses Kapitel wird in drei Abschnitten aufzeigen, wie Sie „Ihre Bühne" für die indirekte Akquise nutzen können:

I. Wodurch Sie Richter überzeugen
II. Einige taktische Tipps[2] zur Zeugenvernehmung
III. Einige rhetorische Tipps[3] zur Zeugenvernehmung

---

1 Die Autorin trainiert Richter aller Gerichtsbarkeiten in Sachen „Kommunikation im Gerichtssaal" seit dem Jahr 1995.

2 Das Thema ist so komplex, dass im Rahmen dieses Buchs nur wenige Tipps zur Geltung kommen. Ausgewählt sind solche, die nachgewiesenermaßen Gegner, Öffentlichkeit und Richter beeindrucken.

3 Das Thema ist so komplex, dass im Rahmen dieses Buchs nur wenige Tipps zur Geltung kommen. Ausgewählt sind solche, die nachgewiesenermaßen Gegner, Öffentlichkeit und Richter beeindrucken.

I. Wodurch Sie Richter überzeugen

Anwälte verlieren **Zeit**, **Energie** und manchmal sogar **Erfolgsaussichten**, wenn sie **unnötige Auseinandersetzungen** mit den **Inhabern von Territorien** wählen.

Richter gehören zu den **territorialen Verhandlern**. Damit stehen sie – verhandlungspsychologisch gesehen – auf einer Stufe mit Türstehern, Kellnern, Parkplatzwächtern, Sekretärinnen und Polizisten, also mit allen anderen **Inhabern von Territorien**. Wer in solchen Territorien **gewinnen** oder sogar **siegen** will, muss die **Territorien würdigen**!

Inhaber von Territorien **verteidigen ihr Territorium** mit Zähnen und Klauen, sobald **ihre Macht angezweifelt wird.** Der Kellner **muss** sich wehren, wenn Sie **ungefragt** drei Tische in „seinem" Restaurant zusammen schieben, damit Ihre Gruppe zusammen sitzt. Der Polizist **kann immer** ein Ticket für nachgewiesenes Falschparken ausstellen. Wenn Sie seine Macht anzweifeln, das zu tun, **muss** er das sogar tun. Das **ruppige Eindringen** in **fremdes Territorium** ist überall ein Garant für **Schwierigkeiten**, die Sie durch **Diplomatie** verringern oder sogar vermeiden können. Ein Richter **muss Gegenmaßnahmen ergreifen**, sobald er seine **Entscheidungsfreiheiten** in seinem Gerichtssaal eingeschränkt sieht. Wenn Sie vom Richter hören „**Ich** führe hier die Verhandlung" haben Sie **längst ein großes Problem.**

Richter empfinden es nach eigenen Aussagen[4] – hier **wörtlich protokolliert** – als übergriffig, wenn Anwälte

- **Vorschriften** machen, was ins Protokoll soll.
- durch fehlende **Verhandlungsdisziplin** nicht stringent vortragen.
- versuchen, die **Verhandlungsführung** an sich zu reißen.
- Form und Technik richtiger **Zeugenbefragung** nicht beherrschen.
- versuchen, dem Zeugen **Antworten unterzuschieben.**
- **Sachverständigengutachten** nicht gegen sich gelten lassen.
- nicht ernsthaft an einem **Vergleich** mitwirken.
- **unvorbereitet** in die Sitzung kommen und sagen, sie seien nicht Sachbearbeiter.
- versuchen, **jüngere Kollegen/-innen** in die Pfanne zu hauen.
- die Verhandlungsatmosphäre durch **pöbelhaftes und aggressives Verhalten** vergiften.

Der Richter muss also stets die **Gewissheit** haben, dass er **sein Territorium beherrscht**. Diese Grundregel ist **unabhängig** von allen Inhalten, Rechtsgebieten, Persönlichkeiten, Uhrzeiten und Geschlecht, sogar häufig von den Rechtsaussichten.[5]

---

4 Aufzeichnungen aus der Veranstaltung „Richter und Rechtsanwälte sind auch nur Menschen" vom „Kommunikationsverein Hamburger Juristen; Gegenseitige Erwartungen, Vorurteile und Verfehlungen von Anwälten und Richtern wurden in einem Protokoll festgehalten und liegen der Autorin vor.

5 Manche Anwälte entscheiden sich bewusst (und erfolgreich!) für eine „Nebelkerzenschlacht", wählen also Streit auf einem Nebengleis, wenn in der Hauptsache die Erfolgsaussichten zu schwach sind.

Alles beginnt mit dem **Gerichts-Knigge**: **Pünktlich** zu sein, **aufzustehen**, wenn ein Richter den Saal betritt, eine **Krawatte** und eine **Robe** zu tragen, ihn **nicht zu unterbrechen** oder zu beleidigen, ihn durch **Fragen zu führen**, wenn er Ihre **Fragerechte zu beschneiden** versucht, sich von ihm **höflich** zu verabschieden, seine Beisitzer mit demselben **Respekt** zu begrüßen, die **Zeugen** mit **korrektem Namen** und den Richter selbst mit seiner **Funktion** („Herr Vorsitzender") anzureden, das sind Standards des **Gerichts-Knigge** und Voraussetzungen für den **eleganten Durchmarsch** in gerichtlichen Verhandlungen.

Auch der entspannte **Umgang mit Gegnern** kann zu einer **nachhaltigen Öffentlichkeitswirkung** führen, wie dieses Beispiel zeigt:

Best Practice

Prozesse darf der Gegner gern verlieren, das Gesicht jedoch nie! Oft sind ja unsere Gegner im Gericht unsere besten Lehrer. Ich erfuhr als draufgängerischer Berufsanfänger eine beeindruckende Lektion von einem äußerst gewieften und erfolgreichen Kölner Gegenanwalt. Dieser hatte mich erheblich auf dem Kieker, weil ich mich seinerzeit mit unlauteren und wilden Drohungen für meinen Mandanten eingesetzt hatte. Der erfahrenere Kollege war fern davon, mir empört die Krallen zu zeigen, sondern erklärte mir in einem bewundernswert sachlichen und dabei sehr persönlichen Schreiben, welche Grenzen ich da derart übel verletzt hatte. Er bezog sich nicht nur auf den berufsrechtlichen, sondern besonders auch auf den menschlich-taktischen Bereich. Der Kollege hatte leider völlig Recht, ich hingegen hatte mich schlimm vergaloppiert. Jenem Kollegen war ich nicht nur allgemein dankbar für seine kollegiale Haltung und wahrlich angebrachte dezente Belehrung. Vor allem hatte er die Interessen seiner Mandantschaft so perfekt gewahrt, dass ich ihm in den Folgejahren einige höchst einträgliche Kölner Mandate vermittelt habe.

Mein Fazit: Prozesse darf der Gegner verlieren, das Gesicht jedoch nie! Dieses asiatische Prinzip sollte sich in unserem Kultur- und Rechtskreis herumsprechen. Ich selbst jedenfalls bin mit dem Beherzigen des damals Gelernten gut gefahren – und dennoch Draufgänger geblieben, allerdings einer mit Augenmaß.

Rechtsanwalt Stefan P. L. Romansky, Bonn, Tel.: 0228-42969666

II. Einige taktische Tipps zur Zeugenvernehmung

Frage- und Vernehmungstechniken vor Gericht – das ist auch heute noch ein **vernachlässigtes Thema** in der Aus- und Fortbildung von Juristen. Dabei stellt sich der Erfolg einer Befragung keinesfalls nur durch **lückenlose Aktenkenntnis** und die **Kenntnis anwaltlicher Rechte** ein. Grundlagen der Gesprächsführung[6] und die „aufgestellten Antennen" einer **trainierten Wahrnehmung** sorgen auch im Gerichts-

6 Vgl. als rhetorische Grundlage für Zeugenvernehmungen das Kapitel „Durchsetzung". Alle dort genannten Tipps erleichtern die taktische Segmentierung der Informationsgewinnung sowie die Herstellung von „Chemie" zum Zeugen.

saal für **besseren Kontakt** zwischen den Gesprächspartnern und für die **taktische Segmentierung notwendiger Informationen.**

Die Begegnung zwischen Zeugen und den anderen Prozessbeteiligten in einer Verhandlung ist von einer **alltäglichen Kommunikationssituation weit entfernt**: Wahrheitspflicht, ungewohnte **Öffentlichkeit,** ein **hierarchisiertes Umfeld**, die plötzliche **Wichtigkeit der eigenen Worte** und die für den Zeugen **undurchsichtigen Strukturen** (Justizsprache, Zeugenbelehrung, Protokollierung, festgelegte Reihenfolge der Vernehmung, Vereidigung, Gutachter, Staatsanwaltschaft etc.) sind für ihn in aller Regel **Stress auslösend**.

Unter diesen Umständen von ihm verwertbare – und vor allem die gewünschten – Aussagen zu erfragen, erfordert **Sensibilität** und eine **geschickte, ausgefeilte Fragetechnik**.

1. Einleitung in Ihren Teil der Zeugenvernehmung

Sie befragen den Zeugen nach dem Richter als zweiter oder als Dritter, abhängig davon, wer ihn benannt hat, im Strafrecht als Dritter nach dem Staatsanwalt. Beziehen Sie bei der Einleitung den Richter mit ein. Er ist ein **territorialer Verhandler** und benötigt den Beweis, im **Gerichtssaal der Chef** zu sein. Bewährt hat sich die **folgende Formulierung,** durch die der Richter Sie **selten unterbrechen** wird:

„*Herr Bertram* (Zeugen mit Nachnamen anreden), *der Herr Vorsitzende* (Richter mit Funktion anreden) *hat Sie ja vorhin nach den Vorkommnissen an diesem 13. November gefragt. Ich habe* ***alle Ihre Antworten verstanden*** *und mir noch ein paar* ***zusätzliche Fragen*** *notiert, die ich nun gern stellen möchte.*“

Durch diese Formulierung weiß der Richter, dass

- Sie sehr gut **vorbereitet** sind,
- Sie seine Fragen **nicht wiederholen** werden und
- seine Fragen aus Ihrer Sicht bereits **Ziel führend** und **gut vorbereitet** waren (Lob).

Der Zeuge weiß, dass er sich **klar ausgedrückt** hat (Lob) und fühlt sich durch die **namentliche Anrede** ernst genommen.

2. Die Vorschriften des § 396 Abs. 1 ZPO

Der Richter begeht einen **Rechtsfehler**, wenn er seine Vernehmung **durch eine geschlossene Frage einleitet.**[7] **§ 396 Abs. 1 ZPO (entspricht § 69 Abs. 1 StPO) zwingt ihn, zunächst nach einer allgemeinen Sachverhaltsschilderung** zu

7 § 396,1 ZPO: „Der Zeuge ist zu veranlassen, dasjenige, was ihm von dem Gegenstand seiner Vernehmung bekannt ist, **im Zusammenhang** anzugeben.“ Vgl. Tipps zur Indikation der geschlossenen Frage im Kapitel „Durchsetzung“.

fragen: „Wie war das an dem Tag?“ oder: „Erzählen Sie mal…“. Sollte er dagegen einleiten durch ein **Verb oder Hilfsverb** („Haben Sie an dem Nachmittag gehört, dass ein Vertrag geschlossen wurde?“), sollten Sie aus zwei Gründen **sofort einschreiten**:

- der Zeuge könnte ein für Ihren Mandanten bedrohliches **„Beton-Nein“** oder **„Beton-Ja“** im **Kernbereich** des Falles produzieren, das Sie **fragetechnisch nicht mehr auflösen können;**
- der Richter **verstößt gegen § 396 Abs. 1 ZPO.**

Eine vielfach erfolgreich erprobte Vorgehensweise ist in diesem Moment das **sofortige Handzeichen** und – vor der Zeugenantwort – der **Zwischenruf**:

„Herr Vorsitzender, ich will Sie nicht stören oder gar in Rechtsdebatten eintreten, sondern nur fragen, wie wir es hier handhaben mit § 396 Abs. 1 ZPO, der ja vorschreibt, mit einer allgemeinen Sachverhaltsschilderung einzusteigen und ***erst danach mit Details****. Wie wollen wir damit umgehen?“*

95 % der genau so angesprochenen Richter reagiert **aus Gründen der Prozessökonomie** durch ein **sofortiges Umstellen der Frage** in eine **offene Frage**.

Richter **kennen diese Vorschrift eher selten**, und noch seltener wenden sie sie an. Sie erläutern also dem Richter im Nebensatz **den Inhalt des § 396 Abs. 1 ZPO** und tun so, als **kenne er ihn längst**. Diese **goldene Brücke** vermeidet, dass er sich in die **Ecke gedrängt** und „ertappt“ fühlt.

3. Die Vorschriften des § 396 Abs. 2 ZPO

Der Richter begeht einen weiteren Rechtsfehler, wenn er Ihre Fragen zur **Vorbereitung des Zeugen** auf die Verhandlung unterbinden will. § 396 Abs. 2 ZPO regelt (entspricht § 69 Abs. 2 StPO), dass **nicht nur Fragen zum Zeugenwissen**, sondern ausdrücklich auch zu **dessen Herkunft** von **Aufklärungsinteresse** sind.[8]

Ausdrücklich **geboten** sind also Fragen wie: „Mit wem haben Sie über Ihre heutige Vernehmung gesprochen?“, „Wer hat Sie heute zum Gericht gefahren?“, „Wie haben Sie sich auf die heutige Vernehmung vorbereitet?“[9]

Der Richter wird versuchen, solche **Fragen zurück zu weisen**. Er hat dafür meistens **zwei Gründe**:

- Er selbst hält diese Fragen für **irrelevant** und hat sich vielleicht **sein Bild schon gemacht**,
- er **kennt § 396 Abs. 2 ZPO nicht.**

---

8 Wortlaut des § 396 Abs. 2 ZPO: „Zur Aufklärung und zur Vervollständigung der Aussage sowie zur **Erforschung des Grundes**, auf dem die Wissenschaft des Zeugen beruht, sind nötigenfalls weitere Fragen zu stellen.“

9 Berufszeugen wie Gutachter oder Polizisten sind verpflichtet, sich auf die Vernehmung vorzubereiten.

Verfahren Sie wie oben mit dem **sofortigen Zwischenruf**:

„Herr Vorsitzender, ich will keinesfalls in Rechtsdebatten[10] *eintreten sondern nur fragen, wie wir es hier handhaben mit § 396 Abs. 2 ZPO der ja* ***Fragen nach der Herkunft des Zeugenwissens ausdrücklich gebietet****. Wie gehen wir also vor?“*

So angesprochene Richter erlauben schon **aus Gründen der Prozessökonomie** Ihre Frage, wie dieses Beispiel zeigt:

Best Practice

Ich war fragetaktisch super vorbereitet und hatte meine drei DIN A 4 Zettel mit den Trichter-Fragen vor mir... Im nicht klimatisierten und durch einige Pressevertreter gefüllten Gerichtssaal wurde zunächst der sachverständige Zeuge befragt: Die Richterin fragte zwanzig Minuten (alle ihre Fragen habe ich sehr auffällig durchgestrichen auf meinen Zetteln), der Kollege hatte nur zwei Fragen – und dann kam ich dran. Ich habe streng nach frisch gelernten taktischen Regeln eingeleitet und anderthalb Stunden später mit nur einer einzigen Unterbrechung und dem Wunschergebnis aufgehört. Meine Fragen nach der Herkunft seiner Informationen mochte die Richterin nicht recht akzeptieren, doch durch die Frage: „Wie wollen wir hier mit § 396 Abs. 2 ZPO umgehen?“ kam ich fast ungehindert weiter. Durch Randbefragung konnte ich aufdecken, dass sich alle Zeugen in der Kanzlei des Kollegen in Bezug auf das Beweisthema abgesprochen hatten. Ich wusste das genaue Datum der Besprechung und habe den mittleren Zeugen bewusst durch Fragen, Paraphrasen und Protokollierungen von Zwischenschritten in eine Falle gelockt. Die Mandanten waren hingerissen, vor allem über die Zielrichtung meiner Fragen und deren Ergebnis. Inzwischen – zwei Monate nach Prozessende – habe ich durch sie zwei weitere Mandate erhalten, und zwei Pressevertreter kamen nach Prozessende zu mir, um Detailfragen zu verstehen. Ich vermute einen nachhaltigen Imagegewinn durch mein einerseits zurückhaltendes, andererseits taktisch perfekt vorbereitetes Auftreten der Richterin und vor allem dem sehr bekannten Hauptzeugen gegenüber.“

Rechtsanwalt Stefan Friedrich, Baden-Baden, Tel.: 07221-50630

---

4. Mehr Mut zur Wut

Eine Gerichtsverhandlung hat – besonders im Strafrecht – zumindest für Unbeteiligte Showcharakter. Anwälte können ihre Mandanten während der **Vorbereitung auf gerichtliche Verhandlungen** zu **gespielten Wutanfällen** verleiten. Das hat für alle Seiten **Vorteile**: Wenn der Mandant sein „Stichwort“ kennt und in einem bestimmten Moment ausrasten „muss“, tut er es **nicht mehr unkontrollierbar**. Er fühlt sich außerdem **eingebunden in die anwaltliche Taktik**. Der Mandant selbst hat wirklich viel zu erzählen in seinem Bekanntenkreis – und das tut er in diesem Fall vielfach und mit **großer Begeisterung**!

Der Anwalt selbst kann sich viel **besser konzentrieren** und wird nicht **vom Mandanten gestört**. Vor Gericht hat er dadurch zwei **weitere Vorteile**: Er ist der „Good Guy“ in den Augen des Richters, da er seinen Mandanten **streng zur Ordnung**

---

10 Vgl. Sie die Manipulationsmöglichkeiten durch „Negativinstruktionen“ im Kapitel „Zielführung“.

ruft und **Mitgefühl einwerben** kann für seine **dramatische Situation**, und er kann durch **Aufruhr eine schlechte Rechtspositionen** vernebeln.[11]

5. Lügen(-bereitschaft) enttarnen

Die Enttarnung lügenbereiter Zeugen durch **Randfragen** ist eine **erlernbare Kunst.** Im **Kerngeschehen** (Zentraler Anklagepunkt: „Einer hat einen anderen geschlagen") sind **lügenbereite oder komplotthafte Zeugen** immer gut vorbereitet. In solchen Fällen gelingt Ihnen das Zerlegen einer Zeugenaussage nur über das **Randgeschehen.**[12]

Wenn **mehrere Zeugen** zum selben Kerngeschehen **dieselben Interessen** und **unterschiedliche Berufe** haben, können Sie sie schon durch das für ihren Beruf **untypische Vokabular** enttarnen („Halsansatz? Woher kennen Sie dieses Wort? Mit wem haben Sie jemals über dieses Wort gesprochen? Kennt auch Ihre Frau dieses Wort? Woher? Wo beginnt Halsansatz? Wo geht er in den Hals über etc.).

Lügen- und komplotthaft agierende Zeugen enttarnen manche Anwälte in teilweise **spektakulären Indizienprozessen**, ohne dass es nach **großer Mühe** aussieht. Wer so etwas kann, erarbeitet sich eine nachhaltige, 100-fach weiter getragene **Reputation als Richterschreck, Presseliebling** und **Mandantenretter**.

III. Einige rhetorische Tipps zur Zeugenvernehmung

Wer fragt, führt! Die Königsdisziplin anwaltlicher Verhandlungen wird in einem Gerichtssaal besonders deutlich: die **Fragetechnik**. Durch sie wird entschieden, wer sich **durchsetzt**, wer die **Macht hat** und wessen **Auftritt positiv im Kopf bleibt**. Durch sie werden **Konflikte mit Gegner** oder **Gericht** schnell neutralisiert, durch sie werden Zeugen **enttarnt oder gestützt**, durch sie spart der Anwalt viel Energie – und durch sie wird **Akquise möglich**! Es lohnt sich also, **spezielle Fragetechniken**[13] **für den Gerichtssaal zu studieren:**

---

11 Das ebenso amüsante Buch „Chruschtschows dritter Schuh" über **geplante Wutanfälle** und ähnliche Ideen für das internationale Parkett ist für manche Anwälte ein guter Ratgeber. Hans-Georg Macioszek schildert in diesem Buch den vielleicht berühmtesten Wutanfall der Geschichte. Chrustschow, Generalsekretär der KPdSU, haut 1960 vor der UNO-Vollversammlung während einer Wutrede mit einem Schuh auf das Rednerpult. Erst Jahre später kam durch seinen Biographen heraus, dass er während des Wutanfalls beide seine Schuhe trug. Er hatte also seine Wut, den „dritten Schuh" und seinen ganzen Auftritt geplant

12 Vgl. weit reichende Aussagen zu Rand- und Kerngeschehen in dem Standardwerk zur Zeugenvernehmung von Bender/Nack/Treuer.

13 Vgl. zur Funktion der geschlossenen und offenen Frage und der taktischen Einrichtung beider das Kapitel „Durchsetzung".

- **Anwärmfrage**

Fast jeder Zeuge hat **Angst.** Sorgen Sie daher für einen **guten Kontakt zum Zeugen,** bevor inhaltliche Fragen losgehen. **Loben** Sie ihn: „Sie sind ja Spezialist für X seit nun schon 16 Jahren…" besonders wenn Sie mit **gegnerischen Zeugen** reden. Nehmen Sie ihm die Angst. Lassen Sie ihn sich an **Ihren Stil** gewöhnen. Ohne guten, angstfreien Kontakt zu Ihnen liefert besonders der gegnerische Zeuge keine Ihnen **dienlichen Informationen.**

- **Gegenfrage**

Da Sie das Gespräch führen und nicht sich führen lassen sollten, brauchen Sie ein Instrument für den Fall, dass Ihnen jemand diese **Führung streitig machen** möchte. Sie können einen Zeugen, der **ablenken, angreifen, auslassen** oder **lügen** möchte und zu diesem Zweck anfängt, Ihnen Fragen zu stellen, durch die Gegenfrage wieder in Ihre **Richtung** bringen. **„Muss ich diese Frage beantworten?" „Was sollte Sie hindern?"** Wenn der Richter Sie unterbricht durch „Das gehört nicht zum Beweisthema", kriegen Sie ihn in den Griff durch „Wie grenzen Sie das Beweisthema ein, Herr Vorsitzender?" oder durch: „Haben Sie mir soeben das Fragerecht entzogen?". Besonders bei **Attacken** wie: „Sie haben die Akte doch gar nicht gelesen!" nützt Ihnen die **Gegenfrage:** „Auf welchen Punkt der Akte beziehen Sie sich genau, Frau Vorsitzende?" Sie muss **spezifizieren.** Wenn der **Gegner** Ihnen gegenüber pampig wird, **nehmen Sie stets den Vorsitzenden in Ihr Boot:** „Herr Vorsitzender, ich weiß auch nicht recht, wie **wir hier sachlich weiter kommen** können."

- **Provokative Frage**

Sie ist durch Betonung und **umformulierte Zusammenfassung (= manipulative Paraphrase)[14] geeignet, den Befragten emotionell „anzuheizen", aus der Reserve zu locken und ihn durch Überspitzung** seiner eigenen Aussagen mit **seinen Widersprüchen und Ungereimtheiten zu konfrontieren.** Sie können **„notorische" Schweiger** durch diese Frageform überhaupt zu **Äußerungen bewegen.** Der Richter wird diese Fragen in ihrer Ur-Form **nicht zulassen:** „Es war ihnen also in dem Moment **vollkommen gleichgültig**, was **mit Ihrer Nachbarin geschah**?" Schwächen Sie sie daher ab: „Es war ihnen also in dem Moment **gleichgültig**, was **weiter passierte**?"

- **Alternativfrage**

Sie regen den (eigenen) Zeugen zu einer **Entscheidung zwischen zwei Alternativen** an, weil eine **dritte Möglichkeit Ihnen nicht dient.** Aufmerksame Richter durchschauen das Manöver und lassen diese **Eingrenzung** nicht zu. In dem Fall sind Sie auf **Präzisionssuggestionen** angewiesen. Schüchterne Zeugen werden aus Angst oder Nervosität auf die offene Frage: „Was haben Sie gehört?" unvollständig oder gar nicht antworten, während sie durch die Alternativfrage nur noch **aus zwei Möglichkeiten auswählen müssen:** „Haben Sie nur Gemurmel gehört oder auch

14 Vgl. zur Funktion und Indikation der „manipulativen Paraphrase" das Kapitel „Durchsetzung".

einzelne Wörter?“ Schwach begabte Zeugen werden aus **zwei Möglichkeiten immer eine wählen**, auch wenn eine dritte ihrer **Wahrnehmung** entspricht. Diese Zeugengruppe benötigt die fragetaktische **Flexibilisierung** durch **dritte Möglichkeiten**: „Haben Sie gar nichts gehört? Oder vielleicht nur Gemurmel? Oder vielleicht sogar ein ganzes Wort?“

Alternativfragen gehören zu den **geschlossenen Fragen** (beginnen mit Verb oder Hilfsverb). Stellen Sie sie zu früh, bringen Sie sich um eine **Fülle von Informationen**, die selbst **neutrale Zeugen** nicht geben, wenn Sie es ihnen **nicht direkt ermöglichen**.

- **Zick-Zack-Frage**

Sie dient dem **Aufdeckung von Widersprüchlichkeiten** in der Aussage des Befragten. Sie ist ein kunst- und wirkungsvolles Instrument des geschickten Fragers und erfordert auch auf dessen Seite **erhebliche Konzentration**. Der Befragte hat keine Zeit, sich auf **ein Fragethema einzustellen** und sich „eine Geschichte zurechtzulegen“. Sie springen von einem Thema zum anderen **scheinbar unsystematisch** quer durch den Sachverhalt und erkennen den **Wahrheitsgehalt der Aussage** daran, dass die Antworten im Befragungsgegenstand, besonders in dessen **Randgeschehen, homogen** bleiben.[15]

- **Suggestivfrage**

Geschlossene Fragen sind immer suggestiv, da die in ihnen enthaltenen Antwortteile nur bestätigt („Ja“) oder negiert („Nein“), aber nicht inhaltlich modifiziert werden können.

Suggestivfragen sind immer geschlossene Fragen. Sie beinhalten **Unterstellungen** und **Vorannahmen**, falsche **Alternativen** oder falsche **Voraussetzungen**. Sie finden im folgenden Frage-Beispiel **elf Suggestionen**:

„*Stand* (kniete?) *er* (sie?) *bereits länger* (3 Sekunden?) *hinter* (neben?) *der Tür* (dem Fenster?), *als der Herr Z* (Frau Z ?) *mit dem Dokument* (dem Buch?) *in der Hand* (in der Tasche?) *den Raum* (den Balkon?) *durch die halboffene Tür* (angelehnte?) *betrat* (oder polterte er vielleicht?)“?

Allein das Wort „betrat“ **manipuliert den Hörer** zu der Annahme, keinesfalls könnte der Raum durch „poltern“, „rennen“ oder „kriechen“ betreten worden sein.

Und natürlich hat niemand den Hauch einer Ahnung, auf welchen **Antwortteil** sich der Zeuge bezieht, wenn er diese Frage mit „Nein“ beantwortet! Der Zeuge selbst übrigens **erst recht nicht!**

Die meisten Zeugen können (und sollen!) sich in der **angespannten Situation der Befragung vor Gericht** einer Suggestion, besonders einer **klug versteckten**, nicht aus eigener Kraft entziehen.

---

15 Vgl. *Bender/Nack/Treuer*, S. 231 ff.

■ **Präzisionssuggestion**[16]

Eine oder **mehrere Suggestionen** in einer **offenen Frage** zu verwenden, kann geschickt sein und **bleibt oft vom Richter unbemerkt**. Die Frage „Welche Interessen hatte die Clique?" transportiert ebenfalls eine **dreifache Suggestion**. Sie suggeriert

- einen willentlichen und wissentlichen Zusammenschluss mehrerer Personen zu einer Clique, die **dasselbe Ziel** verfolgen (Wortwahl „Clique" legt **gemeinsame Interessen** eher nahe als „Gruppe" oder „ Personen").
- Absprachen über **gemeinsamer Interessen** der Cliquen-Mitglieder.
- ein **Spezialwissen des Befragten** (Er könne **wissen**, welche Interessen das sind).

Mit **kleinen Tricks** zu einer **großen Wirkung** – das ist die **Botschaft der vielfach erprobten** voran gegangenen Tipps. Test it!

---

i **Erfolgstipps**

- Respektieren Sie aktiv das **Territorium des Richters**! Er ist Chef und möchte dafür Beweise!
- Lernen Sie den **taktischen Umgang** mit **Prozessinstrumentarien** wie § 396 Abs. 1 und 2 ZPO! (entspricht § 69 Abs. 1 und 2 StPO)
- Bereiten Sie Mandanten besonders gut vor! **Schweigen ist einstudierte Taktik** – nicht Schwäche!
- Zeigen Sie sich **anwesender Presse**! Studieren Sie kurze Statements ein!
- Beeindrucken Sie Gegner durch **besondere Kompetenz**. Es sind Ihre nächsten Mandanten!

---

16 Begriff nach *Arntzen*.

Honorarinformation

In Akquisegesprächen ist die **Honorarinformation** die **Sollbruchstelle**! Selbst wenn die Präsentation anwaltlicher Leistung gegenüber dem Interessenten noch locker und überzeugend gelang, reißt die Antwort auf die einfache Frage „Wie teuer ist das alles?“ im Nu alles ein, was mit mehr oder weniger Mühe aufgebaut wurde.

Bestünde Akquise nur aus der **Nutzenargumentation**[1] anwaltlicher Leistung, stellte sie für den Anwalt lediglich ein kleineres, rhetorisch lösbares Hindernis dar. Die Information über das Anwaltshonorar dagegen kommt ihm im Erstgespräch bisweilen vor wie ein unüberwindbares Hindernis.

Dieses Kapitel wird behilflich sein, die **Honorarinformation** wieder zu dem zu machen, was sie im besten Fall ist:
- lockerer und angenehmer **Teil des Erstgesprächs**,
- faire **Information der Geschäftspartner**,
- Grundlage für **ökonomische Sorglosigkeit** und
- unverzichtbarer **Pluspunkt im Akquisegespräch**.

Dazu ist das Kapitel in folgende Bereiche unterteilt:

I. Anwälte informieren ungern über ihr Honorar
II. Effiziente Honorarinformationen machen Spaß und befördern Akquise
III. Die Zehn Gebote für Rentabilität in Ihrer Kanzlei

I. Anwälte informieren ungern über ihr Honorar

„*Sie bekommen nicht das, was Sie verdienen, sondern das, was Sie verhandeln*“.[2] Was für Kaufleute selbstverständlich ist, löst bei manchen Anwälten Panik aus: Gestandene Rechtsanwälte erklären sich selbst beim Honorarthema für **befangen**, fallen in eine Art vorsorgliches Koma und verweigern dem Mandanten bewusst oder unbewusst die Vollständigkeit von Informationen. Das tun sie meist wider besseres Wissen.

Niemand von ihnen bestreitet ernsthaft, dass Mandanten einen **Anspruch auf Vollständigkeit von Informationen** empfinden – und auch faktisch haben. Logisch wäre es also, die bevorstehende **anwaltliche Dienstleistung** in allen Details und chronologisch geordnet in der Sprache des Mandanten zu erläutern und ebenso akri-

1 Vgl. zur Nutzenargumentation das Kapitel „Durchsetzung“.
2 *Scherer*.

bisch, verbindlich und verständlich die **Gegenleistung des Mandanten** zu erklären, die daraus resultiert.

Stattdessen sorgen Entsetzensschreie von Mandanten, die – ohne Vorwarnung – für einen 18 Zeilen langen Anwaltsbrief € 1.256,– + MWSt. zahlen sollen, jahrelang für eine höchst effiziente **Antiwerbung**!

Wie kommt diese **merkwürdige anwaltliche Zurückhaltung** beim Thema „Gegenleistung" zustande? Und vor allem: wie kriegen Sie es in den Griff?

1. Was macht die Information über die Gegenleistung so schwierig?

Anwälte haben eine **nicht anfassbare** und hoch **erklärungsbedürftige Dienstleistung** zu verkaufen. Damit haben sie es nicht so leicht wie ein Klempner, dessen üppige Wegegeldforderung der Küchenbenutzer gern zahlt, sobald er die reparierte Spüle wieder benutzen kann!

Viele Anwälte informieren ihre Mandanten **unvollständig, ungern, zu spät oder gar nicht** über ihr Honorar und wundern sich anschließend, dass Mandanten unvollständig, ungern, zu spät oder gar nicht zahlen. Nicht jeder Anwalt sehnt sich nach diesem direkten **Spiegel seines eigenen Verhaltens** im Alltag.

Diese **zehn Gründe** sind für die anwaltliche Zurückhaltung[3] bei der Honorarinformation verantwortlich:

- **Anwälte haben das Sprechen über Geld nicht gelernt**

Sie sind keine Verkäufer in eigener Sache und fühlen sich nicht als Kaufleute. Es ist ihnen oft peinlich, lästig und daher häufig unmöglich, die verlangte Gegenleistung ebenso locker zu benennen wie die be- und versprochene Leistung. Ihre „Lösung": Vorauseilendes Einknicken und eine „Verhandlungsbereitschaft", die sie in ökonomische Schwierigkeiten bringt.

- **Anwälte glauben, Mandanten zu vergraulen**

Klare, verbindliche und unflexible Honorarinformationen sind sowohl für neue als auch für langjährige Mandanten ein Grund, zum Mitbewerber zu gehen. Sie verkennen, dass erst eine wackelige anwaltliche Performance in der Honorarinformation den Mandanten zweifeln lässt.

- **Anwälte sehen Honorarinformationen als Zwang**

Diesen dokumentieren sie durch das modale Hilfsverb „müssen": „Jetzt müssen wir noch über das Geld reden", ferner durch Achselzucken, Angstschweiß und speziell durch Auslassen des Themas. Besonders seit der RVG Novelle am 1.7.2006 sehen sie die vollkommen neuen Möglichkeiten der eigenen Preisgestaltung bei außergerichtlichen Mandaten als negativ und bedrohlich.

---

3 Gesammelt in knapp 20 Jahren Anwalts-Seminaren mit dem Titel: „Ohne Moos nix los" – Training der Honorarinformation.

- **Anwälte haben eigene Informations- und (Selbst-)Erfahrungslücken**

Wie viel bin ich wert? Was darf ich überhaupt berechnen? Welcher Stundensatz ist für mich als Fachanwältin im Arbeitsrecht mit 8-jähriger Erfahrung in Chemnitz angemessen, welcher als „Allrounder" mit vier Jahren Berufserfahrung in Minden?

- **Anwälte schwächeln bei Einwänden**

Die halbherzige Behandlung von Einwänden, voreiliges Dumping oder die gern als Akquise-Strategie bezeichnete „Verhandlungsbereitschaft" signalisieren dem Mandanten Ungutes: „Dieser Anwalt ist schon bei meiner ersten kritischen Bemerkung nicht standhaft. Wie wird das erst später vor Gericht werden?" Anwälte rechtfertigen ihre Strategie oder werden selbst aggressiv oder schweigsam, wenn Zweifel kommen.

- **Anwälte fühlen ihren Gegen-Wert nicht**

Sowohl erfahrene Anwälte als auch Junganwälte können ihren eigenen Stundensatz nicht überzeugend vertreten, weil sie ihn aufgrund inkongruenter Selbstbilder oder aufgrund objektiv fehlender Berufserfahrung selbst für zu hoch halten. Vor dieser Herausforderung stehen junge Anwälte in Großkanzleien besonders häufig, da sie aus kanzleikulturellen Gründen einen Stundensatz berechnen und fordern müssen, den sie (noch) nicht fühlen.

- **Anwälte scheuen Mischkalkulationen**

Stundenvergütungen sind in Kombination mit RVG-Abrechnungen erwägenswert, sobald der Arbeitsaufwand in einem Teil des Mandats nicht abschätzbar ist (Umgangsrecht, Verhandlung mit Betriebsräten etc.). Viele Anwälte (und besonders viele Anwältinnen!) verschenken ihre objektiv begrenzte Lebenszeit an wildfremde Menschen, indem sie bei niedrigen Gegenstandswerten aufwandsunabhängig abrechnen.

- **Anwälte bereiten sich nicht ausreichend vor**

Dies betrifft vor allem die Vorbereitung auf jede neue Honorarinformation, auf jeden möglichen Einwand und auf jeden geänderten Honorarmodus, in den sie „geraten", wenn sie ihr Rechtsgebiet, ihr Team, ihren Status, ihre betriebswirtschaftlichen Denkgewohnheiten oder ihre Kanzlei gewechselt haben.

- **Anwälte haben Skrupel bei Gleichgesinnten**

„Freunde" zu vertreten ist auch wegen der Honorarfrage ein heikles Geschäft: Der Familienrechtler vertritt private Bekannte, der Strafverteidiger verteidigt politische Freunde und der Arbeitsrechtler begleitet seinen Tennispartner. Doch Vorsicht: Honorarverzicht und Honorarreduktion sind blutsverwandt mit Haftungsfragen und Kanzlei-Image.

- **Anwälte reden nicht über Geld, weil sie es haben**

Um dieses Problem werden deren Inhaber ernsthaft beneidet. Diese kommen häufig aus traditionellen Anwaltsfamilien, deren Mandanten dem „Anwaltshaus" seit vielen Jahren treu verbunden waren, jeden Preis zahlten, „Handschlagverträge" machten und nun anfangen, „entgegen kaufmännischer Übung" zu feilschen oder gar zum Mitbewerber zu gehen.

2. Rechtliche Untiefen machen diese Gewässer gefährlich

„Kentern ohne Schwimmweste" ist häufig das Schicksal von Anwälten, die **lückenhafte Vergütungsvereinbarungen** schließen.

Rettungsversuche sind besonders aussichtslos, wenn Auseinandersetzungen über das Honorar vor **Gericht** landen. **Richter** entwickeln, sobald sie mit **anwaltlichen Honorarprozessen** befasst sind, neben der üblichen analytischen Gegenströmung auch noch den **Sozialneid**; sie vermuten anwaltliche Honorare abzugslos auf dem Anwaltskonto.[4] Grund genug, diese Gewässer zu meiden und unverzüglich mit dem Mandanten **außergerichtliche Vereinbarungen** zu treffen. *„Die **rechtswirksame Gestaltung** von Vergütungs- oder Gebührenvereinbarungen ist nicht einfach"*, warnt Rechtsanwalt Herbert Schons,[5] ein seit Jahren ausgewiesener Kenner des anwaltlichen Gebührendschungels.

Anwälte müssen nach § 49b Abs. 5 BRAO und § 34 RVG **unaufgefordert vor Mandatsübernahme** über die Höhe ihres Honorars bzw. den Honorarmodus informieren. **Schadensersatzansprüche** des Mandanten[6] sind die Höchststrafe für den Anwalt, der das unterlässt. **Informieren Sie sich unbedingt bei Fachleuten**!

Doch auch der **Umgang mit Stundensätzen** ist filigran genug. Inzwischen gibt es auch in Deutschland Unternehmen, die auf die **Prüfung von Anwaltsrechnungen** spezialisiert sind. Gewaltige **Imageschäden** und **Umsatzeinbußen für die Kanzlei** sind die Folge, wenn eine Anwaltsrechnung im Nachhinein durch Externe korrigiert wird. „Legalbill" prüft weltweit 5.000 Anwalts-Rechnungen pro Tag und **reduziert** nach eigenen Angaben im Schnitt die Rechnungsbeträge *„um 10 % bis 12 %"*.[7] Von diesem Prozentsatz sind dann bereits die 3,5 % Provision abgezogen, die „Legalbill" vom Volumen der überprüften Rechnungen erhält. Dass es zu **überhöhten Rechnungen** komme, habe *„vor allem mit dem **gestiegenen Budgetdruck** der Anwälte und den internen Vorgaben bei den abgerechneten Stunden zu tun"* vermutet der Geschäftsfüh-

---

4 In seinem Urt. v. 12.1.2011 - 4 U 3/08 - hat sich das OLG Frankfurt die Mühe gemacht, die Anwaltsrechnung eines Strafverteidigers bis ins Detail zu sezieren. In dem Urteil prüfte es jeden Posten auf seine Angemessenheit. Nachdem es Dutzende gestrichen hatte, kam das OLG zu dem Ergebnis, dass Anwaltsstundensätze zwischen € 300,– - € 500,– gerechtfertigt sein können. Allerdings nur, wenn eine transparente Vereinbarung vorgelegen hat und der Mandant hinreichend über die Kostenrisiken aufgeklärt war; vgl. auch *Stachow*, „Anwälte sind auch nur Menschen", Financial Times v. 31.1.2012.

5 *Herbert Schons* ist Rechtsanwalt in Duisburg sowie Autor und Co-Autor zahlreicher Publikationen über die rechtssichere Nutzung des RVG. Er ist Vorsitzender der Gebührentagung der RAK Düsseldorf sowie der Gebührenreferententagung der BRAK. Dieses Zitat stammt aus seiner Einleitungsrede in den „Kohle-Teil" des Anwältinnen-Kongresses „KKK-Karriere, Kohle, Kompetenz®" am 25.8.2011 in Chemnitz.

6 OLG Hamm AnwBl 2/2010, S. 143 ff zeigt eindrucksvoll, welche Verluste Anwälte riskieren, sobald sie diesen Hinweis unterlassen.

7 Das verspricht Götz Otto, Managing Partner Legalbill Europe GmbH, *Creutz*, Handelsblatt v. 12.12.2008, „Worauf Mandanten bei den Anwaltshonoraren achten sollten".

rer von Legalbill weiter. In Deutschland arbeiten zum Beispiel die Lufthansa und Heidelberg Cement mit „Legalbill" zusammen.

3. Die rhetorische Apokalypse: „Wir müssen jetzt noch über das Geld reden"

Sollte das Thema Geld doch im Erstgespräch mit dem Mandanten zur Sprache kommen, hat diese Sprache Haken und Ösen. Sie dokumentiert, wie unliebsam dieses Thema für den Sprecher ist: **„Wir müssen jetzt noch über das Geld reden"**. Dieser Satz ist ein Lehrbuchbeispiel für **Abwehr und Verwässerung** und verrät die Achillesferse des sonst so erfolgreichen Kriegers.

Das Wort „wir", das Anwälten sonst so schwer über die Lippen kommt, ist bei der Einleitung der Honorarinformation fehl am Platz. Auch in anderen **eingleisigen**[8] **Kommunikationssituationen** wirkt das Wort „wir" **jovial, beschönigend und arrogant**. Es suggeriert eine **Gleichrangigkeit** der Gesprächspartner und erinnert fatal an die ärztliche Nachfrage bei Krankenhausaufenthalten „Wie haben wir denn geschlafen?"

Das modale Hilfsverb **„müssen"** signalisiert **Zwang, Unwillen und Beklommenheit** und löst beim Mandanten das Gefühl aus, Sie stünden nicht zu ihrem Wert und misstrauten daher ihrem **Gegenwert. „Jetzt noch"** transportiert den Subtext „auch das noch" und wirkt wie eine mühsam ertragene **Last.** Das ganze schließt ab mit einer **Lüge**: Schließlich wollen Sie doch nicht wirklich „über Geld reden", sondern es auf dem Konto sehen, oder?

4. Anwälte negieren ihre eigene Verantwortung

Doch auch **innere Faktoren** machen den Umgang mit der Honorarinformation kompliziert. Wenn Mandanten unwillig auf Honorarforderungen der Anwälte reagieren oder Anwälte aus anderen Gründen keine höheren Honorare durchsetzen können, **externalisieren** sie gern ihre eigene **Verantwortung**: Sie begründen eigene **Unzulänglichkeiten bei der Honorarinformation** wortreich:

- mit der **Konjunktur** („Man muss heutzutage nehmen, was man kriegt"),
- mit der **Geografie** („In dieser strukturschwachen Region kann man hohe Honorare nicht durchsetzen"),

---

8 „Eingleisige Kommunikation" = keine Möglichkeit der Debatte durch den anderen. Der Sprecher ist Bestimmer in einer informellen oder formellen Hierarchie und vermittelt eine Botschaft, an der der andere nicht vorbeikommt. In solchen Fällen ist das einzig kongruente Personalpronomen „Ich"! Als jovial und arrogant kommt es immer an, wenn der Inhaber einer solchen Hierarchie sie zu verschleiern versucht: „Wir sollten vielleicht überlegen,...", obwohl es schon entschieden ist oder: „Uns ist wichtig,...", obwohl er „Mir ist wichtig" meint etc.

- mit der **Mandantenstruktur** („Zu uns kommen so viele PKH Mandanten"),
- mit der **ökonomischen Situation** des Mandanten („Meine Mandantin weiß nicht mal, ob sie nach der Scheidung ihre Wohnung halten kann"),
- mit dem **Rechtsgebiet** („Im Arbeitsrecht sind Mischkalkulationen unüblich"),
- mit eigenen **Gewohnheiten** („Das machen wir hier immer so"),
- mit der Furcht vor drohenden **Imageverlusten** („Ich will ja nicht als Geldschneider da stehen"),
- mit fehlenden **Verhandlungsressourcen** („Wir haben das nicht gelernt") oder sogar
- mit dem **Geschlecht** („Das wird mir als Frau nicht zugestanden.").

Was immer als Argument herhalten muss für die unzureichende Gestaltung der Honorarinformation, dem Mandanten nützt es nie und Ihnen schadet es. **Sie gefährden unmittelbar Ihr Kanzlei-Image!**

5. Anwälte beschädigen ihr eigenes Image

Für den Mandanten „*bleibt das Angebot der Kanzleien extrem undurchsichtig*":[9] Der Mandant ist nicht nur dadurch schwer irritiert, dass ihm Informationen vorenthalten werden. Anwaltliche Dienstleistungen kann er weder vor ihrem **Einsatz testen, zurückgeben** oder bei **Nicht-Gefallen reklamieren**, noch kann er als Laie bewerten ob und in welcher Höhe eine Honorarforderung berechtigt ist. Das macht den Mandanten zu einem besonders **kritischen Geist**.

Beispiel
Mandant: „Was? So teuer?"
Anwalt: „Wir können auch gern etwas niedriger ansetzen. Ist ja das erste Mandat."

Der Anwalt **entkoppelt hier die Kausalität** zwischen seiner Leistung und der dazu gehörigen Gegenleistung: Er senkt sein Honorar, während er seine Leistung beibehält und produziert dadurch völlig selbsttätig jene Honorarsenkung, die angeblich „durch die Umstände erzwungen" wird. **Der Anwalt vermittelt dadurch**

- den Eindruck unzureichender **Kompetenz** („Der kann das nicht wirklich"),
- ein inkongruentes **Selbstbild** („Der ist sich seiner Rolle selbst nicht sicher"),
- eine mangelhafte **Ich-Stärke** („Der knickt vor Gericht bestimmt auch ein!") und
- die sofortige Korrektur der **durchschnittlichen Umsätze pro Mandat** nach unten!

---

9 Laut *Markus Hartung*, Direktor des „Bucerius Center on the Legal Profession", Bucerius Law School Hamburg, könnten Mandanten zwar „*die Stundensätze der einzelnen Kanzleien miteinander vergleichen, nicht aber die Qualität oder den Nutzen der Leistung*"; s. auch *Stachow*, „Anwälte sind auch nur Menschen", Financial Times v. 31.1.2012.

Honorarnachlässe bringen nachweislich akquisitorische Vorteile, solange sie **proaktiv entschieden** und nur in **Ausnahmefällen begründet** gewährt werden. Das „Einknicken" aus Not jedoch bringt allerhöchstens weitere Mandanten dazu, diesen **Nachlass ebenfalls zu fordern.** Der Anwalt wird sich **über sich selbst ärgern** und sich durch sein **Imageproblem** zu weiteren **Defensivaktionen** hinreißen lassen!

Der Anwalt drückt also durch seine „Verhandlungsbereitschaft" ohne objektive Not sein eigenes Honorar, **positioniert sich dadurch selbst am Markt als Billigheimer und** begeht **ökonomischen Selbstmord auf Raten!** Das sieht so aus:

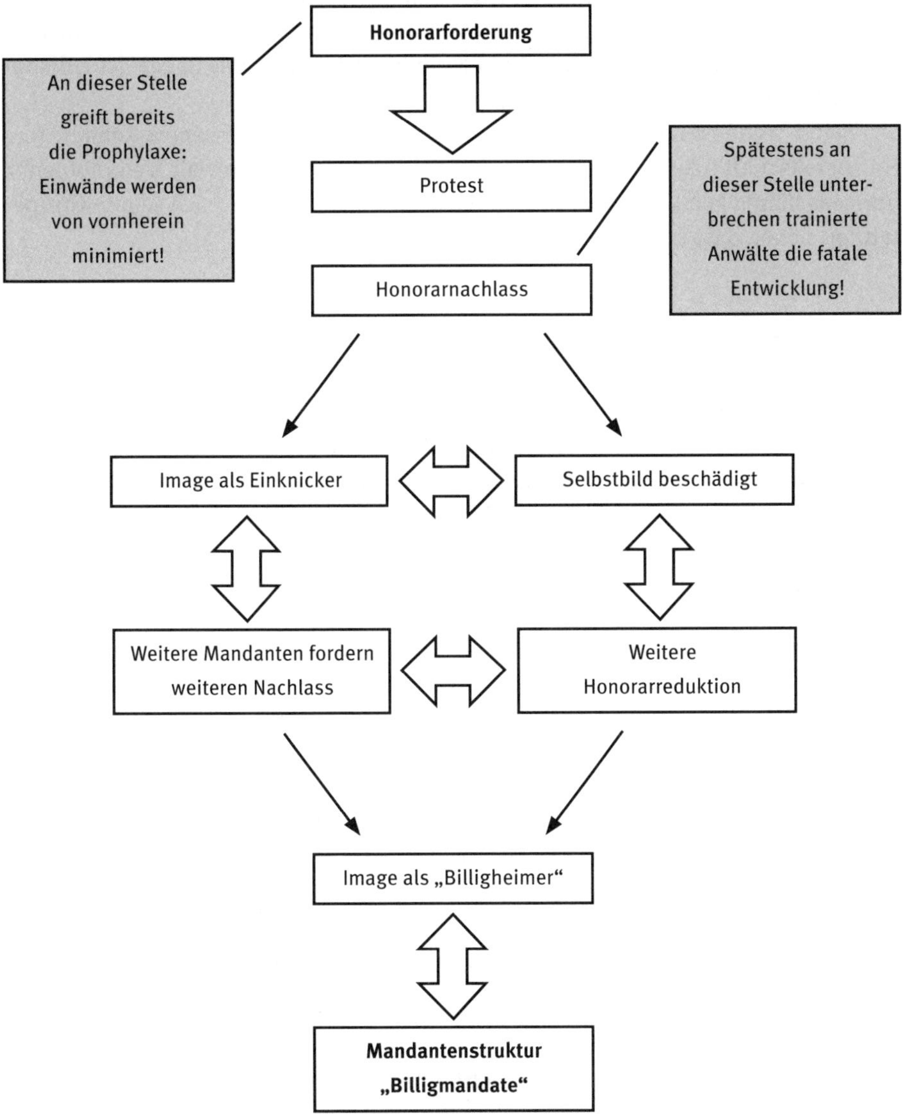

II. Effiziente Honorarinformationen machen Spaß und befördern die Akquise

Imagefragen sind stets eng an das Geld geknüpft. Der Mandant wird zu einem grandiosen **Multiplikator anwaltlicher Leistung**, wenn die anwaltliche Information über die **Gegenleistung kongruent, sachdienlich und verbindlich** ankommt.

Perfekte Multiplikatoren sind auch **Nicht-Mandanten**, die nach dem Besuch beim Anwalt in ihrer Umgebung weiter tragen: „Der Anwalt ist mir zu teuer". Solche Aussagen helfen der Kanzlei, eine **zuvor geplante Mandantenstruktur** einzurichten. Beachten Sie allerdings immer: Jeder Mandant, der nach eigener Aussage „des Preises wegen" bei Ihnen nicht anheuert, muss durch Sie einen **anderen Anwalt** genannt bekommen, der ihm hilft: **Kein Nein ohne Lösung!** Das Image des **hilfsbereiten Anwalts** ist Ihnen dadurch sicher.

Selbst wenn es nicht zu Vertragsschlüssen mit dem Interessenten kommt; Ihre Hilfsbereitschaft trägt er immer weiter („Dann hat er mir den Anwalt X empfohlen"), übrigens häufig kombiniert mit dem Subtext: Rechtsanwalt Y ist sich seiner **Kompetenz** so sicher, dass er **nicht jedes Mandat annehmen** muss.

1. Marktimage durch Preisgestaltung

Dieses Wissen führt zu einem Marktimage durch besondere Preisgestaltung, denn *„Rechtsanwälte ... werden noch mehr als bisher die Führung der Kanzlei an betriebswirtschaftlichen Kennzahlen orientieren und den Wert ihrer Dienstleistung neu einordnen bzw. mit innovativen Angebotsstrukturen verbinden müssen... Vor diesem Hintergrund wird es dann vom unternehmerischen Geschick der Rechtsanwälte abhängen, ob es ihnen gelingt, ihr Fachwissen und ihre ganz speziellen Dienstleistungen ertragreich zu vermarkten."*[10]

Das Marktimage ist positiv beeinflussbar durch eine **offensive Preispolitik** und deren **Kommunikation nach außen:**

a) Unterschiedlicher Modus

Der Anwalt der Einzelkanzlei wird eine andere **Preispolitik** vertreten als der Anwalt in der hoch spezialisierten mittelständischen Kanzlei, der in der Kleinstadt („Wir sind für Sie da") eine andere bevorzugen als der in der Großstadt („Wir sind Spezialisten") und der im Sozialrecht wird einen anderen Honorarmodus verwenden als der im Gesellschaftsrecht. **Lange Debatten** eines Anwalts darüber, welcher Mandant durch

10 http://www.anwalt.de/rechtsanwalt.php, „Ökonomischer Druck und wachsende Konkurrenz unter Rechtsanwälten".

welchen Modus zu beglücken sei und ob der Mandant „das zahlen wird", deutet nach Ansicht von Prof. Dr. Benno Heussen darauf hin, dass der Anwalt „noch nicht genügend **Gedanken in die richtige Mandatsstruktur** investiert hat".[11]

b) Unterschiedliche Marketingstrategien

Manche von ihnen promoten ihre **Stundensätze** unveränderbar auf ihrer Webseite und regulieren bereits dadurch ihre **Mandantenstruktur**. Andere renommieren durch zügige und exklusive Bearbeitung in Verbindung mit **Vorschüssen** (oft im Strafrecht erfolgreich), wieder andere machen **„Kasse durch Masse"** („Anlegerkanzleien") und optimieren dafür die Durchlaufzeiten der immer gleichen Vorgänge. Kanzleien mit einem **hohen Schuldneranteil** erschaffen ein innovatives **Problemlöser-Image** durch ein von trainierten Assistentinnen am Telefon eingerichtetes „Ratenzahlungssystem", das sie mit den Schuldnern abstimmen. **Großkanzleien** verkaufen ihren Stundensatz schon durch kulturelle und unausgesprochene Fakten: „Wer zu uns kommt, weiß, womit er zu rechnen hat." In den **TOP 20 deutscher Großkanzleien** sind die Honorare zwischen 2009 und 2010 um rund fünf Prozent gesunken, der Umsatz um 4 %,[12] so dass auch dort über **„Dumping"-Szenarien** (hauptsächlich für Einstiegsmandate) nachgedacht wird.

- Wer Familienrecht in der **Großstadt** macht, hat – auch durch sozial gemischte Bewohnerstrukturen – die Möglichkeit, dort Honorarvereinbarungen außerhalb des RVG zu schließen, während Anwälte in **kleineren Städten** eine solche Vereinbarung eher für **kaum durchsetzbar** halten.
- Viele Anwälte bieten sehr geschickt **gestaffelte Honorare**: niedriger, wenn sie **bestimmte Sprungbrettmandate** anlocken möchten (z. B. neues Rechtsgebiet, durch das sie ihr Portfolio erweitern wollen, in dem sie gerade den Fachanwaltstitel anstreben oder durch das sie ihr aktuelles Rechtsgebiet sinnvoll ergänzen) und höher, wenn es das **Kerngeschäft** betrifft. Um Sprungbrettmandate zu erhalten, nehmen sie auch Mandate mit sehr **geringem Gegenstandswert** an.
- Auch um „sich zu trainieren" in einem noch nicht von Sachkompetenz völlig durchdrungenen Rechtsgebiet, werden **Mandate mit geringem Volumen** akzeptiert.
- Manche Mandanten bieten den Zugang zu neuartigen **Vernetzungsmöglichkeiten** und erhalten offensiv angebotene **Einstiegskonditionen** zugleich mit der Erwähnung, dass bei der nächsten Beratung der **Preis um die Summe X steigen** wird.

---

11 *Heussen*, S. 175 mit weiteren alltagstauglichen Ausführungen.

12 Vgl. *Tödtmann/Lichter*, Wirtschaftswoche v. 24.8.2011, „Honorare für Top-Anwälte schrumpfen", *„Damals lagen die Stundenhonorare für Partner im Schnitt bei € 428,–, für angestellte Anwälte bei € 288,–. Entsprechend ist auch der Gesamtumsatz der Top-50-Kanzleien zwischen 2009 und 2010 um 4% gesunken – von € 3,61 auf € 3,49 Milliarden"*. http://www.wiwo.de/unternehmen/wirtschaftskanzleien-honorare-fuer-top-anwaelte-schrumpfen/5320966.html.

Alle erfolgreichen **Honorarstrategien** werden **bewusst und pro-aktiv entschieden** (keine durch Einwände oder andere „Not"!) und alle basieren auf der Erkenntnis von Moshé Feldenkrais.[13]

Tipp
„Nur wenn du weißt, was du tust, kannst du tun, was du willst."

---

2. Was Sie im Kopf haben, können Sie auch im Leben haben

Erfolg beginnt zwischen den Ohren des Anwalts; dort ist sein **wichtigstes Geschäftsfeld**! Dort entscheidet er allerdings auch seine **Niederlagen**: Wenn er mehrfach erfolglos ein bestimmtes Verhalten an den Tag legt und dieses **Verhalten wiederholt**, ist es schon so weit!

Wenn er **Duldung, Inkongruenz und Methodenmangel** trotz schlechten Gefühls und schlechter Ergebnisse unverändert **aufrechterhält**, beschert er nicht nur sich sondern auch unbeteiligten „Dritten" empfindliche Niederlagen. Daraus folgt: **Wer sich steuert, kann auch andere steuern!**[14]

Wenn Sie selbst jemals unzufrieden mit den **Ergebnissen Ihrer Honorarinformation** waren, überprüfen Sie bitte folgende Punkte:

a) Ihre Wirkung auf den Mandanten

Wer fürchtet, sendet **Furcht** aus. Der Mandant merkt Ihre **Inkongruenz** und beginnt mit Einwänden, die absolut nichts mit der **Höhe des Honorars** zu tun haben. Die Schlüssigkeit Ihrer eigenen **Präsentation** zeigt, wie Sie zu Ihrer Leistung stehen. Merkt der Mandant Ihnen Freude an, ihn über seine Gegenleistung zu informieren? Testen Sie sich kritisch! Ist Ihre Honorarinformation stets **eingleisig** (ich verhandle nicht; ich informiere), **selbstverständlich, freundlich, kurz und verbindlich** und vermeidet jede Einladung zu Dialogen? Falls das nicht der Fall ist, lernen Sie **Einstiegsformulierung**, **Schlussfrage und Einwandbehandlungssätze** unbedingt auswendig und halten sie während der Präsentation unbedingt den Blickkontakt und das freundliche Lächeln. Die Mandantenreaktion ist nicht abhängig von der Summe, die Sie nennen, sondern von der **Art**, wie Sie (ver-)handeln. Besteht ein **Vertrauensverhältnis,** wäre sogar auf beiden Seiten des Verhandlungstisches noch **Spielraum**.

---

13 Moshé Feldenkrais, Begründer der „Feldenkrais Methode" = Entspannung durch den Zusammenhang von äußerer Bewegung und mentaler Kraft.

14 Siehe auch das Kapitel „Yes, I can".

b) Ihre Einstellung zu Ihrem Selbstwert

„If you're good at something, never do it for free."[15] Sind Sie es Ihrer Meinung nach **Wert,** genau dieses Geld für Ihre Leistung zu bekommen oder nicht? Macht es Ihnen **Spaß**, Geld zu **verdienen** (oder nur zu **bekommen)**? Sehen Sie sich als **Unternehmer** mit hoher **Verantwortung** für Ihre Mitarbeiter? **Verdienen** Sie Ihrer Ansicht nach, was Sie fordern?

Lösung: Falls nicht, listen Sie auf, welche Gründe Sie akzeptieren würden für eine solche Summe, was Sie selbst zu bieten haben, um **Problemlöser** zu sein und vor allem, wodurch Sie in Ihren eigenen Anwalt **Vertrauen** entwickeln würden.

c) Ihr Selbst-Belohnungssystem

Freuen Sie sich, wenn Sie erstmals eine Mischkalkulation, erstmals einen Stundensatz oder erstmals eine Nachverhandlung geschafft haben. Honorieren Sie eigene kleine Erfolge unbedingt groß! **Vergrößern Sie Ihre Freude über eigene Erfolge und verkleinern Sie unbedingt Ihre Ziele!** Durch beides nähern Sie sich Schritt für Schritt einer effizienten Preis-Politik.

„Geld muss aus dem Fenster raus, damit es zur Tür wieder reinkommt!"[16] **Feiern** Sie es, wenn Sie sich erstmals nach einem **Einwand** nicht in eine **Defensive** begeben haben, sondern durch auswendig gelernte **Gegenfragen** Chef im Ring geblieben sind. **Feiern** Sie Ihre erste Vergütung auf Stundensatzbasis (wenn Sie sonst nur nach RVG abgerechnet haben) oder Ihren ersten Geldeingang eines Geschäftsmandanten (wenn Sie sonst nur Privatmandanten haben) oder Ihre erste Rechnung über € 5.000,– (wenn Sie sonst nur welche unter € 4.000,– hatten) durch etwas, das Sie sich sonst nicht leisten: **Verschenken Sie Zeit und Geld an sich und andere!** Laden Sie mitten in der Woche Ihre Mitarbeiter ins Kino ein – sie haben einen großen Anteil an Ihrem Erfolg!

Gehen Sie barfuß über Gras und sprechen Sie Ihre **Zielsätze** stets vor sich hin – und erlauben Sie sich das **breiteste Grinsen**, das Sie je hatten, während Sie B-Aufgaben – ungewohnt cool – mal kurz links liegen lassen...

d) Ihre Preisfindung

Anwaltshonorare sollen **betriebswirtschaftlich ermittelt** werden! Sie haben ein **Unternehmen** zu führen und alle **Arbeitsplätze Ihrer Mitarbeiter** zu sichern. So hat die Preisgestaltung weniger mit Ihnen persönlich und Ihren **Befindlichkeiten** zu

15 „The Joker" (Heath Ledger) in dem Film „The Dark Knight" (2008) während einer Honorar-Verhandlung mit anderen Schurken.

16 Karl Lagerfeld in der Talkshow „Markus Lanz" v.19.4.2012, er unterweist die Zuschauer auch in Sachen Disziplin, Zielbewusstheit und persönlicher Kongruenz.

tun, sondern mit einer **selbst gewählten Rolle,**[17] von der andere abhängig sind. (Gilt selbstverständlich auch, wenn Sie keine Mitarbeiter haben! Dann sind immerhin Ihre Kinder von Ihrem Verhalten abhängig!) Preisfindung bedeutet auch, die **Angemessenheit des Preises** zu ermitteln. Auch das hat mit Ihrem Gefühl wenig zu tun. Befindet sich Ihr Preis in einem angemessenen **Segment? Bestimmen Sie ihn** abhängig von Ihrer Erfahrung, Ihren Titeln, Ihrem Ort, Ihrem Rechtsgebiet, Ihren Sprachenkenntnissen etc. Und: **Schöpfen Sie das RVG aus!** 80 % der Anwälte tun das nach einer Schätzung von Gebührenspezialisten nicht.

---

i **Tipp**

Der „Weg des geringsten Widerstandes" führt bei der Honorarinformation nur kurzfristig zu eigenem Wohlbefinden. Das ökonomische Wunschergebnis sollte Sie langfristig leiten. Überwinden Sie sich und kämpfen Sie dafür. Es wird schnell einfacher!

---

3. Wie sag ich's bloß meinem Mandanten?

Die Honorarinformation ist fester **Bestandteil des Erstgesprächs.** Manche Anwälte erwähnen ihr Honorar bereits am **Telefon** und sortieren so bestimmte **Mandantengruppen** aus.

In manchen Kanzleien erledigt das die Assistentin. Sie muss – wie der Anwalt – dabei vollkommen **verbindlich und freundlich** klingen und auf diese Gespräche **trainiert** sein. Sie muss eine **Alternative** anbieten und auf eine **vertrauensvolle Kooperation** mit dem empfohlenen Anwalt verweisen können. Die Arbeit dieses Kooperations-Anwalts wird stets auf Ihr **eigenes Renommee** zurück fallen. Deshalb müssen Sie dem Kollegen vertrauen. Holen Sie ständig **Feedback** ein.

a) Der Anwalt leitet die Honorarinformation ein

Die beste Einleitung in die Honorarinformation durch den Anwalt ist eine elegante und äußerst **erfolgreiche Alternative** zu dem **hingewurschtelten Katastrophensatz** „Jetzt müssen wir auch noch über's Geld reden".

Er besteht ebenfalls aus einem einzigen Satz. Er ist eingleisig (**kein Dialog**!) und suggeriert, dass Sie gern über Ihre Leistung und genauso gern über die Gegenleistung sprechen, **ohne das eine oder andere zu verhandeln**! Er zwingt den Mandanten zu **Aufmerksamkeit.** Hunderte von Anwälten haben ihn erfolgreich getestet und berichten von plötzlicher gefühlter und transportierter **Leichtigkeit** bei diesem Thema, auch wenn sie zuvor eher zögerlich oder gar furchtsam waren. Test it!

---

17 Vgl. das Kapitel „Yes, I can".

Tipp
„Und nun würde ich Sie gern, wenn Sie einverstanden sind, Frau Berger, über die Kosten informieren, die auf Sie zukommen könnten".

i

Warten Sie unbedingt, bis der **Mandant zustimmt** und halten Sie so lange den **Blickkontakt.** Erst nach seiner Zustimmung reden Sie weiter. Wer kann da schon nein sagen? Dieser Satz gehört in das Erstgespräch wie die weißen Tasten zum Klavier.

Das Wort **„Kosten"** ist bewusst gewählt, denn das anwaltliche Honorar ist nur ein Teil davon. „Wenn Sie einverstanden sind" suggeriert dem Mandanten **Wahlmöglichkeiten**, und mit „Nein, das interessiert mich nicht" antworten nur manche angestellte Anwälte von Rechtsabteilungen, Rechtsschutzversicherte und PKH-Mandanten sowie einige besonders reiche Mandanten (obwohl gerade die letzte Gruppe auch als besonders geizig geschildert wird).

Der Mandant wird immer, wenn es wichtig wird, mit seinem **Namen** angesprochen, und das Wort „informieren" minimiert durch seine **Eingleisigkeit** Debatten und Einwände.

Präsentieren Sie diesen Satz in jedem Erstgespräch, nachdem Sie die bisherige **Sachverhaltsermittlung und Mandantenziele in kurzen Punkten[18] paraphrasiert** haben. Dadurch schließen Sie vor dem neuen Thema den Sachverhalt ab und wirken sehr **strukturiert** – auch auf sich selbst.

b) Der Mandant leitet die Honorarinformation ein

Was ist, wenn der Mandant das Honorargespräch einleitet? Er sagt manchmal schon am Telefon: „Ich will mich scheiden lassen. Wie teuer ist das bei Ihnen?" Anwälte empfinden solche **Verkürzungen von Kausalitäten** als unverschämt, lästig oder niveaulos. Dabei ist diese Frage aus der Sicht des Mandanten völlig berechtigt. **Sie strahlen ihn also an und antworten mit einem Lob**:

„Gut, dass Sie das Thema Honorar gleich ansprechen. Das gibt mir die Gelegenheit,

- Sie über die Kosten zu informieren, die auf Sie zu kommen könnten" (alle Mandanten);
- Sie über die Honorarstruktur unseres Hauses zu informieren" (größere Kanzleien);
- Ihnen zu sagen, wie wir das hier mit dem Bezahlen machen." (Privatmandanten).

18 Zur Strukturierung komplexer Botschaften durch das Brecht'sche Theater s. das Kapitel „Durchsetzung".

„Matchen"[19] Sie dabei das **Sprachniveau des Mandanten**, Üblichkeiten **Ihres Rechtsgebiets** und die **eigene Rolle**.[20] Bitte beachten Sie, dass Ihre Empfangsassistentin diese Frage nach den Kosten oft hört. Weisen Sie sie an, wie sie wörtlich zu reagieren hat.[21]

c) Die Honorarinformation gehört in das Erstgespräch

Sie sind nach § 49 b V BRAO und § 34 RVG ohnehin gezwungen, über Ihre Gebühren **vor Mandatsannahme** zu informieren. An welcher **Stelle des Erstgesprächs** Sie das tun, hängt von den Prioritäten des Mandanten ebenso ab wie von Ihrer Entscheidung, seine Gegenleistung erst nach Ihrer Leistung zu erklären.

Im letzten Fall fällt es vielen Anwälten leichter, mit der Honorarinformation „heraus zu rücken", da bereits **Kompetenz gezeigt** und **Vertrauen aufgebaut** werden konnte. Die Zeit vor der Erwähnung der Gebühren wird überwiegend als Investition gesehen, die dazu führt, dass der Mandant „kauft".

Anwälte wenden häufig ein, Mandanten würden „Wissen abgraben und dann ohne zu zahlen abhauen". Diese Haltung widerlegen dieselben Anwälte häufig kurze Zeit später selbst: „Dann war es auch nicht der richtige Mandant für uns".

Sprechen Sie auch dann über das Honorar, wenn Sie noch **keine seriösen Schätzungen** der Schlusssumme oder Ihres Aufwandes abgeben können. Erläutern Sie dem Mandanten sehr genau, **wovon Ihre realistische Schätzung abhängt**.

Vielleicht nennen Sie einen **Beispielsfall**, vielleicht nennen Sie eine **Marge**, innerhalb derer sich die Schlusssumme aufhält, vielleicht schlüsseln Sie die **erwarteten Kosten** möglichst genau auf. Gerichtskostenvorschuss, Anwaltsgebühren, Vorschussregelung, Stundensatz, in welchem Fall der Gegner was zahlt, wie es bei außergerichtlichen Einigungen aussieht und wie bei gerichtlichen Vergleichen. Bei großen Mandaten teilen Sie mit, wer welchen Teil des Falles bearbeitet, in welchen Bereichen Mitarbeiter eingesetzt werden, in welchen Fällen und unter welchen Bedingungen Pauschalen möglich sind, in welchen dagegen nicht etc.

Denken Sie daran, mögliche **Vergleichsgebühren vor Gericht rechtzeitig zu erwähnen** und **vermeiden Sie um jeden Preis Dezimal- oder Bruchrechnungsruinen** („Da wird dann eine 0,3 Gebühr fällig"). Nicht-Juristen haben keine Ahnung, wovon Sie sprechen.

---

19 Vgl. zu „Matching" auch das Kapitel „Durchsetzung".

20 Vgl. das Kapitel „Yes, I can".

21 Tipp im Kapitel „Assistentin".

d) Leiten Sie Ihre Honorarinformation durch einen Usus[22] ein

Über das Honorar und andere Mandats-Kosten wird im Erstgespräch **informiert** und **nicht verhandelt!** Geld ist ein sensibler Bereich und enger **an Emotionen gekoppelt** als viele andere Alltäglichkeiten. Falls Sie selbst beim Thema „Geld" humpeln, gibt es eine Krücke, die Ihnen wieder den schmerzlosen und aufrechten Gang ermöglicht. Erwähnen Sie als **Vehikel** für die Einleitung des Honorarthemas einen **„Usus".**

Durch die folgenden vier Beispiele dokumentieren Sie, dass Ihre **Leistung invariabel ist und demzufolge die Gegenleistung des Mandanten auch**. Sie setzen die **Diskussionsbereitschaft** des Mandanten herab, indem Sie **Gewohnheiten** bezeichnen, deren **Flexibilisierung** dem Mandanten unwahrscheinlich scheint. Es ist vermutlich unnötig zu erwähnen, dass Sie sich ebenfalls bedeutend sicherer fühlen werden.

aa) Usus Rechtsgebiet

„Frau Berger, im Arbeitsrecht ist eine Mischkalkulation üblich. Das bedeutet: Alle Teile Ihres Mandats, deren Arbeitsaufwand für mich überschaubar ist, rechne ich nach dem RVG ab, und überall dort, wo wir beide den Aufwand nicht schätzen können, z. B. bei der Verhandlung mit Ihrem Betriebsrat, berechne ich einen Stundensatz, und der beträgt bei mir € 180,– pro Stunde. Dazu kommt dann nur noch die Mehrwertsteuer."

Tipp

Die Abkürzung RVG ist unverständlich für 90 % der Mandanten, wird also erläutert.

Achtung

Bitte beachten Sie **Vorschriften des RVG zur Wirksamkeit von Vergütungsvereinbarungen** bei der Vereinbarung von Mischkalkulationen! Insbesondere gehört in jede Vergütungsvereinbarung der Satz, dass bei gerichtlicher Tätigkeit die gesetzlichen Gebühren nach dem RVG als **Mindestvergütung** geschuldet werden, unabhängig davon, was man ansonsten vereinbart hat. Machen Sie auch ggf. deutlich, **ob ein Honorar nach Zeitaufwand auf die gesetzliche Vergütung insbesondere im Gerichtsverfahren angerechnet werden soll oder nicht.**

---

bb) Usus Kanzlei

„Frau Berger, in unserer Kanzlei berechnen wir immer einen Vorschuss von € 250,–. Den zahlen alle unsere Mandanten (Perspektivwechsel!) vor Beginn unserer Tätigkeit, damit wir sofort loslegen können (Nutzen). Dieser Betrag wird von der späteren Schlusssumme abgezogen."

22 Alle Empfehlungen in dem Abschnitt „Honorarinformation" sind rein rhetorische Empfehlungen. Die Autorin hat nicht die Kompetenz, erschöpfend auf Gefahren hinsichtlich der Wirksamkeit von Vergütungsvereinbarungen hinzuweisen.

cc) Usus Mandant

„Frau Berger, bei allen neuen Mandanten (Perspektivwechsel!) berechnen wir einen Vorschuss. Der beträgt immer 10 % des erwarteten Gesamthonorars – in Ihrem Fall also x Euro - und wird später natürlich von der Schusssumme abgezogen."

dd) Usus Person

„Frau Berger, Sie kennen mich jetzt schon vier Jahre. Wir haben Ihre bisherigen drei Fälle nach dem RVG abgerechnet, seit dem 1. Februar habe ich mich entschieden, nur noch nach Stundensatz abzurechnen. Der beträgt bei mir für alle Mandanten € 180,– + MWSt."

Best Practice

Seit ich meine Honorare als Information betrachte und nicht mehr als „Verhandlung", läuft es fast wie von selbst. Ich beginne mit unserer Gewohnheit, von der kein neuer Mandant abweichen kann. Das macht Eindruck.

Offensichtlich werde ich gesehen wie jemand, die hinter ihrer Leistung steht. Nur selten kommen Einwände. Und wenn, stelle ich Fragen: „Auf welchen Teil meiner Leistung möchten Sie verzichten?" ist meine absolute Lieblingsfrage. Alle Mandanten antworten: „Auf keinen natürlich". Ich lache dann und sage: „Sehen Sie, die Leistung ist unteilbar, die Gegenleistung auch. Möchten Sie es sich lieber noch mal überlegen?" Wenn ich das selbst anbiete, bleiben alle da!

Mir macht die Honorarinformation inzwischen Spaß; früher fürchtete ich sie. Ich habe auch nach einer Kanzleientscheidung die erhöhten Stundensätze locker mitteilen können. Ich begründe es mit dem „übergeordneten Dach" und muss es dadurch gar nicht rechtfertigen. Ich glaube, durch Rechtfertigung wirken Anwälte unglaubhaft.

Die „Honorarinformation" hat mir gewiss den Ruf einer sympathischen und kompetenten, äußerst verbindlichen Anwältin eingebracht. Neue Mandanten haben das von meinen Mandanten gehört.

Etwa 80 % meiner neuen Mandanten beziehen sich auf diese Verbindlichkeit und werden ihrerseits leicht zu Multiplikatoren.

Rechtsanwältin Anja Groeneveld, Groeneveld & Fuhrmann Stuttgart, Tel.: 0711-7946075

---

e) Vergütungsvereinbarung

Der Mandant muss jede Honorarvereinbarung **innerlich einsehen** und **äußerlich einlösen**. Verkaufen Sie ihm jeden Honorarmodus als **kanzleitypisch, rechtsgebietstypisch, persönlichkeitstypisch** oder als **Vereinbarung unter Geschäftsleuten**.

In allen Fällen mit **schlecht einschätzbarem oder hohem Arbeitsaufwand** (Nachbarschaftsstreits, Umgangsrecht, Verhandlungen mit schwierigen Betriebsräten, Arzthaftung, Baurecht, laufende Beratung und Vertretung, Nachlasssachen und natürlich Strafrecht) sowie bei Mandanten, die vom Typ her **Vielredner und Chaoten** sind, ist eine **Vergütungsvereinbarung auf Stundenbasis** angebracht.

Was im Geschäftsleben **Selbstverständlichkeit** ist, genießt in anderen Teilen der Bevölkerung den Ruf der Geldschneiderei:

Im Internet kursieren Mandantenratgeber („Wie finde ich einen guten Unfallanwalt"), in denen Mandanten aufgefordert werden, die Honorarfrage vor dem ersten Anwaltsbesuch telefonisch zu klären. Folgende Frage wird Leuten ohne Rechtsschutzversicherten dort empfohlen: „Nach welchem Betrag berechnen Sie mir Ihr Honorar, nach dem Betrag, den die Versicherung zahlt oder nach dem, was Sie von der Versicherung verlangen?“

Empfangsassistentinnen müssen im Umgang mit solchen (sich übrigens drastisch häufenden Anfragen) perfekt geschult sein. Anwälte brauchen **Grundsatzentscheidungen, ob sie solche Mandanten wollen oder nicht.**

Die Anwaltskammern raten, in jedem Fall den eigenen Arbeitsaufwand abzuschätzen und den Mandanten nach einem **„bezifferbaren Interesse“** zu befragen. Objektives und subjektives Interesse können dabei durchaus voneinander abweichen.

4. Erwähnen Sie den Nutzen des Mandanten

Wie bringen Sie nun die verschiedenen Abrechnungsmodi „an die Frau und an den Mann?“ Wenn der Mandant den Nutzen von etwas nicht sieht, macht er es nicht. Daher ist es wichtig, diesen **Nutzen zu kennen und ihm gegenüber herauszustellen**. Beachten Sie akribisch den folgenden

---

Tipp

Ohne Nutzen kein Vertrauen! Der Eskimo kauft den Kühlschrank mit dem 5-Sterne-Gefrierfach nur, wenn er dessen Vorteil gegenüber dem Eis vor seiner Hütte kennt.

---

a) Nutzen des Stundenhonorars

Besonders Anwälte, die bislang nur nach RVG abgerechnet haben, sind erfreut zu hören, dass das **Stundenhonorar für den Mandanten drei gewichtige Vorteile** hat, die das RVG nicht bietet. Diese Erkenntnis erleichtert ihnen die Argumentation gegenüber dem Mandanten, besonders bei **Änderung des Honorarmodus** von RVG auf stundenbasierte Vergütung.

- **Der Mandant beeinflusst die Schlusssumme mit**

Durch eigene Zuliefererarbeiten bzw. **„Hausaufgaben“** (geordnete Papiere, recherchierte Zeitabläufe, Tabellen, Zeugenbeschaffung, Ämterhopping etc.) hält der Mandant den **Zeitaufwand gering** und damit **die Schlusssumme niedrig**. Rechnen Sie dem Mandanten vor, wie viel **Geld er spart**, wenn er seine Unterlagen selbst ordnet und teilen Sie ihm mit, wie er sie ordnen soll, damit Sie **zügig** damit arbeiten können.

In Wirtschaftskanzleien sind sowohl die **hierarchische Staffelung** der Stundenhonorare (nach „Seniorität“) als auch die **anrechenbaren Stunden** normal. Erläutern Sie dort dem Mandanten transparent, **wer wie viel abrechnet**, und zu welchen Arbeiten in welchem **Umfang** Junganwälte bzw. Seniorpartner an der Arbeit beteiligt sind.

- **Durch Zwischenabrechnungen ist eine genaue Ausgabenkontrolle möglich**
Der Mandant kann einmal im Monat oder alle zwei Wochen (vereinbaren!) seine Ausgaben und die Angaben des Anwalts genau **kontrollieren**. Bevor eine vorher benannte Summe erreicht wird, erhält der Mandant einen Anruf (vereinbaren!), wie weiter verfahren werden soll. Der Mandant kann auch die **Häufigkeit der Zwischenabrechnungen** bestimmen.
- **Durch Zeittakt kontrolliert der Mandant seinen Anwalt**
Alle angefangenen 6/10/15 Minuten bilden eine Zeiteinheit. Der Mandant erfährt, dass „die Uhr erst tickt", wenn diese Zeitspanne vorbei ist. Er zahlt also nicht etwa bei jeder kleinen Aktion eine ganze Stunde. Überzeugendes Argument: **„Es wird nur gezahlt, was auch geleistet wird."**

Grundregel: Je kürzer das Mandat, desto kürzer auch die Zeiteinheit. Je höher der Beratungsanteil in einem Mandat, desto länger der Zeittakt.[23] Je geringer der Gegenstandswert, je kleiner das Budget des Mandanten, je ungewohnter sein Umgang mit Wirtschaftsthemen und je mehr seines eigenes Geldes zur Debatte steht, desto besser kommen **kurzfristige, minutengenaue Abrechnungen** an. Bieten Sie von sich aus transparente Vorgehensweisen an, bis er zustimmen kann.

Der Mandant entscheidet auch die Frage, ob die **minuten-genaue Dokumentation** (Bestandteil von Kanzleisoftware) an jede Rechnung angehängt werden soll oder nicht.

b) Nutzen des gemeinsam gefundenen Honorars

Der Mandant **fühlt** die Rechnungssumme und **bezahlt sie sofort**! Das gemeinsame **Finden des Honorars** funktioniert Gewinn bringend **nur unter bestimmten Voraussetzungen**. Es wird **pro-aktiv** vom Anwalt angeboten und ist daher das **Gegenteil von Einknicken** nach einem Einwand.

Erfahrene Anwälte sind bei diesem Tipp im Vorteil: Wer **komplexe Themen in hoher Qualität und kurzer Zeit** lösen kann, zieht diese Möglichkeit in Erwägung, sobald folgende **drei Faktoren zusammen treffen**:
- der Arbeitsaufwand ist für Sie niedrig,
- der Gegenstandswert ist hoch,
- der Vorteil für den Mandanten ist ebenfalls hoch (nicht nur der finanzielle).

Beispiel

Sie haben 25 Minuten gebraucht, um einen Passus in einen Unternehmensvertrag einzufügen. Der Mandant spart durch diese Aktion € 10.000,– pro Jahr. Sie rechnen ihm vor, wie hoch der Gegenstandswert wäre und erklären, nach RVG zahle er aus Ihrer Sicht bei diesem Gegenstandswert viel

---

23 Bitte beachten Sie BGH-Urteile zur Wirksamkeit von Honorarvereinbarungen bei vertraglich vereinbarten Zeiteinheiten!

zu viel, nämlich x Euro. Fragen Sie ihn anschließend: „Wie viel ist Ihnen dieser Passus wert?" Er wird immer einen Wert nennen, der **unterhalb der x Euro** und **weit oberhalb des von Ihnen bislang berechneten maximalen Stundensatzes** liegt.

Auch der **Anwalt profitiert:** Er wird durch einen solchen Mandaten eine ungewöhnlich hohe **„Weitertratsch-Quote"** und **bedeutend höhere Honorare** erreichen!

---

c) Nutzen der Pauschalvergütung

Der Mandant weiß, was **maximal** auf ihn zukommen wird. In **zeitlich und aufwandsmäßig limitierten Projekten** ist die Pauschalvergütung denkbar und beidseitig nutzbringend. Mandanten profitieren von der **Transparenz** dieser Regelung. Das fördert den Verkauf Ihrer nicht-anfassbaren Leistung besonders dann, wenn der Mandant an ein **festes Budget** gebunden ist. Bitte definieren Sie jedoch das Auffangnetz in jedem Fall so genau wie möglich: Für welche konkreten drei Fälle wird eine **Nachverhandlung** nötig werden? **Fixieren Sie die Ausnahmefälle**, die Ihre nach heutigem Stand seriös geschätzte Schlusssumme ins Wanken bringen können, unbedingt schriftlich – als **Teil der Honorarvereinbarung.** Dabei erwähnen Sie den dritten Fall, der die heute geschätzte Schlusssumme nach unten korrigiert, als letzten.

Sie ersparen sich durch dieses Verfahren das für alle schmerzhafte und für Ihren Mandanten sogar **extrem ärgerliche** „Überbringen von negativen Nachrichten."

Vorsicht !

Mandanten fordern im Vorfeld von Projekten gern, die Honorarobergrenze verbindlich festzuschreiben, aber dann „lassen sie den Anwalt über den Umfang seiner Tätigkeit im Unklaren oder erweitern den vorher besprochenen Aufgabenumfang nachträglich. Und erwarten, dass das Honorar gleich bleibt."[24] Die Kritik bezieht sich dabei hauptsächlich auf inhabergeführte mittelständische Betriebe, in denen die Rechtsberatung „bisweilen eher als notwendiges Übel angesehen"[25].

Auch der **Anwalt profitiert** von der Pauschalvergütung**:** Er hat einen Leistungsrahmen festgelegt, der ihm **Umsatz- und Image**-Sicherheit bietet. Wenn er die **Flexibilisierung der Obergrenze** und deren Bedingungen rechtzeitig deutlich macht, steigt diese Sicherheit.

d) Nutzen des Vorschusses

Der Vorschuss veranlasst den Anwalt, **sofort mit der Arbeit zu beginnen**. Viele Mandanten wissen nicht, dass ein Vorschuss die **spätere Gesamtrechnung vergünstigt**. Weisen Sie darauf hin. Ein Vorschuss ist eine Kanzleipraxis, die durch den **Perspek-**

---

24 Rechtsanwalt Jörg Rodewald, Partner im Berliner Büro der Kanzlei Luther, zitiert nach *Creutz*, Handelsblatt v. 12.12.2008: „Worauf Mandanten bei den Anwaltshonoraren achten sollten".
25 *Creutz*, Handelsblatt v. 12.12.2008: „Worauf Mandanten bei den Anwaltshonoraren achten sollten".

tivwechsel erklärt wird: „Alle unsere Mandanten zahlen einen Vorschuss. Dadurch kann ich sofort mit der Arbeit beginnen, und der Vorschuss wird nachher von der Schlusssumme wieder abgezogen."

Viele Kanzleien arbeiten nur bei neuen Mandanten aus **Sicherheitsgründen** mit Vorschuss.

! **Achtung**

Wohlhabende Mandanten können bei einer **Vorschussforderung** den Eindruck haben, der Anwalt sei in Geldnot. Spätestens seit den **Geldwäscheverfahren gegen Strafverteidiger** werden Vorschüsse in bar direkt bei der Sekretärin eingezahlt oder zumindest unter Zeugen.

Auch der **Anwalt profitiert:** Er kann sofort mit der Arbeit beginnen und hat den Eindruck, „wenigstens etwas" von der Summe erhalten zu haben. **Zahlungsbereitschaft** neuer Mandanten wird so dokumentiert und fungiert auch als **Mandantenbindung.**

e) Nutzen des RVG

Die Beratungsleistung kostet überall **gleich viel, ist gesetzlich festgelegt und darf nicht unterschritten werden**. Stellen Sie das heraus. Der Mandant empfindet sie oft als günstiger verglichen mit einem Stundensatz. Das RVG gilt neben der Pauschalgebühr aus Mandantensicht als die **transparenteste** aller Honorierungsarten. Der Mandant kann die **Zahlen selbst ablesen**. Drehen Sie den Bildschirm zu ihm um und/oder rechnen Sie ihm ein Beispiel vor. Das RVG wurde ursprünglich eingerichtet, um einen **Qualitäts- und keinen Preiswettbewerb unter Anwälten** zu forcieren und legt die **Kostenerstattung** durch die unterliegende Partei fest. Machen Sie klar, wie man **Streitwerte festlegt** und wovon genau die **Schlusssumme** abhängt.

Sprechen Sie über **Vergleichsgebühren.** Geschickte Verhandler, meistens Geschäftsleute, wissen, dass das RVG sie bei **hohen Streitwerten benachteiligt**. Rechnen Sie hier mit Debatten und richten Sie sich auf **Mischkalkulationen** ein.

Auch der **Anwalt profitiert**: Er kann einer Leistungsbewertung ausweichen, mit den festgelegten Kostenerstattungsusancen locken und sich auf die Autorität der Gesetzgeber berufen!

5. Einwände zeigen die Verbundenheit des Sprechers mit Produkten, Meinungen oder Verhaltensweisen des Gesprächspartners

Einwände zeigen Bindung! Ein Mandant, der einen Einwand gegen Ihr Honorar äußert, ist mit der zugrunde liegenden **Leistung** bereits verbandelt. Ein Mandant, der das nicht ist, diskutiert das **Preis-Leistungsverhältnis** nicht! Lernen Sie deshalb, **Einwände zu schätzen**! Ein Einwand zeigt, dass **Kompetenzen und Leistungen** des Anwalts bereits im Prinzip akzeptiert wurden.

Ihre vornehmste und schwierigste Aufgabe im Moment des Einwands ist jedoch normalerweise dessen **Neutralisierung**. Sie geht einher mit einer **Versachlichung des Gesprächs.**[26]

Die **Gründe** für einen solchen Einwand sind in Herkunft und Art und Weise der Präsentation vielfältig. Verabschieden Sie sich von der Vorstellung, der Einwand beträfe immer die **Höhe** des Honorars.

Mandanten können **Einwände gegen Ihr Honorar haben**, weil

- Sie Ihre Honorarinformation ungeschickt präsentiert haben;
- sie sich (vielleicht auch über Sie) geärgert haben auf einem ganz anderen Feld;
- sie von konkurrierenden Anwaltskanzleien schon Angebote kennen und vergleichen wollen;
- sie gar keine Kaufabsicht sondern nur einen Informationsbedarf hegen;
- sie sauer auf den Gegner sind und das Honorar ihm „anlasten";
- sie anwaltliche Honorare einfach nicht kennen;
- sie andere Widerstände verbergen, die mit dem Preis nicht zusammenhängen;
- sie gar nicht entscheiden dürfen und Ihnen das nicht direkt sagen möchten;
- sie das Honorar als Investition sehen und den Erfolg nicht voraussehen können;
- sie gewohnheitsmäßig zunächst einmal zu feilschen versuchen;
- sie keine Ahnung haben, wie sie das bezahlen sollen (auch geringere Preise nicht).

Viele weitere Gründe finden Sie in der folgenden Tabelle – nebst vielfach erprobten Antworten. Bitte **auswendig lernen** wie Vokabeln:

Der Mandant möchte über das anwaltliche Honorar verhandeln,

weil er...	Der Mandant sagt:	Der Anwalt antwortet:
weiß, dass Feilschen sich gewöhnlich lohnt.	„Und welchen Preis schlagen Sie vor für mich?"	„Auf welchen Teil meiner Leistung möchten Sie verzichten?"
die Unsicherheit des Anwalts in der Honorarfrage bemerkt.	„Wie wollen Sie diese Summe rechtfertigen?"	„Gar nicht. Unsere Leistung führt ja gerade zu Ihrer Gegenleistung. Was lässt Sie an unserer Leistung zweifeln?"
annimmt, dass das Handeln am Preis bei unerfahrenen Anwälten schnell zum „Einknicken" führt.	„Der Anwalt X macht das für die Hälfte"	„Das ist mir bekannt. Und was machen wir nun?" „Das weiß ich. Was wissen Sie über seine Leistung?"

26 Vgl. zur Versachlichung von Einwänden das Kapitel „Durchsetzung".

Der Mandant möchte über das anwaltliche Honorar verhandeln, weil er...	Der Mandant sagt:	Der Anwalt antwortet:
den wirtschaftlichen Druck des Anwalts spürt und (aus-) nutzen möchte.	„Können Sie sich überhaupt leisten, dieses Mandat zu verlieren?"	„Wir möchten gern mit Ihnen zusammen arbeiten. Was dürfen wir tun, um Ihre Zweifel zu beseitigen?"
den Eindruck hat, der Anwalt sei seinen Preis nicht wert.	„Sind Sie sicher, dass Ihre Arbeit das wert ist?"	„Viele unserer Mandanten hatten anfangs Zweifel wegen dieser Strategie; wir konnten sie bislang durch Ergebnisse überzeugen. Dürfen wir das bei Ihnen auch versuchen?"
sich nicht sicher fühlt über Details und deren Konsequenzen.	„Und damit kommen wir durch?"	„Es sieht im Moment sehr so aus. Was lässt Sie zweifeln?"
die Notwendigkeit taktischen Handelns und kreativer Vor- und Aufbereitung bestreitet.	„So einen Vertrag haben Sie doch im Computer."	„Kein Fall ist jemals wie der davor. Wir untersuchen jetzt, wie Ihr spezieller Fall gelagert ist. Was halten Sie davon?"
von Vorgehensweise und Kanzleileistung noch nicht überzeugt ist.	„Ich muss mir das überlegen".	„Gern. Viele unserer Mandanten schlafen eine Nacht drüber und teilen ihre Entscheidung am nächsten Tag mit. Können wir das hier auch so machen?"
meint, dass sein Budget nicht reicht.	„Das übersteigt mein Budget." (faktische Budgetgrenze)	„Was können wir tun, um Ihren Vorstand von einer jetzigen Investition zu überzeugen?"

III. Die Zehn Gebote für Rentabilität in Ihrer Kanzlei

Hat auch Ihre Kanzlei **am Geldende noch reichlich Monat übrig**? Dann wird es Zeit, das umzudrehen!

Wirtschaftsunternehmen sind immer profitorientiert – und leider nur manchmal profitabel! Die wirtschaftliche Situation einer Kanzlei ist ablesbar an dem **Zusammenhang von Zeit und Geld.** Die Honorarinformation ist nur eine von vielen Faktoren, die die Rentabilität Ihrer Kanzlei beeinflussen.

Zehn Gebote – erfolgreich getestet in kleinen und mittelständischen Kanzleien – tragen zur Rentabilität Ihrer Kanzlei bei:

1. Glauben Sie an sich

Wer seinen Wert kennt, wird positiv bewertet – und schätzt seinen Gegenwert in aller Regel richtig ein. Definieren Sie also den **Wert,** den Sie sich selber geben. Sind Sie es Wert, Geld für diese Leistung zu bekommen? Sind Sie **diese Summe** aus eigener Sicht Wert?

Für ein freundliches und verbindliches Honorargespräch benötigen Sie eine gefühlte – und für den Mandanten fühlbare – **Kongruenz** zwischen Ihren faktischen Leistungen und dem daraus ermittelten Honorar. Die Folge dieser Kongruenz ist Ihre wichtigste Verkaufshilfe: Ihre **Ausstrahlung.** Fachliche Argumente und fachliche Kompetenz werden ohne Ausstrahlung zu einer **belanglosen statistischen Größe**: ungeglaubt, unverstanden und möglichst schnell vergessen.

Sie sind verantwortlich für die **Arbeitsplätze** Ihrer Mitarbeiter! Glauben Sie auch daran; Sie haben es erschaffen. Wenn die für den Erhalt der Kanzlei notwendige **Mindestsumme** nicht durch Honorare eingespielt wird, vernichten Sie **Arbeitsplätze** und **Selbstachtung.** Die Honorarinformation sichert das **wirtschaftliche Überleben Ihrer Kanzlei.**

2. Passen Sie den Honorarmodus an Ihr Kanzleiziel an

Sie möchten rentabel wirtschaften, Zeit für Akquise freischaufeln und außerdem noch abends Ihre Kinder sehen, Ihrem Sport nachgehen und Ihren Lieblingsroman weiter lesen?

Dann überprüfen Sie die Abrechnungsmodi in Ihrer Kanzlei: **Verschenken Sie nie wieder Lebenszeit an Unbekannte!** Dies gilt besonders für solche Teile der Mandatsabwicklung, in denen Arbeitsaufwand traditionell nicht einschätzbar ist.

Wer im Familienrecht eine umgangsrechtliche Streitigkeit nach RVG abrechnet, verschenkt objektiv begrenzte Lebenszeit an Unbekannte. Vereinbaren Sie **Mischkalkulationen**!

Erhöhen Sie zusätzlich die Gesamtzahl der stundenbasierten Abrechnungen verglichen mit RVG-basierten Abrechnungen. Stellen Sie ggf. die **Mandantenstruktur** um.

3. Verändern Sie Ihr Führungsverhalten

Bedrohliche Verluste schreibt jede Kanzlei, in der Anwälte ihre **Assistentinnen** nicht für Akquiseaufgaben einsetzen,[27] ihre **Rückrufpolitik** suboptimal organisieren und ihre **Mandantengespräche** nicht effizient strukturieren.[28] Allein die Stress-Anrufe

---

27 Siehe Kapitel „Assistentin“.

28 Siehe Kapitel „Mandantengespräche“.

der **auf diese Weise gebeutelten Mandanten** vernichten jeden Ansatz effizienten **Zeitmanagements!**

Eine Assistentin, die sich unterhalb ihrer Möglichkeiten eingesetzt, durch **fehlendes Lob** oder **unklare Anweisungen** schlecht behandelt fühlt, wird auf „innere Kündigung" schalten oder Sie gleich ganz verlassen – beides ist Folge des teuersten **Managementfehlers** Ihres Lebens, nämlich schlechter Führung!

Delegieren Sie 70 % Ihrer B-Aufgaben an Ihre Assistentin, geben Sie kristallklare **Anweisungen**, kontrollieren Sie danach speziell ihr **Telefonverhalten** und machen Sie aus sich einen stets **glaubhaften und verlässlichen Chef!**

4. Gestalten Sie Ihre Preispolitik

Schaffen Sie ein **am Wettbewerb orientiertes** Honorarsystem: Wie sind die Preissegmente in Ihrer Stadt? Ihrem Rechtsgebiet? Bei Ihrem Spezialisierungsgrad? Bei Ihren Zusatzausbildungen? Bei Ihrer Erfahrung in dem Spezialgebiet X. Was ist der Marktpreis?

Erhöhen Sie Ihre Preise bei besonderen organisatorischen Anforderungen: Wochenendarbeit, Arbeit außerhalb der Kanzlei, kurz-, mittel- oder langfristige Ankündigung des Mandats, hoher Zeitdruck. Erläutern Sie das immer zu **Beginn der Honorarinformation!**

Bilden Sie Ihren Preis durch **Mandantenkriterien** wie Wichtigkeit, Dringlichkeit, Nutzen der anwaltlichen Intervention und Zahlungsbereitschaft (und -fähigkeit) des Mandanten.

Der Preis richtet sich auch nach dem **Geschäftsmodell** der Kanzlei: Arbeiten Sie wenige Stunden zu hohem Preis (= „Fachanwalt, viel Erfahrung") oder viele Stunden zu geringem Preis (= „Allrounder muss sich oft einarbeiten")?

Reduzieren Sie Kosten, indem Sie die Anzahl **variabler Größen** erhöhen (Gehalt, etc.) und die Anzahl nicht unbedingt notwendiger Positionen senken. Machen Sie **hochwertige Mandate teurer** (Erhöhung Stundensatz, Pauschale, Abrechnung mehr Stunden, die bisher nicht abgerechnet wurden; achten Sie dabei auch auf Reisezeiten, Meetings etc. und deren Berechnung!).

Es ist besser für Ihre **Außenwirkung**, einmalig eine Leistung **begründet und pro-aktiv zu verschenken** als sie zu einem **Dumping-Preis** zu verkaufen.

5. Entscheiden Sie Rabatte pro-aktiv – niemals aus Not

Entscheiden Sie sich **bewusst für oder gegen** Kampfpreise bei Erstaufträgen, Paketpreise bei Übernahme vollständiger Mandate, Einmalpauschalen (wenn Aufwand vorher bekannt), Monatspauschalen (nur wenn Zeitmitschrift und unter Ausschluss umfangreicher Mandate). Erstellen Sie eine Preistabelle, die allen Mitarbeitern bekannt und in der EDV hinterlegt ist. Entscheiden Sie sich pro-aktiv **für oder gegen** (!) eine Rabattpolitik, die Stammmandanten honoriert: z. B. bis zu 50 Stunden pro Jahr voller Honorarsatz, dann –5 % bis 100, dann –10 % über 100 Stunden.

6. Verringern Sie Ihre Kostenquote

Ermitteln Sie Ihre Kostenquote. Sie bezeichnet das **Verhältnis zwischen Einnahme und Geld**- (bzw. Zeit-) Einsatz pro Mandat. In den meisten Kanzleien sind Kostenquoten gar nicht bekannt.

Kosten fungieren bei vielen Anwälten als **unlenkbares Ärgernis**. Wo sie ermittelt werden, zeigen **Vergleiche von Kostenquoten**, dass zwischen 40 % und 70 % Kostenquote in Anwaltskanzleien üblich ist. Eine **Kostenquote oberhalb von 50 %** sollte zu Besorgnis Anlass geben. Das können Sie nur noch durch **Umsatzsteigerung** beeinflussen.

Kostenquoten können Sie **verringern** durch **Standardisierung:** Optimieren Sie **Arbeitsabläufe und Delegation**. Nutzen Sie Ihre **Kanzleisoftware** aus; sie ist teuer genug. Engagieren Sie Jurastudenten für € 10/Stunde, Ihnen während der Semesterferien die **Kundenkartei** zu aktualisieren. Setzen Sie **billigere Arbeitskräfte** für C-Aufgaben ein. Steigern Sie die Effizienz Ihres EDV-Einsatzes, Ihrer **Kommunikation** zwischen den Hierarchieebenen und der Einbindung des Mandanten in die **Qualitätssicherung.**

Verwenden Sie E-Mails oder Telefonate statt Briefe bei **Terminsverlegungen** mit dem Gericht. Optimieren Sie den **„Lauf der Akte“.** (In manchen Kanzleien suchen jeden Morgen sechs Assistentinnen eine Stunde lang die Akten, die sie mit der an dem Tag eingegangenen Post dem Anwalt vorlegen müssen. Noch schlimmer hier: der Anwalt will alle Post sehen.)

Ändern Sie sofort Ihr **Delegationsverhalten** (Assistentin macht Ihre B-Aufgaben), optimieren Sie sofort Ihre Kommunikation in allen Akquisebereichen (Millionen von Euros gehen jährlich in Anwaltskanzleien verloren durch Akquise untaugliche In-house Veranstaltungen). Im Niedrigpreissegment **müssen alle Abläufe standardisiert** sein. Die Assistentin erledigt dort große Teile der Fallvorbereitung. Alle Schriftsätze sind standardisiert. Alle Anrufe, die auf die Schriftsätze folgen, werden trainiert, damit sie kurz und sehr freundlich gehalten werden.

Tipp

Wandeln Sie Ihre verzweifelte Frage: „Kann ich es mir leisten, dieses Mandat abzulehnen?“ um in die analytische Frage: „Kann ich es mir leisten, das Mandat anzunehmen?“

---

7. Klassifizieren Sie Ihre Mandanten

Die größten Potenziale zur Gewinnsteigerung liegen allerdings im **Zielgruppenfokus**, also in Qualität der Mandanten und Mandate. Mit dem Wert der Angelegenheit steigen Honorar und Image der Kanzlei. Wo 80 % des Umsatzes mit 20 % der Mandanten erbracht werden, ist der Aufwand in einem respektablen und **Ressourcen schonenden** Verhältnis zum Ergebnis.

Die Klassifizierung in **A, B und C-Mandanten** bezeichnet in diesem Fall deren Zahlungsmoral und die Konsequenzen daraus. Sie haben unterschiedliche Rechte. **A-Mandanten** genießen uneingeschränktes Vertrauen, da sie in der Vergangenheit immer schnell gezahlt haben. Jeder **Neukunde** und jene, die **schlechte Zahler** sind, sollten als **C-Mandanten** geführt und nur gegen **Vorschuss** bzw. **sofortiger Abrechnung** angefallener Tätigkeiten bedient werden. **B-Mandanten** sind solche, die bei Zahlung **innerhalb des Zahlungsziels von** maximal zehn Tagen bedient werden. Zahlungsverzug kann hier allerdings unkommentiert toleriert werden, sofern „das Verfügen über fremdes Geld" (etwas anderes ist ein Zahlungsverzug nicht!) nicht ein Muster des Mandanten ist.

Diese Einteilung macht auch in anderen Bereichen der Anwaltskanzlei Sinn. A-Mandanten werden in vielen Kanzleien anders begrüßt, schneller bedient und vorausschauender für die Akquise eingesetzt als C-Mandanten. Das Management ihrer **Beschwerden** ist daher vorrangig, ihre **Cross-Selling Potenziale** sind oft attraktiver und ihre **Referenzpotenziale** nützlicher.

8. Verbessern Sie die Zahlungsmoral Ihrer Mandanten

Unerlässlich ist dafür die **vollständige, rechtzeitige, detailreiche und freundliche Aufklärung** im **Erstgespräch** über alle Positionen auf der späteren Rechnung. Muten Sie Ihrem Mandanten keinerlei negative Überraschung zu! Wenn Sie Cross-Selling Potenzial sehen, **übergeben** Sie die Rechnung, statt sie zu übersenden.[29] Schreiben Sie Rechnungen sofort nach Mandatsende und richten Sie ein **offensives Mahnwesen** ein, dessen erster Schritt immer in einem **Anruf durch Ihre Assistentin** bestehen sollte. Papier wirkt weniger dringlich als Personen. Alles andere kostet zu viel Zeit und Nerven. Erhebliche **Gewinnmaximierung** ist allein durch freundliche, nachdrückliche Erinnerung möglich!

---

29 Siehe auch das Thema „Abschlussgespräch" in Kapitel „Cross-Selling".

9. Räumen Sie zwischen Ihren Ohren auf

Der wichtigste Feind effizienter Akquise ist der fehlende, unbedingte **Wille!** Schön reden und danach nichts tun ist nichts als kostspielige **Zeitverschwendung.** Definieren Sie **Ziele**! Jedes Ziel hat gewichtige Konsequenzen für jedes Detail Ihres **Alltagsverhaltens.**[30] Definieren Sie darunter **Strategien**, die zu diesen Zielen passen.

Ein Fass ohne Boden ist nicht befüllbar: Sie können unmöglich das Ziel entwikkeln, „mehr Mittelständler zu beraten", wenn Sie Ihre **Honorarpolitik** nicht anpassen und weiter 80 % Ihrer Mandate nach RVG abrechnen.

Definieren Sie auch den **Wert,** den Sie sich selber geben! Sind Sie es wert, Geld für diese Leistung zu bekommen? Sind Sie **diese Summe** aus eigener Sicht wert? Wenn die für den Erhalt der Kanzlei notwendige **Mindestsumme** nicht durch Honorare eingespielt wird, vernichten Sie **Arbeitsplätze** und Ihre **Selbstachtung.**

Anwälte haben Angst, als **geldgierig** dazustehen, wenn sie **für eine Minute Antwort Geld verlangen.** Angst ist zwar ein erprobtes Hilfs- und Orientierungsmittel im Alltag und „für die Seele ebenso gesund wie ein Bad für den Körper,[31] an dieser Stelle jedoch komplett fehl am Platz. **Wem sind Sie so etwas schuldig**?

Eine kostenlose Antwort auf eine Rechtsfrage kann durchaus die **Mandantenbindung stärken** oder sogar hervorrufen. Eine ganz schlechte Idee ist es jedoch, aus **Not bzw. mangels anderer Methoden** kostenfrei zu antworten! Ihr jahrelanges Studium und Ihre kostspieligen permanenten Fortbildungen machen rechtssichere Antworten erst möglich – auch am Telefon bei der Kurzanfrage. Wieso sollten Sie auch noch dafür bezahlen, dass es wildfremden Menschen durch Ihre **Gutmütigkeit** besser und Ihnen schlechter geht?

Anwälte sind **Unternehmer.** Wer danach nicht handelt, sortiert sich aus dem Wettbewerb aus![32]

10. Strukturieren Sie Ihre Sprache

Verdrehte Welt: Anwälte fordern ihre Gesprächspartner selten zu **Dialogen** auf, wenn es **taktisch hilfreich** wäre (Mandantengesprächen, Verhandlungen, bei Vorträgen etc) und oft, wenn es vollkommen kontraproduktiv ist, z. B. bei Anweisungen über Verhal-

---

30 Vgl. das Kapitel „Zielführung" in einer Anwaltskanzlei.

31 Maxim Gorki, er heißt eigentlich Alexei Maximowitsch Peschkow († 1936 in Gorki bei Moskau), wuchs in ärmsten Verhältnissen mit häuslicher Gewalt und ohne Ansprache in einem Kellerloch auf, arbeitete seit seinem 10. Lebensjahr als Lumpensammler, Laufjunge, Küchenjunge, Vogelhändler, Verkäufer, Ikonenmaler, Schiffsentlader, Bäckergeselle, Maurer, Nachtwächter, Eisenbahner und Rechtsanwaltsgehilfe. Weltberühmt wurde er durch das Theaterstück „Nachtasyl" (1902) und durch den Roman „Die Mutter" (1906/07).

32 Vgl. zur „Rollenkongruenz" von Anwälten das Kapitel „Yes, I can".

ten im Gerichtssaal, bei der Strukturierung der Hausaufgaben – und bei den **Honorarinformationen.** Das kommt einem externen Beobachter sehr merkwürdig vor!

Anwälte haben, wie oben ausgeführt, eine **nicht-anfassbare** und hoch **erklärungsbedürftige Dienstleistung** zu verkaufen. Das geht nur mit **überzeugendem Vokabular**, einer über jeden Zweifel erhabenen **Nutzenargumentation** und einer freundlich – distanzierten Sprache, die **keinen Widerspruch** fördert.

---

i

Erfolgstipps
- Das Honorarthema gehört – verständlich präsentiert – ins Erstgespräch.
- Verhandeln Sie nicht über Ihr Honorar, sondern informieren Sie darüber.
- Seien Sie auf Einwände gefasst und bleiben Sie Sieger. Ihre Leistung ist ebenfalls nicht teilbar!
- Schaffen Sie eine markt-, kanzlei- und zielgerechte Preispolitik!
- Senken Sie Ihr Honorar niemals aus Not, sondern nur aus taktischen Gründen!

In-house Veranstaltungen

40 % direkte Akquise 60 % indirekte Akquise

Mandanten-Veranstaltungen dienen der Akquisition, gehören zu den A-Aufgaben eines Anwalts und zu den **teuersten aller Akquisemethoden.**

Anwälte begeben sich bei dieser Gelegenheit wagemutig in **mehrere eher unbekannte Rollen.**[1] Sie sind plötzlich Lehrer, Eventmanager, Zeremonienmeister und Small Talk-Gurus. Keine dieser Rollen ist Anwälten direkt auf den Leib geschneidert, manche bleiben **ungünstig besetzt** und alle sind **unverzichtbar** für den Erfolg der Veranstaltung.

Chancen bleiben oft ungenutzt, so mancher **Teameffekt** blüht nur im Verborgenen und die **getätigte Investition** entpuppt sich immer wieder als Euro-Grab.

Dieses Kapitel wird Sie in fünf Abschnitten durch **organisatorische** und vor allem **kommunikative Tipps** dabei unterstützen, aus **kostspieligen In-house-Veranstaltungen** Akquise-Events mit einer **erfreulichen Rendite** zu machen:

I. **Bestandsaufname**
II. **Vom Euro-Grab zur Investition – Ihre Mandanten-Events**
III. **Vom total Tabu zur Lieblingslösung: Acht Akquise-Tipps für Ihre Mandantenevents**
IV. **Von der Beliebigkeit zur Organisationsfreude: Ihre „Eventarchitektur" in 15 Schritten**
V. **Von Langeweile zu Lernlust: Methodik und Didaktik Ihrer Mandantenseminare**

I. Bestandsaufname

Das „*beliebteste Marketinginstrument*" in Anwaltskanzleien war im Jahr 2010 laut Erhebung des PMN[2] das Mandantenseminar. Anders als im Vorjahr standen 2010 die Ausgaben für Mandantenseminare an der Spitze des Gesamtbudgets für Marketing. Mandantenseminare, so die PMN-Studie weiter, garantieren, dass die Kanzlei

---

1 Vgl. zu anwaltlichen Rollen und deren kongruente Besetzung das Kapitel „Yes, I can".

2 *Schieblon*, 3. PMN Benchmark Studie Anwaltsmarketing Juli 2011, S. 25, Ergebnis einer Befragung von 75 TOP Kanzleien – nach Ranking in *JUVE* Rechtsmarkt 10/2010.

„aktuelle Themen an die Mandanten herantragen, sie an sich binden und Cross-Selling Geschäfte[3] *generieren"* kann.

Anwälte geben zu Akquisezwecken ihr Wissen an Multiplikatoren, Kollegen, Richter, Steuerberater, Wirtschaftsprüfer, Organisationen, Behörden, Vereine, Branchen, die Schule ihrer Kinder und vor allem **direkt an zukünftige Mandanten** weiter.

Diese Mandantenveranstaltungen leben durch lebendige **Teampräsentation,** verständliche **Vorträge**, alltagstaugliche **Seminare**, gut gelauntes **Beisammensein**, herzliche **Gespräche, gastronomische Extravaganzen** und vor allem durch **dialogische Eleganz** in der Akquisephase.

Small Talk, Business-Knigge und der entschiedene **Charme der Gastgeber**, gepaart mit taktischer Zurückhaltung bei der **Kompetenzpräsentation**, sind Ihre unverzichtbaren Helfer. Ihr **Team** macht auf alle Gäste einen **servicebereiten Eindruck**, Ihre **Kanzleiräume** werden für unbekannte Reisende zur **Heimat** und trainierte **Gastgeber-Teams** lösen allseits großes intellektuelles und emotionales **Wohlbefinden** aus.

Marketingfachleute drücken es umständlich aus: Ein Mandanten-Event ist *„Plattform einer erlebnis- und dialogorientierten Präsentation der angebotenen Dienstleistung"*, in deren Verlauf *„durch Stimuli Aktivierungsprozesse in Bezug auf die angebotenen Dienstleistungen geweckt"*[4] werden sollen. Schön wär's, denken sich da viele Gastgeber und machen sich daran, ihre erlebnis- und dialogorientierten Präsentationen zu optimieren.

Akquise fördernde Mandantenveranstaltungen gibt es **an verschiedenen Orten** und in **verschiedenen Organisationsformen.** Sie finden statt:

- in eigener Kanzlei – Anwalt ist selbst Veranstalter und Organisator,
- an einem neutralen Ort – der Veranstalter bzw. Multiplikator ist Organisator,
- an einem neutralen Ort – Anwalt ist selbst Veranstalter + Organisator,
- an einem neutralen Ort – Anwalt ist Veranstalter und delegiert die komplette Organisation,
- im Haus der Mandanten – Mandant ist Veranstalter und Organisator,
- im Haus des zukünftigen Mandanten – zukünftiger Mandant ist Veranstalter und Organisator.

---

3 Vgl. das Kapitel „Cross-Selling".

4 *Meffert/Bruhn*, S. 295.

II. Vom Euro-Grab zur Investition – Ihre Mandanten-Events

Mandantenseminare,[5] Vorträge,[6] Sommerfeste, Vernissagen, Firmenjubiläen, Fusionen, Neugründungen, Standorteröffnungen, Teamvorstellungen, Unternehmensübergaben, Unternehmenspräsentationen oder Kanzleigeburtstage haben unschöne und schöne **Gemeinsamkeiten**:

Unschön:	**Schön:**
Sie kosten Geld.	Sie bringen neue Mandate und Mandanten.
Sie kosten Nerven.	Sie bringen Ihre Teams in Schwung.
Sie kosten Zeit.	Sie generieren Langzeit-Effekte.

1. Veranstalten wir selbst ein solches In-house Event oder nicht?

Diese Debatte wird wild geführt. In Partnerversammlungen gibt es darüber häufig **Streit.** Die Demarkationslinie verläuft zwischen **Konto und Kopf**, zwischen **Kurzfrist-Controllern** („Zu teuer!") und **Langfrist-Strategen** („Nur teuer, wenn wir das nicht für die Akquise nutzen!").

Dieser Streit führt wegen „unüberbrückbarer Differenzen" manchmal zu einer **Kanzleiauflösung** und immer zu einer folgenschweren und durchaus bedrückenden **Inkongruenz zwischen eigenem Ziel und eigenem Verhalten**. Diese Inkongruenz wird schmerzhaft belegt durch **neue Erkenntnisse**. 707 durch Zufallsgenerator befragte Anwälte jeder Kanzleigröße schätzen die **Akquiserelevanz** von Mandanten-Seminaren bzw. -vorträgen – besonders für potenzielle Mandanten – als **extrem hoch** ein. Dennoch veranstaltet lediglich **ein Drittel** derselben (!) Befragten solche Fortbildungen.[7] Dieses Drittel ist, so die Studie weiter, signifikant nach **Kanzleigrößen** aufteilbar. Mit der Größe der Kanzlei steigt die **Anzahl der Mandantenveranstaltungen:** 43,8 % der befragten Kanzleien mit mehr als 10 Rechtsanwälten veranstalteten Mandanten-Events, während bei den Sozietäten mit 6-10 Anwälten die Rate

5 Anwälte verwenden die Begriffe „Vortrag" und „Seminar" oft synonym. Deshalb hier ein Hinweis: Im Kapitel „Vorträge" finden Sie alle „monologische Präsentationen", bei denen Einer redet und die Anderen hören zu. Alle Lernveranstaltungen, bei denen etwas durch die Teilnehmer „geübt" wird, heißen in diesem Buch „Seminare" und werden eingruppiert unter „dialogische Präsentationen". Sie befinden sich am Schluss dieses Kapitels.

6 Vgl. zu Vortragstechniken und deren Akquisepotenzial das Kapitel „Vorträge".

7 SOLDAN Institut; *Kilian*: „Wirksamkeit anwaltlicher Marketingmaßnahmen – Eine empirische Untersuchung zur Unternehmenskommunikation von Anwaltskanzleien" (2011), Band 6, S. 67. Befragt wurden nach Zufallskriterien 707 deutsche Anwälte jeder Kanzleigröße in den Jahren 2009 bis 2011.

signifikant **sinkt.** Dort laden nur noch 25 % zu eigenen Veranstaltungen ein, Einzelkanzleien sind mit 7,3 % unter den Veranstaltern vertreten. Die letzte Zahl könnte allerdings auch mit fehlenden oder unzureichend repräsentativen Räumlichkeiten zusammen hängen.

2. Kanzleien nutzen eigene Mandantenveranstaltungen kaum zur Akquise neuer Mandanten

Viele Kanzleien tun viel dafür (telefonische Einladungen, schriftliche Einladungen, Anzeigen, Kundenkartei, Flyer bei Multiplikatoren, Bonussysteme für Empfehlungen etc.), **potenzielle Mandanten** zu In-house Veranstaltungen in die Kanzlei zu bringen. Viele schaffen das auch. Manche Kanzleien erreichen regelmäßig die erstaunlich hohe Quote von bis zu **30 % potenziell neuer Mandanten pro Veranstaltung.**

Tatsächliche Akquiseerfolge spiegelt diese Quote allerdings nicht annähernd wieder. Die **Sollbruchstelle** zwischen der **Anzahl der Interessenten** und der **Anzahl der tatsächlich daraus generierten neuen Mandate** scheint deutlich und ist nicht gerade motivierend für die Veranstalter. Das kann drei Gründe haben:

- **Die Vorbereitung** (Zielgruppe, Einladungsmodus, Kundenkartei, Zuständigkeitsgerangel) oder die **Nachbereitung** (Nachfassen, Feedback-System, Folgeangebote) sind **unzureichend.**
- **Die Maßnahmen** zur Akquiseförderung **während der Veranstaltung** sind nicht ausreichend, falsch gewählt oder ungeschickt präsentiert.
- Die **Kausalität** zwischen Mandantenveranstaltung und Akquise wird nicht schlüssig **dokumentiert.**

Jeder Veranstalter von Mandantenveranstaltungen gibt an, **neue Mandanten gewinnen** und **ehemalige Mandanten binden** zu wollen. Jedoch auf die Frage: „Wodurch genau leiten Sie während der Veranstaltung die Akquise ein?" gibt es kaum mehr als ein Schulterzucken oder eine Bemerkung über Small Talk und „kostenlose Häppchen".

Ein externer Beobachter kann dadurch den Eindruck gewinnen, aus Sicht der Veranstalter sei Akquise bereits gelungen, wenn Nicht-Mandanten die Kanzlei betreten. **Zuverlässig bindende Aktionen** sind während oder nach der Veranstaltung **nicht in relevantem Ausmaß** feststellbar.

---

i **Tipp**

Mandantenveranstaltungen sind nur teuer, wenn sie unzureichend für die Akquise genutzt werden!

---

3. Kanzleien nutzen eigene Mandantenveranstaltungen erfolgreich zur Mandantenbindung

Von größeren Erfolgen berichten Anwälte dagegen bei der **Ausweitung bisheriger Aufträge** („Cross-Selling")[8] und bei der **Bindung derzeitiger und ehemaliger Mandanten** an ihre Kanzlei mit Hilfe von Mandanten-Events. Durch solche Veranstaltungen werden erfolgreich[9]

- bestehende Mandatsverhältnisse intensiviert,
- ehemalige Mandanten an die Kanzlei gebunden,
- weitere Mandatierungen langfristig vorbereitet,
- „Weitertratschquoten" erhöht.

Dieser Effekt tritt offensichtlich auch dann ein, wenn **keine besonderen Akquise-Vorkehrungen** während der Veranstaltung getroffen wurden. Der Grund liegt auf der Hand: Mandanten, die bereits ein **Vertrauensverhältnis zu ihrem Anwalt** haben, sind ausreichend ansprechbar durch den **Inhalt einer solchen Veranstaltung**. Sie machen sich weitere Rechtsberatungsbedarfe häufig eigenständig bewusst, freuen sich über jede Einladung in die **„Kanzlei ihres Vertrauens"**, entwickeln ein manchmal fast familiäres **Zugehörigkeitsgefühl** zur Kanzlei und – damit immer verbunden – ein gewaltiges **Multiplikatorenpotenzial**. Sie bringen oft **weitere interessante Gäste** mit und benötigen keine weiteren **vertrauensbildenden Maßnahmen** durch „ihren" Anwalt.

Falls das erste Mandat in der Sache erfolgreich und im Kontakt mit dem Anwalt persönlich zufriedenstellend war, geht **das Vertrauensverhältnis sogar auf die ganze Kanzlei über.** Das heißt: auch für das nächsten Mandat heuert dieser Mandant dieselbe Kanzlei wieder an.

Dasselbe gilt für so genannte **Referenzkunden**, die durch den ehemaligen Mandanten über die Leistungen des Anwalts erfahren haben. Solche Referenzkunden sind leicht zu führen und leicht zu beeindrucken. Sie haben bei ihrer ersten Begegnung mit dem Anwalt bzw. mit der Kanzlei bereits ein **„geerbtes Vertrauensverhältnis"** zu ihm und bewerten daher alles, was von dieser Kanzlei kommt, zunächst als positiv.

Zwar können **langweilige Präsentationen, arrogante Auftritte** oder **unverständliches Vokabular** während der **Mandantenveranstaltung** theoretisch auch solche Mandanten abschrecken, doch müsste da schon vieles zusammen kommen: Das **Vertrauensverhältnis zu einem Anwalt** ist normalerweise stärker als dessen Fehler, Tagesform oder Sprache. In dieser Konstellation wird vieles verziehen.

---

8 Vgl. das Kapitel „Cross-Selling".

9 Durch Mandantenbefragungen wissen Kanzleien, was den Ausschlag gab für eine erneute Mandatierung. Vorträge und Seminare nach dem ersten Mandat werden dort überdurchschnittlich häufig genannt, fast so häufig wie das originäre Vertrauensverhältnis zum Anwalt. Vgl. dazu das Kapitel „Leistungs-Feedback".

4. Kanzleien delegieren die gesamte Organisation an Profis

Großkanzleien mit eigenem **Eventmanagement** oder einer leistungsfähigen Client-Relationship-Abteilung schaffen die Organisation von Mandantenveranstaltungen gut aus eigener Kraft und haben den psychologischen Vorteil, **eigene Leistungen zusammen mit den eigenen Räumlichkeiten zu präsentieren**. In passenden, repräsentativen Räumlichkeiten mit der notwendigen technischen Ausstattung und einem erfahrenen Haus-Catering-Service (der mit Sonderpreisen lockt!), entsteht bisweilen ein **Heimatgefühl** bei stolzen Gastgebern und neugierigen Gästen.

Der Werbespot „Dachterrasse mit weißen Sonnenschirmen an lauem Sommerabend" dokumentiert eine solche Heimat ebenso wie: „Pechschwarze Nacht, Regen prasselt an die Fenster, und drinnen sind Kerzen und leise Lounge-Musik zum Ausklang". Legen Sie es auf das Erzeugen von **Heimatgefühl** an!

In einer Kanzlei spielt der Seniorpartner nach der Veranstaltung vor dem Rest der Gäste (die das schon kennen) manchmal selbst Klavier vor traumhafter Kulisse „Fluss mit Schiff". In einer anderen Kanzlei bedeutet **Heimat** 26 Handwerker-Meister in karierten Hemden, großes Gelächter nach dem Vortrag, frisch gezapftes Bier, man kennt und mag sich, man hilft sich und sagt manchmal „Gerd" zu seinem Anwalt.

Doch nicht immer finden Mandantenveranstaltungen in der Kanzlei statt. In kleinen Kanzleien fehlen die passenden **Räumlichkeiten**, in mittelgroßen die **repräsentative Ausstattung** und in größeren die **besondere Atmosphäre**.

In vielen Kanzleien fehlen vor allem die **professionellen Organisatoren** für ein solches Event. Diese Kanzleien **übernehmen sich** und binden gewaltige Ressourcen – besonders in der Einladungs- und direkt vor der Durchführungsphase.

Direkt vor dem Event ist eine **graugesichtige Streitbereitschaft** zu beobachten: unklare oder komplett fehlende **Zuständigkeiten** sowie Reibereien im Ablauf sorgen für **schlechte Laune** und **Erschöpfung**. Der Hauptgrund ist, dass Anwälte nicht den Mut haben, die **komplette Organisation** an einen **einzigen Kanzleimitarbeiter** federführend zu übertragen, der dazu richtig Lust hat und dem alle anderen dann gehorchen müssen.

Bis es so weit ist, bietet für viele Kanzleien ein **neutraler Ort** für Mandantenveranstaltungen gewichtige Vorteile. **Sie können sich als Veranstalter nur um Ihre Gäste kümmern** – und nicht um deren leere Gläser, besondere Essenswünsche oder Ausfahrtickets.

- Die Kanzlei-**Mitarbeiter** kümmern sich im Vorfeld der Veranstaltung nur noch um die **Kontrolle der Vorgaben für das Hotel** (einen einzigen Mitarbeiter dafür abstellen und verantwortlich machen!) und um das **Einladungsmanagement**: Einladungen versenden, Zusagen bestätigen, ggf. Hotelzimmer buchen, Einladungslisten und Namensschilder machen (manche Hotels bieten auch das an!), Absagen per E-Mail bedauern etc. Der Rest ist in professionellen Händen. Laufende Arbeiten in der Kanzlei sind **wenig beeinträchtigt**, die gute Laune ist gesichert, Reibereien werden vermieden.

- **Nicht-Mandanten** kommen lieber an einen neutralen Ort als in die Kanzlei Unbekannter – und auf neue Mandanten zielen gut gemachte Veranstaltungen hauptsächlich ab.
- Mit der **Organisation** (Raum, Klima, Licht, Ton, Musik, Technik, Essen, Trinken, Service für Sonderwünsche, Dekoration, Behindertenzugänge, Parkplätze, Erreichbarkeit) geht auch die gesamte **Verantwortung** für die hindernisfreie Durchführung der Veranstaltung auf **Profis** eines Hotels mit gutem **Bankettservice** über. Alles Notwendige können Sie vorher kritisch testen und teilweise beeinflussen. Mit Aufräumen haben Sie gar nichts zu tun, und jedes kaputte Glas wird von fremden Engelshänden weggefegt.
- Kanzleiräume sind **nicht immer geeignet**. Neutrale Orte bieten Ihren Kunden und Ihnen Ruhe, Wald, Wasser, Design, spektakuläre Aussichten, eine attraktive Geschichte, ausreichende Raumgrößen, geeignete Technik, einen gewissen exklusiven Touch, Getränke- und Essensservice mit professionellen Kellnern, Parkplätze, eine gemütliche Raucherlounge für die Zeit nach dem Event und alles, was Ihnen in der Kanzlei **sonst noch fehlt**.
- Anwälte berichten von einem **doppelten psychologischen Effekt**. Für sie selbst tritt eine **gewisse Selbst-Belohnung** ein, wenn sie schöne Räume und eine entspannende Organisation mieten: „Das haben wir uns verdient". Der Gast rezipiert dasselbe Bonussystem als **Wertschätzung**: „Donnerwetter, was die uns bieten"!
- **Externe Redner** können gleich dort übernachten, sich frisch machen und haben einen **Rückzugsort**.
- Besonders **kleine Kanzleien** können sich zusammenschließen und gemeinsame Veranstaltungen an neutralen Orten veranstalten. Sie machen auf diese Weise eine **Kooperation** öffentlich, **die ihnen für die Akquise langfristig dient!** Sie verhundertfachen durch ein einziges, gut geplantes Event ihre **Marktwahrnehmung** und dritteln zugleich ihre Kosten. Solche Kooperationen waren schon Beginn großer Netzwerke.
- Die Kanzleiräume sind am nächsten Tag wieder hindernisfrei benutzbar; keine Gerüche, keine Beschädigungen, keine großen blauen Müllsäcke am nächsten Morgen im Empfangsbereich.
- Sogar für **Standorteröffnungen** wählen Kanzleien neutrale Orte. Eigentlich möchten sie ihre neuen Räume der Öffentlichkeit zeigen, doch stehen stärkere **Imagegründe dagegen**: „Wir wollten unbedingt als erste ins neue Automuseum und die spektakuläre Aussicht dort zeigen" oder: „Unser Aufzug wird nicht fertig bis dahin" oder „Wenn wirklich 150 kommen, überlastet das unsere Kapazitäten. Das ist auch keine gute Werbung für uns!"

Best Practice
Mandantenveranstaltungen sind zentraler Bestandteil im strategischen Marketing unserer Steuerkanzlei. Wir veranstalten sie schon seit 2004 mehrfach im Jahr und wissen durch Mandantenumfragen, dass sie sowohl bestehende Mandanten pflegen als auch neue Mandanten zu uns bringen. Wir achten dabei immer auf ein brandaktuelles Thema und kündigen das regelmäßig mit praktischem Vokabular an (z. B. im Jahr 2010 „BilMoG – Praktische Umsetzung der neuen Bilanzierungs- und Buchführungsregeln"). Wir arbeiten gern mit externen Referenten zusammen, deren Name „zieht" und wählen immer ein ansprechendes Hotel mit professionellem Bankett, großzügigem Parkplatz, hellem Seminarraum und einem Service für das ganze Drumherum. Die Kosten schätzen wir pro Veranstaltung bei 120 Gästen incl. Flyergestaltung (Grafikbüro), Flyerversendung per E-Mail und Post, Einladungsmanagement unserer Sekretariate, Essen, Trinken, Raummiete etc. auf € 5.000–€ 7.000 in Regensburg, in München auf mehr. Wir sind dazu übergegangen, fast nur noch in neutrale Orte einzuladen, denn wir stellten insbesondere bei Nichtmandanten und Personen aus Institutionen eine gewisse Scheu fest, eine unbekannte Steuerkanzlei zu betreten. Neukunden gelangen hauptsächlich durch Weiterempfehlung zu uns und kommen gern wieder. Unser Feedback ist immer gut. Wir sammeln es – zusammen mit weiterführenden Wünschen unserer Gäste – immer direkt nach der Veranstaltung ein und bedanken uns schriftlich per E-Mail bei unseren Gästen. Wir betrachten diese Marketingmethode als eine Investition in unsere Reputation. Unsere Mandanten honorieren das. Eine gleich teure anonyme Werbung über Anzeigen, bei der wir den Interessenten nicht persönlich begegnen, kann da nicht annähernd mithalten.
Steuerberater Gerhard Wagner, Regensburg, SH+C Wagner Winkler & Collegen GmbH Steuerberatungsgesellschaft, Tel.: 0941-58613-0

5. Weitere Zahlen und Fakten[10] zu In-house Events für Mandanten

Nicht nur die gefürchteten Kosten und die erhofften Nutzen von Mandantenveranstaltungen heizen die Debatte über Sinn und Unsinn solcher Events an. Auch ganz andere Faktoren spielen eine Rolle. Der Prozentsatz jener Anwälte, die **regelmäßig Mandanten-Events** durchführen, variierte im Befragungszeitraum 2009–2011 nach:

- **Geschlecht**

Es veranstalteten signifikant mehr Männer (Anwälte: 14,2 %) Mandanten-Events als Frauen (Anwältinnen 8,7 %), was möglicherweise eher auf die statistisch häufigere Zugehörigkeit von **Männern zu Großkanzleien** zurückzuführen sein dürfte als auf das Geschlecht (Arbeitshypothese).

10 Die ersten vier Punkte sind zusammen gefasst nach: SOLDAN Institut; *Kilian*: „Wirksamkeit anwaltlicher Marketingmaßnahmen – Eine empirische Untersuchung zur Unternehmenskommunikation von Anwaltskanzleien" (2011), Band 6, S. 67. Befragt wurden nach Zufallskriterien 707 deutsche Anwälte jeder Kanzleigröße. Eine Zusammenfassung zweier Tabellen aus dieser Studie finden Sie im Kapitel „Kanzleimarketing".

- **Alter**

Ebenso fällt auf, dass Berufsträger im Alter von 36–50 Jahren deutlich häufiger (16,5 %) solche Events durchführen als Personen geringeren Alters (5,4 %) und geringfügig häufiger als Anwälte ab 50 Jahren (11,4 %). Das wiederum könnte zurückgeführt werden auf hohe **Investitionskosten**, die ein junger Anwalt noch nicht einsetzen möchte.

- **Mandantenstruktur**

29 % der Kanzleien mit überwiegend (91–100 %) **gewerblicher Mandantschaft** veranstalten regelmäßige Mandanten-Events, während nur 9 % der Kanzleien mit einem hauptsächlich privaten Mandantenstamm (unter 30 % gewerblich) Gastgeber sind. Das kann damit zusammen hängen, dass während der Events **Geschäftskontakte** leicht zu pflegen und zu intensivieren sind, während die **Schwierigkeit der Gestaltung** von Mandanten-Events mit dem **Grad der Heterogenität** ihres Publikums steigt.

- **Spezialisierung**

Anwälte, die auf **Rechtsgebiete spezialisiert** sind (Selbsteinschätzung), veranstalten In-house-Events seltener (13 %) als Kollegen, die auf Zielgruppen und **Branchen spezialisiert** sind (18,9 %). Beide Gruppen sind deutlich häufiger Gastgeber als **Generalisten** (9,2 %).

- **Budgetierung**

Von 75 in einer anderen Studie[11] befragten TOP Kanzleien hatten über die Hälfte einen **Posten im Marketing-Budget** für diese Veranstaltungen reserviert, 15 davon verfügten sogar über einen **Etat ausschließlich für Mandantenseminare**.

III. Vom total Tabu zur Lieblingslösung: Acht Akquise-Tipps für Ihre Mandantenevents

In-house-Veranstaltungen (natürlich gehören auch solche in Hotels dazu, wenn Sie selbst der Veranstalter sind!) sind reine Geldvernichter, wenn sie nicht oder nicht ausreichend oft die **Akquise neuer Mandanten** nach sich ziehen. Und selbst die **Bindungswirkung für bestehende Mandanten** kann in den meisten Kanzleien in zweierlei Hinsicht noch optimiert werden. Überprüfen Sie kritisch

- **Ihr Denken/Verhalten**: Beheben Sie zeitnah teure „Verhaltensfehler" vor dem In-house Event.
- **Ihre Organisation:** Beherzigen Sie 15 organisatorische Tipps für eine stabile „Eventarchitektur".

Ersetzen Sie unvorteilhafte **Denk-, Verhaltens- oder Organisationsmuster** durch die hier beschriebenen, vielfach erprobten **Lösungen.** Machen Sie aus Ihrer Geldausgabe eine **Investition mit hoher Rendite** – und wagen Sie zügig die wenigen Schritte **vom total Tabu zur Lieblingslösung**:

11 *Schieblon*, 3. PMN Benchmark Studie Anwaltsmarketing Juli 2011, S. 25. Ergebnis einer Befragung von 75 TOP Kanzleien – nach Ranking in JUVE Rechtsmarkt 10/2010, S. 88.

1. Verändern Sie Ihre eigene Sicht auf Ihre Veranstaltungen

Tabu: Anwälte sehen ihre eigenen In-house Events als **marktübliche Pflicht, als coole Party** oder als reinen **Wissenstransfer**: Hauptsache, wir haben auch endlich so was. Hauptsache, alle amüsieren sich. Hauptsache, die Veranstaltung ist gut besucht. Hauptsache, wir zeigen unsere neuen Kanzleiräume. Hauptsache, der Inhalt bringt unsere Gäste weiter. Wenn Ihre Mandantenveranstaltungen nur **Spaß** gemacht, viele **Gäste** angelockt oder ein **aktuelles Thema** als erster auf die Bühne gebracht haben, haben sie einen **Grundstein** für ein tolles Haus gelegt, das allerdings **noch nicht bewohnbar** ist.

Ein kapitaler (übrigens typisch anwaltlicher) Denkfehler sieht die eigene Veranstaltung am **Ende eines Weges**, obwohl sie erst der **Anfang** davon ist.

Tipp
Lösung: Mandantenveranstaltungen sind nicht das Ziel, sondern eine der vielen Methoden auf dem Weg zum Ziel!

Glücklicherweise geht die Lösung dort los, wo auch das Problem entsteht: im Anwalts-Kopf. Dort kann der Veranstalter **sofort selbst** etwas ändern. Ruhen Sie nicht, bis Sie **nachweisbar durch Ihre Veranstaltungen akquirieren**! Denken führt zum Lenken! Mandantenveranstaltungen sind **erst dann erfolgreich,** wenn sie multi- oder sogar monokausal zu Mandantenbindung oder zu nachgewiesener Neu-Akquise führen.

Jeder Ihrer Gäste dokumentiert bereits durch sein Erscheinen ein **gewisses Interesse** an Ihnen, Ihrem Thema, Ihrem Rechtsgebiet, Ihrer Kanzlei, einem ansprechenden **Feierabend** oder vielleicht einfach nur an **Abwechslung**! Egal, was er braucht, er bekommt es bei Ihnen!

Tipp
Geben Sie nicht auf! Sie werden nicht sofort Neumandanten gewinnen durch Mandantenveranstaltungen. Geben Sie sich, Ihrer Idee und Ihren Gästen Zeit. Korrigieren Sie bisherige Fehler sofort! Setzen Sie Ihre Events erst ab, wenn Sie alle Tipps aus diesem Kapitel erfolglos umgesetzt haben.

---

2. Organisieren Sie jedes Detail

Tabu:[12] Unklare Zielgruppe, unsortierte Einladungslisten, lückenhafte Kundenkartei, Kompetenz- bzw. Standortgerangel während der Einladungsphase, 2000 Einladungskarten per Post an Unbekannte versenden (landen alle im Müll, wenn das nicht

12 Die Autorin ist regelmäßig Gast anwaltlicher In-house Veranstaltungen. Die gesamte Aufzählung ist selbst erlebt. Schon die Behebung einzelner Punkte bringt Leben in die Veranstaltung!

telefonisch angekündigt wird), verbindliche Zusagen nicht verlangt, keine oder unzuverlässige Bestätigungspolitik der Zusagen, klägliche Adressermittlung bzw. -verwaltung neuer Interessenten, unzureichende oder fehlende Presse, zu wenig Werbung bzw. Cold Calls[13] im Vorfeld, nur derzeitige Mandanten einladen, schlecht oder gar nicht designte Einladungskarten, langweiliger Titel, kein Nutzen bekannt gegeben, Thema nicht aktuell, Zielgruppe verfehlt, Vortrag zu lang(-weilig) oder zu (wenig) speziell, mundfaule bzw. gleichgültig wirkende bzw. zu wenig Gastgeber, Gastgeber in Grüppchen ohne Gast(!), Anwaltsassistentinnen als Kellnerinnen, zu wenig Parkplätze, schlechte Ausschilderung, kein Licht unten im Foyer, Fahrstuhl geht nicht, zu wenig oder zu schlechtes oder zu kompliziertes Essen, alkoholisierte Anwälte, kein bzw. kein herzlicher Empfang, taktisch unkluge Veranstaltungszeiten, Toiletten nicht frisch, Anwälte overdressed, keine Anwältinnen während des Events, Krach von einer Baustelle, automatische Heizung (ab 20.30 Uhr kalte Räume), Eintrittsgebühren, schlechte Technik, geniale Rockband vier Stunden lang ohne Applaus vor leerer Tanzfläche bei 150 Gästen, ungeeignete Räume, ungefragt Fotos machen bzw. Fotos ungefragt veröffentlichen, beklagenswerte Redner, grotesk zugemüllte Folien, Senior spielt sich in den Vordergrund, Small Talk[14] fehlt bzw. kommt zu zaghaft, zu stürmisch oder zu schleimig an, Fachgespräche mit bestehenden Mandanten, Dialogfalle[15], fehlende oder unleserliche Namenschilder, Verstoß gegen Schweigepflicht (Mandanten andere Namensschilder als Nicht-Mandanten), fehlende Feedback-Systeme am Schluss, Materialien der Kanzlei fehlen (Liste nächster Vorträge, Broschüren, Visitenkarten etc.), Volltext des Vortrags fehlt, (Super-GAU: der Volltext des Vortrags ist auf den Folien), regelmäßige Mandantenbefragungen fehlen oder listen nicht die Wirkung dieser Events.

Tipp

Lösung: Investieren Sie in die Vorbereitungszeit und kürzen Sie die Veranstaltung – nicht umgekehrt!

---

75 % Ihrer Mandantenveranstaltung ist Organisation, die Ihre Gäste im besten Fall gar nicht bemerken, denn die **gefühlte Leichtigkeit** einer In-house Veranstaltung **steigt proportional zur Akribie der vorbereitenden Organisation.** Unerlässlich also, dass alles perfekt geplant und perfekt durchgeführt wird: Sie beweisen dem Mandanten und allen anderen Gästen, dass nicht nur rechtliche Kompetenz **Vertrauen schafft.**

Gut designte Mandantenveranstaltungen lassen niemanden gleichgültig; ihre **Gäste schwärmen** manchmal noch Jahre später. Kleine Optimierungen in den o.a. Punkten bewirken schon **große Verbesserungen**; die wichtigsten aber folgen nun.

---

13 Siehe „Cold Calls“ (=unverlangte Anrufe) im Kapitel „Telefonakquise“.

14 Vgl. das Kapitel „Small Talk“.

15 Dialogfalle = ein Gastgeber redet lange nur mit einem Gast.

3. Schwören Sie Ihr Team ein

Tabu: Gästegruppen ohne Anwalt und Anwaltsgruppen ohne Gast!

Dieses **unfassbare Gastgeber-Verhalten** ist immer noch regelmäßiger Begleiter anwaltlicher In-house Events. Kaum eine Inszenierung wirkt **selbstgefälliger** und aus Mandantensicht **arroganter** als dieses Verhalten. Es scheint abgeschaut vom Kaufhauspersonal in den achtziger Jahren, das sich darin gefiel, in Gruppen herumzustehen und Wichtigeres zu veranstalten als die Kundenpflege: „Der Kunde steht bei uns im Mittelpunkt – nämlich immer im Weg!" Dieses Verhalten ist der Garant für den Eindruck von **Gleichgültigkeit und Egozentrik.**

---

i **Tipp**

Lösung: Jeder Kanzleimitarbeiter ist an diesem Abend gleichrangiger Gastgeber.

Er geht **pro-aktiv** auf die Gäste zu, begrüßt sie schon am Eingang, zeigt ihnen die Kanzlei, erläutert die Auswahl des Weins, fragt nach weiteren Wünschen, verwickelt alle Gäste gekonnt in **Small Talk**, holt Getränke, Broschüren und bei Bedarf auch Kollegen, er stellt seine Gesprächspartner weiteren Gästen und Kollegen vor und ist ständig mit den **Augen, Ohren und seiner ganzen Empathie** beim Gast. Er meidet Gespräche mit Kollegen, denn die sind ebenfalls für das **Verwöhnen der Gäste** eingeteilt! **Gastgeber- und Gästeschilder** sind alle gut lesbar. Dadurch können Sie sich – bei geäußertem Interesse Ihres Gesprächspartners – rasch dessen Namen notieren und am nächsten Tag einen **„kleinen, frischen Aufsatz"**[16] per E-Mail übersenden.

Jede Aktion dient einem einzigen Zweck: jedem Besucher „eine Brücke zu bauen" – zu Ihrem Haus, Ihren Kompetenzen, Ihrem **Nutzen für den Gast.**

4. Wählen Sie begeisternde Präsentatoren[17]

Tabu: Der Präsentator langweilt die Gäste.

Er redet in **Fachsprache**, schwurmeligen Bandwurmsätzen, **verschweigt** dem Publikum den **Nutzen**, wirkt ängstlich, arrogant, unstrukturiert oder gar selbst gelangweilt, tappt wiederholt in die **„Dialogfalle"**, reißt die Zuhörer nicht mit oder geht zum Lachen in den Keller.

---

i **Tipp**

Lösung: Lassen Sie nur gute (Kanzlei-) Präsentatoren auf die Bühne!

---

16 Siehe „Kleiner, frischer Aufsatz" – im Kapitel „Telefonakquise".

17 Vgl. das Kapitel „Vorträge" mit zahllosen Tipps zum Optimieren Ihrer Vorträge.

Trainieren Sie sich, wählen Sie aus eigenen Reihen ein **Naturtalent** oder engagieren Sie einen externen **Redner!** Alles an der Präsentation ist lernbar, nur der Wille nicht. Die Gäste haben einen Anspruch auf einen **nützlichen, herzlichen und begeisternden** Abend.

Der Redner liefert einen **schwungvollen, alltagstauglichen und verständlichen Fach-Vortrag** nicht über eine Stunde ab, zurückhaltend visualisiert, eingeleitet durch den Nutzen für die Hörer, vorgetragen in deren Sprache – und niemals langweilig! Er erklärt **Schwieriges in einfacher Sprache** (nicht umgekehrt!) und lacht mit seinen Gästen. Er **merkt sich**, wer was gesagt hat und jongliert damit. Er verwendet Beispiele aus dem **Erfahrungsbereich** der Zuhörer und bedient deren **Werte**. Er schafft zukünftigen **Bedarf** und erweitert den derzeitigen. Er akquiriert durch **Perspektivwechsel**[18] und strukturiert durch das **Brecht'sche Theater.**[19] Er aktiviert **Gehirne** durch rhetorische **Fragen** und das gesamte Publikum durch die **Dialogisierung seines Monologs**.

Der Volltext des Vortrags (die Folien enthalten nur Stichpunkte!) wird in **Kanzleiordnern abgeheftet als Gastgeschenk** am Ausgang überreicht.

Beispiel

Ganz genial wirkte – sicher auch wegen des **Überraschungseffekts** – ein völlig reduzierter, in **einfachster Sprache** gehaltener, absolut **unvisualisierter**, 30-minütiger, leise vorgetragener Blitzvortrag über ein komplexes Thema (Titel: „Unternehmensnachfolge – ein Märchen wird wahr"). Der Referent saß, **ohne Unterlagen**, auf einem **Barhocker,** lächelte in die Runde, sah alle an und **stand nicht auf**. Neben ihm – einziger Raumschmuck – ein riesiger **Blumenstrauß**. Vor ihm um einen Tisch (U-Form) 15 Zuhörer, Licht gedämpft, alle hatten nur einen **Schreibblock und Kuli** der Kanzlei bekommen und schrieben mit. Es war 30 Minuten lang **totenstill. Jeder Satz saß.**

Die ersten lauteten: „Es war einmal ein Familienunternehmer namens Wanne. Er hatte drei ehrgeizige Kinder. Die älteste hieß Marlen. Der zweite hieß Stephan... Wanne wollte immer nur Brot backen. Das hatte er von seiner Mutter..."

Der Referent erzählte eine **rechtlich komplexe Übergabesituation** und ihre Lösung wie ein Märchen für siebenjährige Kinder, und alle hörten gebannt zu, notierten ihre Fragen und verglichen dabei ihre eigene Situation. Nach der Pause begann der zweite Teil des Vortrags (1,5 Stunden statt der geplanten 45 Minuten). Er bestand aus **umso lebhafteren Fragen** mit sehr **klaren Antworten**! Während dieses Hauptteils saßen alle wieder am Tisch, auch der Referent; alle aßen und tranken.

Alle seine Antworten waren bereits **Bestandteil des Skripts**, das am Ausgang in **Volltext** bereit lag, eingeheftet zusammen mit der Übersicht über weitere „Märchenstunden" in einen sehr schönen **Kanzleiordner.**

---

18 Vgl. zum „Perspektivwechsel" das Kapitel „Durchsetzung".
19 Siehe zum „Brecht'schen Theater" das Kapitel „Durchsetzung".

5. Verpflichten Sie ein Gastgeber-Team für die Akquisephase nach dem Vortrag

Tabu: Der Präsentator ist mit den Gästen allein nach dem Seminar.

Der Vortrag ist beendet, die Gäste machen sich über die Snacks und die Getränke her. Der Präsentator wähnt seinen „Arbeitstag endlich beendet“ und steuert auf einen A-Mandanten zu, den er beglückt in ein Fachgespräch verwickelt und über dessen Anwesenheit er persönlich geehrt ist. 80 % der Anwesenden bekommen den wichtigsten **Grund ihrer Anwesenheit** weder aus der Nähe zu sehen noch zu Nachfragen zu hören: den Vortragenden.

---

i **Tipp**
Lösung: Stellen Sie zu jedem Event ein für die Akquise verantwortliches Gastgeber-Team zusammen!

Dieses hat – unabhängig von allen formellen Hierarchien untereinander (!) – an diesem Abend nur eine einzige, gleichrangige Aufgabe: **alle Gäste bei Laune** zu halten, in **Gespräche** zu verwickeln und zu **beheimaten**, kurz sie müssen gute Gastgeber sein. Wählen Sie Ihr Gastgeber-Team nach eher **ungewöhnlichen Kriterien** aus: Dies ist die große Stunde Ihrer Plaudertaschen, Small Talk-Freaks, Fragekönige, Kontakter, Akquisiteure, Telefonverhandler und Dialogakrobaten.

Nehmen Sie **unbedingt sprachbegabte Assistentinnen** in dieses Team auf, denn das spätere Mandat bindet sie ja auch zentral ein. Sie sollte sich allerdings selbst zutrauen, **alleine** drei Mandanten an einem Stehtisch **durch Small Talk** zu unterhalten.

Beachten Sie: Allen, auch dem Seniorpartner(!), ist an dem Abend die **anwaltstypische „Dialogfalle“**[20] verboten. Die Assistentin aus der Buchhaltung und er treten **gleichrangig** und gemeinsam **als Gastgeber** auf.

Falls sich beide dieser **vorüber gehenden Hierarchie-Auflösung** noch nicht gewachsen sehen, sollten sie es lernen wollen! Und: keine Angst, am nächsten Morgen ist alles wieder im Lot!

---

i **Tipp**
Für den ersten Eindruck gibt es keine zweite Chance!

---

6. Üben Sie die „Staffelübergabe“

Tabu: Der Vortragende des Abends hält seinen Auftritt nach seinem Vortrag für beendet.

An fünf Stehtischen mit je vier Gästen **warten die Gäste vergeblich** auf den „informellen Führer“ des Abends. Der **erholt sich von seinem Vortrag**, trinkt Bier

20 „Dialogfalle“ = ausschließlich mit einer Person über viele Details sprechen.

und lacht in der Ecke mit einigen Kollegen und zwei Mandanten. Weitere Kollegen sind nicht anwesend bzw. kümmern sich ebenfalls nicht um das Publikum und um die Präsentation ihrer **fachlichen und dialogischen Kompetenzen.** Der Feierabend ist wichtiger als der Gast.

Tipp

Lösung: Das Gastgeberteam ist verantwortlich für die „Staffelübergabe".

Die Aufgabe des Vortragenden **beginnt erst nach dem eigentlichen Vortrag:** Der begehrteste Gesprächspartner des Abends ist der Redner. Er ist **„informeller Führer"**[21] und „Klassensprecher" seines Teams. Er ist Inhaber jenes Fachwissens, das die Besucher angelockt hat. Er ist an dem Abend **prominentester Repräsentant der Kanzlei** und damit der **begehrteste aller Gesprächspartner,** übrigens auch begehrter als der Seniorpartner.

Er spielt an dem Abend die Hauptrolle im **Akquise-Film** und wird von allen unterstützt: Regisseur, Set-Designer, Cutter, Make-Up Artist, Requisiteur, Kostümbildner, Produktionsfirma und viele Statisten... Das gesamte Filmteam unterstützt ihn dabei, **mit jedem Gast kurz zu sprechen.**

An vier Stehtischen sind im Ganzen noch 18 Personen, davon sechs Mandanten in spe, der Rest Mandanten inkl. zweier privater Begleiter. Jeder hat zu essen und zu trinken. Angeregtes Geplauder. Die Anzahl der Gastgeber ist genau so groß wie die Anzahl der Stehtische; an jedem Stehtisch unterhält **ein Kanzleimitglied** die Gäste. Der Vortragende taucht an jedem der vier **Stehtische kurz** auf, liefert **Small Talk,** fasst sich **inhaltlich kurz,** notiert ggf. **Fragen,** nimmt **Visitenkarten** entgegen, merkt sich Namen und geht **weiter zum nächsten Tisch.** Alle Kollegen an den Stehtischen haben eine hauptsächlich taktische Funktion: Sie ermöglichen ihm die elegante **Staffelübergabe** bei diesem Rundgang.

Geschickt und zurückhaltend schaffen es manche Kollegen, während des Small Talk kleine **Andeutungen über ihr eigenes Rechtsgebiet** zu machen, wodurch sich am Stehtisch **Interesse** auch daran entwickelt. In vielen Kanzleien ist das **Rechtsgebiet des Anwalts gut auf dessen Namensschild** lesbar. Das löst sofort Diskussionen und Interesse aus.

Der Präsentator vermeidet lange Gespräche mit jenen Gästen, die er bereits kennt. Er kann sie am nächsten Tag anrufen und sich persönlich für ihren Besuch bedanken.

Durch eine gelungene „Staffelübergabe" lernt jeder Gast mehrere **aufmerksame Gastgeber, lohnende Rechtsgebiete** sowie **selbstbewusste Kanzleimitarbeiter** in einem großartigen Team kennen.

---

21 „Der „informelle Führer" ist Inhaber und Transporteur bestimmter Informationen, ohne unbedingt Chef („formeller Führer") zu sein. Nach dem Business Knigge wird der informelle Führer sogar vor dem formellen Führer begrüßt.

Im folgenden Beispiel macht eine Kanzlei deutlich, wie sie durch die **„Staffelübergabe“** nach dem eigentlichen Vortrag akquiriert:

Best Practice
Die Referentin des heutigen Abends, Frau Rechtsanwältin Dr. Jordan[22] (Arbeitsrecht), nähert sich – vier Minuten nach Ende ihres Vortrags – einem der vier Stehtische. Ihr Kollege Rechtsanwalt Dr. Bernd (Immobilienrecht) redet dort mit Gästen über die Staus auf der A8. Er **signalisiert ihr durch Blickkontakt** dass er sie gleich an seinen Tisch holt.

Rechtsanwalt Bernd wartet auf eine günstige Gelegenheit, tritt etwas vom Tisch zurück, während sie heran schlendert und auf ihren **Einsatz** wartet. Durch eine einladende Geste mit dem Arm und den Worten: „Da ist unsere Vortragende“ **lädt er sie in die Runde ein.** Er stellt ihr die Gäste namentlich vor, denn alle **Namensschilder** der Gäste sind ebenso gut sichtbar wie sein eigenes.

Fast immer werden in diesem Augenblick ein schnelles **Feedback** (manchmal auch erfrischend oberflächlich: „Cooler Vortrag!“) oder auch inhaltliche **Nachfragen zum Vortrag** oder zu weiteren rechtlichen Fragen kurz erörtert. Im letzten Fall macht die Referentin Notizen über ihre **Rückrufe** „schon in der kommenden Woche“. Wenn sie das zurückhaltend anbietet, erhält sie einige **Visitenkarten von Interessenten.**

Falls keiner der Gäste eine inhaltliche Frage zum Vortrag stellt, bietet Dr. Bernd sofort eine **„Andockstation“:**[23] „Wir ärgern uns gerade über die Staus auf der A8“ und **erweitert den Radius** unverzüglich zu ihr: „Ich glaube, von diesen Staus sind Sie auch ab und zu betroffen oder?“ Sobald sie in den **Small Talk integriert** ist, hält er sich zurück. Erst wenn sie sich anschickt, zum nächsten Tisch zu gehen und sich verabschiedet durch: „Sie erlauben, dass ich noch andere Gäste begrüße und ich freue mich, Sie **nachher wieder zu sehen**“ wird Dr. Bernd wieder aktiv und **übernimmt das Small Talk Thema** erneut.

Rechtsanwältin Jordan geht zum nächsten Tisch und wird von der Kollegin Frau Rechtsanwältin Bergmann (Familienrecht) auf dieselbe Weise in die nächste Runde und in das nächste Small Talk Thema eingeführt. Auch Frau Bergmann sorgt dafür, dass sie den **Tisch wieder verlassen** kann, ohne dass es die **Gäste frustriert.**

---

7. Richten Sie eine zuverlässige Möglichkeit für Feedback ein

Tabu: Die Kanzlei weiß nicht, wie ihre In-house Veranstaltungen ankommen und wie viele Mandanten **durch die Veranstaltungen** mittelbar oder unmittelbar zu **neuen Mandanten** geworden sind oder **Anschlussmandate** buchen.

---

22 Fantasienamen in diesem „Best Practice“. Die Kanzlei möchte nicht öffentlich genannt werden; sie befürchtet einen Imageverlust durch einen zu „merklichen merkantilen Einschlag“ im Design ihrer Veranstaltungen. Diese Kanzlei hat 14 Anwälte in vier Rechtsgebieten. Anwälte berichten, dass sie die „Staffelübergabe“ auch zur Beförderung des „Cross-Selling“ verwenden, indem sie immer mit Absicht Rechtsanwälte unterschiedlicher Rechtsgebiete an die Tische verteilen. Auch eine Assistentin ist fast immer dabei. Sie ist 26 Jahre alt (!), wird im Gegenzug für ihre 3–4 Veranstaltungsüberstunden pro Monat regelmäßig neu eingekleidet und leitet inzwischen allein den Empfang der Kanzlei. Unnötig zu erwähnen, dass sie nie mehr krank wird.

23 „Andockstation“ = inhaltliche Erwähnung eines Small Talk relevanten Einstiegs in eine Gesprächsrunde.

Sie richtet keine Möglichkeit des Feedbacks ein. Das Publikum wird dadurch zum **reinen Konsumenten**, und die Kanzlei verzichtet auf **sachkundige Optimierungsvorschläge**!

Tipp
Lösung: Holen Sie direkt nach der Veranstaltung ein schriftliches, ausführliches Feedback ein.

Erstellen Sie ein **Feedback-Formular** in Ihren Farben mit **wenig Wörtern**, viel **Platz zum Eintragen** und einer **Rubrik für die Nichtmandanten** (Adresse eintragen bei Interesse, in die Einladungsliste bzw. Interessentenkartei[24] aufgenommen zu werden) und legen Sie es während der Veranstaltung aus. Sie holen Äußerungen über die Wirkung Ihrer Veranstaltung und über **Optimierungsmöglichkeiten** derselben sowie das **Einverständnis** der Gäste ein, weitere Einladungen bzw. den **Newsletter** per E-Mail oder Post zu übersenden. Fragen Sie nach **weiteren Wunschthemen**. Außerdem gehört zum Feedback die Möglichkeit, die **Visitenkarte an den Bogen** anzuhängen (Büroklammern), durch Ankreuzen um einen Anruf zu bitten und in einer **freien Rubrik weitere Fragen, Kommentare und Wünsche** zu notieren.

Kanzlei-Kugelschreiber, **Visitenkarte** und die **Liste der nächsten Vorträge** liegen zum Mitnehmen daneben, eine **Box mit der Aufschrift: „Feedback"** oder „Ihre Anregungen" garantiert **Anonymität.**

8. Üben Sie den verbalen Umgang mit Kanzleischwächen

Tabu: Die Anwälte geraten bei kritischen Äußerungen ihrer Gäste ins Schwimmen.

Sie wissen, nicht, welchen Namen der Gründungsvater der Kanzlei hat, wie viel Arbeitsrechtler in Bayern zur Kanzlei gehören, ob es ein Büro in Stockholm gibt, wieso sie in solchen kleinen Räumen residieren, dass sie – nachlesbar in der Presse – neuerdings die X GmbH vertreten etc.

Tipp
Lösung: Üben Sie die Antworten auf Fragen im Achillesfersen-Bereich unbedingt ein!

Solche Antworten sind schwierig, wenn sie nicht zuvor geübt wurden. Sammeln Sie zur Vorbereitung Ihres Events diese Schwachpunkte und **entwerfen Sie gemeinsam**

24 „Interessentenkartei" = Nichtmandanten innerhalb der Kundenkartei, gelistet unter dem Suchbegriff „Interessent". Diese bekommen, neben den eigenen Mandanten, den Newsletter zugeschickt, sobald sie zugestimmt haben. Je mehr Sie über Ihre Interessenten in der Kartei eintragen, desto genauer können Sie ihn interessengerecht beim nächsten Mal einladen. Auch deshalb ist die Abfrage weiterer Wünsche unerlässlich. Das Eintragen dieser Wünsche ebenfalls. Hören Sie besonders gut zu, wenn Interessenten sprechen!

Antworten. Beteiligen Sie dabei unbedingt Ihre **Assistentinnen**. Sie wissen mehr über die Kanzleischwächen und kriegen deren Folgen direkter zu spüren, vor allem am Telefon.

Jede Kanzlei hat ihre **Achillesferse.** Gern sprechen Ihre Gäste gewisse Mängel Ihrer Kanzlei auch während eines Festes an: Rechtsgebiete, die Sie nicht anbieten, Fluktuation, die höchsten Honorare am Ort, alte Kanzleiräume, unpassender Stadtteil, zu kleine Räume, kein Behindertenzugang, Klimaanlage kaputt oder zu kalt, nur ein Anwalt zur Verfügung, beschämende Rückrufpolitik, welke Pflanzen im Wartezimmer, eine angeberisch wirkende Architektur, nur sehr junge oder nur sehr alte Anwälte, lange Durchlaufzeiten, zu wenig Parkplätze, gebrochene Versprechen, keine Frauen, nur Frauen, etc.

IV. Von der Beliebigkeit zur Organisationsfreude: Ihre „Eventarchitektur“ in 15 Schritten

Jedes Event braucht seine eigene „Architektur“. Sie ist Basis und Voraussetzung für Ihre Akquise und muss in jedem Fall **akribisch und minutiös** geplant sein. **Ohne Statik keine Stabilität**!

Im folgenden Kapitel werden auch organisatorische Tipps für Feste, Jubiläen, Standorteröffnungen etc. gegeben. Nicht jeder Tipp ist für jedes Event geeignet. Beachten Sie **15 Bauabschnitte**, bevor Ihr „Haus bezogen“ wird:

1. Location

Ein **geeigneter Veranstaltungsort** kann mit Stadtgeschichte (ehemalige Zeche), Kanzleigeschichte (Medienhafen), mit dem Rechtsgebiet (Schiff = Seerecht), oder mit einem Auftraggeber (Museumsdorf) zu tun haben. Es kann auch ein besonderes Hotel Ihrer Stadt sein, wenn dieses über einen **Bankett-Service**, eine gute **Lage**, gute **Parkplätze**, einen guten **Ruf** oder ein gutes **Preis-Leistungs-Verhältnis** verfügt.

Bitte bedenken Sie, alle **externen Ausrichter Ihres Events** benötigen – ebenso wie Ihre Mitarbeiter, die über Kontakte zum Ausrichter alles organisieren – eine ausführliche **Auflistung Ihrer Wünsche**, detailreiche **Zeitangaben** und **minutiöse Briefings** sowie die **Kontrolle** aller Anforderungen durch einen (nicht zwei!) Mitarbeiter der Kanzlei.

Ferner kann der **Erfolg Ihres Events abhängig** sein von Wetter, Raumgröße, Akustik, Anzahl der Parkplätze, Qualität der Mikrofonanlage, Arbeitszeiten der Hausmeister, Lautstärke-Verordnungen, Bühne, Flexibilität von Personal und Raum, Licht, Beamer-Ersatzbirnen, Sitzmöglichkeiten, Versicherung und sogar von der Wahl des Mineralwassers für den Redner (niemals Mineralwasser mit Kohlensäure für einen Redner!) etc.

2. Titel

Der Titel Ihrer Veranstaltung muss einen **Nutzen** haben für den Hörer, denn Menschen lassen sich nur in ihrem eigenen System bewegen. So wird etwa aus der langweiligen Überschrift „Neuerungen im Arbeitsrecht" das attraktivere **„Wie Sie rechtssicher einen Sozialplan aufstellen – Zehn Tipps für den Unternehmeralltag"**. Aus „Vertragsrechtliche Probleme bei der Baufinanzierung" wird **„Baufinanzierung – Geht nicht gibt's nicht"**, und aus „Neue Entscheidungen aus dem Immobilienrecht" wird: **„Alles unter Dach und Fach: Ihre Immobilie – Ihr Recht"**.

Das gilt auch für das Motto Ihrer Partys: Aus „Zehn Jahre Anwaltskanzlei Bauer – Feiern Sie mit uns" wird **„Bauer's Boulevard: zehn Jahre für die Medien"**. Der Titel einer Jubiläumsparty kann ein Motto sein, das nichts mit der Kanzlei zu tun hat (**„black & white"** oder **„Le Rouge et le Noir"** – Raumdeko, Einladungskarten und Dresscode an die Farben koppeln!). Reime („Räume und Bäume – 20 Jahre Umwelt & Recht") sowie Alliterationen (**Lernen, Lachen & Lawinen – 15 Jahre Bergrecht**[25]) sind dabei sprachlich meistens elegant und bleiben im Kopf.

3. Einladungskarten

Einladungskarten sind auch bestimmt für die Personen, die sie nicht von Ihnen erhalten. Um das sicher zu stellen, lautet der Text: „Wir freuen uns, Sie und **weitere Interessenten** zu begrüßen." Die Formulierung „Mit Begleitung" löst Assoziationen privater Begleitpersonen aus, die in aller Regel irrelevant für die Akquise sind.

Einladungskarten lassen Sie **professionell designen**. Sie können im **PDF-Format** an alle Mandanten und Interessenten verschickt werden, die Ihrem **Verteiler** angehören und **per Post** an solche Besucher, die Sie sich als Kunden wünschen. Kündigen Sie letzteren den **Postversand unbedingt telefonisch an**,[26] denn nicht angekündigte Einladungen wandern zu 90 % in den Müll, ohne dass der Empfänger sie gesehen hat. Dieses **Telefonat ist eine A-Aufgabe**, wird also durch Sie selbst erledigt. Sorgen Sie bzw. Ihr Designer für ein passendes Bild auf dem Titel, und verwenden Sie für die Karte Ihre CI.[27] Alle **folgenden Einladungen** haben **dieselbe Aufmachung**.

25 Fantasietitel!

26 Dieses Telefonat ist ein „Cold Call"; vgl. dazu das Kapitel „Telefonakquise".

27 = Corporate Identity, vgl. zur „CI" das Kapitel „Kanzleimarketing".

4. Presse

Kündigen Sie Ihr Event in der Presse möglichst mit einem **redaktionellen Beitrag** über Ihr Thema und dessen Nutzen für die Leser an. Motivieren Sie die Redaktion der Zielzeitung durch einen **Anruf,**[28] der den **Nutzen** der Zeitung verdeutlicht. Laden Sie **Journalisten** zu Ihrem Event ein. Veröffentlichen Sie Ihre Events auf Ihrer **Webseite** und in **Business-Portalen** wie XING.[29] Laden Sie einen **Fotografen** oder **Filmer** ein und stellen Sie die **„Nachlese"** auf Ihre **Webseite**. Überlegen Sie, ob der Film in **„YouTube"** eingestellt werden soll (erhöht die Trefferquote in Suchmaschinen sprunghaft!) Aufpassen: Holen Sie die Genehmigung Ihrer gefilmten Gäste zur Veröffentlichung ein!

5. Namensschilder

Die Namensschilder haben die **Farben der Kanzlei**. Sie machen auf einen Blick deutlich, wer **Gast** ist und wer **Gastgeber**: die Gäste sind beispielsweise gekennzeichnet durch ein Schild mit weißem Hintergrund und blauer Schrift, die Gastgeber umgekehrt. Das **erleichtert die Akquise**. Alle Schilder haben **große, gut lesbare Nachnamen** und ggf. den **Firmennamen**. Verwenden Sie Clips statt Nadeln; so bleibt die Kleidung heil! Die Schilder sind am **Empfangstisch nach Alphabet** sortiert und dienen bereits dort als **Aufhänger für Small Talk**. Diskutieren Sie, ob Namensschilder einen **Verstoß gegen Ihre Schweigepflicht** darstellen, und vor allem, wie Sie das lösen. Ohne Namensschilder wird der Hauptzweck der Veranstaltung kaum erreicht. Normalerweise ist die Schweigepflicht bereits gewahrt, wenn alle Gäste **gleiche Namensschilder** haben. Die Namensschilder der Anwälte geben auch deren **Rechtsgebiet** bekannt.

6. „Save-the-Date"

Je größer und imageträchtiger Ihre Veranstaltung ist (Jubiläen, Fusionen, neuer Standort etc.) desto früher sollten Ihre Gäste den **Termin in ihrem Kalender** reservieren können. Ihre Assistentin sollte eine **„Save-the-Date" Mitteilung per E-Mail etwa acht Monate** vor dem Event an Ihre bestehenden Mandanten oder einen Teil daraus versenden, so dass alle Interessenten die Gelegenheit haben, **andere Planungen** anzupassen.

---

28 Vgl. zu „Cold Calls" das Kapitel „Telefonakquise".

29 Vgl. auch das Kapitel „Netzwerk".

7. Empfang

Namensgeber oder ranghohe **Partner** der Kanzlei empfangen möglichst auch bei Vortragsveranstaltungen per Handschlag die Gäste. Sie sind bei größeren Veranstaltungen begleitet von einem **Small Talk trainierten Kollegen** oder einer eben solchen Assistentin, alle mit **Namensschild.** Jeder Gast hört ein **persönliches Wort,** einen persönlichen Gruß. Der Gast empfindet das als Wertschätzung. Er merkt dadurch, dass die Gastgeber wissen, aus welcher Stadt er kommt, welche Anreise er hatte, in welchem Zusammenhang die letzte Begegnung war und was den Gast sonst noch auszeichnet. Unbekannte Personen fühlen sich sofort wohl, wenn sie **unaufdringlich** und **herzlich** in Small Talk verwickelt werden. Zusätzlich sind auf dem Empfangstisch noch denkbar: Kopien der Tischordnungen, **Gästeliste, Gästebuch, Kanzleibroschüren,** zwei Behälter für **Visitenkarten** (eigene und die der Gäste). Zur Garderobe und zu den Toiletten weisen Schilder. Bei widrigen Wetterbedingungen helfen Sie den Gästen durch entsprechende Vorkehrungen.[30]

8. „Walking-Events"

Im Gegensatz zu zentralisierten Präsentationen (einer agiert, alle hören zu) werden die so genannten „Walking Events" eher eingesetzt bei **größeren Festen** mit **dezentralem Kommunikationsmuster:** alle reden weiter, und ein **Entertainer** geht während dessen von Tisch zu Tisch. Bestehende Gesprächsgruppen bleiben durch „Walking Events" ungestört; manche Kanzleien kombinieren das „Walking Event" mit dem Erstellen eines **individuellen Gastgeschenks.** Aufpassen: die Akteure müssen exakt für ihre **Aufgabe gebrieft** werden!

9. Reden

Die Begrüßung zu einem In-house-Seminar in Ihrem Hause kann durch den **Vortragenden** selbst vorgenommen werden. Es macht allerdings auf viele Gäste einen gut organisierten Eindruck, wenn ein Kollege oder sogar der Ranghöchste bzw. **Namensgeber** des Hauses diese repräsentative Aufgabe übernimmt. Zu einer solch höchstens dreiminütigen **Begrüßungsrede** durch den Senior gehören die **Honneurs** (Ehren-

---

30 Zu einem 10-jährigen Kanzleijubiläum trockneten zwei Anwälte während des Gästeempfangs direkt nach einem Regenguss mit Handtüchern die Schuhe von 60 fast zeitgleich ankommenden Gästen. Das wurde beklatscht, fand Eingang in die sehr launige Begrüßungsansprache („...sowie unsere beiden Fachanwälte für Schmutzschutz...") und sorgte den ganzen Abend für Heiterkeitsausbrüche.

gäste, Anzahl Teilnehmer, Anlass, Eckdaten der Kanzlei, Fingerfood nach Vortrag und Kompetenzen des Redners). Die Einleitung in den Vortrag durch den Präsentator selbst ist dann rein inhaltlich. Bei einem **größeren Event mit Festcharakter** begrüßt auf jeden Fall der Ranghöchste am Eingang die Gäste mit Handschlag. Er hält auch die Begrüßungsrede.[31] Diese Rede ist extrem **kurz, extrem herzlich und extrem witzig**! Das ist für viele extrem schwierig, und es lohnt sich, sie **lange und wörtlich zu üben**! Es kann zusätzlich einen **Festvortrag** geben durch einen **externen Redner** zu einem nicht-rechtlichen, alle interessierenden Thema. Auch dieser Festvortrag, am besten nach den ersten Drinks und vor oder nach dem Essen, ist kurz, maximal zwanzig Minuten, bindet das Publikum ein, kann **Provokationen** und ungewöhnlich **freche Töne** enthalten und sorgt für **Gesprächsstoff** beim Essen. Achten Sie auf eine absolut **störungsfreie Technik** und eine gute **Akustik.** Beachten Sie, dass ein voller Raum völlig anders klingt als ein leerer. Fassen Sie sich immer kurz und binden Sie das **Publikum** immer ein![32]

10. „Give-Aways"

Kleine Gastgeschenke mit großem **Nutzen für den Gast** sind beliebt: USB-Sticks, der gute alte Kuli (nur wenn er sensationell toll schreibt und in der Hand liegt), Magneten, ein eingeschweißter Stadtplan, **Aktenordner mit dem Logo der Kanzlei** auf dem Rücken und dem eingehefteten Vortrags-Text, Fotos des Abends,[33] Tassen mit Kanzleilogo und Spruch („Recht flüssig"), die an dem Abend gemachten **Gäste-Portraits** etc. Ihrer **Fantasie** sind **keine Grenzen** gesetzt, solange der Kunde sich lange über das Objekt freut.

11. Raucher-Lounge

Dauerndes Ärgernis für Raucher, wenn sie sich auf eiskalte Balkone oder in gruselige Glaskästen zurückziehen müssen. Richten Sie etwas ein. Bieten Sie dort Zigarren, Zigarillos und Zigaretten an.

---

31 In einer Kanzlei wurde diese Rede durch einen 30-jährigen Junganwalt gehalten, der erst seit 3 Monaten in der Kanzlei war. Es gelang sehr witzig und ansprechend – unnötig zu erwähnen, wie teamorientiert dieser Schachzug wirkte!

32 Vgl. zur Dialogisierung Ihres Monologs das Kapitel „Vorträge".

33 Fotos des Events gehören nicht nur auf die Webseite (genehmigen lassen!) sondern auch in den Anhang an die Dankesmail (auch als Link zu den Fotos auf der Webseite denkbar).

12. Musik

Musik mit Tanz: Falls Sie eine Tanzveranstaltung anlässlich eines **Jubiläums**, einer **Fusion** oder einer Standorteröffnung in Erwägung ziehen: Richten Sie bei einem großen Event eine Tanzfläche ein. Engagieren Sie einen erfahrenen DJ oder eine Band, beide nachweislich darin geübt, die Stimmung zum Kochen zu bringen. **Tanzen geht niemals halbherzig**; dann traut sich keiner! Gehen Sie unbedingt **mit gutem Beispiel voran.** Alle Kollegen und alle Ihre Assistentinnen müssen **Gäste auffordern**, damit die Idee zündet!

Getrennt von der Tanzfläche sollte stets ein ruhigerer Gesprächsraum sein; nicht alle Gäste tanzen gern. Wenn es gelingt, haben Sie einen großartigen Ruf und präsentieren sich **sympathisch jenseits aller Erwartung.** Schreiben Sie Ihre **Erwartung locker in die Einladung** – und dann lassen Sie es mal richtig krachen![34]

Musik ohne Tanz: Als Hintergrundmusik nach Vorträgen, bei Empfängen, beim „Legal Dinner" und als Empfangsmusik zu Parties sind Lounge- und Jazzmusik geeignet, die man nicht mitsingen kann. Bedenken Sie, dass ein zentraler Liveact hier sofort die **Stimmung zentralisiert** und alle **Gespräche abbricht.**

13. Verpflegung

Abhängig von Charakter und Ziel der Veranstaltung wählen Sie das Essen, Fingerfood und Flying Buffet (Kellner bringen Nachschub mit Tablett) sind sehr beliebt bei Akquiseveranstaltungen. Das hat viele Gründe, hier die meist genannten: der Gastgeber muss **nicht so aufpassen**, dass jeder etwas zu essen hat. **Gespräche** werden durch diese Essensform kaum gestört, im Gegenteil fällt **Small Talk über das Essen** auch Ungeübten leicht. Gastgeber haben immer die **rechte Hand frei** zum Begrüßen der Gäste, tragen also **nie gleichzeitig Trinken und Essen** durch die Gegend. Es schmeckt super. **Essensunverträglichkeiten** werden selbsttätig und elegant gelöst. „Flying Buffet" ist **ohne Aufwand** sehr **abwechslungsreich. Müll verschwindet** schnell. Anwesende Assistentinnen geraten nicht in eine **peinliche Kellnersituation**, sondern werden als gleichwertige Team-Mitglieder vorgestellt.

34 Eine großartige Live-Band zu engagieren, die vier Stunden lang ohne Applaus vor einer leeren Tanzfläche spielt, ist einfach nur eine Unverschämtheit und deutet auf ein arrogantes, nicht nur den Mandanten unsympathisches Menschenbild hin.

14. Feedback

Bei Vortragsveranstaltungen holen Sie das Feedback **aller Gäste direkt vor Ort** ein. Wenn Sie das in **Papierform** tun, verschenken Sie den **Kuli**, den Sie für jeden Gast am Ausgang auslegen und stellen Sie eine **Feedback Trommel** auf. Erwirtschaften Sie auf demselben Blatt die **Zustimmung der Nichtmandanten**, ihnen eine **erneute Einladung** zum nächsten Vortrag per E-Mail zu übersenden.

15. Dankes-E-Mail

Alle Gäste erhalten eine **Dankes-E-Mail.** Darin befindet sich der Link zu den **Fotos der Veranstaltung**, zumindest bei Parties. Bei Vortragsveranstaltungen reagieren Mandanten wie Nichtmandanten eher „not amused" auf Fotos. Die Dankes-E-Mail jedoch beantworten sie immer. Das sollte Grund genug sein, in den Dankes-E-Mails den **nächsten Vortrag Ihrer Kanzlei** anzukündigen, übrigens auch in **anderen Rechtsgebieten.** Bitten Sie Nichtmandanten um **schriftliche Genehmigung**, sie in die Einladungskartei aufnehmen zu dürfen, damit sie „automatisch" immer über Neuigkeiten informiert werden.

V. Von Langeweile zu Lernlust: Methodik und Didaktik Ihrer Mandantenseminare

Gute Seminarleiter **didaktisieren und methodisieren**, sobald jemand etwas lernen soll. Didaktik[35] ist die Lehre von der **Zubereitung** eines Lernstoffs für ein bestimmtes Publikum (also: das „Was"), Methodik[36] ist dessen **Transportmittel** (also: das „Wie"). Anders als in einem **monologischen Vortrag** (der Redner spricht, alle hören zu) geht es in einem Seminar **dialogisch zu** (der Seminarleiter/Dozent/Lehrer/Trainer konzipiert und führt, alle diskutieren, üben, präsentieren).

In Seminaren wird Wissen vermittelt, das im Alltag sofort umsetzbar sein soll. Jeder Teilnehmer soll selbst **die Sache X schaffen, eine Fachanwaltsprüfung bestehen** oder selbst eine **Patientenverfügung rechtssicher aufsetzen** können.

In **Seminaren** lernen die Teilnehmer also das „Wie", **in Vorträgen** hören die Besucher das „Was". Seminare sind länger als Vorträge, manchmal einen ganzen Tag oder sogar zwei. Seminare gibt es manchmal mit **mehreren Referenten** und **aufein-**

35 Didaktik (von griechisch *didáskein* ‚lehren'), didaktische Konzeption = was wird gelehrt?
36 Methodik (Zusammensetzung aus griech *méta* ‚hin' und *hodós* ‚der Weg'), methodische Konzeption = wie wird gelehrt?

ander aufbauenden Modulen in dreitägiger Kongressform. Seminare haben oft eine **begrenzte Teilnehmerzahl** und sind meist sehr **viel teurer** als Vorträge.

Dieser Punkt wird behilflich sein, **dialogische Lernveranstaltungen** so zu optimieren, dass das Publikum

- einen langfristigen Lerneffekt erzielt und
- zum Multiplikator anwaltlicher Leistungen wird.

Wer jemals **Fachanwaltskurse** geleitet hat, kennt den Unterschied genau. Dort unterrichten anwaltliche Referenten, manchmal in „Methodik und Didaktik von Fachseminaren" trainiert,[37] ihre eigenen Kollegen in Besonderheiten ihres Fachgebiets. Wer da den ganzen Tag **nur die Vortragsform** wählt, ist abends urlaubsreif. Natürlich sind auch die Zuhörer durch solche **falsche Methodenwahl** gequält. Sie werden **suboptimal berieselt** und haben weder ein Mitspracherecht bei der Methodenwahl noch bei der Gestaltung der anschließenden „Prüfung".

Diese Aufteilung zwischen **Seminar und Vortrag** ist Anwälten eher fremd; sie verwenden die Begriffe oft synonym.[38]

1. Aufgaben eines Seminarleiters/Checkliste

Damit Akquise gelingt, müssen Details in **Vorbereitung, Ablauf und Präsentation** stimmen. Bitte testen Sie und optimieren Sie sich selbst mit Hilfe dieser **Checkliste.** Die Aufgaben eines Seminarleiters sind:

■ **Vorbereitung**

- Technische und organisatorische Details geprüft?
- Publikum bekannt? Fachleute? Anfänger? Zukünftige Kunden?
- Sitzordnung U-Form?[39] Namensschilder? Flipchart? Filzstifte?
- Skripte und Übungen bedarfsgerecht/verständlich?
- Material gesplittet? Teil Vortrag, Teil Übungen, Teil Skript?
- Teilnehmerliste aktuell? Umgang mit ihr klar? Verteilen?
- Informationsmaterial der Kanzlei dabei? Vortragsliste?
- (Tisch-) Namensschilder sichtbar und groß genug?
- Beginn pünktlich? Gesamtseminarzeit angesagt und einhalten?
- Pausenzeiten visualisiert und einhalten?

---

37 Die DeutscheAnwaltAkademie z. B. lässt ihre Referenten seit 1993 – inzwischen zweimal im Jahr – in Methodik und Didaktik von Fachvorträgen trainieren („Train the Trainer"), damit die Wissensvermittlung, meistens von Anwälten an Anwälte, allen Beteiligten mehr Nutzen, bessere Ergebnisse und bedeutend mehr Vergnügen bringt.

38 Vgl. das Kapitel „Vorträge".

39 Verlangen Sie vom Veranstalter eine U-Form der Tische mit Namensschildern auf dem Tisch. Bis zu einer Personenzahl von 20 ist das in den meisten Räumen problemlos möglich. Lernen wird befördert, wenn Teilnehmer sich gegenseitig sehen und nicht verstecken können.

- **Einstieg**
  - Ausreichend Pausen gemacht? Auf die Sekunde pünktlich begonnen?
  - Für Auflockerung gesorgt?
  - Mit Beispiel, Metapher oder Erlebnis begonnen?
  - Nutzen der Zuhörer bekannt gegeben?
  - Teilnehmer mit Namen angesprochen?
  - Teilnehmer nach ihren Erfahrungen und Wünschen gefragt?
- **Visualisierung**
  - Visuelle Hilfsmittel klug eingesetzt? (Bild stützt das Wort)
  - Techniken der Aufmerksamkeitssteigerung verwendet?
  - Zwischendurch zusammen gefasst?
- **Umgang mit „Störungen“**
  - Beiträge verschoben/auf alle verteilt/moderiert/direkt beantwortet?
  - „Störungen“ genutzt für eigene Positionierung?
  - Jeder konnte störungsfrei ausreden und zuhören?
  - Aufkommende Diskussion genutzt/kanalisiert/rechtzeitig beendet?
  - Am Schluss weitere Fragen und Feedback eingefordert?
  - Bei allen bedankt?/Aufnahme in Interessentenkartei angeboten?

2. Didaktische Tipps

Der Lernstoff ist fast immer **umfangreich.** Entscheiden Sie zunächst, **welche Teile** des Seminarstoffs in **Vortragsform** abgehalten werden, welche **gar nicht durch Sie aktiv behandelt** und welche durch **Übungen vertieft** werden sollten. Einige Teile des Lernstoffs in einem **Tagesseminar** werden

- **in Vortragsform präsentiert.** Unverzichtbares Wissen wird – etwa 30–40 Minuten – dem Seminar voraus geschickt. Es dient als **Basis für spätere Lernsequenzen.** Alle Vorträge sind äußerst zurückhaltend visualisiert, verzichten auf **Rechtsvokabular** und bringen reichlich **Beispiele aus dem Erfahrungshorizont** der Zuhörer. Auch Sprache und **Sprachniveau** der Zuhörer werden dabei „gematcht“.[40]
- **gar nicht im Seminar präsentiert.** Ein guter Referent klammert nebenrangige Themen, filigrane Details, seltene Vorkommnisse, irrelevante Ausnahmen und auch solche Themen **aus der aktiven Präsentation aus,** die durch evtl. Vorredner schon behandelt worden sind. Er verewigt sie im wörtlichen Skript, das allgemeinverständlich geschrieben ist und ohne Rechtsvokabular im erklärenden Teil auskommt. Das Skript liegt für alle entweder nach dem Seminar am Ausgang bereit oder steht den Teilnehmern während des Seminars zur Verfügung.

---

40 Vgl. das Kapitel „Vorträge“ für weitere Details Akquise fördernder Vortragstechniken.

- durch **Übungen vertieft.** Jene Teile des Seminarthemas, die der Teilnehmer direkt anschließend **allein können** soll und die seinen **(Arbeits-)Alltag sofort bereichern**, werden durch **gemeinsame Übungen vertieft**. Diese Übungen können im **Skript vorbereitet** sein (schriftliche Übung allein oder mit Nachbarn) oder als **Arbeitsanweisung** für Gruppenarbeiten (Fall bearbeiten, Fehler finden, Brainstorming) im Seminar nachgereicht werden. Oder sie können, wie in diesem Beispiel einer medizinrechtlichen Kanzlei, sogar „handwerklich" begleitet werden, denn längst nicht immer informieren **Anwälte in Mandantenseminaren** nur über rechtliche Themen, wie das folgende Beispiel eindrucksvoll zeigt.

Best Practice

Wir informieren unsere Mandanten und zukünftigen Mandanten regelmäßig auch über nicht-rechtliche Themen und verzeichnen große Erfolge in unseren „Facebook-to-go"- Intensivseminaren. Deren Untertitel „Chancen und Risiken neuer Medien" lockt vor allem solche Ärzte und Zahnärzte an, die – zumeist aus standesrechtlichen Gründen – eine Scheu vor den neuen Medien haben und die uns als Anwälten vertrauen. Das ist offenbar sogar dann der Fall, wenn sie selbst mit uns noch nie zusammen gearbeitet haben.

Wir begrenzen dort die Teilnehmerzahl auf 12 Personen, betreuen vor Ort die Einrichtung ihrer neuen Facebook Accounts und bieten ihnen dadurch einen attraktiven „Zweitnutzen". Wir haben einen WLAN-Zugang extra dafür geschaffen.

Als Feedback hören wir häufig die Ansicht mancher erfahrener Ärzte, Marketing sei für einen Arzt weniger wichtig als die Beschäftigung mit berufspolitischen Stolpersteinen; wir wissen allerdings auch, dass junge, gerade auf den Markt drängende Ärzte sich diese Haltung nicht leisten möchten.

Unsere Weiterempfehlungsquote ist ebenso beeindruckend wie die Zahl der künftigen Seminarteilnehmer auf der Warteliste, die von meiner Assistentin geführt wird.

Rechtsanwältin Katrin Helena Lyck, Lyck & Pätzold Medizinanwälte, Bad Homburg, Tel.: 06172-139960

---

3. Methodische Tipps

Seminar-Methodik zielt darauf ab, den **Teilnehmer zu aktivieren**, komplexe Lernstoffe durch **abwechslungsreiche Methodik** in das Gehirn der Teilnehmer zu befördern und ein **unvergessliches Lern-Event** zu kreieren.

Aktive **Lernprozesse** triggern alle Sinne: Der Teilnehmer **sieht** (lesen, vorlesen), **hört** (den Redner, sich selbst und die anderen Teilnehmer) und **fühlt** (probiert aus, übt) befindet sich in kurzen **Gruppensequenzen** in ständigem **Austausch** und ständiger **mentaler Aktivität**. Ein Mandantenseminar ist mitsamt seinem Leiter unvergessen, wenn der Anwalt schwierige Inhalte in abwechslungsreicher Art und Weise zu präsentieren und zu vertiefen versteht.

Tipp

Du kannst über alles reden, nur nicht über acht Minuten.

Um durch **schnelle Methodenwechsel** den altehrwürdigen „Lehrervortrag“ sinnvoll zu ergänzen, folgt hier eine **Übersicht jener Seminarmethoden**, die ein Seminar spannend, abwechslungsreich und äußerst werbewirksam machen. Die **Indikation** der einzelnen Methoden sowie eine **Anleitung zu ihrem zeitsparenden Einsatz** wird gleich mit beschrieben.

Methode	Wozu sie dient	Was zu beachten ist
Selber Vorlesen	Längere Zitate/Leitsätze/Urteile erhalten **hohe Priorität** und bleiben im **Gedächtnis.**	Im Skript **mitlesen** (Seite ansagen und warten, bis Rascheln vorbei ist) **markieren** oder wichtige Passagen **mitschreiben** lassen.
Vorlesen lassen	Urteile werden **verständlicher,** andere Stimme im Raum = **höhere Aufmerksamkeit!**	Im Skript **mitlesen** lassen. Teilnehmer bitten, **aufzustehen** beim Vorlesen in großen Räumen
Eine Minute Partnerarbeit	60 Sekunden Diskussion mit Nachbarn, macht **besonderes Wissen** öffentlich, **aktiviert Introvertierte** und **hält wach**!	**Leicht lösbare** Fragen stellen, Ergebnisse **schnell** und nach genau sechzig Sekunden einsammeln, Stichworte verwerten! Sonst Zeitverschwendung.
20 Minuten Gruppenarbeit	Ein **Fall** wird nach der Mittagspause gelöst; **Wissen vom Vormittag** wird dazu eingesetzt; löst **Suppenkoma** auf, Gruppeneinteilung nach Abzählen, **absichtlich eingestreute Fehler** finden lassen.	Bitte **glasklare Zeitbegrenzung** und **Arbeitsaufträge**! Auf die Sekunde pünktlich weiter machen! Ergebnisse **zügig** einsammeln! **Redundanzen** nicht tolerieren. Vor der Mittagspause Fall ankündigen!
30 Sekunden Brainstorming	Ein **neues Thema** wird durch die Teilnehmer inhaltlich eingegrenzt. **Aktiviert** Schüchterne. **Rüttelt wach**!	Frage so **eng und einfach stellen,** dass Teilnehmer keine entgleisten Beispiele bringen wollen und reichlich Beispiele bringen können. Alles andere hält nur auf!
Lehrervortrag	Vortragender vermittelt **monologisch neues Wissen** oder bringt altes auf denselben Stand.	Niemals **ununterbrochen länger als acht Minuten,** Wesentliches nie ohne Visualisierung und nie monoton! Kurze Sätze! Bilder!
Unterrichtsdialog	Vortragender vermittelt **Wissen im Dialog.** Er verlangt und beantwortet **fachliche Fragen der Teilnehmer** und erweitert sie **an alle** gleich danach.	Lebhafte **dialogische Lernform,** daher **nie nur mit einem** Teilnehmer! Fragen **auf alle verteilen**! **Hinsetzen,** so dass Antworten und Fragen kommen!

Moderierte Diskussion	Der Referent hält sich inhaltlich zurück. Er verteilt **einfachere** Teilnehmerfragen an das Publikum, neutralisiert dadurch **Einwände**, dialogisiert **Monologe** und nutzt **Binnendifferenzierung**.	Funktioniert **nicht bei schwierigen Themen**! Keine peinlichen **Imagekampagnen**: Wenn der Referent als einziger die Antwort weiß, ist **Lehrervortrag** indiziert!
Rhetorische Fragen	Frage, die der Referent stellt und entweder **selbst oder gar nicht beantwortet.** („Wer kennt das nicht: ...")	Vorsicht: Rhetorische Fragen transportieren Allgemeinwissen oder Provokationen. Sie sind **nicht geeignet** zur Wissensvermittlung.
Anekdote	**Einleitung** in das Thema. Darf ausgedacht und selbstironisch sein, löst **gemeinsames Lachen** oder **Nachdenken** aus.	Vorsicht: Nicht **auf Kosten anderer**. Keine **Angeberei!** Keinerlei **Namedropping!**
Schlagwort anschreiben	Visuelle **Provokation**, apodiktische Feststellung, viel diskutierte **Schlagwörter** („Hilfe, die Steuerfahndung!") anschreiben.	Kausalverkürzte Allgemeinplätze **nicht ernsthaft diskutieren** („Verwaltungsrecht ist langweilig"), sondern **humorvoll** übertreiben!
Kognitiver Konflikt	**Der „KK" ist ein Juwel der Didaktik**: Sicher geglaubtes Wissen der Teilnehmer wird durch eine **augenscheinlich inkompatible oder gar „falsche" Behauptung** des Referenten torpediert. („Der X ist ja bekanntermaßen grundsätzlich notwendig. Wie kann es dann sein, dass in der Situation Y ein rechtssicherer Vertrag zustande kam ohne X?")	Der „KK" wirkt nur, wenn durch seine **Auflösung** das Seminar **inhaltlich gewinnt**. Vorsicht: **prätenziöses Spezialwissen** des Referenten wirkt im Seminar **peinlich** und ist **irrelevant!** Einen sinnvollen „KK" aufzubauen ist **viel Arbeit!** Wenn er gelingt, bleibt er **Teilnehmern jahrelang im Kopf,** da er ihren Lernusus torpediert.
Schriftliche Übung (kurz)	Sinnvoll: **Abgrenzungen** verwandter Rechtsbegriffe zu mehreren definieren und notieren lassen. Alles Erarbeitete mündlich einsammeln. **Absichtliche Fehler** zu mehreren finden lassen!	**Keine Redundanzen**! Schriftliche Übungen dienen der **Lernkontrolle** und der Gehirnentspannung. Stets **Ergebnis einfordern**, sonst Gefahr des Zeitschindens! **Kombinieren mit Nachbargesprächen!** Alle **vorbereiten im Skript** – mit präzisen Arbeitsaufgaben!
Pausenzeiten anschreiben	Organisatorische **Transparenz**. Für alle permanent sichtbar halten!	Pausenzeiten einhalten!
Inhaltliche Fragen ans Publikum	„Hat ein zweimal Geschiedener Anspruch auf x? Bitte antworten Sie mit Begründung!" **Einstiegsfragen** dienen der Aktivierung, Ermittlung der **Leistungsheterogenität** und **methodischen Auflockerung.**	Vorsicht: nur sinnvoll, wenn Antworten den Seminarinhalt **zeitlich fördern** oder **inhaltlich absichern!**

„Gruppenarbeiten“ sind Alleinstellungsmerkmale in anwaltlichen Präsentationen. Anwälte neigen zu der Ansicht, dass das Wort „Gruppenarbeiten“ ein **böses Relikt aus den 70er Jahren** ist und dass „Gruppenarbeiten“ in fachlich komplizierten Seminaren **Zeit verschwenden**.

Mit beidem haben sie Recht, deshalb verwenden sie lieber das Wort „**Teamaufgabe**“ und sorgen durch **methodische Tricks** dafür, dass „Teamaufgaben“

- **Zeit** sparen helfen,
- **Seminarergebnisse** befördern und
- **Lernerfolge** festigen.

Teamaufgaben **beleben und beschleunigen** jeden Lernprozess. Sie bedeuten, dass Gruppen aus dem Teilnehmerkreis eine **Lösung selbst erarbeiten**, beschleunigen oder zusammenfassen. Wenn ein Referent damit jonglieren kann, das Mittel **nicht allzu zu häufig** einsetzt und einige **Regeln** beachtet, ist er sofort der **Star unter den anwaltlichen Präsentatoren**.

Teamaufgaben erfüllen die drei o. g. Anforderungen nur, wenn

- **die Aufgabe für die Teilnehmer lösbar oder teilweise lösbar** ist. Eine Teamaufgabe zu stellen bei unzureichenden Vorkenntnissen ist Zeitvergeudung und wird gewertet wie eine eitle Selbstdarstellung des Referenten.
- **die Aufgabenstellung glasklar und unmissverständlich** ist. Spezifizieren und quantifizieren Sie den **Arbeitsauftrag.** „Bitte finden Sie gemeinsam heraus, was an dieser Aufstellung falsch ist“ wird zu: „Bitte ermitteln Sie **mit ein oder zwei Nachbarn** (andernfalls nutzen die Menschen die Zeit für eine gleichmäßige Teambildung) **gemeinsam** (sonst ist jeder nur über seinen Text gebeugt) heraus, an welchen **drei Punkten** (zwei reichen nicht – scharfe Anforderungen kitzeln den Ehrgeiz hervor) die Aufstellung auf der **Seite 46** (wir reden alle von derselben Textstelle) fehlerhaft ist. In genau **4 Minuten** (nach vier Minuten wird brutal abgebrochen) frage ich Sie nach dem Ergebnis – **mit Begründung** (erneute scharfe Anforderung). **Achtung, fertig, los!“** Dies ist ein vielfach erprobtes Hilfsmittel, das den Ernst der Aufforderung dokumentiert. Zweifeln Sie niemals selbst an der Wirksamkeit dieser Aufforderung, wenn Sie wünschen, dass sie von allen befolgt wird!
- die Ergebnisse dieser Teamaufgabe das Thema **weiter führen**, **abschließen,** inhaltlich **bereichern oder Lernerfolge kontrollieren.** Jegliche Gruppenaufgabe, die diesen Zweck nicht erfüllt, vergeudet Zeit.
- **die Ergebnisse der Teamaufgabe pünktlich eingefordert werden** und
- zusammengefasst werden, entweder schriftlich (Flipchart) oder mündlich (Referent vereinfacht, glättet, korrigiert etc.).
- **schriftlich im Skript vorbereitet wird. Bauen Sie absichtliche Fehler** in einen rechtlich relevanten Text ein und lassen Sie die Teilnehmer die Fehler finden. Geben Sie **Multiple Choice** Aufgaben, um Wissen abzufragen, natürlich nur im Gespräch mit Nachbarn. Geben Sie Fälle, Dialoge, Testamente, lustige Begebenheiten, Verträge, Unfallberichte etc., ruhig auch anonymisiert aus Ihrer Praxis, und lassen sie die Teilnehmer „Nüsse knacken“.

- **Sie schriftliche Aufgaben im Skript geben**, die zu zweit oder zu dritt erledigt werden müssen und deren Ergebnis das Thema weiter führt, abschließt, inhaltlich bereichert oder hilft, bisherige Lernerfolge zu kontrollieren.
- **nach der Mittagspause ein 10 Minuten Fall gelöst werden muss.** Stellen Sie die Gruppen willkürlich zusammen. Jeder Teilnehmer sagt der Reihe nach laut eine Zahl, fortlaufend von 1 bis 3, dann wieder bei 1 weiter. Jeder merkt sich seine laut gesprochene Zahl. Alle Einser in diese Ecke, alle Zweier in eine andere Ecke und alle Dreier hierher. Sie mischen dadurch wild die Teilnehmer, und niemand wird je müde. Arbeitsauftrag kristallklar und zusätzlich ansagen, dass Sie auf die Minute pünktlich um 14.15 Uhr weiter machen mit den Ergebnissen (einhalten!).
- **jedes Ergebnis nur einmal eingesammelt wird.** Redundanzen sind tödlich!
- in größeren Gruppen die Teilnehmer **zeitgleich unterschiedliche Aufgaben lösen.** Dabei sammelt der Referent nacheinander alle Ergebnisse mündlich ein, während alle Teilnehmer der anderen Gruppen im Skript **unter die drei jeweiligen Aufgaben** die Ergebnisse notieren! (akribisch vorbereiten!) Sie verdreifachen dadurch die **Lerngeschwindigkeit!**

Erfolgstipps

i

- Keine Gästegruppen ohne Anwalt und keine Anwaltsgruppen ohne Gast! (Todsünde)
- Üben Sie die „Staffelübergabe“! Bestimmen Sie ein Gastgeber-Team, das Ihnen hilft.
- Die Gäste suchen Leichtigkeit und Information. Kombinieren Sie das. Üben Sie Small Talk!
- Streben Sie einen Anteil von mindestens 30 % Nicht-Mandanten bei jedem Event an!
- Mandantenseminare: Rüsten Sie methodisch auf. Abwechslung ist Pflicht!

Journalisten

100 % indirekte Akquise

„Schreibe kurz – und sie werden es lesen. Schreibe klar – und sie werden es verstehen. Schreibe bildhaft – und sie werden es im Gedächtnis behalten.“[1]

Wer hätte gedacht, dass ausgerechnet Joseph Pulitzer **Jurist** war! Selten bekamen Anwälte den nach ihm benannten Preis; seine Anforderung an klare, knappe, inhaltsreiche und metaphorische Sprache erscheint Anwälten eher wie eine **irreale Dramaturgie** in einem Science-Fiction-Film: **Kurz schreiben sie nicht**, weil sie alle rechtlichen Eventualitäten abdecken möchten, **klar schreiben sie nicht**, weil ihnen Unklarheit taktisch oft nützt, und **bildhaft sprechen sie nicht**, weil sie es nicht gelernt haben.

Dieses Kapitel wird behilflich sein, in drei Abschnitten die Begegnungen zwischen **Anwälten und Journalisten** so zu optimieren, dass außer den beiden auch noch die Leser und die Mandanten profitieren:

I. Journalisten und Anwälte – eine unheilige Allianz?
II. Journalisten sind Multiplikatoren. Sprechen Sie sie aktiv an!
III. Optimieren Sie Ihre Sprache

I. Journalisten und Anwälte – eine unheilige Allianz?

„Journalisten klopfen einem ständig auf die Schulter – auf der Suche nach der Stelle, wo das Messer am leichtesten eindringt.“[2] Diese Sicht auf **Ethik und Antrieb eines Berufsstandes** kommt von einem, der es wissen muss.

Auch Anwälte haben nicht von vornherein eine immer **positive Sicht** auf diesen Berufsstand. Das vielfach registrierte gegenseitige **Misstrauen** ist aus diversen Gründe groß: Anwälte fürchten

– die **Neutralität** von Journalisten. Journalisten zerren alle **Informationen gleichrangig** an die Öffentlichkeit; nicht immer dient das dem Anwalt; auch Mandanten sind dadurch gefährdet.

1 Joseph Pulitzer, österreich-ungarischer Journalist und Zeitungsverleger. Der nach ihm benannte Preis für journalistische Leistungen ist von Journalisten begehrt wie ein Oskar und wird seit dem Jahr 1917 jedes Jahr im April in derzeit 21 Kategorien an der Columbia Universität, New York, verliehen.

2 Robert Lembke, Journalist und Fernsehmoderator (1913-89), zitiert nach http://www.zitate.de.

- die **Parteilichkeit** von Journalisten, die für Verbände, Fachzeitungen, politische oder ethnische Gruppen und bestimmte ökonomische Interessen oder Peergroups schreiben. Oft haben sich diese Journalisten bereits durch **eigene Denkgewohnheiten** oder durch **Informationen der Gegenseite** eine **Meinung** gebildet und **schlachten sie aus.**
- **ökonomische Antriebe** der Journalisten, die zu inhaltlich **unnötigen Dramatisierungen** des Stoffes, rechtlich **unhaltbaren Vergleichen** und der Fokussierung auf **unbedeutende Details führen könnten.** Das gilt nicht nur für Zeitungen, die jeden Morgen Riesenbuchstaben in der Überschrift haben müssen, sondern auch für **seriöse Nachrichtenblätter.** Ins Blatt schafft nur, **wer was zu sagen hat**. Das gilt für Journalisten ebenso wie für Anwälte. Die Zeitung wird besser verkauft durch **prägnante Details** und für die Leser interessant aufbereitete **interessante Themen.**
- den **Zeitmangel** der Journalisten. Interviews sind immer **sehr kurz**. Inhalte in der kurzen Zeit weiter zu geben, will gelernt sein.
- **Ideologien** auf Seiten der Journalisten. Besonders **Strafverteidiger** haben ein **gespaltenes Verhältnis** zu Journalisten. Wenn **Mandanten prominent** sind, treffen ihre Anwälte auf ein **besonders ausgeprägtes öffentliches Verurteilungs- oder Freispruch-Interesse**, das Journalisten gewöhnlich **bedienen** oder **bekämpfen** wollen.
- Wenn Mandanten im Zentrum spektakulärer Geschehnisse stehen, verkaufen ihre Anwälte zwar gern die Geschichte **exklusiv an Magazine**, um ihr **Honorar ungefährdet** zu bekommen oder um die Medien für eigene inhaltliche Zwecke **gezielt einzuspannen,**[3] **können aber doch die Ergebnis-„Färbung" nicht immer ausreichend kontrollieren.**

Andererseits brauchen Anwälte Journalisten, und Journalisten brauchen Anwälte. Die Chancen für Kooperationen stehen gut, denn die **Gemeinsamkeiten** sind stark. Beide sind angewiesen auf **öffentliches Image** und möchten es **befeuern**. Beide möchten **verkaufen**, die einen Zeitungen, die anderen Strategien. Beide sind für den jeweils anderen **Multiplikatoren.** Ein Journalist mit **guten Kontakten** gehört als Mandant – selbst wenn der erste Fall kein hohes Honorar einbringt – immer zu den **A-Mandanten.** Selbst wenn er kein Mandant ist; ein **großes Publikum** erreicht er immer.

Dennoch nutzen Anwälte die **gegenseitige Bereicherungsmöglichkeit** nicht ausreichend. Um das zu ändern, sollten sie zunächst den **Alltag von Journalisten** kennen lernen.

---

3 Details zu „Litigation-PR" und gezielter Beeinflussung der Öffentlichkeit und der Gerichte im Kapitel „Public Relations".

II. Journalisten sind Multiplikatoren. Sprechen Sie sie aktiv an!

Freie Journalisten sind immer auf der Suche nach **lohnenden Themen.** Lohnend sind Themen, wenn der Journalist sie **in einer Zeitung platzieren**, also verkaufen kann. Anwälte sind häufig **Lieferanten aktueller Themen.**

Erfolgreiche Kontakte zwischen Journalisten und Anwälten entstehen durch die **Interessen beider** – und in beide Richtungen:

- **Journalisten wollen Zeitungen verkaufen.** Sie wenden sich zu diesem Zweck an Anwälte, die sich als **Spezialisten** für bestimmte Rechtsthemen etabliert haben oder etablieren. Leser interessiert Expertenwissen.[4]
- **Anwälte wollen** Mandate **akquirieren.** Sie wenden sich daher an Journalisten, weil diese Multiplikatoren sind und **Themenwissen** verbreiten können, das die Leser **auf die Anwälte aufmerksam** macht.

Um **Journalisten offensiv anzusprechen**, nützt Ihnen das Wissen um deren Befindlichkeiten. In vielen **Lokalzeitungen** ist – auch wegen der **Konkurrenz durch elektronische Medien** – die **Personaldecke** in den letzten zehn Jahren mehr als halbiert worden. 70 % ihres Reportagebedarfs decken kleinere Lokal-Zeitungen durch freie Journalisten. Angestellte **Redakteure** sind den ganzen Tag zeitlich und inhaltlich unter Druck. Da können Sie doch ebenfalls **helfen!** Und noch etwas: **Sie müssen Journalisten nicht persönlich kennen, um sie zu bereichern.**

Finden Sie in den folgenden Abschnitten einige Tipps für eine **von Anwälten initiierte Kooperation mit Journalisten** für Ihre Akquise:

1. Bieten Sie aktiv Kolumnen an

Rufen Sie spätestens am Tag nach der Bekanntgabe eines für die **Leser relevanten Urteils** die acht oder zehn freien Journalisten oder einige Redaktionen von Lokal- oder Fachzeitschriften Ihrer **geografischen Umgebung** oder Ihres **fachlichen Sprengels** an, die Sie als erste gegoogelt haben – oder auf andere Weise bereits kennen.

Bieten Sie ein **aktuelles, derzeit Wogen schlagendes Thema** – fertig und verständlich aufbereitet mit **Lesernutzen** und ohne **Fremdwörter**, dann kann ein Journalist **vermutlich nicht nein** sagen. Engagieren Sie dazu notfalls **freiberufliche Texter!** Bieten Sie eventuell an, dass der Journalist Ihren **Artikel umarbeitet** und Sie darin **zitiert**, besonders wenn er ein **Fachjournalist** ist.

Wenn Sie die angerufene Zeitung **selber lesen**, fällt Ihnen die **Bedarfsanalyse** leichter. Sie können dort aus eigener Anschauung eine Themen-Lücke beschreiben: *„... und da ist mir aufgefallen, dass Sie gar keine **regelmäßigen Rechtskolumnen** haben. Was würden Sie davon halten, wenn ich Ihnen ein Beispiel, alltagstauglich auf-*

4 Vgl. Details zu PR und Pressearbeit im Kapitel „Public Relations".

bereitet, unverbindlich übersenden würde? ***Meine Mandanten finden*** (Perspektivwechsel) *diese kleinen Aufsätze äußerst hilfreich.*"

Durch regelmäßige **Kolumnen** entwickelt sich Ihre **Akquise sprunghaft**. Versuchen Sie, eine **monatliche Kolumne** zu platzieren, mit schmissiger **Überschrift**, nutzbringendem **Untertitel** und einfachster **Sprache**. Haben sie alle **zwölf Titel eines Jahres** bereits fertig (zumindest die Überschriften und ein Beispiel für einen Artikel), und präsentieren Sie **alles „aus einem Guss"**, mit aktuellem Foto, Vita und Ihrer Webseite.

Ihr Kurz-Aufsatz zum aktuellen Thema ist bereits **geschrieben** und liegt im **Moment des Erstanrufs versandfertig** auf Ihrem virtuellen Schreibtisch. Das Telefonat mit der Redaktion dauert zwei Minuten und bietet den Lesern vor allem den „Nutzen, den meine Mandanten dadurch hatten." (Perspektivwechsel). Der **Inhalt des Artikels** ist weniger interessant als der **Vorteil**, den er den Lesern bietet.

Die **Struktur eines Cold Calls**[5] **bei Multiplikatoren, also auch bei Journalisten,** besteht aus fünf Punkten:

- **Vorbereitung**: Welche Zeitung kann zu Ihren Multiplikatoren gehören? Ermitteln Sie, wie viele und **welche anderen Rechtsanwälte** regelmäßig für sie schreiben. Über welche Themen? Gibt es Sonderbeilagen? Wenn ja, wer hat darin schon geschrieben? Welche Journalisten kennen Sie persönlich? Was können Sie für diese Bekannten tun? Und umgekehrt?
- **Vorstellung:** Name, Vorname, Beruf, Stadt. Teilen Sie mit, dass der Angerufene Sie nicht kennt und dass Sie eine **Idee für seine Leser** haben. Die **Zufriedenheit der Leser** sichert die **Arbeitsplätze der Redakteure**.
- **Zeitkorsett** („Hätten Sie in diesem Augenblick zwei Minuten für mich Zeit?" oder „Hätten Sie einen Augenblick Zeit für mich? Oder: „Ich habe eine gute Idee für Ihre Leser. Passt es jetzt?").
- **Nutzen** Ihres Produkts: Ihr Können ist für den Redakteur zunächst unwichtig, ebenso wie die besonderen **Merkmale Ihrer Spezialisierung**. Ihn überzeugt, wenn seine Leser den **Artikel brauchen oder gern lesen**. Der **Perspektivwechsel** „Meine Mandanten haben durch diesen kleinen Aufsatz drei Vorteile benannt" erspart Ihnen jede **Angeberei** und den Eindruck **unbewiesener Behauptungen.**
- **Genehmigung** für die Übersendung: „Wenn Sie es wünschen, kann ich den Aufsatz auch gleich per E-Mail übersenden, dann haben Sie ihn gleich auf dem Schreibtisch?"
- **Zukunft:** Bieten Sie **weiter führenden Kontakt** an. Auch der muss dem Angerufenen **konkret nützen**, sonst macht er das nicht. „Wenn der Artikel für Ihre Leser interessant war, kann ich gern weitere verfassen. Es gibt immer wieder Gerichtsurteile, die den **Alltag Ihrer Leser beeinflussen**." Oder: „Wenn Sie das für sinn-

5 Vgl. die Struktur von „Cold Calls" beim zukünftigen Mandanten im Kapitel „Telefonakquise".

voll halten, melde ich mich in der nächsten Woche noch einmal, um Ihre weiter führenden **Fragen zu beantworten.**"

- **Nachbereitung:** die wichtigsten Informationen über diesen Redakteur unter dem Suchbegriff „Multiplikatoren" in die **Datenbank** eintragen, mit **Kontaktprotokoll, Vereinbarung**, seinen **Fragen** und **Interessen.**

2. Bieten Sie ausformulierte E-Mail-Interviews

Journalisten haben nie Zeit. Rufen Sie also an und bieten Sie ein fertiges **E-Mail Interview zum Gerichtsurteil X**, das heute Morgen in den Nachrichten verkündet wurde. Wenn das Urteil im Verkehrsrecht war, kommen auch Autozeitungen oder **frische Flyer** in Autohäusern in Betracht. War es im Familienrecht, haben Sie vielleicht schon lange vor dem Urteil den Flyer vorbereitet und rufen am **Morgen des Urteils** die Zeitung an. Sie übersenden **vorbereitete Fragevorschläge und die dazu passenden Antworten.**

Nehmen Sie auch hier Journalisten Arbeit ab. Geben Sie allerdings zu verstehen, dass die Fragen **nur Vorschläge** sind, sonst gefährden Sie seine Berufsehre.

3. Je breiter die Streuung desto schmaler das Ergebnis

Viel hilft nicht viel! Manche Anwälte versenden **Pressemitteilungen häufig** und an einen **breiten** Verteiler. Das **nervt Journalisten.** Sie fühlen sich **nicht persönlich angesprochen** und „ausgenutzt". Die **Pressemitteilungen** wandern direkt in die P-Ablage. Ändern Sie das! Fokussieren Sie bei solchen Aussendungen auf bestimmte Adressaten und **beschränken Sie Ihre Aussendungen** auf wenige Fälle.

4. Strukturieren Sie Ihre Botschaften

Konstruieren Sie erst das **Dach über Ihrer Botschaft** und räumen Sie danach die Zimmer ein! Der Leser liest einen Artikel nicht, um dessen **Sinn zu verstehen**, sondern er liest ihn, **weil** er die **Grundaussage teilt** oder **interessant findet**: Das zwingt auch Anwälte dazu, zunächst das für die Bevölkerung **verständliche und attraktive(!) „Dach"** zu benennen („Emmely sitzt wieder an der Kasse"), um erst danach den rechtlichen Vorgang zu erwähnen („Bundesrichter heben die Kündigung der Kassiererin auf").

5. Rufen Sie spezialisierte Multiplikatoren an

Viele Journalisten sind spezialisiert. Manche auf **Branchen** (Fachjournalisten: Auto, Computer, Reise, Versicherungen), andere auf **Regionen** (Fürther Nachrichten), andere auf **Bevölkerungsgruppen** (Migranten), wieder andere auf **Rubriken** (Politik, Lokales, Wirtschaft, Sport, Feuilleton) oder **Medien**. Sie arbeiten für Zeitungen, Fernsehen, Onlineredaktionen, Radio. Jede dieser Spezialisierungen kann behilflich sein, Ihre **Zielmandantschaft** leichter zu erreichen.

III. Optimieren Sie Ihre Sprache

Wenn ein Jurist ein Problem erklärt, fügt er dem ursprünglichen Problem ein **weiteres hinzu**: Ihn **versteht kein Laie**! Im Umgang mit Journalisten – im Zweifel ebenfalls ungeübt mit anwaltlichen Sprachen – haben Sie dadurch **Akquisenachteile**. Journalisten und ihre Kunden (Leser, Fernsehzuschauer, Blogger) müssen die Sache **schnell und sicher verstehen** können.

1. Faszinieren Sie die „bügelnde Hausfrau“

Wodurch richtet die „bügelnde Hausfrau“ ihre Aufmerksamkeit auf das zeitgleich laufende **Fernsehinterview statt auf das „Bügeln“**? Das macht sie nur, wenn sie inmitten des allgemeinen „**Rauschens**“ ein „**Signal**“ unterscheiden kann.

Als **Rauschen** wird sie jedes „Gelaber“ qualifizieren. Gelaber lösen Anwälte in Fernsehinterviews aus durch lange Sätze, Nebensätze, Einschränkungen, Gebrauch des Passivs, Einschübe, Schachtelsätze, Fremdworte, Fachsprachen, Füllwörter (ähm, irgendwie, insoweit, eigentlich etc.), pausenloses und zu schnelles Sprechen und hohe Stimmen.

Wer Zuschauer faszinieren möchte, sendet statt dessen **Signale** durch: **Provokante** Wörter, **kurze Sätze**, entschieden klingende **Modulation** (Stimme am Schluss jedes kurzen Satzes nach unten), Pausen, überraschend **kurze Antworten**, **Alltagsgeschichten**, immer das **Ergebnis zuerst**, (danach notfalls die Begründung), **skandalöse Zahlen**, verstehbare Vergleiche und **freche Sprüche**.

2. Bringen Sie Hauptsachen in Hauptsätze

„Einen ganzen Nachmittag lang wurde im Beisein beider Geschäftsführer und unter Hinzuziehung eines Steuerberaters darüber verhandelt, dass **ein Teil des Unternehmens verkauft** werden muss.“ Die **Hauptaussage** steht hier in einem Nebensatz und wird von mindestens zwei **Nebenaussagen** verdeckt. Anwaltssprachen bestehen aus langen Anläufen. Beim **Sprung selbst** sind die meisten Nicht-Juristen schon **erschöpft.**

Der Journalist will wissen: „Gibt es jetzt noch andere Möglichkeiten?“ Der Anwalt sagt natürlich nicht: „Ja, es gibt noch das Mediationsverfahren. Das ist...“ sondern er antwortet: **„Es ist also so, dass** es jenseits der hier erwähnten Möglichkeiten unter Umständen noch den Weg über ein Mediationsverfahren gibt, bei dem...“

Das **„Es ist also so, dass...“ Syndrom** erinnert an die fatale Angewohnheit von Fußballern, ihre Sätze im Interview nach dem Spiel mit „Na gut, ähm...“ zu beginnen.

3. Drücken Sie Aktionen ausschließlich in Verben aus

Anwälte „geben Stellungnahmen ab“, statt etwas zu **sagen**. Sie sind „befasst mit der Durchführung einer Untersuchung“, statt einfach nur etwas zu **untersuchen,** und sie „sind derzeit mit Klageerhebung beschäftigt“ statt zu **klagen.**

Wenn der Gegner „unter Berücksichtigung seines gesamten Vorbringens in diesem Verfahren ein Entgegenkommen hinsichtlich einer Zahlung offenbar nicht einmal andeutungsweise in Erwägung gezogen“ hat, dann ist irgendwann jedem klar: **„Der Gegner zahlt nicht.“**

„Warum einfach, wenn es auch kompliziert geht?“ fragen sich offenbar Anwälte und scheuen sich zu **Lasten der Leser, einfache Verben zu benutzen.**

4. Ersetzen Sie Fachsprachen durch Laienformulierungen

Fachsprachen sind **nur für Fachsprachler interessant**. Durch Fachsprachen können **Fachleute** den Fall genau verstehen und **Zeit sparen.** Für alle anderen Menschen sind Fachsprachen **missverständliches, verunsicherndes Kauderwelsch.** Wörter wie „Rechtsfolgenvereinbarung“, „Schuldanerkenntnis“ oder „Vorvertrag“ sind **absolut unverständlich** für Laien.

Fragen Sie einen Laien, ob er einen **Vertrag** hat. Was wissen Sie, wenn er „nein“ sagt? **Sie wissen gar nichts**, da Ihnen die **Deutungshoheit** über das Wort „Vertrag“ fehlt. Sie haben, genau wie der Laie, lediglich einen „Deutungs-Usus“. Dasselbe betrifft (Rechts-)Wörter wie „arglistig“, „grundsätzlich“ oder „in Kauf nehmen“. Laien verstehen diese Wörter nicht in einem **rechtlichen Kontext**: „Er hat mich arglistig getäuscht“ heißt für den Laien: „Er war besonders gemein zu mir“. Lassen Sie im Gespräch mit Laien **Rechtswörter komplett weg**. Sie sparen viel **Zeit und Energie**.

5. Sprechen Sie einfach

Unprofessionell und eitel klingen Anwälte, wenn sie ihre **Sprachrituale** auch Laien zumuten. Untereinander scheinen sich Anwälte daran nicht zu stören. **Vereinfachen** Sie Ihre Sprache Laien gegenüber:

Tautologien:	In der **letztinstanzlichen BGH Entscheidung** wurde das geklärt. (Der BGH hat das geklärt.)
Pleonasmen:	Er erwartet **Hilfe und Beistand** von seinem Chef. (Er erwartet **Hilfe** von seinem Chef.)
Verneinungen:	Es ist **nicht** anzunehmen, dass wir hier **nicht** weiterkommen. (Wir kommen hier bestimmt weiter.)
Ausländisch:	Das Vorgehen ist **kausal** für die spätere Unternehmensentwicklung. (Davon hängt ab, wie sich das Unternehmen entwickelt.)
Schwulst:	In Abrede stellen, Zu einem späteren Zeitpunkt, Eine Vielzahl von. (leugnen, später, viele)
Substantivierungen:	Die **Abnahme** der Arbeit konnte erst nach nochmaliger **Prüfung** erfolgen. (Der Chef hat das Ergebnis noch mal geprüft und dann abgenommen.)
Abstraktion:	In **mancherlei Hinsicht** hat sich seine Arbeitsweise verbessert. (Er arbeitet jetzt besser durch drei Dinge: 1.) ... 2.) .... 3.) ....).
Passiv:	Es konnte keine Einigung zwischen den Parteien **erzielt werden.** (Die Parteien einigten sich nicht.)
Nominalismen:	Die **Verauslagung** der **Kosten** oblag der Gegenseite. (Die Gegenseite musste einen Vorschuss zahlen.)

---

i **Erfolgstipps**

- Journalisten sind effiziente Multiplikatoren. Bieten Sie einen **Nutzen** für die Kooperation mit Ihnen!
- Bieten Sie **fertige Artikel** und E-Mail-Interviews. Lassen Sie sich **zitieren**!
- **Segmentieren** Sie Ihre Multiplikatoren. Je breiter die Streuung, desto **magerer das Ergebnis!**
- **Vereinfachen** Sie Ihre Sprache! **Verzichten** Sie auf Fachsprachen!
- Sprechen Sie **bildreich** mit **Beispielen** aus dem Alltag Ihrer zukünftigen Mandanten!

Kanzleimarketing

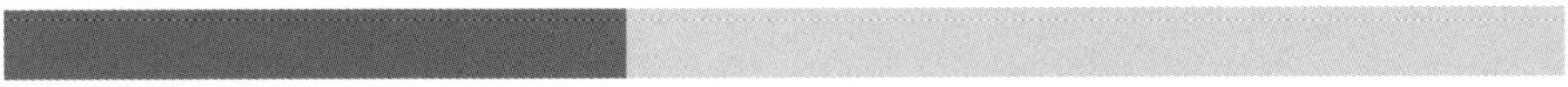

40 % direkte Akquise 60 % indirekte Akquise

„Wir müssen dringend was tun!“ Dieser Aufschrei von Anwälten ist angesichts **sinkender oder stagnierender Umsätze** mehr als verständlich; sein **Zeitpunkt** ist es nicht: „Wieso erst jetzt?“ fragt sich ein externer Beobachter und diagnostiziert eine gewisse **anwaltliche Scheu** vor rechtzeitig eingerichteten, großflächig angewandten und – vor allem – für jeden Anwalt derselben Sozietät **verbindlich festgelegten Marketingmaßnahmen.**

Nach diesen rufen Anwälte oft erst dann laut, wenn **Krisen** sich abzeichnen. Dieses Kapitel wird behilflich sein, **Methoden des Kanzleimarketings kritisch unter die Lupe** zu nehmen, ihre **strategische Einordnung** zu vollziehen, ihre **Wirkungsweise** zu beschreiben und die Methoden **rechtzeitig zu implementieren.**

Dieses Kapitel wird Sie dabei unterstützen, **Marketing** von **Werbung**[1] **und PR**[2] („Public Relations“) abzugrenzen und **Akquisepotenziale** Ihrer Kanzlei durch kleine und große Tipps **auszuloten** und zu **erhöhen.** Sechs Punkte sind dabei behilflich:

I. Quo vadis, Marketing?[3]
II. Kanzleimarketing erfordert Individualkommunikation
III. Kanzleien in der Öffentlichkeit: Marketing? Werbung? Public Relations?
IV. Kanzleimarketing: Vier „P“ mit großer Wirkung
V. Kanzleimarketing: 10 Tipps für das Marketing nach innen
VI. Kanzleikommunikation: Kleine Tipps mit großer Wirkung

I. Quo vadis, Marketing?

Anwälte in Deutschland dürfen seit März 1996 in bis dahin ungewohntem Umfang **Werbung für sich** machen. Im Umkehrschluss bedeutet dies, dass sie es seitdem auch **müssen**, um **nicht ins Hintertreffen** zu geraten. Selbst für den früher „beratungsresistenten“ Seniorpartner ist heute die **Notwendigkeit von Marketing** nach

1 Vgl. auch das Kapitel „Werbung“.

2 Detailreiche Informationen über „PR“ und „Litigation PR“, im Kapitel „Journalisten“.

3 Titel eines vom PMN Institut in den Räumen der Kanzlei CMS in Hamburg am 21.12.2005 veranstalteten Workshops mit Vortrag der Autorin zu der Leitfrage: „Was können Großkanzleien an ihrem internen Marketing optimieren?“; s. http://www.schieblon.com.

außen und innen eine Selbstverständlichkeit geworden. Doch bei der Umsetzung hapert es nach wie vor.

Im ersten Abschnitt werden dafür **zwei Hauptgründe** beschrieben:

1. Internes Marketing hinkt dem externen hinterher

Die Zeiten sind längst vorbei, in denen Marketing als **Aneinanderreihung spektakulärer Einzelaktionen galt, die man ins Leben rief**, sobald ein Probleminhaber Hilfe benötigte. Heute ist klar, erfolgreiches Marketing von Anwälten geht vom **Kopf des Anwalts** in das **Herz des (zukünftigen) Mandanten**, nicht umgekehrt.

Das **Marketing nach innen** ist hierfür unverzichtbare Basis, und das auch aus philosophischen Gründen: *„Der Mutige lebt von innen nach außen, von der inneren Entscheidung, nicht von den Umständen her."*[4] Auch wenn viele Ideen aus der Industrie in Anwaltskanzleien Einzug gehalten haben; eine gewisse **Inkongruenz zwischen Marketing-Ideen und ihrer Umsetzung** wirkt nach wie vor auf externe Beobachter anachronistisch – und das in Kanzleien jeder Größe:

Großkanzleien beschäftigen seit Jahren **Marketingprofis, auf die die Partner selbst nicht hören,** während kleinere Kanzleien sich in den Einflussbereich **externer Berater** begeben, deren Tipps sie „toll" finden und **nicht oder nicht ausreichend umsetzen**!

Wie kommt das? Hier finden Sie fünf Antworten auf diese Frage – geordnet nach **Häufigkeit:**

- **Viele Köche verderben den Brei**: Wo **mehr als ein Partner** in einer großen Sozietät (ab ca. 10 Partnern) für das Marketing der Kanzlei und dessen **Budget** verantwortlich ist, **blockieren sich Entscheider gegenseitig.**
- Partner in größeren und Namensgeber bzw. Entscheider in kleineren Kanzleien haben Marketing **nicht als A-Aufgabe** auf dem Schirm und bezeichnen (und empfinden!) ihre eigene Prioritätenentscheidung als **Zeitmangel.**
- Auch manch **selbstverliebte und abschreckende Präsentation** nach außen sowie die anwaltliche Angewohnheit, eigenes Marketingpersonal nach innen nur **unzureichend zu unterstützen**, verdeutlichen diese **Inkongruenz.**
- Auch wenn Anwälte Maßnahmen **innerlich einsehen**, bleiben **Vorarbeiten und Konzepte** im Alltag unzureichend ausgenutzt. Das betrifft insbesondere die interne **Dokumentation.** Sie wird nicht genügend **beachtet, gepflegt oder genutzt**, besonders negative Folge ist hier die **unzureichende Vorbereitung** auf

4 Vortrag des in USA lebenden Fotografen und Autors Ulrich Schaffer zum Thema „Von innen nach außen leben". Schaffer ist ein spiritueller, suchender Mensch, sozialkritisch und ökologisch engagiert. Seine überkonfessionelle Weite und seine herzliche Art spricht u. a. viele Leser aus christlichen Gemeinden an, aber auch weit darüber hinaus.

öffentliche Akquisetätigkeiten wie Pitches,[5] Vorträge, In-house Veranstaltungen[6] und alle weiteren Events.

- Nicht alle sind unter einem **„Marketing-Hut“**. Das anwaltliche **Selbstbild der „Primadonna“** widerspricht dem Gedanken, dass alle Anwälte „an einem Strang ziehen“. In kleinen Kanzleien liegt das an der unterschiedlichen, bisweilen sogar entgegengesetzten Gewichtung „verkäuferischer“ Aktivitäten. In größeren fehlen **standortübergreifende Maßnahmen**, besonders nach Fusionen. Das Phänomen der **„zwangs-angeglichenen“ Unternehmenskulturen** gestaltet sich als **kulturelles Hindernis**. Das geht bei der **Höhe des Honorars** los (in Amerika etwa doppelt so hoch) und endet noch lange nicht bei den in angelsächsischen Kanzleien vollkommen selbstverständlichen „Reviews“ der **vierteljährlichen Quartalszahlen und deren Veröffentlichung.**

2. Tote Pferde tragen nicht

Anwälte verwenden **Marketingmaßnahmen, deren Wirkungslosigkeit sie kennen**! Es ist angeblich eine Weisheit der Dakota-Indianer: “Wenn Du entdeckst, dass Du ein totes Pferd reitest, steig ab.” Dieser Weisheit folgt längst nicht jeder anwaltliche Reiter. Manche Anwälte

- besorgen eine stärkere Peitsche,
- finden es wichtig, überhaupt ein Pferd zu haben,
- reden sich ein, dass es immer noch Hoffnung für tote Pferde gibt,
- beschwichtigen: „So tot ist das Pferd nicht, wie es aussieht.“,
- fragen andere, wie sie tote Pferde reiten,
- bilden eine Arbeitsgruppe, um das tote Pferd wiederzubeleben,
- verordnen sich und ihren Teams eine Trainingseinheit, um besser reiten zu lernen,
- kaufen Leute von außerhalb ein, um das tote Pferd zu reiten,
- ergänzen ein totes Pferd durch ein weiteres, um das Tempo zu erhöhen,
- investieren, um die Leistung des toten Pferdes zu erhöhen,
- glauben gar nicht daran, dass es tote Pferde gibt.

Anwälte setzen gewöhnlich keine **Instrumente** zur **Quantifizierung der Akquisewirkung** ihrer derzeitigen Maßnahmen ein,[7] machen gewöhnlich **keine Marktanalyse**, definieren kein tragfähiges, konkretes **Unternehmensziel,**[8] kennen die **Alter-**

5 Hier Synonym verwandt mit „Beauty Contest“ = die Kanzleipräsentation auf Einladung eines Anfragers, vgl. dazu auch das Kapitel „Beauty Contest“.

6 Siehe Kapitel „In-house Veranstaltungen“.

7 Obwohl in ca. 40 % der durch die Autorin trainierten Kanzleien die bislang bereits gekaufte und in vielen anderen Bereichen der Kanzlei seit langem erfolgreich eingesetzte Kanzleisoftware eine solche Quantifizierung und Spezifizierung zuließe.

8 Vgl. die Tipps zur Definition und Erreichung von Kanzleizielen im Kapitel „Zielführung“.

native zu ihren jetzigen Verhaltensweisen nicht oder trauen dieser **Alternative** nicht, empfinden neue Maßnahmen wegen **„aktuell guter Umsätze"** als nicht notwendig – oder handeln einfach nur **aus Gewohnheit!**

Die folgende **Tabelle** ist Ergebnis einer repräsentativen Umfrage[9] des SOLDAN Instituts für Anwaltsmanagement und offenbart ein **massives Dilemma deutscher Anwälte**: Anwälte verwenden Marketingmaßnahmen, von deren **Wirkungslosigkeit sie überzeugt** sind.

Die Tabelle erfasst unter 710 zufällig ausgesuchten, in Deutschland zugelassenen Anwälten deren **verwendete Methoden** (linke Spalte), den Prozentsatz, in dem diese **Methoden zur Anwendung kommen** (mittlere Spalte) und die Rangfolge jener **Werbewirksamkeit** (wirksamste Methode Platz 1, am wenigsten wirksame Platz 24), die **dieselben Personen** (!) diesen Werbemethoden zusprechen. SOLDAN stellt eine „erhebliche Inkonsistenz zwischen **dem faktischen Werbeverhalten** einerseits und den **wahrgenommenen Werbewirkungen andererseits**"[10] fest:

Besonders **schwere Inkongruenzen** finden Sie in der Tabelle **fett** gedruckt:

Maßnahme	verwendet von	Platzierung Wirksamkeit
1. Internetauftritt	69,9 %	5.
2. **Gelbe Seiten**	**63,9 %**	**15.**
3. **Weihnachts- / und Geburtstagskarten**	**48,0 %**	**20.**
4. **Kostenpflichtige Anwaltssuche**	**41,3 %**	**18.**
5. **Anzeige in Wochenblättern**	**35,4 %**	**17.**
6. **Seminare + Vorträge für potenzielle Mandanten**	**32,4 %**	**3.**
7. **Sponsoring**	**28,3 %**	**21.**
8. Anzeigen in Tageszeitungen	28,0 %	16.
9. **Seminare + Vorträge für Mandanten**	**26,5 %**	**2.**
10. Internetwerbung	23,9 %	14.
11. Kanzleibroschüre	22,1 %	12.
12. **Mandantenbrief**	21,0 %	**8.**

9 SOLDAN-Studie 2011, Dr. Matthias Kilian: „Wirksamkeit anwaltlicher Marketingmaßnahmen – eine empirische Untersuchung zur Unternehmenskommunikation in Anwaltskanzleien", DeutscherAnwaltVerlag 2011. SOLDAN befragte 710 Anwälte stichprobenartig per Fax. Weder Kanzleigröße noch Rechtsgebiete, Berufserfahrung oder Bekanntheit waren eingrenzende Faktoren für die Auswahl.

10 A.a.O., S. 31; die Tabelle fasst die SOLDAN Ergebnisse der S. 29 und 32 zusammen.

13. Werbegeschenke	20,4 %	22.
14. Wissenschaftliche Publikationen	18,0 %	9.
15. **Juristische Artikel in Tageszeitungen**	**15,1 %**	**6.**
16. „Events“ für Mandanten	12,8 %	7.
17. Pressemitteilungen	12,7 %	4.
18. **Fachseminare Aus- und Fortbildung Mandanten**	**12,1 %**	**1.**
19. Informationsbriefe für potenzielle Mandanten	11,7 %	13.
20. Fensterwerbung, KFZ Aufschrift	10,8 %	11.
21. Werbung im öffentlichen Raum	10,0 %	23
22. Flyer, Wurfzettel, Werbebeilagen	6,6 %	19.
23. Öffentliche Hinweise auf pro bono	5,9 %	10.
24. Rundfunk-, Fernseh- und Kinowerbung	2,5 %	24.

II. Kanzleimarketing erfordert Individualkommunikation

1. Individualkommunikation ist das Gebot der Stunde

Die anwaltliche Leistung ist kein Kühlschrank. Ihre Nutzer können sie nicht testen, nicht anfassen, nicht alltäglich nutzen, nicht bei Nichtgefallen zurückgeben, nicht höher drehen, nicht an- und abschalten – und manchmal fehlt die Bedienungsanleitung!

Die Anwaltsleistung ist hoch erklärungsbedürftig und nicht anfassbar. Marketingspezialisten mahnen daher: *„Instrumente, mit denen einen* ***individuelle Kommunikation*** *ermöglicht wird, sind umso bedeutender, je* ***immaterieller, erklärungsbedürftiger*** *und je* ***weniger standardisiert*** *eine Leistung ist“.*[11]

Tipp
Je abstrakter eine Leistung ist, desto individueller muss sie kommuniziert werden.

Wer Kühlschränke verkauft, kann den **Kühlschrank für sich sprechen** lassen. Wenn das Produkt jedoch – wie bei einem Anwalt – eher stumm bleibt, muss das **sein Träger** tun. **Individualkommunikation** ist also das Gebot der Stunde. Sie ist ein Garant dafür, dass **anwaltliche Leistung anschaulich wird.**[12]

11 *Meffert/Bruhn*, S. 479.
12 Vgl. Zahlen und weit ausführlichere Darstellungen in SOLDAN: „Wirksamkeit anwaltlicher Marketingmaßnahmen“, Band 6, 2011, S. 35.

2. Persönliche Kommunikation

Der Anwalt begibt sich selbst in das **Gesichtsfeld seiner (zukünftigen) Mandanten**. Diese hat er zuvor **segmentiert**. Er veranstaltet Seminare, Vorträge oder andere In-house Events, die den **Bedarf** der erst ausgesuchten und dann aufgesuchten Klientel genau treffen und dann befriedigen. Charakteristisch ist hier, dass sich Anwalt und (zukünftige) Mandanten **persönlich gegenüber stehen**. Es ist kein Zufall, dass Anwälte **diese Marketingrichtung als erfolgreichste** einstufen. Einige Zahlen dazu: Noch 2002 veranstalteten 82 % der befragten[13] deutschen Anwälte **keinerlei Mandantenseminare und Vorträge**, während 2011 gilt:

- Je höher die Anzahl gewerblicher Mandate, desto höher die Anzahl **persönlicher Kommunikationsmaßnahmen für potenzielle Mandanten** (64 % aller befragten Kanzleien mit einem Anteil gewerblicher Mandate ab 91 %).
- Je **spezialisierter Anwälte auf Zielgruppen** (nicht auf Rechtsgebiete!) sind, desto häufiger veranstalten sie **persönliche Kommunikationsmaßnahmen für potenzielle Mandanten** (fast die Hälfte aller Befragten).
- 53 % der größeren Kanzleien (mehr als 10 Anwälte) und überörtlichen Sozietäten sind Veranstalter **regelmäßiger Mandantenfortbildungen**.

3. Direktkommunikation

Der Anwalt **übersendet gezielt Botschaften** an zukünftige und derzeitige Mandanten durch Newsletter, Grußkarten, Telefonate und unverlangte schriftliche Angebote, auch per E-Mail. Er setzt auf „Push Communication",[14] ist **selbst der Aktive** und hat normalerweise **keinen geregelten Überblick über das Feedback** des „passiven" Parts, also des Rezipienten. Die Empfänger sind stets **persönliche Adressaten**. Diese Art des Marketings hat die **Bindung bestehender Kontakte** zur Folge, gilt als eine der Möglichkeiten, **Cross Selling**[15] einzuführen und ist wenig erfolgreich bei der Gewinnung neuer Mandate. 2011 sahen dazu die Zahlen so aus:

- **Weihnachts- und Geburtstagskarten** wurden 2011 von 48 % der Befragten versendet.
- **Mandantenbriefe** an bestehende Mandanten werden von 21 % der befragten Anwälte versendet, **Informationsbriefe an potenzielle Mandanten** dagegen nur von 11 %. (Hauptbedenken: „Berufsstand beschädigt").

---

13 Institut für Freie Berufe: „Marketing in Anwaltskanzleien" (2002), S. 81, zitiert nach SOLDAN, „Wirksamkeit anwaltlicher Marketingmaßnahmen", Band 6, 2011, S. 35.

14 Push = schieben, Push Communication schiebt den zukünftigen Mandanten durch den Anwalt an.

15 Vgl. das Kapitel „Cross Selling".

- Je älter ein Anwalt ist, desto weniger arbeitet er mit **Methoden der Direktkommunikation** (liegt auch an der Wettbewerbssituation, die jüngere Anwälte zwingt, „mehr zu machen").
- Je höher der **Anteil an gewerblichen Mandaten**, desto höher der Anteil an Maßnahmen der Direktkommunikation.

4. Multimediakommunikation[16]

Der Anwalt stellt sich zur Schau in elektronischen Chats, Foren, Internetseiten, Suchservice und setzt auf **„Pull Communication"**,[17] mit einem – abhängig von eigener technischer Einrichtung – deutlichen, jedoch **nicht flächendeckenden Feedback von Userseite.** Multimediakommunikation gilt als „computergestütztes, interaktives und multimodales Kommunikationssystem", das von „individuellen Informationsbedürfnissen der Rezipienten gesteuert wird".[18] Webseite, Videostreams, Gästebücher, Blogs, Foren und auch ein bezahlter elektronischer Anwaltssuchservice gehören beispielsweise dazu.

- 2002 unterhielten 37 % aller befragten Kanzleien[19] eine Kanzleihomepage, während sich diese Zahl im Jahr 2011 fast verdoppelt hatte.
- Je jünger Anwälte sind, desto eher hatten sie 2011 eine eigene Webseite (89,3 % der unter 35-jährigen).
- Interessant: In Kanzleien mit 61–90 % **gewerblicher Mandate** ist 2011 die **Anzahl der Webseitenbetreiber** mit 80,2 % am höchsten, während deren Anzahl wieder signifikant auf 71 % sinkt bei Kanzleien mit **fast ausschließlich gewerblicher Klientel.**
- Je höher der Anteil gewerblicher Mandate, desto geringer der Anteil **bezahlter Werbung** im Internet.

5. Kanzleien in der Öffentlichkeit: Marketing? Werbung? Public Relations?

Doch nicht nur der einzelne Anwalt sondern auch seine **gesamte Kanzlei** steht im Fokus und erzielt durch diverse Vorgehensweisen eine **öffentliche Wirkung.** Ob Sie neue Mandanten gewinnen, ehemalige Mandanten zurück gewinnen oder derzei-

16 Vgl. das Kapitel „Online-Akquise".
17 Pull= ziehen, Pull Communication zieht den Mandanten durch indirekte Maßnahmen zum Anwalt.
18 *Meffert/Bruhn*, S. 533.
19 Institut für Freie Berufe: „Marketing in Anwaltskanzleien" (2002), S. 81, zitiert nach SOLDAN: „Wirksamkeit anwaltlicher Marketingmaßnahmen", Band 6, 2011, S. 35.

tige Mandate ausweiten möchten – für alle **drei Akquise-Zeitzonen** bewirkt ein gut strukturiertes **Kanzleimarketing nachhaltige Erfolge.**

Auch über diese Voraussetzung beginnen deutsche Anwälte in aller Regel **zu spät** nachzudenken. Erst wenn **Umsätze stagnieren** oder gar **zu sinken beginnen**, starten Überlegungen, „was wir tun könnten“. Die Lösung liegt auf **drei Gebieten:**

1. **Marketing** = **Meine Arbeit sagt, was ich kann.**
2. **Werbung** = **Ich sage, was ich kann.**
3. **Public Relations** = **Andere sagen, was ich kann.**

Hier finden Sie die drei Richtungen anwaltlicher Öffentlichkeitsarbeit in einem Überblick:

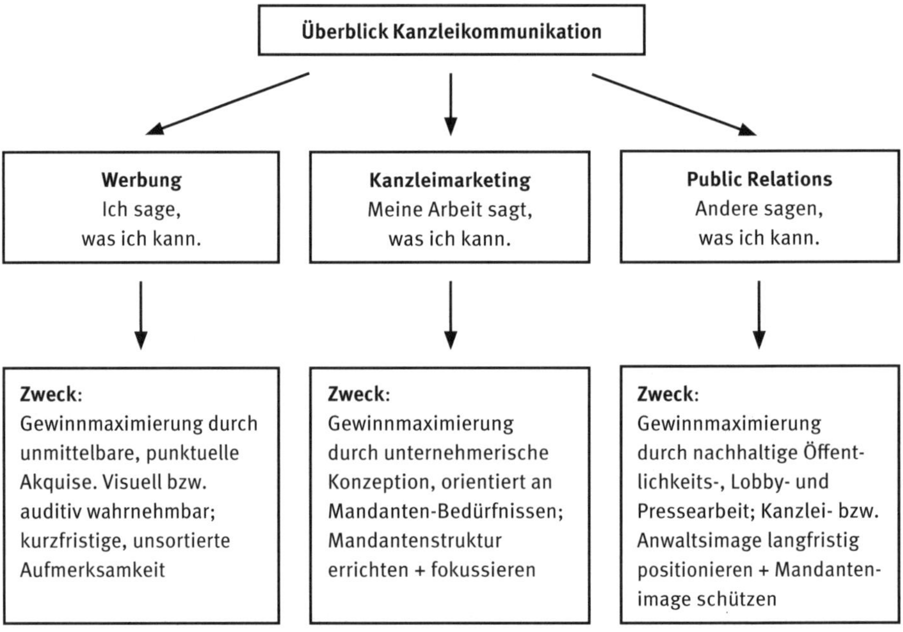

6. Marketing = „Meine Arbeit sagt, was ich kann.“

Marketing ist der **Oberbegriff** über alle strukturierten, geplanten, verkaufsfördernden und öffentlichkeitswirksamen Maßnahmen einer Kanzlei und beantwortet die **Leitfrage:** Was ist das Beste für den Kunden?

Marketing bringt Kanzleileistungen, -image und -besonderheiten in die **Öffentlichkeit.** Marketing besteht aus einer **mittel- bis langfristigen Strategie**, die auf **zuvor ermittelten Kundenwünschen und Marktbedürfnissen** basiert.

Marketing hat **nichts Zufälliges** oder **Beliebiges.** Es **strukturiert Kanzlei-Leistungen und** fokussiert das **Verhalten aller Anwälte und Mitarbeiter** sowie die

Ausrichtung von **Werbung, PR** und der gesamten **Produktpalette** Ihrer Kanzlei auf einen bestimmten **Mandantenstamm** oder bestimmte **Rechtsgebiete**.

Ein Marketingkonzept ist – als Gesamtheit aller geplanten Maßnahmen – eine **direkte Folge Ihres Unternehmensziels**[20] und bildet die **Statik** Ihres Hauses.

7. Werbung[21] = „Ich sage, was ich kann."

Werbung besteht aus **bezahlten Botschaften**, durch die **positive Eigenschaften** eines Produkts oder einer Dienstleistung **kurzfristig und direkt** promotet werden. Werbebotschaften sind **öffentlich und unmittelbar** auch dann **sichtbar oder hörbar,** wenn der Mandant **weder in der Kanzlei ist oder war** noch dem **Anwalt persönlich begegnet**. Darunter fallen Zeitungs- oder Zeitschriftenanzeigen, Radio- oder Fernsehspots, im Internet AdWords, Anwalt24 oder andere bezahlte Anwalts-Suchdienste, Gelbe Seiten, Plakate, Mandantengeschenke, Glückwunschkarten, Flyer, Briefkasten-, Auto- oder Buswerbung, das Logo am Fahrradständer, die Aufschrift auf dem Kanzleifenster, TV-, Kino- oder Radio-Spots, Zeitungsanzeigen, Online-Banner, etc.

Werbung kann generell Geschmack, Zeitgeist, **Einstellungen zu den Angeboten** und zum **Unternehmen** verändern sowie **Nachfrage generieren**, Image verändern und Alleinstellungsmerkmale verankern helfen.

Werbung gilt als die **ineffizienteste und daher teuerste aller Marketingmethoden** im Anwaltsbereich.

8. Public Relations[22] = „Andere sagen, was ich kann."

Die „öffentlichen Beziehungen" stärken nachhaltig das **Ansehen der Kanzlei** und fördern indirekt deren **wirtschaftlichen Erfolg.** Alles gehört zur „Public-Relations Arbeit, was andere dazu bewegt, **über die Kanzlei, den Anwalt oder den Mandanten zu reden.** Anwälte und ihre Mandanten haben nicht nur eine Beziehung zueinander sondern auch gemeinsame **Beziehungen zu** Gerichten, Presse, Gegnern, Staatsanwaltschaften, Vereinen, Behörden, Lobbies oder ganzen Ländern.

Um diese **Beziehungen nutzbar zu machen**, richten Anwälte PR-Maßnahmen ein. Sie werben dadurch um Verständnis und Anerkennung für **Handlungen des Anwalts** und **Situationen des Mandanten** (oder umgekehrt).

---

20 Vgl. Tipps zur Definition und Erreichung von Unternehmenszielen in einer Anwaltskanzlei im Kapitel „Zielführung".

21 Vgl. das Kapitel „Werbung".

22 Vgl. das Kapitel „Public Relations".

Um PR-Maßnahmen zu optimieren, intensivieren Anwälte ihre **Pressearbeit,** engagieren für prominente oder imageträchtigen Mandaten **PR Agenturen** oder organisieren regelmäßig **öffentliche Vorträge,** über die die **Presse berichtet.**

Beispiele für anwaltliche Public Relations sind auch **kulturelle Veranstaltungen**, die eine emotionale Ansprache bieten – und über die „man" redet. Anwälte treten deshalb mit launigen und gekonnten **Reim-Reden bei Karnevalssitzungen** auf oder vertreten **pro bono** Mandanten, die Rechtsgeschichte schreiben oder schreiben könnten, wie etwa im Fall „Emmely".[23]

Eine besondere **soziale, ideologische oder gesellschaftliche Positionierung** trägt ebenfalls dazu bei, dass andere über die anwaltlichen Leistungen reden.

III. Kanzleimarketing: Vier „P" mit großer Wirkung

Marketing ist die Folge eines Unternehmensziels. Es basiert auf vier **stabilen Säulen,** die nicht nur das Kanzlei-Dach stützen, sondern auch **Größe, Architektur und Zimmeraufteilung** Ihres Hauses determinieren. Marketing macht Ihre Kanzlei **wetterfest**, schafft eine **schützende Heimat** für Ihre Probleminhaber und garantiert Ihnen **nachhaltigen, ökonomischen Erfolg**, solange Sie **„Abwegiges" meiden.**

1. Produkt = Was biete ich an?

Es ist abwegig, **Sozial- oder Asylrecht** anzubieten, wenn Sie reich werden wollen und abwegig, **Gesellschaftsrecht** anzubieten, wenn Sie nicht zugleich Steuerrecht anbieten können. Es ist abwegig, **„für alles offen"** zu sein (dann gelten Sie schnell als **„nicht ganz dicht")** und abwegig, viele **Fachanwaltstitel** anzuhäufen, wenn deren **inhaltliche Verbindung** nicht **dieselben oder ähnliche User** anspricht. Es ist abwegig, sich auf Strafrecht zu spezialisieren, wenn Sie keine **ausgewiesene Liebe zu Auftritten in Gerichtssälen** und zu „Spezialklientel" aufweisen.

2. Platz = Wo biete ich das an?

Es ist abwegig, eine arbeits- und familienrechtlich aufgestellte Kanzlei im 100 km Umfeld von 20 gleich oder **ähnlich aufgestellten Konkurrenten** zu eröffnen. Es ist abwegig, Patent- und Wettbewerbsrecht in einer geografischen Umgebung anzubieten, in der **keine produzierenden Firmen** sind (eine über jeden Zweifel erhabene

23 Die Kassiererin hatte zwei liegengebliebene Pfandbons in Höhe von € 1,30 eingelöst und war daraufhin fristlos gekündigt worden. Das BAG hat die Kündigung aufgehoben.

Internetpräsentation bzw. eine von vornherein auf **internationale oder sehr spezialisierte Mandate** ausgerichtete Kanzlei kann in beiden – und vielen weiteren Fällen – den geografischen Standort unwichtig machen). Es ist abwegig, die Kanzlei in einem **Problemstadtteil** einer Großstadt zu eröffnen, wenn Sie Unternehmergattinnen familienrechtlich begleiten wollen. Es ist vollkommen abwegig, **Vertriebswege des „Web 2.0"** nutzen zu wollen, wenn Ihre angestrebte Klientel mehrheitlich **gegen bloggen, twittern, facebooken etc. allergisch ist.**

3. Promotion = Wie biete ich das an?

Es ist abwegig, wie die **Spinne im Netz** zu warten, bis die **Kunden aufmerksam** werden. Es ist abwegig, **schlechte Präsentatoren** auf eine Vortragsbühne zu lassen. Es ist abwegig, **Hochglanzbroschüren** zu produzieren, wenn Sie die dazu passende **Wunsch-Klientel** nicht fokussiert ansprechen. Es ist abwegig, durch die **ISO-Zertifizierung** Ihrer Kanzlei einen **besonderen Akquiseeffekt** zu erwarten, wenn Sie nicht Zertifizierungsgewohnte Branchen (Medizinprodukte, Pharma, Lebensmittel etc.) als Mandanten anstreben. Es ist abwegig, den **Mittelstand interessieren** zu wollen, wenn Ihre **Produktpalette** eher auf Privatmandanten zielt oder wenn **wahrnehmbare Mittagspausen** in Ihrer Kanzlei den Interessenten abschrecken. Es ist abwegig, Ihre **Talente** und die Ihrer Kollegen nicht zu zeigen.

4. Preis = Zu welchem Preis biete ich das an?

Es ist abwegig, hohe Honorare anzustreben, wenn Sie bei **Einwänden einknicken** oder den **Gegenwert nicht „fühlen"**. Es ist abwegig, nach RVG abzurechnen, wenn Sie den **Umfang anwaltlicher Arbeit nicht abschätzen können** (Sie verschenken sonst **objektiv begrenzte Lebenszeit** an unbekannte Menschen!). Es ist eine abwegige Hoffnung, im „Vertrauensgeschäft Rechtsberatung" durch **voreiliges situatives Dumping** oder gar durch dauerhaft „**billige Preise**" nachhaltige Mandate zu erhalten.

IV. Kanzleimarketing: 10 Tipps für das Marketing nach innen

1. Seien Sie eigenartig, nicht nur einzigartig!

Eigenartig sollten Sie schon sein. Haben Sie eine ganz eigene Art? Zeigen Sie sie! **„Eigenartig – eigensinnig – eigenwillig: Wir mögen Lösungen"** könnte Ihr Wahlspruch der Zukunft sein.

Gerade weil das Wort „eigenartig" im deutschen Alltagsgebrauch **negativ konnotiert** ist, sollten Sie es **positiv verstehen**. Der Duden bezeichnet eine **Eigenart** als „spezifische [Wesens]art, Eigentümlichkeit“[24] und findet die Synonyme Besonderheit, Charakter[zug], Eigenschaft, Kennzeichen, Merkmal, Spezialität, Wesen, Typizität und erwähnt auch den freundlichen Unterton der „Schrulle“.

Als Rechtsbegriff im gewerblichen Rechtsschutz sind „Unterscheidbarkeit“ und „Eigenartigkeit“[25] ohnehin **positiv konnotiert**; durch sie werden Prozesse gewonnen.

Die Frage: **Was unterscheidet Ihre Kanzlei vom Mitbewerber?**[26] wird ein **Erfolgskriterium** sein! Folgen Sie dem Geschmacksmusterrecht oder der französischen Sprache, die „Eigenart“ mit Besonderheit[27] gleichsetzt – und **seien oder werden Sie eigenartig**! Entwickeln Sie eine Eigenart, an der keiner vorbei kommt!

Eigenartige Anwälte

- laden ihre Mandanten und weitere Interessenten unter dem Motto **„Mit uns zu Gericht?“** einmal im Monat in eine **Kochschule** ein. Sushi wird dort gemeinsam gerollt, gemeinsam gegessen und gemeinsam begossen. Beim Essen und Trinken kommt man sich nahe. **Fachgespräche** sind nur über Kochen, Japan, Fußball und High Heels erlaubt!
- kommen beim Vizepräsidenten der Handelskammer **ohne Termin mittags in Freizeitkleidung** vorbei und sagen etwas von „einer plötzlichen Idee im Urlaub“. Vier Jahre später vertreten sie einen relevanten Teil der exportierenden Wirtschaft ihres Landes und haben einen **eigenen Messestand** auf einer riesigen Exportmesse.
- fahren mit ihrem roten **912er Porsche** aus dem Jahr 1968 bei einem Porschehändler mit Werkstatt vor und reden etwas von „leidenschaftlich Schrauben an schönen Autos“, verwickeln den Werkstattleiter in ein für beide **unvergessenes Fachgespräch** und vertreten zwei Jahre später zwölf (!) Porschefahrer in unterschiedlichen Rechtsgebieten, darunter in einer Scheidung mit einem Gegenstandswert von 12 Millionen Euro.
- laden ihre Mandanten und deren „interessiertes Umfeld“ zu **„Rammstein“-Konzerten** ein. Der erste dadurch gewonnene Mandant ist der örtliche Hörgeräteakustiker, der die Loge nebenan gemietet und vor dem Konzert 2000 in Cellophan eingeschweißte Ohrstöpsel unter den Gästen verteilt hatte. Der Anwalt hat bald danach nicht nur selbst einen Jahrhundertvorrat an Ohrstöpseln sondern auch **unter den Hörgeräteakustikern Deutschlands einen großen Namen**. Weitere Mandate kamen durch einen **Radiosender,** der mit in die Loge eingeladen war und der über „Rammstein, Rechtsanwälte und Radau“ berichtete.

---

24 Vgl. Duden Online, Schlagwort „Eigenart“.

25 Rechtsanwältin Susan B. Rausch, Fachanwältin für den gewerblichen Rechtschutz aus Hamburg teilt hierzu mit, dass die für die Anmeldung eines Geschmacksmusters erforderliche „Eigenart“ gegeben ist, wenn „sich der Gesamteindruck, den das Muster beim informierten Benutzer hervorruft von dem Gesamteindruck unterscheidet, den ein anderes Muster bei diesem Benutzer hervorruft, das vor dem Anmeldetag offenbart worden ist“, s. § 2 Abs. 3 GeschmMG oder Art. 6 Abs. 1 Nr. 2 GGV.

26 Vgl. das Kapitel „Flexibilität“.

27 = Particularité.

- lassen sich als **Karikaturen** zeichnen und verteilen **Postkarten wie Autogrammkarten** im Wartezimmer und am Ausgang der Kanzlei (die hängen dort wie die kostenlosen Postkarten in Kneipen). Bei ihren **zahllosen Vorträgen** legen sie die Postkarten mit dem Konterfei des Referenten auf die Stühle der Zuhörer. Auf der Rückseite können diese Fragen notieren und einen **Rückrufwunsch** bekannt geben. Selbstverständlich sind die Karikaturen auch in **Webseite, Broschüren**, an der **Kanzleiwand** und auf **Vortragsfolien**!
- erkundigen sich bei der größten Bank ihres Ortes nach Stiftungsprojekten, lassen sich in die „Stifter-Liste" eintragen und kommen so **mit anderen Stiftern bei deren Jahrestreffen zusammen**. Sie sponsern Fußballturniere mit Mädchen und Jungen aus der Stadt, die sich keine Mitgliedschaft in einem Fußballverein und keinen Stadionbesuch leisten können, z. B. bei der Stiftung „Fairchance", oder sie stiften die T-Shirts der „Respekt AG" der ortsansässigen Grundschule, gegen die sie in einem **Fußballturnier persönlich antreten**. Ihre Aktion wird durch die Schulzeitung und andere Presse, Radio etc. verbreitet und führt zu **breit gefächertem Interesse.**
- teilen sich einen Messestand auf einer **Fachmesse der Zielmandantschaft** z. B. mit dem Standbetreiber „Region Stadt" und verschenken von dort **USB-Sticks** mit ihrem **Logo,** darauf mit auditiven (Podcasts) oder visuellen (PowerPoint Teaser) **Kurzpräsentationen** für Auto, Computer und I-Pad drauf. Selbstverständlich läuft diese Präsentation auch an ihrem Stand. Das Logo findet sich auch auf der **Kappe** und auf dem **Jackett** der Verteiler.
- haben in Ihrem **Wartezimmer eine Dauerpräsentation** in PowerPoint von ihren sechs Anwältinnen und deren Assistentinnen laufen. Jede ist zu sehen mit Foto, Namen, Funktion und lustigem oder nachdenklich stimmenden Leit- und Lebensmotto. Ein geräuschloser Beamer an der Decke wirft kleine Bilder auf die Wand; die **Projektionsfläche** wird **altmodisch** durch einen verschnörkelten Gold-Rahmen eingefasst, falls das Ambiente sonst **sehr modern** ist. Das bricht Erwartungen und Stile.
- haben **Leitspruch, Lebensmotto oder Lieblingsweisheit** als **gemalte Buchstaben** an der **Wand in den Besprechungszimmern.** Die Sprüche lösen jedes Mal Diskussionen aus, die der Anwalt nutzen kann für eine unaufgeregte Diskussion **anwaltlicher Werte**. Der Spruch „Wir wechseln gern die Perspektive" geht zum Beispiel in 20 cm großen Buchstaben von ganz unten schräg an der Wand nach oben und an der Decke weiter, wird dreimal hintereinander ohne Satzzeichen geschrieben und hört mitten im Satz auf. Der Anwalt hat das **von seinem Zahnarzt übernommen**, in dessen Wartezimmer **Sprüche über Zähne** in fünf Sprachen auf die Wand gemalt waren. Zahnarzt und Anwalt stellten übrigens fest, dass die Menschen stets zu früh zu ihrem Termin kommen, seit beide (!) eine **luxuriöse Espressomaschine** zum selbst bedienen und sehr schicke, bequeme Stühle aufgestellt hatten.

2. Lassen Sie die Fachfrau[28] ran – Sie sind ja selbst eine

Tischlerinnen können nicht gut Elektrik verlegen, Elektrikerinnen keine tollen Tische drechseln. Anwältinnen können nicht ausreichend Marketing, und Marketing-Fachfrauen kennen kaum Paragraphen.

Von fremden Welten haben wir oft nur grob schematisierte **Karten im Kopf**! Das macht ja die freien Berufe in einem überraschenden Ausmaß zunächst unfrei: **Fachaufgaben** und **Managementaufgaben sind** vereint **in einer Person** – völlig unüblich in der Industrie.[29] Zwangsläufig bleibt dabei eine der beiden Disziplinen auf der Strecke! **Ändern Sie das!**

Falls Sie die Kooperation mit **externen Marketingfachfrauen** anstreben, richten Sie sich auf Tagessätze von € 1.000 – € 3.000 ein. Manche auf Kanzleien **spezialisierte** Beraterinnen bieten auch interessante **Pauschalen mit einem festgelegten Ziel.**

Falls Sie **interne Marketingfachfrauen** beschäftigen möchten, sind diese Zahlen aus mittleren und größeren Kanzleien für Sie vielleicht interessant: Alle befragten[30] Kanzleien mit über 150 Anwälten und 86 % der befragten Kanzleien mit bis zu 50 Anwälten haben 2011 **Marketingprofis angestellt**; 2007 waren es in der letzten Gruppe nur 50 %. 43 % der in Deutschland 2011 in Kanzleien eingestellten Marketingmanagerinnen verdienen € 50.000 im Jahr und mehr, 40 % der Marketingleiterinnen bekommen 90.000 Euro und mehr, 53 % der Marketingassistentinnen erhalten 30.000 bis 40.000 Euro im Jahr.

3. Kanzleimarketing braucht ein Konzept

Kanzleimarketing gehört zu den **A-Aufgaben** in einer Kanzlei und ist nur top down sinnreich. Schaffen Sie eine stringente Kanzleistrategie mit einer einzigen Verantwortlichen und einem eigenen **Budget** für (wenn Sie gerade erst beginnen: mindestens) zwei Jahre. **Unter drei Voraussetzungen** ist das effizient:

– **Lust:** Die Auserwählte muss richtig **Lust dazu** haben, alle im **Team** müssen ihr folgen – und sie muss von Beginn an **Pflicht und Ziel** haben, relevante **Umsatzsteigerungen** am Ende des Wahlzeitraums **nach zu weisen**. Test it!

28 „Lassen Sie den Fachmann ran" war die ursprünglich geplante Überschrift. Auch sie hätte nicht einen durchgängigen Sexismus der Autorin, sondern deren Hang zur Einfachheit gezeigt. Doch gerade diese Überschrift weigerte sich, getippt zu werden. Also finden Sie in diesem kompletten Abschnitt die weibliche Form. Auch wenn die Autorin weiß, dass Anwältinnen solche Frühdokumente von Emanzipation nicht nötig haben: hier ging die allseits männliche Form der Autorin doch auf die Nerven. Daher: bitte alle durchhalten!

29 ...und übrigens manchmal ganz ähnlich im Handwerk...!

30 Alle Zahlen: *Schieblon*, 3. PMN Benchmark Studie Anwaltsmarketing Juli 2011, S. 25 Ergebnis einer Befragung von 75 TOP Kanzleien – nach Ranking in JUVE Rechtsmarkt 10/2010.

- **Ziel:** Starten Sie nie, wenn Sie nicht wissen, wohin genau. **Ohne Ziel**[31] **kein Weg**! Fassen Sie eine möglichst **eingegrenzte Klientel** ins Auge. Überlegen Sie, **was diese Klientel braucht**. Welche **Ansprache** diese Klientel mag und welche nicht. Beachten Sie die **Regeln** dieser Klientel! Gehen Sie dahin, **wo diese Klientel ist.** Streben Sie **Kolumnen** an in Magazinen, die diese Klientel liest.[32] Gewinnen Sie **Berufsorganisationen** dieser Klientel als **Multiplikatoren**. Nicht jeder geht gern in ein Luxushotel, um einen **Vortrag** anzuhören. Nicht jeder liest gern **Aufsätze**. Nicht jeder erträgt eine **akademische Sprache**.
- **Fokus:** Sie sind Fachanwältin für Baurecht? Fokussieren Sie nicht allein auf Ihr Rechtsgebiet sondern auf die Besonderheiten jener Klientel, die Sie glücklich machen wollen. **Grenzen Sie ein**! Überlegen Sie, ob Sie auf **öffentliches oder privates Baurecht** fokussieren möchten und sich folgerichtig eher an **Kommunen**, an **Privatpersonen** oder an **Architektinnen-Organisationen** wenden möchten. Bedenken Sie, dass alle drei eine **unterschiedliche Ansprache** benötigen.

4. Kanzleimarketing braucht Zeit

Wenn Sie als Kanzleichefin keine **externe Marketingfachfrau** direkt beauftragen, sondern einer Mitarbeiterin[33] diese Aufgabe übertragen, geben Sie ihr ein solches **Ziel** vor, das Sie zuvor **mit Ihren Kolleginnen definiert** haben. Lassen Sie sich **Wege dorthin** präsentieren, und entscheiden Sie **einen der skizzierten Wege**. Optimieren Sie gemeinsam **Details.** Vereinbaren Sie regelmäßige Meetings mit ihr. Lassen Sie sie Rat einholen bei **Kolleginnen ähnlicher Kanzleigröße** oder bei **professionellen Marketingfachfrauen**, die es auch auf Kanzleien spezialisiert gibt. Vergessen Sie alle Vorstellungen von sofortigen Erfolgen. **Ohne Marktdurchdringung geht nichts**. Sie **brauchen viel Geduld und langen Atem!**

5. Kanzleimarketing braucht Geld

Geben Sie ihr ein **festes Budget**[34] **von ca. 2 % Ihres durchschnittlichen Jahresumsatzes.** Falls Sie mit Webseite, Fanpage, Kanzleibroschüren, Mandantenbefragun-

31 Vgl. zur Zieldefinition in einer Anwaltskanzlei das Kapitel „Zielführung", darin besonders den „Akquisekalender"!

32 Vgl. das Kapitel „Telefonakquise". Auch Redaktionen von Zeitungen und Magazinen Ihrer Zielklientel wissen noch nicht, dass es Sie gibt!

33 Das kann jede selbstbewusste, führungs- und organisatonsstarke Anwältin oder Assistentin sein oder auch eine Rechtsfachwirtin, die „Kanzleimanagement" in ihrer Ausbildung gelernt hat.

34 Laut Claudia Schieblon gibt ein Viertel der 2011 durch ihr Institut befragten deutschen TOP Kanzleien 3 % des Umsatzes für Marketing aus, Personalkosten nicht eingerechnet. Vgl. 3. PMN

gen, Vorträgen, Events etc. gerade erst beginnen, starten Sie furchtlos und unbeirrt mit **10 % im ersten Jahr und verzichten Sie dafür lieber auf Urlaub**. Das **erste Investitionsjahr** in ein strukturiertes Kanzleimarketing senkt zunächst **Ihre Entnahmen**. Richten Sie sich darauf ein. Legen Sie das Budget **im ersten Jahr immer höher fest** als im zweiten und bestimmen Sie bei Auftragserteilung nur die **Eckdaten** von dessen Verwendung: Externe **Marketingberater** ja oder nein, Vortragsveranstaltungen extern und intern, **Kanzleibroschüren** ja oder nein, **Fanpage** auf Facebook ja oder nein, **Mandantenbefragungssysteme** ja (Hier gibt es nur ja), **Kanzleisoftware** bzw. deren Nutzung optimieren, **Kanzleikultur** und **Mandantenservice** auch intern etablieren (hier gibt es nur „ja". Also: Wie genau vorgehen? Welche Schulungen?), interne **Workshops** mit den Anwälten (auch hier gibt es nur „Ja", also: welche?). **Alle Details macht sie.**

6. Kanzleimarketing braucht Rückhalt

Halbe Sachen sind ganze Katastrophen! Verpflichten Sie, sobald das Konzept ausgereift ist, jede **Anwältin** und natürlich auch jede **Assistentin** zur Einhaltung jener Regeln, die Sie gemeinsam in der Partnerinnenrunde **für das Kanzleimarketing beschlossen** haben. Um diese **Regeln zu definieren**, beziehen Sie auch Ihre Nicht-Juristinnen ein. Machen Sie die **Vorgaben** Ihrer Marketingfachfrau zu **A-Aufgaben für alle. Jede muss sich dran halten; Sie werfen sonst Geld aus dem Fenster**! Ihre Marketingfachfrau muss sich darauf verlassen können, dass **alle anderen Partnerinnen** alle Entscheidungen mittragen. Es gibt keine **Einspruchsrechte** sondern **Feedback Pflichten**. E-Mail-Bitten von ihr haben 2 Ausrufezeichen!! Sie werden nicht weggeklickt sondern **befolgt**. Dadurch optimieren Sie die Folgen Ihrer Entscheidungen.

7. Kanzleimarketing braucht die SWOT-Analyse

Was haben Sie **nach innen zu bieten**? Was haben Sie **von außen zu fürchten**? Was **fehlt** Ihnen noch nach innen? Was wird Sie von außen **begünstigen**? Die Antworten erhalten Sie durch eine **SWOT-Analyse**. Das steht steht für für **S**trengths (Stärken), **W**eaknesses (Schwächen), **O**pportunities (Chancen) und **T**hreats (Bedrohungen). Die SWOT-Analyse ist ein Instrument der **Strategischen Planung** und dient der Positionsbestimmung und der **Strategieentwicklung** von Kanzleien.[35]

Benchmark Studie Anwaltsmarketing Juli 2011, S. 25 Ergebnis einer Befragung von 75 TOP Kanzleien – nach Ranking in JUVE Rechtsmarkt 10/2010.

35 Siehe die einfache und verständliche Erläuterung unter dem Titel „Professionelle Nabelschau" bei der Firma „Komm-Position", Berlin: www.kommposition.de/kanzlei/kanzleimarketing.htm.

- Die vier analysierten Positionen geben Auskunft über **interne und externe Faktoren einer Unternehmensstrategie.** Sie wird deshalb oft als Matrix dargestellt:

S.W.O.T.	Stärken (intern)	Schwächen (intern)
Chancen (extern)	Neue Chancen suchen, die zu Kanzlei-Stärken passen	Schwächen ablegen, um neue Chancen zu nutzen
Gefahren (extern)	Stärken einsetzen, um Bedrohungen zu meistern	Strategien gegen Bedrohungen entwickeln

- **Nutzen und Stolpersteine der SWOT Analyse**

Eine durchdachte **Kanzleistrategie** ist die Grundlage für **effizientes Kanzleimarketing.** Um zu starten, ermitteln Sie zunächst, welche **Schwächen und Stärken** Ihre Kanzlei derzeit hat und welche externen Bedingungen Sie einbeziehen bzw. nutzen können. Ihre Kanzlei ist erst **ökonomisch sinnreich positioniert**, wenn Sie diesen **Abgleich geschafft** haben.

Durch die SWOT-Analyse können Sie die **Stärken und Schwächen** Ihrer Kanzlei ermitteln und vergleichen mit den **Risiken und Chancen**, die Ihre Umgebung bietet. Dadurch erfahren Sie, was Sie intern noch benötigen, um extern zu **akquirieren.**

Die SWOT-Analyse hilft Ihnen, ein **definiertes Unternehmensziel** mit Leben zu füllen. Ihre Kanzlei **hält den Kurs** und entscheidet sich z. B. für den **taktisch klugen Standort.** Geplante Standorte verwerfen Sie u.U. durch die SWOT-Analyse, falls sich herausstellt, dass **externe Hindernisse größer sind als interne Ressourcen.**

Die **folgenden drei Fehler** können anfangs Ergebnisse verhindern oder sogar verfälschen:

- Fehler 1: Die SWOT-Analyse wird durchgeführt, ohne zuvor ein Kanzleiziel definiert zu haben.
  Lösung: Die Reihenfolge bitte einhalten, erst das **Kanzleiziel**[36] (Wo wollen wir hin) und dann SWOT (Wie können wir das schaffen? Was ist zu beachten? Welche Faktoren bremsen bzw. begünstigen uns?).

- Fehler 2: Externe Chancen und internen Stärken werden verwechselt.
  Lösung: Streng auseinanderhalten! Die **externe Chance** (noch **keine Mitbewerber** in der geografischen Umgebung) ist nicht dasselbe wie die **interne Stärke** (drei Partner **auf diesem Rechtsgebiet** vorhanden). Die interne Stärke muss öffentlich gezeigt werden, sonst **ist sie keine.**

---

36 Vgl. zur Definition und Erreichung von Unternehmenszielen das Kapitel „Zielführung".

- Fehler 3: SWOT-Analysen werden mit möglichen Strategien verwechselt.
  Lösung: SWOT-Analysen beschreiben einen **IST-Zustand in der Gegenwart**, Strategien hingegen folgen daraus und definieren **Aktionen in der Zukunft**. Aus der SWOT-Analyse heraus werden Akquiseaktionen entwickelt; sie selbst ist noch keine!

8. Kanzleimarketing braucht ein Client Relationship Management-System

Imagearbeit ist kein Ponyhof! Eine Vielzahl von ineinander greifenden Maßnahmen, die **kontinuierlich** (Beachten Sie: Eintagsfliegen leben nur einen Tag!) und von **allen Kanzleimitarbeitern** (Beachten Sie: auch eine einzige Anwältin kann die Arbeit von 15 anderen einreißen, wenn Sie sie lassen!). Ein **Client Relationship Management-System kümmert sich um**

- Mandantendatenbanken,
- Recherchen über Neu-Mandate,
- Recherchen über neue Strömungen am Rechtsmarkt,
- Pitch-Unterlagen,
- Cross Selling-Potenziale,
- neue Märkte,
- Schulungen (Präsentation, Honorarinformation, Akquise),
- Branding,
- Recruiting.

Die folgenden vier Beispiele[37] zeigen die oft **innovative Arbeit** solcher CRM Spezialisten.

■ **Branding**

Branding (Brand = Marke) bedeutet, eine **Marke zu schaffen** und zu **Akquisezwecken zu promoten.** Durch Branding schafften Kanzleien einen neuen **Außenauftritt:** So hat die Kanzlei GSK Stockmann in einem Brandingprozess alle 135 Anwälte eingebunden und eine umfassende **Selbst- und Fremdbildanalyse** durchführen lassen. In verschiedenen Workshops haben die Juristen die Kanzleistrategie und anschließend die Kommunikationsstrategie diskutiert und festgelegt. Die Kanzlei hat nun auch einen völlig neuen Außenauftritt in **modernen Farbtönen** und **eingängigen Slogans**, die man auf der Website, in Anzeigen und auf Messeständen wiederfindet. Das Ergebnis zeigt sich aber auch anders, denn: „*Man spürt nun die **immense Motivation** aller Anwälte, die Kanzlei gemeinsam voranzubringen*“, so Markus Weingart, Marketingmanager der Kanzlei. *Seit dem neuen Branding haben wir auch **wesentlich mehr Erfolg** bei **jungen Bewerbern**.*“

---

37 Beispiele und Zitate aus: *Schieblon*, BB 44/2011 v. 31.10.2011, „Im Blickpunkt Kanzleimarketing“, S. VI und VII.

- **Speeddating**

Hier ist ein Beispiel, durch das **Cross Selling Potenziale** in Großkanzleien besser ausgeschöpft werden: Linklaters hatte ein Speeddating-Programm aufgesetzt. Am **Rande von Partnerversammlungen** wurden **Marktplätze** geschaffen, bei denen Partner verschiedener Praxisgruppen ihr Spezialwissen anbieten konnten. Jeder dieser Partner hielt an seinem Tisch für jeweils einen Partner anderer Praxisgruppen eine **kurze Präsentation** zu einem ausgewählten Beratungsangebot. Dies wurde inhaltlich dargestellt, es wurde aber auch ein möglicher Verkaufsansatz diskutiert. Also: **Wie kann mein Kollege mein Thema bei einem Mandanten interessant machen**, so dass dieser auf mich zukommt? Ein Business-Development-Projekt, das für Linklaters neues Geschäft einbrachte.

- **Netzwerkgründung**[38]

Durch eine Netzwerkgründung oder -unterstützung kann eine Kanzlei **auf aggressivere Akquisemethoden locker verzichten**: Rotter Rechtsanwälte, eine Kanzlei mit neun Anwälten, die auf die Vertretung von Kapitalanlegern spezialisiert ist, gründete das Netzwerk WIN[39] mit **gleichartigen Kanzleien auf der ganzen Welt,** um **internationale Investoren als Mandanten zu gewinnen**. Ein Aufwand, der sich für die Kanzlei lohnte und Neu-Geschäft wie auch eine Auszeichnung mit dem PMN **Management Award** einbrachte.

- **Anwalts-App**

Anwaltskanzleien **begeistern Nachwuchs** durch Verwendung **neuester Technologien**: Die Kanzlei White & Case geht bei der **Suche nach Nachwuchs-Juristen** ganz neue Wege. Mit ihrer **Karriere App** für iPhones bietet sie alle wichtigen Informationen über die Kanzlei, ihre Präsenz auf **Bewerber-Messen** und **aktuelle Jobs** auf einen Blick. Gisela Pierro, Leiterin Business Development und Marketing von White & Case sagt dazu: „*Seit dem Tag, als die Karriere App von White & Case Online ging, hatten wir eine stetig wachsende Zahl an Downloads. Das spricht sich sehr schnell herum, und die positiven Bewertungen der Nutzer sind besser als jede Eigenwerbung.*“ Das **mobile Marketing** geht nicht nur Kanzleien an, die junge Juristen ansprechen möchten. Auch im Mandantenkreis wächst die Kommunikation über mobile Endgeräte.

---

38 Vgl. dazu das Kapitel „Netzwerke“.

39 „WIN“ = World Investor Lawyers Network. Das JUVE Handbuch 2010/2011 informiert: Rotter ist „eine führende Kanzlei im Kapitalanlagerecht...und... verstärkt das 2006 initiierte WIN. Die Kanzleien an der Marktspitze, zu denen Rotter gehört, grenzen sich von zweifelhaften Akquisemethoden und einem aggressivem Marketing ab.”

9. Kanzleimarketing braucht das „M Quadrat"

Das regelmäßige **„M Quadrat – Marketing-Macht-Money-Meeting"** ist die **Austauschböse** der Kanzlei zwischen Anwältinnen und den Marketingverantwortlichen. Neueste Marketingaktivitäten, -beobachtungen und -pläne werden mitgeteilt, Marktbeobachtungen, Gesetzesänderungen und neueste Rechtsprechung sowie die **Marketingchancen daraus** werden ermittelt.

Die **Experten für Kanzleimarketing** tragen ihr Wissen über **Chancen und Kosten der Vermarktung** bei. Dieses Meeting ist eine A-Aufgabe für alle Anwältinnen und alle mit dem Marketing befassten Mitarbeiterinnen! **Wer über eine Sache nachdenkt, bekommt Ideen**! Üben Sie **Brainstorming**. Nehmen Sie alle Ideen auf, ohne sie sofort zu **kommentieren**, zu **bewerten** oder zu **verwerfen.**

10. Kanzleimarketing braucht das Wissen über die Motivation der Mandanten

Anwälte setzen ihre **eigenen Leistungen** häufig mit dem **Bedarf des zukünftigen Mandanten** gleich. Die Frage: „Was braucht Ihr Mandant" wird gern beantwortet durch „Er braucht eine arbeitsrechtliche Beratung". Schön wär's, denkt sich da manch einer. Nicht ein einziges Marketingbuch wäre geschrieben worden, wenn der **Bedarf des Kunden exakt und von vornherein zum Angebot des Anwalts passen** würde.

Ein Mandant, der im Gefängnis sitzt, will vermutlich vor allem seine **Freiheit** zurück; eine strafrechtliche Begleitung ist lediglich ein **Mittel zu diesem Zweck**. Ein Mandant, dem gekündigt wurde, will vermutlich seine **Sicherheit** zurück; auch eine arbeitsrechtliche Beratung ist hier nur ein Mittel zum Zweck. Der Käufer eines Unternehmens will vorrangig seine **Rendite** erhöhen; eine gesellschaftsrechtliche Beratung ist hier lediglich eine **Methode auf dem Weg dorthin**. Mandanten wollen also für sich, ihre Familie oder ihr Unternehmen einen **höheren Nutzen** sicherstellen und sind nicht von vornherein an rechtlichen **Details** interessiert.

Gedanken, Handlungen und Bedarfe zukünftiger Mandanten folgen **unterschiedlichsten Motiven**. Je besser Sie die **Werte** Ihrer zukünftigen Mandanten verstehen, desto wirkungsvoller erreichen Sie **Ihre Zielgruppen**. Nur wer seine Mandanten durchschaut, kann sein **Kanzleimarketing fokussieren**.

---

i **Tipp**
Die (äußere) Anwaltswahl folgt einem (inneren) Mandantenantrieb!

Wie wichtig Ihre eigene **innere Motivation** für Ihr eigenes **äußeres Verhalten** ist, erkennen Sie zum Beispiel an der **Wahl Ihres Wochenmarkts** für den Lebensmitteleinkauf. Gerade wenn die Produkte nicht signifikant unterscheidbar sind, treiben **Kundenwerte** (und nicht Produktkenntnis) die Wahl des „Lieferanten" an. **Welcher Markt wird Ihr Lieferant?**

Geofokus: Der, der im X Stadtteil **neben Ihrer Wohnung** liegt?
Gewohnheitsfokus: Der, bei dem Sie **immer schon** kaufen?
Modefokus: Der, bei dem es neuerdings „Trend“ ist, zu kaufen?
Nischenfokus: Der, der alles verkauft, was **woanders fehlt**?
Alleinstellungsfokus: Der, der das bietet, worauf **sonst niemand Wert legt**?
Zufallsfokus: Der, der zufällig **in der Nähe Ihres Parkplatzes** liegt?
Preisfokus: Der, der am **günstigsten** ist?
Personenfokus: Der mit meiner **Lieblingsmarktfrau**?
Neugierfokus: Der, von dem **andere schon so viel berichtet** haben?
Bequemlichkeitsfokus: Der, der die Ware **nach Hause schickt?**

Genauso ist die **Mandanten-Entscheidung** für diesen einen Anwalt oder für diese eine Kanzlei **beeinflusst von Werten bzw. Gewohnheiten.** Ermitteln Sie, welche das sind. Tragen Sie sie in die **Kundenkartei** ein und „matchen“ Sie sie.

V. Kanzleikommunikation: Kleine Tipps mit großer Wirkung

Standesrecht und Zulassungsbeschränkungen dirigieren Kanzleiauftritte nur noch minimal. Beschränkungen treten hauptsächlich nur noch durch die Kanzleien selbst auf und können folgerichtig auch durch sie gesprengt werden.

Broschüren, der **Empfang**, der **Telefonservice**, das **Wartezimmer**, die Positionierung der **Assistentin, Newsletter**, die **Unternehmenskultur**, die gemeinsamen **Überzeugungen** und die **Alleinstellungsmerkmale** machen eine Kanzlei aus.

1. Unique Selling Proposition – Das Alleinstellungsmerkmal

„Ich habe was, was Du nicht hast!“ Für Kinder ist **Wettbewerb** ganz normal beim Spiel. Grenzziehungen und **Ressourcenvergleiche** haben überschaubare Folgen, große Wahrheiten werden gelassen ausgesprochen – und wer verliert, darf nächstes Mal beginnen.

Manche Erwachsene haben **von dieser Leichtigkeit wenig beibehalten**. Schade eigentlich! Sie wüssten ansonsten, dass gerade bei **äußerlich wahrgenommener Gleichheit des Angebots dessen Inszenierung über Sieg und Niederlage entscheidet.**

Im umkämpften Markt haben sich Anwälte zu entscheiden zwischen **Auffallen und Rausfallen**! Auffallen, aus dem Wettbewerb herausragen, andere **elegant übertrumpfen** und „sich einen Namen machen“ ist in umkämpften Anwalts-Segmenten wie dem Familienrecht noch wichtiger als in **spektakulär klingenden Nischendisziplinen** wie Wein-, Pferde- oder Jagdrecht.

Anwälte lernen eine **gewisse Angebotskombination** von anderen Branchen: Hotels trumpfen auf durch die **Kombination** von Hotel und Weingut: „Wir sind das einzige 5,5-Sterne-Hotel Deutschlands mit angeschlossenem Weingut". Waschsalons kombinieren ihre Waschmaschinen mit einer Bar, und Orthopäden machen viele Patienten auf sich aufmerksam durch eine Babymassageausbildung in Nebenräumen.

Alleinstellung ist ein kostbares Gut. Anwälte stellen sich zu Beginn ihrer Karriere vor: „Ich werde der einzige Anwalt Deutschlands, der alle Zoodirektoren Europas vertritt." Gerade wenn es einigermaßen abgedreht klingt, wird **sofort eine Richtung erkennbar**, die sich wegen ihrer **„Eigenartigkeit"** schnell herumspricht. Eine Alleinstellung kann schon dadurch gelingen, dass Sie die „einzige Anwaltskanzlei mit angeschlossenem Kinderspielplatz" oder der einzige „Anwalt ohne Parkplatzproblem" in der Stadt sind.

Der USP kann in **unterschiedlichen Kategorien** gebildet werden. Alleinstellungsmerkmale sind erfolgreich durch:
- **Geografie**: „Die kleinste Wirtschaftskanzlei in Krefeld".
- **Segmentbegrenzung:** „Wir sind die Spezialisten in Sachen Erwachsenenunterhalt".
- **Branchen-Kombination:** „Arbeits- und Sozialrecht – für Sie unterwegs".
- **Internationalität**: „Ihre russischen Rechtsvertreter im Ruhrgebiet".
- **Rechtsgebiet:** „Die Spezialisten für alles am Bau".
- **Spezialisierung**: „Ihre Fachanwälte für ...
- **Marketing**: „Bekannt aus Film und Fernsehen", „Die mit der regelmäßigen Radiosendung".

2. Broschüren

Kanzlei-Broschüren sind **kurzlebig, teuer und kompliziert.** Sie haben noch nie ganz allein zu einem **neuen Mandat** geführt. Sie sprechen nie **alle Mandanten** an.

Sie promoten **folgenlose Slogans** („Wir sind für Sie da") statt lesbarer **Kontaktdaten**; sie zeigen **Fotos** von aufgereihten grauen Herren[40] im Treppenhaus[41] statt **Arbeitsfotos** von allen. Sie muten dem Leser eine viel zu **kleine Schrift** mit viel zu **detailreichen Informationen** zu, statt **sinnvolle Information** sprachlich zu vereinfachen und geschickt zu zentralisieren. Sie disqualifizieren sich und die Kanzlei durch ein Mismatching des **Kundenusus**[42] und, statt diesen Kunden durch **Nut-**

---

40 Ein ökonomisch risikoreicher Anachronismus: Nur mit männlichen Anwälten in ein Marktsegment zu gehen, das zunehmend durch weibliche Entscheider geprägt ist!

41 Was für ein Mismatching eigener Arbeitsgewohnheiten! Die gezeigten Herren meiden in der Regel das Treppenhaus, in dem sie fotografiert wurden und nehmen den Aufzug direkt aus der Garage!

42 „Mismatching des Kundenusus", z. B. zeigt die Broschüre Fotos mit Assoziationen von Goldfedern € 900 teurer Füller, die auf handgeschöpftem Büttenpapier einen Vertrag unterschreiben, obwohl sich der Mittelstand angesprochen fühlen soll. Mehr über „Matching" und „Mismatching" in dem Kapitel „Umgang mit Mandanten".

zenargumentation anzuziehen, sind sie Spielwiese **selbstverliebter Gestalter**, die durch teure **Designspielereien** vom Inhalt ablenken.[43]

Der vermutlich effizienteste **Kompetenz-Killer ist die Prospektlyrik.** Wie Katalogbucher von Urlaubsreisen wissen, bedeutet der „einsame Naturstrand" eine nicht entfernte Müllhalde am Wasser, der „kurze Transfer vom Flughafen" beschreibt ein Hotel mitten in der Einflugschneise und die „landestypische Bauweise" bedeutet schlaflose Nächte.

Genauso locker dürften viele Mandanten **Euphemismen anwaltlicher Werbesprache** entschlüsseln. Sie empfinden das inzwischen tausendfach bemühte „Wir sind für Sie da" als **penetrante Generalisierung**, „Ihr Recht in guten Händen" als persönliches **Ausschlussverfahren**, das Alitterationsfestival[44] „Recht haben, Recht kriegen und Recht behalten" als **simplifizierenden Rhetoriktrick** und das familiäre „Wir geben Dir Recht" als **unangemessene Privatansprache.**

Hunderte von Kanzleien verwenden **denselben Slogan, um sich von anderen Kanzleien abzusetzen?** Da stimmt was nicht mit der Logik! Durch inflationär verwendete oder großflächig verallgemeinernde Slogans **vernichten Anwälte ihre Glaubhaftigkeit!**

Tipp

Schaffen Sie schützenswerte[45] Slogans oder lassen Sie sie weg!

All das beschert Kanzleibroschüren das Schicksal leer gelöffelter Joghurtbecher: Sie wandern zu tausenden in die **P-Ablage.**[46] Neue Umfragen **bestätigen diesen Trend**: Nur noch 22,1 % deutscher Anwaltskanzleien verwenden Kanzleibroschüren.[47]

---

43 „Form Follows Function"! Achten Sie bei allen schriftlichen, öffentlichen Auftritten darauf, dass Ihre Designer diese Regel einhalten.

44 Alliterationen lösen aus heutiger Sicht überzogenes Pathos und unfreiwillige Komik aus, wenn sie nicht einzigartig, humorvoll und markenrechtlich schützenswert und – fähig daher kommen.

45 Die Autorin dieses Buches hatte im Jahr 2000 drei Sprüche (Titel ihrer Anwaltsseminare) europaweit schützen lassen: „Kommunikation statt Konfrontation®", „Gut befragt ist halb gewonnen®" und „KKK Karriere, Kohle, Kompetenz®". Das war teuer (alle 10 Jahre neue Gebühren) und rechtlich aufwändig – und scheint sich langfristig auszuzahlen. Finden Sie mehr in dem Artikel „Markenschutz von Slogans nach der Entscheidung ‚Vorsprung durch Technik'" von Dr. Ulrich Mehler unter www.slogans.de.

46 P-Ablage = Papierkorb, Vokabular nach „ABC Analyse", vgl. *Seiwert/Buschbell/Mandelkow*, Abbildung S.132 – Rangfolgedefinition der anfallenden Arbeiten pro Tag.

47 SOLDAN - Studie 2011, Dr. Matthias Kilian: „Wirksamkeit anwaltlicher Marketingmaßnahmen – eine empirische Untersuchung zur Unternehmenskommunikation in Anwaltskanzleien", Deutscher-AnwaltVerlag 2011. SOLDAN befragte 710 Anwälte stichprobenartig per Fax. Weder Kanzleigröße noch Rechtsgebiete, Berufserfahrung oder Bekanntheit waren eingrenzenden Faktoren für die Auswahl. Diese erfolgte rein zufällig.

Kanzleibroschüren haben dieses Schicksal nicht verdient; dazu sind sie zu attraktiv. Sie fungieren als schnelle Information, Visitenkartenersatz, Give-away und „Cross-Selling“ Vorlage ebenso wie als „anfassbare Webseite“ und Gedankenstütze nach dem Small Talk!

Sie sind als **Akquiseinstrument** unter bestimmten **Bedingungen** attraktiv. Hier kommen **elf Tipps für Gestaltung und Einsatz von Kanzleibroschüren:**

- Investieren Sie **viel oder gar nichts**! Eine billig wirkende Kanzleibroschüre ist viel schlechter als gar keine. Einen guten **Broschüren-Designer** erkennen Sie an dessen **Einstiegsfrage**, „Was ist dem Leser wichtig?“
- Den Leser interessiert nicht, was Sie zufällig mitzuteilen haben, sondern was seinen Bedarf deckt. Stellen Sie daher den **Nutzen**[48] **des Lesers** in **Listenform** ganz nach vorn. „Durch die Kooperation mit uns können Unternehmer X schaffen, Y in die Wege leiten und Z optimieren“. Langweilig wirkt dagegen, Wir haben das und das. Die **Perspektive ist immer der Leser.**
- Sprechen Sie **seine Sprache**! Vermeiden Sie Fachvokabular. Beweisen Sie Branchenkenntnis. Halten Sie eine **Sprachstruktur** ein.
- Verwenden Sie Kanzleibroschüren nur im **Zusammenhang mit anderen Ihrer Leistungen**. Legen Sie sie beim Vortrag auf die Tische. Überreichen Sie sie nach dem Erstgespräch („Für andere Interessenten“). Haben Sie einige Exemplare unterwegs immer dabei; sie krönen jeden Small Talk. Verwenden Sie sie **anstelle von Visitenkarten** („Ich habe heute nur eine besonders große Visitenkarte dabei“), und nehmen Sie sie zu jeder Präsentation mit. Versenden Sie sie mit der Rechnung. Legen Sie sie bei Multiplikatoren aus (Vortragsveranstalter, Organisationen, Altenheimen, Umweltschutzverbände, Kindergärten, Sozialämtern etc.). Und Im Wartezimmer steht daneben ein Schild: „Tragen Sie unsere Leistungen weiter!“.
- Die **Kontaktdaten** sind hervor gehoben und auf den ersten Blick auffindbar. Hängen Sie Visitenkarten an (am besten zwei) und bieten Sie einen **Bereich für Fragen**, die der Mandant selber einträgt.
- Sorgen Sie dafür, dass die Kanzleibroschüre in **PDF-Format** versandfertig auf dem **virtuellen Schreibtisch** Ihrer Anwaltsassistentin liegt, denn alles, was sie vorab an Interessenten übersendet, stellt aus Mandantensicht bereits eine **Bindung** dar. Besonders wenn der Anwalt zum Zeitpunkt des Erstanrufs nicht in der Kanzlei ist, erhält der zukünftige Mandant die anwaltlichen Kompetenzen im PDF-Format gemailt. Jeder Mandant muss zusätzlich die Broschüre von Ihrer **Webseite** herunterladen können. Ihr Designer soll die **Dateigröße** verringern, so dass sie aus jedem Computer **hindernisfrei ausgedruckt** werden kann.
- Arbeiten Sie mit **Einlegeblättern.** Diese können Ausführungen über Rechtsgebiete enthalten, besondere Kompetenzen und **personelle Ressourcen** in dem

48 Vgl. zur Nutzenargumentation das Kapitel „Durchsetzung“.

Bereich X beschreiben. Pro Anwalt ein Einlegeblatt, pro Rechtsgebiet ein Einlegeblatt, pro Vortragsreihe ein Einlegeblatt... Sie können **ausgewechselt und ergänzt** werden und helfen, viel Geld zu sparen.
- Berichten Sie in **Kurzform** über Historie, Ausrichtung, Kooperationen der Kanzlei. Visualisieren Sie Rechtsgebiete durch Bilder, die auf der Webseite und dem Briefpapier wieder auftauchen. Bauen Sie **Leitsprüche**[49] der Anwälte ein. Super-Wirkung: die **historischen Erfahrungen** der Kanzlei-Gründer!
- Bringen Sie **Arbeitsfotos,** ruhig schwarz-weiß, daneben für jeden Anwalt **Qualifikation, Telefonnummer und E-Mail Adresse**! Vermeiden Sie peinliche Aufstellfotos von grauen Herren! Skizzieren Sie die **Aufgaben Ihrer Assistentinnen** neben deren Fotos: „Alles Organisatorische etc. ..." oder lassen Sie Ihre Assistentin selber sprechen (Sprechblasen in der Ich-Form: „Ich freue mich über Ihre Anrufe" oder „Ich mag Details").
- Heben Sie das heraus, was Ihre Kanzlei ausmacht, evtl. mit einem **Unique Selling Point,**[50] „Die kleinste Wirtschaftskanzlei Krefelds stellt sich vor" oder unter einem selbsterklärenden Titel: „Alles unter Dach und Fach – Baurecht ist unsere Leidenschaft!" Alle **Slogans** sind einzigartig, wiederholen sich auf der Webseite und auf dem Briefpapier, in Vortragsfolien und an Wand und Tür der Kanzlei (CI).[51]
- Großkanzleien haben ihre **Kanzleibroschüren nach Rechtsgebieten getrennt** und stellen sie im Empfangsbereich und in ihren Konferenzräumen zur Verfügung. Anwälte **achten darauf**, welche angeschaut und mitgenommen werden und **lenken das Gespräch darauf.**

3. Newsletter

Menschen tun gar nichts, wenn sie nicht wissen, wozu es ihnen dient. Daher erwähnen Anwälte zu Beginn eines Vortrags, eines Redebeitrags oder eines Schriftsatzes den **Nutzen des Hörers früher als den Inhalt des Wortbeitrags**. Dasselbe gilt auch für die Gestaltung des Newsletters!

Newsletter sind unter bestimmten Bedingungen **effiziente Akquise-Instrumente** in allen drei Akquise-Zeitzonen: ehemalige, zukünftige oder bestehende Kunden erhalten jeweils erbetene, mehr oder weniger **regelmäßige Übersendungen** von **aktuellem Informationsmaterial.**

---

49 Siehe bspw. www.rae-nuernberg.de, das ist eine Webseite, auf der die persönlichen Überzeugungen der Anwälte größer geschrieben sind als deren Rechtskenntnisse. Das wirkt – wie Mandantenbefragungen in der Kanzlei ergaben – einladend und sofort sympathisch.

50 Unique Selling Point = Alleinstellungsmerkmal.

51 Vgl. das Kapitel „Corporate Identity".

Effiziente Newsletter kommentieren **aktuelle** oder **zukünftige Rechtslagen,** korrigieren gängige **Rechtsirrtümer,** beschreiben die Folgen **neuer Rechtsprechung** für Bürger oder die **Rechtsfolgen politischer Entscheidungen** für Betroffene. Dabei gilt:

- **Geschwindigkeit**: Je schneller desto besser! Wer **zuerst** eine aktuelle **Information** an einen von einer Entscheidung Betroffenen übersendet, hilft am meisten.
- **Medium:** Der Newsletter wird so verbreitet, dass der (künftige) Mandant es liest: Per Post, wenn er kein Internet nutzt. Per E-Mail, wenn er dem zugestimmt hat, als kleiner **Film** in **Facebook,** falls er „Web 2.0 affin" ist und als **Podcast** zum **kostenfreien Download** auf Ihrer Webseite, falls er den Newsletter im Auto hören möchte. Alle elektronisch verfügbaren Newsletter werden unter einem **suchmaschinenoptimierten Stichwort** angekündigt, so dass Ihre Kanzlei auch von Unbekannten besser gefunden wird.
- **Ort:** Der Newsletter wird auch **räumlich** dort platziert, wo sich der **Mandant aufhält**, besonders wenn er noch gar nicht Ihr Mandant ist. Das macht Sinn, falls das **Kanzleiziel** dadurch ausgedrückt wird: als **Flyer** bei Pro Familia, als **Wurfpostsendung** im Briefkasten, wenn Sie **lokal begrenzt** tätig sind, oder im Wartebereich der Autoreparaturwerkstatt.

■ **Gut oder gar nicht – Newsletter machen sehr viel Arbeit!**

Newsletter sind in einem oft **nicht erwarteten Ausmaß arbeitsintensiv**. Dabei bereiten nicht die **fachlichen Komponenten** Schwierigkeiten und kosten Zeit, sondern besonders deren **Aufbereitung für Nicht-Juristen**.

Ein paar **Regeln** sind hilfreich, damit sich die Arbeit lohnt. **Jeder Newsletter**

- hat eine **Nutzen bringende Überschrift**. Der elektronische Newsletter wird andernfalls sofort **weggeklickt**, der postalische **weggeworfen.** Eine solche Überschrift wäre: „Was Sie beim Hauskauf beachten müssen" oder: „Hauskauf – ein paar einfache Tipps." Eine solche Überschrift wäre **sicher nicht**: „Newsletter Immobilienrecht Teil 13".
- benennt den **Nutzen**, den der Leser hat: „Wer eine Immobilie erwerben möchte, hat immer **dieselben drei Dinge** zu beachten, nämlich 1) ..., 2)... und 3)...[52]
- wird nur dann als „regelmäßig" oder als „alle drei Monate" angekündigt, wenn Sie dieses **Versprechen halten**! Ein solches Versprechen löst allerdings bei den Anwälten eher **Lieferzwänge** als schließlich beim Leser Freude aus. Sinnreiche Alternative: Versprechen Sie den Newsletter in **unregelmäßigen Abständen**, nämlich nur dann, wenn es sich **für den Leser lohnt**, für **relevante Neuigkeiten** wie Urteile, Rechtsentwicklungen, aktuelle, rechtsrelevante Vorkommnisse in der Region und in der Kanzlei.

52 Tipps zur Strukturierung der Sprache durch das „Brecht'sche Theater" im Kapitel „Durchsetzung".

- wird nur an **inhaltlich interessierte Personengruppen** übersandt. Grenzen Sie diese durch Suchbegriffe in der **Kundenkartei** ein. Auch Newsletter können „sich abnutzen". Dann werden sie sogar von Interessenten nicht mehr gelesen.
- wird zusammen mit der regelmäßigen **Frage**: „Zu welchem Thema sollen wir Sie unverbindlich informieren?" verbunden, denn: „Das Leben ist ein Wunschkonzert!"
- kann ein **„Leveraging"**[53] einleiten: Wenn Sie zu einem Thema einen Newsletter verfasst, in **Sprache des Kunden umgewandelt** und mit einem **Lesernutzen versehen** haben, können Sie diese aufwändige Arbeit 5-fach weiter verwenden, indem Sie daraus einen wissenschaftlichen **Aufsatz** in Fachsprache entwickeln, **Vorträge** halten, „kleine, frische **Aufsätze**" schreiben,[54] **Artikel** für **Zeitungen** oder **Blogs** verfassen, sich zu diesem Thema als **Referent** für eine Podiumsdiskussion empfehlen.

Tipp

Anwaltliche Zeitstunden sind viel zu teuer, um den Newsletter komplett selbst zu gestalten. In manchen Kanzleien wird der Inhalt des Newsletters von einem Anwalt bestimmt und von sprachgewandten Assistenten oder Referendaren in verständliche Sprache und Nutzenargumentation übertragen.

■ Vom langatmigen Anwaltsaufsatz zum attraktiven Lesernutzen: Ein Newsletter wird überarbeitet

Der **ursprünglich geplante** Newsletter (**Vorher-Version** links) eines Compliance-Spezialisten zeigt eine **Ansammlung rechtlicher Fakten**, garniert mit langen Sätzen, Substantivierungen, Rechtsvokabular und dem Passiv.

Der überarbeitete Newsletter (**Nachher-Version** rechts) bietet eine attraktive **Überschrift,** verständliche, bildhafte **Sprache** mit klarer **Struktur** und mehreren „sprechenden" **Überschriften**, Hervorhebungen durch **Fettdruck**, Handlungsanweisungen – und vor allem den **attraktivem Nutzen** für Mittelständler.[55]

---

53 „Leveraging" = Die mehrfache Verwendung eines einmal didaktisierten Wissens.

54 Vgl. zur Funktion des „kleinen frischen Aufsatzes" das Kapitel „Telefonakquise".

55 Sie finden den kompletten, überarbeiteten Newsletter des Düsseldorfer Compliance-Spezialisten Rechtsanwalt Dr. Peter Striewe (Tel. 0211-86602-0) unter www.simon-law.de/de/duesseldorf/mandantenbriefe.php.

Vorher: **COMPLIANCE – Auch im Mittelstand?**	**Nachher:** **Gewinne maximieren durch Regelüberwachung – Compliance nutzt dem Mittelstand!**
Unter Compliance-Fachleuten ist es einhellige Meinung, dass die interne Untersuchung von Fehlverhalten im Unternehmen einen ganz wesentlichen Bestandteil eines effektiven Compliance-Programms darstellt, das neben Präventionsmaßnahmen auch auf dem Aufdecken von Fehlverhalten und dessen Ahndung beruht. Den Gegnern unternehmensinterner Untersuchungen ist zuzubilligen, das diese nur dann nutzen statt Schaden stiften, wenn sie fachkundig und im Einklang mit dem jeweils anwendbaren Recht erfolgen (Moosmayer in: Moosmayer/Hartwig, Interne Untersuchungen, München 2012, S. 1). Das Thema „Compliance" ist aktuell in aller Munde. Gilt das auch für den Mittelstand? Häufig wird der Begriff „Compliance" nur in Zusammenhang gebracht mit dem Thema Korruption. Compliance ist aber viel mehr. Compliance ist die Gesamtheit aller Maßnahmen, die für ein regelkonformes Verhalten eines Unternehmens, der Geschäftsführung und seiner Mitarbeiter mit Blick auf alle Gesetze und deren Verpflichtungen und Verbote erforderlich sind. Compliance betrifft arbeitsrechtliche Aspekte ebenso wie etwa auch datenschutzrechtliche Fragestellungen. Insbesondere im internationalen Geschäftsverkehr – aber eben nicht nur dort – spielt Compliance eine Rolle bei der Vertragsgestaltung. Compliance verfolgt nicht nur das Ziel, Rechtsverstöße und Bußgelder und/oder Image-Schädigungen zu vermeiden. Es geht vielmehr auch darum, die Haftungsrisiken der Geschäftsführung, also auch der Vorstände und Aufsichtsräte zu erkennen und zu minimieren. Darüber hinaus stellt eine gelebte Compliance auch einen wichtigen Wettbewerbs- und Marketingvorteil dar. Angesprochen sind in Sachen Compliance die Entscheidungsträger – auch und gerade im Mittelstand. Großunternehmen haben schon lange Zeit, bevor der Begriff der Compliance überhaupt aktuell wurde, bereits über entsprechende Mechanismen nachgedacht. Im Mittelstand jedoch fühlten sich viele Unternehmer bislang nicht tangiert.	**1) Was ist Compliance?** Compliance (deutsch: Regelüberwachung) ist die Gesamtheit aller Maßnahmen, die für ein **regelkonformes Verhalten** eines Unternehmens und aller seiner Mitarbeiter erforderlich sind. Längst **nicht nur Korruption** und seine Vorläufer sind mit diesem Begriff umfasst; solche Maßnahmen können darüber hinaus auch **arbeitsrechtliche, datenschutzrechtliche** und **vertragsrechtliche Regelungen** umfassend beeinflussen. **2) Was darf man und was nicht?** Diese Frage geht um in den Reihen **verantwortlicher Unternehmer**. Das Thema interner Verfehlungen sorgt auch im Mittelstand für **Aufsehen und Unruhe**: Unsichere Blicke treffen sich allerorten, wenn ein Auftraggeber mit einem Lieferanten zum **Mittagessen** oder ein Dienstleister mit einem Kunden zum **Bundesliga-Spiel** geht. Wer sich wegen eines Großauftrags erkenntlich zeigt, gerät heutzutage schnell in das **Fahrwasser der Illegalität**. **3) Welchen Nutzen haben Mittelständler durch Compliance?** Compliance-Systeme im Mittelstand sind **sinnvoll und notwendig**! Rechtzeitige interne Untersuchung von **Fehlverhalten** im Unternehmen helfen dem Unternehmen, – **Geld zu sparen**: Haftungsrisiken der Geschäftsführung werden früh erkannt und minimiert, – **Image zu sichern**: Fehlverhalten wird rechtzeitig aufgedeckt und – nicht öffentlich! – geahndet, – **unternehmenskulturell einzugreifen**: Prophylaxe wird in Seminaren bewusst gemacht und geübt, – **Akquisepotenziale zu schaffen**: Wettbewerbs- und Marketingvorteil schaffen einen Vertrauensvorschuss in der Bevölkerung.

4. Warte- und Empfangsbereich

Die erste **akustische** Visitenkarte der Kanzlei ist die Assistentin, die erste **visuelle** ist der Empfangsbereich. Durch einige Vorkehrungen machen Sie dem Mandanten, der alle folgenden Details bezahlt, klar, dass er **viel von diesem Geld selbst wieder sieht**!

- **Foto-Organigramm**

Stellen Sie im Warte- oder Empfangsbereich durch Fotos **Hierarchie, Teams, Kompetenzen** und **Grundüberzeugungen** dar. Ihre Mitarbeiterinnen gehören unbedingt dazu ebenso wie Persönliche Leitsprüche, Rechtsgebiete, Überschriften, ein Kanzlei-Leitspruch.

Ursprünglich in kleinen Kanzleien mit 80 % Privatmandanten und Laufkundschaft angesiedelt, hatte diese **Kanzleipräsentation** für den wartenden Kunden einen **rein informativen Sinn**: Wer arbeitet in welchem Bereich mit welcher Spezialisierung? Heute ist diese Methode in den Warte- und Empfangsbereichen vieler kleiner bis mittelständischer Kanzleien anzutreffen. Sie vermittelt **Transparenz** und **persönliche Betreuung.**

- **Karikaturen**

Der Justizzeichner Philipp Heinisch[56] bietet Kanzleien eine karikaturhaft überhöhte Darstellung des Anwalts oder der Anwälte und versieht die Zeichnung symbolhaft mit dem **höchsten Wert** oder **Nutzen der Kanzlei.**[57] Viele Mandanten bleiben davor stehen, lächeln und verstehen auf diesem Weg hochrangige Werte der Kanzlei.

- **Empfang durch Assistentin**

Der Empfang gelingt nur, wenn der Anwalt **Namen und Funktion des Gastes** (Mandant, A-Mandant, Gegner, Interessent etc.) sowie Uhrzeit seines Eintreffens mitteilt. Die Empfangsassistentin **steht sofort auf**, wenn der Kunde den Raum betritt, geht auf ihn zu, **begrüßt ihn mit Namen**, zeigt die Garderobe, ist behilflich mit Gepäck und Mantel, ermittelt Small Talk Bedarf („Haben Sie unsere Parkplätze gut gefunden?“, „Konnten Sie sich gut durch dieses Wetter kämpfen?“ etc.), führt ihn zum **Wartezimmer** oder zum **Konferenzraum**, fragt nach **Getränkewunsch**, sagt die **Wartezeit** an, bietet ihm ggf. den **Mandanten-Datenbogen** an oder geht diesen mit dem Mandanten durch, erklärt die **Kunst** an den Wänden (falls der Mandant interessiert dorthin schaut), bietet ihm schon einen **Sitzplatz** an und sorgt dafür, dass der Wartende **um keinen Preis die Namen anderer Mandanten hört oder sieht** (Schweigepflichtsverletzung!).

- **Corporate Identity**

Die orangefarbene Linie kennzeichnet uns! **Corporate Identity**, kurz CI ist die nach außen hin **wieder erkennbare Identität** des Unternehmens. Unterscheidbar sind visuelle, auditive und unternehmenskulturelle CI. Der Mandant sieht die **orangefar-**

56 Siehe www.kunstundjustiz.de.

57 Ein Beispiel finden Sie auf meiner Webseite unter der Rubrik „und außerdem“.

bene Linie draußen auf dem Kanzleischild, dann am Fahrstuhlknopf, dann an der **Kanzleitür**, drinnen an den Wänden, am **Boden** bzw. im Teppich und am **Namensschild** der Empfangsmitarbeiterin. Wartezimmer, Türschild, Briefbogen, Visitenkarten, Webseite, Newsletter, Vortragsfolien, Bleistifte, Wandschmuck, Notizblätter, E-Mail Signaturen – alles enthält **dieselbe orangefarbene Linie**, die das Logo der Kanzlei bildet.

Dieselbe telefonische Begrüßung an allen Standorten durch alle Mitarbeiterinnen oder die regelmäßige **namentliche Vorstellung** in allen erstmals betretenen Gerichten sind Elemente der auditiven Wiedererkennung. Die **CI in der Unternehmenskultur** beweist allen Mandanten Geschlossenheit in der inneren Linie einer Kanzlei: alle Mitarbeiter und alle Anwälte der Kanzlei **begrüßen Gäste auf dieselbe Weise**, die Assistentin schreibt **Begrüßungsmails** an neue Mandanten, alle sind **verbindlich und freundlich**, alle **Versprechen werden gehalten**. Jeder hilft, falls **Gäste** etwas suchen oder brauchen. Mandanten werden regelmäßig **eingeladen und informiert**. Das **Wohl des Mandanten** steht an erster Stelle.

- **Kinder**

Eine Spielecke mit Kinderbüchern gehört zumindest bei Familienspezialisten dazu, auch für Allrounder ist sie empfehlenswert.

- **Internetzugang**

Ein **Wireless LAN Anschluss** (evtl. mit persönlicher Login-Nummer) erfreut während der Wartezeit viele Mandanten. Einige Kanzleien punkten durch ein **kleines Terminal** oder ein **eigenes I-Pad**, auf dem Mandanten E-Mails abrufen und senden können. Sorgen Sie auf jeden Fall für **Internetzugang im Wartebereich**. In großen Kanzleien liegen Internetkabel für den Mandanten auf dem Tisch (Sicherheitsserver erlauben dort kein WLAN für Kunden).

- **Wartebereich**

Der Mandant kommt in einen **hellen, freundlichen Vorraum** mit frischen **Schnittblumen**. Der Warteraum ist frisch **gelüftet, behaglich** und hat **aktuelle Presse** wie auch **Spezialpublikationen** für die Ziel-Branche parat. Die **Kanzlei-Broschüre** liegt auf dem Tisch mit einem **Schild in Kanzleifarben**: „Tragen Sie unsere Leistungen weiter“. **Schirme** in Kanzleifarben werden mitgegeben oder liegen im Wartebereich bereit.

- **Ordner**

Die Assistentin überreicht nach dem Erstgespräch während ihrer Vorstellung (mehr dazu im Kapitel „Assistentin“) dem Mandanten einen **Ordner in Kanzleifarben** mit der **eingehefteten Honorarvereinbarung** und dem **Dienstvertrag**: „Darin ist Ihr Fall gut aufgehoben“. Ein **Preisvergleich** für bedruckte Ordner lohnt sich.

- **Kleidung**

Die Anwaltsassistentin wählt, sobald sie Kundenkontakt hat, ihre Geschäftskleidung nach dem Motto: **Immer eine Spur besser gekleidet als das Gros der Zielmandantschaft.** Turnschuhe, nabelfreie Shirts und Miniröcke sind bei Kundenkontakten ebenso Tabu wie un- (bzw. über-) geschminkte, frisurlose, ungepflegte, sichtbar gepiercte und hörbar mundfaule Präsentationen. Anwälte unterstützen die äußere Präsentation ihrer Assistentin, indem sie zum **Dezembergehalt € 120 hinzu fügen.** Im Gegenzug präsentiert die Assistentin im Januar einen im Ausverkauf beschafften **Hosenanzug** in gedeckten Farben, den sie **während der Arbeit** in vielen Kombinationen trägt.

Alle Beteiligten haben dadurch Vorteile:

- Anwälte (besonders männliche) befürchten **Peinlichkeiten** und eine **übergriffige Wirkung**, wenn sie die äußere Erscheinung der Assistentinnen kritisieren. Diese elegante Methode hilft ihnen dabei.
- Assistentinnen verstehen, dass **Mandantenbindung** nicht nur durch fachliche sondern auch durch **äußerliche Kompetenz** gesendet wird – und wie wichtig ihrem Chef das ist.
- Mandanten spüren eine **gewisse Sorgfalt**, die man ihretwegen walten lässt.
- In manchen Anwaltskanzleien wird der **sehr legere Look angeordnet**, weil Mandanten das mögen und erwarten. Das macht Sinn **wie alles, was bewusst eingerichtet wurde**, um die Mandanten zu beheimaten.
- Der Mandant sollte auch Ihre **äußerlichen Maßnahmen beurteilen:** Nehmen Sie daher auch die **äußere Präsentation** Ihrer Kanzlei in den **Mandantenfragebogen** auf.

5. Erreichbarkeit

Die **Erreichbarkeit des Anwalts ist – zunächst erstaunlich – lediglich eine B-Aufgabe**, kann also zu großen Teilen **delegiert werden** an eine gute Assistentin und sogar an einen **externen Dienstleister**. Das ist insoweit überraschend, als in jeder Umfrage über Mandantenzufriedenheit und –bindung die Erreichbarkeit des Anwalts auf vorderen Plätzen rangiert. Die Erklärung ist einfach, da auch hier **Kommunikation aus ihrer Wirkung besteht.**

Der Mandant fühlt Erreichbarkeit seines Anwalts, sobald eine **sprachgewandte, herzliche und äußerst servicebereite Assistentin sie signalisiert und beweist.**[58] Sie erfragt den Kern der Sache oder des Wunsches, nimmt die vollständigen Daten auf, prüft eigenständig Kollisionen, veranlasst eine sofortige Terminierung zum nächstmöglichen Zeitpunkt und erklärt die bis dahin zu erledigenden **Hausaufgaben.** Sie gibt dem neuen Mandanten eine neue „Heimat". Sie übersendet die **Kanzleibroschüre** sowie eine **PDF-Anfahrtsskizze** und legt für übersandte Materialien des Mandanten bereits eine **Akte** an. In Fristsachen wird sie **Fristverlängerungsanträge** selbst in die Wege leiten und durch andere Anwälte der Kanzlei kontrollieren

58 Siehe Details zur Positionierung der Assistentin im Kapitel „Assistentin".

lassen können. Sie wird per E-Mail oder SMS **Kontakt zu ihrem Chef** halten, und der wird sich bei **A-Mandanten** oder bei ihr in Notfällen selbst melden.

Die **Erreichbarkeit des Büros** wird von vielen Mandanten geschätzt. Die Assistentin übersendet mit der **Anfahrtsskizze**[59] Informationen über **Parkplätze** und deren Kosten, Kostenübernahmeregelungen für Parkplätze, GPS-Adresse für die Einfahrt ins Parkhaus. Sie weist auf **U-Bahn-Stationen,** Beschilderungen, Besonderheiten, **geografische Anhaltspunkte**, Fahrstuhl und **Behindertenzugang** hin.

Tipp
Je kleiner die Kanzlei, desto gewissenhafter muss die Anwaltsassistentin die persönliche Erreichbarkeit des Anwalts „gefühlt" herstellen.

---

6. Kundenkartei

Anders als die Kundendaten-Sammlungen in Outlook, speichert die Kundenkartei der meisten Anwaltssoftware Ihre Kundendaten gezielt unter **diversen Suchbegriffen.** Jeder Mandant wird **unter einem Suchbegriff geführt**, unter dem er gemeinsam mit **anderen desselben Segments** auffindbar ist. Dadurch können Mandanten in Segmente eingeteilt und **nach Segmenten aufgerufen** werden.

Die Suche macht beispielsweise Sinn nach

- **Rechtsgebieten**: der Mandant vertraut dem Anwalt auf diesem Gebiet;
- **Branchen**: die Kanzlei vertritt diese Branche hauptsächlich oder wünscht das;
- **Privatmandanten**: sie sind Zielgruppe, werden zu anderen Vorträgen eingeladen;
- **Firmenkunden**: Vortragseinladungen, besondere Cross-Selling Maßnahmen;
- **Interessenten**: waren bei Vorträgen, beziehen Newsletter;
- **Newsletterbezug**: z. B. noch nicht, wollen aber zu Vorträgen eingeladen werden;
- **Geografie**: alle im Umkreis von 80 Kilometern.

In vielen Kanzleien behindert das Kundendatenmanagement die Akquise. Die Hauptfehler sind: Daten sind doppelt, dreifach und in nachweisbaren Härtefällen 9-fach gespeichert, unvollständig, haben falsche E-Mail- oder Postadressen, falsche Telefonnummern oder nur eine. Sie enthalten einen falsch geschriebenen Nachnamen (!), eine falsche Anrede, Titel fehlt oder das Geschlecht wird verwechselt. Manche Daten sind völlig veraltet, die Mandantin ist seit vier Jahren in einer anderen Firma, seit fünf Jahren unter anderem Namen verheiratet oder seit drei Jahren verstorben(!). **Manche** Mandanten sind in **mehreren Dezernaten derselben Kanzlei** gespeichert, ohne dass Erfahrungen zu und Kontakte mit **anderen Anwälten** derselben Kanzlei vermerkt wären. **Assistentinnen** der Kanzlei werden nicht angewiesen,

---

59 Achtung: nicht aus map24 kopieren. Das gibt teuren Ärger!

die kompletten Daten eines neuen Anrufers sofort in die **Kundenkartei einzutragen**. Kundendatenbanken werden **unzureichend für Akquise** genutzt, selbst wenn sie gut gepflegt sind.

Tipp
Engagieren Sie einen Jurastudenten zur Pflege Ihrer Kundenkartei. Setzen Sie ihn unter eine besondere Schweigepflicht. Bei seinem ersten Auftrag hat er alle ehemaligen, alle derzeitigen und alle registrierten zukünftigen Kunden (die einverstanden sind, Einladungen zu erhalten) zum Zwecke der Adress-Aktualisierung anzurufen. Üben Sie mit ihm Texte ein!

---

7. Anrufbeantworter

Anwälte **wollen Anrufbeantworter häufig nicht installieren**, weil sich die Mandanten schlechter bedient fühlen könnten, ein Anwalt – nach einem eher kruden Selbstbild – keine Pausen macht, natürlich **niemals** krank ist oder gar Urlaub macht! Leidtragende dieser erstaunlichen Verweigerung sind die **Mitarbeiterinnen**, die immer am Start sein müssen.

Bei der Lösung hilft erneut der **Kundenfokus**. Aus der Sicht der Mandanten ist die Sache eindeutig: **Anrufe müssen beantwortet werden**. Mandanten kritisieren daher keinesfalls die Institution Anrufbeantworter selbst, sondern **deren Verwendung**.

Besonders zwei Vorgehensweisen machen aus Anrufbeantwortern **Akquiseblockaden**:
- Die darauf hinterlassenen Nachrichten werden **nicht oder viel zu spät verwertet.**
- Die darauf gesprochenen Begrüßungstexte wirken **autoritär, desinteressiert und kundenfeindlich.**

Ein Anrufbeantworter hilft, Anrufe zu beantworten, nicht zu verdrängen! Der Anrufbeantworter nützt gar nichts, wenn Anrufe durch seine Hilfe nicht beantwortet werden. Gewöhnlich spricht der Mandant **keine komplexen Rechtsfragen** drauf, sondern **begründungslose Rückrufwünsche** oder **organisatorische Fragen**. Beides kann die Assistentin vollständig, sehr zeitnah (!) und **eigenständig** beantworten.

Anrufbeantwortertexte wirken wie Unverschämtheiten, sobald sie Zahlen enthalten.

Wie ein Auszug aus dem Satiremagazin mutet so manch Begrüßungstext an: „Rechtsanwälte Bachmann. Sie rufen außerhalb unserer Geschäftszeiten an (direkte Drohung). Diese sind von Montag bis Freitag von 9 bis 13 Uhr und von 14 bis 17 Uhr (Irrelevant, da das Problem jetzt besteht). Außer mittwochs, da ist nachmittags die Kanzlei geschlossen (unsere Regeln gelten auch für Dich). Das Gerät schaltet jetzt ab." (Wir tun auch nachher nichts mehr für Dich).

Der Anrufer „droht mit Auftrag" und **fühlt sich abgewehrt**. Er ist gewiss **nicht an „Geschäftszeiten" interessiert,** denn sein Problem hat ja auch keine.

Eine vom Kunden wahrnehmbare Mittagspause ist ein gewagter Anachronismus. Gerade Geschäfts-Mandanten rufen einen neuen Anwalt besonders häufig aus zwei Gründen in der Mittagspause an: Sie haben dann selbst **mehr Ruhe** und testen gern die **Flexibilität** der Kanzlei. Mitarbeiterinnen in **gut organisierten Kanzleien** lassen daher **Mittagspausen unbemerkt** für die Mandanten und wählen eine von drei Möglichkeiten: Sie

- **organisieren sich „in Schichten"**, so bleibt das Telefon immer besetzt. Alle Rückrufbitten aus der Zeit werden in die anderen Dezernate gemailt.
- machen alle gemeinsam Mittagspause, denn sie sehen und hören sich kaum über Tag. Organisationsstarke Anwälte fördern soziale Kontakte unter den Mitarbeiterinnen in jedem Augenblick, denn sie wissen: **Ein starkes Team nimmt mir mehr ab** und **arbeitet eigenverantwortlich.** In diesem Fall ist eine der Mitarbeiterinnen mit einem „Pieper", Funktelefon oder **Anrufweiterleitung** auf ihr Mobilfunktelefon ausgestattet sowie mit **Notizmöglichkeiten** und verspricht selbst den Rückruf für 14.00 Uhr. Sie kann **in Ruhe ihre Mittagspause beenden** und dennoch den **Mandanten zufrieden** stellen.
- lassen während der Mittagspause einen **Anrufbeantworter** laufen mit folgender **Bandansage** (bitte ohne Zahlen!):

  „Rechtsanwälte Bachmann, Guten Tag! Wir freuen uns über Ihren Anruf und rufen gern zurück! Bitte sprechen Sie Ihren Nachnamen und Ihre Telefonnummer sowie Ihren Wunsch deutlich auf das Band. Wir melden uns so schnell es geht und wünschen einen guten Tag. Bis bald."

Selbstverständlich spricht die Assistentin mit der **freundlichsten Stimme** der Kanzlei die Ansage auf das Band, und selbstverständlich ist die Wunscherfüllung eine **A-Aufgabe für die Assistentin.** Also: **sofort** nach der Pause erledigen und **selbst!**

8. Externe Dienstleister

Die großen **Service-Sünden straft der Interessent sofort**! In Zeiten steigender Kundenansprüche führt ein gar nicht oder ein unfreundlich besetztes Telefon sofort **zu negativer Publicity**: Unzufriedene Mandanten wandern nie einfach nur so ab; das könnte man vielleicht verschmerzen. Sie nehmen **durchschnittlich zehn potenzielle, bislang unbeteiligte Mandanten mit auf ihre Seite.**[60]

---

60 Diese Zahlen erforschte erstmals 1978 Noriaki Kano, Professor an der Universität Tokio mit dem sog. Kano-Modell. Er maß und segmentierte Kundenzufriedenheit in der ersten weltberühmt gewordenen Kundenzufriedenheits-Studie für Mitsubishi. Seine Ergebnisse sind – obwohl für die Autoindustrie ermittelt – bis heute auch für den Dienstleistungssektor unwiderlegt. „Unverlangte Publicity" macht nur der begeisterte Kunde. Er wartet also nicht, bis er gefragt wird nach einem guten Anwalt, sondern berichtet über diesen spontan. Statistisch gesehen tut er das einmal, während der unzufriedene Kunde 10-fache unverlangte (!) Antiwerbung für die Kanzlei macht.

Viele Anwälte beauftragen einen externen Dienstleister als 24-Stunden-Telefonsekretariat während Ihrer Abwesenheit. Für wenig Geld erhalten sie einen 100 %igen Service, und das 365 Tage im Jahr 24 Stunden am Tag. Eine **neue Dimensionen des Mandanten-Service** ergänzt die schon bestehenden.[61]

Erfolgstipps

- Definieren Sie erst ein Ziel, dann planen Sie Ihr Marketing! Nicht anders herum!
- Seien Sie eigenartig, nicht nur einzigartig!
- Delegation oder zumindest Inspiration. Kein Marketingkonzept ohne Profis!
- Veranstalten sie eine SWOT-Analyse und regelmäßige Marketing-Macht-Money-Meetings!
- Die „Vier P" – Kappen Sie erfolglose Vorgehensweisen!

---

61 Siehe www.anwaltmagazin.de/das-sekretariat.html: „*Dieser Service ist für Einzelkämpfer und Existenzgründer ebenso ideal wie für Kanzleien mit dünner Personaldecke, denn so können Sie Ihr Telefon – nach außen hin – ohne eigene Personalkosten rundum besetzt halten und haben zudem keine Probleme mit Urlaubs- und Krankheitsvertretungen, Zigarettenpause und Kollegenschwätzchen. Zwischen den Anbietern gibt es erhebliche Unterschiede. Das fängt bereits bei der unverzichtbaren 24-h-Präsenz an, geht über unterbewertete Nebensächlichkeiten wie Einrichtungsposten und endet bei vielen versteckten Kosten, die ein vermeintlich günstiges Angebot erheblich verteuern.*"

Leistungs-Feedback

40 % direkte Akquise   60 % indirekte Akquise

Anwälte liefern **Leistungen nach außen** (Mandant, Gericht, Gegner, Vorträge, Inhouse-Veranstaltungen) und **Leistungen nach innen** (Mitarbeiter, Teams, Organisation). Alle Leistungen bedeuten aus der **Sicht des Lieferanten** etwas anderes als aus der **Sicht ihrer Empfänger.**[1] Für Anwälte ist die sichere Rechtsberatung ein **Qualitätsmerkmal**, während Mandanten gerade diese normalerweise nicht wirklich **beurteilen können**. Daher sind **Details** der Kommunikation bei der **Mandatsabwicklung** entscheidend für die **Bewertung anwaltlicher Qualität**. Gerade wo Wahrnehmungen sich so fundamental unterscheiden, sind Anwalte zu ihrer eigenen **Qualitätssicherung** auf das **Feedback ihrer Kunden** angewiesen.

Der **Empfänger einer Leistung** weiß als erster, ob die empfangene **Leistung gut** war, ihr **Produzent** weiß das in aller Regel als letzter. In allen Branchen werden daher **Qualitätszirkel, Feedback-Runden** und **Kundenzufriedenheitsstudien** ausgearbeitet, intern **ausgewertet** und extern als **Werbeinstrumente an die Öffentlichkeit** gebracht.

Kritik kann dabei bisweilen **wichtiger als Lob** sein: Eine Kritik durch Ihren Mandanten ist **bares Geld wert**, denn sie dokumentiert Ihren **Optimierungsbedarf** und rechtfertigt daher einen **besonderen Dank**.

Dieses Kapitel wird behilflich sein, durch **Mandantenumfragen** die gefühlte (und daher faktische) **Qualität von Anwaltskanzleien** zu optimieren:

I. Feedback? Lieber nicht!
II. Qualitätswahrnehmung und Feedback Formen
III. Beispiel: Ein vielfach erprobter Mandantenfragebogen
IV. Akquise-Allianz: Mandantenfragebögen und Kundenkartei

I. Feedback? Lieber nicht!

Ganz so einfach scheint dies für **Anwaltskanzleien** jedoch nicht zu sein. Anwälte halten **Mandanten-Feedbacks** überwiegend für **unbequem** und besonders deren **Verwertung** für **kompliziert**: Nur etwas mehr als die Hälfte (53 %) der deutschen TOP 75 Kanzleien führten in den Jahren 2010 und 2011 **regelmäßige Mandantenbe-**

1 Vgl. das Kapitel „Qualität" zur unterschiedlichen Definition des Wortes durch Mandanten und Anwälte.

fragungen durch, davon 50 % durch **persönliche Interviews** und 31 % durch einen **Fragebogen.** Die Interviews wurden zu 38 % von Business Servicekräften und zu 19 % von Partnern durchgeführt.[2]

Gerade durch solche **Mandantenbefragungen**, so kommentieren die Autoren einer anderen Studie,[3] wäre doch die *„tatsächliche und nicht nur die gefühlte Zufriedenheit des Mandanten zu erfahren"*. Die Autoren vermuten weiter, dass sich bei den Anwälten nicht verifizierte, **irreale Annahmen** und *„möglicherweise ein gewisser* ***Hang zur Selbstüberschätzung und zur Unterschätzung der Risiken latenter Unzufriedenheit***" breit machen könnten.

Das erstaunt unbefangene Betrachter schon sehr: Wer sollte besser über die **Leistung eines Anwalts** Auskunft geben können als ihr **direkter Nutzer**?

II. Qualitätswahrnehmung und Feedback-Formen

Für den Mandanten ist der **Nutzen der Leistung** wichtiger als die **Leistung selbst.** Beobachten Sie, was Mandanten an **andere juristische Laien** weiter geben, wenn sie von ihrem Anwalt **schwärmen**: „Der hat den Gegner platt gemacht, aber wie" oder: „Der Vertrag war in Nullkommanix vom Tisch", oder: „Endlich wieder Ruhe" oder: „Durch die neue Kooperation konnten wir unser Weihnachtsgeschäft verdreifachen!"

Den **Nutzen trägt er weiter**, dessen **Entstehung** hält er für **zweitrangig** und in der Regel nicht für erwähnenswert. Diese Erkenntnis führt zur Einrichtung unterschiedlicher **Feedback Formen** in einer Anwaltskanzlei:

- **Feedback im Erstgespräch.** Ein geschickter Akquisiteur testet **bereits im Erstgespräch** die **Wirksamkeit seiner Akquisemaßnahmen**: „Wodurch wurden Sie auf unsere Kanzlei aufmerksam?"[4] – und dokumentiert die Antwort sofort in der **Kundenkartei.** Anwaltliche Leistung beginnt lange vor der ersten **persönlichen Begegnung** zwischen Mandant und Kunde. Ohne diese Leistung wären viele neue Mandanten gar nicht da. So manch **untaugliche und teure Werbemaßnahme** fand durch diese Testfrage den lange verdienten Weg in den Müll.
- **Feedback-Gespräch zum „Cross Selling"**: Wenn Sie das **Mandat ausweiten** wollen, laden Sie zu einem Abschlussgespräch[5] bei Mandatsende ein.

2 Claudia Schieblon, 3. PMN Benchmark Studie Anwaltsmarketing Juli 2011, S. 39, Ergebnis einer Befragung von 75 TOP Kanzleien (Ranking nach JUVE Rechtsmarkt 10/2010).

3 *Sieben/Klostermann*, BB 41/2011, S. VI, Im Blickpunkt: Kanzleibarometer 2011 - Herausforderungen und Erfolgsfaktoren, Ergebnis einer Befragung von 74 Kanzleien im Jahr 2011. 35 % der befragten Kanzleien haben weniger als 5 BT, 32 % bis zu 30 BT, 8 % bis 100 BT und 24 Prozent mehr als 100 BT. 59 % der befragten Kanzleien sind an einem Standort, 16 % an mehr als vier Standorten.

4 Siehe das Kapitel „Mandantengespräche" mit weiteren Hinweisen zur Struktur.

5 Das Kapitel „Cross-Selling" enthält viele Details über dieses Abschlussgespräch und die akquisitorische Relevanz des Leistungs-Feedbacks.

- **Feedback-Bitte mit dem Ziel der Rückgewinnung ehemaliger Mandanten:**[6] Verloren gegangene Mandanten hatten **Gründe für ihren Weggang**. Ermitteln Sie diese Gründe bei lohnenden Mandanten, sie sind der „Hebel" für das **Herstellen eines neuen Vertrauensverhältnisses.**
- **Feedback beim Beschwerdemanagement strukturieren**: Dieses Feedback muss **offensiv, furchtlos** und sehr **strukturiert** durchgeführt werden. Sie beginnt bereits durch Ihre **Assistentin am Telefon,** die die Details einer Beschwerde erfragt. Jeder Kanzleifehler führt Sie automatisch ins Beschwerdemanagement. Trainierte Assistentinnen fragen sofort nach einer **weiteren „Optimierungsmöglichkeit"**, wenn ein Mandant sich über ein **Detail beschwert.**
- **Fragebögen bei In-house Veranstaltungen und externen Vorträgen**: Diese **punktuelle Feedback-Möglichkeit** dient der Präzision und Erweiterung von **Vortragsstil und -inhalt.** Erklären Sie zum Vortragsbeginn, welchen **Nutzen die Teilnehmer** durch das Ausfüllen haben, sonst bleiben die Bögen leer! Unbedingt auch hier **Freitext** ermöglichen!
- **Bewertungsportale im Internet:** Anwälte haben einen **Argwohn** gegen Feedback-Systeme im Internet. **Bewertungsportale** schießen wie Pilze aus dem Boden und öffnen Tür und Tor zu **Gefühlsduseleien**, die entweder in **großem Zorn** oder in **schmeichlerischer Lobeshymne** ihren Ausdruck finden. Beides dient dem Marketing von Anwälten nicht, abgesehen vermutlich von der höheren **Auffindbarkeit in Suchmaschinen** durch ihre Namensnennung. Mit einem guten „Monitoring",[7] exzellenter Anwaltsarbeit und **regelmäßigen Aktualisierungen** stützen elektronische Feedback-Portale sehr elegant ihre **Reputation.**
- **Kritik als Teil der Arbeitsplatzbeschreibung** ist eine großartige, wirkungsvolle **Maßnahme nach innen.** Verpflichten Sie Ihre Assistentinnen, Ihnen über **Ihre Wirkung** regelmäßig (mindestens einmal in der Woche) und vor allem **furchtlos** ein **Feedback** zu geben. Immer zeitnah, immer anhand **Ihres Verhaltens** („Sie rennen heute so gestresst durch den Flur; das steckt schon unsere Auszubildende an. Was ist los? Was kann ich für Sie tun?"). Geben Sie das umgekehrt genauso zurück: „Mir gefällt Ihre Kleidung heute nicht wirklich. Ich fürchte, **Mandanten könnten das als zu leger empfinden.**[8] Könnten Sie das bitte überdenken?" **Krankenstand und Fluktuation** unter den Nichtjuristen sinken, während die **gute Laune** steigt – letzteres selbst unter den **kritisierten Anwälten**! Test it!

---

6 Vgl. das Kapitel „Ehemalige Mandanten".

7 Vgl. zum Thema „Monitoring" die Kapitel „Reputation" und „Online Akquise".

8 Der Perspektivwechsel hilft, ohne Beschönigung und ohne Beleidigung zu kritisieren. Vgl. auch zur Akquiserelevanz von Perspektivwechseln das Kapitel „Durchsetzung". Im Kapitel „Mandantengespräch" gibt es einen Tipp zur eleganten Unterstützung der „Kleiderfrage".

III. Beispiel: Ein vielfach erprobter Mandantenfragebogen

Feedback-Fragebögen sind in Kanzleien häufig **Zeitdiebe** und **Aktenfüller.** Sie werden nicht oder nicht **detailreich genug ausgefüllt,** schlecht oder gar nicht **ausgewertet,** in Eile vom Anwalt **durchgehechelt** oder **lieblos in die Wartezimmer gelegt**. Sie spiegeln weder deutlich genug den **Vorteil des Mandanten** wider noch das ernsthafte und **folgenreiche Interesse** an der Ansicht des Mandanten. Sie wirken wie eine ungeliebte **Modeerscheinung**, und so sehen sie auch meistens aus. Eine **Helvetica-10-Punkt-Bleiwüste** zum **Ankreuzen** ist weder geeignet, den Mandanten zur **Abgabe einer Meinung** zu inspirieren noch führt sie den Anwalt automatisch zu einer **Optimierung seiner Qualität.**

Ein paar Tipps können weiter helfen. Ein optimaler **Mandanten-Feedback-Bogen** hilft Ihnen bei der **Ermittlung von Werbe- und Akquisekosten** sowie bei der **Ermittlung der Wirksamkeit** beider Tools. Mandantenbefragungen finden statt durch:

- Übersenden per **E-Mail** („Word"), sofort zurückmailen (höchstens 30 % Rücklauf);
- Befragungen nach Mandat **telefonisch oder live** durch die **Assistentin.** Sie notiert die Antworten (**großartige** Wirkung! 100 % Beteiligung);
- Befragungen nach Mandat **telefonisch oder live** durch den **Anwalt.** Abhängig vom Grad der **Positionierung Ihrer Assistentin** (unnötig = B-Aufgabe = Zeitverschwendung);
- Im Wartezimmer auslegen (wirkt zu unverbindlich; zumindest verbinden mit Fragen!).

Geschickt eingesetzte **Mandantenfragebögen** enthalten:

- im ersten Teil offene Fragen mit **freien Antwort-Texten** (mindestens eine Zeile unter jeder Frage); die Fragen sind aufgeteilt nach **Lob/Kritik** und **Anwälte/ Assistentinnen.**
- im zweiten Teil zwei Ankreuztabellen (Anwalt/Assistentin) mit Kommentarmöglichkeit.
- im dritten Teil **Ausblick in die Zukunft** (wieder freier Antworttext), auch als **Voraussetzung für das „Cross-Selling".**[9]
- Muster
- Qualitäts-Check Kanzlei X – Wodurch können wir besser werden?
- [Kanzleilogo]

---

9 Vgl. das Kapitel „Cross-Selling" mit weiteren Details zur Mandatsausweitung.

Sehr geehrte/-r Herr/Frau ______________________________,

wir bedanken uns für Ihr **Vertrauen** und wollen gern wissen, wodurch wir **unsere Qualität verbessern können.** Unsere **Mandanten** wissen am besten, wie wir das schaffen können. Alle Daten bleiben bei uns. Sehr gern übermitteln wir Ihnen, wie wir **Ihre Hinweise umgesetzt** haben.

1. Bitte beantworten Sie – wenn möglich mit Details – folgende Fragen:

- Wodurch wurden Sie aufmerksam auf unsere Kanzlei?
- Was hat Ihnen während des Mandats an den anwaltlichen Auftritten gefallen?
- Was kann der Anwalt verbessern?
- Was hat Ihnen während des Mandats an den Auftritten der Assistentinnen gefallen?
- Was können unsere Assistentinnen verbessern?

2. Hier können Sie Schulnoten für die Anwälte vergeben (1 = sehr gut, 6 = sehr schlecht) und Ihr Votum kommentieren:

Anwälte	Noten: 1	2	3	4	5	6	Details:
Erreichbarkeit							
Verlässlichkeit							
Klarheit							
Freundlichkeit							
Empathie							

3. Hier können Sie Schulnoten für die Assistentinnen vergeben (1 = sehr gut, 6 = sehr schlecht) und Ihr Votum kommentieren

Anwälte	Noten: 1	2	3	4	5	6	Details:
Soforthilfe							
Verlässlichkeit							
Freundlichkeit							
Ruhe							
Empathie							

3. Ein Blick in die Zukunft:

Zu welchen Themen wünschen Sie **weitere Informationen**?

Zu welchen Themen würden Sie gern **kostenlose Vorträge** hören?

Würden Sie uns für Ihr nächstes Mandant **erneut beauftragen**?
Ja Nein

Hauptgrund: ______________________________

Würden Sie uns **weiter empfehlen**?
Ja Nein

Hauptgrund: ______________________________

Best Practice
Wir akquirieren hauptsächlich über Empfehlung. Die steigern wir durch viele Faktoren, wie nach außen durch strategisch gewählte Netzwerke z.B. BNI[10] und durch regelmäßige kostenlose Rechtskolumnen in fünf unterschiedlichen Foren, nach innen vor allem aber durch unsere Feedback-Systeme. Jede Kritik wird bei uns zu einem Mandat. Wir verwenden Fragebögen am Ende des Mandates. „Was hat Ihnen gefallen?" und „Was hat Ihnen gefehlt?" sind dazu die Überschriften. Der Mandant kreuzt nicht nur an, sondern schreibt seine Meinung und seinen Eindruck, worauf wir dann intern reagieren. Ich selbst werde hauptsächlich gelobt für meine Menschenführung nach dem Motto: „In der Sache hart, zu den Menschen weich". Durch diese Haltung gewinne ich seit Jahren Respekt nicht nur vor Gericht.
Rechtsanwältin Dr. Gabriele Sonntag, Fürth, Tel.: 0911-971870

IV. Akquise-Allianz: Mandanten-Feedbacks und Kundenkartei

Ein Mandanten-Feedback ist kein modisches Accessoire, mit dem man sich schmücken „muss", weil die „anderen auch so was machen", sondern ein **veritables Akquiseinstrument**. Ohne akribische Dokumentation[11] der gewonnenen Informationen macht

10 „BNI – Business Network International – ist das Unternehmernetzwerk für Geschäftsempfehlungen. Eine professionelle Vereinigung lokaler Geschäftsleute, die sich regelmäßig zum Unternehmerfrühstück treffen. Einziger Sinn und Zweck dieser Treffen ist die Gewinnung neuer Kunden durch persönliche Empfehlungen. Deutliche Umsatzsatzsteigerungen aller teilnehmenden Unternehmer ist das Ergebnis", so die Selbstdarstellung auf www.bni.de.

11 Details zur Kundenkartei im Kapitel „Kanzleimarketing".

die **Mandantenbefragung allerdings keinen Sinn.** Tragen Sie **alle Informationen in eine (nur in eine!) Kundenkartei ein**, die sich eigenständig mit allen anderen Rechnern **synchronisiert.**

Das frisch ermittelte **zusätzliche Mandanteninteresse** nach einem Vortragsbesuch wird ebenso eingetragen wie die Rückmeldung über die **Qualität der Assistentin.** Beim nächsten Besuch bzw. Mandat erfährt der Mandant sogar, was mit **seinen Anregungen geschehen ist.** In einigen Kanzleien geht die **schriftlich kritisierte Assistentin** beim nächsten Mandat des Kritikers auf diesen zu und **bedankt sich** – falls nicht schon telefonisch geschehen – für seine Kritik und **erläutert ihre Entwicklung durch seine Kritik.**

Abgewanderte Mandanten[12] werden, ihre **wichtige Rolle** für die Kanzlei vorausgesetzt, **systematisch registriert** und unter **eigenem Suchbegriff** in der **Kundenkartei** geführt. **Kanzlei-Fehler**, die zu ihrem Weggang führten, werden sofort behoben, denn sie sind gefährlich, sobald sie **häufiger als einmal** auftreten. Ermitteln Sie diese Fehler **furchtlos**, besonders **Ihre eigenen.**

Neue Mandanten (und besonders die, die sich gegen Sie entschieden haben) können Sie nach deren Zustimmung zu Ihren **Vorträgen** und **Kanzlei-Events** einladen. Noch-Nicht-Mandanten erhalten eigene Suchbegriffe und werden nach Genehmigung zu Ihren Vorträgen und Events eingeladen. Strukturiertes **Cross-Selling** wird durch die **Allianz von Kundenkartei und Mandantenbefragungen** möglich, wenn Sie Andeutungen über **weiter führende Bedarfe** ebenfalls akribisch – und für alle in der Kanzlei **abrufbar** – dort platzieren.

Erfolgstipps

i

- **Holen Sie Feedback** über Ihre Wirkung überall ein! Freiwillig kommt es leider nicht.
- **Geben Sie Feedback**, damit Sie es bekommen – auch intern!
- Richten Sie eine **Kundenkartei** ein. Alle **Informationen** gehören dort hinein!
- Mandantenbefragungen sind **Qualitätslieferanten.** Lernen Sie, **Kritik zu lieben**!
- Mandantenfragebögen sind **attraktiv gestaltet** und bringen jedem **inhaltliche Vorteile.**

---

12 Siehe die Strategie dazu im Kapitel „Ehemalige Mandanten zurück gewinnen".

Mandantengespräche

30 % direkte Akquise 70 % indirekte Akquise

Die folgende Situation ist die mit Abstand **häufigste aller Akquisesituationen im Anwaltsalltag**. Sie wird als solche oft gar nicht wahrgenommen und daher unterschätzt: Der potenzielle Mandant ist bereits mit Termin in der Kanzlei. Er war noch nie zuvor da. Er hat ein Problem und erwartet eine Lösung. Ein Wettbewerb mit anderen Anwälten besteht nicht, ein Vertrag mit diesem Anwalt ebenfalls (noch) nicht.

Er ist aufgrund einer **Empfehlung,**[1] einer **eigenen Vorerfahrung** (z. B. Vortragsbesuch, private Begegnung), **Stichwortsuche im Internet**[2] oder Alphabet im Branchenbuch, ausgewiesener **Besonderheiten der Kanzlei** (Spezialisierung, Sprache, Nationalität oder Geschlecht bzw. sexuelle Ausrichtung der Anwälte, behindertengerechte Aufgänge, Kinderbetreuung, großer Name, besondere Werbung), der **besonderen Reputation der Kanzlei** oder aufgrund **geografischer Bedingungen** (dieselbe Stadt, Nachbarschaft) in diese Kanzlei gekommen.

Er sucht einen Spezialisten, der Jura studiert hat (= helfen kann!) oder sogar einen, der innerhalb dieser Disziplin ein besonderes Fach besonders beherrscht (= locker helfen kann!).[3] Er ist daher mit einem gewissen Grundvertrauen für seinen Anwaltsbesuch ausgestattet.

Dieses Kapitel ist unterteilt in die folgenden Bereiche:

I. Was ist die Aufgabe von Anwälten im Mandantengespräch?

II. Wie machen Anwälte aus Mandantengesprächen Akquiseveranstaltungen?

III. Best Practice

---

1 Weit über die Hälfte der für dieses Buch befragten Anwälte geben diese Akquisemethode als ihre erfolgreichste an. Der Anteil indirekter Akquise hat in diesen Kanzleien einen Anteil von ca. 90 %. Ein befragter Anwalt drückte es so aus: „*Wir legen es in Kanzleipräsentation, Kommunikation und täglicher Sachbearbeitung darauf an, dass sich jeder unserer bestehenden Mandantenkontakte verdreifacht.*"

2 Nach einer Schätzung von *Michael Friedmann,* Geschäftsführer von www.123-Recht.net, geben 90 % der Anwaltssucher im Internet die Suchwörter in der Reihenfolge: Problem, Stadt, Rechtsanwalt ein.

3 Zur positiven Wahrnehmung von Fachanwaltstiteln in der Bevölkerung vgl. die Forschungen des SOLDAN Instituts unter http://www.soldaninstitut.de, Stichwort „Summary Fachanwälte".

I. Was ist die Aufgabe von Anwälten im Mandantengespräch?

Ein Mandantengespräch dient dazu, dieses **Grundvertrauen zu vermehren**, damit er selbst Mandant wird (direkte Akquise) und dafür zu sorgen, dass der Mandant seine **Begeisterung über die anwaltlichen Kompetenzen** in die Lande streut (indirekte Akquise). Schon das Erste gelingt oft nicht!

Wenn ein Mandantengespräch nur die vom Mandanten erwarteten Leistungen bringt (Rechtsproblem lösen), entsteht **keine Begeisterung sondern lediglich Zufriedenheit.** Zufriedenheit wird jedoch nicht unverlangt, sondern nur auf Nachfrage weitergetragen.

„Unverlangte Publicity" macht nur der begeisterte Kunde. Er wartet also nicht, bis er gefragt wird nach einem guten Anwalt, sondern berichtet über diesen spontan. Statistisch gesehen tut er das einmal, während der unzufriedene Kunde 10fache unverlangte Antiwerbung für die Kanzlei macht.[4]

Anwälte verhalten sich dagegen gelegentlich, als sei Akquise schon geschafft, wenn der Probleminhaber den Weg in die Kanzlei gefunden hat. Ein Rechtsfall muss nun abgearbeitet, eine Akte angelegt, eine Strategie entwickelt und ein Gegner überzeugt werden. Universitäre Ausbildungen sowie das daraus resultierende Berufs- und Selbstbild der Anwälte legen die Orientierung am Fall nahe, denn: *„Das Leben besteht aus Rechtsproblemen, suche daher nach Ansprüchen."*[5]

Der größte Feind strategischer, Akquise fördernder Kommunikation ist das in der **Ausbildung antrainierte anwaltliche Denken**. Anwälte sind jedoch keine Sachbearbeiter, sondern in erster Linie **Geschäftsleute**. Das bleibt – übrigens auch heute noch – an den juristischen Fakultäten unerwähnt und folgerichtig im Alltag häufig auch ungefühlt. Erstaunt und überfordert reagieren daher viele Anwälte in den ersten Jahren über den unerwartet hohen Anteil an **Management-, Kommunikations- und Akquiseaufgaben**.

Für die Akquise ist diese Denkweise Ballast mit fatalen Folgen. Anwälte addieren durch sie – meistens unbewusst – zum Mandantenproblem ihr eigenes hinzu. **Fehlende Empathie** und eine allein **sachorientierte Kommunikation** über „den Fall" torpediert jene Seite des Kundenkontakts, die für die Akquise relevant wäre: das **Vertrauensverhältnis zum Probleminhaber**.

---

4 Diese Zahlen erforschte erstmals 1978 Noriaki Kano, Professor an der Universität Tokio, im Kano-Modell. Er maß und segmentierte Kundenzufriedenheit in der ersten, weltberühmt gewordenen Kundenzufriedenheits-Studie für Mitsubishi. Seine Ergebnisse sind – obwohl für die Autoindustrie ermittelt – bis heute auch für den Dienstleistungssektor unwiderlegt.

5 *Ponschab/Schweizer*, S. 3 über die Entstehung anwaltlichen Denkens und die dramatischen Folgen dieser Denkweise für den Verhandlungsalltag.

II. Wie machen Anwälte aus Mandantengesprächen Akquiseveranstaltungen?

Ein Mandantengespräch ist eine Inszenierung, bei der ein Profi mit einem Nicht-Profi über die juristische Lösung eines in aller Regel nicht juristischen Problems spricht. Ein Rechtsanwalt, der das systematisch untersucht hat, erwähnt an dieser Stelle die Problematik der „*asymmetrischen Informationsverteilung zwischen Nachfragern und Anbietern*“,[6] Doch auch jeder Nicht-Anwalt merkt, da kann viel schief gehen, daher einige Bemerkungen vorweg.
Mandantengespräche dienen in allen drei Zeitzonen unmittelbar der Akquise:
- **Gegenwart** – zur Ausdehnung des derzeitigen Mandats,[7]
- **Vergangenheit** – zum Zurückholen eines ehemaligen Mandanten,[8]
- **Zukunft** – um neue Mandanten zu gewinnen.[9]

Mandantengespräche **dienen auch mittelbar der Akquise**, wenn sie dem Mandanten durch **Empathie** und **Kompetenz** eine **„Heimat“** bieten, einen **Wiedererkennungswert** schaffen (Corporate Identity),[10] wenn ihre Mitarbeiter sich in Szene setzen können (Teamstärke)[11] und wenn der Anwalt durch die **Führung schwieriger Mandanten** (Kaiserstatus)[12] punktet.

1. Denkbares wird lenkbar

Das wichtigste Geschäftsfeld eines Anwalts befindet sich zwischen seinen Ohren. Dort wird Erfolg geschaffen, und dort wird er auch torpediert! Daher fungieren zwei **mentale Vorkehrungen** als Voraussetzung für den Erfolg:

a) Tilgen Sie negatives Denken

Beenden Sie zunächst alle **Elemente negativen Denkens** über Mandantengespräche. Hier die Hitliste wörtlicher Antworten auf die Frage, wie Anwälte selbst Mandantengespräche sehen: „Mandantengespräche sind oft lästige Pflichten. Sie erschweren die rechtliche Analyse, halten die Damen vom Schreiben und mich vom Diktieren

---

6 *Hartung*, AnwBl 8+9/2011, S. 611, „Marktentwicklung bei großen wirtschaftsberatenden Kanzleien in Deutschland“; Rechtsanwalt Markus Hartung ist Direktor des „Bucerius Center on the Legal Profession“ an der Bucerius Law School in Hamburg.
7 Vgl. dazu das Kapitel „Cross-Selling“.
8 Vgl. das Kapitel „Ehemalige Mandanten zurückgewinnen“.
9 Vgl. das Kapitel „Beauty Contest“.
10 Vgl. dazu das Kapitel „Kanzleimarketing“.
11 Vgl. dazu das Kapitel „Assistentin“.
12 Vgl. das Kapitel „Umgang mit Mandanten“.

ab und machen regelmäßige Schnittblumenlieferungen nötig. Die lästige Aufnahmephase verkürze ich durch Fragebögen; wieso macht das Mandanten ratlos? Dauer und Intensität des Gesprächs sind abhängig von meiner Tagesform, Laune und von meinem ökonomischen Bedarf, außerdem von Persönlichkeit, äußerer Erscheinung und spontaner sozio-ökonomischer Einordnung des Mandanten sowie von äußeren Faktoren wie Anzahl der Personen im Wartezimmer, Urlaubsplan der Sekretärin, Ärger in der Autoreparaturwerkstatt und Furcht vor dem durchstrukturierten Feierabend zu Hause".

b) Nehmen Sie die Mandantensicht ein

Nachhaltige Akquiseerfolge entstehen durch **Empathie**. Drehen Sie Ihre Wahrnehmung! Betrachten Sie alles, was Sie tun und alles, was Sie unterlassen, **aus Mandantensicht.** Die **Wirkung auf den Mandanten** entscheidet über Akquiseerfolge, nicht die geschmäcklerische Orientierung an eher zufälligen Dispositionen.

Viele Anwälte nutzen das Mandantengespräch erfolgreich und elegant als direkte Methode zur Umsatzsteigerung. Ihre Mandantengespräche sind empathisch, kurz, intensiv, verständlich und motivierend. Sie werden zu Akquiseinstrumenten durch eine **klare Struktur**, ein **zielgerichtetes Matching** der Mandantenmuster und eine **taktisch ausgerichtete Rhetorik**.

---

i **Tipp**
Akquisestarke Anwälte ruhen nicht, bis der Mandant begeistert ist.

---

2. Strukturieren Sie Ihre Mandantengespräche

Ein Mandanten-Erstgespräch besteht aus neun Phasen, von denen hier acht dargestellt werden; die Rechtsberatung als fachlicher Teil des Erstgesprächs fehlt hier:

a) Begrüßung
b) Was ist der Kern Ihres Problems?
c) Was ist Ihr Ziel?
d) Wie wird bezahlt?
e) Wie kamen Sie auf unsere Kanzlei?
f) Wie läuft das Mandat ab?
g) Hausaufgaben
h) Assistentin vorstellen

a) Begrüßung

Für den ersten Eindruck gibt es keine zweite Chance! Sympathie und Antipathie können sich in den ersten Sekunden entscheiden. Übertreiben Sie weder Freundlichkeit noch Lautstärke, weder Eile noch Empathie. Lange bevor die Gesprächsbeteiligten gemeinsam am Tisch sitzen, hat sich bereits entschieden, ob der **Mandant dem Anwalt die Lösung zutrauen würde**. Auch wenn Anwälte höchste Fachkenntnis besitzen, **mandatiert wird stets über das Gefühl**! Die Begrüßung vor dem Erstgespräch hat demnach nicht die Funktion der möglichst zügigen Bearbeitung einer Sache, sondern der **Einrichtung eines möglichst belastbaren Vertrauensverhältnisses.**[13] In den allermeisten Fällen hat der Mandant in diesem Augenblick noch keinen Vertrag mit dem Anwalt unterzeichnet.[14]

- **Erste Begegnung**

In manchen Kanzleien holen Assistentin oder Anwalt die Mandanten aus dem Wartezimmer ab. Achtung: Wer den Namen des Abgeholten vor anderen Mandanten im Wartezimmer erwähnt, verstößt gegen seine **Schweigepflicht.** Dasselbe gilt, wenn wartende Mandanten den Namen anderer Mandanten durch die telefonierende Empfangsassistentin erfahren. Aus diesem Grund stellen sich viele Anwälte auch erst außerhalb der Hörweite anderer vor. Zur Vorstellung gehört als erstes der korrekt ausgesprochene Name des Mandanten mit seinen Titeln. Danach die Vorstellung des Anwalts mit Nachnamen (ohne seine Titel!) und mit dem Rechtsgebiet, das er als „Spezialist“ oder als „Fachanwalt“ vertritt. Leitet er ein Team, sagt er das auch. Ist er sehr jung, stellt er sich als „seit acht Monaten im Team Verwaltungsrecht“ vor. Hat er einen Schwerpunkt gewählt innerhalb eines Rechtsgebietes, erwähnt er auch den: „Ich bin vor allem zuständig für die...“ Fragen Sie immer, ob er mehr über Ihre Kompetenzen erfahren möchte. Falls ja, spezifizieren und quantifizieren Sie diese.

- **Reihenfolge der Begrüßung**

Haben Sie mehrere Gäste? Dann wird laut Business-Knigge[15] der „informelle Führer“ der Gäste immer zuerst begrüßt. Das ist sie Person, mit der Sie schon telefoniert oder per E-Mail „Informationen ausgetauscht“ haben. Diese Regel gilt **unabhängig von Alter, Hierarchie und Geschlecht der Gäste**. Die Frau wird also nicht automatisch als erste begrüßt, ebenso wenig wie die älteren Herrschaften im Gästeteam, es sei denn, diese hätten die „informelle Führung“. Diese zunächst etwas ungewohnte

13 Weitere Tipps zur telefonischen Begrüßung des Mandanten im Kapitel „Assistentin“, zur Live-Begrüßung durch die Assistentin und zur Beheimatung durch die Büroumgebung im Kapitel „Kanzleimarketing“.

14 Viele Mandate werden allein durch E-Mails und Telefonate geführt. Da kommt es entweder gar nicht oder spät im Mandat zur ersten Live-Begegnung, etwa zu einem Abschlussgespräch. In diesen Fällen ist selbstverständlich eine herzlichere und auch im besten Sinne „unvorsichtigere“ Vorgehensweise denkbar!

15 Business-Knigge = Verhaltensregeln im Umgang mit Geschäftspartnern, s. dazu das Kapitel „Small Talk“.

Regel kennt im **Geschäftsleben nur eine Ausnahme**, wenn der informelle Führer des Gästeteams nach den Regeln des privaten Knigge agiert, wird er es selbst wichtig finden, dass Frauen oder ältere Herrschaften zuerst begrüßt werden. Er dokumentiert das deutlich, indem er hinter Frauen oder älteren Herrschaften zurück tritt. Begrüßen Sie in diesem Fall die genannten Personen zuerst.

b) Paraphrase[16] der Historie

Paraphrasen bewirken im Dialog den Eindruck des **Verstehen-Wollens**, des **Verstehens** und der **Neugier** auf „den Fall". Während der Begrüßung dokumentieren sie außerdem den **fehlerfreien Informationsfluss** innerhalb der Kanzlei. Sie signalisieren bereits in den ersten Sekunden Interesse an Person und Fall. Wenn der Anwalt selbst schon mit dem Mandanten telefoniert hat, paraphrasiert er die Historie so: „Guten Tag, Herr Bergmann, ich freue mich, dass Sie da sind. Wir haben ja schon telefoniert.... Mein Name ist..., ich bin in der Kanzlei der Fachanwalt für...Sie haben mir ja schon berichtet..."

Wenn die Assistentin den Kern des Falles oder den Kern des Wunsches notiert hat, steigt er so ein: **„Meine Assistentin Frau Berger hat mir schon aufgeschrieben,** dass Sie einen Autounfall hatten, dass die Polizei am Unfallort war und dass Sie eine Vollkaskoversicherung haben. Ist das alles richtig so?" Der Subtext[17] transportiert hier die **Wichtigkeit der Mitarbeiter.** Der Blickkontakt bleibt. Jede **Hektik wird vermieden.**

- **Small Talk-Test**

Small Talk schafft Vertrauen und baut oft Angst ab! Testen Sie den Small Talk Bedarf der Gäste. Manche brauchen viel, manche wenig, manche keinen. Als gute Testfrage hat sich bewährt: „Wie war Ihre Anreise? Ich habe gehört, auf der A 6 war heute Stau?" Bieten Sie mindestens zwei **„Andockstationen"**[18] Wer viel Small Talk braucht, um Vertrauen zu fassen, plaudert nun über Staus. Wer keinen braucht, sagt „War erträglich" und senkt die Stimme. Wenn der Mandant aus dem Fenster schaut, steigen Sie drauf ein: „Das ist zur Zeit die größte Baustelle der Stadt. Dort entsteht..." Bieten Sie nicht mehr und nicht weniger Small Talk an als der an-

16 Paraphrase = Zusammenfassung bzw. Umschreibung des Gehörten, häufig mit einfacheren und – vor allem – eigenen Worten.

17 Subtext = der nicht mitgesprochene Text. Er kommt häufig dominanter an als der gesprochene; vgl. die 4-Ohren-Theorie von Friedemann Schulz von Thun. Das berühmte Beispiel: „Schatz, es ist grün". Der Beifahrer gibt im Auto die Information über die Farbe der Ampel, die Fahrerin hört einen nicht ausgesprochenen Vorwurf über ihren Fahrstil. Wer bei diesem Beispiel sexistische Vorurteile „mitschwingen" hört, reagiert wiederum auf einen Subtext.

18 Andockstationen = Sie fördern Small Talk, indem Sie mindestens zwei Themen in Ihrer Einleitungsfrage vorgeben bzw. anbieten. Im Kapitel „Small Talk" erfahren Sie, wie Sie Small Talk strukturiert für die Akquise einsetzen können.

dere braucht. Ihre eigenen Fähigkeiten in Sachen Small Talk spielen dabei keine Rolle: Sie liefern ab, was gebraucht wird – und lernen bei Bedarf nach, was Ihnen noch fehlt.

- **Platzwahl**

Sie weisen dann die Sitzplätze zu und setzen sich selbst immer **später** als alle Gäste. Auch das ist vom Geschlecht aller unabhängig. Sie **dokumentieren dadurch Ihr Territorium** und machen Ihre **Führungsrolle an diesem Tisch** klar. Sie setzen sich nie gegenüber vom Mandanten sondern in 90 Grad Winkel oder an einen runden Tisch.[19] In dem Buch „Satanische Verhandlungskunst“[20] lernen Anwälte auf weitere **schwierige äußere Verhältnisse** zu achten, wie beengte Platzverhältnisse, unzureichende Getränke, überhitzte oder eiskalte Räume, Lärm, unangenehme Gerüche und andere Störungen von außen.

c) Was ist der Kern Ihres Problems?

Anwälte sind keine Therapeuten, sondern **Manager von komplizierten Gesprächen.** Daraus folgt, dass nicht die Menge an Informationen einen effizienten Verlauf des Gesprächs verspricht, sondern deren **Qualität.** Dieses Wort wird durch Mandanten und ihre Anwälte unterschiedlich interpretiert. **Der Mandant empfindet Qualität, wenn der Anwalt ihn versteht.** Für den Anwalt dagegen ist die rechtliche Verwertbarkeit der Informationen wichtig. Der Mandant hat also eine entgegen gesetzte Definition von Qualität im Vergleich zu seinem Anwalt. Er wird Ihnen daher erst folgen, wenn er Ihnen vertraut.[21]

Steigen Sie stets mit einer Frage in den Fall ein. Wer fragt, führt. Sie signalisieren Interesse und Bereitschaft zu Konzentration.

Verzweifelte Probleminhaber[22] sind häufig **unstrukturiert.** Sie lieben ausführliche Schilderungen ihrer „Situation“ aus drei Gründen:

- Sie wissen nicht, was rechtlich wichtig ist,
- haben nur einen einzigen Fall, der sie Tag und Nacht beschäftigt, und
- sind nicht in der Lage, klar zu denken, da ihr Stammhirn das Denkhirn blockiert.

Um das einigermaßen zu kanalisieren, sorgen Sie für eine **Vorinformation durch Ihre Assistentin**, so dass Sie den Kern des Falles selbst paraphrasieren können: „Meine Assistentin Frau Berger hat mir schon aufgeschrieben, dass Ihnen gekündigt wurde und dass Sie dagegen vorgehen wollen. Stimmt das so?“

---

19 Vgl. *Hofmann/Rothfischer/Trossen*, S. 170.
20 Siehe *Ruede-Wissmann*, S. 190 f, mit weiteren Beispielen.
21 Zur Hierarchie von Sach- und Beziehungsebene s. das Kapitel „Umgang mit Mandanten“.
22 Vgl. das Kapitel „Umgang mit Mandanten“.

Geschlossene Kontrollfragen[23] sind generell ein **Instrument zur Führung** ausschweifender und verwirrter Probleminhaber. Besonders Privatklientel, die den Umgang mit Anwälten nicht gewohnt ist, fragen Sie stets nach dem Kern des Problems – und nicht nach „dem Problem". Bewährt hat sich hundertfach die Frage: „Was ist – in einem einzigen Satz gesagt – Ihr größtes Problem?" Notfalls hilft auch hier der **Perspektivwechsel** „Sagen Sie mir in einem Satz, als müssten Sie es einem Kind erklären, was an Ihrem Fall das Schlimmste ist." Auch wenn es nicht immer gelingen wird: lassen Sie nichts unversucht, gerade solche Mandanten von vornherein zu lenken.

Wenn Sie geordnete, ruhiger auftretende Mandanten vor sich haben, können Sie die Leine locker lassen durch: „Was kann ich für Sie tun?" oder sogar „Was ist passiert?"

d) Was ist Ihr Ziel?

Mandanten geben das Ziel vor, ihre Anwälte den Weg dorthin. Viele Mandanten haben allerdings nicht die Kapazitäten, ein rechtlich erreichbares Ziel zu definieren. Es ist **anwaltliche Aufgabe, Mandantenziele realistisch zu gestalten.**

Ein Anwalt, der das Ziel des Mandanten mit allen Mitteln verfolgt, wird zum Star des Grillabends in dessen Garten. Nichts wird häufiger weiter getragen als ein durchsetzungsstarker Anwalt.[24] Sein Engagement sorgt für ein **belastbares Vertrauensverhältnis.** Anwälte kürzen ihre Mandantengespräche drastisch ab, indem sie so früh wie möglich nach dem Ziel des Mandanten fragen: "Was möchten Sie am Schluss erreichen?" oder „Durch welches Ergebnis wären Sie so richtig zufrieden?" oder „Was ist Ihnen am allerwichtigsten?" Durch diese Fragen sortieren Mandanten häufig selbst, welche Teile ihrer Sachverhaltsschilderung wichtig und welche weniger wichtig sind.

Die Frage nach dem Ziel hat viele Vorteile. Sie
- unterbricht endlose Problemmonologe in respektvoller Weise,
- gibt dem Mandanten Richtung,
- gibt dem Anwalt Richtung,
- verhindert taktisch unkluges Verhalten des Mandanten, wenn der Anwalt ihn oft auf sein Ziel hinweist.

e) Wie wird bezahlt?

Die Information über das Anwaltshonorar ist nicht nur anwaltliche Pflicht nach BRAO, sondern auch **psychologische Voraussetzung für gegenseitiges Vertrauen** in einem ungleichen Team.

23 Geschlossene Fragen beginnen mit Verb oder Hilfsverb und können nur mit „Ja" oder „Nein" beantwortet werden.

24 Vgl. das Kapitel „Durchsetzung".

Die Honorarinformation gehört nicht nur wegen der BRAO in allen Fällen in das Erstgespräch. Warten Sie nicht, bis Sie danach gefragt werden! Sprechen Sie das Thema offensiv selbst an – und so früh wie möglich. Viele Anwälte nutzen die Honorarinformation schon am Telefon, um ihre **Leistung sofort zusammen mit der Gegenleistung zu präsentieren** oder auch, um Mandanten abzuschrecken.[25] Vielen Anwälten fällt die **innerlich und äußerlich souveräne Information über das Honorar** schwer.[26]

f) Wie kamen Sie auf unsere Kanzlei?

Diese **Marketingfrage** fehlt entweder komplett in Erstgesprächen – oder ihre Antworten werden nicht erschöpfend **registriert** und **ausgewertet**. Durch die Antworten erfährt der Anwalt, **welche seiner Werbe-Maßnahmen er ausbauen und welche er sofort einstellen sollte.**

Tipp

Das Nicht-Wissen über die Wirksamkeit von Akquise-Maßnahmen ist um ein Vielfaches teurer als die Maßnahme selbst!

Die schon in der Einführung dieses Buches erwähnte € 2.500 teure, dick umrahmte Anzeige in den gelben Seiten ist in manchen Kanzleien eine reine **Geldverschwendung**, in anderen die **Basis des Geschäfts.** Akquise ist immer dann teuer, wenn der Erfolg der ergriffenen Maßnahmen **nicht schlüssig quantifiziert und dokumentiert** wird. Die Antworten können auch Aufschluss darüber geben, welche Maßnahme optimiert werden sollte, damit durch sie mehr neue Mandanten kommen.

Teuerstes Beispiel gewöhnlich suboptimal durchgeführter Maßnahmen sind Inhouse Veranstaltungen.[27] Unter den Gästen regelmäßiger In-house Veranstaltungen einer Kanzlei sollten stets **mindestens 20 % Nicht-Mandanten** sein. Wenn kein neuer Mandant angibt, durch diese In-house Veranstaltungen Ihr Mandant geworden zu sein, sollten Sie entweder zunächst die Dramaturgie Ihrer Veranstaltungen überprüfen (an der gibt es immer viel zu optimieren), oder – sofern es gar nichts zu optimieren gibt – sie sofort abschaffen!

---

25 Psychologisch hoch interessant: Anwälte, die ihre Honorare hochschrauben, um Interessenten abzuschrecken, bekommen häufig leicht einen Vertrag mit gerade diesem Mandanten! Die Autorin kann sich das nur durch die besondere „Coolness" erklären, die der Anwalt in dem Moment ausstrahlt.

26 Vgl. das Kapitel „Honorarinformationen" mit weiteren Tipps.

27 Weitere Tipps im Kapitel „In-house Veranstaltungen".

g) Wie läuft das Mandat ab?

Strategische und taktische Fragen sind vielen Mandanten ein Buch mit sieben Siegeln. Viele Mandanten wissen nicht, was ein Anspruchsschreiben ist und schon gar nicht, wie lange die Antwort dauern kann. **Taktische Schachzüge** und **ungewohnte Chronologien** müssen ebenso erläutert werden wie **Pflichten** und **Rechte vor Gericht** sowie die Parameter außergerichtlicher Verhandlungen. Mandanten, die sich in die **Taktik ihres Anwalts** eingebunden fühlen, torpedieren diese Taktik nicht. Erläutert werden hier auch Notfallpläne, Urlaubszeiten, andere Ansprechpartner, die Funktion der Assistentin, Prognosen, Klagewege, Zeiträume, typisches Verhalten von Richtern, Gegnern und Kollegen. Verbunden mit dem nächsten Punkt wird dem Mandanten mitgeteilt, wie wichtig seine **eigene Mitarbeit für die Zielerreichung** ist.

Tipp

Heften Sie eine einfach geschriebene, gut visualisierte **schriftliche Zusammenfassung aller dieser Themen** – in vielen Kanzleien „Mandanteninformation" genannt – mit **Honorarvereinbarung** und **Dienstvertrag** in einen **Aktenordner**, der Ihr **Kanzleilogo** trägt[28] und geben Sie dem Mandanten dieses „Care-Paket" nach seinem ersten Termin mit nach Hause.

Zur Erläuterung des Mandatsverlaufs gehört auch die **Chronologie des Verfahrens:** Eine klare Verabredung zwischen Anwalt und Mandant ist unerlässlich: Wer? Macht was? Bis wann? In welcher Art und Weise? Und, wie und wann wird gezahlt?

Die Erfahrung zeigt in Kanzleien jeder Größe, dass die Anzahl überflüssiger Stressanrufe in den Kanzleien sofort um 30 % sank, wenn der Mandant die **Antworten auf diese fünf Fragen zweifelsfrei verstanden hatte**. Wenn alle Absprachen dann noch eingehalten werden und dadurch glaubhaft sind, wird der Mandant zu einem großen **Multiplikator der Kanzleileistung.**

Beispiel

Rhetorische Indizien für unstrukturierte Erstgespräche sind Mandanten-Sätze wie: „Ist in meiner Sache schon was geschehen?" Wer das nur einmal von einem Mandanten hört, weiß, dass das Erstgespräch nicht optimal strukturiert war – oder dass der Anwalt seine Versprechen nicht eingehalten hat. Letzteres ist schlimmer!

---

h) Hausaufgaben

Hausaufgaben sind ein wichtiges **Akquise-Instrument**. Sie sorgen subjektiv und objektiv dafür, dass der Mandant einen **eigenen Anteil** am Lösen seines Falles behält. Subjektiv: Er bleibt mit seinem Fall befasst, behält eine Teilverantwortung für

---

28 Lassen Sie Ihre Assistentin mehrere Kostenvoranschläge einholen. In den Kanzleifarben bedruckte Aktenordner können Sie günstig bekommen, wenn Sie davon 1000 Stück bestellen.

das Ergebnis und „kippt ihn nicht vor die Anwaltsfüße“. Objektiv: Der Mandant kann manche Aufgaben besser als jeder andere erfüllen. Zählen Sie genau auf, welche das sind: Zeugenlisten, Verträge, Kopien, Telefonate, Korrespondenz, (Gedächtnis-) Protokolle, Gutachten, Arztbesuche, Behördengänge etc. Abhängig von Intelligenz- und Emotionalisierungsgrad macht es Sinn, ihm eine Aufgabenliste schriftlich zu erstellen.

Hausaufgaben **beweisen eine gute Teamkoordination**, wenn sie durch die Assistentin schon am Telefon durchgegeben werden:[29] Die ersten Hausaufgaben sind die im Erstgespräch benötigten **Unterlagen.** Diese Informationen stärken die **Autorität Ihrer Assistentin** dem neuen Mandanten gegenüber und sorgen für den Eindruck **hindernisfreien Informationsflusses** in der Kanzlei. Die Assistentin **kontrolliert auch den Eingang von versprochenen Mandanten-Unterlagen** und mahnt sie bei Verspätung telefonisch an.

Strukturieren Sie Ihre Anforderungen „Darf ich Sie bitten, drei Unterlagen zum nächsten Termin mitzubringen (oder vor dem nächsten Termin zu übersenden)? Nämlich erstens ..., zweitens ... drittens .... Schaffen Sie das alles bis Donnerstag 14.30 Uhr?“[30] Bei emotionalisierten Mandanten fertigen Sie selbst eine **Hausaufgabenliste** in seiner Gegenwart.

i) Sekretärin vorstellen

Dieses Vorgehen ist kostenlos, schnell lernbar, hundertfach erfolgreich in Kanzleien jeder Größe erprobt[31] und dreifach lukrativ:

- Es reduziert die Anzahl der **überflüssigen Stressanrufe** in Ihrer Kanzlei („Ist in meiner Sache schon was passiert?“) sofort um 1/3 und stärkt **Verantwortung** und **Position** der Assistentin erheblich. Krankenstand und Fluktuation der Assistentinnen sinken signifikant und zeitgleich der Telefonstress.
- Es vermittelt dem Mandanten die **Sicherheit**, dass Anwalt und Assistentin gemeinsam für ihn arbeiten. Das erhöht seine innere Ruhe und senkt seine Bereitschaft zu hektischer Telefonitis.
- Es verschont den Anwalt von organisatorischen Anfragen aller Art und **entlastet seine Zeitbudgets** in einem kuriosen Umfang.[32]

---

29 Vgl. zur Einbindung der Assistentin in Akquiseaufgaben das Kapitel „Assistentin“.

30 Vgl. zum „Brecht'schen Theater“ das Kapitel „Durchsetzung“.

31 Genaueres im Kapitel „Assistentin“.

32 Siehe zur Vorgehensweise das Kapitel „Assistentin“. Bei Erstbesuchen in der Großkanzlei werden dem neuen Mandanten auch die Associates vorgestellt, die für ihn arbeiten. Das sorgt für Transparenz und für Vertrauen auch den unbekannten (und jüngeren!) Kollegen gegenüber; im Kapitel „Beauty Contest“ erfahren Sie einiges über den äußerst lukrativen Zusammenhang zwischen dieser Maßnahme und dem Zeitmanagement der Partner.

3. Tilgen Sie rhetorische Todsünden im Mandantengespräch

Mandantengespräche sind Tummelplätze **suboptimaler rhetorischer Inszenierungen**, durch die Akquise kompliziert wird. Acht davon werden in diesem Kapitel beschrieben – und durch Tipps optimiert (gleich testen!):

a) Warum-Fragen

Warum Fragen lösen einen **Rechtfertigungsdruck** aus: „Warum haben Sie den Arbeitsvertrag nicht gleich mitgebracht?" Die Absicht des Fragers im Erstgespräch ist eindeutig positiv, die Wirkung ebenso eindeutig negativ. Da allein die Wirkung in der Kommunikation Fakten schafft, nimmt der Frager billigend eine **erhebliche Negativpublicity** in Kauf: „Dieser Anwalt ist arrogant und überheblich; er machte mir sofort einen Vorwurf. Geh da bloß nicht hin".

Warum-Fragen wirken **semantisch unpräzise**: Der Frager verwechselt häufig „innere Begründung" mit „äußerer Art und Weise": Er fragt: „Warum stört der Geschäftsführer Sie?" obwohl er „Wodurch stört er Sie genau?" meint. Die Antwort auf die Frage, **warum** er stört, übersteigt vermutlich sogar die psychoanalytischen Kompetenzen des Geschäftsführers selbst.

Warum-Frager wirken **denkfaul**. Denkfaule Gewohnheitstiere verwechseln die Erforschung eines Grundes mit der Präsentation eines Vorschlags: „Warum versuchen wir es nicht mal mit einem Telefonat?"

Warum-Fragen **verhindern den Blick auf Lösungen**: „Warum haben Sie damals nicht schon die Kontounterlagen kopiert?" terrorisiert nicht nur wegen der vorwurfsvollen Wirkung auf den Mandanten und der besserwisserischen Positionierung, die der Frager selbst dadurch vornimmt, sondern auch wegen der im Mandantengespräch sinnlosen und **nicht zielführenden Fokussierung auf die Vergangenheit.** Lösungen liegen immer in der Zukunft!

---

i **Tipp**

Ersetzen Sie alle „Warum-Fragen" durch Fragen mit „Wie?", „Was?", „Welche?" etc.

„Warum haben Sie das gemacht?	wird zu:	„Welchen Vorteil erhofften Sie sich durch..."
„Warum kommen Sie zu spät?"	wird zu:	„Wie kam es zu Ihrer Verspätung?"
„Warum finden Sie das besser?"	wird zu:	„Was bevorzugen Sie daran?"
„Warum machen Sie nicht das...?"	wird zu:	„Welchen Nachteil befürchten Sie wenn...?"
„Warum machen Sie X erst jetzt?"	wird zu:	„Was hatte Sie gehindert, das früher zu machen?"

---

b) Bewerten

Im Volk der Besserwisser breiten sich Wertungen aus wie eine Grippe im Winter. Sachlich betrachtet, werden Lehrer, Ärzte und Rechtsanwälte für Besserwisserei bezahlt. Sie sind gewöhnlich schon durch ihre Ausbildungen mit einem alltagstauglichen und (denken Sie an Anwälte bei der Aktenlektüre!) manchmal auch für Mandanten förderlichen „Ja/Nein“, „Entweder/Oder“ und „Schwarz-Weiß“-System ausgestattet.

Die Wirkung einer Bewertung auf Gesprächspartner jedoch ist von Förderung weit entfernt: Menschen, die bewerten, wirken wie Richter über andere. Ihr Denken, Fühlen und Wissen wird als übergeordnet wahrgenommen.

Bewerter enttarnen sich durch bestimmte Formulierungen: „Das ist typisch.“ „Stimmt genau.“ „Das ist doch völlig abwegig.“ „Das war vermeidbar!“ „Das war ja absehbar.“ „Das sehen Sie falsch.“ „Da täuschen Sie sich.“

Bewertungen transportieren den **Subtext**: „Ich durchschaue das. Ich habe Recht. Du durchschaust das nicht. Du hast Unrecht.“ Mandanten mögen diese Zurechtweisung auf der Sachebene sogar brauchen; auf der Ebene der Beziehung löst sie jedoch Vertrauensverluste aus.

Tipp
Ersetzen Sie alle Bewertungen durch „Ich-Botschaften“[33] oder Perspektivwechsel.[34]

„Das stimmt nicht.“	wird zu:	„Rechtlich kriegen wir damit ein Problem.“
„Das ist nicht akzeptabel.“	wird zu:	„Ich habe noch ein Problem mit....“
„Das machen Sie gut.“	wird zu:	„Durch Ihren zweifachen Einsatz gestern konnten wir....“
„Du drückst das unklar aus.“	wird zu:	„Ich habe es nicht ganz verstanden.“
„Sie haben nicht zugehört.“	wird zu:	„Ich habe es unklar ausgedrückt.“
„Das war ja absehbar.“	wird zu:	„Ich bin erstaunt, dass er das zuließ.“
„Das geht nicht.“	wird zu:	„Der Richter (Perspektivwechsel) wird in diesem Fall auf ...hinweisen, so dass wir...“
„Da täuschen Sie sich.“	wird zu:	“Das wir der Staatsanwalt (Perspektivwechsel) nicht mitmachen. Er wird verweisen auf...“

c) Juristensprache

Fachsprachen sind nur für Fachsprachler interessant. Für sie erleichtert es den inhaltlichen Umgang mit der Materie und hilft Zeit zu sparen. Für alle anderen Menschen sind Fachsprachen unverständliches, verunsicherndes **Kauderwelsch**. Doch damit ist bei weitem nicht nur der Gebrauch von Fremdwörtern gemeint. Wenn Sie beispielsweise im Mandantengespräch das Wort „Rechtsfolgenvereinbarung“ oder „Schuldanerkenntnis“ sagen, wissen Sie selbst, dass Sie das erklären sollten. Sie haben hoffentlich vor Jahren schon die Hoffnung begraben, durch den Gebrauch von Fachtermini als „Fachfrau“ oder „Fachmann“ klassifiziert zu werden.

33 „Ich-Botschaft“: Ich nehme alle möglichen Schwierigkeiten auf meine Kappe. Vorwürfe, besonders versehentliche, werden dadurch getilgt.

34 „Perspektivwechsel“: Ich pariere Einwände und Wertungen aus der Perspektive anderer und vermeide so Vorwürfe und Gegenattacken.

Michael Schmuck[35] **seziert und optimiert seit Jahren die Juristensprache.** Seine Beispiele sind legendär: „*Der Angeklagte hat das Opfer während der Verhandlung beleidigt*" wird in Juristensprache zu „*Es ist eine nicht unwesentliche Tatsache für den Ablauf des Prozesses, dass der Angeklagte im Rahmen seiner Einlassung unflätige, nicht der Ehre förderliche Äußerungen im Laufe der Verhandlung gegenüber dem Opfer geäußert hat.*"[36] Schmuck macht **drei Hauptgründe** für anwaltstypische Sprachverrenkungen aus und enttarnt sie alle als **Ausreden.** Anwälte

- haben es **nicht anders gelernt**; „Die Professoren reden auch so."
- dokumentieren ihren **gehobenen sozialen Status**: „Alles andere klingt flach."
- decken **jede Eventualität** ab: „Dem Gegner will ich keine Lücke lassen."

Wenn Anwälte sagen: „Grundsätzlich wäre es nicht unangemessen, von einem zusätzlichen, zeitnah zu realisierenden Sicherungsbedarf auszugehen" benutzen sie keine Fachwörter sondern einige typische Bestandteile der Juristensprache: doppelte Verneinungen (wie etwa „nicht unerheblicher Schaden"), Aufzählungen, Einschränkungen, eine Anhäufung modaler Hilfsverben sowie die Inflation des Konjunktiv, das Wort „man", das Passiv, anstrengende erweiterte Infinitive mit „zu", mindestens zwei Nebensätze und drei Einschübe pro Satz sowie das lange und manchmal vergeblich erwartete Verb am Satzende...

Schon das Wort „grundsätzlich" birgt **Hindernisse**: Für den Nicht-Juristen bedeutet es den Ausschluss von Ausnahmen, für den Juristen bedeutet es deren Ankündigung: „Grundsätzlich gibt es da zwei Möglichkeiten" sagt der Anwalt und erwähnt kurz darauf die dritte! Nichtjuristische Mandanten müssen an der Konzentrationsfähigkeit ihres Anwalts zweifeln: „Sie sagten doch eben, es gäbe nur zwei Möglichkeiten?" Diese Frage versteht wiederum der Anwalt nicht...

„Reden wie gedruckt" ist – wenn man die bekannten Druckerzeugnisse juristischer Fachliteratur zugrunde legt – im Mandantengespräch eher eine bedrohliche Tugend.

---

i Tipp

Vereinfachen Sie sprachlich Ihr Wissen!

Bewegen Sie sich im Sprachhorizont Ihrer Kunden. Kürzen Sie Ihre Sätze. Bringen Sie **Hauptsachen in Hauptsätze**. Vermeiden Sie Nebensätze. Vermeiden Sie Floskeln. Sprechen Sie im **Aktiv**. Nutzen Sie aktive Verben statt Hilfsverben.

---

35 Michael Schmuck, Berliner Rechtsanwalt, Journalist, Dozent und Autor.

36 *Schmuck*, „Kanzleistil stört die Kommunikation – Wenn Juristen sich unverständlich ausdrücken, leidet ihr Unternehmen", Financial Times Deutschland v. 22.4.2005, unter: www.michaelschmuck.de.

d) Lobeshymnen

In einem „kleinen Brevier für Mitarbeiterführung“ haben Sie gelesen, dass es ohne **Lob** nicht geht. Von Reduktion des Krankenstandes und sinkender Fluktuation durch gestiegene Arbeitsmotivation ist dort die Rede gewesen. Von der grandiosen Wirkung eines Lobes in der Kindererziehung und im Kundenkontakt sind Sie ohnehin seit Jahren überzeugt. Also loben Sie. Sie loben alles und jeden. Sie sind ein Lober geworden. Sie loben natürlich auch Erstmandanten.

Allerdings sind Sie manchmal erstaunt, dass das **Lob nicht ganz so gut ankommt** wie es dort beschrieben stand. Einem neuen Mandanten, Personalleiter in einer Papierfabrik, hatten Sie gesagt: „Das ist ja schon mal sehr gut, dass Sie das mit Ihren Mitarbeitern vorbesprochen haben.“ Er wurde ärgerlich und antwortete kühl wie ein Brotmesser: „Dafür, Herr Rechtsanwalt, werde ich schließlich bezahlt.“ Sie hatten nicht bedacht, dass Lob immer dann als „Schleimerei“ ankommt, wenn es das Nachrichtensystem des anderen verfehlt oder wenn es, wie hier, eine Selbstverständlichkeit[37] betrifft.

Lob und Kritik sind immer Wertungen. Kritiker und Lober vergleichen Verhaltensweisen ihrer Gesprächspartner **mit ihren eigenen Erwartungen**. Lob und Kritik sagen daher oft **mehr über den Sprecher aus als über den Angesprochenen.**

Tipp

Ein Lob wirkt nicht „schleimig“, wenn Sie es **verbinden mit dem Vorteil, den Sie selbst durch das Verhalten haben**. Im vorliegenden Fall hätte folgende Ergänzung genügt: „Das ist ja schon mal sehr gut, dass Sie das mit Ihren Mitarbeitern vorbesprochen haben; dann können wir **X nämlich vorziehen**, und **wir sparen viel Zeit**.“

Anwälte **loben auch ihre Mitarbeiter generell viel zu wenig**! Auch Selbstverständlichkeiten sollten Sie lobend erwähnen, sofern Sie das jedes Mal mit Ihrem **persönlichen Vorteil** verbinden. Eine Kritik wirkt nicht aggressiv oder dümmlich, wenn Sie sie verbinden mit einem **Nachteil, den Sie selbst durch das kritisierte Verhalten haben**. Kritisieren und loben Sie **zeitnah** und konkret immer nur ein **einziges Verhalten** (dafür öfter!), und verwenden Sie **Ich-Botschaften**:

- „**Mich** hat gefreut, dass Sie… dadurch konnte ich nämlich wieder…“
- „**Mich** hat geärgert, dass Sie… dadurch kam ich erneut in Zeitverzug…“)

---

37 „Toll, dass Du rechts vor links beachtet hast“, ist für Inhaber deutscher Führerscheine eher eine ätzende Satire als ein Lob. Dasselbe Phänomen macht das Applaudieren nach der Landung eines Flugzeugs zu einer Attacke gegen den Piloten (es sei denn, der Pilot rettete allen Passagieren das Leben, indem er das Flugzeug sicher auf dem Hudson River zu Wasser brachte). Diese Art von Applaus thematisiert einen möglichen Misserfolg!

e) Störungen von außen

Sie sind als viel beschäftigter Anwalt permanent erreichbar, potenziell unersetzlich, pausenlos einsatzbereit. Dieses selbst geschaffene Credo wird auch durch Mandantengespräche nicht angetastet. Gerade befinden Sie sich in der 17. Minute eines Erstgesprächs mit einem Mandanten, als das Telefon klingelt. „Karin“, sagen Sie mit kunstvoll gestresstem Blick auf den verwunderten Mandanten, „sorgen Sie auf jeden Fall dafür, dass der Schriftsatz noch rausgeht. Sagen Sie ihm, dass ich gleich zurückrufe. Und denken Sie an Harkort gegen Meißner, ok?“

Der Mandant hatte bis dahin angenommen, dass seine Sache, durchaus auch wegen des hohen Gegenstandswertes, einen **störungsfreien Ablauf** rechtfertigen würde. Als höflicher Mensch zeigt er sein Entsetzen – auch über Ihren recht eigenwilligen **Umgang mit der Schweigepflicht** – nicht sofort. Erst als Ihre Sekretärin vier Minuten später mit der Unterschriftenmappe ins Büro kommt und sagt: „Sie müssen noch unterschreiben – ich wollte gleich Feierabend machen“ sowie nach einem langen Hin und Her mit ihr über Fristen und Zeiten, steht der Mandant auf und sagt: „Wie viel bin ich bis jetzt schuldig?“ Sie wissen natürlich nicht sofort, was er meint, bis er Ihnen sagt: „Sie haben 500 Rechtsfälle zeitgleich. Ich nur einen. Wenn ich jemanden engagiere, tue ich das, damit er für mich da ist. Nicht ich für ihn.“ Er steht auf, bedankt sich für Ihre Mühen, geht zur Tür und sagt: „Falls bis jetzt Kosten angefallen sind, schreiben Sie mir bitte eine Rechnung.“

---

i **Tipp**

Alle Kundenkontakte verlaufen in der Kanzlei **ungestört**! Sie holen noch an demselben Abend den Mandanten zurück, stellen in der kommenden Woche alle Abläufe in Ihrer Kanzlei um und beseitigen weitere äußere Störungen: Qualmbuden, fehlende Parkplätze, servicefeindliche Sekretärinnen in Birkenstock-Sandalen, vertrocknete Pflanzen, Essensgerüche, alte Zeitungen, weiße Socken an Ihren Füßen, verstaubte Aktenberge, sichtbare kurzärmelige Karohemden, vermüllte Treppenhäuser, räumliche Enge etc.

---

f) Tautologien

Anwälte neigen zur **Verstärkung des Gesagten durch das bereits Gesagte**. Dabei führt die Verdoppelung des Inhalts so gut wie immer zur Halbierung seines Gehaltes. Tautologien sind krisenumwehte rhetorische Figuren und bedrohen durch ihre Nutzlosigkeit Schriftsätze und sogar Sprachsätze. Sie wirken unsicher, **unprofessionell und eitel**.

Tautologen enttarnen sich durch **Redewendungen** wie „ein und dasselbe“, „voll und ganz“, “Hilfe und Beistand“, „Wir werden das erwägen und bedenken.“ „Sie haben das beschworen und beeidigt“, und der hilflos wirkende Pleonasmus ist auch nicht weit davon entfernt: „wie wir bereits schon ausgeführt hatten,...“ und „ich muss Ihnen leider zu meinem Bedauern mitteilen, dass wir verloren haben...“, „diese beiden Aussagen schließen sich einander gegenseitig aus.“

Tipp
Wichtiges braucht wenig Worte. Sprechen Sie KKP: Kurz, konkret, präzise!

g) Unterbrechen

Gerade hatte der neue Mandant begonnen, sein Problem darzulegen. Er hatte tief Luft geholt und mit dem Satz begonnen: „Also, meine Tante aus Karlsruhe hat vor dreizehn Monaten einen Mann kennen gelernt. Er ist Besitzer einer eigentlich gut gehenden Autowerkstatt, und ihr Auto…" und hätte gewiss keinen Umweg gescheut, Ihnen eine Geschichte zu erläutern, die sich mit etwas Glück demnächst als Fall entpuppt hätte.

Doch dazu kommt er gar nicht. „Also worum geht es nun?" unterbrechen Sie. („Warum-kompliziert-wenn-es-auch-einfach-geht" ist Ihre Grundüberzeugung!) „Geht es nun um einen Kaufvertrag für einen Gebrauchtwagen, um einen Gewährleistungsanspruch oder hatte sie einen Unfall?"

„Wie bitte?" fragt der Mandant. Er reagiert – statistisch ist er damit voll im Trend – allergisch auf **Fachsprachen**, **geschlossene Fragen** und **Unterbrechungen**. „Nun warten Sie doch. Sind Sie immer so ungeduldig? Also, Sie hat ihn vom Fleck weg geheiratet und will sich jetzt wieder scheiden lassen. Dazu braucht sie einen Anwalt, denn sie ist in seine Firma mit eingestiegen und hat eine Einlage von € 200.000,– gemacht. Kriegt sie das Geld nun zurück?"

Zwei Tragödien treffen hier zusammen: der Anwalt ist dem Mandanten ins Wort gefallen. Das ist neben einem **Verstoß gegen die allersimpelsten Höflichkeitsregeln** auch noch ein **Verstoß gegen simpelste Regeln des Unternehmertums**: er bringt sich **ohne jede Not** (!) um ein äußerst einträgliches Mandat.

Anwälte unterbrechen Mandanten nicht aus Unhöflichkeit, oder weil sie sich entschieden haben, nur noch ich-resistente Klientel zu bedienen, sondern weil sie zutiefst überzeugt sind, **zu wissen, „um was es geht"** und welcher direkte Weg zur rechtlichen Problematik sinnreich ist. Sie **verbauen sich dadurch nicht nur Akquisemöglichkeiten sondern auch gute Honorare!**

Tipp
Lassen Sie ihm seine Umwege; **Umwege stärken die Ortskenntnis**! Staunen Sie über seine Welt. Seien Sie neugierig und nicht nur gierig. Die untauglichen Teile seines Vortrags benutzen Sie beim nächsten Mal als Small Talk – er wird Ihnen aus der Hand fressen und von Ihnen schwärmen. **Unterbrechungen wird er tolerieren, sobald er Ihnen traut.**

h) Dozieren

Eine typische Falle für den Inhaber von Sachinformationen! Kaum ein Gesprächsverhalten wirkt so **inkompetent** und **bevormundend** wie dieses zumeist unverlangte Absondern großer Quantitäten von sachlich richtigen und unterschiedlich wichtigen

Analysen, gespickt mit Beispielen aus dem Rechtsalltag, vergoren mit Fachausdrücken und getragen von dem Wunsch, nur ja keine Eventualität zu vergessen, das alles vorgetragen ohne Punkt und Komma und in partieller Hyperventilation.

Rechtsanwälte reden manchmal so lange auf den Mandanten ein, bis sie ihrer Ansicht nach alles gesagt haben (das heißt meistens, alles rechtlich Relevante) und wundern sich dann, dass der Mandant zuhause nervös wird, die Sekretärin dreimal am Tag mit seinen Anrufen nervt, um zu fragen, ob „der Schriftsatz schon raus ist."

Ihren möglichen eigenen **Hang zum Dozieren** erkennen Sie am häufigen Gebrauch des **modalen Hilfsverbs** „müssen" in allen Schattierungen sowie am häufigen Gebrauch von sogenannten **Absolutheitswörtern** wie „alle", „nie", „keiner", „immer", „absolut", „ausnahmslos", „vollständig" etc. Beachten Sie auch anwaltstypische, als Erläuterung getarnte **Bevormundungen**: „Sind Sie sich darüber im klaren, dass...?" oder: „Die Tatsachen sprechen dafür, dass..." oder: „Lassen Sie mich nun die Fakten darlegen, um die es hier geht." oder: „Die Erfahrung sagt uns,..." („uns" ist Assistenzarztdeutsch!)

---

i **Tipp**

Zu Beginn des Erstgesprächs haben Sie nur 10 % Sprechanteil. Probieren Sie die Technik der **offenen Frage**[38] aus, um das zu schaffen. Beherzigen Sie eine wichtige rhetorische Regel für Durchsetzung und allseitiges Wohlbefinden: „Wenn du was von jemandem willst, dann lass ihn reden!"

---

4. Nutzen Sie die Wahrnehmungssysteme Ihrer Mandanten

Dieses Kapitel versetzt den Leser in die Lage, seine **eigenen Wahrnehmungspräferenzen** zu erkennen, dadurch die der Mandanten besser zu verstehen, zu bedienen – und schließlich **für die Akquise zu nutzen**.

Manche Mandanten sind „schwierig". Sie „hören nicht zu und machen sich die ganze Zeit Notizen und wollen mitlesen, was ich gerade schreibe, statt den Fall zu besprechen", andere „zappeln herum, nesteln an der Kleidung, springen vom Stuhl auf, verlangen wegen jeder Kleinigkeit ein Treffen, trommeln mit den Fingern auf den Tisch, sind unruhig und fahrig" oder „schreiben gar nichts mit, wollen nicht mal den Vertrag sehen sondern möchten die kritischen Punkte vorgelesen kriegen und am liebsten alles am Telefon besprechen."[39]

---

38 Die offene Frage beginnt mit Fragewörtern (wer, was, welcher, wessen, wann, wohin, wozu, wodurch oder wo), sorgt für eine ausführliche Antwort und so für eine schnelle Sachverhaltsermittlung und für viel Raum für den Befragten. In Akquisesituationen sichert diese Frage Redeanteile zugunsten des Kunden und festigt die Führung des Fragers; vgl. zum taktischen Einsatz der offenen Frage in Akquisegesprächen das Kapitel „Durchsetzung".

39 Wörtliche anwaltliche Antworten auf die Frage: „Wodurch sind Mandanten für Sie schwierig?"

Was hier als Schwierigkeit beschrieben wird, ist möglicherweise die **Auswirkung eines Wahrnehmungssystems**, das dem des Anwalts widerspricht.

a) Wie das Gehirn unsere Wahrnehmung filtert

Kein gesunder Mensch[40] nimmt 100 % dessen, was um ihn herum passiert, gleichrangig auf. Täten wir das, würde unser Gehirn platzen. Im Gehirn gibt es deshalb verschiedene **Filter**, die sämtliche Eindrücke sortieren und das **Gehirn vor Reizüberflutung „retten"**. Dabei verwendet jeder unterschiedliche Filter – oft mit denkwürdigen Folgen im Alltag: Menschen, die mehrere Stunden in objektiv derselben Umgebung verbracht haben, haben selbst hinterher den Eindruck, sie seien nicht in demselben Raum gewesen.[41]

Zu den machtvollsten Filterinstrumenten gehören die **Sinneskanäle**. Durch Sehen, Hören Fühlen, Riechen und Schmecken nehmen Menschen ihre Umgebung wahr. Dabei richtet jeder seine **höchst individuelle Rangfolge** bei der Verarbeitung von Eindrücken ein. Wenn bei einem Menschen einer der Sinne die anderen deutlich dominiert, spricht man von einem „**Wahrnehmungstyp**".

Drei Wahrnehmungstypen[42] sind unterscheidbar:

- Der Visuelle – nimmt die Welt hauptsächlich durch Sehen wahr.
- Der Auditive – nimmt die Welt hauptsächlich durch Hören wahr.
- Der Kinästhet[43] – nimmt die Welt hauptsächlich durch Fühlen wahr.

Wenn diese drei Typen gemeinsam einen alten Tatort schauen, kann hinterher folgenden Dialog entstehen: „Cool, hast du die alten 70er-Jahre Telefone gesehen? In orange!" „Telefone? Ich habe kein Telefon gesehen. Aber die Stimme von Hans Jörg Felmy! Oh Mann! Göttlich!" „Ja, dieser Typ hat ein richtiges Gespür für den Täter. Der versetzt sich in ihn hinein und folgt einfach seiner Intuition."

---

40 Das ADS-Syndrom („Hyperaktivität"), wird verursacht durch eine unzureichende Filterung von Reizen, da zwei dafür notwendige Botenstoffe fehlen. Alle Reize sind dadurch sozusagen gleich stark. Auch Autismus ist, laienhaft ausgedrückt, ein Ausdruck unzureichender Reizverarbeitung und Filterung. Vgl. die Spiegelneuronen-Forschungen von Vilayanur Ramachandran, „Nicht-Autisten schützt ein ausgeklügeltes Filtersystem im Gehirn vor Reizüberflutung", unter http://www.planet-wissen.de/natur_technik/forschungszweige/hirnforschung/autismus.jsp.

41 Befragung von 20 Anwälten nach einem Seminar: Nach sieben Stunden in demselben Seminarraum gaben zwei der anschließend außerhalb des Raums befragten Seminarteilnehmer an, das (objektiv permanent vorhandene!) Geräusch des Beamers an der Decke wahr genommen zu haben, vier von ihnen wussten sicher, welche Farbe der Teppich des Raums hatte (auf den alle Personen stundenlang geschaut hatten) und drei konnten sicher beschreiben, wie sich die Armlehnen anfühlten, die sie alle stundenlang berührt hatten.

42 Vgl. z. B. *Mohl*, S. 38.

43 „Kinästhetik" – abgeleitet aus den griechischen Wörtern *kineō* „bewegen, sich bewegen" und *aisthēsis* „Wahrnehmung, Erfahrung".

Keiner der drei Tatort-Fans wird den Eindruck haben, von den anderen beiden verstanden zu werden. Sie „reden aneinander vorbei“: Der eine erinnert sich hauptsächlich an Gesehenes, der zweite an Gehörtes, der dritte an Gefühltes. Das sorgt im Alltag – übrigens auch im privaten Alltag – stets für Verwirrung und oft sogar für Streit.

b) Wie Wahrnehmungssysteme erkennbar sind

Wahrnehmungspräferenzen beim Mandanten zu erkennen und danach vor allem zu bedienen, ist neben der eigenen fachlichen und rhetorischen Kompetenz eine effiziente **Voraussetzung für gelungene Akquisitionen**. Wer das Wahrnehmungssystem eines Interessenten bedient, kann in Sekundenschnelle Kontakt zu wildfremden Menschen herstellen – und diesen Kontakt zum Nutzen beider langfristig vertiefen.

Manche Menschen zeigen ihr **dominantes Wahrnehmungssystem** sehr deutlich, bei anderen muss man genauer „hinschauen“, „hinhören“ oder „sich einfühlen“.[44]

Geschickte Akquisiteure verwenden also in Akquisegesprächen – vereinfacht gesagt – nicht ihr eigenes System, sondern beobachten und nutzen („matchen“) das Ihres Gesprächspartners.

---

i **Tipp**

Behandle alle Menschen gleich, nämlich jeden völlig unterschiedlich: So, wie er es braucht!

Die folgende Tabelle stellt die **Auswirkungen der drei Wahrnehmungssysteme** in vielen Alltagssituationen vor. Präferenzen in Sachen Raumgestaltung, Arbeitstechniken und Verhandlungsverhalten folgen der eigenen Wahrnehmungspräferenz.

Ermitteln Sie, zu welchem **Typus** Sie sich selbst am ehesten zählen und ermitteln Sie, welche typischen **Verhaltensweisen** anderer Ihnen am meisten Schwierigkeiten bereiten. Sie werden erstaunt registrieren, **wie viele Antipathien, Streits und Missverständnisse allein auf unterschiedlichen Wahrnehmungssystemen und ihren Konsequenzen basieren:**

44 Die Inhaber der jeweiligen Systeme verwenden auch die zum System passenden Sprachen.

Der Visuelle:	**Der Auditive:**	**Der Kinästhet:**
Räume:		
Wenig Gegenstände im Raum, kein sichtbares Chaos. Wenig Farben, jedoch Farb-Akzente. Gardinen weg, passendes Licht zu jedem Anlass, sichtbare Ordnung auf dem Schreibtisch und in der Wohnung. Fleckenfreie Glasflächen, kaum Asymmetrisches. Tür auf, „dann sieht es großzügiger aus“, Tür zu, dann „muss ich das Chaos nicht sehen“. Kunstwerke sind immer zum Anschauen, oft in Vitrine, fast immer zweidimensional. Wenig Bilder, aber immer gut ausgeleuchtet. Störung durch zu viele oder „unpassende“ Farben, durch zu dunkle oder zu helle Situationen, Asymmetrien.	Ruhiges Büro, Dreifachverglasung gegen Straßenlärm, keine Dielen knarren, keine Hintergrundmusik, schalldichter Telefonempfang, kein Rascheln, Knistern, Husten, keine ungewöhnlichen Töne. Auf keinen Fall laute Klimaanlage. Tür auf, dann „kann ich mithören“, Tür zu, dann „höre ich die nicht mehr“. Kunstgegenstände sind gemalte oder photographierte Worte, Klanginstallationen, Klangmosaik. Störung durch laute Lüftung, Klimaanlagen, Computer, Wassertropfen, Schlüsselbunde, Türenklappern, hohe Stimmen.	Schreibtisch raumgreifend platziert, Schreibtischstuhl ist bequem und vor allem beweglich. Möbel und Bilder haben ideellen Erinnerungswert, sind nach persönlichem Bezug ausgesucht. Türen offen, Raum wird oft verlassen. Gehen beim Arbeiten. Tür auf, sonst „fühle ich mich eingeengt“, Tür zu, sonst „ist es mir zu weitläufig“. Kunstgegenstände dreidimensional, zum Anfassen, Skulpturen, Stoff, Reliefs, Figuren, fließendes Wasser Störungen durch zu wenig Menschen, zu viel Technik, zu viel Organisation, zu wenig Möglichkeiten zum Träumen und Bewegen.
Arbeitstechniken:		
Abhängigkeit von Visualisierungen, malt beim Telefonieren, symbolisiert Zusammenhänge, liebt Skizzen, hat lieber Korrespondenz als Telefonat. Schweift ab bei langem Zuhören. Lernt durch Sehen, merkt sich Gesehenes. Produziert Stress und Ruhe durch Bilder. Hoher Organisationsgrad durch Listen. Hat Gefühl der Befriedigung beim "Abhaken" erledigter Arbeiten. Hat immer Textmarker und ordentliche Unterlagen dabei, geht Punkt für Punkt vor, hat sichtbare Zeitpläne an der Wand und räumt weg, was nicht sofort zu machen ist. Hörbare Befehle im Navi ausgeschaltet. Visuelle lesen und verstehen Gebrauchsanleitungen, Schreibt und braucht Bestätigungs-E-Mails, Brainstorming am liebsten durch Mindmap. Lob kommt an durch Geschriebenes, Lesbares, Sichtbares	Abhängigkeit von „angenehmen“ Stimmen, Geräuschen, „interessanten“ Zitaten, Sprüchen. Leises oder lautes Mitsprechen, um sich etwas zu merken. Auslösen und Entwickeln von „auditiven Ankern“ bei sich und anderen. Wiederholen von Zentralwörtern. Liebt Rhetorik, Wortspiele und Reime. Schätzt Verhandlungen am Telefon, kann unbegrenzt konzentriert zuhören, sich Witze merken und hinreißend erzählen. Schätzt Telefone mit Raummikrofon und Kopfhörer, sprechende Computer, Spracherkennungssysteme, liebt Arbeit mit Diktiergeräten und tägliche Besprechungen mit Sekretärin sowie „Vorlesen lassen“ der wichtigsten Termine. Auditive hassen Terminplaner und Gebrauchsanleitungen und brauchen Erläuterungen durch Sprechen.	Hohe Aufmerksamkeit auf Bewegungen, Gefühle, „Intuition“, Kontakt, Befindlichkeiten. Lernt durch Aktionen, Ausprobieren, selber machen. Schätzt Teamarbeit und gemeinsames Erarbeiten von Lösungen. Entwickelt Kreativtät und Konzentration durch Bewegung. Braucht bewegliche Schreibtischstühle, Telefone ohne Schnur (geht beim Telefonieren!) und Stehpulte (steht beim Denken!). Trägt selber seine erledigten Akten ins Sekretariat. Hasst Gebrauchsanleitungen, fördert und fordert Aktivitäten von anderen. Gibt Feedback durch Bewegung: springt auf, hüpft vor Freude, haut auf den Tisch, rennt herum, erlebt schnelle somatische Reaktionen auf Stress (Herzrasen, „Kloß im Hals“, „Durchatmen“ fehlt), „erspürt“ Stimmungen lange vor dem ersten Wort.

Verhandlungen:		
Hält Augenkontakt und braucht das auch von anderen für das Gefühl "Der hört zu", hat eine hohe bewusste und unbewusste Aufmerksamkeit auf Körpersprache, Gesten, Mimik. Schätzt und bietet großzügig bebildert Texte, Kataloge, wenig auf einer Seite. Schreibt mit – oft in Mindmap Form – und ist irritiert, wenn andere nichts mitschreiben ("nimmt der das nicht ernst?") Wartet, bis jemand etwas aufschreibt, erst dann "wird es ernst". Hat immer perfekte Folien dabei und Unterlagen in geordneten Ordnern. Hält symmetrische Ordnung vor sich auf dem Tisch. Störung durch unterbrochene Blickkontakte, zu viel Bewegung, durch chaotische Umgebungen und zu wenig visuelle Protokolle (E-Mails).	Spricht pointiert und artikuliert sauber. Jedes Wort zählt. Kurze, durchdachte Sätze. Verbalisiert alle Befindlichkeiten, Bedenken, Ideen und Ziele ohne Zeitverzögerung und präzise, merkt sich alles Gehörte. Gibt Gespräche Wort für Wort wieder. Bespricht alles sofort, entwickelt Gedanken, Lösungen und Ideen beim Sprechen. Setzt Fragen als Motivationsmittel ein. Sprechen darf nur einer, keiner redet dazwischen. Alles nur einmal sagen. Das Gesagte ist Gesetz. Mündliche Verträge, Zusagen, Absprachen gelten. Nur manche Dialekte sind erträglich. Störungen durch schrille Stimmen, Durcheinanderreden, Füllwörter, grammatische Fehler, Kugelschreiber-Klackern, unvollendete Sätze, fehlende sprachliche Präzision.	Ist abhängig von guter „Atmosphäre“, gutem „Kontakt“ zu Mitarbeitern und Verhandlungspartnern. Verhandlungen durch persönliche Gespräche, bitte nicht am Telefon. Spürt schnell, wenn etwas nicht stimmt und kann nicht alles verbalisieren. Setzt Körperkontakt zu anderen ein, fasst Fremde beim Sprechen an und der Händedruck ist wichtig. Sitzt unruhig bei längerem Zuhören, bewegt beim Sprechen Kopf und Hände und trifft Entscheidungen aus dem Bauch. Lässt sich von Sympathie und Antipathie leiten und richtet danach sein Verhalten ein. Störungen durch Konflikte, zu viele Worte und zu wenig Bewegung, durch ungemütliche Sitzgelegenheiten, schlechte Stimmung und eigene Gefühle

c) Wie Wahrnehmungssysteme in Mandantengesprächen nutzbar sind

In Mandantengesprächen lohnt sich die Aufmerksamkeit auf Wahrnehmungssysteme sehr. Trainierte Anwälte optimieren ihre Akquise dadurch leicht und nachhaltig.

Lesen Sie nun über die unterschiedlichen Mandantentypen und versuchen Sie, Ihre derzeitigen Mandanten zuzuordnen. Probieren Sie beim nächsten Treffen mit ihnen die Punkte unter „Sie begeistern ihn durch“ der Reihe nach aus.

Der visuelle Mandant:	Der auditive Mandant:	Der kinästhetische Mandant:
Der Fall:		
Dominant visuelle Mandanten „sehen“ die Beteiligten an ihrem Rechtsstreit immer vor sich. Sie berichten von ihrem Fall in Bildern erinnern sich an Bilder. Sie berichten vom Geschehen immer über die **visuelle Erinnerung**: „Ich sehe das noch genau vor mir“ oder: „Ein einziger Blick in die Bücher zeigte mir...“ oder: „Ich konnte ihm schon ansehen, dass...“	Dominant auditive Mandanten zitieren Beteiligte wörtlich während der Schilderung ihres Falles: „Dann sagte er: Ich will das so nicht mehr – und ging einfach weg.“ Sie erinnern sich präzise an Gesagtes und entwickeln Glücksgefühle, wenn **wörtliche Zitate** auch beim Anwalt vorkommen. Sie formulieren gern anwaltliche Schriftsätze vor.	Dominant kinästhetische Mandanten erleben ihren Fall als „Ungerechtigkeit“. Während der Schilderung des Falles dominiert das **Gefühl,** das aus dem Problem resultiert, nicht das Problem selbst. Sie wollen „vor das höchste Gericht“. Sie wollen „Gerechtigkeit um jeden Preis durchsetzen“ und empfinden ihren Anwalt als Retter, als Helfer oder als Freund.

Körpersprache:		
Sie halten den Blickkontakt und sind verwirrt, wenn der Anwalt das nicht auch so macht. Sie wollen immer gegenüber sitzen, um alles zu sehen und unterstützen Gesprochenes durch zeitgleich sichtbar gemachte Skizzen, Textzeilen oder Protokolle. Sie malen und markern beim Sprechen, symbolisieren ihren eigenen Fall durch Zeichnungen, sie merken sich Gesehenes und wollen immer unterstreichen. Sie wollen Listen sehen und haben ein Gefühl der Befriedigung beim "Abhaken" erledigter Arbeiten. Sie bitten um E-Mails, falls sie etwas erledigen müssen.	Sie „leihen ihrem Anwalt ihr Ohr“ und schauen dabei zur Seite; sie wollen jedes Wort hören. Sie sprechen leise mit und wiederholen laut wichtige Worte, um sie sich zu merken. Falls sie überhaupt mitschreiben, tun sie das scheinbar willkürlich und ohne Zwischenüberschriften. Wenn sie sich sehr konzentrieren, fallen in eine äußere Starre und bewegen sich nicht mehr. Sie sprechen wichtige Notizen und Hausaufgaben in ihr iPhone und möchten angerufen werden, falls sie etwas erledigen müssen.	Sie neigen zur Betonung von körperlicher Aktivität und haben eine lebhafte Gestik und Mimik. Sie kommen mit ihrem Stuhl auf die Anwaltsseite des Schreibtisches, wenn es was zu lesen gibt. Sie bewegen beim Sprechen Kopf und Füße, rutschen auf dem Stuhl hin und her, klackern mit Kugelschreiber, spielen mit Büroklammern und blättern geräuschvoll in den Akten. Sie schütteln bei der Begrüßung lange die Hand und greifen an den Arm des anderen. Sie schließen Geschäfte gern beim Lunch oder in anderer Gemeinschaft.
Vertrauen:		
Vertrauen entsteht bei ihnen durch Visualisierungen aller Art: Hausaufgaben-Listen, Protokoll-E-Mails, transportable Kopien, gut designte Briefköpfe, vorgelochte Anwaltspost.	Vertrauen entsteht dadurch, dass ihr Anwalt alle seine Sätze beendet, kurz hält, nicht wiederholt und vor Ort in das Diktiergerät spricht.	Vertrauen entsteht durch das „Wir-Gegen-Den-Rest-Der-Welt“ – Gefühl. Kinästheten wollen durch ihren Anwaltbesuch das Gefühl von Entlastung, Aufgehobenheit und das Gefühl einer Allianz mit ihrem Anwalt erleben.
Anwaltspost:		
Sie sind die einzigen Mandanten, die freiwillig Anwaltspost lesen, abheften, gern durcharbeiten, farblich hervorheben und manchmal auch verstehen.	Wörtliche Zitate und matching der eigenen Wortwahl machen Eindruck!	Sie lesen auf keinen Fall freiwillig Anwaltspost, schimpfen bei Erhalt der Abschrift erneut auf den Gegner und vergessen, den Schriftsatz abzuheften.
Herausforderungen:		
Visuelle wollen immer Gesprächsnotizen vor Augen haben oder solche erstellen und glauben nur, was sie sehen. Sie machen Zeichnungen und Symbole, um das Geschehen zu erläutern. Für komplizierte Sachverhalte brauchen sie vom Anwalt Visualisierungen (z. B. an den Fingern aufgezählte Punkte), um sich etwas zu merken.	Auditive sind jahrelang gekränkt, wenn ein gehörtes Versprechen gebrochen wird, besonders Rückrufversprechen. Sie glauben nur, was sie hören. In Protokollen erscheinen oft wörtliche Dialoge, häufig jedoch ohne innere Zusammenhänge. Sie wollen oft Wörter definieren („Was heißt genau Vertrag?“) und legen jedes Wort auf die Goldwaage.	Kinästheten können Erlebtes oft nicht in Worte fassen, geben nicht freiwillig fremden Strukturen (Terminsvereinbarungen!) nach und verzetteln sich gern. Kinästheten lassen gern Zeit verstreichen, bevor sie sich an einen Anwalt wenden und sind daher in Fristsachen oft nicht leicht zu führen.

Glück: Sie flippen aus vor Glück, wenn ihr Anwalt mit verschiedenen Farben den Fall auf einem **Flipchart** symbolisiert oder sie selbst eine Unfallskizze machen sollen.	Sie flippen aus vor Glück, wenn ihr Anwalt alles in ihrer Sprache kurz zusammenfasst und in ihrer Gegenwart das **Diktiergerät** einsetzt.	Sie flippen aus vor Glück, wenn ihr Anwalt sie **tröstet**, Gemeinheiten auch als solche bezeichnet und sie der Assistentin persönlich vorstellt.
Skurril: Sie begradigen schief hängende Bilder im Wartezimmer, wissen, welches Auto Sie fahren und identifizieren auf den ersten Blick den Designer des Jacketts Ihrer Empfangsassistentin.	Sie hassen es, wenn ihr Anwalt die Wörter „zeitgleich" und „gleichzeitig" verwechselt und können den kasachischen Nachnamen Ihrer Empfangsassistentin fehlerfrei aussprechen.	Sie antworten gern auf nichtgestellte Fragen („Was wurde gesprochen?" „Es war eigentlich eine einvernehmliche Atmosphäre") und wissen, welche Krankheit der Sohn der Empfangsassistentin gerade überwunden hat.
Sie begeistern ihn durch: – ausreichenden Abstand zu Ihnen – permanenten Blickkontakt – das zeitgleiche Lesen in demselben Text – einen Schreibblock mit Logo – eigenes Mitschreiben – sauber aufbereitete Materialien – visuelles Vokabular („schauen Sie mal...") – ein Flipchart mit funktionierenden Filzstiften – visuelle Ordnung im Büro – Platz für Unterlagen	– einfachste, kurze Sätze, vor dem Sprechen durchdacht – die unbedingte Einhaltung mündlicher Versprechen, besonders Rückrufe! – leichte, eindeutige und störungsfreie Grammatik – korrekte Aussprache des Nachnamens – gleich diktieren, nicht mitschreiben – einen echofreien Raum, nicht zu niedrigen Raum – gesprochene Zusammenfassungen	– die gefühlsmäßige Bindung an Sie – Informationen, was Sie persönlich mögen – das Gefühl der Einzigartigkeit und persönlichen Sympathie – eine Möglichkeit zum hin und her gehen – verstehen und „teilen" der Gefühle des Mandanten – einen Erfahrungsaustausch zu Beginn – eine eher „intuitive" Führung durch das Mandat

d) Wie verbale Zugangshinweise Ihre Akquise erleichtern

Mit etwas Übung können Sie sogar hören, auf welchem der **Wahrnehmungskanäle Ihr Gesprächspartner** gerade spricht. Das bestimmt bei trainierten Anwälten die Wortwahl für ihre Akquisegespräche. In wenigen Sekunden werden wildfremde Menschen zu **Interessenten.** Die Wahl des falschen Kanals sorgt dagegen für Missverständnisse und schwer durchschaubare **Unebenheiten in der Kommunikation.**

Eine inhaltlich identische Aussage kann auf drei unterschiedlichen Wahrnehmungskanälen ausgedrückt werden: „Das sehe ich anders," sagt gewöhnlich ein visueller Mandant, ein auditiver dagegen bevorzugt: „Hört sich nicht gut an." „Das passt mir nicht in den Kram" entspricht eher der Wortwahl eines Kinästheten.

Aufgabe
Üben Sie die folgenden Redewendungen wie Vokabeln, damit Sie sie parat haben und spielen Sie mit der Sprache:

Visuell	Auditiv	Kinästhetisch
Meiner Ansicht nach...	Nach meinem Verständnis...	Nach meinem Gefühl...
Das ist mir klar.	Das verstehe ich.	Das begreife ich.
Wie sehen Sie das?	Stimmt das?	Können Sie das nachvollziehen?
Sieht gut aus.	Hört sich gut an.	Passt.
Jetzt sehe ich's ein.	Jetzt stimmt's.	Jetzt begreife ich's.
Da sehe ich schwarz.	Hört sich nicht gut an.	Etwas ballt sich zusammen.
Etwas fügt sich nicht ins Bild.	Etwas ist nicht harmonisch.	Es gibt noch Stolpersteine.
Sieht so aus, als ob...	Hört sich an, als wenn...	Da hat man das Gefühl, dass...
Ich will damit zeigen, dass...	Ich will damit sagen, dass...	Ich will damit belegen, dass...
Es gibt verschiedene Blickwinkel.	Es gibt verschiedene Stimmen.	Es gibt verschiedene Standpunkte.
Sehe ich recht?	Unerhört!	Nicht zu fassen!
aufzeigen	erläutern	begreiflich machen
Scheint so, als ob...	Hört sich so an, als ob...	Gefühlsmäßig ist es so, als ob...
Lass mal sehen!	Lass mal hören!	Schieß mal los!
Das sehe ich locker.	Manche sagen so, manche so.	Das kratzt mich wenig.

e) Wie Sie verbale Zugangshinweise im Dialog nutzen

Mit etwas Übung können Sie den Wahrnehmungskanal (v=visuell, a=auditiv, k=kinästhetisch) auch im Dialog matchen. Das klingt so:

Mandant:	Anwalt:
Das sind ja trübe **Aussichten**. (v)	Wie können wir die Sache **klären**?
Wir **stellen** sie vor vollendete Tatsachen. (k)	Welcher Vorteil würde sich **ergeben**?
Ich **sehe** keine Chance für diesen Entwurf. (v)	Wie kriegen wir **Farbe** rein?
Das **hört** sich nach reichlich Ärger an. (a)	Manche meiner Mandanten **sagen** mir...
Das **geht** mir auf die Nerven. (k)	Das sollten wir nicht **zulassen**!
Ich **halte** den **Druck** nicht mehr aus. (k)	Am besten wir **legen** gleich los.
Ich **blicke** nicht mehr durch. (v)	Sollen wir es uns mal **anschauen**?
Ich will keinen **Krach** riskieren. (a)	Vielleicht kriegen wir eine **leise** Lösung hin?
Meiner **Ansicht** nach gibt es noch mehr. (v)	Welche anderen Möglichkeiten **sehen** Sie?
Ich **begreife** nicht, wie es gehen soll. (k)	Wir sollten es vielleicht so **angehen**:
Wir werden **überstimmt** in dieser Frage. (a)	Was sollten wir **besprechen**?
Ich **sehe** noch Lücken im Entwurf. (v)	Welchen Aspekt habe ich über**sehen**?
Das **zieht** mich runter. (k)	Das kann ich mir gut **vorstellen**.
Ich will nichts mehr davon **hören**. (a)	Ich kann es auch später noch **erläutern**.

III. Best-Practice

„Wenn ich weiß, wie du tickst, kann ich dir geben, was du brauchst."
„Mit einem neuen, hochkarätigen Mandanten kam auch nach 43 Minuten Sitzung im Erstgespräch keinerlei gemeinsame Strategie zustande. Ich argumentierte erneut. Ich versuchte es mit Engelszungen. Ich verkürzte meine Sätze. Ich arbeitete mit Fragen. Ich hob die Stimme. Ich diktierte am Tisch das Wenige, was ich rausbekommen hatte. Nichts half.

Zum zweiten Gespräch hatte ich – inzwischen bereichert durch die Erkenntnis der unterschiedlichen Wahrnehmungstypen – ein Flipchart mit vielen funktionierenden Filzstiften gekauft. Kaum waren ein paar Pfeile zur Darstellung des weiteren Verlaufs mit den wesentlichen Stichworten angezeichnet – schon waren wir uns einig!

Ich verwende ihm gegenüber mein neu gelerntes visuelles Vokabular (die Lern-Tabelle für visuelles Vokabular hängt an meinem Computer!), und er widerspricht seitdem nie mehr. Ich „zeige auf", ich „bringe Licht ins Dunkle", ich „beleuchte einen weiteren Punkt". Und was tut er? Er „sieht es ein", er „schaut nach vorn" und er „liebäugelt mit einer neuen Sicht". Er mailt alle Wünsche und Fragen an meine Assistentin und ist glücklich über sichtbare Antworten und kurze Protokollmails! Es ist genial!

Für mich ist dieses Wissen nun schon seit drei Jahren ein faszinierender Schlüssel zur Akquise, visuelle Typen sind für mich zwar immer noch eine große Herausforderung (ich selbst bin auditiv und sprach-„hörig"), doch ich erkenne sie jetzt und kann sie inzwischen gut bedienen, manchmal sogar begeistern. Ich traue mich jetzt sogar fast furchtlos an Kinästheten ran."
Rechtsanwalt und Fachanwalt für Arbeitsrecht Karl-Heinz Sommer, 40699 Erkrath, Tel.: 0211-60160030.

Erfolgstipps
- Mandantengespräche sind Akquiseveranstaltungen. Beweisen Sie sich das!
- Strukturieren, fokussieren und kürzen Sie Ihre Mandantengespräche.
- Beweisen Sie Empathie für die Situation des Mandanten. Stellen Sie offene Fragen.
- Schaffen Sie Begeisterungsqualitäten. Geben Sie mehr als erwartet wird!
- Binden Sie Ihre Assistentin ein. Organisatorische Aufgaben sind ihr Job!

Netzwerke

100 % indirekte Akquise

Viele Anwälte verstehen und verhalten sich als Einzelkämpfer. Sie nehmen *„auch heute noch keine bewusste und zielgerichtete Planung für ihre beruflichen Aktivitäten vor, sondern lassen sich gewissermaßen treiben. Sie gehen gern auf Angebote ein, die ihnen gemacht werden und sehen sich ungern als aktive Anbieter. Ich habe oft gemerkt, auch an mir selbst: Anwälte sind Individualisten, und jeder geht seinen eigenen Weg"*.[1]

Im Anwaltsbereich funktioniert das **Gegenteil dieser Vereinzelung** vermutlich nur, weil ein paar großartige, im positivsten Sinn verrückte **„Spinner"** ihre **Netze spinnen**, die Sache **massiv puschen** und sehr viel **Zeit** und bestimmt noch viel mehr **Energie investieren,** um „Akquise in Teams" auf **effiziente Füße** zu stellen.

I. Anwälte und Netzwerk?

Es ist tatsächlich nicht jedem Anwalt automatisch gegeben, sich **zusammen zu schließen** und **gemeinsame Sache** zu machen, **Interessengemeinschaften** zu bilden, in Teams **Kompetenzen zu promoten** und gemeinsam **größere Mandate zu stemmen,** durch den gemeinsamen Auftritt **Aufträge** von Universitäten, Kommunen, Firmen und Privatpersonen zu bekommen, prominente Politiker als **Interviewpartner** oder **Referenten** zu gewinnen und ohne große Mühe **Beiträge** unter dem **Netzwerknamen** in Zeitung, Radio oder Fernsehen unterzubringen.

Netzwerke sind Zusammenschlüsse von Gleichgesinnten mit dem Ziel, **gemeinsame Interessen** besser zu vertreten als allein oder in Kleinverbänden. Netzwerke optimieren den **Einfluss des Einzelnen, erweitern seine Handlungsspielräume** und stellen durchaus **auch gesellschaftliche Machtfragen**. Wo immer in der Geschichte sich Menschen zusammen getan haben, um etwas durchzusetzen, waren sie stark.

---

1 Dr. Wieland Horn, seit 1971 Anwalt, Geschäftsführer der Rechtsanwaltskammer München von 1992 bis 2007. Dieses Zitat stammt aus einem Gespräch während des DeutschenAnwaltsTages in Straßburg 2011.

1. Netzwerke sind kein Selbstzweck

Quantitativ gut vernetzte Anwälte sind noch lange **nicht qualitativ gut vernetzt.** Netzwerken verschafft **gewieften Taktikern viele neue Kunden** und den **begabtesten Netzwerkern** vielleicht nur einen **schönen Abend.** Schöne Abende sind jedoch nur ein **Mittel zum Zweck.**

Netzwerke dienen der Akquise. So besuchen kluge Anwälte die „Höhle des Löwen", in der sie in völlig fachfremden Branchen **Radiusarbeit** betreiben, und das auch **international:** „*Bis 2050 wird die deutsche Bevölkerung um 20 Mill. Einwohner schrumpfen. Wachstum gibt es für die deutsche Anwaltschaft also perspektivisch nur im internationalen Markt*", mahnte bereits im Jahr 2005 ein Solinger Unternehmensberater.[2] Er sieht Gesellschafts- und Steuerrecht, Gentechnik, den Pharmabereich, IT, Umweltschutz und die Tourismusbranche als **Zukunftsmärkte für deutsche Anwälte.** Anwälte können sich, so die Unternehmensberatung weiter, auf ihr originäres Berufsfeld nicht mehr verlassen und bieten der angepeilten Branche **Zusatznutzen** an.

Gesellschaftsrechtler evaluieren **geeignete Produktionsstandorte** für ausländische Investoren in ganz Europa. Um die zu finden, gehen sie, vielleicht sogar mit ihren Mandanten, in **entsprechende Netzwerke**, verdrahten sich mit **Behördenvertretern** und **Industrie- und Handelskammern.**

Anwälte schließen sich mit **Ingenieurbüros, Ärzten und Krankenhäusern** zusammen, wenn sie Beratungen über **Medizintechnik** in das **Medizinrecht** einbinden wollen. Sie erweitern so ihr Portfolio und werden über das **Netzwerk** von **anderen Interessenten** schnell gefunden.

2. Gut vernetzt – schnell gefunden

Die meisten Anwälte vernetzen sich mit **weiteren Anwälten**, um **besser gefunden** zu werden und sich Mandanten gegenüber **breiter aufzustellen.** Einige wenige Beispiele mögen das verdeutlichen; viele hunderte von **anwaltlichen Netzwerken**, Vereinen, Organisationen, Verbänden und alle Internet-Netze bleiben hier **aus Platzgründen unerwähnt**:

- **Netzwerke mit fachlichem Fokus**

Das **Netzwerk Deutscher Erbrechtsexperten** beeindruckt durch Expertenveröffentlichungen zu erbrechtlichen Fragen[3] und durch laientaugliche Fachbroschüren, die durch Messen, Vortragsveranstaltungen, karitative Organisationen, Volkshochschu-

---

2 Guido Baus (www.pharma-insight.com) in *Creutz*, „Wo Anwälte künftig gutes Geld verdienen können", Handelsblatt v. 5.5.2005.

3 Z. B. STERN-Ratgeber „Betreuung von Angehörigen", www.ndeex.de/publikationen.html.

len, beim BUND und der Johanniter-Unfallhilfe verbreitet werden. Der **Fachanwaltslehrgang Erbrecht** der Hagen Law School[4] wird fast ausschließlich von Mitgliedern betreut.

Unter dem Namen „BR-Anwälte – **Netzwerk für Arbeitnehmerrechte**“ hat sich im Jahr 2008 eine **bundesweite Kooperation** von Rechtsanwälten gebildet. Alle Kanzleien sind im Bereich Arbeitsrecht und insbesondere im Bereich **Betriebsverfassungsrecht** tätig und haben ihren besonderen Schwerpunkt in der Vertretung und **Beratung von Betriebsräten**. Zu der Kooperation „BR-Anwälte-Netzwerk für Arbeitnehmerrechte“ gehören nach eigenen Angaben „mittlere und kleinere Anwaltsbüros, etablierte Kanzleien und auch neugegründete, aufstrebende Kanzleien mit der gemeinsamen Orientierung auf Arbeitnehmerrechte.“[5]

- **Netzwerke in bestimmten Mandanten-Segmenten**

Das Netzwerk „firstlex" versteht sich als „eine Qualitätszusicherung unter dem Dach einer Marke“ und vereint nach eigenen Angaben[6] „hochqualifizierte Kanzleien mit anspruchsvollem Mandantenstamm,“ die gemeinsam für einen „**Qualitätsstandard**“ einstehen. Mandanten wird „noch mehr Sicherheit bei der Betreuung aller Rechtsfragen“ zugesichert. Das Netzwerk wehrt sich gegen die „**Verwässerung der Rechtsberatung**“ durch nicht-anwaltliche Anbieter und vertritt „klassischen Anspruch, seriöse Interpretation des Standesrechts, qualifizierte und geldwerte Leistung, aber das mit den modernsten Mitteln, die Technik und Management zu bieten haben.“

- **Netzwerke mit europäischem Bezug**

DIRO steht für eine **zertifizierte anwaltliche Dienstleistung in Europa.** DIRO zählt heute nach eigenen Angaben zu den führenden Anwaltsnetzwerken[7] in Europa. Von einem unabhängigen Dritten **zertifizierte Qualität** ihrer anwaltlichen Dienstleistung ist ein Merkmal, das die Arbeit der derzeit über 1.400 DIRO-Anwälte aus 24 Ländern in 175 selbstständigen Kanzleien auszeichnet. Präsent an allen **wichtigen Wirtschaftsstandorten** in Europa und flächendeckend in Deutschland bieten DIRO-Anwälte Rechtsberatung und gerichtliche Vertretung in zahlreichen Rechtsgebieten an. Im Netzwerk vereint werden sie auch den besonderen **Anforderungen von Großnachfragern** anwaltlicher Dienstleistung gerecht.

Eurojuris Deutschland e.V. ist Mitglied der Eurojuris International EWIV, dem führenden **internationalen Netzwerk von Rechtsanwälten** in Europa. Nach eigenen Angaben[8] haben mehr als 5.500 Eurojuris-Rechtsanwälte an derzeit mehr als 630 Standorten in 19 europäischen Ländern sowie die mit ihnen in Verbindung

4 www.hagen-law-school.de/index.php/fachanwaltslehrgaenge/erbrecht?start=1.
5 Vgl. www.br-anwälte.de.
6 Vgl. www.firstlex.de.
7 Vgl. www.diro.de.
8 Vgl. www.eurojuris.de.

stehenden **Foreign Correspondents** in Übersee eine gemeinsame Philosophie, die **rechtliche Beratung und Unterstützung vor Ort in ganz Europa** anzubieten.

- **Netzwerke für Unternehmensjuristen**

Die Zusammenarbeit zwischen **selbstständigen Rechtsanwälten** und **Unternehmensjuristen** ist Gegenstand einer **Erfolgsgeschichte aus Wien**. Lesen Sie selbst:

---

i

Best Practice

Wir gründeten unsere Anwaltsgesellschaft im Jahr 2004, ohne einem institutionalisierten Netzwerk anzugehören. Unsere Idee entstand durch unsere häufigen Kooperationen mit den Rechtsabteilungen unserer Mandanten und auch mit denen der Gegner. Wir gründeten daher ein Jahr später ein Netzwerk für Unternehmensjuristen und nannten es „Zweiter Montag". Wir gaben ihm das Ziel, Menschen zusammen zu bringen, die zusammen gehören.

Juristen und Nicht-Juristen, die regelmäßig mit Rechtsproblemen konfrontiert sind, unterhalten sich über ihre Interessen und Ideen. Sie bekommen und geben „Unterstützung, Unterhaltung und Unterweisung" (so ein Teilnehmer) und freuen sich jedes Mal auf erstklassige Referenten aus Industrie, Politik und Managementberatung. Immer sind die Redner prominent, längst nicht immer sind ihre Themen juristisch. Redner und Teilnehmer sind überrascht, welch große Namen sich dort versammeln, und aus Rückmeldungen wissen wir, dass der nächste Termin für die Teilnehmer eine fixe Größe im Geschäftsalltag ist.

Der „Zweite Montag" ist in Österreich inzwischen eine Institution. Die Einladungen sind niemals öffentlich, wir treffen uns stets an einem neutralen Ort und achten streng darauf, dass das Zielpublikum nicht verwässert wird.

Konzeption und Organisation des „Zweiten Montags" hat jeden von uns 2004 noch ungefähr sechs Monate lang je einen Tag pro Woche gekostet. Mit Ausnahme der Themen- und Referentenauswahl sowie der Vorbereitung der Moderation erledigen unsere Assistenten inzwischen die gesamte Vorbereitung. Wir verfügen inzwischen über eine „gesättigte" Einladungsliste, dennoch bekommen wir immer wieder Anfragen von Unternehmensjuristen, die unserem Netzwerk angehören wollen.

Stamm-Mandanten empfinden den „Zweiten Montag" als Kontaktbörse zu Kollegen und zu uns (gerade auch außerhalb bestehender Mandate) und tilgen gewiss – u. a. dadurch – jeglichen Abwanderungswillen!

Wir konnten aus dem Kreis der Redner und Teilnehmer des „Zweiten Montags" verschiedentlich prominente Unterstützer für die Belange unserer Mandanten gewinnen und werden inzwischen auch in Deutschland auf unser Netzwerk angesprochen.

Wir werden deutlich häufiger als Referenten für hochkarätige und teilweise medienträchtige Podiums- (zweimal) und Vortragsveranstaltungen (über zwanzig Mal) sowie für Moderationen eingeladen, und wir schreiben einen Beitrag für dieses Buch!

Horst Fössl und Alexander Singer, Singer Fössl Rechtsanwälte OG, Wien, Tel.: 0043-1-2288500, www.sfr.at

---

II. Akquisestarke Anwälte gehen gern anderen „Spinnen ins Netz"

Eine weitere große Gruppe von Anwälten zeigt **Präsenz, Witz und Wissen** in den **Netzwerken ihrer Zielbranche.** Kostenlose Vorträge dort sorgen für nachhaltige Aufmerksamkeit.

Anwälte jeder Kanzleigröße begeben sich kurz entschlossen und mutterseelenallein in das BNI (Business Network International), um mit lokalen **Geschäftsleuten zu frühstücken.** Sie kommen vermutlich bald mit Kunden zurück. Einziger Sinn und Zweck dieser Treffen ist eine **deutliche Umsatzsatzsteigerung** aller teilnehmenden Unternehmer durch **persönliche Empfehlungen**, und die wird – nach eigenen Angaben – erreicht. Wenn sie kein BNI bei sich haben, gründen sie eins!

Andere Anwälte gehen in **Verbände**, **Anwaltsvereine**, auf **Kongresse** und engagieren als „**Projektteam**" immer wieder (dieselben) Kollegen für **punktuelle Mandate.** Sie greifen auf „ihr Netz" zurück und machen sich seit Jahren Gedanken über die **Qualitätsanforderungen ihrer Kunden**. Mit **großem Erfolg**, wie dieses Beispiel zeigt:

---

i

Best Practice

Ich erweitere meine Netzwerke regelmäßig über Kongresse. Mit fällt es persönlich leicht, auf Menschen zuzugehen. Ich liebe neue Erfahrungen, Small Talk und kreative Vernetzungen. Ich nehme mir vor jedem Kongress eine bestimmte Anzahl neuer und eine Mindestanzahl aufgefrischter Kontakte vor. Ich treffe Auslandskollegen, vor allem in Paris, um Probleme persönlich zu diskutieren; teilweise habe ich mich mit ihnen befreundet. Ich besuche regelmäßig internationale Markenkongresse, z. B. INTA und ECTA.

Seit ich Mitglied einer französischen Anwaltsvereinigung bin, besuche ich auch deren Informationstage, durch die ich immer weitere Kontakte knüpfen kann. Selbst solche Kontakte, die vermutlich niemals zu Mandaten werden, pflege ich akribisch... you never know.... In meinem hoch spezialisierten Geschäft sind Multiplikatoren – mit Verlaub – ohnehin fast wichtiger als die Mandanten selbst. Im glücklichen Fall tragen beide Gruppen unsere Leistungen in die Welt.

In diesem Jahr habe ich türkische Kollegen, die insgesamt 3 % des Gesamtumsatzes ausmachten, in der Türkei besucht, dort einen Vortrag gehalten und mich anschließend zu einer Diskussion über relevante aktenspezifische Probleme zur Verfügung gestellt.

Persönliche Empfehlungen sind ein dominanter Faktor in meiner Akquise. Vereinzelt sind wir auch über die Gelben Seiten gefunden worden und konnten die Mandanten davon überzeugen, dass kleinere Kanzleien nicht nur effizienter, sondern auch kostengünstiger arbeiten können, ohne dass wir jemals „Dumping-Preise" anbieten.

Kleinere Auskünfte oder Erstberatungen bieten wir manchmal auch kostenfrei an, was in zwei Fällen sogar zu größeren Mandatierungen führte und über Umwege offenbar auch unsere Reputation stärken konnte. Keinesfalls reduzieren wir jedoch jemals ein ausgesprochenes Honorar.

Kaufmann & Stumpf Patentanwalts-Partnerschaft, Patentanwältin Karin Stumpf, Stuttgart, Tel.: 0711 6583810

---

i

Erfolgstipps

- Erfolgreiche **Einzelkämpfer** und Netzwerke sind **kein Widerspruch**! Begeben Sie sich allein in **Netzwerke ihrer Interessenten**!
- Gründen Sie **eigene Netzwerke mit Nicht-Juristen** und pflegen Sie sie!
- Gründen Sie **eigene Netzwerke als „Projektteams"** (immer dieselben Kollegen für ähnliche Mandate)**!**
- Werden Sie international und docken Sie an bei großen **internationalen Anwaltsnetzwerken**!
- Netzwerke Ihrer **Zielmandantschaft** sind Ihre **Akquisefelder**! Bieten Sie dort **kostenlose Vorträge an**! Berichten Sie darüber auch **online** und holen Sie schriftliche Reaktionen ein.

Online-Akquise

100 % indirekte Akquise

Erfolgreiche Anwälte sind **Jäger, Heger und Pfleger.** Ihr **Credo** ist ein Mix aus guter **Ausrüstung**, hoher **Flexibilität** – und **Tradition**: Schon vor 181 Jahren konnten **Jäger in Deutschland** *„nicht verlangen, dass künftig auf einer gegebenen Fläche stets so viel Wild bleiben müsse, als früher darauf bestand"*.[1]

Diese Erkenntnis hatte weit reichende **Konsequenzen**: Wenn sich das Wild nicht mehr in gewünschtem Umfang zur Verfügung stellt oder ganz weggeht, **gehen wir eben hinterher!** Anwälte haben von verantwortungsvollen Jägern viel gelernt. Wenn äußere Gegebenheiten sie dazu nötigen, **ändern sie ihre Methoden.**

Die erfolgreichsten aller anwaltlichen Jäger passten immer **schon ihre Methoden** äußeren **Gegebenheiten** und inneren **Befindlichkeiten** ihrer „Beute" an. Ausgeklügelte **Hege- und Pflegesysteme** sowie die systematische **Erfassung** von **Besonderheiten und Bedürfnissen** einer jeden Spezies stützen seit Jahren ihren Erfolg.

„Akquiriert wird dort, wo sich der zukünftige Mandant aufhält" ist der **Leitspruch erfolgreicher Anwälte.** Dieses Kapitel wird in **zwei Abschnitten** behilflich sein, die für Anwälte immer noch neue **„Online-Pirsch"** zu systematisieren:

I. Das Internet verändert Akquisekulturen – sieben Ideen zum Mitmachen
II. Ist Ihre Webseite K _ R _ E _ A _ T _ I _ V?

I. Das Internet verändert Akquisekulturen – sieben Ideen zum Mitmachen

Aus gutem Grund also entwickelt sich das Internet zu einem **primären Akquisemedium für Anwälte:** Inzwischen sind mit 75,6 % über drei Viertel aller Bewohner Deutschlands über 14 Jahren online. Generell sind insgesamt 81 % der Männer und 70,5 % der Frauen Internetnutzer.[2] 16 % der Internetnutzer wählten sich 2011 über ihr Handy ein. Die Anzahl derjenigen, die das Internet über Mobilfunk nutzen, hat sich laut Angaben des Statistischen Bundesamtes um 78 % erhöht.[3]

Diese **Entwicklung der Marktgesetze** hat eine Änderung von **Kanzlei- und Akquisekulturen** zur Folge. Anwälte, die sich hierauf **nicht oder zu spät** einstellen,

1 Forst- und Jagdzeitung vom 29.12.1831, S. 620.
2 Nonliner Atlas 2012, S. 4 f., http://www.nonliner-atlas.de/.
3 https://www.destatis.de/DE/PresseService/Presse/Pressemitteilungen/2011/02/PD11_060_63931.html

sortieren sich selbst aus dem **Wettbewerb** aus. **„Survival of the fittest“** bedeutet eben nicht nur das „Überleben des Stärkeren“, sondern – analog zur Doppelbedeutung von „to fit“ – vor allem das **„Überleben des Passenden“. Machen Sie sich also „passend“ zu den Marktgegebenheiten, um sie für sich zu nutzen.** Ein **für Anwälte von Juristen geschriebener Ratgeber**[4] **kann Sie dabei Schritt für Schritt** unterstützen.

Hier finden Sie sieben **Veränderungen** in der Kanzlei- und Akquisekultur, jeweils verbunden mit **Tipps und Schlussfolgerungen:**

1. Chronologie der Kontaktaufnahme

Noch vor fünf Jahren meldeten sich **Erstanrufer** in einer Kanzlei, um über die **Kanzlei etwas zu erfahren.** Heute nehmen Mandanten telefonischen Kontakt zu einem neuen Anwalt erst auf, wenn und weil sie **zuvor attraktive Eckdaten seiner Kompetenz** im Internet gefunden hatten.

Dadurch haben sich **Erwartungshaltungen** geändert. Ein Erstanrufer, ausgestattet mit Basisinformation über die Kanzlei, hat Sie bereits gewählt. Er vergleicht **Gelesenes mit Gehörtem** und drückt mit seinem Anruf eine gewisse **Vertrauensbereitschaft** aus. Stützen Sie dieses **Grundvertrauen.** Verletzen Sie es niemals!

Das **Aufzählen anwaltlicher Fachkenntnisse** ist in der Situation nicht mehr nur peinlich und angeberisch, sondern häufig **objektiv redundant.** Ohne einen **trainierten Telefonservice** und **absolute Servicebereitschaft** auf allen Seiten halten Sie diesem Vergleich mit **eigenen, geschrieben Standards** nicht stand! Die Kunden haben und empfinden einen **Anspruch** auf das, was ihnen versprochen wurde.

„Wir sind für Sie da“ in der Webseite **verspricht viel** und wird durch **lösungslose Gleichgültigkeit** am Empfangstelefon ad absurdum geführt: „Tut mir Leid, er ist in einer Besprechung“. Ein solcher Satz **degradiert eigene Serviceversprechen** – und damit die Kanzlei.

---

i **Tipp**

Neue Mandanten haben Vorinformationen, **durch die** sie anrufen. Fragen Sie den Mandanten, ob Informationen über die Kanzlei überhaupt benötigt werden. Beginnen Sie Ihre **Kompetenzpräsentation** (höchstens zwei Sätze!) mit „Sie haben ja sicher schon gelesen, dass wir ... Was kann ich für Sie tun?“ **Verbieten Sie Ihrer Assistentin**, jemals wieder ein „Nein ohne Lösung“ in Ihr Telefon zu sagen.[5] Telefonservice und mündliche Kompetenzpräsentation des Anwalts haben nicht nur ihre **Reihenfolge** (Chronologie), sondern auch ihre **Rangfolge** (Wichtigkeit) vertauscht.

---

4 *Friedmann/Schinkel/Pestow/Levelev*, „Online-Marketing für Rechtsanwälte“ abrufbar unter http://www.123recht.net/anwalt-online-marketing.

5 Vgl. die Tipps zum perfekten Telefonservice im Kapitel „Assistentin“.

2. Kostenstruktur von Akquise

Nach Auskunft einer Mittelstandsberatung[6] haben sich die **Akquisekosten pro Neukunde,** verglichen mit den 80er Jahren, durch das Internet auf 1/6 verringert. Erste Konsequenz hieraus ist: Wer das Internet als Akquiseplattform auslässt, hat **zwei große Nachteile:** Er betreibt ein **„Mismatching"[7] von Mandantenerwartungen**, und **er zahlt drauf.** Er taucht im Blickfeld suchender Mandanten entweder gar nicht erst auf oder riskiert den Eindruck **altmodischen Wirtschaftens** und **fehlender Effizienz.**

Hier eine Aufstellung der **Methoden- und Kostenentwicklung** anwaltlicher Akquise über knapp vier Jahrzehnte:

	1980er	1990er	2000er	2010er
Akquise-Methode	Termin	Mailing	Telefon-marketing	Internet
Medium	Besuch	Brief	Telefon	Webseite, Blog, Facebook
Kosten pro Neukunde	ca. € 300,–	ca. € 150,–	ca. € 100,–	ca. € 50

i

Tipp
Akquisefragen sind wohl **Persönlichkeits-**, nicht aber **Geschmacksfragen**. Anwälte, die das **Internet als Akquisemedium** ganz oder fast vollständig außer Acht lassen, sortieren sich selbst aus dem Wettbewerb aus. Sie begründen ihre Zurückhaltung auch heute noch durch „technische **Unkenntnis"**, persönliche **„Abneigung gegen Computer"** und „Angst um die **Datensicherheit"**.

Alle drei Gründe **zementieren den Status quo** zwischen den Ohren – und auf dem **Konto**! Alle drei **be- oder verhindern** aktuelle **Akquisevorhaben**. Sofort flexibilisieren!

3. Organisationsstrukturen von Kanzleien

In reinen Internet-Kanzleien wird die **Internet-Chance** zur Kanzleikultur. Der Fokus dort liegt auf dem **technisch unterstützten Management** menschlicher Schicksale.

Schnelle, starke Internetverbindungen sind Pflicht, **geografische Standorte** von Mandant und Anwalt unwichtig. (Ausnahme: In manchen Rechtsgebieten sind

6 Jürgen Beckmann – http://www.mittelstandsberater.de/startseite.html – in einem Telefoninterview am 20. Juli 2012.

7 Vgl. zu „Matching" und „Mismatching" das Kapitel „Durchsetzung".

Anbindungen an einen ICE-Bahnhof oder **Flughafen** wegen zahlreicher gerichtlicher Verhandlungen wichtig). Manche Anwalts-Rechner haben wöchentlich wechselnde **Sicherheitscodes,** stündliche **automatische Backups** und einen **Sicherheitsserver,** der – wie in Science-Fiction-Filmen – irgendwo **vergraben** liegt.

Die Mandantschaft ist **eng segmentiert** und die Anwälte sind alle in **demselben Rechtsgebiet spezialisiert.** Mandantenbefragungen in diesen Kanzleien ergeben ein **belastbares Vertrauensverhältnis** zu den Anwälten und ihren telefonisch gezielt geschulten Mitarbeitern.

Eine auf das Medizinrecht spezialisierte, reine **Internet-Kanzlei** berichtet:

Best Practice

Gutes Marketing ist für uns mehr als nur Akquise. Mandantenzufriedenheit und Weiterempfehlungen sind mindestens ebenso wichtig.

Als Online-Kanzlei akquirieren wir bundesweit hoch spezialisierte Mandate. Wir vertreten ausschließlich geschädigte Patienten und Unfallopfer und lernen 95 % unserer Mandanten nie persönlich kennen. Wir begeistern sie dennoch, wie wir aus den regelmäßigen, natürlich ebenfalls online geführten, detaillierten Befragungen unserer Mandanten wissen. So freuen wir uns über eine durchschnittliche Bewertung mit der Note „sehr gut" (1,25).

Bereits Seit dem Jahr 2000 bieten wir unseren Mandanten mit der Webakte die Möglichkeit, papierlos mit uns zusammenzuarbeiten. Über eine Million Akten werden über die Sicherheitsserver der Firma eConsult von über 100.000 Anwendern bundesweit und international genutzt.

Für jeden unserer Mandanten legen wir eine eigene Webakte an. Er bekommt einen Benutzernamen und ein Passwort, mit denen er sich, wann immer er will, einloggen kann. Er liest in Echtzeit alle unsere Schreiben und die von Gutachtern, Richtern und der Gegenseite in Ruhe durch.

Uns kann er durch Notizen in dieser Akte Fragen stellen und weitere Informationen geben.

Wir ermitteln schriftlich in kleinen Schritten und ohne jedes Fremdwort, welche Schäden durch ärztliche Fehler oder durch Unfälle entstanden sind und motivieren unsere Mandanten – durch genau diese Kleinschrittigkeit – auch wirklich alle Schäden zu benennen, an die sie vermutlich ohne diese Details und ohne diese einfache Sprache nicht denken würden.

Das technische Verfahren ist inzwischen extrem vereinfacht; die Hochsicherheitsverschlüsselung und das TÜV Siegel lösen Vertrauen aus.

Wir sind bekannt für effiziente Fallbearbeitung, jahrelange Expertise auf einem einzigen Gebiet und ebenso lange persönliche Integrität während der gerichtlichen und außergerichtlichen Verhandlungen. Wir lassen alle unsere Mitarbeiter beständig durch In-house Seminare trainieren.

Dies alles verschafft unseren Mandanten angemessene, am deutschen Markt aber leider eher ungewöhnlich hohe Schadenersatzzahlungen.

Sebastian Quirmbach, Quirmbach & Partner, Montabaur, Tel.: 02602-999690, www.ihr-anwalt.com

---

Tipp

Eine **reine Internetkanzlei** zu werden, ist vielleicht keine Option für Sie. Dann fangen Sie **klein an:** Überlegen Sie, welche Maßnahmen von den genannten **zu Ihnen passen** könnten. Stellen Sie ein **Gästebuch** ein. Pflegen Sie Ihre **Kundenkartei** und laden Sie alle Mandanten ein, darin etwas über Sie zu schreiben. Diskutieren Sie Wege **Ihre Mandanten zu motivieren**, ein **schriftliches Feedback** für Sie abzugeben

---

4. Webseiten müssen gefunden, nicht nur gepflegt werden

Optimieren Sie noch Ihre Webseite oder werden Sie bereits gefunden? Webseiten sind Geldverschwendung, wenn sie nicht **aufwandslos gefunden** werden. Ihr zukünftiger Mandant kennt Ihren **Namen noch nicht**! Machen Sie deshalb folgenden **Test:** Geben Sie nur Ihren **Beruf**, Ihr **Rechtsgebiet** (evtl. mit Fachanwaltstitel) und Ihren **Ort** ein. Das ist die von über 90 % der Anwaltssucher eingegebene **Reihenfolge bei der Anwaltssuche**, wenn der **Anwaltsname unbekannt** ist.

Sehen Sie sich auf der ersten Seite? Mandanten entscheiden sich für Anwälte auf der ersten Seite! Sie assoziieren sogar die **Qualität der Kanzlei** mit der **prominenten Positionierung bei Google.**

- **Anwaltsverzeichnisse**

Anwaltsverzeichnisse[8] sind inzwischen weit mehr als **bloße Namens- und Adressenlisten!** Sie sind **Multiplikatoren**, die Besucher und Sucher vor allem durch **Aktivitäten** auf diesen Verzeichnisseiten (Artikelveröffentlichungen, Videos) auf die **eigene Webseite** bringen. Durch die Listung Ihrer Kanzlei **in einem solchen Verzeichnis** erreichen Sie nachweislich eine **bedeutend höhere „Klickzahl" auf Ihrer Webseite.** Test it!

- **Google AdWords**

Das sind bezahlte Anzeigen. Bei einer Suche über Google sehen Sie oben (gelb unterlegt) drei Nennungen und rechts viele kleine, vierzeilige **Anzeigen**. Hier werben **Firmen für ihre Produkte.** Welche Anzeige bei Ihrer Suche geschaltet wird, entscheidet ein komplexes System von Google abhängig von Ihrem **Suchwort.** Google platziert genau **entsprechend Ihrem Suchbegriff** das **inhaltlich passende Angebot. Jeder Klick** auf eine Google AdWords Anzeige kostet den Auftraggeber Geld, manchmal bis zu mehrere Euro für jeden einzelnen Klick.

Mit Google Adwords „kann man kurzfristig Top-Positionen erreichen. Hier muss man gegenrechnen, ob Adwords nicht vielleicht günstiger sind als eine langfristige SEO Kampagne,[9] deren Erfolg auch immer ungewiss ist. In den meisten Fällen empfiehlt sich eine Kombination aus beidem."[10]

- **Suchmaschinenoptimierung (SEO)**

Die **Auffindbarkeit der Webseite** an prominenter Stelle ist inzwischen (tausende von zusätzlichen Anwaltswebseiten erfordern **Unterscheidungsmerkmale!**) bedeutend **wichtiger als die Webseite selbst.** Das zeigt auch das folgende Beispiel:

---

8 Z. B.: http://www.123recht.net/ – von Anwälten für Anwälte betrieben.

9 SEO (= Search Engine Optimizing) bezeichnet Techniken zur Optimierung der Auffindbarkeit von Webseiten durch Suchmaschinen. Alles, was Ihre Homepage beim Ranking weiter nach vorne bringt, kann helfen: Links zu anderen Homepages, Keywords, wechselnde Inhalte auf der eigenen Homepage und ca. weitere 200 Kriterien. Engagieren Sie Profis dafür.

10 Rechtsanwalt Michael Friedmann – http://www.123recht.net/ – in einem E-Mail Interview mit der Autorin am 4.8.2012.

Eine Rechtsanwaltskanzlei aus München möchte ihr Ranking (Auffindbarkeit in Suchmaschinen) optimieren. Sie stand zunächst auf Position 38 bei den Suchbegriffen „Rechtsanwalt", „München" und „Arbeitsrecht". Die Suchmaschine wirft bei dieser Kombination in dieser Reihenfolge etwa 1.500.000 (!) Positionen aus. Der suchende Probleminhaber ist angesichts dieser **Masse an Möglichkeiten** überfordert und wählt **mangels inhaltlicher Unterscheidungskriterien** die bequemste: eine Kanzlei **auf der ersten Seite.**

Ein **SEO-Spezialist,** Berater dieser Münchner Kanzlei, teilt die **Vorgehensweise** mit: *„Wir haben die Seiten der Kanzlei technisch optimiert, links zu anderen Homepages sowie Google Maps und einige weitere Maßnahmen eingerichtet und konnten dadurch die Kanzlei bei einem sehr starken Wettbewerb (ca. 7000 Rechtsanwälte in München) auf die Seite 2 beim Google Ranking bringen. Durch die zusätzlichen Suchbegriffe „Arbeitsrecht" und „Pasing" (Stadtteil von München) konnten wir die Kanzlei dauerhaft auf Platz 1 Seite 1 etablieren."*[11]

---

i **Tipp**

Viele Wege führen zur **Auffindbarkeit Ihrer Webseite**, auch wenn der Sucher Ihren Namen nicht kennt. Begeben Sie sich zunächst unter die Fittiche eines **Anwaltsverzeichnisses** mit hoher **Eigenaktivität.** Bieten Sie dort „kleine frische Aufsätze" in der **Sprache von Nicht-Juristen** an! Weiter geht's vielleicht durch **ein Image-Video**[12] auf Ihrer eigenen **Webseite** und zugleich auf **Youtube**. Sorgen Sie dafür, dass diese Videos von **Profis** gemacht und jeweils mit **denselben Schlagwörtern** angekündigt werden, die ein **Sucher Ihrer Dienstleistung** angibt! Ein **Schlagwort** ist also nicht „Video" oder „Kanzleipräsentation" sondern **alltägliche Rechtswörter** wie „Unfall", „Kündigung", „Schadenersatz" oder „Versicherung" oder **Problembeschreibungen** wie „Lärmbelästigung Kindergarten", „Mobbing Arbeitsplatz" oder „Reise Mangel".

---

5. Akquisemöglichkeiten über „Social Media"

Facebook und Twitter galten bis vor kurzem noch als **reine Privat-Plattformen**. Seit **Unternehmen jedoch Facebook entdeckt** haben (oder war das etwa umgekehrt?), ermöglicht diese Plattform auch **Firmenpräsentationen über „Fanpages"**. Der Konkurrent „Google Plus" ist relativ neu am Markt und hat sich von Anfang an nicht nur als reines Freundesnetzwerk verstanden sondern auch Büroanwendungen mit einbezogen. XING ist ein reines **Business-Netzwerk.** Hier ein Überblick über ausgewählte Netzwerke:

---

11 Jürgen Beckmann – http://www.mittelstandsberater.de/startseite.html – in einem Telefoninterview mit der Autorin Juli 2012. Rechtsgebiet und Stadtteil sind in diesem Beispiel verändert. Externe Berater übernehmen die komplette Unternehmenspräsentation in allen gewünschten und Ziel führenden Foren.

12 Gutes Beispiel für kleine Kanzleien auf http://www.rechthoch3.de/.

- **Facebook**

Facebook ist das **größte Netzwerk** weltweit. Es verbindet Privatpersonen und inzwischen auch **Geschäftsbeziehungen** durch ein „Freunde"-Kontaktsystem. Sie haben ein **eigenes Profil** oder / und eine eigene **„Fanpage"** in Ihren **Farben** mit Ihrem **Logo**. Diese „kleine **Webseite"** ist kostenlos und kann zu Ihrer **Webseite verlinkt** werden – und umgekehrt. **Zukünftige Mandanten** machen Sie immer wieder aufmerksam durch **eigene Aktionen**, Fotos, Filme, die Sie „posten" (= einstellen). Freunde können Sie gewinnen, indem Sie die **Aktionen** oder **Bemerkungen** anderer User „gut finden" oder andere User direkt in ihren „Freundeskreis" einladen.

Akquisitorisch noch vollkommen unentdeckt: die humorvolle rechtliche Kommentierung geposteter Fotos, Filme, Berichte anderer: Autopannen, Reiseberichte, eine Glasscherbe im Essen, eine falsche Haarfarbe beim Friseur. Alles, was Sie kommentieren, gelangt auch auf Ihre „Pinnwand" und kann dort von Besuchern nacheinander gelesen werden. Vorsicht: **Wettbewerbsgesetze** greifen auch hier! Ihr Profil kann **zeitweise gesperrt** werden, wenn Sie **Freundeseinladungen an Unbekannte** versenden, die sich über die Einladungen beschweren. Anwender: Weltweit ca. 900 Millionen.

- **Twitter**

Der kostenlose „Micro-Blogging-Dienst" Twitter ist auf **schnelle Kommunikation** zwischen den Nutzern ausgelegt. Etliche **deutschsprachige Anwälte** nutzen diesen Kanal, um sich über juristische Themen auszutauschen und **Nachrichten zu verbreiten.**[13]

Der Vorteil von Twitter ist der „Re-tweet"[14]: Mitteilungen werden an das Netzwerk des Empfängers **weitergeleitet.** So kann ein Anwalt, einen **hohen Informationsgehalt seiner Nachricht vorausgesetzt**, nicht nur seine **eigenen Kontakte** (Follower) erreichen, sondern im Falle eines Re-tweets auch **deren Follower** u.s.w. Eine wichtige Mitteilung kann sich so im besten Fall innerhalb von **wenigen Minuten** unter **allen deutschsprachigen Twitternutzern** verbreiten.

Deutschsprachige Anwender: 4,2 Millionen **Twitterati** nach Angaben des Messungsdienstes Comscore.

- **XING**

Xing ist die größte deutschsprachige Plattform für **geschäftliche Kommunikation** im Internet. Der Nutzen sind die Kontakte zu **Netzwerken Ihrer Zielmandantschaft.** Der **Haupt-Akquisefehler** von Anwälten bei XING ist, sich in Anwaltsnetzwerken aufzuhalten! Gehen Sie in die Netzwerke Ihrer **Zielmandantschaft.** Anwälte tragen

---

13 Microblogging = Blogging in Kurzform. Die Beiträge haben maximal 140 Zeichen. Möchte man Beiträge einer Person lesen, muss man sich als deren „Follower" eintragen. Dann erhält man ihre neusten Kurz-Mitteilungen (Tweets) auf seiner Twitter Homepage angezeigt. Twitter kann auch über das Handy bedient und abgerufen werden; siehe http://www.juratweet.de/.

14 Re-tweet = „zurück zwitschern".

ihre **Spezialisierungen** ein und hinterlegen maximal drei ihrer **Publikationen** als PDF. Sie geben ihren beruflichen Werdegang, ihre Kenntnisse und ihre Wünsche an („Ich suche"). Maximal 20 unbekannte Personen pro Tag dürfen Sie (XING-Regel) kontaktieren und in Ihre „Kontakte"-Liste einladen. Lassen Sie das Ihre Assistentin jeden Morgen als erstes machen. Verwenden Sie immer denselben Suchbegriff! Laden Sie Niemand zweimal ein. **Großartig für die Akquise** ist, wenn Sie ab 50 **relevante bestätigte Kontakte** haben, können Sie sie alle zu einem selbst organisierten Event (Vortrag oder Kanzleievent) einladen. XING Nutzer erhalten manchmal **Sonderpreise** für den Einstieg bei **Google AdWords.** Der Premium Service kostet 5,55 € im Monat. XING hat weltweit über 12 Millionen Benutzer.

---

i **Best Practice**

„Wir akquirieren seit Gründung der Kanzlei im Jahr 2006 einen Großteil unserer Mandate über das Internet. Das „Geheimnis" ist: publizieren, publizieren, publizieren! So stellen wir pro Tag durchschnittlich zwei bis drei neue Beiträge ins Internet, darunter teils auch sehr ausführliche. Jeweils etwa die Hälfte unserer Beiträge wird von unseren Anwälten bzw. unseren wissenschaftlichen Mitarbeitern geschrieben.

Die Besucher unserer Internetpräsenz sind zumeist Hersteller, Importeure und auch Händler, die einen eigenen Internet-Handel betreiben. Wir schreiben unsere Beiträge ausschließlich für Unternehmen, an der Beratung von Verbrauchern sind wir nicht interessiert.

Ebenso bemühen wir uns bei unseren Beiträgen um eine verständliche Sprache, da die Texte ja auch verstanden werden sollen.

Seit ca. einem Jahr unterhalten wir eine Facebook-Präsenz mit derzeit um die 6000 „Fans". Wir stellen jedem Facebook-Fan unserer Kanzlei kostenlos ein rechtssicheres Impressum zu Verfügung und stellen dieses über eine elektronische Maske automatisch in seine jeweilige Facebook-Seite ein. Zuletzt gewannen wir dadurch einen italienischen Stoffgroßhandel, deren Onlineshop wir nun rechtlich begleiten.

Unser „Mandantenportal" ist ein exklusiver Bereich, der allein unseren Mandanten vorbehalten ist. Es schafft eine Intensivierung des Mandatsverhältnisses, da wir ihnen in unserem Portal zahlreiche kostenlose Leistungen anbieten – wie z. B. eine automatische Markenrecherche. Außerdem gibt sie diverse Rechtstexte sowie kostenlose Zusatzleistungen und zahlreiche Vergünstigungen bei Kooperationspartnern der IT-Recht Kanzlei. Die hierdurch gewonnene dauerhafte Mandantenbindung ist für uns entscheidend."

Rechtsanwalt Max-Lion Keller, München, www.it-recht-kanzlei.de, Tel.: 089-13014330

---

i **Tipp**

„Social Media" bietet inzwischen mehr als private Kommunikation. In **Facebook** sollten Sie eine **Fanpage** erstellen lassen, falls Ihre **Wunsch-Mandanten** selbst Facebook nutzen. Laden Sie Ihre Mandanten ein, auch auf Facebook **Kommentare über Ihre Leistungen** abzugeben. **Kontrollieren** Sie diese Kommentare! Youtube – **Videos** erhöhen ebenfalls die Auffindbarkeit Ihrer Webseite. Schreiben Sie in **Jura-Blogs**, richten Sie selbst einen **Blog** ein. Gelungenes **Beispiel** ist der sogar mit dem Grimme Online Award 2011 in der Kategorie "Information" ausgezeichnete „law blog" des Düsseldorfer Rechtsanwalts Udo Vetter.

---

6. Internet-Rechtsberatung revolutioniert Abläufe

„Zum Anwalt? Och nöööö ... Lieber nicht!“ Anwälte sind teuer, schwer erreichbar und lösen **diverse Ängste** aus: Mein Fall ist zu klein, der Weg ist zu weit, der Richter ist bestimmt böse, der Anwalt vielleicht so ein Besserwisser und sicher von diesem Fall gelangweilt ...

Vielen **Probleminhabern,** vor allem Privatklientel, kommt die **Internet-Rechtsberatung** gerade recht.

- **Online Rechtsberatungen haben viele Vorteile für den Mandanten. Sie:**
  - sind **7 x 24 Stunden** pro Woche für den Mandanten da,
  - sichern zunächst **Anonymität,**
  - sichern ihm **ständig verfügbare Informationen,**
  - bieten Einblick in die **Honorarentwicklung** und deren Basis ,
  - ermöglichen größte **zeitliche und räumliche Flexibilität,**
  - bringen ihm die oft **sofortige Beantwortung** seiner Frage,
  - ersparen ihm **gruselige Anrufbeantworter-Texte** auf dem Anwaltstelefon,
  - ersparen ihm fachlich **vor sich hin murmelnde Rechtsanwälte,**
  - sind oft durch SSL-Verbindungen **sicherer als E-Mails** oder **Papier.**
- **Online Rechtsberatungen haben Vorteile für den Anwalt. Sie:**
  - blockieren in der Kanzlei kein Telefon,
  - machen ein „kundengerechtes“ Anwaltsbüro unnötig,
  - machen den Anwalt geografisch unabhängig,
  - entspannen die Terminlage im Büro,
  - sparen Zeit durch E-Mail Unterlagenversendung,
  - ersparen ihm hohe Personal- und Mietkosten,
  - können der Beginn einer längeren Geschäftsbeziehung sein.

Zahlreiche **Online-Rechtsberatungs-Portale** konkurrieren inzwischen auf dem Markt. „Als Ergänzung zum persönlichen Beratungsgespräch kann eine Online-Beratung durchaus **Vorteile** haben“,[15] ein Service „rund um die Uhr“, Festpreis um € 50,– (z. T. sogar ab € 20,–) für eine Erstberatung und oft ausführliche Antworten machen aus **Mandantensicht die Portale attraktiv.**

Auf manchen Portalen wie www.frag-einen-anwalt.de oder www.answer24.de **bestimmen die Mandanten den Preis**, den sie für eine Antwort bereit sind zu zahlen. Wer zu diesem Preis antworten möchte, antwortet. Oft antworten sehr junge Anwälte, „die sich noch ihre Nische suchen innerhalb von wenigen Stunden“.[16] Aller-

---

15 Peggy Fiebig, Bundesrechtsanwaltskammer, in *Henrik Wieduwilt*, „Zum Anwalt surfen“, FAZ v. 21.6.2009.

16 Conny Leuschner vom Anwaltsverzeichnis Foris, in *Henrik Wieduwilt* „Zum Anwalt surfen“, FAZ v. 21.6.2009

dings ist Vorsicht geboten: Weicht der Fall auch nur etwas vom Standard ab, kann die Beratung schief gehen.[17]

---

i **Tipp**

In der Regel sind diese Portale für Anwälte nicht lukrativ. Allerdings zählt für sie das **Marketing:** Einerseits können sie sich auf der Webseite der Anbieter mit einem **Profil** darstellen, andererseits durch Beantwortung von Fragen direkt **Mandate akquirieren** und außerdem auf **Bewertungen** verweisen, die sie als **direktes Feedback** („hilfreich", „nicht hilfreich" oder sogar „Volltext") für ihre Beratungen bekommen. Für ihre Listung zahlen Anwälte je nach Portal um die € 200,–/Jahr.

Online-Rechtsberatung ist **als Akquiseinstrument** eher umstritten: Viele **Einzelfallmandate** ohne weiter führendes Potenzial, die **geringe Frustrationstoleranz** mancher Anfrager und der beständig lauernde Eindruck von „**Dumping**" nach außen als auch die **objektive Unterbezahlung** deuten eher auf **fehlende langfristige Perspektiven.**

7. Reputation ist verletzungsanfällig

Langsam optimiert – schnell ruiniert! Reputation ist durch das Internet verletzungsanfälliger geworden. Daher lohnt sich für viele Kanzleien die **Kontrolle ihrer Reputation** durch das **Reputations-„Monitoring"**.

Meldungen, Andeutungen, Berichte, die **mittelbar oder unmittelbar** Ihre Kanzlei bzw. Ihre Person betreffen, werden „gescannt", **Falschmeldungen** gelöscht, **Bedrohungen** beseitigt, **Daten** aktualisiert, deren **Änderung** überwacht, **Einträge** in Blogs kommentiert und **Diskussionen** ergänzt. Unzufriedene Mandanten können sehr leicht – und völlig **unabhängig von der tatsächlichen „Mitschuld" ihres Anwalts** – in Foren, Blogs und Bewertungsportalen dauerhaft das (Internet-) Image einer Kanzlei beschädigen. Das gefährdet, sofern die „gepostete" Kritik **unkommentiert** bleibt, den wirtschaftlichen Erfolg.

Aktives „Monitoring" heißt die Lösung. Sie wird auch von **Profis** angeboten („Online Reputation Management") und kümmert sich auch um die **aktive und kongruente Positionierung** der Aktivitäten einer Kanzlei, z. B. durch tagesaktuelle **Urteile**, einen verschlüsselten **Mandantenbereich** (wird als Bonus verstanden), attraktive **Schlagwörter, die „Wochenschau"** (aktuelle Videobotschaften zu aktuellen Rechtsthemen), ständig aktualisierte **Fotos** oder durch Kommentare von **Presseberichten.**

---

17 Vgl. Peggy Fiebig, Bundesrechtsanwaltskammer, in *Henrik Wieduwilt*, „Zum Anwalt surfen", FAZ v. 21.6.2009.

Die Reputation, die eine Kanzlei **ohne Internet erwarb**, zeigt sich im Internet auch. Beide Auftritte sollen sich **ergänzen und zueinander passen**. Mandanten honorieren diese Art von **Kongruenz besonders nachhaltig**, wie das folgende Beispiel zeigt:

Best Practice

„Wir können durch mehrere gezielte online Marketingmaßnahmen eine deutlich zunehmende Resonanz feststellen. Diese dürfte bei etwa 30–40 % liegen. Nachdem wir zuvor 10–15 Mandatsanfragen täglich verzeichnen konnten, sind es nun häufig 20 oder mehr.

Wir nehmen aus unterschiedlichen Gründen nicht alle als Mandat an. Insbesondere scheint sich auswirken, dass wir fast täglich die von uns erzielten Prozesserfolge mit den dazu gehörigen Aktenzeichen und darüber hinaus zahlreiche Pressebulletins veröffentlichen. Diese Berichte werden mit populären und häufig gesuchten Schlagwörtern betitelt („Fehlgeschlagene Schönheitsoperation", „Spritze von Aushilfspfleger" etc.).

Bei diesen Marketingmaßnahmen dürfte es sich allerdings nur um einen Mosaikstein des Erfolges handeln. Meine fast 20-jährige, durchaus anstrengende Aufbauarbeit, die Spezialisierung auf ein „Nischenprodukt", die systematische Weiterbildung sämtlicher juristischer Mitarbeiter, ausgedrückt u. a. in Zusatzqualifikationen und meine regelmäßigen Vorträge seit der „Gründerzeit" haben gewiss den Löwenanteil an der Reputation unserer Kanzlei.

Gerade Opfer von medizinischen Behandlungsfehlern sind besonders kritisch bei Suche und Auswahl des geeigneten, kompetenten Rechtsvertreters. Sie recherchieren lange in Presse, Umfeld und Internet und vergleichen Anwälte durch direkte Rücksprachen oder durch die Erfahrungen von Verbänden, Krankenkassen etc.

Unsere Leistungen werden hauptsächlich durch unsere Mandanten selbst und durch Patientenstellen weiter getragen. Krankenkassen, Versicherungsunternehmen, Betroffenenverbände, Verbraucherzentralen, Journalisten, vor allem aber Anwaltskollegen, Mediziner und Gutachter erweisen sich ebenfalls als effiziente Multiplikatoren.

Wir sprechen in unseren Fallbeschreibungen und im direkten Kontakt die Sprache unserer Mandanten, die in unseren regelmäßigen Mandantenbefragungen vor allem unsere Menschlichkeit und Hilfsbereitschaft erwähnen."

Dr. Dirk C. Ciper LLM, Fachanwalt für Medizinrecht, Berlin, Düsseldorf, Tel.: 030-8532064 oder 0211-556207

Tipp

Ihre **Online-Reputation** stützt oder stürzt Ihre **„live"-Reputation**; im Idealfall sind beide Auftritte **kongruent,** vermitteln also **dieselben Werte**: Verlässlichkeit, Punktgenauigkeit, Verständlichkeit, Servicebereitschaft. Sobald einer Ihrer Werte im Internet **torpediert** wird, auch **durch Kleinigkeiten**, bekommt auch Ihr „live"-Image Risse.

Etablieren Sie ein **„Monitoring"**! Auch der kleinste Mandantenkommentar wird durch Sie oder Ihre Mitarbeiter **kommentiert**, auch positiv durch **Dank** und **weitere Beispiele**! Oft lohnt sich bei einer „genörgelten" Kritik ein **direkter Kommentar durch Ihre Kanzlei nicht.** Als sinnreicher hat es sich erwiesen, **regelmäßige positive Meldungen** zu „posten" statt die negativen durch einen Kommentar **aufzubauschen.**

II. Ist Ihre Webseite K _ R _ E _ A _ T _ I _ V?

Ist Ihre Webseite eigentlich kreativ? Nein? Sollte sie aber sein! Der Besucher soll verleitet werden, **lange zu bleiben und schnell und oft wieder zu kommen.** Er soll ein Lieblingsgast sein. Ihre **KREATIV**-Checkliste wird ihn dazu bewegen.

- **K**
  - **Kontaktdaten** sofort auffindbar?
  - **Kostenlose** Downloads, Checklisten, Artikel, Newsletter, Urteile, Blogs?
  - **Klar** aufgebaut und übersichtlich: Wo ist was? Schrift groß genug?
  - **Kritik** und Lob schriftlich möglich? Feedback-Formular? Protokoll-E-Mail an den Sender?
  - **Kompetenz** kommuniziert? (Veröffentlichungen Referenzen, Seminare, Gästebuch)
  - **Kontrolle** der Zugriffszahlen eingerichtet?

Best Practice

„Durch „Google analytics" (bereits vor 6 Jahren kostenlos installiert) beobachten wir akribisch das Verhalten unserer Webseitenbesucher. Die Ergebnisse werten wir sorgfältig aus. Wir überarbeiten unsere Webseite nach diesen Ergebnissen etwa alle zwei Jahre komplett neu.

Seit Beginn 2012 kommen 70 % unserer neuen Mandanten über die Webseite zu uns. Im April 2012 hatten wir im Ganzen 1422 Besucher, die 3900-mal eine unserer Inhaltsseiten aufriefen. 72 % dieser April-Besucher waren erstmals zu Gast. Wir ermitteln auch die Wirksamkeit der eingegebenen Keywords. Von den Aprilbesuchern gaben 96 Personen die Nachnamen der Partner an („Lyck" + „Pätzold"), 30 lediglich die beiden Begriffe „Facebook" + „Arzt".

Wir haben seit kurzem einen Blog in die Webseite eingebunden; dort veröffentlichen wir regelmäßig kurze, verständliche Gerichts-Entscheidungen oder auch Marketing-Anforderungen an Arztpraxen.

Unser eigener „You-Tube-Channel" fasst in 10–20 Kurzfilmen (Zahl variiert ständig, und immer kommen neue Filme dazu) in einfachster Sprache unser Angebot zusammen."

Rechtsanwältin Katri Helena Lyck, Lyck & Pätzold Medizinanwälte, Bad Homburg, Tel.: 06172-139960

- **R**
  - **Rechtsgebiets**-Nutzen eher erklärt als das Rechtsgebiet?
  - **Reputation** durch Kundenstimmen, Gästebuch, Vorträge, namhafte Mandate erläutert?
  - **Rundschreiben** bereitgestellt in eigener Rubrik?
  - **Rubriken** auch zum Mitmachen eingestellt?
- **E**
  - **Einfache** Navigation, ohne auf die Startseite zurück zu müssen? Stichworte?
  - **Emotionale** Ansprache? Sprache der Zielgruppe? Farben, Bildsprache, Symbole, Motive?
- **A**
  - **Auffindbar** (SEO)?
  - **Attraktiv?** Anschaulich?

- **Aktuell?** Tagesaktuelle Kommentare?
- **Anwälte** mit Foto, Kompetenzen, Leitspruch und Kontaktdaten, besonders E-Mail-Adresse?
- **Assistentinnen** bei der Arbeit fotografiert? Mit Namen, E-Mail-Adresse und Leitspruch?
- **Anfahrtsskizzen** eindeutig? (nicht aus Google Maps kopieren!)
- **Abonnement** Ihres Newsletter möglich per RSS-Feed?[18]
- **Anfrageformular** sendet automatisch eine Kopie an den Anfrager?

■ **T**
- **Texte** enthalten Nutzen der Leser? Verständlich? Juristenvokabular und Bleiwüsten abgeschafft?
- **Taktik**: Aufmachung für Suchmaschinen optimiert und für Leser attraktiv?

■ **I**
- **Innovativ?** Prospektlyrik vermieden? Moderner Anstrich?
- **Informationen** sofort auffindbar? Sexy aufgemacht? Kostenlos? regelmäßig Neues?

■ **V**
- **Verständliche** Texte?
- **Videos** eingestellt?
- **Vortragskalender veröffentlicht?**
- **Vernetzung** mit anderen Seiten, „Social Media", Facebook-Button, Links zu Vereinen, etc.
- **Veröffentlichen**: Presseliste, Aufsatzliste, Buch, Stellungnahmen, Manuskripte.

Erfolgstipps
- **Telefonservice** besonders geschult? Erstanrufer vergleichen mit dem **Online-Eindruck**!
- Ihre Webseite muss **gefunden und gepflegt**, nicht nur gemacht werden!
- Gehen Sie in **soziale Netze**, wenn Ihre Wunschmandanten das auch tun!
- Erarbeiten Sie sich eine **Online-Reputation**, pflegen und **kontrollieren** Sie sie!
- Gestalten Sie Ihre Webseite **K _ R _ E _ A _ T _ I _ V!**

---

18 RSS = engl. Really Simple Syndication speichert Artikel einer Webseite oder dessen Kurzbeschreibung und stellt sie maschinenlesbar bereit, wird vor allem für Blogs und für Newsletter verwendet.

Public Relations

100 % indirekte Akquise

Erfolgreiche Anwälte überdenken ihre **öffentliche Wirkung** nicht erst, wenn Umsätze zurückgehen, sondern bereits, wenn sie kurz davor sind, den ersten **Umsatz zu generieren**. Sie greifen zu diesem Zweck auf **drei Kategorien von Öffentlichkeitsarbeit** zurück:

- **Marketing**[1] klärt eine bestimmte Zielklientel durch bedarfsgerechte Vorträge, Artikel, In-house Veranstaltungen und Inhalte auf der Webseite darüber auf, was der Anwalt kann.
- **Werbung**[2] etabliert öffentlich platzierte, bezahlte, sichtbare bzw. hörbare Anzeigen, Plakate, Podcasts, Werbeaufschriften auf Fenstern, Autos, Einkaufswagen, Laternenmasten, Schirmen und Fahrradständern, durch Anzeigen, Weihnachts- und Grußkarten, Flyer, Broschüren, Radio- Kino- und Internetspots.
- **Public Relations** etabliert Methoden, durch die sich **andere** über die **Leistung der Kanzlei** äußern. Pressekontakte, Pressekonferenzen, Kolumnen, Interviews, Kriseninterventionen. PR fördert das Sprechen anderer über die Kanzlei.

Damit letzteres auch bei **prominenten Mandanten** oder besonders **imageträchtigen Mandaten** der Fall ist, bekommen diese Gruppen **Litigation**[3]**-PR-Agenturen** zur Seite gestellt. Sie entwerfen mit dem Anwalt zusammen **PR-Strategien.**

Anwälte aktivieren also ihre Medienarbeit in alle **strategisch sinnvollen Richtungen**: Kulturelle **Veranstaltungen**, Reim-Reden bei **Karnevalssitzungen**, **pro bono Mandate** (die Rechtsgeschichte schreiben) sowie besonderes **soziales Engagement** und **Sponsoring,** über das Medien berichten, tragen ebenfalls dazu bei, dass andere über die anwaltlichen Leistungen reden.

Dieses Kapitel wird in zwei Abschnitten Ideen liefern, durch die Sie Ihre **Medienarbeit neu einrichten, intensivieren** oder in **Spezialfällen zur Imagewerbung** nutzen können.

I. Eine Kanzlei ohne PR ist wie ein Klavier ohne Tasten
II. Litigation-PR: Öffentlicher Druck kann das Recht lenken

1 Vgl. das Kapitel „Kanzleimarketing“.
2 Vgl. das Kapitel „Werbemaßnahmen“.
3 „Litigation-PR = prozessbegleitende Kommunikation bzw. Öffentlichkeitsarbeit.

I. Eine Kanzlei ohne PR ist wie ein Klavier ohne Tasten

Tue Gutes – und lass andere darüber reden! Dies könnte das Motto von Public Relations sein. Als Untergruppe des **Kanzleimarketings** erzeugt eine kluge PR **langfristige, breit gestreute Imagegewinne.**

Eine **PR-Strategie** ist darauf ausgerichtet, dass andere als der Anwalt selbst **über den Anwalt reden.** Journalisten und viele andere Multiplikatoren agieren an der Schnittstelle zwischen **Kanzlei und Öffentlichkeit**: Redakteure, Richter, Gegner, Verbände, Staatsanwaltschaften, Vereine, Behörden, Mandanten, Mitarbeiter, Vermieter und viele andere **sprechen über Anwälte**. Sie sind längst nicht alle mit diesen **persönlich in Kontakt,** sondern lesen und hören nur über sie. Wenn das geschieht, ist die **Medienarbeit gut.**

Eine **Kanzlei ohne Medienarbeit** riskiert, dass über **ihre Kompetenzen nicht außerhalb des Hauses geredet** wird. Wenn das wiederum geschieht, beginnen Anwälte, selber ihre Kompetenzen zu erklären. Da sie das nicht gelernt haben, geraten **Statements in eigener Sache** in aller Regel zu **angeberisch**, zu **kompliziert** oder zu **schüchtern.**

Eine eigene Medienarbeit lohnt sich, auch wenn sie **Profis engagieren**. Freiberufliche **Texter** oder gar – wie in Großkanzleien üblich – eigene **PR-Mitarbeiter** kosten weit weniger Geld als sie einbringen.

Hier sind einige Tipps, durch die Sie Ihre PR-Arbeit – selbst oder durch Profis – optimieren können:

- Wählen Sie als **„Pressesprecher“** Ihrer Kanzlei eine **Plaudertasche**: kommunikativ, eloquent, sympathische Ausstrahlung, angstfrei, aktiv und themensicher.
- Suchen Sie **Themen** aus, auf die **Journalisten anspringen**. Das sind entweder solche, durch die sie ihre Zeitungen verkaufen (hoher **Lesernutzen**) oder die in ihr **Spezial-Thema passen.** Interessant sind Rechtsthemen, die den Leser oder Hörer direkt oder indirekt **beeinflussen**, **bedrohen**, **bestätigen** oder **einschränken.**
- Erstellen Sie **Medieninformationen** (Pressemitteilungen, Pressemappen), die die **Interessen der Medien bedienen**. Sagen Sie nicht zuerst, was Sie (gemacht) haben, sondern was daraus der **Nutzen** für die Leser ist.
- Mieten Sie **Profi-Texter** und bieten Sie ihnen ein **effizientes Briefing** – sonst sind auch sie machtlos!
- Bieten Sie **fertige E-Mail-Interviews** an, sobald in Ihrem Rechtsgebiet relevante Neuerungen auftauchen.
- Seien **Sie schneller, verbindlicher, kreativer und unnachgiebiger** als Ihre Konkurrenz!
- **Kommentieren** Sie auf Facebook alle greifbaren Events und privaten Postings aus **Rechtssicht**! Das ist bislang ein völlig unentdecktes Feld – **besonders für Allrounder**: Privat gepostete Fotos von Unfällen, gequälten Tieren, Randale im Fußballstadion, Urlaubsfotos von Kakerlaken in der Dusche, ungesicherten

Zäunen in Kindertagesstätten, Konzertverschiebungen, fristlosen Kündigungen, falscher Haarfarbe beim Friseur etc. rufen geradezu nach einer **rechtlichen Einordnung**.
- Fassen Sie sich kurz. Bringen Ihre Aussagen zu **komplizierten Rechtsthemen** auf den Punkt – damit Ihre Kanzlei auch **zitiert wird**.
- Kommentieren Sie die **aktuelle Gesetzgebung** alle zwei Wochen unter **Suchmaschinenoptimierter Überschrift** auf Youtube, Ihrer Webseite und auf Ihrer Facebook-Fanpage. Diese Botschaften haben alle dasselbe Intro: Logo Ihrer Kanzlei + Musik + Überschrift für diese Reihe. Die **Filme** sollen sich sehen lassen können.
- Organisieren Sie selbst **Umfragen** in der Branche, in der Ihr Rechtsrat benötigt wird. Veröffentlichen Sie die Ergebnisse auf Ihrer Webseite (Sucher müssen es dort wiederfinden) und bieten Sie die **Ergebnisse in relevanten Medien** an!
- Gewinnen Sie die Macher von **Rechtsberatungshotlines** für sich. Werden Sie dort **Rechtsexperte**.
- Ermitteln Sie die **Spezialisierung von Journalisten** und segmentieren Sie Ihre Informationen **nach Branchen**.
- **Fachartikel** stützen Ihre **Reputation**! Werden Sie niemals müde, sich bei Fachmagazinen vorzustellen. Anwaltliche Beiträge sind gefragt, solange sie **nützlich und verständlich** für die User sind.

II. Litigation-PR: Öffentlicher Druck kann das Recht lenken[4]

Kriminelle Manager, gefeuerte Kassiererinnen, prominente Vergewaltiger, betrogene Anleger, mordverdächtige amerikanische Kindermädchen in Italien und Veranstalter von Massen-Facebook-Parties haben mindestens **zwei Gemeinsamkeiten**: Sie haben
- eine **breite Öffentlichkeit** für oder gegen sich, und das sowohl im laufenden **Prozess** als auch vorher und nachher sowie
- Anwälte, die **mit dieser Öffentlichkeit rechnen** und daher mit **Litigation-PR-Beratern** zusammen arbeiten.

Beispiel

„Öffentlicher Druck kann das Recht lenken“[5] titelte die FAZ im Oktober 2011 über den Freispruch im so genannten „Amanda-Prozess“: die Angeklagte war das amerikanische Mädchen Amanda Knox, Austauschstudentin in Perugia/Italien. Im ersten Verfahren war sie zu **26 Jahren Gefängnis** verurteilt und im **Berufungsverfahren zwei Jahre später frei gesprochen** worden.

---

4 Jörg Bremer, „Freispruch, keine Klärung“, http://www.FAZ.net/ v. 3.10.2011 über die Rolle von Litigation-PR in deutschen Gerichtssälen.

5 Jörg Bremer, „Freispruch, keine Klärung“, http://www.FAZ.net/ v. 3.10.2011.

Sie offenbarte der Öffentlichkeit in dieser Zeit einen **vollständigen Imagewechsel** und mutierte vom sexbesessenen „Engel mit den Eisaugen" zum lieben, neugierigen und sehr sportlichen amerikanischen Mittelklasse-Traum, der unschuldig von der anti-amerikanisch eingestellten Justiz Italiens gequält wurde.

Hinter diesem Imagewechsel stand eine **perfekt inszenierte Kampagne** von Litigation-PR, die erstmals durch diesen Fall eine **breitere deutsche Öffentlichkeit** erreichte.

---

1. Litigation-PR – viel gerühmt und wenig bekannt

Litigation-PR ist ein Hilfsmittel. Sie stellt einen **Imagegewinn** und eine **langfristige Reputation** des Anwalts und **seines Mandanten** sicher. Wer einmal einen **Litigation-PR-Berater** engagiert hat, **tut es wieder**. Bislang engagieren **deutsche und österreichische Kanzleien** einen Litigation-PR-Berater in (einer oder in einer Kombination der) folgenden Situationen:

- Der Mandant sieht sich **seit der Veröffentlichung** eines Vorwurfs einer **medialen Schlammschlacht** gegenüber und befürchtet **massive Imageschäden** für sich und sein Unternehmen.
- Die **Presseabteilung des Unternehmens** eines **Mandanten** ist ängstlich. Sie handelt bei **strafrechtlichen Vorwürfen** zunächst nur **nach innen, viel zu langsam und defensiv**. Sie wirkt wie ein langsamer **Tanker** gegen das **Speedboot** der Staatsanwaltschaft.
- Der Mandant plant **unpopuläre Managemententscheidungen** wie Fusionen oder Massenentlassungen.
- Der Mandant löst eine breit gefächerte, **positive, öffentliche Identifikation** mit einem Wertekodex aus: Medien, Verbände, Kommunen, Privatorganisationen rücken zusammen und beziehen Stellung im Kampf „Klein gegen Groß" oder „Gut gegen Böse".
- Die verfassungsmäßig **garantierte Unschuldsvermutung** ist lange vor Verfahrensbeginn durch **Verdachtsberichterstattung** in den Hintergrund gerückt oder **ganz verschwunden.**
- Anwälte sind im **Umgang mit Medien unerfahren** oder komplett ungeeignet und reden sich in Anwesenheit von Presse und sogar im **geplanten Interview** um Kopf und Kragen.
- Der Mandant (oder die ihn vertretende Organisation) **zahlt die PR Berater.**

Auch **Bedenken** lassen sich derzeit **gegen Litigation-PR** ausmachen. **Deutsche Anwälte**

- **wissen nicht**, dass es so etwas in Deutschland gibt,
- haben in Deutschlang **wenig Vergleichsmöglichkeiten** bei Anbietern,
- überzeugen ihre Mandanten nicht davon oder **raten selbst ab** („zu aufwändig"),
- können das **Ergebnis nicht garantieren,**
- scheuen die **weiteren Kosten,**

- haben **Imagebefürchtungen:** Mandant und Öffentlichkeit bewerten nicht mehr die Arbeit des Anwalts, sondern eher die der Öffentlichkeitsarbeit,
- glauben, nicht, dass **deutsche Gerichte maßgeblich beeinflussbar sind** (anders als das Jury-System mit Laienrichtern in USA),
- möchten sich **nicht mit Staatsanwälten auf eine Stufe stellen** und die Presse offensiv einbinden, sondern bevorzugen die „ehrliche Konfrontation" mit dem Rechtsstaat (besonders Strafverteidiger).

In Deutschland war Litigation-PR bereits behilflich bei der **schnellen Beilegung** von gerichtlich oder vorgerichtlich ausgetragenen **Konflikten.** Hier einige **Ergebnis-Beispiele:**[6]

- **Banken entschädigen** Mittelständler oder Kommunen, die durch ihre Finanzprodukte geschädigt wurden.
- Hersteller fehlerhafter Produkte **einigen sich mit ihren geschädigten Kundengruppen.**
- **Umweltfrevler entschädigen Betroffene** oder lassen von ihren umweltschädlichen Bauvorhaben ab.
- Staatsanwälte müssen ihre **Ermittlungen einstellen** oder in eine andere Richtung lenken.
- **Patentstreitigkeiten** zwischen Unternehmen werden früher beigelegt.
- Arbeitgeber hören auf, **Mitarbeiter zu bespitzeln** oder abzuhören.
- Behörden müssen erkennbar **absurde Entscheidungen zurücknehmen.**

2. Anwälte brauchen Litigation-PR

Dass große PR-Agenturen Juristen anheuern, ist nichts Neues. Umgekehrt jedoch war das bis vor kurzem **in Deutschland weitgehend unbekannt.** Anwälte hatten erstmals „die Verbindung von professioneller Medienarbeit und Mandantenakquise"[7] erkannt, als Kleinanleger anfingen, im großen Stil **Anwälte zu engagieren.** Die ersten **Berichte einer PR-Agentur** hatten die Geprellten wach gerüttelt und zusammen geschweißt. Sie wurden nun zu „großen Opfergruppen, die ... in Kameras jammerten und vor den Gerichten Plakate schwenkten."[8] Dadurch erhielten Anwälte plötzlich ungleich mehr **Aufmerksamkeit.** Beinahe täglich wurden sie **interviewt,** um Meinung gefragt und von **weiteren Mandanten aufgesucht.**

---

6 Aufzählung von Uwe Wolff, „Das Recht zu kommunizieren", zitiert nach http://blog.sympra.de/2010/01/15/litigation-pr-das-recht-zu-kommunizieren/.

7 PR-Berater Stephan Holzinger in: „Manipulation im Gerichtssaal", FAZ.net.de v. 19.9.2010.

8 Melanie Amann, „Manipulation im Gerichtssaal", http://www.FAZ.net./ v. 19.9.2010 über die Rolle von Litigation-PR.

Die Arbeit von **Litigation-PR-Agenturen** kanalisiert die öffentliche Meinung und hat zum Ziel, durch **öffentlichen Druck** das Recht in die gewünschte Richtung zu lenken. Dieses Ziel **eint Unterstützer und auch bezahlte PR-Vertreter** oben genannter Mandantengruppen.

Vor allem Wirtschaftstrafrechtler brauchen Litigation-PR. Gerade Manager von Großunternehmen und Banker stehen seit 2008 unter besonderer **Beobachtung von Strafverfolgungsbehörden.** Die Öffentlichkeit reagiert äußerst **empfindlich** auf jegliche **justiziable und nicht justiziable Verfehlung von Managern.** Der **Imageschaden durch Wirtschaftskriminalität** geht in die Millionen; der langfristige **öffentliche Vertrauensverlust** ist nicht bezifferbar.

Wenn eine solche Straftat öffentlich wird, kann der Anwalt mit seinen eigenen Kommunikationsmitteln so gut wie nie **negative Publicity vermeiden.** Selbst nach einem Freispruch bleibt an der betroffenen Person und vor allem an seinem Unternehmen ein **negativer Beigeschmack.**

Hier setzt **Litigation-PR** an: Sie wird verstanden als bewusst gesteuerte und **mittelbar kommunizierte Beeinflussung des Verfahrens und der Öffentlichkeit.** In vielen spektakulären Gerichtsfällen ziehen **PR-Strategen im Hintergrund die Fäden.** „Manipulation im Gerichtssaal“[9] ist eine häufig diagnostizierte Begleiterscheinung davon. Richter und Staatsanwälte sind nicht minder **beeindruckt.**

3. „Als das Wünschen noch geholfen hat“ – der Mythos vom unabhängigen Richter

Das Dogma der richterlichen Unabhängigkeit entspringt der rechtsphilosophischen Idee von dem „gerechten Dritten“, der „unvoreingenommen“ und mit Abstand einen Streit schlichten und gerechte Urteile fällen könne.

Unbefangenheit ist jedoch **gehirnphysiologisch gesehen unmöglich**: auch Richter sind ausgestattet mit einem **Wahrnehmungsfilter,** der jede **objektiv wahrnehmbare Information** durch ein **subjektives Raster** filtert. Dieses wiederum ist gekoppelt an höchst **individuelle Werte** und **Lerngewohnheiten**, die auch ihr Inhaber nicht ausschalten kann.

Wahrnehmungsphysiologisch sind **Einflüsse aus Akten**, **Zeugenvernehmungen**, **äußeren Bedingungen** und **berichtenden Medien** gleichrangig. Sie sind alle **objektiv vorhanden** und werden **subjektiv verwertet.** Die amerikanischen Versuche, die Jury unter „Wahrnehmungs-Quarantäne“ zu stellen, um ihren Objektivität zu gewährleisten, belegen dies eindrucksvoll.

Gerade Staatsanwälte haben alle Macht, **Vorverurteilungen systematisch zu lenken** und sehen sich bei Strafverfahren in einer **Anklagelinie mit den Boule-**

9 Melanie Amann, „Manipulation im Gerichtssaal“, http://www.FAZ.net./ v. 19.9.2010 über die Rolle von Litigation-PR im Fall „Emmely“.

vardblättern („Volkes Stimme"). Sie signalisieren allein dadurch bereits eine **engere Bindung** und einen **leichteren Zugang zu Journalisten**.

Die meisten Strafverteidiger (und viele Kollegen aus anderen Rechtsgebieten) sind meist zu schwach, um dagegen anzugehen. Sie scheuen **aktiv eingeleitete** Pressekontakte. Sie sollten in dieser Hinsicht **von Staatsanwälten lernen** und über eine **Änderung der Machtverhältnisse** nachdenken.

Erfolgstipps

i

- „Public Relations" = **andere sprechen über meine Arbeit**. Bringen Sie sie dazu!
- Richten Sie ein **PR-Konzept** ein. Beliefern Sie relevante Multiplikatoren mit Informationen!
- Bieten Sie sich für **Interviews und Stellungnahmen** aktiv an!
- Engagieren Sie freiberufliche **Texter, PR-Agenturen** oder sogar eigene **PR-Mitarbeiter!**
- Erwägen Sie **Litigation-PR** bei imageträchtigen Mandaten oder prominenten Mandanten!

Qualität

100 % indirekte Akquise

„Qualität ist das beste Rezept.“[1] Nicht nur der introvertierte Pudding-Milliardär Oetker schwärmte mitsamt Millionen erleichterter Nachkriegs-Hausfrauen und – eine Generation später – mitsamt Abermillionen begeisterter Tiefkühl-Pizza-Esser von dieser Erfolgsformel, sondern mit ihm – wenn auch aus anderen Gründen – viele **Anwälte** und vor allem **deren Kunden.**

Nicht erst seit dem Wirtschaftswunder der 50er und 60er Jahre bezeichnet „Qualität“ eine aus Kundensicht stets eher **intuitive** und **selten präzise messbare** Größe. Kunden müssen nicht fachlich **spezifizieren**, was sie unter „Qualität“ verstehen, um **Qualität beurteilen** zu können, denn sie sind die **Käufer**.

Dieses Kapitel versteht sich als **Entscheidungshilfe für Anwälte. Wessen Qualitätskriterien** soll die anwaltliche Leistung erfüllen? Und **wie geht das**? Und: Wie steht es mit der **Akquise-Qualität** in Ihrer Kanzlei?

I. Qualität – eine Frage der Wahrnehmung[2]
II. Qualität liefern heißt: Bedarf erkennen
III. Die große Qualitäts-Checkliste für Ihre Akquise

I. Qualität – eine Frage der Wahrnehmung

Kunden-Urteile über Produktqualitäten werden fast **ausnahmslos subjektiv** gefällt, entscheiden dennoch allein über den **Erfolg eines Produktes** und kennen nur zwei Folgen: „kaufen“ oder „nicht kaufen“.

Der **Macher eines Autos** hält **Sachleistungen**, wie etwa Kennzahlen, Herstellungsmodus, Sicherheitsgarantien, Motorleistung, Umweltverträglichkeit, beheizbare Rückspiegel sowie weitere Details der Ingenieurskunst, für Qualitätskennzeichen. Der **Käufer eines Autos** dagegen verbindet mit dem Kauf **persönliche Werte,** wie etwa Familienfreundlichkeit, Image, Genuss oder Bedienfreundlichkeit. Selbst wenn Letzterer wollte, könnte er **sachliche Qualitätskriterien nicht objektiv bewerten** oder schlüssig vergleichen.

Dasselbe gilt in besonderem Maße für **nicht anfassbare, hoch erklärungsbedürftige Produkte wie die anwaltliche Dienstleistung.** Mandanten können die

1 Werbeslogan Dr. Oetker, 1980.
2 *Hommerich/Kilian*, „Qualität – eine Frage der Wahrnehmung“, AnwBl 11/2008, S. 784.

Qualität anwaltlicher Arbeit nicht in „der Sache" beurteilen und schauen – mangels Paragrafenkenntnis – auf **kommunikative Details der Mandatsbearbeitung**. Manche Anwälte dagegen möchten ihre Qualität keinesfalls **losgelöst von ihren Rechtskenntnissen** definieren und schauen daher – mangels Empathie – auf eine **Optimierung** derselben durch **juristische Vorträge, Fachanwaltskurse** und monatelange **Rechtsprechungslektüre** in orangefarbenen Fachzeitschriften.

Dass diese beiden „**Qualitätserwartungen**" sich irgendwann zufällig treffen, ist ungefähr so wahrscheinlich wie eine physische Begegnung von Rhein und Weser.

II. Qualität liefern heißt: Bedarf erkennen und decken

Wo Mandanten die „unbekannten Wesen" bleiben, merken ihre Anwälte durch rückgängige Umsatzzahlen schnell, dass sie sich diese Art von **Desinteresse** nicht leisten können. Sie führen **Bewertungssysteme** ein, kümmern sich um regelmäßiges **Feedback** und **erfragen Wünsche**, um sie zu **erfüllen.** Sie erhöhen im Kundenkontakt äußerst effizient ihre „**gefühlte Qualität**", optimieren spürbar die **Details in der Mandatsabwicklung** und setzen ihre **fachlichen Kompetenzen** nur noch auf Nachfrage, in Verhandlungen oder in Abwesenheit ihrer Mandanten ein. **Zuhören und Empathie** werden zu Königsdisziplinen, **Verlässlichkeit** zu einem hohen Wert und **Transparenz** zu einer alltäglichen Selbstverständlichkeit.

Akquisestarke Anwälte machen sich seit Jahren Gedanken über die **Qualitätsanforderungen ihrer Käufer**, und das mit großem Erfolg.

1. Qualität ist, was der Mandant darunter versteht

Eine systematische Untersuchung[3] von Mandantenanforderungen an ihre Anwälte beweist, dass Anwälte in den **kommunikativen Details** von **Mandatsannahme und -abwicklung** aus Sicht ihrer Mandanten **gut aufgestellt** sind:

Thema: Mein Anwalt... in %	stimmt	indifferent	stimmt nicht
setzte sich **intensiv** mit meinem Problem auseinander	82	12	5
nahm sich ausreichend **Zeit** für mich	89	8	2
machte jederzeit einen **kompetenten** Eindruck	91	6	3
hielt mich über den Stand der Angelegenheit **auf dem Laufenden**	85	8	3

3 *Hommerich/Kilian*, SOLDAN Institut, „Die Prozessqualität anwaltlicher Rechtsdienstleistungen", AnwBl 4/2008, S. 286. Die Antwortmöglichkeit „keine Angabe" wurde hier nicht berücksichtigt.

erklärte rechtliche Angelegenheiten **verständlich**	91	5	3
bearbeitete meine Angelegenheit immer **persönlich**	78	9	4
schrieb **verständliche** Briefe	83	7	5
hielt sich an **vereinbarte Termine** für Rückrufe und Stellungnahmen	90	5	2
erörterte ausführlich das Ergebnis, z. B. von Gerichtsurteilen	76	10	6
vergab **unverzüglich** Erstberatungs-Termin	94	3	1
war für mich gut **erreichbar**	88	8	4
war **freundlich**	94	5	1
hörte aufmerksam zu	92	6	2

Zwei Wermutstropfen „bereichern" allerdings die Studie:

- Wenn Anwälte von ihren Mandanten als „erfolglos" oder „teilweise erfolglos" eingeschätzt wurden, erhielten sie – auch in der Rückschau – **negativere Bewertungen über Mandantengespräche, Verlässlichkeit und Transparenz.**
- Wenn „jeder zweite volljährige Bürger in einem Fünfjahreszeitraum mindestens ein Rechtsproblem hat und 80 % dieser Gruppe sodann einen Rechtsanwalt beauftragen, werden von Privatpersonen jährlich deutlich mehr als 5 Millionen Mandate erteilt. Die gering erscheinende Zahl von z. B. 5 % der Mandanten, die kein Vertrauen in ihren Rechtsanwalt hatten, übersetzt sich in eine absolute Zahl von immerhin mehreren **Hunderttausend** solcher Einzelschicksale pro Jahr."[4]

2. Arbeitsergebnis beeinflusst die Weiterempfehlung

„Wodurch gewinnen Sie Ihre Mandanten?" Weiterempfehlungen entpuppen sich bei dieser Frage als **Stütze anwaltlicher Akquise**, insgesamt gesehen ist das Weiterempfehlungsverhalten von Mandanten jedoch **erstaunlich träge.**[5] Sowohl gute als auch schlechte als auch neutrale Nachrichten kennzeichnen diese erstaunliche Erkenntnis.

Gut: Der „gute Anwalt" erhält auch im Falle des Misserfolgs **gute Noten vom Mandanten. Das Einhalten von Zusagen, realistische Prognosen, eine geschickte Übermittlung negativer Nachrichten** und **eine korrekte Kostenabrechnung**

4 *Hommerich/Kilian*, SOLDAN Institut: „Die Prozessqualität anwaltlicher Rechtsdienstleistungen", AnwBl 4/2008, S. 286.

5 Das belegen jedenfalls hier zitierte Studien aus dem Jahr 2008. Vermutlich würden neue Untersuchungen, die auch Internet-Foren und Blogs einbeziehen, zu anderen Ergebnissen kommen.

können dazu beitragen. 71 % aller befragten Mandanten zeigte sich mit ihrem Anwalt explizit zufrieden.

Schlecht: Fast die Hälfte der Befragten gab einen (teilweisen) Misserfolg ihres Anwalts an. Aus dieser Menge gaben wiederum 9 % aller Befragten dem Anwalt eine Mitschuld am (teilweisen) Misserfolg. Fast die Hälfte der Befragten (44 %) aus dieser letzten Gruppe hielt ihren Anwalt für **unzuverlässig** und etwa 33 % hielten ihren Anwalt für **inkompetent**. Die **mangelnde Erreichbarkeit** des Anwalts wurde von weiteren Mandanten als ursächlich für Niederlagen und negatives Feedback genannt.

Neutral: Wer ein **geschäftliches Problem** durch einen Anwalt lösen lässt, empfiehlt den Anwalt **bedeutend häufiger** (60 %) weiter als ein Mandant mit einem privaten Rechtsstreit.

Wer zufrieden mit seinem Anwalt war (61 % der sehr zufriedenen und 41 % der zufriedenen Mandanten) empfahlen den Anwalt weiter, beim unzufriedenen Rest der Mandanten fällt die **Weiterempfehlungsrate** kaum noch ins Gewicht.

3. Empfehlen Sie Weiterempfehlungen

Vorhandene Qualität alleine treibt Mandanten also noch nicht in die Kanzlei. Höchste Zeit also, die Weiterempfehlungen der eigenen Mandanten zu **verdoppeln!** Diesem Plan muss **das Mandantenverständnis von „Qualität“** zugrunde liegen. Allein durch erhöhte **Rechtskenntnis** und **Fortbildungen in Ihrem Fach** wird das nicht gelingen.

Kanzleien haben große **Vorteile durch Weiterempfehlungen**. Sie sind **völlig kostenfrei**, extrem energiesparend und entfalten **nachhaltige Marketingeffekte**, da ein anderer als der Anwalt selbst die Vorzüge einer Kanzlei darstellt.

Häufig unerwähnt bleibt dieser **besondere Vorteil**: Das Ergebnis von Weiterempfehlungen sind „**Referenzkunden**“. Jeder Mandant, der seine **eigenen positiven Erfahrungen** mit seinem Anwalt an einen zukünftigen Mandanten weiter gibt, **„vererbt“ sein Vertrauensverhältnis** gleich mit. Referenzkunden sind wegen dieses **exklusiven Vertrauensvorschusses** besonders **leicht zu führen**.

Machen Sie die **Wirkung Ihrer Qualität erlebbar** und machen Sie sich selbst zu einem „**ungewöhnlichen Player**“. Hier sind **acht vielfach erprobte Tipps**, durch die Sie **„altes“ Verhalten ersetzen** und die **Anzahl** Ihrer Weiterempfehlungen durch den Mandanten steigern:

- **Beschwerdemanagement ersetzt Angeberei**

Große Entwicklungen werfen ihr Licht voraus: Moderne Anwaltskanzleien akquirieren seit Jahren erfolgreich durch die **Einrichtung eines professionellen Beschwerdemanagements** in ihren Kanzleien. Der pro-aktive und **selbstkritische Umgang** mit eigenen Fehlern macht nicht nur auf Mandanten, sondern auch auf Kollegen und auf eigene Mitarbeiter Eindruck und wird **allseits honoriert.**[6] Vermutlich hat das abgefärbt auf die Bundesrechtsanwaltskammer. Sie hat eine **Schlichtungsstelle**[7] eingerichtet, bei der sich Mandanten seit dem 1.1.2011 offiziell über die **Qualität ihrer Anwälte** beschweren können.

Optimieren Sie Ihr Beschwerdemanagement und machen Sie **aus jeder Beschwerde ein neues Mandat.**[8] Nur der **laut kritisierende Mandant** ist leicht zu führen. Wer wortlos zum Mitbewerber wechselt, gibt Ihnen **keine Chance auf Optimierung und Dialog.**

„Ich bin so toll" hat ausgedient, während „Ich bin angewiesen auf Ihr Feedback, um meine Qualität zu optimieren" Sie **als furchtlosen und servicebereiten Dienstleister** zeigt.

- **Segment-Marketing ersetzt „Schrotschuss"- Desaster**

158.426 Anwälte waren am 1.1.2012 in Deutschland zugelassen, um die 5.000 in Österreich. Zwar verlangsamt sich in beiden Ländern der **Anstieg der Zulassungszahlen,** doch statistisch gesehen kommen bereits jetzt auf jeden in Deutschland zugelassenen Anwalt ungefähr **528 potenzielle Mandanten**[9].

Wer kann eigentlich so viel Streit machen? Wer braucht so viel Prophylaxe? Welche **Beratungsfelder** können noch dazu kommen? *„Viele Großkanzleien stehen für schiere Größe, viele Kleinere stehen für Verzettelung und eher diffuse Leistungskataloge".*[10] Deshalb muss anwaltliches Marketing als **langfristiger, kontinuierlicher und integrierter Prozess angelegt sein** und nicht als Schrotschuss auf ein ungewisses Ziel.

Wie geht das? Alle **gesellschaftlichen Bewegungen bieten Chancen** für eine Segmentierung. Beispiel: Deutschland veraltet. Überlegen Sie, wenn Sie heute 30 sind, welche **Angebote Sie Menschen über 60** Jahren machen können, denn nur wenn „sich **Menschen über 60 Jahre** sowie **Frauen** in allen Altersklassen deutlich stärker als heute am Erwerbsleben beteiligen, kann der demografisch bedingte Rückgang des

---

6 Vgl. zur Akquiserelevanz von Beschwerdemanagement das Kapitel „Kanzleimarketing".

7 http://www.schlichtungsstelle-der-rechtsanwaltschaft.de/; Die Fälle dürfen max. € 15.000,– Gegenstandswert haben und müssen anhand von Aktenlage ohne mündliche Verhandlung beurteilbar sein. Ein schriftlicher Antrag ist Pflicht. Schlichter sind keine Anwälte sondern Richter. Die Richter werden durch einen Beirat unterstützt. Mandanten und Anwälte haben einen Monat Zeit, den Schlichtervorschlag zu überdenken. Erst wenn eine Partei dagegen ist, geht die Sache vor Gericht. Anm.: Bis Ende 2010 waren Mandanten-Beschwerden bei der B(RAK) nur über Höhe und Grundlage der Gebühren möglich, und bislang konnten Mandanten nur auf dem Klageweg Schadenersatz von einem Anwalt erhalten.

8 Vgl. zur Akquiserelevanz des Beschwerdemanagements das Kapitel „Kanzleimarketing".

9 SOLDAN Institut für Anwaltsmanagement: „Statistisches Jahrbuch der Anwaltschaft" 2012, DeutscherAnwaltVerlag, S. 33.

10 Prof. Dr. Christoph Hommerich in: „Akquirieren, akquirieren, akquirieren" von *Marcus Creutz*, Handelsblatt v. 24.5.2006.

gesamtwirtschaftlichen Arbeitsumfangs kompensiert werden".[11] Seien Sie schneller als der Gesetzgeber! Spezialisieren Sie sich auf die Beratung von **Fachkräften aus dem Ausland.** Welche Chancen bietet Ihnen die **Finanzkrise? Brain-Storming** hilft!

- **Der frühe Fachanwaltstitel ersetzt den Dauer-Allrounder**

41.569 **Fachanwaltstitel** waren im Jahr 2011 vergeben, 11.142 davon an Anwältinnen.[12] Die Bevölkerung setzt **anwaltliche Qualität** durchaus mit einem Fachanwaltstitel **gleich und weiß dennoch nicht,** dass der Titel **nur durch permanente lebenslange Fortbildungen** gehalten werden kann. Erwähnen Sie das immer in **Nebensätzen!**

Strategiebewusste Marktneulinge verschaffen sich den **theoretischen Teil des Fachanwaltstitels** in einem **zukunftsträchtigen Segment** bereits während des Referendariats, meistens während der **Anwaltsstation** oder der **Wahlstation**, und steigen mit diesem in ihre erste Kanzlei ein. Sie wissen, dass die **Kosten für die FA-Kurse** für Referendare deutlich niedriger und teilweise oder komplett **steuerlich absetzbar** sind. Nach dem 2. Staatsexamen können angehende Anwälte sich als arbeitssuchend melden und nach § 77 SGB III eine **Förderung** des Lehrgangs bei der **Arbeitsagentur** beantragen.[13] Manche Anbieter **reduzieren die Kosten** auch **nach Ende des Referendariats**, so reduziert bspw. die Mitgliedschaft im „Forum Junger Anwälte" die Kosten für die Fachanwaltsausbildungen der DeutschenAnwaltAkademie um 10%, bei bestimmten Kursen sogar um 20%. Weitere Fördermöglichkeiten bestehen über die **Bildungsprämie** der Bundesregierung. Über diese werden bis zu 50% der Kurskosten übernommen.

Die theoretischen Grundlagen des Fachanwaltstitels verfallen nicht, solange sie zehn **Fortbildungsstunden** pro Jahr in ihrem Fachgebiet nachweisen. Da ist es irrelevant, dass der **komplette Fachanwaltstitel** erst zwei Jahre später möglich wird. **Spezialisierung und Ehrgeiz** sind bewiesen. Das rockt die Bühne!

- **Allianz mit dem Mandantenziel ersetzt das „Narziss"-Image**

„Wenn Sie an Rechtsberatung und Rechtsanwälte denken, was fällt Ihnen spontan dazu ein?" Diese Frage verleitet nur 30 Prozent der befragten Probanden zu positiven Assoziationen. **Honorarintransparenz** und selbstverliebtes **Anwaltsverhalten** behindern, so die Studie[14] weiter, ein **nachhaltiges Wachstum der Rechtsberaterbranche.**

„Unsere Aufgabe muss es also sein, die **Kundenwahrnehmung unserer Qualität** als **wesentliches Differenzierungsmerkmal** zu steigern. Unzufriedene Kunden betreiben negative Mundpropaganda und erzählen durchschnittlich zehn bis zwölf weiteren Personen von ihrer Unzufriedenheit."[15]

---

11 Prognos-Geschäftsführer Christian Böllhoff am 19.5.2010 bei der Vorstellung des „Prognos Deutschland Report 2035", zitiert nach: www.rp-online.de/wirtschaft/unternehmen.

12 SOLDAN Institut für Anwaltsmanagement: „Statistisches Jahrbuch der Anwaltschaft 2012", DeutscherAnwaltVerlag, S. 80.

13 *Wendt*, „Fachanwalt – Chance für den Berufseinstieg", JuS 2007, S. 21.

14 Exeo Strategic Consulting AG, Bonn, in: „Akquirieren, akquirieren, akquirieren", von *Marcus Creutz*, Handelsblatt v. 24.5.2006.

15 Kölner Anwalt Henrich J. Potthast, Referent beim DAT 2006 zum Thema „Qualität verkaufen", in:

Diese Forderung erfüllen Sie im **Mandantenerstgespräch**! Der eine Kunde braucht viel Empathie, der andere viel Struktur. Der eine will viel sprechen, der andere viel hören. Der eine braucht **Small Talk**, der andere hasst ihn. Der eine ist voller Sorge, der andere voller Zorn. Der eine hat großes **Misstrauen** gegen Anwälte, der andere ist **Referenzkunde** mit einem gewaltigen Vertrauensvorschuss. Der eine ist Geschäftsmann und geübt mit Anwälten, der andere hat vor Ihnen Angst. Der eine braucht sicher gehaltene Zusagen, der andere eine eher **taktische Allianz** gegen den „gemeinsamen" Gegner.[16] Ermitteln Sie diese Art von nicht-inhaltlichen **Bedarfen** und decken Sie sie! **Zuhören ist die Königsdisziplin**; wer viel redet, disqualifiziert sich!

- **Erreichbarkeit ersetzt unwillige Audienzen.**

Nach Angaben einer Spezialistin für Marketingfragen in Steuerberatungskanzleien[17] kommen 70–80 % der neuen Mandanten über eine **Weiterempfehlung**, ohne dass dort besonderer Wert auf die Förderung dieses Weges gelegt würde. Das ist in **Anwaltskanzleien** ebenfalls zu beobachten: Mandanten müssen das Gefühl haben, dass Sie **Zeit haben. Verlässlichkeit, Erreichbarkeit** und insbesondere ein **diszipliniertes Rückrufverhalten** sind Voraussetzungen für ein nachhaltiges **Qualitätsempfinden** beim Mandanten.

Erreichbarkeit ist übrigens, anders als **Rückrufe**, eine **B-Aufgabe**, also in vollem Umfang an eine **rhetorisch geschulte Assistentin** delegierbar, die die **Erreichbarkeit ihres Chefs „gefühlt" sicherstellt**, auch wenn er 1000 km entfernt ist. Dazu braucht sie **präzise Anweisungen**.

- **Die „Marketingfrage"[18] ersetzt unsinnige Geldausgaben**

Die Marketingfrage gehört in jedes Erstgespräch mit dem Mandanten und **evaluiert die Wirksamkeit Ihrer Marketinginstrumente**! „Wodurch wurden Sie auf unsere Kanzlei aufmerksam?" Stellen Sie diese Frage nur, wenn Sie die Antwort **auswertbar festhalten**; sie verkommt sonst zu einem Saison-Trend, abgeschaut aus modisch **appellativen Marketingbüchern** und ohne jede **Verbindung zu Ihrem Kanzleiziel**. Ihre Kanzleisoftware sieht die Möglichkeit der detailreichen Datensicherung mit hoher Wahrscheinlichkeit vor.

Schon in der Einleitung dieses Buches lesen Sie die Warnung: Akquise ist nicht an sich teuer; die **Unkenntnis über die Wirkung der für sie verwendeten Marketingmethoden** schon. Wozu sollten Sie ein weiteres Jahr die umrandete Anzeige in den Gelben Seiten bezahlen, wenn niemand durch sie in die Kanzlei kommt? Die Antworten auf Ihre Frage zeigen, welche Ihrer **Akquisemaßnahmen erfolgreich sind**

„Akquirieren, akquirieren, akquirieren", von *Marcus Creutz*, Handelsblatt v. 24.5.2006.

16 Vgl. das Kapitel „Mandantengespräche".

17 http://www.Kanzlei4you.com, Angela + Erwin Hamatschek.

18 Vgl. dazu das Kapitel „Mandantengespräche".

und welche nicht. Weisen Sie Ihre Assistentin an, wie sie mit der **Dokumentation** und mit der **Datenerfassung** umgehen soll.[19]

- **Die Mandantenbefragung ersetzt Vermutungen**

Mandantenbefragungen **sichern Ihre Qualität**. Wer Mandantenbefragungen nicht nur macht, sondern ihren Ergebnissen tatsächlich folgt, ist der **Konkurrenz immer um Längen voraus.** Halten Sie nicht nur fest, **wer Sie wie oft empfiehlt** oder empfehlen würde, sondern vor allem: **Wodurch genau!** Lassen Sie den Mandanten niemals nur ankreuzen „auf einer Skala von 1–6“ (mutet an wie in bemühten Hotels), sondern lassen Sie **Platz für Freitext**, den Sie durch **offene Fragen einleiten**. „Was hat Ihnen **besonders gefallen**?“ und „Was können wir **optimieren**?“ In manchen Kanzleien werden **umgesetzte Vorschläge prämiert**. Denken Sie darüber nach, Gutscheine zu verschenken für ein Essen beim Italiener zu zweit oder für ein Sportereignis! Honorieren Sie die **Bemühungen Ihrer Mandanten**, Ihre eigene Qualität zu optimieren! Siedeln Sie das „Honorar“ immer bei **Nebenleistungen** an, die nichts mit der Kanzlei zu tun haben. Lassen Sie sich Stärken und Schwächen Ihrer Kanzlei stets **aus Mandantensicht** erläutern. Der Mandant ist Außenstehender und hat als Nutzer Ihrer Dienste die **unbestrittene Kompetenz dazu, denn:** Kommunikation ist immer **Wirkung, nicht Absicht**! Was Sie bewirken, ist Fakt, und **Fakten schaffen** Sie auch, wenn Sie das nicht vorhaben. Verwenden Sie nach Rücksprache das Feedback für **Blogs, Gästebücher, Facebook, Webseite** etc. Besonders wenn Sie eine „Cross-Selling“ Möglichkeit sehen, verwenden Sie das Instrument des **„Abschlussgesprächs“**[20], in dessen Verlauf Sie selbst den Feedback Bogen durchgehen. Alternativ kann das auch sehr gut Ihre **Assistentin** am Telefon erledigen. Sie erhält durch diese Aufgabe einen eigenen, von **innerer Autorität gekennzeichneten Status** dem Mandanten gegenüber! Das spart allseits viel **Zeit und Energie** und macht **Eindruck auf den Mandanten.**

- **Begeisterungsqualität ersetzt Neutralität**

Erhöhen Sie Ihre **„Weitertratschquoten“ durch Begeisterungsqualität!** Wer bekommt, was er **erwartet hatte**, ist lediglich **zufrieden**, und zufriedene Mandanten machen von sich aus **keinerlei Publicity** für ihren Anwalt. Wenn sie nach einem Anwalt gefragt werden, sprechen Zufriedene in neutralen Worten oft **ohne aktive Empfehlung** über ihren Anwalt.

Begeistert ist Ihr Mandant erst, wenn Sie **seine Erwartungen übertreffen**! Wenn er eine verbindliche und herzliche Begrüßung **erwartet**, ist er bei deren Eintritt lediglich zufrieden; **begeistert** könnte er sein über das unerwartete **Mandanten-Tablet im Wartezimmer**.

---

19 Vgl. das Kapitel „Assistentin“.

20 Mehr über Abschlussgespräche zur Einleitung einer Mandatsausweitung im Kapitel „Cross-Selling“.

Der Begeisterte wartet mit seiner Weiterempfehlung nicht, bis er von anderen nach einem guten Anwalt gefragt wird, sondern berichtet über diesen **spontan**. Er spricht – statistisch gesehen – eine **einfache(!) unverlangte Empfehlung** aus, während der **unzufriedene Kunde** – statistisch gesehen – eine **zehnfache unverlangte(!) Antiwerbung** für die Kanzlei macht.

Zufriedenheit entsteht also, wenn Sie **Erwartungen erfüllen**, Begeisterung entsteht, wenn Sie **Erwartungen übererfüllen**. Daraus folgt: **Überraschen Sie Ihren Kunden** durch Spielecken für die Kinder im Wartezimmer, durch die namentliche, herzliche Begrüßung durch die Empfangsassistentin, durch Ausreden lassen, pünktliche **Rückrufe**, schnelle **Erledigung**, Anrufe bei ihm zuhause, Transparenz beim Honorar, verständliche Sprache etc. Produzieren Sie **niemals Enttäuschung**; das ruiniert Ihre Reputation[21].

Tipp

„Unverlangte Publicity" macht nur der begeisterte Kunde, nicht der zufriedene.

III. Qualitätscheck: Ist Ihre Kanzlei reif für die Akquise?

„Gut wenn sich Kompetenzen ergänzen."[22] Die jetzt folgende 120 Fragen umfassende Checkliste erlaubt Ihnen einen Überblick über **Qualität und Nachhaltigkeit von Akquisestrategien** in Ihrer Kanzlei. Hier kommt eine vielfach erprobte **Anleitung** zum **Einsatz der Checkliste:**

Verteilen Sie Kopien dieser Fragen, und lassen Sie sie **getrennt** von **allen Anwälten** Ihrer Kanzlei beantworten. **Diskutieren** Sie die Antworten in Ihren nächsten Kanzleiversammlungen.

Beginnen Sie **spätestens** etwas zu optimieren, wenn Sie **mehr als 20 Mal „nein" ankreuzen**. Beschränken Sie sich dabei auf **wenige Gebiete**, die für Ihre Kanzlei **wichtig sind** oder **werden sollen**. Streichen Sie Punkte komplett weg, die für Sie irrelevant sind. **Weniger ist mehr**, und ein definiertes **Kanzleiziel**[23] **verhindert Verzettelung.**

Delegieren Sie Aufgaben zur Einrichtung von Akquisemethoden**, kontrollieren** Sie das Delegierte und **vereinbaren Sie mit Ihren Mitarbeitern**, bis wann eine Aufgabe erledigt werden soll. Lassen Sie sich das Ergebnis zu einem gemeinsam festgelegten **Zeitpunkt** präsentieren. Delegiertes Material setzt eine **Bringschuld durch** Ihre Mitarbeiter in Gang, nicht eine **Holschuld** durch Sie! Sie laufen also einem (Zwischen-) Ergebnis **niemals hinterher**!

---

21 Vgl. die Tipps im Kapitel „Reputation".

22 Werbeslogan der Sparkasse, 2005.

23 Vgl. das Kapitel „Zielführung".

Sie werden auf viele **Einwände,** Ideen und manchmal auf **Richtungsstreits** treffen. **Cool bleiben**! Jeder Einwand ist (aus der Sicht seiner Inhaber) **berechtigt. Würdigen Sie das.** Sprechen Sie die **guten Absichten** hinter dem Einwand aus und arbeiten Sie stets mit **offenen Fragen:** Wie sollen wir die **Wettbewerbsfähigkeit** unserer Kanzlei sicherstellen? Was ist Ihr **Vorschlag?** Wie können wir sicherstellen, dass unsere bestehenden Mandanten nicht für das nächste Mandat zum **Mitbewerber** gehen? Als wer wollen wir am **Markt** gelten? Was sind unsere **Kernkompetenzen**? Welche brauchen wir zusätzlich? Wodurch kriegen wir die? Bis wann ist Ihr erster Vorschlag fertig? Etc.

Falls Sie **„nein“** ankreuzen, notieren Sie in dem Feld rechts (getrennt voneinander) Ihren **Vorschlag zur Optimierung.** Bedenken Sie dabei: Ein Problem zeigt nur die **Entfernung zum Ziel.** Gestalten Sie den Weg. **Los geht’s:**

Checkliste

Akquiseaktivität	**ja**	**nein**	**Optimierung durch:**
1. Assistentin:			
Ist Ihre Assistentin ausreichend freundlich, verbindlich und servicebereit am Telefon?			
Wird sie dem Mandanten persönlich vorgestellt?			
Schreibt sie Begrüßungs- und Organisationsmails vom eigenen Account?			
Hat sie ausreichend klare und ausreichend viele Anweisungen?			
Übernimmt sie eigenständig Terminkalender, Rückruf- und Beschwerdemanagement?			
Fühlt sie sich ausreichend durch Sie unterstützt?			
2. Kanzleipräsentationen			
Ist Ihre elektronische Kanzleipräsentation für den Kunden interessant?			
Ist Ihre rhetorische Präsentation für den Mandanten interessant?			
Halbieren Sie die Anzahl Ihrer Worte und verdoppeln Sie die Anzahl Ihrer Fragen?			
Erfragen Sie ausreichend die Interessen des Mandanten, bevor Sie loslegen?			
Kommunizieren Sie den Mandanten-Nutzen der Kooperation ausreichend?			

Akquiseaktivität	ja	nein	Optimierung durch:
Spezifizieren und quantifizieren Sie Ihre Leistungen ausreichend?			
3. Neukundenakquise			
Folgen Sie bei der Akquise einem Unternehmensziel?			
Sprechen Sie die zu Ihrem Ziel passenden Mandanten direkt an?			
Sprechen Sie die zu Ihrem Ziel passenden Multiplikatoren direkt an?			
Sind Sie passend zum Anlass oder zur Zielperson zurück haltend / offensiv genug?			
Laden Sie telefonisch unbekannte Personen zu Vorträgen ein?			
Sind Ihre Mandantenveranstaltungen effiziente Akquiseveranstaltungen?			
4. Ehemalige Mandanten zurück gewinnen			
Haben Sie definiert, wen Sie zurück gewinnen wollen?			
Wissen Sie, was an Ihrem Verhalten ihn zum Wechsel oder zum Weggang bewegt hat?			
Sind Sie bereit, eigene Fehler offen einzugestehen?			
Haben Sie einen „kleinen, frischen Aufsatz“ parat, der den Mandanten interessiert?			
Haben Sie Kollegen, die mit Ihnen zusammen den Mandanten zurückholen können?			
Wissen Sie, was der Mitbewerber besser macht, bei dem der Mandant jetzt ist?			
5. Derzeitige Mandate ausweiten (Cross-Selling)			
Haben Sie definiert, welche Mandate Sie ausweiten möchten?			
Halten Sie fest, was Ihre derzeitigen Mandanten zusätzlich benötigen könnten?			
Überreichen Sie in diesen Fällen die Rechnung während eines Abschlussgesprächs?			
Haben Sie für die Ausweitung einen „kleinen, frischen Aufsatz“ oder einen Kollegen parat?			
Gehen Sie nach dem Mandat aktiv auf Ihre Mandanten zu? Halten Sie Kontakt?			

Akquiseaktivität	ja	nein	Optimierung durch:
Honoriert Ihre Kanzlei das „Coss-Selling“ genau wie die Neuakquise?			
6. Kanzleikommunikation			
Ist Ihre Broschüre am Nutzen für den Leser orientiert?			
Ist Ihr Newsletter am Nutzen für den Leser orientiert?			
Ist der live-Empfang in Ihrer Kanzlei für den Mandanten attraktiv?			
Ist der Wartebereich für den Mandanten attraktiv?			
Wird eine „Corporate Identity“ Ihrer Kanzlei täglich sichtbar und erlebbar promotet?			
Verwenden Sie eine gut gepflegte Kundenkartei? (auch nach innen)			
7. Beschwerdemanagement			
Rezipieren Sie Beschwerden als Hinweise auf Ihren eigenen Lernbedarf?			
Ist Ihre Assistentin angewiesen, pro-aktiv auf Beschwerden zu reagieren?			
Reagieren Sie selbst pro-aktiv auf Beschwerden? (notieren, bedanken, umsetzen!)			
Fordern Sie Ihre Mandanten offensiv zu Kritik auf? (Feedback Bögen, Abschlussgespräche)			
Werden Ihre Kritiker über Verbesserungen in der Kanzlei informiert?			
Sind eingegangene Beschwerden regelmäßig Thema Ihrer Partnermeetings?			
8. Persönlichkeit			
Akquirieren Sie Ihrer Persönlichkeit und Ihren Fähigkeiten gemäß?			
Wird der akquisestarke Anwalt in Ihrer Kanzlei von Alltagsaufgaben frei gestellt? (Of counsel)			
Werden introvertiertere Anwälte für die „leise“ Akquise (= gute, zügige Arbeit) honoriert?			
Werden Einzelkämpfer durch ihre Teams in die Schranken gewiesen?			
Halten Sie Akquise in Ihrer Kanzlei für notwendig?			
Weiß Ihre Umgebung, was Sie unterstützen würde, damit Ihre Akquise besser gelingt?			

Akquiseaktivität	ja	nein	Optimierung durch:
9. Ziele			
Haben Sie ein gemeinsames, erreichbares Unternehmensziel definiert?			
Kennen alle Ihre Mitarbeiter dieses Unternehmensziel und folgen ihm?			
Werden aufgrund dieses Ziels auch Mandate abgelehnt?			
Werden kleinere Zwischenerfolge gemeinsam groß gefeiert – und große auch?			
Diskutieren Sie offen Hindernisse und Einwände in Bezug auf das Ziel?			
Merken Mandanten, Mitarbeiter und Ihre Familie Ihnen das Ziel an, das Sie verfolgen?			
10. Vorträge			
Kontaktieren Sie aktiv Multiplikatoren, zu deren Veranstaltungen Ihre Wunsch-Mandanten kommen?			
Faszinieren Sie durch Ihren Vortrag ihr Publikum?			
Teilen Sie den Nutzen Ihres Vortrags noch vor seinem Inhalt mit?			
Gehen Sie respektvoll und taktisch klug mit allen Arten schwieriger Fragen um?			
Dialogisieren Sie Ihren Monolog? Beteiligen Sie das Publikum? Lockern Sie Ihre Methoden auf?			
Visualisieren Sie (auch in PowerPoint) zurück haltend und nur in Stichworten?			
11. In-house Veranstaltungen			
Veranstalten Sie eigene Vorträge? Auch mit anderen (kleinen) Kanzleien zusammen?			
Haben Sie regelmäßig mehr als 20 % Nicht-Mandanten unter Ihren Gästen?			
Entspricht die Anzahl neu akquirierter Mandate in etwa der der anwesenden Nicht-Mandanten?			
Erkennen Sie Beratungswünsche der Gäste, ohne lange darüber zu sprechen?			
Nehmen Sie Small Talk begabte Mitarbeiter aller Hierarchien mit in die Veranstaltung?			
Schaffen Sie die „Staffelübergabe“? (Referent spricht nach dem Vortrag mit allen Gästen)			

Akquiseaktivität	ja	nein	Optimierung durch:
12. Reputation			
Haben Sie sich ausreichend und Akquise erleichternd spezialisiert?			
Stärkt Ihr Verhalten Ihre positive Reputation? (Wort-Treue, Rückrufe, Verbindlichkeit?)			
Sind Sie ein „Early Mover“? (Früherkennung neuer Strömungen + umsetzen in Angebot?)			
Dürfen Sie ausreichend viele Referenzmandate veröffentlichen?			
Reden und schreiben Sie ausreichend viel über das, was Sie tun und können?			
Sind Ihre Mandanten Ihre wichtigsten Akquisiteure?			
13. Telefonakquise			
Planen Sie kalte (unverlangte) Anrufe bei Nicht-Mandanten? Wen? Wann? Wie? Ziel?			
Planen Sie warme (verlangte) Anrufe bei Nicht-Mandanten? Wen? Wann? Wie? Ziel?			
Rufen Sie ohne Vorkontakte Multiplikatoren (Presse, Seminarveranstalter, Initiativen) an?			
Laden Sie telefonisch Nicht-Mandanten zu einem Vortrag ein?			
Speichern Sie Ergebnisse dieser Anrufe in einem Extra-Teil Ihrer Kundenkartei?			
Versenden Sie ansprechende „kleine frische Aufsätze“ als Appetizer?			
14. Matching			
Verwenden Sie das Vokabular, das Ihr Gegenüber benötigt, um Ihnen zu vertrauen?			
Verwenden Sie Lautstärke und Sprechtempo so, dass Vertrauen entsteht?			
Sprechen Sie Befindlichkeiten Ihres Gesprächspartners so aus, dass er Ihnen traut?			
Übernehmen Sie einen Teil der Körpersprache des anderen in Ihr Repertoire?			
Verwenden Sie visuelle (nicken) und auditive („ja, verstehe, hab ich notiert“) Zuhörbeweise?			
Nutzen Sie visuelle, auditive und kinästhetische Riten? (mitschreiben, zitieren, selbst abholen)			

Akquiseaktivität	ja	nein	Optimierung durch:
15. Durchsetzung			
Ist ein „Nein" für Sie eine Aufforderung zum Tanz?			
Stellen Sie offene Fragen, sobald Sie unsachlich angegriffen werden?			
Können Sie die selbst geglaubten Einwände Ihrer Gesprächspartner drehen?			
Ersetzen Sie regelmäßig „ja, aber" durch „gerade weil" oder „gerade deshalb"?			
Reagieren sie freundlich und durch offene Fragen auf kritische Bemerkungen?			
Verteidigen Sie Ihre Mitarbeiter, Ihr Honorar, Ihre Organisation elegant gegen Übergriffe?			
16. Honorar			
Informieren Sie innerlich locker über die Gegenleistung (Honorar)?			
Halten Sie Ihr Honorar auch bei Einwänden aufrecht?			
Leiten Sie Ihre Honorarinformation durch einen „Usus" ein? („Bei uns zahlen alle Mandanten...")			
Fragen Sie bei Einwänden? („Auf welchen Teil meiner Leistung möchten Sie verzichten?")			
Bieten Sie pro-aktiv (ohne in Not zu sein!) Nachlass an, z. B. bei Stammkunden?			
Verzichten Sie komplett auf Rechtfertigungen nach Attacken und Honorareinwänden?			
17. Mandantengespräche			
Sind Ihre Mandantengespräche gut strukturiert, effizient – und stärken sie den Mandanten?			
Hat Ihre Assistentin das Erstgespräch vorbereitet? (Kundendaten, Termin, Unterlagen, Anfahrt...)			
Sind Honorarinformation und Marketingfrage integraler Bestandteil des Erstgesprächs?			
Sind Hausaufgaben und Vorstellen der Assistentin Bestandteil des Erstgesprächs?			
Weiß jeder Mandant am Ende des Gesprächs, wer, was, bis wann und wie macht?			
Halten Sie alle Versprechen?			

Akquiseaktivität	ja	nein	Optimierung durch:
18. Feedback			
Lassen Sie sich regelmäßig von Ihrer Mitarbeiterin kritisieren?			
Kritisieren Sie regelmäßig Ihre Mitarbeiter – mit detailliertem Verbesserungsvorschlag?			
Loben Sie Ihre Mitarbeiter regelmäßig, „echt" – und vor allem mit Begründung?			
Bitten Sie Ihre Mandanten um Feedback über Auftritte vor Gericht, bei Verhandlung, Schriftsatz?			
Bitten Sie Ihre Mandanten regelmäßig um schriftliches Feedback in Fragebögen etc.?			
Verwerten Sie diese Feedbacks für die Optimierung Ihrer Abläufe?			
19. Online Akquise			
Ist Ihre Webseite aktuell, leicht zu navigieren und gut gepflegt?			
Ist sie suchmaschinenoptimiert (Test: Eingabe ohne Nachname und Stadt) auffindbar?			
Hat sie leicht auffindbare, vollständige Kontaktdaten und eine übersichtliche Optik?			
Hat sie Echtzeit-Fotos, eine schlüssige CI mit anderen Publikationen?			
Bitten Sie Ihre Mandanten regelmäßig um schriftliches Feedback in Fragebögen etc.?			
Ermöglicht sie Mandantenbeteiligung? Blogs, Chat, Downloads, Webakte, Social Media Link?			
20. Small Talk			
Halten Sie einvernehmlichen Small Talk für eine Akquisestrategie?			
Können Sie bei Bedarf Themen in die Breite statt in die Tiefe ausweiten?			
Können Sie sich leicht einer Gruppe von Fremden anschließen?			
Können Sie dieselbe Gruppe leicht und ohne Irritationen wieder verlassen?			
Können Sie durch Small Talk wildfremde Menschen zu Interessenten machen?			
Suchen Sie in reiner Akquiseabsicht zielangemessene soziale Treffpunkte auf?			

Reputationsmanagement

100 % indirekte Akquise

„Es braucht zwanzig Jahre, eine Reputation aufzubauen und fünf Minuten, sie zu zerstören.“[1] Dieser Satz entstammt der krisengeschüttelten Investment-Branche, die jüngst einen **historischen Vertrauensverlust** hinnehmen musste.

Auch Anwälte können davon einige derbe Lieder singen; die „Unbeliebtheit der Juristen“ ist bezeichnenderweise nicht nur unter Nichtjuristen Fakt. Sie ist, wie einer der Betroffenen[2] unter der ironischen Prämisse **„Unter Juristen ist der Jurist durchaus beliebt“**[3] selbst analysierte, stets **hausgemacht:**

- Ihre rechtlichen Belehrungen **wirken demütigend.**
- Durch **juristische Fachsprache** entrechten sie den Laien.
- Ihre Erfolge beruhen auf **binären Systemen**: einer muss verlieren, wenn ein anderer gewinnt.
- Recht wird von Nichtjuristen als **statisch** und anwaltliche Arbeit oft als **unnötig** angesehen: „Das Recht siegt doch von selbst“.
- Juristen müssen sich **gegenseitig beschuldigen**! Sie werden dafür sogar bezahlt, sich gegenseitig die Augen auszuhacken.
- Anwälte vertreten formell – als „Organ der Rechtspflege“ – den Staat und damit „das kälteste aller kalten Ungeheuer“.[4] Der Jurist **„beleuchtet alles und**

1 „It takes 20 years to build a reputation and five minutes to ruin it.” Warren Buffett, geb 1930, amerikanischer Value-Investor, Chairman von Berkshire Hathaway, deren Jahreshauptversammlungen zuletzt von mehr als 37.000 Menschen besucht wurden und den Namen „Woodstock für Kapitalisten“ trugen. Der amerikanische Investor gilt als drittreichster Mann der Welt. Das Zitat ist entnommen aus www.normanrentrop.de/zitate.

2 *Braun*, „Über die Unbeliebtheit des Juristen“, JuS 1996, S. 287 ff., seit 11/2006 unter http://www.jurawelt.com/aufsaetze/11240.

3 *Braun*, a.a.O.: *„Wenn ein Jurist mit anderen Leuten zusammensteht oder -sitzt, sind die anderen gewöhnlich auch Juristen, und man kann wetten, dass sie über irgendwelche Rechtsfälle fachsimpeln und sich pudelwohl dabei fühlen. Dabei kann man allerdings auch übertreiben. Wenn man die vielen Festschriften und Widmungsaufsätze zur Hand nimmt, mit denen sich die Juristen gegenseitig beweihräuchern, sobald sie die 50 überschritten haben, könnte man meinen, dass alle Juristen nur noch Juristen kennen und dass sie allesamt ohne Ausnahme Unsterbliches geleistet haben.“*

4 Friedrich Nietzsche, „Also sprach Zarathustra„ (Von neuen Götzen), zitiert nach Braun, „Über die Unbeliebtheit des Juristen“, JuS 1996, S. 287 ff., seit 11/2006 auch unter http://www.jurawelt.com/aufsaetze/11240.

erwärmt nichts", und seine **„vielgepriesene Objektivität"** tritt immer wieder auf als **„eisige Gleichgültigkeit"**.[5]

Da fragt man sich, wie der **freiwillig und selbsttätig demontierte „gute Ruf"** wieder hergestellt werden kann. Gute Nachricht: **Ändern kann man nur, was man selbst vermasselt hat**! Wären Konjunktur, böse Mandanten oder hundsgemeine Wettbewerber wirklich „Schuld", hätte man keine Chance.

Dieses Kapitel wird behilflich sein, die **persönliche Reputation** eines Anwalts von Beginn seiner Karriere an aufzubauen und die **Reputation einer Kanzlei** – auch lange nach ihrer Gründung – **einzurichten und zu erweitern.**

I. Was ist Reputation?
II. Persönliche Reputation für Anfänger – eine Bauanleitung in acht Schritten
III. Kanzleireputation für Fortgeschrittene – Reputation aufbauen und verbessern
IV. Ihr guter Ruf ist schützenswert? Dann schützen Sie ihn auch!

I. Was ist Reputation?

Von nichts kommt nichts. Der „gute Ruf" eines Anwalts ist **hart erarbeitet, viel gerühmt** und **nicht messbar**. Der „gute Ruf" ist der am häufigsten von Mandanten jeglicher Couleur benannte **Grund für den Erstauftrag** an einen Anwalt.

„70 % der Werte einer Organisation sind ***immateriell(!) und verdanken sich der Reputation****"*[6] und nach aktuellen Forschungen hängen **über 22 % des Umsatzes** von zehn untersuchten DAX-Unternehmen von deren Reputation ab.[7] Dieser Prozentsatz wird in Anwaltskanzleien vermutlich höher liegen, denn wo immer eine Leistung oder ein Produkt als **unzureichend bewertet** werden kann, ist **Reputation besonders wichtig**. Das nicht anfassbare und hoch erklärungsbedürftige Produkt eines Anwalts gehört dazu.

Der Aufbau einer hohen Reputation benötigt **Zeit, Geduld** und eine **vielfache Wiederholung derselben Maßnahmen**. Schnellschüsse, kurzfristige Erfolge und Einmalauftritte sind **ungeeignet**, im „kollektiven Gedächtnis"[8] relevanter Bevölkerungsgruppen den Eindruck von Reputation entstehen zu lassen.

---

5 v. Ihering, Dt. Dichtung, Bd. XIII, 1893, S. 47, zitiert nach Braun, a.a.O.

6 *Fombrun*, S. 75 ff.

7 Biesalski & Company Managementberatung befragte für die Zeitschrift „Acquisa" 2.384 Kunden von 10 DAX Unternehmen nach den aus Käufersicht relevanten Reputationsinhalten, Kundenorientierung, wirtschaftliche Stärke, Nachhaltigkeit, Attraktivität, Kapitalmarktattraktivität und Innovationskraft v. 18.5.2012, zitiert nach: www.haufe.de/marketing-vertrieb/dialogmarketing/marke-eine-gute-reputation-zahlt-sich-aus_126_116230.html.

8 Der Begriff wurde in den 20er Jahren des letzten Jahrhunderts eingeführt durch den französischen Philosophen und Soziologen Maurice Halbwachs und wird für eine unterstellte, gemeinsame

Folge und Sinn des „guten Rufs" **ist die Weiterempfehlung.** Damit **relevante Marktsegmente positive Reputationssignale** empfangen, „speichern" und **weiter geben** können, müssen diese *„stetig gesendet werden, konsistent und widerspruchsfrei sein und ... möglichst alle in die gleiche positive Richtung weisen".*[9]

Reputation setzt die **Krisen- und Konjunkturanfälligkeit** einer Kanzlei herab und **Vertrauenswürdigkeit, Glaubwürdigkeit, Berechenbarkeit und Verlässlichkeit** voraus.[10] In vielen **Mandantenfragebögen** kommen – vorausgesetzt, die Mandanten kreuzen nicht nur an – diese Worte als Adjektive tatsächlich vor. Test it!

Eine **langfristig aufgebaute** hohe Reputation kann **kurzfristig vernichtet** und nur **sehr schwer** – manchmal nie – ganz wiederhergestellt werden. Denken Sie an SHELL und das Desaster mit der Brent Spar Plattform (heute, 18 Jahre später, noch immer im „kollektiven Gedächtnis") oder an Ihr Lieblings-Luxus-Hotel in Ägypten, das Sie eigentlich gern zum x-ten Mal besucht hätten, wären da nicht im Internet plötzlich **Bewertungen** über „unhygienische Zustände am Buffet" und „Anmache am Pool" und „Betteln um Trinkgeld" zu lesen gewesen...

Reputation wird oft mit **Image** verwechselt. Reputation ist – im Unterschied zu Image – das von **anderen wahrgenommene Ansehen** eines Unternehmens oder einer Person und fungiert als „ein Feedback auf das erwünschte bzw. angestrebte Image."[11]

Reputation gilt als **unberechenbar und subjektiv**, da sie nicht durch **harte Fakten** sondern durch **weiche Faktoren** definiert ist. Sie ist eng mit der **Persönlichkeit der handelnden Anwälte** verknüpft und wird darüber hinaus – Skurriles bahnt sich seinen Weg – von **Anwälten und Mandanten entgegengesetzt definiert**: Anwälte empfinden ihre **nachgewiesen hervorragende Kenntnis der Juristerei** als Basis ihrer Reputation. Etwa 80 % der Mandanten[12] hingegen begründen ihre Erstentscheidung **für einen Anwalt** aufgrund dessen „guten Ruf", ohne **jemals selbst** vorher von der Sachkunde des Anwalts profitiert zu haben!

II. „Reputation für Anfänger" – eine Bauanleitung in acht Schritten

Junganwälte können ihren Erfolg von Anfang an selbst bestimmen, indem sie ihrem **Image eine Richtung** und dadurch ihrer **persönlichen Reputation eine Chance** geben.

Wahrnehmung eines Ereignisses durch Teile der Bevölkerung verwendet. Hier wird er überhöht als Synonym für „Allgemeinwissen".

9 *Hommerich/Kilian*, „Reputation – Wie der gute Ruf entsteht", AnwBl 7/2008, S. 532.

10 *Fombrun*, S. 75 ff.

11 *Schwalbach*, „Reputation", www2.wiwi.hu-berlin.de/institute/im/publikdl/2004-2.pdf.

12 Eigene Schätzung aufgrund der Auswertung der „Marketingfrage" in 60 Erstgesprächen in mittelständischen Kanzleien.

Anwaltliche Reputation von Anfang an auf Erfolg ausrichten? „Kein Problem“, versichert auch der Seniorpartner einer Großkanzlei und bringt es auf eine simple Formel: ***„Kompetenz ist die Basis, Reputation bringt das Geschäft“***. Dahinter stecken zwei einfache Erkenntnisse:

- Solange mögliche Mandanten nichts über eine Kanzlei oder einen Anwalt wissen, nützt selbst **höchste Kompetenz** nichts.
- Eine kontinuierliche **Promotion dieser Kompetenzen** auf immer denselben Wegen (sofern dies auch die Wege der Zielmandantschaft sind) führt zu aktiven **Empfehlungen** des Mandanten.

Im Folgenden finden Sie sieben Tipps für das **Management der eigenen Reputation.**[13] Alle Tipps haben „Stresstests“ in Boutiquen, Großkanzleien und hoch spezialisierten Mittelstandskanzleien durchlaufen und erfolgreich bestanden, und alle sieben befördern die **Marktpositionierung** von **Junganwälten** von **Beginn Ihrer Anwaltstätigkeit an.**

1. Wählen Sie die für Sie passende Kanzlei

Ihre **persönliche Reputation** hängt anfangs von Sprungbrettmandaten ab. Wenden Sie sich deshalb entweder an eine Kanzlei, deren **Rechtsgebiets-Lücke Sie zu Ihrem Schwerpunkt machen** (Kanzlei ist früher entschieden als Schwerpunkt) oder an eine, die Ihr bereits **fest stehendes Spezialgebiet noch nicht anbietet** (Schwerpunkt ist früher entschieden als Kanzlei).

Ihre neuen **Kollegen** werden in beiden Fällen die **eigenen Mandanten** gern **über die neuen Möglichkeiten informieren.** Beide Szenarien ermöglichen Ihnen die **Chance des schnellen Aufstiegs** und der **Teamleitung** bereits in jungen Jahren. Vielleicht wählen Sie auch eine Kanzlei, die sich bereits einen wohlklingenden Namen gemacht, also eine **Unternehmensreputation**[14] aufgebaut hat in dem von Ihnen **gewählten Schwerpunkt** (Rechtsgebietsfokus).

Sie werden diesen Weg wählen, wenn Sie **möglichst schnell möglichst viel in einem Gebiet lernen** und eigenverantwortlich spezialisierte Mandate bearbeiten wollen. Vielleicht gründen Sie auch eine Kanzlei von vornherein als **Boutique** mit allen Beratungsbereichen und den entsprechenden Kollegen, die eine **bestimmte**

---

13 Schon Adam Smith, Begründer der Nationalökonomie, beschrieb das Phänomen Reputation in zwei Beispielen: 1) Betrug ist nicht profitabel, da er am Ende mehr Verträge kostet als er bringt und 2) die Bereitschaft, einen Kunden zu betrügen, sinkt mit der Häufigkeit der Geschäfte, die gemeinsam erfolgreich getätigt werden.

14 1983 führte Professor Carl Shapiro, amerikanischer Volkswirt und derzeit Wirtschaftsberater von Präsident Obama, den Begriff „Reputation“ in die Betriebswirtschaftslehre ein. Er fand heraus, dass Reputation besonders dann ausschlaggebend für einen Kauf ist, wenn die Qualität des Produkts für den Kunden nicht sofort erkennbar ist.

Mandantengruppe benötigt (Mandantenfokus). Sprungbrettmandate, Kanzleiwahl und Branchen-Fokussierung sind der Schlüssel zu manch großer Karriere.

2. Wählen Sie Sprungbrettmandate

Am Start großer Karrieren finden sich häufig **kleine Mandate.** Anwälte aller Kanzleigrößen unterschätzen deren Wichtigkeit. Suchen Sie Ihr „Sprungbrett" passend aus zu Ihrem **Ziel**, Ihrem **Rechtsgebiet**, Ihrer gewünschten **Spezialisierung**, zur angepeilten **Branche** – und besonders zur eigenen **Passion**! **Ohne Leidenschaft sind Erfolge selten nachhaltig.**

Legen Sie es in der Anfangszeit auf die **erfolgreiche Vertretung kleiner Unternehmen eines Segments** oder in einem Rechtsgebiet an. Machen Sie mit Ihren Kollegen **„gemeinsame Sache"** und präsentieren Sie ihnen kanzleiintern – auch im Vorbeigehen – den **Nutzen Ihres Rechtsgebiets** für **deren** Mandanten. Manchmal hilft der sog. Zufall, und die Passion für ein Rechtsgebiet „fällt Ihnen zu": der Senior **delegiert einen kleineren Fall an Sie** – und Sie **verlieben** sich im Alter von 32 Jahren unsterblich in rechtliche Details der Unternehmensnachfolge.

Sprungbrettmandate sind oft klein und fallen als „Abfallprodukte" größerer Mandate nicht jedem Mandatsinhaber auf. Weisen Sie immer wieder pro-aktiv alle Kollegen auf die typischen **Einfallstore** solcher Mandate hin. Ihre **Reputation innerhalb der Kanzlei** hängt davon ab, wie **oft und viel Sie von sich positiv reden machen!**

In Nebensätzen sollten Ihre Kollegen und deren Mandanten auf **weiter führende Rechtsberatungsbedarfe** hinweisen. Nutzen Sie **Kontakte Ihrer Kollegen** und **führen Sie Mandantengespräche gemeinsam**! Gehen Sie mit auf **Messen**. Gehen Sie mit **Mandanten zum Lunch**. Trainieren Sie dabei die überzeugenden Nutzenargumentationen, die ihn dazu bewegen, **weiter führenden Rechtsberatungsbedarf** bei sich zu erkennen.

3. Optimieren Sie Ihren „Track-Record"

Ihre Reputation setzt sich zusammen aus der **Liste erfolgreich beendeter Mandate** bzw. erfolgreich beratener Mandanten (Track-Record) und Ihrer **persönlichen Bekanntheit in Fachkreisen**. Die immer wieder kehrende Frage aus dem Kreis potenzieller Mandanten lautet: „Was haben Sie in diesem Bereich bereits gemacht?" Benennen Sie in dieser Situation **möglichst konkret** die Ausrichtung bisheriger Mandate und deren Gemeinsamkeiten (**Spezifizierung**) sowie deren Anzahl, Dauer und Streitwerte (**Quantifizierung**). Das macht die Schilderung Ihrer Kompetenzen **anschaulich** und **glaubhaft.**

Die Antwort wird Ihnen umso leichter fallen, wenn Sie **frühere Mandanten als Referenzen** benennen dürfen. Das setzt entweder einen **Pressebericht** voraus, in dem Sie **öffentlich** als Anwalt dieses Mandaten benannt sind oder Ihnen liegt die **Zustimmung des Mandanten** vor. Letzteres ist nicht immer einfach zu erreichen. Unternehmen schätzen die Diskretion über eigene gerichtliche Auseinandersetzungen – der **Wunsch nach Vertraulichkeit** wächst nach aller Erfahrung mit der Größe des von Ihnen vertretenen Unternehmens.

In manchen Fällen verspricht ein **Appell** zum erfolgreichen Mandatsabschluss Erfolg: „Jetzt könnten Sie auch für uns etwas tun" oder: „Wir würden über unseren gemeinsamen Erfolg gern etwas veröffentlichen. Was müssen wir beachten?" Track-Records eines jeden Anwalts gehören in die **interne Dokumentation** auch mittelständischer Kanzleien. Sie sind dort **über das Intranet** für jeden Kollegen **einsehbar**, müssen durch jeden Anwalt **akribisch aktualisiert** werden und bilden so eine **Voraussetzung für ein strukturiertes Cross-Selling.**[15]

---

i **Tipp**

Bauen Sie Ihren Track-Record nach strategischen Gesichtspunkten (Persönlichkeit, Geografie, Marktsättigung, Rechtsentwicklung, Passion etc.) und nicht nach der Tagesform oder nach kurzfristigen Honorarkicks auf.

---

4. Einmal investiert – sechsmal profitiert

Das Management Ihrer Reputation setzt **Effizienz** voraus. Wer einmal einen **Vortrag in allen Details ausgearbeitet** hat, verfügt über **abrufbares Spezialwissen** in **gebündelter Form**. Dieses „Kapital" können Sie gewinnbringend bei **mindestens fünf weiteren Akquise-Aktivitäten** anlegen:
- inhaltlich erweitert in **Fach-Aufsätzen**,
- deutlich reduziert und sprachlich banalisiert in Ihrem **Newsletter**,
- mit fetziger Überschrift auszugsweise auf Ihrer **Internetseite** als Download,
- bei Ihren **„Cold Calls"** als Appetizer in Gestalt eines **„kleinen, frischen Aufsatzes"** – und
- schließlich als **ständig aktualisierter Beitrag in einem Buch**.

Diese sechsfache **Hebelwirkung** (Leveraging) gibt der anstrengenden und langwierigen **Erststrukturierung** des Stoffs **Sinn und Richtung**.

5. Fokussieren Sie

„Ich bin spezialisiert auf alles, was Geld bringt", postulierten noch vor wenigen Jahren Vertreter einer inzwischen fast ausgestorbenen Spezies von Anwaltsstrategen,

---

15 Vgl. zur Ausweitung von Mandaten das Kapitel „Cross-Selling".

deren **Weitsicht durch Dollarzeichen im Auge getrübt war**: Je höher das Honorar, desto besser das Mandat! Keinem jungen Anwalt kann man heute diese Überzeugung verdenken, besonders nicht, wenn er im Bereich von **Großkanzleien** im Unternehmenskauf oder anderen „high-end"-Mandaten anzudocken versucht. Strukturen von Großkanzleien **begünstigen** in zweierlei Hinsicht diese kurzfristig verführerische Denkweise:

- der Associate punktet in den Augen der Partnerriege eher durch **hohe Umsätze** als durch **stringente Arbeit an einem Schwerpunkt** und
- nur 10 % von ihnen werden überhaupt zum Partner ernannt.

Die Entwicklung eines nachhaltigen Track-Record setzt jedoch die **innere Stringenz** der darin **gebündelten Mandate** voraus. Daraus folgt ein direkter Rat des oben zitierten Seniorpartners an seine eigenen Associates:

Tipp

Ohne persönliche Reputation gibt es langfristig keinen Erfolg. Haben Sie den Mut, lieber kleinere Mandate auf dem Gebiet Ihrer angestrebten Spezialisierung zu bearbeiten als alles opportunistisch zu bearbeiten, was lohnende Umsätze verspricht.

---

6. „Umwege schärfen die Ortskenntnis"

Die persönliche Reputation ist eine Mischung aus **harter Arbeit** und anfangs **schmerzhafter Fokussierung**. Um an einen lohnenden Mandanten heran zu kommen, wählen junge Anwälte besonders in Großkanzleien, Boutiquen und spezialisierten Mittelstandskanzleien gezwungenermaßen einen **Umweg**. Sie machen sich **als Fachleute bekannt** bei **Multiplikatoren** im **Internet**, Branchenforen, bei **Jahrestreffen** einer **Berufsvereinigung**, als Gast auf **Kongressen** der Zielmandantschaft, bei den **Lieferanten** des eigentlichen Ziels, durch Vertretung von **Gegnern** des eigentlichen Ziels und durch **Veröffentlichungen** in den **Fachzeitschriften** des Ziels. Sie betreiben **Radiusarbeit.**

Dieses Vorgehen hat sich vielfach als beste **langfristige Akquisestrategie** bestätigt. Der eigentlich angestrebte Unternehmer-Mandant wählt seinen externen Anwalt[16] entweder nach **Empfehlungen vertrauter Partner** – oder er folgt der **Wahrnehmung der Peergroups**, die die **Reputation einzelner Spezialisten** promoten: **Redakteure von Fachzeitschriften** drucken Artikel mit hohem **Alltagsnutzen** für die Leser, **Vortragsveranstalter** wie das „Forum" versenden 10.000-fach Programme mit **Namen und Themen der Referenten** an potenzielle Mandanten, Richter zitieren **Sonderdrucke** und **Urteile**. Rechtsmarktspezialisten wie **JUVE** ermitteln in Rankings

16 Auch die Frage, wer an einem „Beauty Contest" teilnimmt, wird auf diese Weise entschieden.

die umsatzstärksten Kanzleien und vergeben „Awards" für die besten Kanzleien auf vielen Rechtsgebieten. Das **„Anwaltskarussell"** (öffentliche Informationen über personelle Wechsel von Kanzlei zu Kanzlei) sowie Mitteilungen über **abgeschlossene Deals** befördern weiter die **Reputation einzelner Anwälte**.

7. The „Early Mover Advantage"

Der frühe Vogel fängt den Wurm! *„Je **früher** ein Anbieter auf einem neuen Markt präsent ist, desto **erfolgreicher wird er sein**."*[17] Wer im Jahr 1996 einen 1.500 Seiten starken Praktiker-Kommentar zum Markenrecht heraus gibt, obwohl erst sechs Monate vorher **das neue Markengesetz** erlassen wurde, hat ihn. Wer noch im Jahr der EU Erweiterung die **steuerrechtlichen Eckpunkte für Investitionen in acht neuen osteuropäischen EU-Ländern** in einem modulhaften Nachschlagewerk erläutert, hat ihn auch. Wer 1990 die **Rechtsfolgen der Überführung der Treuhand in eine GmbH** in Mandate umzuwandeln verstand, hat ihn. Wer 1992, dem Geburtsjahr des Domainrechts, einen umfassenden Kommentar zu diesem **nagelneuen Rechtsgebiet** schrieb, hat ihn ebenfalls: den „Early Mover Advantage".

Sehr **frühe Werke zur Internetkriminalität** werden heute noch **ehrfurchtsvoll zitiert**. Sie stammen aus einer Zeit, als noch niemand ahnte, dass es eines nicht so entfernten Tages honorarträchtige Streits um den Domain-Namen „www.pamelaanderson.com" geben würde, und auch wer den **„frühen Riecher"** für die Finanzkrise hatte, erwarb eine **besondere Reputation** im Steuer(straf)recht, wie dieses Beispiel zeigt:

Best Practice

„Der Druck, Steuerschlupflöcher zu schließen, erhöhte sich mit der Finanzkrise. Wir hatten bereits in den Jahren 2003 und 2004 verstärkt Verfahren zur Steueramnestie betreut und uns – auch international – im Bereich der rechtlichen Begleitung von steuerlichen Selbstanzeigern positioniert. Lange vor dem „Kavallerieansatz" des damaligen Finanzministers Steinbrück im Frühjahr 2009 zum Thema „Steuerhinterziehung deutscher Kontoinhaber in der Schweiz" intensivierten wir unsere Kontakte zu Banken und Anwaltskollegen an den Finanzplätzen Zürich und Basel. So sorgten unsere Präsentationen bereits einige Monate vor dem 30.1.2010 (erste Berichtserstattung in der deutschen Presse über den Ankauf einer CD mit Daten von „Steuersündern") für große Aufmerksamkeit. Auf Grund unserer frühen Kontaktaufnahmen in der Schweiz empfahlen uns Schweizer Banken und Anwaltskollegen wegen unserer unbestrittenen steuerlichen und steuerstrafrechtlichen Expertisen. Sie trugen Beratungsmandate anfänglich in Sachen „strafloser Bereinigung durch Selbstanzeigen" an uns heran. Diese Empfehlungen wiederum führten durch das weitreichende Vertrauensverhältnis zu unseren neuen Mandanten vielfach auch zu weiteren Beratungsmandaten in anderen Rechtsbereichen."

Rechtsanwalt + Steuerberater Dr. Michael Kreft - Partner - SJ Berwin LLP, Tel.: 089-89081-341

---

17 *Von der Oelsnitz*, „Der Erfolg des Pioniers: Zufall oder Gesetz?" Der Markt, Vol. 35, Nr. 4, 1996, S. 181–190.

8. Anwaltliche „Sekundärtugenden"[18] bilden die Basis persönlicher Reputation

Die folgende Aufzählung ist inspiriert durch einen berühmt gewordenen Gründer einer Großkanzlei. Was er jungen Anwälten in seinem **„Brief an junge Juristen"** zu sagen hat, mutet an wie eine Mischung aus Business Knigge, Lebensweisheit und Managementtraining. Am besten, Sie nehmen **alles wörtlich** und **beherzigen die zehn Leitsätze Ihrer persönlichen Reputation:**

- **Nur ein glaubwürdiger Rechtsanwalt hat Erfolg**

Glaubwürdigkeit bewirkt Überzeugungskraft. Anwälte punkten, wenn sie im richtigen Moment „nein" sagen und niemals Versprechen geben, die sie nicht halten können.

- **Die Reputation, die man in zehn Jahren aufbaut, kann man an einem einzigen Tag verlieren**

Reputation kann nicht durch fünf kluge Argumente entstehen, wohl aber durch ein verfehltes einstürzen.

- **Für jede Gerichtsentscheidung ist die Rechtslage mit weniger als 50 Prozent verantwortlich**

Jedes große Verfahren hat emotional bedingte Ermessensspielräume, die durch Auftreten und persönliches Standing fair beeinflusst werden können.

- **Ein guter Anwalt verdient mehr als er verdient**

Bescheidenheit und Augenmaß sind Komponenten materiellen Reichtums: „Geld soll man nur da holen, wo welches ist, nicht dort, wo keines ist."

- **Keine Kumpanei – weder mit Kollegen noch mit Mandanten**

„Geschenke verderben die Zahlungsmoral." Verbindliche und freundliche Töne sorgen für Reputation und bezahlte Rechnungen. **Kumpanei verdirbt** beides.

- **Ohne Fleiß kein Preis**

Anwaltliche Qualität kommt nicht „aus dem Ärmel" sondern durch die dafür nötige **beständige** Anstrengungsbereitschaft.

- **Schuster, bleib' bei deinen Leisten**

Reputation kann nur erwerben, wer seinen **Fachgebieten treu** bleibt. Der Einzelkämpfer wird schnell unglaubwürdig, wenn er außerhalb seines Fachgebietes agiert.

- **Teamplayer machen Reputation, „Stars" machen Einzelaktionen**

Das Team arbeitet für die **Reputation des Einzelnen**, der Einzelne, wenn er sich als **Star** aufführt, arbeitet nicht für das Team.

- **Anwaltliche Kompetenz bewirkt erst durch ihre Vermittlung Reputation**

Die **Qualität anwaltlicher Arbeit** ist davon lediglich das Sahnehäubchen und bewirkt allein noch keine Reputation.

---

18 *Dolf Weber*: „Brief an junge Juristen", zitiert nach spiegel.de v. 2.4.2011; Dolf Weber (Jahrgang 1936) schloss sich 1969 mit Rüdiger Volhard zur Sozietät Pünder, Volhard & Weber zusammen. Im Jahr 2000 fusionierte die Kanzlei mit Clifford Chance. (Einige Überschriften und jeder Unter-Text gekürzt).

■ **Think big**
Großzügigkeit im Umgang mit Kollegen und Mandanten zahlt sich vielfältig aus. Intelligenz, Phantasie, Organisationstalent und Sozialkompetenz machen Erfolg aus. **Kleinkrämerei hindert!**

III. Kanzleireputation für Fortgeschrittene – Reputation aufbauen und verbessern

Reputation dient den zukünftigen Kunden als **Wegweiser** und den Kanzleien als **vertrauensbildende Maßnahme** Unbekannten gegenüber.

Lebensläufe, Doktortitel, Fotos, Videos und Fachbeiträge, Wahlsprüche, Aufsatzsammlungen, Blogs, Facebookseiten und „Employer branding“[19] machen erreichbar und transparent. Diese „Kriegsbemalung“ dient dem Kunden *„als Navigator auf einem unübersichtlichen Anwaltsmarkt. Vertrauen aufzubauen und zu erhalten, ist daher ein entscheidendes Kanzleikapital – denn der Erfolg von Anwälten entscheidet sich nur zur Hälfte vor Gericht.“*[20]

Eine Kanzlei, die ihre **Reputation aktiv verbessern** will, steht tatsächlich vor einigen **lohnenden Aufgaben**. Sie muss

- nach **außen erklären**, wofür sie **steht und stehen will**. Das tut sie in Broschüren, Artikeln, auf ihrer Webseite und in Vorträgen. Während die Fernsehwerbung „die mit dem roten Stuhl“ platziert oder „Freude am Fahren“ postuliert, berichtet “JUVE“ über eine *„Duisburger Sozietät mit tiefen Wurzeln und langer Tradition im Ruhrgebiet, die seit Jahren zu den führenden Kanzleien in der Region zählt. Ihren hervorragenden Ruf am Markt verdankt Grüter ihrer auch überregional hochangesehenen Corporate Praxis. Der Beratungsbedarf der teils hochkarätigen Mandanten, zu denen die Kanzlei langjährige Beziehungen pflegt, nahmen nach dem Ende der Krise deutlich zu.“*[21]
- ein **authentisches Leistungsversprechen**[22] abgeben und einhalten. Jeder, der in unsere Kanzlei kommt, wird von **derselben Sache X** profitieren. Das betrifft nicht nur **Rechtsgebiete und Fachwissen**, sondern vor allem die **kommunikativen Details** in Mandatsannahme und -abwicklung. Jeder bekommt eine Begrüßungsmail von der Assistentin. Jeder bekommt den Ordner in den Farben der Kanzlei. Jeder bekommt den schnellen Termin. Jeder wird pünktlich zurück gerufen etc.

---

19 „Employer branding“ = dem Bewerber eine Marke präsentieren (nicht nur die Kanzlei), um ihn zu gewinnen.

20 *Tobias Gostomzyk*: „Vertrauen Sie mir, ich bin Anwalt“, spiegel.de v. 18.8.2004.

21 http://www.grueter.de/kanzlei/reputation, JUVE Handbuch 2010/2011.

22 *Hommerich/Kilian*, S. 107 ff.

- eine **„Marke" bilden und** immer nach Einzigartigkeit und Eigenartigkeit[23] suchen. **Unterscheidbarkeit ist ein Erfolgskriterium**. Suchen Sie nach Ihrem **USP**. Sieben Kanzleien in Ihrem PLZ-Bereich sind auf Familienrecht spezialisiert? Dann seien Sie **die einzige** mit einem Schwerpunkt auf **bilanzrechtlicher Expertise** bei der Bewertung von mittelständischen Unternehmen zur Unterhaltsberechnung! Das können Sie nicht? Dann **suchen Sie einen** für Ihr Team, der das kann.
- **hochwertig delegieren**. Sie möchten den Abschied vom „Allrounder" einleiten und Ihre (zukünftigen) Mandanten nach und nach für ein **neues, fokussiertes Leistungsangebot** gewinnen und durch qualitativ hochwertige Beratung in **demselben Segment** oder für **dieselbe Branche** überzeugen? Der erste Schritt zur **Strukturierung Ihrer Mandantschaft** ist die **hochwertige Delegation**. Jene Mandate, die Sie **nicht mehr selbst** abwickeln, müssen an einen qualifizierten Kollegen abgegeben werden, der **nachgewiesener Maßen gute Arbeit** abliefert. Alles, was dabei schief geht, geht **gegen Sie** schief!
- sich **auf ganzer Linie fortbilden**. Ihre **Fachanwaltstitel** und Ihre **Akquisestrategien** müssen geplant, strukturiert und aufeinander abgestimmt sein und **derselben Klientel nützen**! Ihr **Cross-Selling**[24] erfordert eine **exakte Dokumentation** aller Kontakte und Schritte. Jeder muss wissen, was der andere **tut oder getan hat. Kommunikationstrainings** machen die ganze Mannschaft **fit für den Wettbewerb**. Fortbildungen im Steuerrecht **ergänzen** bestens das Familienrecht. Wer Erbrecht mag, wird **Unternehmensnachfolge lieben**. Bieten Sie Ihren **Auszubildenden** und Ihren **Junganwälten** ein gutes **Mentoring** (alles andere ist langfristig zu teuer). Fordern und fördern Sie **In-house Seminare** durch Ihre Mitarbeiter!
- die **Persönlichkeiten ihrer Anwälte respektieren und entwickeln**. Reputation ist von Persönlichkeiten abhängig. Alle handelnden Personen einer Kanzlei sind zugleich **„Außendienstmitarbeiter"**,[25] die die Kanzlei-Reputation stützen und entwickeln helfen. **Introvertierte** Anwälte werden das eher durch effiziente und qualitativ hochwertige Arbeit herstellen, **extrovertierte** eher durch Auftritte, direkte Kommunikation und Öffentlichkeitsarbeit. Auch **Rechtsgebiete** sind manchmal Persönlichkeitsstrukturen regelrecht zugeordnet: Verwaltungsrecht wird häufig durch andere **„Typen"** besetzt als Strafrecht.
- einen **Dienstleistungshabitus etablieren**. Es gibt in der Kanzlei keine **Wartezeiten**, kein „Nein ohne Lösung", keine bemerkbaren Mittagspausen, keine unwirschen Ansagen, besonders nicht durch **Uhrzeiten auf einem Anrufbeantworter,**[26]

---

23 Siehe „Seien Sie eigenartig" im Kapitel „Kanzleimarketing".

24 Vgl. Details zur Ausweitung von Mandaten unter „Cross-Selling".

25 *Hommerich/Kilian*, „Reputation – Wie der gute Ruf entsteht", AnwBl 7/2008, S. 532.

26 Siehe dazu das Kapitel „Kanzleimarketing".

keine **Juristensprache** gegenüber Nicht-Juristen, keine **Bandwurmsätze**, keine sichtbaren Tattoos am 7. Lendenwirbel, keine **Verzögerungen**, keine **gebrochenen Versprechen**(!), keine **Verstöße** gegen die Schweigepflicht durch herumliegende Akten, keinerlei **servicefeindliche** Bemerkung („Das geht nicht") etc.

- ein **Unternehmen sein,** das Management als „Dach" versteht, das Ziele definiert, daraus Strategien entwickelt und aus den Strategien wiederum Aktionen. So stellen Sie sicher, dass keine Aktion **beliebig in der Gegend herum navigiert.** Letzteres macht Ihre **Reputation diffus**, und das wiederum führt dazu, dass Sie im sich „weiter intensivierenden Wettbewerb immer **verletzlicher** werden."[27]
- **Controlling einführen.** Regelmäßig benötigen Sie **Meetings,** in denen die **Richtung besprochen** und ggf. korrigiert wird. Ein **wirksames Controlling** ist nicht gerade des Anwalts liebstes Kind. Stellen Sie **Verständnis für die Notwendigkeit von Controlling** her, indem Sie auf eigene **Kostenquoten** hinweisen und **Verfahren zur Kostensenkung** einschlagen. Bedenken Sie dabei, dass die meisten Kanzleien, die von einem „Kostenproblem" reden, in Wirklichkeit ein „Akquiseproblem" haben. Sie müssen nicht wirklich ihre Kosten reduzieren, sondern schleunigst ihre **Umsätze optimieren. Controlling ist auch notwendig für Ihre Reputation.** Lassen Sie jeden Ihrer **öffentlichen Auftritte** und jedes **Mandantengespräch bewerten.** Veröffentlichen Sie die Bewertungen auf Ihrer **Webseite.** Richten Sie ein **„Gästebuch"** ein. Ersuchen Sie Mandanten, mit Namen die Bewertung selbst einzustellen. Haben Sie mindestens zwei wachsame Augen auf **Bewertungsportale** im Internet. **Kontrollieren Sie Meldungen** auf ihrer Facebook-Seite, falls vorhanden. Beteiligen Sie sich an Blogs oder richten Sie selbst einen ein. Suchmaschinen lieben Blogeinträge!
- ihre **Einzelkämpfer sinnvoll integrieren.** Echte Einzelkämpfer lassen sich nicht in **Management-Strukturen** einbinden, und es ist **Energieverschwendung** (auch für die Betroffenen selbst), das zu versuchen. Es empfiehlt sich, falls Sie die **Kanzleireputation optimieren** und den Einzelkämpfer **in Ihren Reihen halten** wollen, ihm eine Position als **„Of counsel"** anzubieten. Von dort aus hat er eine **Sonderrolle.** Er ist nicht mehr involviert in das **Kanzleigeschehen**, hat **keine Mitspracherechte** bei Unternehmensentscheidungen und unterliegt einem **individuell verhandelten Entnahmemodus.**

IV. Ihr guter Ruf ist schützenswert? Dann schützen Sie ihn auch!

Wissen Sie, welche **Informationen im Internet** über Ihre Kanzlei gefunden werden? Ob diese **veraltet, falsch oder rufschädigend** sind? Welchen ersten Eindruck hinterlassen Sie online bei Mandanten, Geschäftspartnern und Stellensuchenden?

---

27 *Hommerich/Kilian*, „Reputation – Wie der gute Ruf entsteht", AnwBl 7/2008, S. 532.

Googeln Sie sich selbst und zählen Sie, wie viele **veraltete Angaben** über Ihren früheren Kanzleinamen, über Ihre Telefonnummern, Adressen und Rechtsgebiete Sie finden. Beauftragen Sie einen internetaffinen **Jura-Studenten** mit der **Löschung dieser Daten**!

Wie lange dauert es, bis Ihre **Telefonnummer** oder Ihre **E-Mail Adresse** gefunden sind? Googeln Sie sich selbst – ohne Nachnamen und Stadt – und zählen Sie die Google-Seiten, bis Sie sich **endlich sehen!** Sie sehen sich gar nicht? So geht es Ihren Interessenten auch! Und **weg sind sie!** Viele Anwälte beschädigen ihren Ruf, den sie sich **analog gebildet** haben (durch Direktkontakte), indem sie ihn **digital gleich wieder verscherbeln** (nicht auffindbar im Internet).

Wissen Sie, ob sich jemand mit „Ihren Federn schmückt" oder absichtslos denselben oder einen **sehr ähnlichen Namen** führt und mit diesem in der rechtsradikalen Szene herumtönt? Wissen Sie, ob Sie **häufig gefunden** werden, wenn jemand nach „Strafrecht" sucht, obwohl Sie das noch nie gemacht haben?

Wissen Sie, ob man Ihre **Texte ohne Erlaubnis kopiert** und verwendet? „Illegale Dubletten"[28] werden durch die elektronischen Tools professioneller Anbieter heraus gefischt. Der Bösewicht wird ggf. zur Verantwortung gezogen.

Wissen Sie, wie einfach es für **Konkurrenten**, **gegnerische Parteien** und **streitbare Mandanten** ist, Ihren guten Ruf **massiv und nachhaltig** zu schädigen? Aufgrund der unklaren Online-Rechtslage ist eine juristische Reaktion nicht immer zielführend und „*kann die Rufschädigung sogar noch verstärken.*"[29]

---

i

Erfolgstipps
- Reputation ist harte Arbeit: Ziel, Zeit und Zusammenarbeit sind unerlässlich.
- Planen Sie Ihr Image am Markt und bestimmen Sie dadurch Ihre Reputation. (Feedback)
- Steuern Sie Sprungbrettmandate an, und optimieren Sie Ihren Track-Record!
- Wiederholen Sie Ihre Aktivitäten viele Male. Schaffen Sie ein „Bild" von sich.
- Schützen Sie Ihre Reputation, besonders im Internet, notfalls durch Profis!

---

28 Vgl. diverse Anbieter von „Reputationstools" wie etwa www.reputationtool.com.
29 So die Anbieter von „Legal Reputation Management" auf http://www.revolvermaenner.com/legal-reputation-management.html.

Small Talk

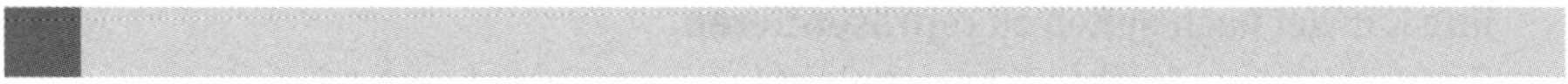

5 % direkte Akquise 95 % indirekte Akquise

Small Talk ist, kommunikationstechnisch gesehen, der **Gegenentwurf zur Juristenausbildung**: Er **verbreitert jedes Thema** und **vertieft keins**.

Anwälte mögen ihn nicht. Sie halten Small Talk für **kompliziert, peinlich oder überflüssig**, denn es geht nicht um „die Sache“, und es geht auch nicht um Wissensvermittlung.

Anwälte beäugen vor diesem Hintergrund äußerst **misstrauisch**, was **nachgewiesenermaßen zu Akquiseerfolgen** führt. Anwälte, die Small Talk üben, haben anfangs große Schwierigkeiten, auch mit ihrem **Selbstbild**: Mit dem Gesprächspartner sind sie plötzlich **auf Augenhöhe**; allein das ist ein **ungewohntes Gefühl** in einem Berater-Beruf!

Doch **wer Schwierigkeiten nur erklärt, behebt sie nicht**. Dieses Kapitel wird Sie deshalb in drei Abschnitten motivieren, **Small Talk furchtlos für die Akquise zu üben**, sich den **Business-Knigge** ebenfalls nutzbar zu machen – und beides so **elegant wie furchtlos** einzusetzen:

I. Bestandsaufnahme
II. Blitztraining Small Talk in zehn kleinen Lektionen
III. Der Business-Knigge erleichtert Ihre Akquise

I. Bestandsaufnahme

Anwälte **unterschätzen** – hauptsächlich aus o. g. Gründen – **keine Akquise-Methode** so generell und so umfassend wie den Small Talk.

Und tatsächlich: Small Talk kommt **klein, leicht und elegant** daher. Er spart wilde Debatten und Meinungsverschiedenheiten sowie Informationsrhetorik zugunsten von **scheinbar zufällig hingeworfenen Gemeinsamkeiten** aus.

Er entschärft weltweit Konflikte und sorgt dafür, dass solche mit dem neuen Nachbarn gar nicht erst entstehen. Er ist der Auslöser für **Vertrauen und Empathie**. Er ist der **Zugangscode zum Nachrichtensystem** wildfremder Menschen und ganzer Kulturen. **Gekonnter Small Talk ist tatsächlich „small“**; er tut nicht weh, nervt niemanden und freut alle. Menschen, die sich freuen, sind eher zu „Big Talks“ bereit.

Small Talk ist keinesfalls nur extern notwendig, etwa mit Kunden, potenziellen Kunden, Besuchern oder Lieferanten, sondern er belebt auch – besonders in **Kombination mit den Umgangsregeln des Knigge** – **interne Strukturen**. Er fördert **gute**

Zusammenarbeit und **belebt das Arbeitsklima.** In jeglicher Gesprächssituation sorgt er für **Entspannung, Vorbereitung** und **Ice Breaking.**

Anwälte lernen, durch Small Talk:
- ihre Kanzlei nach außen zu **repräsentieren,**
- ihren Gästen ein **leichtes, beschwingtes** Gespräch zu bieten,
- zu zeigen, dass sie **mehr können als Paragrafen,**
- **Interesse an Menschen** und ihren Geschichten **wertfrei** zu beweisen,
- die eigene **Kompetenz** „locker" zu zeigen,
- wichtige **Kontakte** aufzubauen und zu pflegen,
- Probleminhaber zu **„beheimaten"**,
- **Ideen** voran zu treiben,
- ihre persönliche **Integrität** lange vor Ablieferung der ersten Sachleistung zu zeigen und
- schließlich **neue Geschäfte** zu ermöglichen.

Auch **bestehende Mandaten profitieren**: Small Talk kann helfen, deren **Emotionen in Verhandlungsbereitschaft** und deren **Ziellosigkeit in Neugier** zu verwandeln.

Small Talk ist auf der Beziehungsebene angesiedelt, sorgt im positiven Fall für ein **gutes Gefühl auf allen Seiten** und ist für viele Mandanten eine gute Basis für eine **Vertrauensbereitschaft**. Zwei Begleiterscheinungen sind typisch für den Small Talk:
1. Small Talk ermöglicht in wenigen Sekunden einen „Draht" zu wildfremden Menschen.
2. Small Talk ist zu 100 % lernbar.

Manche Menschen mögen Small Talk, manche brauchen ihn sogar, um „aufzuwärmen", andere wiederum brauchen und mögen Small Talk gar nicht. Wenn Sie Erstere zu überzeugen wünschen, wäre es **fatal, keinen Small Talk zu liefern**, wenn Sie Letzteren begegnen, wäre es **fatal, ihnen Small Talk zuzumuten**![1]

Der folgende **Blitzkurs** erläutert, wie Sie **elegant, unaufdringlich und aktiv** den Erstkontakt zu Fremden herstellen und völlig unbekannte Menschen **auf Ihre Leistungen neugierig machen** können.

II. Blitztraining Small Talk in 10 Lektionen

Die meisten der folgenden 10 Lektionen sind **sofort und fast ohne Übung** umsetzbar. Die ersten neun helfen, durch sprachliche und körpersprachliche Tipps Ihren Draht zu wildfremden Menschen **elegant und freundlich** zu gestalten. Für **größere – auch Ihre eigenen – Veranstaltungen** optimieren Sie durch diese Tipps den Erstkontakt **zu potenziellen Mandanten.**

1 Vgl. im Kapitel „Mandantengespräche", wie viel Small Talk ein Mandant vor seinem Erstgespräch braucht.

Der letzte Abschnitt zeigt in einem fantasierten „Kunstkenner"-Small Talk, wie ein Anwalt **zeitgleich vier völlig unbekannte potenzielle Mandanten** für seine Leistungen zu interessieren versteht.

Falls Sie **Vorbehalte** beim Lesen oder schon vorher haben, überprüfen Sie eine **wichtige Akquise-Voraussetzung** in Ihrem Denken: Sind Sie wirklich bereit**, die Welt des (zukünftigen) Mandanten für wichtiger zu halten als Ihre eigene**? Ohne einen unverwüstlichen **Kundenfokus** geht Akquise nicht. Ihre eigene Welt haben Sie ja schon; die des Kunden müssen Sie **erobern**! Ohne diese Bereitschaft wird **Akquise auch in anderen Situationen schwierig.**

1. Leiten Sie den Kontakt aktiv ein

Das erste Indiz für die beidseitige Bereitschaft zu Small Talk ist der **Blickkontakt.** Als **Gast** einer Veranstaltung suchen Sie ihn und warten, bis er auf der anderen Seite aufgenommen wird. Als **Gastgeber** gehen Sie gleich und direkt – weit weniger vorsichtig! – auf den anderen zu und stellen sich vor. Ihre Vorstellung enthält eine **Begrüßung**, Ihren **vollen Namen** und Ihre **Funktion.**

Bieten Sie in beiden Fällen sofort mindestens **zwei Andock-Stationen**, also Stichpunkte, auf die jeder Fremde sofort einsteigen kann („Guten Abend, mein Name ist Michaela Meyer. Ich bin heute Abend aus Heidelberg angereist, und ich bin heute zum ersten Mal hier.").

Small Talk ist auch die Kunst, den anderen **neugierig zu machen auf Ihr Geschäft**, auf Ihre Rolle, auf Ihr Angebot, auf Ihr Haus. Falls alle ein **Namensschild** tragen, nähern Sie sich diesem Schild und versuchen Sie, den Namen Ihres künftigen Gesprächspartners zu entziffern. Das fördert seine Selbstvorstellung. Wenn Sie **Gastgeber** sind, stellen Sie sich auf jeden Fall **pro-aktiv** vor und stellen **Small Talk fördernde Fragen.**

2. Nutzen Sie Körpersprachen

Stehen sich zwei Personen gegenüber, Schultern parallel, ist für Sie als gleichrangiger Gast **zunächst kein Platz.** Respektieren Sie das. Halten Sie **Distanz von einem Meter** und machen Sie sich **sichtbar** für beide, **keinesfalls hörbar!** Warten Sie, ob (oder: bis) man Sie non-verbal „einlädt". Falls ja, verändern beide (meist unbewusst) den Winkel der Schultern; sie öffnen sich mehr zu Ihnen hin. Falls die beiden unter sich bleiben wollen, behalten beide (meist unbewusst) den Winkel bei und erlauben keine Öffnung.

Manche Gruppen bilden ohne Tisch oder um einen **Stehtisch eine „Wagenburg"**, die Schultern aller Gesprächsteilnehmer haben denselben Abstand zur nächsten Schulter, ohne Lücke. Wenn Gruppen auf diese Weise „die Köpfe zusammen" stecken, ist ebenfalls **zunächst für Sie kein Platz.** Durchbrechen Sie auch hier die Wagenburg durch **Blickkontakte, Lächeln zu einem aus der Zielgruppe** und **langsame Annäherung.** Sprechen Sie erst, wenn Sie aufgefordert werden oder wenn eine Pause entsteht. Um Ihren Einsatz zu beschleunigen, **nicken** Sie zu Redebeiträgen, verteilen **gleichmäßig Ihren Blickkontakt auf alle,** nicht nur auf den Sprecher(!) und **lächeln** alle an.

Ist die Gruppe locker aufgestellt und lässt Lücken, steuern Sie diese Lücken an und verhalten sich ruhig, bis man Sie anspricht. Das **Zuhören ist der Beginn der Neugier** – auf beiden Seiten.

Matchen Sie die Körpersprachen der Zielpersonen, so gut es geht. Hat jeder sein Glas auf den Tisch gestellt, tun Sie das auch. Schauen bei einer Vernissage vier Personen auf dasselbe Bild, treten Sie in diese Reihe (Abstand möglichst wie unter den anderen!) und schauen auch auf dasselbe Bild. **Seien Sie auch hier sichtbar und noch nicht hörbar!** Schauen zwei Personen auf ihr Glas und halten es schief, tun Sie das auch. Verschränken alle die Arme vor der Brust, tun Sie das auch. Besonders diese Haltung steht – angestachelt durch **äußerst fragwürdige Körpersprache-Bücher** – in dem Ruf, **Desinteresse** zu signalisieren. Woher wissen Sie so etwas? Das sind reine **Vermutungen!** Machen Sie sich dagegen einmal klar, dass Sie selbst **aus vielen unterschiedlichen Gründen zu dieser Körpersprache greifen,** z. B. wenn Ihnen kalt ist oder Sie nicht wissen, wohin Sie Ihre Hände tun sollen. **Körpersprachen sind nicht seriös interpretierbar.** Sie sollten deshalb die der Gesprächspartner nutzen, um **zum fremden System den Zugang** zu finden.[2] Keine Angst also: Wenn Sie einem Menschen mit verschränkten Armen gegenüber stehen und **wollen sein Vertrauen erwirtschaften,** verschränken Sie Ihre Arme auch. Wenn Sie dem Gegenüber dadurch eine **zu große Nähe signalisieren, verändert er diese Körpersprache sofort.**[3] Test it!

Lächeln Sie, während andere sprechen, versuchen Sie **Blickkontakt** aufzubauen und zu halten und üben Sie das gezielte, sparsam eingesetzte **Kopfnicken** (Hier ist nicht der „Wackeldackel" gemeint!).

3. Verwenden Sie Small Talk fördernde Gesprächstechniken[4]

Sie legen es also entweder darauf an, dass Sie angesprochen werden (scheinbar **passiv** = Körpersprache matchen) oder errichten **aktiv** dem anderen durch **doppelte Andockstationen** die Brücke zu Ihrem System, letzteres besonders als Gastgeber. Bei Letzterem sind Ihnen einige Kommunikationstechniken behilflich:

2 Vgl. zur „Körpersprache" das Kapitel „Durchsetzung".

3 Siehe zur Technik des „nonverbalen Matching" das Kapitel „Durchsetzung".

4 Vgl. zur Verwendung dieser Gesprächstechniken das Kapitel „Durchsetzung".

- **Offene Fragen**

Sie wollen **den anderen öffnen**, zum Sprechen bewegen. „Wie war Ihre Reise? Wie finden Sie die Ausstellung? Was halten Sie von dem Buffet? Wer ist Ihr Lieblingskünstler? Was ist Ihnen heute Abend so richtig ins Auge gefallen? Wie geht's in Hamburg? Was macht inzwischen Ihre Tochter?" Je **weiter Ihre Frage gestellt ist, desto mehr Raum bekommt der andere**. Vermeiden Sie dabei um jeden Preis **„Warum-Fragen"**, denn diese triggern das Werte-System des anderen an, lösen in aller Regel einen **Rechtfertigungsdruck** aus und wirken ausforschend und unverschämt.

- **Aktives Zuhören**

Sie drücken aus, was der andere **wünscht, braucht, denkt oder fühlt**. Dadurch betreten Sie die **Brücke zum System** des anderen: „Das kann ich mir gut vorstellen!" „Da waren Sie bestimmt nicht besonders gut gelaunt." „Diese Aufregung verstehe ich gut." „Das ging mir einmal ganz genau so, als ich..." (Empathie zeigen).

- **Paraphrasen**

Sie **fassen zusammen**, was der andere sagt. Bitte achten Sie darauf, dass diese **nicht wertend** wirken! „Ich habe gerade aufgeschnappt, dass Sie oft in Hessen unterwegs sind?" „Habe ich richtig verstanden, dass Sie dann schon seit drei Tagen unterwegs sind?" „Das heißt ja, dass Sie Österreich schon ganz gut kennen?" Paraphrasen **blockieren Small Talk**, wenn sie **wertend klingen** und eine **wilde Debatte** entfachen: „Das heißt also, Sie mögen die Österreicher nicht?"

- **Ich-Botschaften**

Sie wollen den anderen vergrößern und das Gespräch am Laufen halten? Dann präsentieren Sie sich „1,7 cm unterhalb der normalen Demutslinie".[5] Die **Ich-Botschaft** ersetzt im Small Talk die **vorwurfsvoll wirkenden Du-Botschaften**: „Ich bin nicht so schnell mitgekommen" ersetzt den Vorwurf „Moment mal; Sie reden so schnell". „Ich habe das nicht ganz verstanden" ersetzt „Sie drücken sich unklar aus", „Ich sehe noch nicht ganz klar in dem Punkt X" ersetzt „Sie widersprechen sich".

Tipp i
Vermeiden Sie immer das Wort „aber", es tötet das zuvor Gesagte!

---

4. Wählen Sie unverfängliche Gesprächsthemen

Für den Small Talk sind **alle Themen geeignet,** die Ihr Gesprächspartner in diesem Moment anschneidet. Er zeigt Ihnen dadurch, was sich momentan zwischen seinen Ohren abspielt und ist damit **Lieferant einer Intimität**.

5 Dr. Roderich Heinze während der Einleitung zum Thema „Kompetenzpräsentation" in der Coaching Ausbildung der Autorin: *„Wer in kurzer Zeit zu einem Fremden ein Vertrauensverhältnis aufbauen möchte, zeigt seine Größe durch taktische Zurückhaltung und präsentiert sich 1,7 cm unterhalb der normalen Demutslinie."*

Diese Auffassung widerspricht der Darstellung in manchen Lehrbüchern, die von **generell geeigneten und generell ungeeigneten Themen** reden. Geeignete Themen, durch die **Sie selbst** Small Talk einleiten können, sind: Ort, Anreise, Wetter, Ausblick, Inneneinrichtung, alle Gemeinsamkeiten beim Anlass des Treffens, sichtbare Gemeinsamkeiten in Kleidung, bekannte Gemeinsamkeiten in Beruf, dieselben Kaffeetassen, Taschen, Schlafgewohnheiten im Flugzeug, Reiseziel, interessante Vorgehensweisen anderer (sofern nicht wertend vorgetragen) etc.

Wenn Sie selbst Veranstalter sind, lernen Sie Details des Veranstaltungsortes, des angebotenen Weins, der Musik, des Anlasses, des Essens, des Gastredners, der Stadt etc. auswendig. Besonders wenn Sie **Gäste von auswärts** haben, sollten Sie über Oper, Theater, Stadtfeste oder Konzerte zum Zeitpunkt Ihres Events Bescheid wissen.

5. Meiden und „glätten" Sie Tabus

Manche Lehrbücher sprechen von **generellen Tabu-Themen beim Small Talk**: Krankheiten, Religion, Sex, Politik, obszöne und gegen Dritte gerichtete Bemerkungen, persönliche Besonderheiten (z. B. Gebrechen, Figur, Alter, Kleidungsstil etc.), Fachsimpeleien, polarisierende Bemerkungen über Mitbewerber und alle anderen Allianzen gegen Dritte.

Diese Ansicht ist allerdings **im Alltag folgenlos**, denn manchmal kommt ja **von Ihrem Gesprächspartner ein solches Tabu-Thema**. Da hilft es ja nur wenig, ihm zu erklären, dass dies ein Tabu-Thema für Small Talk ist und Sie sich demnach nicht disponiert fühlen zu antworten.

Apodiktische Themen sollten Sie glätten, falls Sie es darauf anlegen, dass jeder zu Ihrer Gruppe dazu kommen und sich dabei **wohl fühlen** soll.

Neutralisieren Sie kritische oder wertende Bemerkungen anderer.[6] Sie erzeugen dadurch **schnellere Themenwechsel** und produzieren **Leichtigkeit**. Besonders als Gastgeber haben Sie immer darauf zu achten, dass jeder weitere Gast **problemlos ins Gespräch einsteigen** kann.

Wenn Sie Small Talk für die Akquise nutzen möchten und ihn **selbst einleiten, vermeiden Sie die o. g. Themen und die folgenden Kommunikations-Tabus**: Wertungen, absolute Behauptungen, das Wort „Nein", Abgrenzungen wie, „Sehe ich anders", „Nicht wirklich" oder „Gott sei Dank trifft das auf uns nicht zu", detailreiches Nachhaken, juristische Details, jede Art von **Dialogfalle**[7] sowie alle anderen **egozentrisch motivierten Themenreduzierungen**.

---

6 Siehe die Tipps in Abschnitt 6 und 7.

7 Vgl. zur „Dialogfalle" das Kapitel „Vorträge".

Wenn Ihr Gegenüber zu o. g. neigt, neutralisieren Sie durch die **folgenden Tipps** und führen in ein flacheres Gewässer.

6. Verwenden Sie „verbreiternde" rhetorische Stilmittel

Small Talk erfordert eine **Präzision in der Form bei zeitgleicher Minimierung des Inhalts**. Zahlreiche Redewendungen, sogar Sprichwörter, können Ihnen behilflich sein, diese sehr anspruchsvolle Aufgabe zu erfüllen:

- **Redewendungen für unspezifische Zustimmung**
  - „Ich kann mir keinen Tag vorstellen, an dem es mir **anders ginge als Ihnen**..."
  - „Auch ich sehe mich immer wieder konfrontiert mit **ungewöhnlichen Aufgaben**..."
  - „Auch wir haben uns hier leiten lassen von **ungewöhnlichen Vorbildern**..."
  - „**Genauso ging es mir**, als wir hier..."
- **Paraphrasische Redewendungen**
  - „Ich verstehe Sie so, dass die Vorzüge Englands manchen **Deutschen auch gut täten**?"
  - „Das heißt, ja, dass wir hier **noch viel verbessern** könnten ..."
  - „... und damit kämen wir vermutlich **alle ganz gut zurecht** ..."
- **Redewendungen: (Humor + Reframing)**
  - „Wer mit dem Rücken zur Wand steht, hat gewöhnlich **den ganzen Raum im Blick.**"
  - „Dann geht es jetzt ja nur noch bergauf, besonders wenn wir **an das Buffet denken**."
  - „Wer den Spatz in der Hand hat, muss nicht mehr **dauernd auf das Dach schauen** ..."
  - „Wer seine Ziele erreicht hat, hat sie **vielleicht zu niedrig gesteckt.**"
- **Verallgemeinerungen und Lob**
  - „**Wer hat es nicht schon mal erlebt**, dass nicht alles so lief wie geplant."
  - „Das heißt, dass Sie sich auf eine Sache **voll und ganz konzentrierten**, damit eine andere..."
  - „Da haben Sie ja **alles Mögliche unternommen**, um ..."
  - „Wie schade, dass **nicht alle Dienstleister von Ihnen lernen** ..."

7. Glätten Sie durch „Downsizing"

Die Kunst, den Ball flach zu halten, ist nicht nur im Fußball legendär. Durch die **taktische Neutralisierung („Downsizing")** wertender Aussagen unterbrechen Sie Dialogfallen, **vermeiden langweilige Debatten** und verhelfen Ihrem Gesprächspartner und Ihnen selbst (besonders als Gastgeber) zu dem **Gefühl von Leichtigkeit**. Sie stellen außerdem sicher, dass Sie die Runde bald wieder verlassen können, obwohl diese in (vielleicht sogar aggressiver) **Diskussionslaune** ist. „Downsizing" funktioniert durch **Umleitung** und **Fokusverschiebung:**

- **Beispiel Religion**

„Was sich der Papst da neulich geleistet hat, das war ja wohl ein Schlag gegen alle Muslime der Welt. Kein Wunder, dass es so viele Kriege gibt".

„Ich habe das auch gelesen. Sicher gar nicht so einfach, immer die **ganz präzisen Worte** zu finden, wenn jedes Wort weltweit mitgeschnitten wird. Da haben wir es **als Steuerberater vielleicht meistens etwas leichter, oder? Auch unsere Mandanten...**" („Umleiten" von Beruf des Papstes auf eigenen Beruf).

- **Beispiel Krankheit**

„Meine Tochter hat nun schon zum zweiten Mal Keuchhusten. Das gab es doch früher gar nicht, zweimal dieselbe Kinderkrankheit. Wenn wir nicht alle auf die Umwelt achten, geht hier noch alles baden." „Oh je, was man mit den **Kindern so erlebt**! Neulich auf dem Spielplatz sah ich, wie..." („Umleiten" von Thema Kinder/Krankheit auf Kinder/Spiel).

- **Beispiel Politik**

„So kurz vorm Wahlkampf werden ja schnell noch Versprechungen gemacht. Die Politiker verkaufen die Bürger wirklich für dumm."

„Das ist in **England ja auch so gewesen**, und die haben jetzt einen Trick ausprobiert..."(„Umleiten" von Politik Deutschland auf Politik / anderes Land).

8. Beenden Sie Small Talk respektvoll

Eine apokalyptische Situation für Sie: Sie sind Gastgeber, und Ihr **Gesprächspartner „klebt" an Ihnen**. Nicht einmal Ihre Ankündigung, zur Toilette zu wollen, hält ihn ab, Sie zu begleiten. Auch: „Ich gehe noch einmal kurz an das Büffet" – und weg sind Sie – ist ein **schwerer Verstoß gegen Umgangsformen** und bewirkt höchstens, dass er seinen Appetit entdeckt und **mitgehen will.** „Darf ich Ihnen etwas mitbringen?" ist ein **Mindestangebot**, wenn Sie Gastgeber sind!

Die **eleganteste Methode, den Small Talk abzubrechen**, ist die Übergabe Ihres Gastes an einen anderen Kollegen Ihres Hauses. Wenn kein solcher da ist, **bringen Sie lästige Gesprächspartner immer zu andern Gästen** und **erklären Ihren Abschied**, sobald dort das Gespräch gut läuft: „Sicher verstehen Sie, dass ich noch andere Gäste begrüßen möchte. Ich freue mich, Sie nachher wieder zu sehen."

Auch wenn **Sie selbst Gast** sind (Kongress, Vernissage, Vortrag), bringen Sie lästige Gesprächspartner immer zu andern Gästen und gehen erst dann weg. Sie lassen **niemals einen anderen Menschen allein stehen oder sitzen!**

9. Beachten Sie Small Talk-Regeln im Ausland bzw. mit Ausländern

Wir sind alle Ausländer, sobald wir in ein anderes Land gehen. Das übersehen Deutsche bisweilen. Sie nehmen die **Gepflogenheiten des Gastgeberlandes** nicht immer ernst und gelten als „stur", „humorlos" und „besserwisserisch". Wer je deutsche „Socken-in-Sandalen"-Auftritte, Buffet-Teller-Überlastung oder laute Bierseligkeit in Urlaubshotels erlebt hat, weiß, wie peinlich es sein kann, **Nationalität oder Selbstbild zur Schau zu stellen.**

Auf der anderen Seite sind Deutsche gern gesehene Gäste und Geschäftspartner. Sie gelten als wohlhabend, gut organisiert, ideenreich, fleißig, ordnungsliebend, extrem verlässlich und besonders pünktlich.

Eine **Anpassung an alle Bereiche öffentlichen Lebens in unserem Gastland** ist immer angemessen, das übertriebene „Sich-Verbiegen" auch in geschäftlichen Kontakten jedoch **gewöhnlich nicht erwünscht.** Ein paar Tipps:

In Deutschland ist es üblich,

- zu allem eine Meinung zu haben und diese auch zu äußern. **Behalten Sie sie auch mal für sich.**
- Erfolge nicht übertrieben zur Schau zu stellen und, falls andere das tun, darüber die Nase zu rümpfen. „Amerikanisches Schaulaufen" wirkt vielleicht in Deutschland übertrieben, nur: **erwähnen Sie ruhig Ihren Erfolg** und den Ihres Teams. **Spezifizieren Sie**, wodurch das klappte und stellen Sie **Fragen am Schluss.**
- „aber" zu sagen. Lassen Sie das (bitte auch, wenn Sie Deutsch sprechen!), denn **jedes „aber" tötet das davor Gesagte.**
- die Stirn zu runzeln und den Kopf zu schütteln, sobald jemand eine andere Meinung hat. Deshalb gewöhnen Sie sich an zu **nicken**, wenn jemand Ihnen **seine Welt vorstellt.** Sie müssen seine Meinungen doch nicht teilen, um sie zu akzeptieren! Sie haben immer einen massiven Vorteil, sobald er Ihnen sagt, wie er denkt: **Sie können ihn berechnen** und Sie können ihn viel **leichter überzeugen**, denn das geht nur in seiner Welt.[8]
- sein Wissen unbedingt bekannt zu geben, auch über das Gastland. Gut daran, dass dies Wissen vorhanden ist. Schlecht daran, es besserwisserisch rüber zu bringen. **Kleiden Sie Ihr Wissen immer in Fragen**!
- direkt auf den Punkt zu kommen. Vergessen Sie das. Geben Sie Ihrer Umgebung die Möglichkeit, **selbst den Kern der Sache zu benennen.** Ihre Gesprächspartner fühlen sich dann größer und geben leichter ab! **Umwege schärfen die Ortskenntnis.**
- alle Menschen gleich zu behandeln, ohne auf deren kulturelle **Besonderheiten** einzugehen. Wenn Sie sagen: „Das glaube ich kaum", reagieren deutsche und amerikanische Gesprächspartner **gegensätzlich.** Wenn Sie in Deutschland

8 Vgl. zum „Matching" das Kapitel „Durchsetzung".

„Nein“ sagen, machen Sie eine klare Ansage. Wenn Sie das in Japan tun, beleidigen Sie Ihre Umgebung!

Typisch deutsche Verhaltensweisen und Überzeugungen werden im Ausland anders als hier, teils entgegengesetzt, interpretiert. Sie können Akquise-Erfolge verhindern, wenn Sie **gegen Standards ausländischer Gastgebender verstoßen**.

Die deutschen Überzeugungen:	Deren Wirkung auf viele Ausländer:
Ich bin immer pünktlich.	Er übt Druck aus. (Frankreich)
Ich bin immer in Bewegung.	Er hat wenig zu sagen. (Japan)
Ich halte den Blickkontakt.	Er ist respektlos. (Islam, Emirate)
Ich bin über das Land informiert.	Er ist besserwisserisch. (überall! Fragen stellen!)
Ich habe einen festen Händedruck.	Er ist respektlos gegen Ranghöhere.(Asien)
Ich präsentiere in klarem blau-weiß.	Er nutzt israelische Farben. (Ägypten)
Ich rede Klartext und bin ehrlich.	Er ist undiplomatisch. (Österreich)
Ich habe/vertrete eine Meinung.	Er ist aggressiv. (England)
Ich rülpse nie beim Essen.	Er mag das Essen nicht. (China)
Ich gebe immer Trinkgeld.	Er gibt uns ein Almosen.(Japan)
Ich bringe als Gast Blumen mit.	Er ist taktlos. (Gelb = Totenblume in Mexiko)
Ich esse immer den Teller leer.	Er ist nicht satt geworden. (Emirate)
Ich zeige meine Titel.	Er ist ein Angeber. (Australien)

10. „Das weiße Bild mit weißen Streifen“[9] – Ein fantasierter Dialog mit Aussicht

Im folgenden Fantasie-Dialog bringt ein Anwalt vier völlig unbekannte, potenzielle Mandanten **durch Small Talk** dazu, neugierig auf **ihn und seine Leistungen** zu werden.

9 Eine Anspielung auf das Theaterstück „Kunst“, der französischen Autorin Yasmina Reza wurde 1994 in Paris uraufgeführt und schnell zu einem Welterfolg. In der Laudatio zum Kölner Theaterpreis 1996 heißt es: „Das ‚Theater im Bauturm‘ hat mit ‚KUNST‘ ein Meisterwerk des Understatements auf die Bühne gebracht. Die Chemie stimmt. Alles fließt. Scheinbar schwerelos, aber das ist ja eben die Kunst.“ Inhalt: eine langjährige Freundschaft dreier Männer wird durch ein Bild auf die Probe gestellt. Der Dermatologe hat ein „weißes Bild mit weißen Streifen“ gekauft – für nicht weniger als 200.000 Francs. Er verteidigt sich und seine Entscheidung, der zweite attackiert ihn, der dritte versucht zu vermitteln. Ihre langjährige Freundschaft gerät ins Wanken. Großartige Small Talks und Bigtalks! Test it!

Die Ausgangssituation:
Fünf Personen stehen in der Kunstgalerie im Halbkreis um ein Bild. Einer von ihnen, der ganz rechts, ist die **„Person 5“. Er ist Anwalt und will akquirieren.** Er bekam die Einladung zu dieser Vernissage vom „Bundesverband deutscher Stiftungen“, dessen Kongress er kürzlich bereits besucht hatte. Eine Stiftung berät er seit einigen Monaten. Er will jetzt **mehr Stiftungen als Mandanten gewinnen**, denn Stifter sind gute Multiplikatoren und haben oft gute Mandate.

Er rechnet in diesem Moment damit, von Kunstkennern umgeben zu sein; er selbst hat nach eigener Einschätzung **keine Ahnung von moderner Kunst.**

Das Bild ist weiß und hat weiße Streifen. Der Anwalt hält ein Getränk in der linken Hand (mit rechts muss er ja gleich Hände schütteln, wenn alles gut geht), **setzt sich eine Lesebrille auf** und **geht mit dem Kopf ganz nah an das Bild heran.** Er macht sich dadurch **sichtbar, nicht hörbar.**

Er hört folgendes Gespräch, während er einen Schritt zurück in die Reihe geht und sich wieder gerade hinstellt:

Person 1: „...ein ganz weiches, cremefarbenes Ambiente...“

Person 4: „Von hier aus sieht es aus wie Pulverschnee oder Zucker.“

Person 2: „Was will uns der Maler nur damit sagen? Haben Sie den Preis gesehen?“

Person 1: „Es war immer schon teuer, einen besonderen Geschmack zu haben.“

Person 3: „Könnte auch von Klein sein. Der hat auch immer nur eine einzige Farbe vorrätig.“

(Gelächter)

Person 1: „Das stimmt. Der hat sich das sogar patentieren lassen. Eine Farbe!

Person 3: „Meinen Sie das ernst? Dieses Blau?“

Person 1: „Ja, wirklich! International Klein Blue oder I.K.B. heißt es, glaube ich.

Person 2: „Hat doch die Telekom auch versucht mit diesem Magenta, oder?“

Person 4: „Haben sie das geschafft?“

Person 5: „Ja, ich glaube sogar, **bis zum Bundesgerichtshof** ging das. Sie **haben gewonnen**.“

Person 1 – 4 schauen auf die Person 5.

Person 5: (Setzt erneut **die Lesebrille auf** und geht nah an das Bild heran.) „Sehen Sie Streifen?“

Person 2: „Absolut nicht. Ich sehe nur den Preis.“

Person 3: (zu Person 5) „Woher wissen Sie das?“

Person 4: „Ah, ich erinnere mich jetzt dunkel, stand in der Presse. Ist schon länger her, oder?“

Person 1: “Stimmt. Ganz in Magenta aufs Börsenparkett. 1995. Auch die Telefonhörer!“

Person 5: “Also ich sehe **auch absolut keine Streifen.“**

Person 3: (zu Person 5)“ Kennen Sie Yves Klein?

Person 5: „Nur dem Namen nach. Ich habe **absolut keine Ahnung von moderner Kunst.**“

Person 2: „Man darf immer nur eine Farbe nehmen. Dann kostet es schnell über 5000 Euro, oder?“

Person 3: „Genau. Das Weiß wird sicher auch bald patentiert.“ (lacht)

Person 1: „Ich finde, es hat warme, cremige Untertöne. Jedenfalls kein Kalkweiß."

Person 4: (zu Person 5) „Sie haben **absolut keine Ahnung von Kunst**? Was tun Sie dann hier?"

Person 5: „Das frag ich mich ehrlich auch. Ich wurde **geschickt, um was auszusuchen fürs Foyer."**

Person 2: „Sie meinen kaufen?"

Person 5: „Ich bin wirklich **kritisch mit dieser modernen Kunst**. Und dies hier **passt gar nicht**."

Person 2: (zu Person 5) „Am besten, Sie kaufen gleich zwei. Dann gibt es Rabatt." (lacht)

Person 4: (zu Person 5) „Was für ein Foyer?"

Person 5: „Es muss passen **für unseren Eingangsbereich**. Dies geht nicht. Ich glaube, es muss was Bunteres sein. Der **Eingangsbereich ist ja selbst schon weiß und sehr reduziert**."

Person 1: „Das könnte allerdings auch sehr understated aussehen. So als wäre die weiße Wand selbst auch die Kunst! Da verschwimmen die Ebenen! Der Alltag verbindet sich mit Kunst, quasi Natur und Kultur in einer Linie!"

Person 4: „Also Sie wollen ein Bild kaufen. Welche Branche? Wie groß ist das Foyer?"

Person 5: **„Einer meiner Mandanten** hat mich hierher **gelotst.** Das Foyer ist **in unserer Kanzlei** (zeigt nach hinten rechts). **Er meinte,** ich werde fündig. Und ich glaube, ich gehe jetzt **erst mal in die buntere Abteilung da drüben**."

Person 2: „Anwälte müssen doch ihre Mandanten ja **immer erst mal beruhigen** wegen der Anwaltshonorare. Das kann durch Weiß auf Weiß – und dann noch mit weißen Streifen – gut gelingen." (lacht)

Person 5: „Das stimmt. Ich glaube, **Mandanten beruhigen** kann ich wirklich **besser als Kunstwerke aussuchen**! Wir sind alle **üble Kunstbanausen** und können **nur Paragrafen**, die allerdings im Schlaf. Sie haben wohl **keine guten Erfahrungen mit Anwälten** gemacht?

(Gelächter)

Person 5: (lacht, hält Person 4 die rechte Hand hin zur Begrüßung und sagt:) „Rechtsanwalt Albrecht, Stiftungsrecht und Gesellschaftsrecht. Freue mich, Sie kennen zu lernen" und beginnt seine **persönliche Vorstellung** bei allen vieren. Um **keinen Preis wird er seine Visitenkarten** heraus geben, wenn das seine Gesprächspartner nicht auch tun. Und selbst dann sollte er es vielleicht noch vermeiden. **Er ist ja da wegen des Bildes!**

Ab hier kann er das Gespräch **umkehren** und **selbst mit Fragen dirigieren**. Er hat durch **Zurückhaltung** („Ich wurde geschickt") und durch **Ablenkung** von seinem Ziel („Sieht jemand Streifen?") sowie durch seine **Konzentration** auf „Bild aussuchen" die **Neugier aller erwirtschaftet**. Er hat freiwillig so lange **Wortwahl und Befindlichkeit** der Gesprächspartner gematcht sowie **kritische Untertöne** durch Reframing[10] neutralisiert und so lange **weg geleitet vom Thema „Anwalt"**, bis es für jeden **attraktiv wurde, mehr zu erfahren**.

---

10 Reframing = die kritische Bemerkung über Anwaltshonorar wird zu einer Kompetenzbeschreibung gedreht: „Beruhigen wegen der Honorare" wird zu „Ich kann tatsächlich gut Mandanten beruhigen", vgl. zum Reframing das Kapitel „Durchsetzung".

III. Der „Business-Knigge“ erleichtert Ihre Akquise

Der Business-Knigge ist mit völlig neuen Regeln umgeschrieben worden, weil **Frauen in Entscheidungsetagen** gelangt sind. Sie spielen immer häufiger die Rolle der „formellen Führer“. Im „neuen“ Business-Knigge sind **Geschlechts- und Altersunterschiede weitgehend irrelevant.** Für viele Anwälte ist dieser Knigge ein Buch mit **sieben Siegeln.**

1. Die Reihenfolge der Vorstellung

Es gibt **keine zweite Chance für den ersten Eindruck.** Lange, bevor das erste fachliche Wort in einer Leistungspräsentation gesprochen ist, erkennt der Anfrager **Stärken und Schwächen der anwaltlichen Präsentation.** Das geschieht auch dann, wenn der Anfrager die Gründe für seinen Eindruck **nicht benennen** könnte. Die ersten Schwächen tauchen schon auf, bevor die Gesprächspartner am Tisch sitzen und haben häufig mit **skurrilen Missverständnissen** in der Begrüßungssituation zu tun. Diese seien durch folgende **vier Tipps** minimiert:

a) Hierarchie geht vor Geschlecht und Alter

Spätestens seit Frauen in überschaubarer Zahl in **Führungspositionen** gelangt sind,[11] ist der private Knigge zwischen Geschäftsleuten obsolet. Keinen Sinn macht es mehr, in Meetings Frauen zuerst zu begrüßen, wenn sie **nicht die Ranghöheren** sind, und ebenso **anachronistisch** mutet es an, den älteren Servicemitarbeiter vor dessen jüngerem Teamleiter zu begrüßen.

Der **Ranghöhere wird mit Informationen immer zuerst versorgt.** Ihm wird die rangniedrigere Person zuerst vorgestellt, **unabhängig vom Geschlecht.** „Herr Dr. Weißkirch, das ist unsere neue Assistentin im Dezernat Baurecht, Frau Bergmann. Frau Bergmann, das ist unser Arbeitsrechtler, Herr Dr. Weißkirch.“

b) Position („Rolle“) geht vor Hierarchie

Regel 2 setzt Regel 1 außer Kraft: Der Anwalt Dr. Weißkirch hat sein Erstgespräch mit einem neuen Mandanten, dem Geschäftsführer einer mittelständischen Firma. Er hat mehrfach mit ihm telefoniert und gemailt. Überraschend kommt der Mandant **mit seiner Chefin** in die Kanzlei. Der Anwalt geht mit ausgestreckten Händen auf den

11 Alle Leserinnen und Leser wissen, dass es so ist, und alle wissen, dass der Prozentsatz von Frauen in Führungspositionen noch lange nicht ausreicht, um die Volkswirtschaft so richtig anzukurbeln, die Bankenkrise nachhaltig zu managen und Familie und Karriere unter einen Hut zu bringen!

Mann zu und begrüßt ihn zuerst. Dann wartet er, bis der Mandant seine Begleitung vorgestellt hat.

Selbst wenn der Anwalt **wusste**, dass die Begleitung seine Chefin ist, ist diese Reihenfolge korrekt: der **„informelle Führer“**, also der Transporteur der Informationen zum anderen Team, ist im Geschäftsleben „der Wichtigere“. Dasselbe gilt, wenn der Anwalt im Gastgeberteam durch die ältere Seniorpartnerin Dr. Weißkirch begleitet wird. **Der „informelle Führer“ des Gastgeberteams wird zuerst seine Gäste begrüßen, auf die Vorstellung von deren Begleitern warten und dann erst seine Chefin vorstellen.**

c) Die Regeln des Gastes dominieren die des Gastgebers

Regel 3 setzt die Regeln 1 und 2 außer Kraft: Derselbe Anwalt erhält am nächsten Tag Besuch von einem anderen Mandantenteam. Auch dort hat der Anwalt viel mit dem Geschäftsführer telefoniert und gemailt. Überraschend bringt der Geschäftsführer seine **Mitarbeiterin aus dem Controlling** mit. Der Geschäftsführer **lässt sie vorgehen** (d. h. er agiert nach dem „privaten Knigge“) und bleibt hinter ihr zurück.

Der Anwalt bemerkt sofort, dass sein Gast den privaten Knigge („Frauen vor Männern“ und „Alter vor Hierarchie“) verwendet und begrüßt **selbstverständlich die Frau zuerst**, obwohl er mit ihr bislang nie Kontakt hatte. Einziger Grund dafür: **der Gast will es so.** Wer diese Umgangsregeln seiner Gäste akzeptiert[12] und sich nach ihnen richtet, ist immer auf der sicheren Seite.

d) Lassen Sie sich von Intuition leiten

Wenn Sie **keine Ahnung** haben über das **„Who is Who“** in einer **gemischten Gruppe** bei einem geschäftlichen oder halboffiziellen Event – und mit niemandem hatten Sie Kontakt – werden Sie sich mit dem **privaten Knigge vermutlich am wohlsten fühlen**. Frauen und ältere Herrschaften werden zuerst begrüßt, den Rest nach Gefühl. Achten Sie auf **Regungen in der Gruppe**; jemand streckt Ihnen die Hand aus. Zugreifen! Jemand lächelt Sie besonders herzlich an: zurück lächeln und **gleich begrüßen**. Non-verbale Signale können **Kontakte schnell effizient machen** und „aus der Patsche“ helfen.

---

12 In internationalen Zusammenhängen leuchtet das vielen Verhandlern sofort ein. Cross Culture-Gebräuche werden in diesem Buch nicht weiter besprochen. Beachten Sie zum Weiterlesen das Buch von Sebastian Neininger „ Business-Knigge für das Ausland: Souveränes Auftreten in Frankreich, Großbritannien, USA, Japan und China“. Dieses Buch hebt sich durch die fast wissenschaftlich strukturierte Beobachtung fremder Geschäftssitten sympathisch von anderen Ratgebern ab.

2. Visitenkarte

Die **Corporate Identity**[13] Ihrer Kanzlei – und nicht Ihr persönlicher Geschmack – entscheidet über Farbe, Schrift, Größe und Text auf der Karte. **Der Gastgeber bzw. Ranghöchste des Gastgeberteams wird gewöhnlich seine Karte zuerst überreichen.** Bei Erhalt schauen Sie sie aus **Höflichkeit so lange an**, wie es dauert, um sie zu lesen, und evtl. zu kommentieren. Danach erst überreichen Sie Ihre eigene Karte.

Wenn der Gastgeber seine Karte nicht gibt, verzichten Sie auch! Bedenken Sie, dass Sie den Gastgeber andernfalls in **Schwierigkeiten** bringen könnten. Als sinnreich hat sich heraus gestellt, während der Präsentation an geeigneter Stelle die **Kanzleibroschüre**[14] zu überreichen; Ihre Daten sind darin ja auch zu finden.

Der Austausch ist häufig mit einer **weiter führenden Verfahrensweise** verbunden: Wer kontaktiert wen? Zu welchem Zweck? Notieren Sie sich das auf der **Rückseite** mit Datum, Uhrzeit, Ort und Anlass. Notieren Sie das auch dann **auf der Visitenkarte**, wenn Sie normalerweise ein iPad oder Ähnliches persönlich vorziehen. Sie **verwenden also das Medium, das der Gastgeber wählt** und nicht Ihr eigenes!

Erhaltene Visitenkarten aus dem Gastgeberteam können Sie während Ihrer Kanzleipräsentation **der Reihe nach vor sich auf dem Tisch platzieren**, so dass Sie jederzeit Ihre Gesprächspartner **korrekt anreden**, auch mit dem akademischen Grad, der auf der Visitenkarte verzeichnet ist. Sobald Sie wieder im Büro sind, **bestätigen Sie den Erhalt der Visitenkarte(n) per E-Mail.**

Visitenkarten könnten Sie auch schon der **Empfangssekretärin Ihres Gastgebers** überreichen, wenn das Haus schlecht organisiert ist. Das erkennen Sie daran, dass die **Empfangsdame Ihren Namen nicht kennt**, bevor Sie sich vorstellen.

Bei **Begegnungen mit potenziellen Kunden unterwegs** ist es eine vielfach erprobte Maßnahme, eine **Visitenkarte nicht dabei zu haben**! **Pragmatisch, volksnah** und **lösungsorientiert** zeigen Sie sich, wenn Sie einem Mitreisenden im Abteil der Deutschen Bahn Ihre **E-Mail Adresse und Telefonnummer** auf den Fahrplan schreiben. Das macht außer Ihnen keiner!

Großartig wirkt in ähnlichen, eher **zufälligen Begegnungssituationen** auch das Technik-Matching. Wenn Sie Ihr Gegenüber mit einem Smart-Phone oder I-Pad sehen, dann wird ihm eine **Visitenkarte vielleicht merkwürdig altmodisch vorkommen.** Mailen Sie ihm sofort **Ihre Kontaktdaten**, falls der Small Talk für beide interessant war. Technik-Freaks lachen gemeinsam über die Gemeinsamkeit: wir **mailen uns aus einem Meter Entfernung**![15]

---

13 Vgl. zum Thema Visitenkarte das Kapitel „Kanzleimarketing“.

14 Vgl. zur Akquiserelevanz von Kanzleibroschüren das Kapitel „Kanzleimarketing“.

15 Wie im Märchen: Ein Anwalt hatte in einem Abteil der Deutschen Bahn einem Mitreisenden nach kurzem Small Talk direkt aus seinem Mobiltelefon eine Bestätigung für den Erhalt von dessen Visitenkarte gesandt, da er seine Visitenkarten nicht dabei hatte. „So, nun haben Sie meine Daten

Vorsicht! In einer Akquise-Situation unter **unbekannten Gleichrangigen**, z. B. wenn Sie mit vielen anderen Personen Vortragsgast sind, überreichen Sie auf **keinen Fall Ihre Visitenkarte zu Beginn eines Small Talks oder gar ganz ohne diesen – und gehen dann schnell weiter!** Sie erwecken dadurch den Eindruck, wie eine Gießkanne das Vortragspublikum zu beregnen. Das Motto „Irgendwas wird schon hängenbleiben" lässt Ihre **Kompetenzen** wirken wie „lauwarmes Bier", das sich wegzuschütten lohnt.

3. Non-verbale Signale

Dirigieren Sie die Situation oder ist es umgekehrt? Kennen Sie Ihre **Rolle**[16] in jedem Moment? Verhalten Sie sich in der Rolle des Gastgebers angemessen dominant und in der **Rolle des Präsentators**, Gastes oder gerichtlichen Verhandlers angemessen zurück haltend? Schön wär's; viele Anwälte machen das umgekehrt. Kommen Sie in den **fremden Raum** und verziehen sich gleich in eine Ecke? Oder nehmen Sie sofort **mit allen nacheinander Blickkontakt** auf? Schwatzen Sie gleich drauf los oder warten Sie, bis Ihnen Rederechte eingeräumt werden?

---

i **Tipp**
Ihre Leichtigkeit auf dem Akquise-Parkett ist nach zehn Sekunden für jeden erkennbar und nach drei Sekunden durch Sie selbst zerstört!

---

a) Ihr Auftritt – Das Problem

Zeigen Sie **Desinteresse an Ihrem Gastgeber** durch Nuscheln, Hüsteln, Endlossätze, Unpünktlichkeit, unfokussierte Blicke, schlappen Händedruck und fehlende Fragen? Sind Sie ausgestattet mit hängenden Schultern, ungeputzten Schuhen, zu viel oder zu wenig Informationsmaterial, unpassender Kleidung, unentschiedenem Ziel, dröhnendem Gelächter, peinlicher öffentlicher Dominanz oder peinlicher öffentlicher Unterwürfigkeit sowie Blickkontakt zum eigenen Telefon?

Oder neigen Sie gar zu **aktiv übergriffigen**[17] **Torpedos auf das Gastgeberterritorium?** (Jacke auf einen Stuhl werfen, Taschen auf den Tisch stellen, Kaffee ohne Aufforderung nehmen, Mobiltelefone auf Tische legen, unaufgefordert Terrassentü-

---

auch.", sagte er. Gegenüber piepte das andere Telefon. „Arbeiten Sie immer so schnell?" fragte der andere. „Heute arbeite ich gar nicht." antwortete der Anwalt. Beide lachten. Ein richtig dickes Mandat entstand! Das Tollste: Selbstverständlich hatte der Anwalt seine Visitenkarten dabei (!).

16 Vgl. zum Thema „Rollenkongruenz" zur Akquiseförderung das Kapitel „Yes, I can".

17 Lustig für Deutsche: in Österreich heißt übergriffig „untergriffig". Die Österreicher schmunzeln ebenso lange über unser Wort!

ren öffnen, Heizungen herunter drehen, die Sekretärin des Gastgebers um Kopien oder ihre private Telefonnummer bitten, unaufgefordert ihr Ladegerät an fremden Strom anschließen, unaufgefordert im Flur des Gastgebers spazieren gehen und in offene Büros schauen, Tassen auf dem Tisch verteilen, benutzte Tassen auf Fensterbänke stellen, ohne Aufforderung hinter ein Kunstwerk schauen, Flipchartseiten in den Konferenzräumen der Gastgeber unaufgefordert umblättern, selbst in die Gastgeberküche gehen und nach Milch suchen, Bleistifte klauen etc.?

Das sind **Kampfansagen**! Wundern Sie sich nicht, wenn **tatsächlich ein Kampf entsteht.**

b) Ihr Auftritt – Die Lösung

Sollte eins davon der Fall sein, **überprüfen Sie sofort alle Ihre Manieren**! Dem Gastgeber Respekt zu erweisen, ist nicht altmodisch sondern taktisch klug.

Wenn Sie Ihre Kanzlei und sich selbst auf **fremdem Territorium** präsentieren und dort Gast sind, gehen Sie **auf den Gastgeber zu**, allerdings sieht das nicht aus wie ein Überfall. Sofern Sie ihn in einer Gastgebergruppe nicht (er-) kennen, warten Sie einfach ab, was passiert. **Der Gastgeber regiert in seinem Reich.**

Die Namen Ihrer Gastgeber kennen Sie natürlich! Sie können auch Unbekannte zuordnen, wenn Sie sie im Internet bereits gesehen haben. Diese **Vorbereitung lohnt sich** immer und wird Ihnen als Interesse ausgelegt.

Absolute Pünktlichkeit, respektvolle Zurückhaltung und eine in jeder Hinsicht **belastbare Vorbereitung** sind Ihr unverzichtbares Erfolgstrio, wenn Sie auf fremdem Territorium erstmals präsentieren. **Nicken zu allen und ab und zu lächeln** – das kann nicht schaden. Wenn der Name Ihres Gegenübers sehr kompliziert oder unverständlich ist, fragen Sie einfach nach. Sie haben auch noch eine zweite Chance, falls er Ihnen **die Visitenkarte** überreicht.

Wenn es Ihnen gelingt, sich als **respektvoller, empathischer und kenntnisreicher** Anbieter einer Dienstleistung zu präsentieren, bekommen Sie Informationen, Fragen und am Schluss auch – Vertrauen!

Tipp i

Eine sympathische Ausstrahlung ist kein Zufall, sondern Ergebnis bewusster Entscheidungen.

---

c) Non-verbale Signale – Ihre Kleidung

Rein visuell ist heilsame Ruhe eingekehrt an der „Kleider-machen-Leute-Front“. Was bisweilen wie eine **verzweifelte Sinnsuche** aussah, hat sich heute zu einer sinnvollen und eher **selbstbewussten äußeren Präsentation** gemausert: Besonders Anwältinnen treten freiwillig sehr **stilsicher** auf. Nackte Beine im Sommer, ausgeleierte Absätze an Billigschuhen, frisurlose, gepiercte oder andere ungepflegte bzw. appellative Zustände sowie zu viel Schmuck und Make-up – oder zu wenig von beidem

– müssen lange schon nicht mehr ernsthaft gefürchtet werden, und auch männliche Rebellen aller Richtungen haben umgedacht. Sie haben **von ihren Kolleginnen gelernt** und verzichten – seit sie gemerkt haben, dass sie durch **kleine Styling-Tricks** ab und zu auch gegen Anwältinnen in Verhandlungen gewinnen können – inzwischen ebenso locker auf Mustermixhemden wie auf Meinungskrawatten, auf braune Schuhe zu schwarzem Anzug, auf Billiggürtel und auf Wildwuchs allerorten. Als erstes haben sie ihre Gesichtsbehaarung abgeschafft, direkt gefolgt von jenen beigen oder gern auch gestreiften Söckchen, die bei übereinander geschlagenen Beinen den Blick auf Beinhaare frei gaben.

Auftritte in unpassender Kleidung ruinieren Ruf, gute Laune und Geschäftsbeziehungen. **Kleider machen also nicht nur Leute, sondern auch** (Pardon für den Kalauer) **Beute!** Viele Anwälte (Frauen und Männer) kommen mit folgender Regel gut klar:

---

i **Tipp**

Kleiden Sie sich eine Nuance besser als das Gros Ihrer Zielmandantschaft. Suchen Sie Ihre Geschäftskleidung niemals nur nach dem eigenen Geschmack und dem eigenen Gefühl aus, sondern außerdem auch nach den Erwartungen Ihrer Zielkundschaft. Bringen Sie beides in Einklang!

---

4. Gast sein

Gast zu sein ist ein schwieriges Geschäft, denn der Gastgeber ist der **Herrscher über ein Territorium.** Dieses gilt es zu **respektieren**, damit Sie sich durchsetzen, damit Sie gern wieder kommen dürfen, damit Sie respektiert werden.

Es gelten die **Regeln des Gastgebers**, die Sie natürlich nicht im Detail kennen. Planen Sie eine Laptop-Präsentation? Dann fahren Sie Ihren Rechner hoch und setzen Sie sich **nicht, bevor der Gastgeber kommt**. Erst dieser **weist Ihnen Ihren Platz zu.** Diese Regel sollte auch gelten, wenn eine Sekretärin des Gastgebers Sie bereits aufgefordert hatte, sich schon mal zu setzen („Frau Dr. Weißkirch kommt gleich"). **Überlassen Sie den Gastgebern ihr Territorium**. Wenn Sie schon einen Platz ausgesucht haben, bevor gleichrangige Gesprächspartner herein kommen, haben Sie eine **Gelegenheit verspielt**, sich **empathisch und sympathisch** zu zeigen. Lässt der Gastgeber Ihnen die freie Wahl, setzen Sie sich **nicht** an die Spitze des Tisches, auch **nicht** an die Mitte einer Längsseite, sondern möglichst **wenig dominant** an ein Drittel der Längsseite und frage nach, ob es **hier in Ordnung** ist. Manche Anwälte setzen sich sogar absichtlich **mit dem Rücken zu einem großartigen Ausblick** und betonen dadurch, dass sie **nur des Gastgebers wegen** angereist sind.

Schalten Sie Ihr **Mobiltelefon aus**, bevor der Gastgeber kommt. Sollte es Ihnen versehentlich passieren, dass Sie es anlassen, ist eine **Entschuldigung** angebracht, wenn es klingelt.

Machen Sie sich **Gedanken über Small Talk-Themen**, die sich im Raum ergeben (die Aussicht, die Broschüre, die Kunst, die Einrichtung etc.).

Niemals, auch nicht bei ausgefallener Klimaanlage in Kairo, ziehen Sie das Jackett aus, wenn der Gastgeber **das nicht auch tut und Sie dazu auffordert.**

5. Gastgeber sein

Gastgeber zu sein, ist ebenfalls ein schwieriges Geschäft, denn Sie haben Ihre **Herrschaft über Ihr Territorium** locker zu beweisen![18] Dieser Abschnitt beschränkt sich auf **Geschäftsessen** und ist **aus Anwältinnensicht** geschrieben, denn für diese ist die Situation als Einladende gewöhnlich komplizierter. Besonders zur **Rückgewinnung ehemaliger Mandanten** sind Mittagessen ein **erfolgreich erprobter Rahmen.**[19]

Tipp i

Geschäftsfrauen verhalten sich, wenn sie zum Geschäfts-Essen einladen, genauso wie ihre männlichen Kollegen.

- **Zeitpunkt**

Auch Anwältinnen laden, wie ihre männlichen Kollegen, Geschäftspartner **ausschließlich zum Mittagessen**, nicht zu Abendessen ein, es sei denn, die jeweiligen privaten Partner oder mehrere andere Gäste sind dabei – oder sie haben ein „von-Frau-zu-Frau" Gespräch. Abendessen haben fast immer einen **privaten Anstrich**.

- **Ort und seine „Besetzung"**

Die Gastgeberin **sucht das Restaurant aus, geht vor und hält die Tür auf** (wenn der Gast männlich und deutlich älter ist, erklärt sie mit Humor: „Ich halte Ihnen heute einmal die Tür auf; ich meine es also wirklich ernst.") und erklärt dem männlichen Gast sogar, wo die Garderobe ist. Natürlich wird der Etikette-bewusste Mann Ihnen trotzdem „aus dem Mantel helfen" wollen. Lassen Sie das zu.

- **Sitzordnung und Ehrengast**

Setzen Sie sich später als Ihre Gäste oder zeitgleich mit ihnen, keinesfalls vorher. Das **kollidiert mit den Regeln des privaten Knigge**. Ihre männlichen Gäste werden sich ungern setzen, wenn nicht alle Frauen bereits sitzen. Lösen Sie das **mit Humor**! Ihr Ehrengast sitzt rechts neben Ihnen. Regel: **Je wichtiger der Gast, desto näher sitzt er bei Ihnen.**

- **Menüauswahl und Budget**

Sie werden **als Frau** (vermutlich nicht als „Gastgeberin") **zuerst die Karte vom Kellner** erhalten und fragen Ihren Gast, ob Sie etwas empfehlen dürfen. Sie **ent-**

---

18 Vgl. im Kapitel „In-house-Veranstaltungen" die Details zum Gastgeberstatus.

19 Vgl. das Kapitel „Ehemalige Mandanten zurück gewinnen" mit weiteren Tipps.

lasten den Gast und verdeutlichen auf jeden Fall **Ihr Zeit- und Geldbudget,** etwa durch: „Mich lacht hier besonders der Hirschrücken an, und außerdem kenne ich hier die Vorspeisen. Meine besondere Vorliebe gilt dem Cäsar Salat."

- **Wein**

Fragen Sie Ihren Gast, ob er in die **Weinkarte** sehen möchte. Gewöhnlich wird er mittags ablehnen. Falls doch Wein getrunken wird, **wählen Sie den Wein** aus. Kennen Sie sich mit Wein nicht aus, übertragen Sie diese **Aufgabe an den Gast, wenn er das anbietet, oder an den Kellner**. Bei großer Runde geben Sie dem Kellner ggf. Ihre **Preismarge am Tag vorher** bekannt.

Als Gastgeberin sind Sie **zuständig, den Wein nachzuschenken**, falls die Flasche auf dem Tisch steht. Sie besetzen dadurch „Ihr Territorium". In besseren Restaurants ist durch **getrennt vom Tisch aufbewahrte Wein- und Wasserflaschen** dokumentiert, dass der Kellner nachschenken wird. Sie selbst **verkosten den Wein**. Unterlassen Sie alle Attribute peinlich übertriebener „Weinkennerei" (Schlürfen, verzücktes Augenrollen, „Oh nein, Ich glaub, der hat Kork!") und nicken dem Kellner zu. **Ausgewiesene Weinkenner** in Ihrer Runde übernehmen das gern für Sie! Wenn Sie selber **Rotwein einschenken**: niemals voller als 2 cm. Der Wein kann dann noch atmen – und vor allem wirken Sie dadurch nicht gierig. Weißwein dreiviertel volles Glas.

- **Wasser**

In einer größeren Gruppe bestellen Sie **Flaschen mit Wasser ohne und mit Kohlensäure**, um sie – für jede Gruppe in Reichweite – auf dem Tisch positionieren zu lassen. Das erspart zeitaufwendige Einzelbestellungen und allzu volle Tische und ist auch finanziell bedeutend günstiger für Sie. Suchen Sie stets den **Blickkontakt mit dem Kellner**, und übernehmen Sie die Sorge für das **Nachschenken von Wasser**. Männliche Gäste werden Ihnen diese Aufgabe abnehmen wollen. Lassen Sie das ruhig zu. Wassergläser stehen von allen Gläsern am weitesten rechts, da sie am häufigsten benötigt werden und können bis 1 cm unter dem Rand eingeschenkt werden. Die weitere Reihenfolge der Gläser folgt dem Menü; also, **wie das Besteck, von außen nach innen** nutzen.

- **Prost! Mahlzeit! Guten Appetit!**

Sie eröffnen das Essen, indem Sie Ihr **Glas erheben** (bitte nicht mit „Guten Appetit"!) und sich bedanken, dass Ihr **Gast der Einladung gefolgt ist**, evtl. erwähnen Sie nochmals den Anlass. **„Mahlzeit"** ist kein Gruß sondern eine aus Handwerkertagen relikthaft bemühte und mehr als peinliche Unverfrorenheit! Dieses Wort ist übrigens auch als **Mittagspausengruß in Anwaltskanzleien ungeeignet**. Sie stoßen nur mit **gleichartigen Getränken** an (nicht Bier mit Wein, nicht Wasser mit Alkohol) und sagen nie „Prost" (Das ist für Bierrunden gut) sondern „Zum Wohl" oder gar nichts. Anstoßen bitte nur **in kleinen Gruppen** bis zu etwa sechs Personen.

- **Brot**

Brot ist **keine Vorspeise** sondern begleitet sie. Es wirkt unfein, wenn Sie das Brot bereits vertilgt haben, bevor die Vorspeise kommt. Brot wird auf dem **kleinen Brot-**

teller gebrochen und erst dann bestrichen. (Nie Brötchen zerschneiden, die ganze Hälfte bestreichen und dann essen.). Brot wird nicht in Suppe getunkt.[20]

- **Zu-Spät-Kommer**

Sie begrüßen Gäste, die zu spät kommen, stets persönlich und herzlich. Dazu stehen Sie in jedem Fall auf und „beheimaten“ den Gast. Wenn Ihnen die **Verspätung vorher bekannt** war, erwähnen Sie sie anderen gegenüber, bevor Sie sich setzen und **bestimmen, ob Sie bereits beginnen oder nicht**. Je **transparenter Sie mit Verspätungen umgehen**, desto weniger stören sie die Anwesenden. Die verspätete Person wird allen anderen mit **Namen und Funktion** vorgestellt. Ihr Platz wird ihr zugewiesen und sie wird gefragt, was Sie für sie tun können. Der Kellner sollte über diese **Verspätung und den erwünschten Umgang mit ihr** informiert sein.

- **Tischrede**

Jederzeit dokumentieren Sie Ihre „informelle Führung“, indem Sie eine **kurze Tischrede** zu Beginn des Essens oder nach der Vorspeise halten. Je mehr Gäste Sie haben, desto eher stehen Sie dazu auf.

- **Alleinunterhalter**

Sie haben mehrere Gäste? Sie **bremsen Alleinunterhalter** am Tisch und beziehen ruhigere Gäste mit in den Small Talk ein. Sie sind dafür zuständig, dass sich alle **wohl fühlen** und **beteiligen können.**

- **Weihnachtsessen**

Sie laden Ihre Mitarbeiter ein zum Weihnachtsessen? Sie wählen acht Wochen vorher ein Drei-Gänge-Menü inkl. Wein aus und haben an eine Lösung für Ihre **Vegetarier** gedacht!

- **Serviette**

Die Serviette dient dem Abtupfen der Lippen (nicht dem Abwischen!) und wird vom ersten Gang an **gefaltet oder entfaltet auf die Oberschenkel** gelegt. Sie wird nicht hinter den Gürtel oder gar hinter den Kragen oder in das Hemd gesteckt. Wenn Sie aufstehen, locker falten und links neben den Teller legen. In den USA legt man sie auf den Stuhl.

- **Krawatte**

Bei dieser Gelegenheit ein Wort an **männliche Gastgeber**: Ihre Krawatte bleibt so, wie sie ist! Nicht in das Hemd stecken oder gar über die Schulter werfen!

- **Besteck**

Das Besteck benutzen Sie von **außen nach innen**. Auch der Suppenlöffel liegt rechts vom Teller, nicht oberhalb des Tellers bei dem Dessertlöffel. Dieser wiederum zeigt nach links, während eine Dessertgabel nach rechts zeigt. Das hat mit der Handhaltung zu tun. Sie **gestikulieren nicht mit Besteck in der Hand**. Als Linkshänder **dekorieren Sie nichts um**, sondern wechseln einfach in die andere Hand. Bei

---

20 Das mache ich selbst furchtbar gern falsch und immer wieder! Bislang hat sich noch keiner spürbar aufgeregt! Behalten auch Sie Ihre Angewohnheiten ruhig bei, wenn es wirklich niemanden stört.

Geschäftsessen geht es **um das Geschäft, nicht um das Essen!** Fassungslos registrieren Beobachter gierig wirkende Stopferei, Blick auf den Teller, ständige Kaubewegungen und niemals abgelegte Bestecke!

- **Tempo**

Sie kontrollieren als Gastgeberin das Tempo, in dem gegessen wird. Sie signalisieren durch gekreuztes Besteck, dass Sie eine Pause machen. Immer wieder legen Sie das Besteck aus der Hand, **dabei berührt es nicht die Tischdecke**! („Zwanzig-nach-Sieben-Stellung"). Als Gastgeberin essen Sie **niemals schneller als Ihre Gäste** und lassen immer etwas Essen auf dem Teller. Sie legen die Bestecke **erst dann parallel auf „Zwanzig-nach-vier"**, wenn alle anderen auch fertig sind. Das Messer zeigt dabei mit der Klinge nach links zur Gabel. Das ist das **Signal für den Kellner** zum Abräumen.

- **Kaffee**

Nach dem Essen wird gewöhnlich Kaffee gereicht. Entscheiden Sie sich für Espresso, denn dieser ist – anders als Kaffee mit Milch – verdauungsförderlich und weniger dominant im Nachgeschmack. Italiener sind ohnehin fassungslos, wenn Sie etwas anderes als Espresso oder Grappa nach dem Essen bestellen.

- **Rechnung**

Sorgen Sie dafür, dass der Kellner von Anfang an weiß, **wer bezahlen wird**. Auch die Einladung muss unzweifelhaft deutlich machen, dass **die Frau bezahlen** wird. Das **sichert Ihr Territorium.** Falls der Gast männlich, deutlich älter und traditionell nach dem privaten Knigge „funktioniert", also die **Männer-Rolle mit der Bezahler-Rolle** gleich setzt, sollten Sie ihm **mit Humor „eine Brücke bauen"**: „Herr Dr. Berger, da können Sie mal genießen, dass ganz ausnahmsweise die Frau das Essen bezahlt."

Sie bezahlen die Rechnung beim Hinausgehen oder direkt am Tisch, **ohne peinliche Kontrollen der Einzelbeträge. Trinkgeld** geben Sie (falls Sie Ihre Kreditkarte in die Rechnungsmappe legen) entweder, indem Sie mit eigenem Stift den Schlussbetrag aufrunden um mind. 10 % oder indem Sie einen Barbetrag in die Mappe legen). Der Gast **sieht den Betrag der Rechnung und den des Trinkgeldes nicht.**

---

i **Erfolgstipps**

- Small Talk ist die Verbreiterung von Themen zu Lasten ihrer Vertiefung. Trauen Sie sich!
- Als Gastgeber: pro-aktiv auf alle zugehen! Bieten Sie mindesten zwei Andockstationen!
- Faszinieren Sie Ihre zukünftigen Mandanten durch Ihre gezielte Zurückhaltung.
- Etablieren Sie feste Umgangsregeln in Ihrer Kanzlei, die Sie schon beim Einstellungsgespräch vorstellen!
- Leben Sie alle Wünsche, die Sie an andere haben, selbst vor. Kanzleikultur kommt von oben!

Telefonakquise

30 % direkte Akquise 70 % indirekte Akquise

Hass und Liebe zu dieser Akquisemethode liegen ebenso eng beieinander wie ihr nachgewiesener **Erfolg** und ihr nachgewiesener **Misserfolg.** Telefonakquise erhitzt nicht nur anwaltliche Gemüter, sondern oft auch die ihrer Zielpersonen. **Kalt lässt sie keinen**!

Telefonakquise ist extrem erfolgreich, wenn sie von trainierten Anwälten in einem streng abgesteckten Rahmen eingesetzt wird und fungiert – im entgegen gesetzten Fall – als **effizientester aller Image- und Chancenkiller.**

Die **Sicht** deutscher und österreichischer Anwälte **auf Telefonakquise ist vermutlich derzeitig mehrheitsfähig:** Ein **nichts Ahnender** wird **unverlangt** mit einem Angebot **überzogen**, das er **nicht erwünscht** hat, das ihn **stört** und das ihm **nichts bringt** außer Zeitverlust und Ärger. Der Anrufer wirkt dabei **unseriös, im Kern desinteressiert, provisionsfixiert** und bettelt eindringlich um eine Abmahnung wegen **unerlaubter Werbung nach dem UWG.**

Dieses Kapitel wird Ihnen in drei Abschnitten die **Furcht nehmen** und die **Fähigkeiten vermitteln**, dieses Instrument einzusetzen. Es wird **leicht lernbare Vorgehensweisen** aufzeigen, durch die Sie Ihre **Zielmandantschaft gewinnen,** indem Sie sie – oder **deren Multiplikatoren** – direkt anrufen.

Dieses Kapitel verfolgt das Ziel, ideologische **Sichten zugunsten pragmatischer Herangehensweisen im Kopf von Anwälten zu flexibilisieren,** Telefonakquise mit **notwendiger Kritik** sowie **realistischen Chancen** zu versehen, die **Voraussetzungen** für ihre Effizienz sowie abschließend **drei gelungene Beispiele** in einem **Wortprotokoll** zu zeigen. In vier Schritten sind diese Ziele erreichbar:

I. **Drei gute Motivationen, Telefonakquise für immer zu unterlassen**
II. **Zehn gute Motivationen, mit Telefonakquise sofort zu beginnen**
III. **Über sieben Brücken musst du gehen – Die sieben Phasen der Telefonakquise**
IV. **Drei erfolgreiche Akquisetelefonate**

I. Drei gute Motivationen, Telefonakquise für immer zu unterlassen

Die kritische Sicht auf eine der objektiv **erfolgreichsten Akquisestrategien der Gegenwart** hat Geschichte. Anwälte vertreten einen **seriösen und anerkannten Berufsstand.** Mit der Sicht ihrer Mandanten auf diesen „Stand“ ist das „Buhlen um Kundschaft“ **keinesfalls kompatibel**, mit der eigenen Sicht auf den „Stand“ **erst**

recht nicht. Anwälte **beschädigten** durch das Verwenden einer solchen übergriffigen, hitzig diskutierten und öffentlich viel gehassten Methode das **eigene Image und das des ganzen Berufsstandes gleich mit,** ist ein viel gehörtes Argument.

Die **drei anwaltlichen Haupt-Einwände** gegen Telefonakquise führen zu immer demselben Rat: **Hände weg** von dieser Methode, wenn Sie

1. sich wie **Versicherungsvertreter aufführen**! Wir sind selbst **alle Opfer** von mehr oder weniger sendungsbewussten Optimierern von Versicherungen, Webseiten und Flatrates und damit verbundener Störungen in Form von in gelangweilter Manier auswendig gelernter, **unspezifizierter und unquantifizierter Allgemeinplätze.**
   Sie möchten sich – ein Segen für die Bevölkerung – **nicht mit einreihen**! §1 BRAO, der den Anwalt als ein „Organ der Rechtspflege“ definiert, stützt Ihr Argument der **Imageschädigung** und des **Standesverstoßes.**
   Ein **massiver Rollenkonflikt**[1] **ginge einher mit einer Lockerung dieser Sicht**, und Ihnen wird vielleicht schon schlecht beim Lesen der Kapitelübersicht. **Dieses Instrument ist für Sie ungeeignet!** Wenn der **Wille fehlt, gibt es immer Misserfolge!**
2. rechtlich unhaltbare[2] **Standards wie „Telefonakquise ist verboten“** in dieser Totalität für bare Münze halten. Dieser Satz dient Ihnen als **klassischer Vorwand,** der den **eigentlichen Einwand** zu verdecken hilft. Selbst die Bundesrechtsanwaltskammer ruft In ihrem „Leitfaden Mandantenbindung & Akquise“ direkt zu Telefonakquise auf.[3]
   Die Rechtsanwaltskammer München lädt zu Vorträgen von Alumni-Vereinigungen mit dem Titel: „Marketing und Akquise für Existenzgründer und Selbstständige“.[4] Anwaltsorganisationen **veranstalten Vorträge** über dieses Thema und diskutieren anschließend mit ihren teilweise empörten Mitgliedern die Vortragsinhalte.
   Jeder Anwalt weiß, dass die Rechtsprechung sich in dieser Hinsicht **mehrfach geändert** hat, **weiter ändern wird** und im Augenblick – mit Ausnahme des Werbens um ein konkretes Mandat – in Teilen erlaubt ist. Anwälte geben **Gesetzeslagen nur dann unklar oder sogar unrichtig wieder, wenn es ihnen dient.** Wenn dies geschieht, raten auch ungeübte externe Beobachter: **Hände weg** von diesem Instrument. Der **Vorwand zeigt, wie stark der ihm zugrunde liegende Einwand ist.**

---

1 Vgl. Details über die Akquise blockierende Wirkung von Rollenkonflikten im Kapitel „Yes, I can“.

2 Die Autorin hat keinerlei eigene belastbare Sachkunde in dem angesprochenen Gebiet und delegiert alle rechtliche Prüfungen in vollem Umfang an die, die etwas davon verstehen: ihre Leser.

3 http://www.brak.de/anwaelte/rund-um-die-kanzlei/anwaltsmarketing/die-leitfaeden/html.

4 Newsletter 1/2012 der RAK München, http://rak-muenchen.de/informationen/mitteilungen-news/.

3. wenn Sie Ihr Geschäft hauptsächlich durch **Abmahnverfahren im Wettbewerbsgesetz** betreiben. Unglaubwürdig ist der **Verwender einer Methode**, wenn er durch das **Bekämpfen derselben Methode** Kasse macht! Das gilt selbst dann, wenn er die Methode **rechtssicher und legal** verwenden würde. Es bleibt in diesem Fall unglaubwürdig. Hände weg!

II. Zehn gute Motivationen, mit Telefonakquise sofort zu beginnen

„Opening doors, closing sales“[5] ist Wahlspruch und Buchtitel einer selbst ernannten „Queen of Cold Calling“ in den USA. Allein der Titel verschafft uns bereits die Gewissheit: Von einer solchen „Königin der Kaltakquise“ möchten wir verschont bleiben. Sie agiert – so suggeriert es sofort ihr Titel – **reißerisch, übergriffig und angeberisch**, und so möchten wir keinesfalls wirken! Glücklicherweise **bestimmen wir selbst über unsere Wirkung auf andere!** Dadurch gibt es unverhofft große Chancen:

Tipp
Wer zu dem Mittel der Telefonakquise greift, muss Selbstbild und Wirkung als „nerviger Versicherungsvertreter“ ausschließen können, ein klares Ziel vor Augen haben, seine Sprache streng strukturieren wollen und angstfrei, flexibel und extrem respektvoll vorgehen.

Telefonakquise ist die **schnellste, effizienteste, nach einiger Übung einfachste** und darüber hinaus **günstigste** Möglichkeit, neue Mandanten zu interessieren, zu faszinieren – und langfristig an Sie zu binden.

Telefonakquise ist unter den o. g. Voraussetzungen in mehreren **anwaltlichen Standardsituationen** ein **effizientes Instrument**, das sich strukturell unterscheiden lässt in **kalte und warme Anrufe**: Kalte Anrufe heißen so, weil sie **keine Historie mit dem Angerufenen** als Basis haben, **warme Anrufe** dagegen haben eine – manchmal nur auf wenige Minuten beschränkte – **gemeinsame Geschichte**. In diesen Standardsituationen ist **Telefonakquise sinnvoll**:

- Unverlangte Anrufe (Cold Calls) bei einem **zukünftigen Mandanten**,
- unverlangte Anrufe bei einem **Multiplikator** (Zeitung, Organisation),
- **verlangte** Anrufe bei einem **zukünftigen Mandanten** (Warm Calls),
- unverlangte Anrufe bei einem **ehemaligen Mandanten,**[6]
- unverlangte Anrufe zur **Mandatsausweitung,** „Cross-Selling“[7] (Warm Calls).

5 *Wendy Weiss*, „Opening Doors, Closing Sales“ (dt.: Türen öffnen, Verkäufe abschließen) ist der Untertitel des Buches „Cold Calling for Women“, http://www.wendyweiss.com.
6 Vgl. dazu das Kapitel „Ehemalige Mandanten zurück gewinnen“.
7 Mehr zu Mandatsausweitung unter „Cross-Selling“.

Durch die folgenden **zehn Erkenntnisse** stellen Sie Telefonakquise und **sich selbst** auf den **Prüfstand**. Sie können selbst erkennen, ob Sie ein **effektvoller Nutzer** dieses Instrumentes sind, werden könnten oder werden wollen. Alle zehn sind **unverzichtbar für Ihren Erfolg.** Wenn ein Punkt Ihnen unsympathisch, unwichtig oder unrealistisch vorkommt, haben Sie **zwei Möglichkeiten**: Sie lassen Telefonakquise ganz weg oder Sie **flexibilisieren Ihre Herangehensweisen und Denkgewohnheiten.**

1. Telefonakquise ist lernbar

„Ich und Telefonakquise?" Manchmal glauben Anwälte, sie seien wegen ihrer **eigenen fehlenden Fähigkeiten** oder wegen einer **introvertierten Persönlichkeit** oder einfach wegen **zu viel Angst** nicht „der Typ", um telefonisch zu akquirieren. Sie glauben, dass nur **furchtlose Plaudertaschen** und extrovertierte **Small Talk-Gurus** erfolgreich sein könnten. Diese Denkart ist aufgrund anwaltlicher Sozialisation in Deutschland und Österreich **verständlich, jedoch nicht realistisch**:

Jeder kann Telefonakquise lernen, der sie **zu lernen wünscht**. Kanzleien, die dieses Instrument als geniale Akquisechance erkannt haben, berichten seit Jahren von nachhaltigen, auf **einfachem Weg** erreichten Erfolgen.

2. Telefonakquise bietet extravagante Akquise-Chancen

Durch **keine andere** Akquisemethode können Sie so **kostengünstig** und **schnell** die durch Sie **exakt definierte Zielgruppe** ansprechen und **langfristig gewinnen**. Nur wenn Sie den Anruf unterlassen, haben Sie diese Chance nicht! Im anderen Fall liegt sie – die **Einhaltung einiger Regeln** vorausgesetzt – **bei 100 %**. Durch Telefonakquise interessieren Sie relevante Klientel und **richten Ihre Mandatsstruktur ein**. Viele Anwälte ändern durch Telefonakquise sofort Ihre **Jagdmethode**: aus dem **passiven Warten** wird das **aktive Anpirschen**.

3. Telefonakquise braucht Vorbereitung

Anwälte glauben, so ein Telefonat sei **schnell gemacht** und bedenken nicht, dass die **Vorbereitung** auf ein zweiminütiges Telefonat **bis zu 30x so lange dauert wie das Telefonat selbst**. Der Angerufene hat einen **Nachnamen**, eine **Funktion** und einen (bewussten oder unbewussten) **Bedarf**. Wenn Sie eine dieser drei Informationen nicht haben, rufen Sie nicht an. **Informieren Sie sich!**

Die **Webseite** des Angerufenen muss studiert, sein **Bedarf abgeschätzt**, der **korrekte Name** der **passenden Ansprechperson** herausgesucht und eingeübt, das

Angebot spezifiziert und die **Ansprache individualisiert** werden. Strukturieren und erwähnen Sie den **Nutzen Ihres Angebots** für **diesen einen** Interessenten.

Die Tür steht schon halb offen, wenn Sie auf **interne Faktoren** (Besonderheiten der **Branche, Auftritte** des Angerufenen, Berichte über ihn) sowie auf **externe Faktoren** (Folgen eines **ihn betreffenden Gerichtsurteils, Gesetzesvorhaben etc.**) anspielen.

Ihre Anfrage wird auch leicht weiter geleitet, wenn Sie **Namen, Titel und Funktion Ihres Gesprächspartners** bereits kennen. Um das zu recherchieren, begeben Sie sich am besten in elektronische Business Plattformen wie XING, geben die gewünschte Firma ein und die gewünschte Abteilung. XING bspw. wirft Ihnen mehrere Mitarbeiter aus und meistens auch den Namen des **Abteilungsleiters oder Geschäftsführers.** Den geben Sie dann in Google ein, wo Sie mehr über ihn erfahren, auch über seine **früheren Positionen**, über seine **Veröffentlichungen oder öffentlichen Auftritte**. Sie erfahren vielleicht, ob er eine Facebook Seite hat oder in anderer Weise das **Internet** nutzt. Vielleicht ist er **Referent wie Sie**? Das verbindet! Informieren Sie sich über seine Themen und seine **berufliche Herkunft**, evtl. sogar über seine **Hobbies.**

Recherchieren Sie **verifizierbare Zahlen**, die bei der **Angebotspräsentation** behilflich sind: „XX Millionen Euro gehen umgerechnet pro Jahr in deutschen Unternehmen durch stressbedingte Krankheitsausfälle verloren. Deshalb haben mein Kollege und ich ein Konzept entwickelt, durch das…“

4. Telefonakquise hat kleine Ziele

Kein Gärtner erntet im Monat des Säens! Selbst trainierte Anwälte glauben manchmal, durch Telefonakquise sofort einen **Besuch in der Kanzlei** vereinbaren oder gar ein ganzes **neues Mandat** ergattern zu können. In beiden Fällen handelt es sich normalerweise (Faktoren wie **Glück oder Zufall** werden hier nicht berücksichtigt.) um unrealistische **tragische Überhöhungen.** Verstehen Sie sich eher als **Gärtner**. Säen Sie **Vertrauen und Interesse im Frühjahr,** gießen Sie über den Sommer regelmäßig das **Pflänzchen** und ernten Sie im Herbst **reife Früchte**!

Das Nahziel eines Cold Calls ist auf der Sachebene lediglich die **Genehmigung** zum Übersenden eines **„kleinen, frischen Aufsatzes“**, einer **Vortragseinladung** oder eines **Artikels** für die kommunale **Zeitung.** Auf der Beziehungsebene ist das Nahziel sympathisch, sachlich und absprachetreu sowie **pragmatisch** und **Nutzen orientiert** zu wirken. In **größerer Entfernung** liegt das im Telefonat **unerwähnte mittelfristige Ziel** weiterer Kontakte. **Lichtjahre entfernt** ist (und bleibt zunächst) die langfristige, werbe- und einträchtige **Geschäftsbeziehung.**

Um **Missverständnisse** zu vermeiden: Ohne klar definiertes Kanzlei-Ziel (Mandantensegmentierung, Branchenfokus) macht Telefonakquise gar keinen Sinn. Die Branchenbücher **ohne individuelle Vorbereitung** auf den Einzelnen einfach abzutelefonieren wird zur **Verstärkung Ihrer Bedenken** führen.

5. Telefonakquise ist eine Störung

Wer telefonisch akquiriert, weiß, dass er den Angerufen stört. Jeder unverlangte Anruf ist automatisch eine **Störung**. Das hat mit **Charakter** oder **Angebot** des Anrufers gar nichts und mit den **Abläufen** auf der anderen Seite sehr viel zu tun. So gut wie niemals kommt ein **unverlangter Anruf** für den anderen **gelegen.**

Steigen Sie also ein durch ein **Zeitkorsett,** das Sie selbst **peinlich genau einhalten**. So zeigen Sie **Respekt vor seinen Abläufen** und eine gewisse **Kenntnis seiner Situation**. Kündigen Sie eine **präzise Zwei-Minuten-Beschränkung** bei Cold Calls an und **halten Sie diese Zeit unbedingt ein**. Nur dann kriegen Sie **mehr als zwei Minuten** bewilligt. Wenn der Angerufene nach 1,36 Minuten eine interessante Frage stellt, weisen Sie darauf hin, dass Sie **gern antworten** würden, dass jedoch Ihre zwei Minuten „gleich vorbei" sind. Dadurch erhalten Sie **immer eine Verlängerung bewilligt**. Selbst bei verlangten Anrufen ist das **Zeitkorsett unverzichtbar.**

6. Telefonakquise erfordert eine Nutzenargumentation

Keiner hört einem Fremden zu, wenn er **nicht weiß, wozu**. Dem Angerufenen muss das **Zuhören nützen**. Daher platziert ein erfolgreicher Akquisiteur den **Nutzen des Anrufs** zeitlich vor dessen Inhalt. Das Zuhören muss **attraktiv** sein. „Ich habe eine Idee entwickelt, wie Sie Ihre **Personalpolitik kostengünstig gestalten** können und würde Ihnen das gern in einem Vortrag vorstellen" macht den Angerufenen **neugierig** auf diese Idee, während „Darf ich Sie zu meinem Arbeitsrechtsvortrag einladen?" ihm lediglich ein **müdes Lächeln** entlockt.

Anwälte meinen, ihr Produkt spräche sowohl **für sich als auch für sie**. Beides ist ein fataler Irrtum. Das nicht anfassbare und hoch erklärungsbedürftige anwaltliche Produkt braucht seinerseits „Fürsprecher".[8] Der Angerufene muss **den Nutzen des Vortrags für seinen Alltag erfahren**, um den Vortrag attraktiv zu finden und gibt Ihnen **Zeit und Aufmerksamkeit**, sobald das der Fall ist.

7. Telefonakquise bedeutet Sprachstruktur

Sprache hat jeder Anwalt, **Sprachstruktur braucht jeder Mandant**. Für den Angerufenen soll die **Botschaft attraktiv und erholsam** sein: Sprechen Sie nur in **Hauptsätzen, im Aktiv und ohne Fachsprachen. KKP** (kurz, konkret, präzise) hilft Ihnen dabei. Erklären Sie, welche **drei Vorteile** („Brecht'sches Theater")[9] **Ihre Mandan-**

---

8 Fürsprecher = schweizerisches Wort für „Anwalt".

9 Vgl. zum „Brecht'schen Theater" das Kapitel „Durchsetzung".

ten (Perspektivwechsel)[10] durch Ihr Angebot bereits haben oder hatten. **Führen Sie durch Fragen!**[11] Durch geschlossene Fragen kontrollieren und fokussieren Sie („Wäre das in Ihrem Sinne?"), durch offene Fragen öffnen und motivieren Sie („Was halten Sie davon?" oder „Was ist Ihnen wichtig?").

Anwälte produzieren in fast jeder Situation **zu viele Worte.** Während eines unverlangten Anrufs sind sie besonders beglückt, überrascht und immer auch etwas gestresst, den **passenden Gesprächspartner** tatsächlich an der Strippe zu haben – und rattern enthemmt los. Sie reden ohne Punkt und Komma und vergessen dabei, dass der Gesprächspartner, dessen **Befindlichkeit** und dessen **äußere Situation** für die **Kontaktaufnahme** viel wichtiger sind als das **unverlangte Absondern von Informationen.** Das Gesprochene klingt **auswendig gelernt, ängstlich** und nicht durch **echte Kompetenzen unterfüttert.**

Reduzieren Sie die Anzahl Ihrer Worte und strukturieren Sie sie. Stellen Sie kleine **Kontrollfragen nach dem Einverständnis**; für ganz offene Fragen reichen Zeit und Geduld des Angerufenen normalerweise nicht aus (das gilt jedenfalls bei Cold Calls).

Vermeiden Sie platte Suggestionen wie „Ich bin sicher, Sie werden ....", „Sicher werden Sie mir zustimmen ....", „Meinen Sie nicht auch, dass Sie ....." Berichten Sie stattdessen von **Vorteilen Ihrer Mandanten** und fragen Sie anschließend: „Wäre das auch für Sie eine Idee?" oder auch offen: „Was halten Sie von einer unverbindlichen Einladung zu diesem Vortrag?" Die freie Entscheidung ist **allseits beliebt** und lässt Sie **sicher erscheinen.**

8. Telefonakquise braucht klare Selbstbilder

Der Angerufene sagt: „Nein" zu **Redeschwall, Respektlosigkeit** und **Ruhestörung**, selten zum Produkt. Dieses „Nein" ist als **Folge ungeschickter Kommunikation schnell enttarnt und dadurch einfach zu flexibilisieren.** Anwälte **fürchten es dennoch** wie der Teufel das Weihwasser. Sie sehen ihr **Image am Nullpunkt,** ihre **Selbstachtung gefährdet** und ihre **Anwaltsehre beschädigt**, wenn ein ihnen Unbekannter am Telefon Ihrer Idee **nicht folgen** möchte. Die berühmte **„Selffulfilling Prophecy"**[12] unterstützt diese Selbstsicht noch. Wenn Sie selbst glauben, dass Sie und Ihr Vorschlag für den anderen eine **Belästigung** darstellen, wird das ganz sicher der Fall sein! Ihr Verhalten wird sich **Ihrer Erwartung anpassen** und Sie **besonders unterwürfig** oder **besonders respektlos** klingen lassen.

---

10 Vgl. zum „Perspektivwechsel" das Kapitel „Durchsetzung".

11 Vgl. zur Fragetechnik und ihrer Bedeutung für die Akquise das Kapitel „Durchsetzung".

12 Ich erwarte Schwierigkeiten und produziere sie dadurch.

An anderer Stelle im Buch[13] sind verschieden Arten von „Nein" erläutert – und wie Sie damit umgehen können. In den seltensten Fällen bedeutet das Nein: „Ihr Produkt interessiert mich nicht", in den häufigsten: „Sie überfallen mich unverlangt durch Ihren Anruf". Die **Art der Präsentation eines Produkts ist also wichtiger als das Produkt** selbst, wenn es um die Frage der Überzeugung geht. Machen Sie sich klar, **wer Sie sind** und **wozu Sie anrufen**: „Ich bin Rechtsanwalt und Spezialist für X. Der Angerufene benötigt meinen Vortrag, damit er Geld spart. Ich rufe ihn an, um ihn zu beeindrucken und als Mandanten zu gewinnen."

9. Telefonakquise erfordert Organisation

Telefonakquise ist eine **auditive Akquisemethode**. Alle anderen Geräuschquellen müssen abgeschaltet sein. Sie brauchen **Ruhe** auch um sich herum und vor allem in Ihrem **Kopf**. Keiner kommt rein. Seien Sie absolut **fokussiert** auf diesen einen Angerufenen. Halten Sie **seine Webseite** offen, während Sie mit ihm sprechen. Notieren Sie auf **vorbereiteten Listen** alles, was er sagt sowie die vereinbarte Aktion oder weitere Telefonzeiten. Lesen Sie von Ihrem **Telefonakquise-Leitfaden** anfangs zumindest die **Einleitung** ab! Stellen Sie eine **Uhr** neben sich und halten Sie versprochene Zeiten ein! Halten Sie ein **PDF-Dokument** auf Ihrem virtuellen Schreibtisch bereit, das Sie ihrem Gesprächspartner **sofort mailen** können (Vortragseinladung, Aufsatz, Kanzleibroschüre, Artikel etc.). Sitzen oder stehen Sie bequem! Sorgen Sie für **guten Empfang**. Telefonakquise niemals vom **Mobiltelefon** aus, niemals ohne die **eigene Nummer zu senden** und niemals zu **unpassenden Zeiten.**

10. Telefonakquise erfordert „Türsteher-Flirts"

Wie Ihre eigene Assistentin hoffentlich auch, ist auch der „Türsteher" des gut organisierten Angerufenen angewiesen, **unverlangte Werbung sofort auszusortieren.**

Für den anwaltlichen Akquisiteur ist dieses Hindernis **eher klein**. Die Meldung: „Guten Tag, Frau Meyer, mein Name ist Rechtsanwalt Weber, darf ich bitte mit Herrn Bertram sprechen?" wird bereits **durch die Berufsbezeichnung** in vielen Fällen dafür sorgen, dass Sie durchgestellt werden. Falls Sie auf eine trainierte Assistentin mit klugen Anweisungen treffen, werden Sie die Frage hören: „Darf ich mir notieren, um was es geht?" Von Ihrer Antwort wird abhängen, ob Sie nun **einen Schritt weiter** kommen. Ihre Antwort sollte den **Nutzen des Chefs** ganz nach vorn stellen und seine Assistentin **vollständig respektieren** und einbeziehen: „Ja sehr gern. Ich

13 Vgl. zur Behandlung von Einwänden und zu Kategorien des „Nein" das Kapitel „Umgang mit Mandanten".

würde Herrn Bertram gern zu einem Vortrag einladen, der am 23. September in Frankfurt stattfinden wird. Ein Kollege und ich erläutern dort, wie Mittelständler durch rechtssichere AGBs sehr viel Geld sparen können. Meinen Sie, ich könnte ihn für zwei Minuten sprechen?“

So **binden Sie sie ein**, lassen sie **entscheiden, respektieren ihre Position und Person** und sorgen dafür, dass sie ihre Anfrage gern weiter gibt. Bei Ihrem zweiten Anruf machen Sie **Signale des Wiedererkennens**. Auch der **Name der Assistentin** kommt in die vorbereitete Liste.

III. Über sieben Brücken musst du gehen – Die sieben Phasen der Telefonakquise

Strukturieren Sie Ihre Gespräche. Sie haben nur dann die Gelegenheit, von dieser **Struktur abzuweichen**, wenn der Angerufene Sie **direkt dazu auffordert**. Ein Anruf zu Akquisezwecken hat sieben Abschnitte, von denen die **Vorbereitung** den mit Abstand größten Zeitrahmen einnimmt:

1. **Vorbereitung**: Wer soll zu Ihren Mandanten gehören? Machen Sie eine Liste der **Gemeinsamkeiten Ihrer Mandanten**! (z. B.: „Alle Autoreparaturwerkstätten in der Umgebung von 200 Kilometern“ oder: „alle Pro Familia Filialen in Niedersachsen“ oder „Alle Kommunen bis 100.000 Einwohner mit eigenem Schwimmbad“). Fokussieren Sie sich eher auf **Branchen** als auf ein Rechtsgebiet. Ermitteln Sie die **günstigste Zeit** für den Anruf. Ermitteln Sie die richtigen **Ansprechpartner**.
2. **Vorstellung:** Name, Vorname, Beruf, Stadt. Teilen Sie mit, dass der Angerufene Sie nicht kennt (= Cold Calls) oder **woher** er Sie kennt (= Warm Calls).
3. **Zeitkorsett** („Hätten Sie in diesem Augenblick zwei Minuten für mich Zeit?“ (= Cold Calls) oder „Hätten Sie einen Augenblick Zeit für mich? Oder: „Passt es jetzt?“ (= Warm Calls). Bei „Nein“: „Darf ich es heute Nachmittag noch einmal probieren, so gegen drei? Ich brauche nur zwei Minuten?“
4. **Nutzen** Ihres Produkts: Ihr Können ist für den Angerufenen zunächst unwichtig, ebenso wie die besonderen **Merkmale Ihrer Spezialisierung**. Ihn überzeugt, wenn Sie den **Alltagsnutzen von beidem voran stellen**: „Ich habe deshalb einen Aufsatz geschrieben und erkläre drei Tipps, durch die **meinen Mandanten** (Perspektivwechsel) schon **reichlich Ärger erspart** (Nutzen) blieb. Es geht um die Y und was Mittelständler alles tun können, um **X zu schaffen**. Der Aufsatz ist nur eine Seite lang und fasst **alles Wesentliche in Unternehmersprache** (Nutzen) zusammen. Wäre das für Sie interessant?“ Bedenken Sie, dass der **Perspektivwechsel** Ihnen jede Angeberei und den Eindruck unbewiesener Behauptungen erspart.
5. **Genehmigung** für die Übersendung: „Wenn Sie es wünschen, kann ich den Aufsatz auch gleich per E-Mail übersenden, dann haben Sie ihn gleich auf dem Schreibtisch?“

6. **Zukunft:** Bieten Sie **weiter führenden Kontakt** an. Auch der muss dem Angerufenen **konkret nützen**; sonst macht er das nicht: „Wenn das für Sie interessant war, können Sie sich in unseren Newsletter eintragen und **kostenfrei unsere Vorträge** besuchen." Oder: „Wenn Sie das für sinnvoll halten, melde ich mich in der nächsten Woche noch einmal, um Ihre weiter führenden **Fragen zu beantworten.**"
7. **Nachbereitung:** Die wichtigsten Informationen in die **Datenbank** eintragen, besonders die Frage, ob er den **Newsletter** beziehen möchte (schriftlich bestätigen lassen!), E-Mail versenden, Kontaktprotokoll, Vereinbarung, Fragen, Interessen, Entscheider-Besonderheiten (Bereich X entscheidet Frau Dr. Bertram).

IV. Drei erfolgreiche Akquisetelefonate

1. Der unverlangte Anruf (Cold Call) bei einem zukünftigen Mandanten

Ein Anwalt kennt seine zukünftige Mandantenstruktur und möchte weitere Mandanten interessieren, die von ihm vielleicht noch nie gehört haben. **Ziel des Anrufs** ist es, einen Unbekannten zu einem Fachvortrag einzuladen.

- „Guten Tag, Herr Bergmann. (Namen sagen) Mein **Name** ist Ludwig Maier. (Vor- und Nachname) Ich bin **Rechtsanwalt** in Rosenheim. (Beruf und Ort) Sie **kennen mich nicht** (Beruhigung; Anwaltsanrufe lösen Unruhe aus) und ich wollte fragen, ob Sie in diesem Augenblick **zwei Minuten Zeit** für mich (Zeitkorsett) haben."
- „Eigentlich nicht. Um was geht es denn?"
- „Es geht (Matching Vokabular) um's **Geld sparen** (Nutzenargumentation) und um ein paar **wichtige Rechts-Tipps** dazu. Ich habe zusammen mit einem Kollegen **einen Vortrag entwickelt**, durch den meine Mandanten – das sind kleinere und mittelgroße Produzenten (Perspektivwechsel) – schon **viel Geld gespart** und viel Ärger vermieden (Nutzenargumentation) haben. Es geht um die **rechtssichere Einrichtung von AGBs**. Da gibt es ja immer **Theater mit den Kunden** (Matching Befindlichkeit), und immer **wegen Details**. Ich rufe Sie heute an, um zu wissen, ob Sie an einer **unverbindlichen** (attraktiv) **Einladung** zu diesem Vortrag interessiert sind" (geschlossene Frage)?
- „Im Prinzip schon. Wir haben allerdings schon einen Anwalt."
- „Das ist besonders hilfreich. Dann können Sie ja sogar **Zweitmeinungen einholen** (Reframing).[14] Darf ich Ihnen **unverbindlich die Einladung übersenden**? Ich könnte das auch per E-Mail machen, wenn Sie das wünschen. Dann hätten Sie es sofort auf dem Tisch" (Nutzenargumentation).
- „Ja gern. Senden Sie es bitte an unsere Info@Adresse. Haben Sie die?"

14 Vgl. zum „Reframing" das Kapitel „Durchsetzung".

- „Ja natürlich. Die steht hier: info@lcs-papier.de. Ist das richtig?"
- „Ja genau. Wann ist das überhaupt?"
- „Wir haben **drei Termine festgelegt**, alle außerhalb der Schulferien, alle im Central Hotel. Der erste ist am 13. Mai. Die Einladung müsste nun schon bei Ihnen sein."
- „Ja, hier ist sie."
- „Dann würde ich mich freuen, Sie irgendwann zu begrüßen."
- „Ja. Auf Wiedersehen, Herr Maier."
- „Auf Wiedersehen, Herr Bergmann."

2. Unverlangter Anruf (Cold Call) bei einem Multiplikator

Ein Anwalt ruft die Lokalredaktion einer Zeitung seiner Stadt an. Ziel des Anrufs: eine monatliche Kolumne platzieren.

- „Guten Tag, Herr Bergmann. (Namen sagen) Mein **Name** ist Ludwig Maier. (Vor- und Nachname) Ich bin **Rechtsanwalt** in Rosenheim (Beruf und Ort), und ich wollte fragen, ob Sie etwas **Zeit** (Zeitkorsett) für eine Idee haben."
- „Ich habe um drei die Redaktionssitzung. Um was geht es denn?"
- „Ich brauche nur etwa 5 Minuten. Redaktionssitzung (Matching Vokabular) ist ein gutes Stichwort. Ich **lese das Rosenheimer Abendblatt** schon, seit ich in Rosenheim bin. Das ist seit 12 Jahren, und mir fällt immer wieder auf, dass Sie **gar keine regelmäßigen Rechtsaufklärungen** über alltägliche **Rechtsfragen Ihrer Leser** haben. Zuletzt war ja ein Artikel über die „Rechte und Pflichten eines Arbeitnehmers" in der Samstagsausgabe, ich glaube vor etwa 6 Wochen" (Vorbereitung beweisen).
- „Ja stimmt. Rechtsanwalt Eichler schrieb das für uns wegen der 180 Kündigungen in der Papier KG."
- „Ja genau. Das kam **bestimmt gut an** (Mitbewerber neutral und sympathisch würdigen). Viele Rosenheimer machen sich ja **Sorgen** wegen der Arbeitsplätze. Ich habe nun eine weiter führende Idee. Ihre Leser würden eine solche Aufklärung sicher auch **wegen anderer Alltagsfragen** schätzen. Ich habe zehn **Kolumnen** ausgearbeitet in zehn **täglich verwirrenden Rechtsgebieten**. Jede informiert in acht bis zehntausend Zeichen über **typische Rechtsirrtümer im Alltag, mit vielen Beispielen.** Los geht's mit Verhalten am Unfallort, dann geht's weiter mit Nachbarschaftsstreits, dann Unterhaltsrecht. Wäre es für Sie interessant, ein Beispiel zu lesen?
- „Haben Sie die schon fertig?"
- „Drei habe ich fertig aktualisiert und **neue Urteile gerade frisch eingebaut**. Soll ich sie alle drei schon mal übersenden?"
- „Kostet das was?"
- „Natürlich nicht. Wenn Sie die abdrucken, werden ja die Bürger auf mein Können aufmerksam und ich mache Werbung für mich. Schön wäre, wenn sie schon vor

der ersten als **Sammelserie** bezeichnet und **einmal im Monat veröffentlicht** würden. Man könnte eventuell, falls das gut ankommt, über eine **Beilage nachdenken**, so nach einem Jahr, oder sogar einen **Chat einrichten** für Nachfragen. Was sagen Sie dazu?"

- „Das kann ich nicht allein entscheiden. Hört sich interessant an. Schicken Sie mir mal ein Beispiel, dann stell ich das gleich den Kollegen vor."
- „Gut, Herr Bergmann, ich habe hier Ihre E-Mail Adresse bergmann@rosenheimer-abendblatt.de. Ist die korrekt?
- „Ja"
- „E-Mail kommt in 1 Minute. Meine Daten sehen Sie im Anschreiben. Rufen Sie mich an? Oder lieber ich Sie" (Alternativfrage: entweder du oder ich)?
- „Wir melden uns, Herr Maier".
- „Danke für Ihre Zeit, und viel Spaß beim Lesen! Auf Wiedersehen, Herr Bergmann."

3. Verlangter Anruf bei einem zukünftigen Mandanten (Warm Call)

Der Anwalt hat den Angerufenen als Gast seines Vortrags kennen gelernt und vier Minuten mit ihm nach dem Vortrag gesprochen. Ziel des Anrufs: Angerufenen in die Kanzlei einladen.

- „Guten Tag, Herr Bergmann. (Namen sagen) Mein Name ist Ludwig Maier. (Vor- und Nachname) Ich bin Rechtsanwalt hier in Rosenheim (Beruf und Ort), und wir haben uns am vergangenen Dienstag kennen gelernt bei meinem Vortrag über ...
- „Ach, Sie sind das. Ich erinnere mich. Ja, ja, da in der Remise... Ja, war ja interessant, wie die diese alte Scheune umgebaut haben. Wir hatten leider den Auftrag nicht. Schade. Ich war total platt, **wie viele Teilnehmer** da waren. Ist schon interessant, dieses **Kündigungsrecht**. Ja, wir haben da bei uns in der Tischlerei auch **so ein paar Pappenheimer**."
- „Ja, genau deshalb ruf ich an. Ich glaub auch, das Thema wird **gerade für kleinere Handwerksbetriebe** immer dringlicher. Man kann sich gerade dort **keine Fehler leisten**, da geht **schnell Geld verloren**. Und so mancher **Pappenheimer** beeinflusst auch noch das ganze Team. Sie hatten mir doch schon nach dem Vortrag berichtet, dass Sie auch nicht so ganz genau wissen, wie man **das mit den Abmahnungen** (Rechtswort umgangssprachlich begleitet) macht. Wie viel Zeit haben Sie jetzt für mich? Sonst rufe ich gern später noch mal an?"
- „Nee geht jetzt. Ich habe da einen Tischler, den hab ich morgens um halb neun betrunken an der Säge erwischt. Was muss ich tun? Der hat alles bestritten."
- „Herr Bergmann, da sind Sie ja in einer **schwierigen Situation.** Sie haben mir ja gesagt, dass dieser Tischler schon 11 Jahre bei Ihnen ist und eigentlich **ganz gute Arbeit macht**. Die Kunden **mögen ihn**, oder?"

- „Ja genau. Der kommt **gut an**, besonders beim Erstbesuch beim Kunden. Der ist doch auch alter Rosenheimer. Seine Familie auch."
- „Na, da will man nicht gleich **mit Kanonen auf Spatzen schießen**, oder? Sie haben im Moment drei Möglichkeiten, davon zwei rechtlich wirksame: erstens..., zweitens..., drittens.... Wozu neigen Sie im Moment?"
- „Ich habe jetzt ein paar Tage drüber geschlafen. Also, rausschmeißen möchte ich ihn nicht. Noch nicht. Das gibt mir zu viel Stress."
- „Wissen Sie, was wir machen? Sie kommen in meine Kanzlei. Wir besprechen alles in Ruhe. Es soll **schließlich nicht noch mal passieren**. Ihr Mitarbeiter **muss wissen, was er riskiert**. Und Sie müssen Ihre Rechte und Pflichten kennen in so einem Moment. Bitte bringen Sie den Arbeitsvertrag mit."
- „Kostet das was?"
- „Natürlich. Meine Mandanten sind fast alle Unternehmer wie Sie und zahlen an mich € 190,– + MWSt. pro Stunde. Durch Prophylaxe sparen sie alle viel Geld. Wenn man solche Zustände schleifen lässt, hat man viele Nachteile."
- „Das ist ja teuer!"
- „Die € 190,– meinen Sie? Womit vergleichen Sie diesen Preis?"
- „Naja, mein Stundenlohn ist weniger."
- „Ja das stimmt. Was machen wir nun? Wollen Sie es sich vielleicht erst noch mal überlegen?"
- „Nene, schon gut. Ich muss es ja mal regeln. Und der Säger ist auch nicht der Einzige, der sich daneben benimmt..."
- „Ich habe den Kalender schon aufgeschlagen. Dienstag Nachmittag oder Donnerstag Vormittag. Was passt besser?"
- „Dienstag 11.00 Uhr?"
- „Gut. Ich sehe Sie dann. Meine Assistentin schickt Ihnen rasch noch eine Bestätigung mit der Anfahrtsskizze. Ihre E-Mail-Adresse hab ich hier auf Ihrer Visitenkarte. Bis Dienstag 11.00 Uhr dann. Auf Wiedersehen Herr Bergmann."
- „Jo. Auf Wiedersehen."

Erfolgstipps

i

- Zeitkorsett einhalten, Sprache strukturieren! Lange Vorbereitung, kurze Telefonate!
- Ziel verkleinern: Genehmigung zum Übersenden von Material und sofortige Übersendung sind realistische Ziele.
- Nutzen voran stellen: Der Nutzen des Produkts für den Angerufenen ist attraktiv.
- Perspektivwechsel verwenden: Berichten Sie vom Vorteil Ihrer Mandanten! Angeberei tötet Interesse.
- Dokumentieren Sie akribisch alle Details Ihrer Anrufe.

Umgang mit Mandanten

Anwälte **blockieren ihre Akquise** oft selbsttätig dadurch, dass sie „schwierigen“ Menschen **zu viel Macht geben.** Ein Problemlöser, der dem Probleminhaber die Macht überträgt,[1] ihn zu ärgern, schadet sich und seinem Umsatz. **Er verliert Würde, Ausstrahlung, Image, Zeit, Geld, Energie – und am Schluss sogar die Gesundheit.**

Anwälte ärgern sich insgeheim selbst über ihre eigene **kontraproduktive Duldung**, die sie vor sich und anderen gern als **Machtlosigkeit** verkaufen. Dieser häufig verwendete **Verlagerungs-Trick** verleiht (Achtung: Geliehenes muss man zurückgeben) einem Anwalt kurzfristig Sicherheit und heißt in Beratersprache: **„Externalisierung eigener Schwächen“.**

Dieses Kapitel wird Sie in sieben Schritten darin unterstützen, die **Entstehung von Schwierigkeiten** mit dem Kunden zu verstehen und selbst **ressourcenschonend** mit diesen Schwierigkeiten umzugehen:

I. So entstehen Schwierigkeiten mit Mandanten
II. So gelingt die Lösung durch Umdenken
III. So gelingt die Lösung durch Prophylaxe
IV. Nehmen Sie Ihren „schwierigen“ Mandanten unter die Lupe!
V. Wie Anwälte Killerphrasen, Einwände und Widerstände nutzen, statt sie zu fürchten
VI. Ein Nein ist eine Aufforderung zum Tanz!
VII. Wie Anwälte Beschwerden zu Mandaten machen

Falls **Ärger über sich und andere zu Veränderungen führt**, ist er ja Ziel führend und berechtigt, falls er jedoch ein **folgenloser Selbstzweck**[2] ist, gefährdet er Ihr Geschäft und Ihre Selbstachtung. Denn **niemand kann einen anderen Menschen**

---

1 *„Selbstmanagement ist so einfach: Jeder Mensch erteilt maximal fünf Personen aus seinem Umfeld offiziell die Genehmigung, ihn zu ärgern, zu frustrieren oder in Wut und Verzweiflung zu versetzen. Diese fünf Personen genießen intime Vorrechte und sind persönliche, unverzichtbare Begleiter. Über den Versuch anderer Menschen, zu diesen Fünfen zu gehören, lächle ich innerlich. Er ist immer unrealistisch.“* So Dr. Roderich Heinze, Managementtrainer und Coach, mein ehemaliger Ausbilder während der Einführung in das Thema „Selbstmangement“.

2 Die folgenlose Selbst- oder Fremdbeschimpfung ist eine Voraussetzung für die Erhaltung des Status quo bzw. für die Selbstinszenierung als Opfer eigener Entscheidungen. Wer das praktiziert, muss keine Verantwortung mehr für seine Umgebung übernehmen. Selbstzwecke zementieren ein psychologisches Muster, das vordergründig Entspannung verspricht.

ändern außer dem, den er morgens in seinem Spiegel sieht. Der Ärger über die eigene Duldung ist also ebenso wenig **Pflicht** wie die **Duldung** selbst! In schwieriger Lage gibt es nur drei **effiziente Möglichkeiten**:
- **Love it**: Lieben Sie, was Sie geschaffen haben.
- **Leave it**: Verlassen Sie, was Sie geschaffen haben.
- **Change it**: Ändern Sie, was Sie geschaffen haben.

Was hier eher holzschnittartig nach einem Simplify-your-Life-Tipp aus dem Abreißkalender klingt, ist in der **täglichen Kanzleiorganisation** die **Grundregel effizienten Selbstmanagements** mit der Haupterkenntnis: **Jammern fällt aus!**

I. So entstehen Schwierigkeiten mit Mandanten

Mandanten sind **Probleminhaber**, Anwälte sind **Problemlöser.** So weit die Theorie. Wo diese beiden Rollen in der Praxis jedoch aufeinander prallen, knallt es gern mal so stark, dass Grenzen verschwimmen. Eine betriebsbedingte Kündigung aktiviert Verzweiflung, Rache und andere Dispositionen des Mandanten-Stammhirns.[3] Dessen Impulse „abhauen“ oder „draufhauen“ – also Flucht und Kampf – können einen **untrainierten Anwalt derart nerven**, dass dieser nun seinerseits in **animalische Verhaltensweisen** verfällt. Er haut drauf (Zurechtweisen, Unterbrechen, Augenrollen) oder er haut ab (Gleichgültig wirken, Ausweichen, Übergehen), auf jeden Fall **haut er!**

„**Rolleninkongruenz**“ lautet die Diagnose eines Beraters in diesem Augenblick, und schlimmer noch:

Tipp
Anwälte, die sich wie Probleminhaber aufführen, **gefährden ihren Umsatz**.

Für den **zahlenden Probleminhaber** ist diese **Verkehrung der Rollen dreist**. Er entwickelt sich daraufhin von einem „normalen Probleminhaber“ zu einem „schwierigen Mandanten“: Er kritisiert, er zweifelt an, er attackiert, er verstummt, er liefert seine Unterlagen unpünktlich, neigt zu hektischer Telefonitis, attackiert die Assistentin, schreibt böse Sachen in Bewertungsportale. Er hält die Wahrheit zurück, macht seine Hausaufgaben nicht, erscheint ungeduscht, zu spät, unangemeldet oder gar nicht zum Gespräch, er hält sich nicht an die abgesprochene Taktik – und er zahlt unpünktlich oder gar nicht.

3 Das Stammhirn ist ein animalisches Relikt aus der Vierfüßerzeit mit seinen beiden Impulsen „Flucht“ oder „Kampf“, ursprünglich eingerichtet, um das Überleben der Gattung Säugetier sicher zu stellen. Heute ist es im Menschengehirn verantwortlich für die Biochemie von Gefühlen.

Anwälte möchten gern die **Kausalität dahinter verdrehen** und sich als **Opfer** von „Querulanten", „Besserwissern" oder „Nörglern" darstellen. Der **Opferstatus ist kurzfristig einfacher zu handhaben als das Umstellen eigenen Verhaltens.**

II. So gelingt die Lösung durch Umdenken

Die Lösung beginnt im Kopf! Schwierige Mandanten können eine **logische Folge von schwierigen Anwälten** sein. Das folgende Bild dient Anwälten häufig als Basis für die Bewältigung selbst verursachter Schwierigkeiten:

Achtung !
Der Kunde ist König; der Anwalt ist Kaiser!

Der Kunde ist König und kommt Hilfe suchend auf das anwaltliche Kaiserschloss. Er braucht einen **Größeren**, denn **klein fühlt er sich ja selbst**. Echte Größe, das sei noch einmal betont, ist das Gegenteil von Arroganz oder Besserwisserei; der Mandant braucht keine aggressiven, unwirschen, selbstverliebten, ungeduldigen, unverständlichen oder auf andere Weise schwachen Berater, sondern **herzliche, empathische und sehr strukturierte Kaiser**, die wissen, wovon sie reden, die deutlich machen, dass sie gern helfen, dass diese **Hilfe etwas kostet und viel bringt!**

Ein Kaiser lässt sich durch **Attacken**, **Verzweiflung** oder andere Gefühlsäußerungen eines verzweifelten Königs niemals aus der Ruhe bringen. Er hat nämlich von allem mehr als jeder König – und kann daher reichlich abgeben. Er hat mehr Ruhe, mehr Gelassenheit, mehr Wissen, das größere Schloss, die besseren Mitarbeiter, **er hat eben mehr von allem – nur von Problemen nicht**!

Dass Mandanten erst schwierig werden durch anwaltliches Verhalten,[4] besonders durch **nicht erfolgte Rückrufe** und andere **gebrochene Versprechen**, ist eine ungeliebte und doch am Ende sehr positive Erkenntnis: **nur wer eine suboptimale Situation mit geschaffen hat, kann sie auch drehen!**

Läge also problematisches Verhalten von Mandanten ausschließlich am Mandanten, hätte der Anwalt keine Chance!

---

4 Das anwaltliche Verhalten betrifft den gesamten Verantwortungsbereich des Anwalts, also auch das Verhalten der Assistentin gegenüber sowie die gesamte äußere Kanzleipräsentation. Alles ist Folge anwaltlichen Auftretens. Diese Folgen hat er allein zu vertreten.

III. So gelingt die Lösung durch Prophylaxe

Akquisestarke Anwälte **lassen Schwierigkeiten mit Mandanten gar nicht erst zu.** Sie ersetzen die eine Selbst-Inszenierung „Ärger über mich oder andere" durch die **andere Selbst-Inszenierung „Macht über mich selbst und meine Umgebung"** und stellen eine Reihe **organisatorischer Regeln** in ihrer Kanzlei auf. Die folgenden beiden Checklisten strukturieren die **Mandatsannahme** und verhindern Schwierigkeiten, hier am Beispiel **Arbeitsrecht in einer kleinen Kanzlei:**

Checkliste Assistentin

Ihre Assistentin muss:
- bereits im **Erstkontakt** zu Ihrem neuen Mandanten **freundlich, sicher** und **kompetent** wirken!
- empathisch und **neutralisierend** auf Verzweiflung und Zorn reagieren.
- jedes „Nein" mit einer **Lösung** versehen!
- **Daten korrekt erfassen**: den Namen, Vornamen, Telefonnummern und die Firma erfragen.
- den **Kern des Falles erfragen**, falls der Anwalt nicht zu sprechen ist.
- **Besonderheiten eintragen** (kirchlicher Arbeitgeber? Fristvertrag? Militär? etc.).
- das **Datum der Kündigung** notieren sowie die **Frist,** die daran hängt.
- dem Anrufer **die Frist erklären**, ggf. die besondere Eile!
- sofort mögliche **Kollisionen** prüfen.
- einen **Gesprächstermin** vereinbaren.
- **Unterlagen vollständig benennen**, die im Erstgespräch gebraucht werden und
- deren **Vollständigkeit** beim ersten Besuch des Mandanten **überprüfen**.

Checkliste Anwalt

Der Anwalt selbst:
- wird während des Gesprächs **nicht von außen gestört.**
- begrüßt den Mandanten und **fasst bisherige Informationen zusammen** („Meine Assistentin Frau Schneider hat mir schon berichtet, dass Sie...").
- verwendet „aktives Zuhören", wenn eine **Befindlichkeit** den Mandanten regiert.
- **strukturiert komplexe Botschaften** durch eine Aufzählung: „Ich sehe vor allem drei Möglichkeiten: 1.) x, 2.) y und 3.) z. Womit fangen wir an?"
- **fragt** ausgiebig („Wer fragt, führt").
- beendet alle Statements durch eine **offene Frage** (Wie sehen Sie das? Was können wir tun, um Ihre Position vor Gericht zu stärken? Wie kam es dazu?).
- verwendet bei einer fristlosen Kündigung den **Perspektivwechsel:** „Was wird Ihr Arbeitgeber vor Gericht über Sie behaupten?"
- erklärt dem Mandanten genau, wie es **bei Gericht zugeht.**
- vereinbart mit ihm **Hausaufgaben** (enges Lieferziel und Kontrolle durch die Assistentin).
- erläutert im Erstgespräch genau die **Bezahlung** (Wie viel? Wann? Durch wen? Vergleichsgebühren?).
- reagiert mit **Fragen auf Einwände,** nicht mit Rechtfertigungen oder Angriffen.
- bringt **negative Nachrichten** in einfachster Sprache und ohne Beschönigungen („Das schreibt die x-Zeitung gern; sie verdient viel Geld damit. Ich zeige Ihnen jetzt, wie die Abfindungssumme berechnet wird, wenn es Ihnen recht ist?").

- verwendet **Perspektivwechsel** bei der verlangten Schilderung Ihrer Kompetenzen („Können Sie das auch?" „Oh ja, meine Mandanten loben am häufigsten meine X und meine Y. Haben Sie dazu weitere Fragen?").
- fragt, wie der Mandant auf Sie aufmerksam wurde (**Marketingfrage**).[5]
- stellt ihm seine **Assistentin** und deren Aufgaben persönlich vor.

Diese Vorgehensweisen sichern in 90 % aller Fälle einen **reibungslosen Ablauf**. Sie funktionieren nach der Devise „Hart in der Sache, weich zu den Menschen!"[6] Schlecht gelaunte, frustrierte und aggressive Probleminhaber haben so **keine Chance, anderen ihre Schwierigkeiten aufzudrücken**.

Nicht immer gelingen alle Punkte daraus, und es kommt dann zu jenen Schwierigkeiten, die später **als Ursache und nicht als Wirkung** gelten:

IV. Nehmen Sie Ihren „schwierigen" Mandanten unter die Lupe

90 % der Schwierigkeiten sind also tatsächlich **hausgemacht** und daher sofort behebbar. Die restlichen zehn Prozent verdanken Anwälte leider nicht sich selbst, sondern **typgerechten, „merkwürdigen" Verhaltensweisen** unterschiedlicher Persönlichkeiten.

Natürlich können Sie Menschen **nicht katalogisieren** oder eingruppieren. Dennoch haben Sie sofort einen **Eindruck** von Ihrem Gesprächspartner. Nutzen Sie **seine Muster** in der Anfangsphase des Erstgesprächs, um Schwierigkeiten zügig zu überwinden. Ein **schnelles Vertrauensverhältnis** zu ihm wird die Folge sein. Praktizieren Sie „**Go-with-the-flow**"[7] und handeln Sie stets nach der Maxime:

Tipp
Behandle alle Menschen gleich, nämlich jeden völlig unterschiedlich, so wie er es braucht!

Die folgenden **sechs Mandantentypen** gelten bei Anwälten als „schwierig". Viele Leser werden sich **an eigene Mandanten erinnern** und ihre Reaktionen mit den hier vorgestellten vergleichen:

5 Vgl. zur Marketingfrage das Kapitel „Mandantengespräch".

6 Vgl. *Fisher/Ury/Patton*, S. 86 ff.

7 In der Arbeitspsychologie bedeutet „Go-with-the-flow", den größtmöglichen Arbeitsfluss anzustreben, angesiedelt zwischen Langeweile und Überforderung. Leichtigkeit gelingt durch „Versenkung", Hindernisse werden durch Nicht- oder durch nachrangige Beachtung intuitiv aus dem Weg geräumt, die Aufgabe ist wichtiger als deren Störungen. Arbeitspsychologisch gesehen ist „Go-with-the-flow" der Gegenentwurf zu dem in den 70er Jahren erweiterten Modell „Störungen haben Vorrang" aus der „Themenzentrierten Interaktion". (Achtung: „Go-with-the-flow" hat nichts zu tun mit "mit dem Strom schwimmen" im Sinne von Opportunismus).

1. Der Erfolgsmensch

Für ihn steht der **Reiz des Neuen** im Vordergrund. Er hat seine Kündigung äußerlich schon überwunden und ist bereits im Kopf mit der **Zukunft** beschäftigt. Ihn haut so schnell nichts um. Er zeigt Frust und Verzweiflung nie nach außen, da beides **mit seinem Selbstbild kollidiert**. Er kompensiert diese Kollision gern durch **besonders forderndes** und **ungeduldiges Auftreten**. Seine Arbeit ist – wie er selbst – unersetzlich und wurde durchgängig zu wenig gewürdigt: „Perlen vor die Säue"! Er würde seine Kündigung gern als „Betriebsunfall der Geschichte" sehen und **so schnell wie möglich hinter sich lassen**.

Er sagt gern: „Kann das nicht etwas schneller gehen? Ich warte schon seit vier Minuten! Ich habe doch einen Termin" und „Ich will möglichst zügig eine sehr hohe Abfindung".

Er hört gern: „Wir haben jetzt ungestört 30 Minuten Zeit für Ihren Fall" und „Sie kennen das ja, gerade effiziente Mitarbeiter sind besonders selten" oder, „Wer effiziente Teams haben möchte, muss es schließlich selber erst mal sein, oder?" Er liebt die Begrüßung mit seinem korrekt ausgesprochenen Namen und Titel!

Er erträgt nicht: allzu viel geäußertes Mitgefühl (er ist ja kein Weichei!).

---

i **Tipp**

Würdigen Sie ihn, seine **Leistungen** und seinen **sofortigen Anwaltsbesuch**. Sie kriegen ihn in den Griff durch **straffe Führung, freundliche Kontrolle** seiner Hausaufgaben (alle Unterlagen dabei?) und **zeitliche Eingrenzungen**. Ihr Anruf bei ihm zu Hause wird ihm unvergessen bleiben! Betonen Sie **Gemeinsamkeiten auf der Ebene der Geschäftsleute**! Erfolgsmenschen können immer gut delegieren, daher mögen sie auch eine **Arbeitsteilung mit ihrem Anwalt**.

---

2. Der Zweifler

Er hinterfragt alles, was **andere und er selbst tun**. Dazu verwendet er keinerlei aggressive Strategien nach außen. Oft kommt er **leise** daher. Im kompliziertesten Fall **äußert er seine Zweifel gar nicht**. Er hat oft **hohe innere Dialoge**, von denen die Umgebung nichts mitbekommt. Er hat oft **passiv-aggressive** Strömungen und macht sich selbst klein, denn **echte Größe ist ihm unheimlich**. Er zweifelt eher an sich selbst als an einer Strategie, obwohl er sie ausdrücklich nur **zaghaft kritisch hinterfragt**. Er strebt den **inneren Opferstatus** unbewusst an, wirkt oft **anklagend** und **wenig verantwortungsbewusst**.

Er sagt gern: „Kann sein." (Dann schweigt er) und „Ich habe mal gehört, dass es da auch Schwierigkeiten geben kann." Und „Die tun alles, um solche wie mich loszuwerden".

Er hört gern: „Die meisten meiner Mandanten leiden unter dieser Ungerechtigkeit" Begrüßung mit seinem Namen und Frage nach Befinden.

Er erträgt nicht: zu straffes, kühles Auftreten. Er braucht **Mitgefühl!**

Tipp
Würdigen Sie ihn, fragen Sie ihn nach **Details seines Zweifels**. Bestätigen Sie ihn. **Zweifler halten die Welt in Atem** und sind die besten Erfinder! Zweifler sind oft die besten Kunden und werden zu **großartigen Multiplikatoren**, wenn sie Ihnen vertrauen.

3. Der Angsthase

Er ist innerlich oft **sachorientiert** und durch ein Ereignis (Kündigung) aus der Bahn geworfen. **Furcht ist sein Überlebensmuster in unbekannten Situationen**. Sie vergeht schnell wieder, wenn die Situation übersichtlich wird. Ohne Angst kann man eine vierspurige Straße nicht lebend überqueren. **Angst kann auch Sinn machen in seiner Lage**. Sage Sie ihm das.

Er sagt gern: „Ich weiß überhaupt nicht, was jetzt werden soll“ und „Ich weiß nicht mehr ein noch aus“ und „Hoffentlich geht das gut“.

Er hört gern: „Die Furcht ist ja zunächst einmal ganz berechtigt. Sie sind überrascht und wissen nicht, was jetzt werden soll. Wissen Sie was? Wir ordnen das Ganze jetzt mal, einverstanden?“ und: „Wie gut, dass Sie so schnell Hilfe holen. Jetzt haben wir noch richtig viel Zeit.“ Begrüßung mit seinem Namen und Frage nach Befinden. Lob.

Er erträgt nicht: zu straffes, kühles Auftreten und vor allem nicht den Satz: „Sie müssen keine Angst haben.“

Tipp
Würdigen Sie seine **Furcht als äußerst realistisch**! Erklären Sie, dass „viele andere Mandanten in Ihrer Situation“ (Perspektivwechsel) **genauso schwer angeschlagen** sind und **Unterstützung brauchen**! Fragen Sie ihn nach Details. Bestätigen Sie ihn. Erst annehmen, dann **vorsichtig durch Fakten relativieren**. Er wird gern selbst aktiv, braucht aber den **Plan** von seinem Anwalt. Das macht ihn sicher! Lassen Sie ihn **Hausaufgaben** erledigen, Zeugenlisten, Uhrzeiten, genaue Protokolle etc. Der Angsthase braucht Mitgefühl und **eigene eingegrenzte Aktionen**. Ängstliche sind wie die Zweifler **großartige Multiplikatoren** anwaltlicher Leistung, wenn sie erst einmal **Vertrauen** gefasst haben!

4. Der Besserwisser

Er ist nicht zufällig der **Intimfeind von Anwälten**, denn diese sind ja selbst Besserwisser! Bei der Terminvergabe sagt er schon im ersten Telefonat: „Viel Zeit brauchen wir dafür nicht. Halbe Stunde reicht.“ Er kommt **mit dem Schönfelder unter dem Arm zur Besprechung**; drei Post-it Zettel schauen aus dem dicken roten Buch, und er sagt: „Ich habe Streit mit dem Nachbarn, und ich habe schon mal die Paragrafen heraus gesucht, die für uns von Belang sind.“ Das ist das Drehbuch zur Anwaltsvariante von „Nightmare on Elm Street“![8]

8 „Nightmare on Elm Street“ – Horrorfilm über den fiktiven Serienmörder Freddy Krueger (1984).

Er sagt gern: „Die Abfindungshöhe richtet sich ja **insoweit** nach dem Jahreseinkommen“ und „Schaffen wir das wirklich innerhalb der **gegebenen Frist**?“[9] und „Ist das hier juristisch **von Belang**?“ und „Prof. Berger, den **kennen Sie ja sicher**, wies ja neulich **erst wieder** darauf hin...“

Er hört gern: „Gut, dass Sie **das schon vorbereitet haben**. Wir gehen diese Paragrafen gleich der Reihe nach durch. Beginnen wir mal mit eins.“

Er erträgt nicht: „Sind Sie hier der Anwalt oder ich?“, „Lösen Sie Ihren Fall doch alleine“ und „Legen Sie mal zuerst Ihre 20 Seiten Vorbereitung zur Seite.“

---

i

Tipp

Ein Besserwisser braucht das Gefühl, **eingebunden zu werden** in strategische Fragen. Schildern Sie Alternativen und fragen Sie ihn, welcher er zuneigt. Wenn er **auf ihre Fragen ausweicht** bzw. weit ausholt, statt sie zu beantworten (das wird er tun! Er ist schließlich Besserwisser!) **wiederholen Sie einfach Ihre Frage** und bestehen Sie auf einer **klaren Antwort**. Holen Sie sein Einverständnis ein. Gewähren Sie die schriftliche Schilderung des Sachverhaltes durch ihn, nachdem Sie ihm mitgeteilt haben, wie viel teurer das für ihn ist. Machen Sie ihm klar, dass **Sie diese Sachverhaltsschilderung in Rechtssprache (Schriftsatz) übersetzen**, die für den Richter wichtig ist. Lassen Sie Ihre Schriftsätze keinesfalls durch ihn korrigieren! Begründung: **„Was Sie sagen, ist für mich wichtig, was ich schreibe, für den Richter!“** Test it! Fragen Sie nach **Erklärungen aus seiner Sicht**. Nutzen Sie **sein System**. Sogar, wenn er Lehrer ist!

---

5. Der Sicherheitsfanatiker

Er hat **lieber einen sicheren Zweifel als eine unsichere Wahrheit**! Der Sicherheitsfanatiker ist **komplett am Boden** nach einer Kündigung. Er greift nach jedem Strohhalm, der ihm „Restsicherheit“ verschaffen könnte und saugt alles auf, worauf er sich verlassen kann. Die Kündigung bewirkt **nackte Panik** und noch größere Hoffnung auf irgendein **Sicherungsseil**. Er braucht **Eckdaten**, sichere **Grenzen**, **gehaltene Versprechen** und 100 % **glaubhafte Aussagen** seines Anwalts. Wenn etwas nicht ganz sicher ist, erklären Sie ihm das so: „Mit einer Sicherheit von etwa 70 % wird das passieren. Bei den anderen 30 % gehen wir einen anderen Weg, nämlich...“

Er sagt gern: „Wenn ich nur wüsste, ob ich mich darauf **wenigstens verlassen** kann!“ „Ist das sicher?“ „Ich habe **sicherheitshalber** auch die Unterlagen von damals mitgebracht.“

Er hört gern: „Ich verspreche es Ihnen mit all meiner Erfahrung.“, „Ganz sicher kriegen wir ein Problem mit...“ und „Die einzige Unwägbarkeit, das müssen Sie jetzt schon wissen, ist...“

Er erträgt nicht: die Wörter „vielleicht“, „wahrscheinlich“ und „eventuell“ sowie die Erwähnung, dass man „vor Gericht und auf hoher See in Gottes Hand“ ist.

---

9 Die Formulierungen „insoweit“, „gegebene Frist“ und „von Belang“ machen Anwälte völlig fertig, denn das ist doch ihre Sprache!

Tipp

Der Sicherheitsfanatiker braucht **nachvollziehbare Aktionen**, eine entspannte **Risikoabwägung** durch Sie und zuverlässige Zeitpläne. Halten Sie Versprechen. Machen Sie mehrfach deutlich: Wer macht was, wie, bis wann und wozu? **Versichern** Sie ihm alles. Sogar **Unwägbarkeiten sollten Sie ihm versichern**! Was er weiß, macht ihn nicht heiß!

6. Der Aggressive

Schon am Telefon macht er klar, wer hier was zu sagen hat: Er! Der Aggressive **sagt oft seinen Namen nicht** und will **sofort zum Anwalt durchgestellt werden**. Wenn die Assistentin nach seinem Namen fragt, brüllt er sie an: „Das geht Sie nichts an! Sofort durchstellen!“ Er greift Assistentinnen an und ist beim Anwalt **zunächst lammfromm.** Durch die unterschiedliche Behandlung von Mitarbeitern unterschiedlicher Hierarchien gleicht er seinen **schwachen inneren Status** aus. Doch auch beim Anwalt will er Regeln nicht akzeptieren. Er giftet auch den Anwalt an: „Was? Dienstag sind Sie schon wieder in Urlaub? Wann arbeiten Sie überhaupt?“ Er **enthält** dem eigenen Anwalt gern Informationen **vor,** die **seine Grandiosität torpedieren** und ist oft **innerlich klein und voller Gram und Scham**. Aggressive Menschen werden nicht durch die Kündigung aggressiv, genau andersrum scheint ein Schuh daraus zu werden. Anwälte berichten häufig vom Zusammenhang zwischen **Aggression in Kombination mit Autoritätsproblemen** und den daraus folgenden **fristlosen Entlassungen**. Diese wiederum mutieren im Selbstbild des aggressiven Mandanten zu **freiwilligen Kündigungen.**

Er sagt gern: „Diese Schweine machen, was sie wollen, aber mich, mich kriegen sie nicht!“ oder „Ist doch bei uns üblich, dass wir mal einen Sack Schrauben abzweigen. Wem schadet das? Banker veruntreuen Millionen und werden hofiert. Wieso machen die bei mir so ein Theater darum?“

Er hört gern: sich selbst (egal was er sagt) und „Wir legen jetzt am besten sofort los“ und: „Wir wollen dem Arbeitgeber ja keine zusätzliche Munition geben.“

Er erträgt nicht: die Wörter „vielleicht“, „wahrscheinlich“ und „eventuell“ sowie die Vorbereitung auf gerichtliche Disziplin.

Tipp

In einer fristlosen Kündigung hilft zur Ermittlung des kompletten Sachverhaltes immer der **Perspektivwechsel**: „Was wird Ihr Chef vor Gericht über Sie behaupten?“ Das Verb wird rezipiert wie „Mobbing“; die Kündigung erhält dadurch den **Geruch von Gemeinheit**, und er kann **seinen Anteil an der fristlosen Kündigung** locker zugeben: „Der wird natürlich behaupten, ich hätte einen Sack Schrauben geklaut.“

Der aggressive Mandant hat eine Reihe von **haltlosen Beschuldigungen** auf Lager, die Sie nur durch offene Fragen in den Griff kriegen: „Was? Dienstag sind Sie schon wieder in Urlaub? Wann arbeiten Sie überhaupt?“ wird durch die Frage: „Was kann ich vor meinem Urlaub für Sie tun?“ neutralisiert.[10] Selbst der **böseste Haudegen wird nachdenken müssen**, wenn Sie ihn dazu zwingen.

10 Vgl. ausführliche Strategien im Kapitel „Durchsetzung“.

V. Wie Anwälte Killerphrasen, Einwände und Widerstände nutzen, statt sie zu fürchten

Schlagfertigkeit ist zu 100 % trainierbar. Glück für Anwälte, denn Einwände und Attacken Ihrer Gesprächspartner sind das Salz in der Suppe anwaltlichen Alltags. Undenkbar, dass Richter sich alles gefallen lassen, Mitarbeiter sich stets selbst motivieren, potenzielle Mandanten Ihre Strategie sofort akzeptieren oder gegnerische Kollegen Ihnen kampflos das Feld überlassen.

1. Anwälte bekommen besonders oft Gegenwind

Besonders Anwälte haben häufig mit Gegenwind von Mandanten, Gegnern, Partnern oder Richtern zu kämpfen. Die Gründe liegen in der **Berufsrolle.** Sie stehen immer auf der Seite von jemandem, sie sind **niemals neutral**. Vor allem das begünstigt den **strukturellen Gegenwind**. Hier folgen die Hauptgründe für komplexe Verhandlungssituationen. Anwälte

- sind naturgemäß **parteiisch**. Das bringt die Gegenseite immer auf die Palme.
- gelten als **teuer**. Die Bevölkerung meidet den Gang zum Anwalt oder fordert schon in der Akquisephase besonders viel.
- haben **verhandeln nicht gelernt** und produzieren versehentlich Ärger und große Zeitverluste durch apodiktische Redeweisen („Das ist irrelevant“).
- verkaufen eine nicht-anfassbare, hoch erklärungsbedürftige Dienstleistung, für die sie **keinerlei Erfolgsgarantie** geben können. Anspruchsschreiben, Zeugenvernehmungen, Klageschriften, Telefonate, außergerichtliche Gespräche – die einzige Sicherheit, die der Mandant hat: Er zahlt.
- sind durch rein kognitiv ausgerichtete Ausbildungen divenhaft und besserwisserisch sozialisiert und daher **keine guten Chefs**.
- verteidigen in Verhandlungen **Positionen bis aufs Messer** und vergessen, kaufmännischen oder psychologischen Interessen den taktischen Vortritt zu lassen.
- geben aus Furcht vor Konsequenzen und aus **Mangel an geeigneten Methoden** unvollständige Informationen (Honorar, negative Nachrichten).
- haben eine **geringe Fehlertoleranz** in Rechtssachen, machen aber selbst viele Fehler im Kanzlei-Alltag.
- rezipieren **mangels Empathie** berechtigte Informationsfragen wie „Können Sie das denn wirklich?“ als Attacken.

2. Anwälte nehmen verbale Attacken persönlich

Mandanten verhalten sich oft aus reiner Not merkwürdig! Ihnen steht selbst oft das Wasser bis zum Hals. Sie sind zu klarem Denken nicht immer in der Lage. Ihr Problem erscheint bisweilen größer als sie selbst. Ihr Denkhirn setzt aus, sobald das Stammhirn sie zu Flucht und Kampf auffordert. In dem einen oder anderen Fall mag eine **sozialneidische Befindlichkeit**, eine **rituelle Anspruchshaltung** oder auch ein **persönliches Downgrading** dazu kommen; jedenfalls schlägt sich in der „aggressiven" Sprache eines Probleminhabers eine gewisse Hilflosigkeit nieder, die ein geschickter Verhandler für Akquisezwecke zu nutzen versucht. Drei **Vorinformationen** sind hier wichtig:

1. Unsachliche (d. h. nicht auf einem Fehler des Anwalts beruhende[11]) **Attacken** sind gewöhnlich der **äußere Ausdruck einer dahinter liegenden, bedeutenderen Aggression,**[12] die ihrerseits **nicht wörtlich benannt** wird (Stress, Ärger, Wut, Groll, Hass oder Neid). Sie richtet sich **auf keinen Fall gegen den Beschimpften persönlich.** Der Beschimpfte ist eher zufällig die „Projektionsfläche". Der Angreifer hat dadurch große Vorteile: er kann seine zentrale Befindlichkeit verbergen und **durch eine kleine Attacke einen größeren Schmerz lindern.**[13] Anwälte übersehen diesen Aspekt.
2. Anwälte hören nur die Worte und nicht den **Hilfeschrei dahinter**. Ein angegriffener Anwalt rezipiert – seiner Ausbildung folgend – hauptsächlich **Sachgehalt** und **wörtliche Oberfläche** des Angriffs. Auf dieser Ebene versucht auch er zu kontern, um seinerseits auf der „sicheren Seite" zu sein. („Sie haben ja gar keine Ahnung!" „Aber ich bin schon 13 Jahre in dem Gebiet tätig" etc.) Er **kann nur verlieren**, da der **Inhalt der Beschimpfung** sogar für den Schimpfer **irrelevant** ist.
3. Anwälte hören **Attacken, wo keine sind**. So empfinden sie beispielsweise die Frage: „Können Sie das überhaupt?" als Angriff, obwohl der Sprecher eine **reine Information** wollte. Auch hier mag die universitäre Sozialisation von Anwälten für **divenhafte Reaktionen** mit verantwortlich sein: Ein untrainierter Anwalt geht – je nach Temperament – in die **Offensive** („Sie kennen mich doch noch gar nicht! Wieso zweifeln Sie an meiner Kompetenz?") oder in die **Defensive** („Ich habe immerhin schon acht Jahre Erfahrung"). Beides **verstärkt unweigerlich die Rauflust** des Angreifers, obwohl dem Anwalt eher die „Kauflust" nützen würde...

---

11 Alle Attacken, die auf einem Fehler des Anwalts oder der Kanzlei beruhen, münden in das Beschwerdemanagement.

12 Aggression (lateinisch *aggressiō*) kann in der ursprünglichen Wortbedeutung mit „heranschreiten", „sich nähern" oder auch mit „angreifen" übersetzt werden. Aggressionen sind an sich weder negativ noch positiv bewertbar, sondern demonstrieren emotionale Vorgeschichten wie Stress, Ärger, Wut, Groll, Hass oder Neid. Sie können auch als bewusste Verhandlungstaktik eingesetzt werden.

13 Diese fatale Kombination existiert durchaus auch in anwaltlicher Mitarbeiterführung. Der Chef ist erleichtert, wenn er einmal „gepoltert" hat. Sein zufälliges Opfer blickt überhaupt nicht durch und „wird schwierig": will penetrant wissen, was falsch war und rettet sich in Schulterzucken, Zickenkrieg, Krankheit oder in „Dienst nach Vorschrift". Ein teurer Fauxpas!

3. Anwälte produzieren „Rauflust statt Kauflust" bei ihren Gesprächspartnern

Anwälte **verschärfen Konflikte** also auch dann, wenn ihnen das **nicht dient**. Sie tun das versehentlich und oft **mangels anderer Methoden**. Untersuchen wir hierzu eine Situation. **Was passiert bei einem Streit**? Anwalt und Mandant befinden sich in einer Verhandlungspause auf dem Gerichtsflur. Der Mandant sagt einen Satz, den jeder Anwalt fürchtet: **„Sie haben sich nicht genug für mich eingesetzt."**
Anwälte antworten durch **zehn Konflikt verschärfende Reaktionen**, obwohl ihnen ein Konflikt mit dem Mandanten nicht dient.

– Verharmlosung	„Immerhin haben wir doch das Geld."
– Verschiebung	„Das Gericht hat da eine Rechtsauffassung vertreten, die..."
– Gegenangriff	„Das können Sie schlecht beurteilen."
– Rechtfertigung	„Ich kam ja nicht zum Zug bei dem Richter."
– Zurechtweisung	„Das war doch Teil unserer Strategie."
– Übergehen	„Lassen Sie uns jetzt besprechen, wie es weitergeht."
– Ablenkung	„Es wäre für Sie jetzt am besten,..."
– Vortrag	„Sind Sie sich darüber im klaren, dass ..."
– Sarkasmus	„Dann machen wir's beim nächsten Mal besser."
– Opferstatus	„Wie man es auch macht; es ist immer falsch."

4. Bevor Sie Gegenmaßnahmen ergreifen: ein kurzer Blick ins Gehirn

Menschen sind – gehirnphysiologisch gesehen – Säugetiere mit einer **animalischen Grundausstattung**. Attacken bringen untrainierte Anwälte – je nach Persönlichkeit – zum Draufhauen (Gegenangriff) oder zum Abhauen (Flucht). Beides **behindert anwaltliche Akquise**, denn **„raufen statt kaufen"** bringt keine Umsätze!

Werfen wir einen kurzen Blick ins Gehirn: Das **Stammhirn,** der älteste Teil des Gehirns, beherbergt auch heute noch die beiden Impulse „Flucht und Kampf". In Stresssituationen bemerken wir unsere **entwicklungsgeschichtliche Nähe zum Tier:** Wir hauen ab oder wir hauen drauf – auf jeden Fall hauen wir. Die Nebenniere produziert im Angriffsfall in Sekundenschnelle die etwa 1800-fach erhöhte Anzahl von **Adrenalinen**, deren **körperliche Folgen** ebenso schnell sichtbar bzw. spürbar werden: nasse Hände, trockener Mund, Herzrasen, rote Flecken am Hals, verstummen, anbrüllen, Piepsstimmchen, Kopf-, Magen- und Rückenschmerzen, blass werden, erröten, schlucken, rechtfertigen, Atemnot etc.

Jede **kriegerisch wirkende Aktion** oder Reaktion – egal ob beabsichtigt oder nicht – zieht weitere Angriffe nach sich. Jede **Rechtfertigung** lädt den anderen ein, nochmals zuzuschlagen, und jedes **Notschweigen** gegenüber dem unfreundlichen **Kollegen, Richter, Mitarbeiter oder Kunden** wird uns als Schwäche ausgelegt. Wir verlieren **Zeit, Energie, Würde** – und manchmal sogar Freunde, Kunden und Mitarbeiter.

Das Denkhirn ist dagegen entwicklungsgeschichtlich gesehen noch in der Frühpubertät und sichert das, was für Anwälte Alltag ist: das Denken. Während der ernsthaften **Analyse** einer Sache (Denkhirn) ist jeglicher **animalische Impuls** (Stammhirn) ausgeschaltet. **Weder Flucht noch Kampf sind in dieser Zeit möglich.** Umgekehrt sind während stammhirnlicher Aktivitäten, also etwa während eines polternden Wutanfalls (Draufhauen) oder während einer stotternden Rechtfertigung (Abhauen) sachliche Analysen ausgeschlossen.

Daraus folgt die Erkenntnis: Beide Gehirnteile funktionieren nur nacheinander, niemals zeitgleich; oder anders ausgedrückt:

Tipp
Ein Denkender kann nicht angreifen, ein Angreifer nicht denken!

---

5. Die Lösung: Aktivieren Sie das Denkhirn Ihrer Angreifer, um deren Stammhirn lahm zu legen

Verhandlungsstarke Anwälte legen das Stammhirn des Angreifers lahm, indem sie sein Denkhirn aktivieren. Sie zwingen den Angreifer zu denken. Voraussetzungen hierfür sind die **hörbare Äußerung der Kritik** – und eine eingeübte **Fragetechnik**! Letztere sichert dem Anwalt den **Kaiserstatus**, auch wenn die Könige ihm sehr ungehalten begegnen, denn:

Tipp
Wer fragt, führt!

Trainierte Anwälte **freuen sich über geäußerte Einwände**, Widerstände und sogar über unsachliche Kritik, denn sie haben dadurch jedes Mal zwei Vorteile. Sie **wissen, wie der Sprecher denkt und fühlt** – und können ihn dadurch **leiten**. Und sie wissen, dass der Kritiker mit der Sache verbandelt ist. Stünde er dem Anwalt und seinem Angebot gleichgültig gegenüber, schwiege er.

Ein akquisestarker Anwalt macht durch **offene Fragen** aus jeder Kritik Pluspunkte, aus jedem Einwand einen Image-Gewinn und aus jeder Attacke eine sachliche Verhandlung. **Unzufriedene und aggressive Interessenten** werden zu **denk- und verhandlungsfähigen Strategen**. Die offene Frage zwingt den Kritiker zum Denken und blockiert zugleich das Stammhirn.

Ein schwieriger, Mandant **dokumentiert seine Unzufriedenheit** zum Beispiel durch den Satz: „Sie sind Dienstag schon wieder in Urlaub? Wann arbeiten Sie überhaupt?“ Der Anwalt dokumentiert **Kaiserstatus, Ruhe und Überlegenheit** durch die versachlichende Frage: „Was kann ich vor meinem Urlaub für Sie tun?“ Diese Frage **zwingt den Mandanten zu denken** und entmachtet dadurch sein Stammhirn; er kann also **nicht erneut „draufhauen"** und schon gar nicht „abhauen". Zeitgleich übernimmt der Anwalt die **Führung** und sendet auch noch die **Subtexte**: „Meine Urlaubspolitik geht Sie nichts an" und „Ich bin gern für Sie da."

Hier sind weitere Beispiele:[14]

Beispiele:
„Sie haben keine Ahnung von der Werbebranche." – „**Welche** Informationen genau fehlen mir?"
„Ausgerechnet jetzt? Das hat keinen Sinn." – „**Welcher** Zeitpunkt passt Ihnen besser?"
„Das ist viel zu gefährlich. Bloß keine Experimente!" - „**Welches** konkrete Risiko sehen Sie?"
„Wir verhandeln keinesfalls außergerichtlich." – „**Was** genau befürchten Sie?"
„Das haben wir noch nie so gemacht." – „**Was** kann schlimmstenfalls passieren, wenn wir es probieren?"
„Das geht niemals durch" – „**Was** macht Sie da so sicher?"
„Die Kanzlei Y ist günstiger" – „Das ist mir bekannt. **Was** machen wir jetzt?"

Die offene Frage löst die Bereitschaft zum Nachdenken über die Sache aus. Der Anwalt wirkt **unerschrocken, verbindlich und lösungsorientiert**, wenn er Fragen stellt. Mit anderen Worten: Er behält in kritischen Situationen die Führung. Diese Chance hängt davon ab, dass der Ärger **offen ausgesprochen** wird.

Tipp
Der sprechende Kritiker ist schwer zu führen, der schweigende gar nicht.

VI. Ein Nein ist eine Aufforderung zum Tanz

Anwälte mögen Einwände, Widerstände und Attacken nicht. Doch nicht nur wütende und unsachliche Ausfälle sind für sie schwer zu bändigen. Sachbezogene Einwände wirken auf Anwälte manchmal ebenso **angriffslustig**. Sogar sachlich gemeinte „Neins" kommen bei ihnen wie eine Attacke an. So kann der komplett **sachlich gemeinte** Satz eines Mandanten „Das ist schwer vorstellbar bei unserer Personaldecke" Anwälten ebenfalls als **Attacke** und als **Kritik** an der soeben vorgestellten rechtlichen Strategie ankommen. Sie **überhören die ernsthafte Sorge** des Mandanten (obwohl diese hier deutlich mitschwingt!) und **stellen sich selbst in den Mittelpunkt**. Die typisch anwaltliche Antwort: „Ich sagte doch: Es kommt auf die Verträge an" transportiert den Subtext: „Du hast wieder nicht zugehört" und wirkt **aggressiv, ungeduldig und rechthaberisch. Erst dadurch** reagiert nun seinerseits der Mandant ungeduldig und unwirsch.

---

14 Vgl. auch die Beispiele in den Kapiteln „Gerichtliche Auftritte" und „Honorarinformation".

Der laute Anwaltskritiker ist Anwälten leider **weniger sympathisch** als der verstummte Anwaltswechsler! Anwälte fürchten nach eigenen Angaben, nicht angemessen antworten zu können. Dabei ist **Schlagfertigkeit zu 100 % trainierbar**.

Wie auch im Privatleben bedeutet „Nein" im Geschäftsleben niemals „Ja". Es hat jedoch **unterschiedliche Qualitäten**. Verhandler unterscheiden vier Klassen von „Neins" mit jeweils **unterschiedlichen rhetorischen Interventionsmöglichkeiten:**

a) Das sachbedingte „Nein"

Das einfachste aller „Neins" hat rein sachliche Implikationen: „Nein, ich kann erst um 12.00 Uhr, davor habe ich noch einen Termin."

Lösung: Oft schnell möglich. Abholen der Person von ihrem Termin, Folgetermin um eine Stunde verschieben, neuen Termin vereinbaren.

Beispiel
„Das geht nicht. Wir brauchen den Entwurf schon übermorgen."
Lösungen: Teil des Entwurfs übersenden, Nachtarbeit, andere Kollegen hinzu ziehen, etc.

---

b) Das „Werte-Nein"

Je näher eine Meinung an das **Wertesystem** eines Menschen gebunden ist, desto „gefährlicher" ist es für diesen Menschen, seine Meinung zu ändern. Sobald **ein Nein also hochrangige Interessen sichert**, sind genau diese **in Gefahr,** sobald das Nein entfällt.

Typisches Akquisebeispiel: Der potenzielle Mandant sagt, „Auf keinen Fall dürfen wir diese Summe überschreiten. Wir müssen uns an das Budget halten!" Ein Personalchef ist entsandt worden, Rechtsrat zu bestimmten Bedingungen einzukaufen; ein **begrenztes Budget ist hierfür bereits freigegeben**. Der Anwalt diskutiert **nicht mit ihm über das Budget**, denn die **Rolle des Gegenübers** gibt das nicht her. Er liefert stattdessen **Argumentationshilfen für das Gespräch mit dem Vorstand** und gibt Tipps zur Überschreitung der Budgetgrenze z. B. durch die Nutzenargumentation. Der **Personalchef verliert nicht das Gesicht**, das **Projekt nicht seine Kraft** und der **Anwalt nicht sein Geld!**

c) Das unbedingte „Nein"

Das unbedingte Nein ist nicht im Kern zu flexibilisieren: „Nein. Das **darf ich nicht allein entscheiden**. Ich gebe es gern weiter und melde mich wieder bei Ihnen." Wenn Sie an dieser Art von Mandanten-Nein zu rütteln versuchen, bringen Sie Ihren Gesprächspartner in eine **Zwickmühle**, oft ist er **durch Vorschriften gehindert**! Sie selbst können nur wie ein **Bittsteller** oder als **unerfahrener Verhandler** wirken. In jedem Fall schwächen Sie sich, wenn Sie es versuchen. Die echten Neins sind die seltensten aller Neins. Sie fußen auf faktischen, **nicht durch den Nein-Sager zu flexibilisierenden Grenzen.** Verhandler müssen besonders auf echte Neins achten, wenn **Entscheider nicht mit am Tisch** sitzen.

Lösung: Laden Sie **Entscheider immer mit ein** oder wirken Sie darauf hin, dass die Entscheider beim nächsten Mal mit am Tisch sitzen.[15] Auch in Verhandlungen mit Gegenseiten macht es Sinn, die **Parteien mit an den Verhandlungstisch einzuladen.**

Manchmal lassen sich Zeit, Ort, Personenzusammensetzung oder Medium im Umfeld des „unbedingten Neins" **flexibilisieren** (live-Besuch oder Telefonat, Telefonkonferenz, Protokoll-E-Mail und Entscheider ins „CC", Lunch etc.).

d) Das unausgesprochene „Nein"

Ihr Mandant hat zum dritten Mal eine Unterlage „vergessen". Er kommt zum vierten Mal zu spät zu einem Mandantengespräch. Er greift Sie an: „Sie sind Dienstag schon wieder in Urlaub? Wann arbeiten Sie überhaupt?" Er schweigt, wenn Sie Forderungen an ihn stellen. Er fordert am Freitagabend einen Schriftsatz bis Montag. Er zahlt nicht oder zu spät. Er kommt ohne Termin. Er zeigt mit seinem Verhalten ein „ideelles Gesamt-Nein".

Lösung 1: In diesen Fällen müssen Sie **hinter die Fassade schauen**, und zwar zuerst bei sich: **Haben Sie etwas falsch gemacht**? Ihn versehentlich beleidigt? Waren Sie zu angeberisch? Zu schüchtern? Traut er Ihnen die Lösung des Falles nicht zu? Haben Sie Ihre Regeln ausreichend, rechtzeitig und herzlich erläutert? Weiß er, dass Sie der Kaiser sind und er der König? Hat Ihre Assistentin ausreichend präzise Anweisungen?

Lösung 2: Fragen Sie Ihren Mandanten, **was ihn antreibt**! Es sind unter Umständen sogar Gründe, die mit Ihnen nichts zu tun haben! (Das wäre schade, dann könnten Sie leider wenig dran drehen…) Finden Sie das heraus! Wenn er die **Grundlagen seines „Nein" nicht ausspricht**, können Sie den beginnenden Konflikt nicht bewältigen! Sie gefährden Ihren Kaiserstatus, wenn Ihr Mandant **dauerhaft seinen Einwand verheimlicht** oder hinter **Vorwänden versteckt**. Sprechen Sie es an: „Mir fällt auf, dass Sie… Mir ist nicht ganz klar, was an meiner Leistung oder an meinem Auftreten verbesserungsfähig ist… Sie kommen mir sehr kritisch und fast unwirsch vor… Herr Berger, Sie verfügen durch Ihr Verhalten über meine Zeit… Ich weiß nicht genau, wodurch das geschieht… Ich muss Ihnen diese Zeit in Rechnung stellen… Was kann ich tun, damit Sie…?"

---

15 Ein großartiges Beispiel im Umgang mit dem „unbedingten Nein" praktizierte das OVG Greifswald bis zum Jahr 2001: Sobald ein Sachbearbeiter einer Behörde als Partei vor dem Spruchkörper erschien, notierte die Vorsitzende die direkte Durchwahl zu dessen Chef. Dadurch ersparte sie sich und den Parteien neue Termine und Zeitverluste. Der Entscheider wurde direkt aus dem Gerichtssaal angerufen, sobald ein unbedingtes Nein des Sachbearbeiters das Verfahren verzögern würde. Polizeizeugen mit fehlender Aussagegenehmigung präsentieren unbedingte Neins. Auch in diesem Fall punktet der Anwalt durch sofortiges Herbeischaffen des Entscheiders.

VII. Wie Anwälte Beschwerden zu Mandaten machen

Wenn ein Mandant sich beschwert, wird er mit beachtlicher Geschwindigkeit als **„Querulant“**, **„Besserwisser“** oder **„Nörgler“** abgestempelt. Dass eine Beschwerde immer ein **Hinweis auf einen zuvor unterlaufenen Kanzleifehler** darstellt, ist vielen Anwälten ein Dorn im Auge, sie können nichts mehr sehen!

Untersuchungen in Sachen Beschwerdemanagement zeigen, dass der offene Kritiker einer Leistung immerhin noch **mit der Leistung selbst verbunden ist,** im Unterschied zu dem Kunden, der **maulend den Mund hält** und **stillschweigend zum Mitbewerber wechselt.**

1. Beschwerdemanagement

„Durch jede Beschwerde gewinnen wir ein neues Mandat“.[16] In Kanzleien mit einem **aktiven Beschwerdemanagement** wird jede Kritik in eine neue oder verbesserte Kundenbeziehung umgewandelt. Jeder Mandant wird **offensiv zum Kritisieren und Loben ermuntert. Feedback-Systeme** dokumentieren den Wunsch nach Qualitätsoptimierung! Beschwerdemanagement hat rhetorische und organisatorische Komponenten:

- Es bezeichnet die Gesamtheit aller Maßnahmen in einer Kanzlei, die dazu führen, dass sich der **verärgerte Mandant** nicht nur beruhigt, sondern die Kanzlei gerade **wegen ihres aktiven Umgangs mit eigenen Fehlern weiter empfiehlt.**
- birgt eine wichtige unerlässliche Chance, den Kunden zufrieden zu stellen. Ein unzufriedener Mandant macht eine durchschnittlich **10-fache unverlangte Antiwerbung.**[17]
- liefert unverzichtbare Hinweise auf den **Lernbedarf innerhalb der Kanzlei**. Stärken und Schwächen werden offen und furchtlos thematisiert, Fehler von Mitarbeitern und dem Anwalt selbst aufgedeckt, damit sie kein zweites Mal passieren.
- stärkt das Team: die Assistentin ist angewiesen, genauen Zeitpunkt, Art und Häufigkeit der Verfehlung zu notieren und dem Mandanten zu versprechen, sich **persönlich um die Erledigung zu kümmern.** Der Anwalt beginnt sein nächstes Gespräch mit der **Aufzählung der Maßnahmen**, die aus der Kritik entstanden sind. Der Anwalt macht deutlich, dass er die **Kritik brauchte, um die Optimierung zu schaffen.**
- macht aus dem härtesten Kritiker den **besten Multiplikator**.

---

16 Rechtsanwältin Dr. Gabriele Sonntag aus Fürth, s. S. 401.
17 Vgl. das Kunden-Zufriedenheitsmodell von Kano, S. 124.

2. Die 10:10:80 Verhandlung im Beschwerdemanagement

Jede Beschwerde hat **drei Zeitzonen.** Der Anlass (Kanzleifehler) liegt in der **Vergangenheit,** dessen Folgen (Mandant sauer) in der **Gegenwart** und die Lösung (proaktives Entgegenkommen) in der **Zukunft.** Die Rhetorik folgt diesen Zeitzonen und argumentiert dabei zu 80 % des Gesprächs in die Zukunft. **Der Problemfokus wird so durch den Lösungsfokus ersetzt!**

Im folgenden Beispiel verwendet ein Anwalt die 10:10:80 Verhandlung in seiner **Reaktion auf eine Beschwerde** zum Thema „Gebrochenes Versprechen". Der Anwalt ruft den Mandanten an:

„Herr Berger, meine Assistentin hat mir berichtet, dass Sie in der vergangenen Woche dreimal versucht haben, mich zu erreichen. (**Vergangenheit)** Ich möchte mich zunächst bei Ihnen dafür entschuldigen. Es ist nicht im Sinne meiner Kanzlei, dass so etwas geschieht. (**Gegenwart**). Wir hatten drei Gerichtsverfahren vorzubereiten und waren deshalb in der letzten Woche mit dem Kopf unter Wasser (**Erklärung Vergangenheit**). Ich verspreche Ihnen, dass so etwas in Zukunft nicht mehr geschieht und wollte wissen, ob es bei unserem Termin in der nächsten Woche bleibt? Wir haben drei Dinge vorzubereiten: erstens..." (**Zukunft).**

Die Beschäftigung mit der Zukunft nimmt den größten Teil des Gesprächs ein. **In der Zukunft liegt die Wiedergutmachung.** Sprechen Sie mit dem Mandanten über seinen Fall. Skizzieren Sie Strategien, stellen Sie Vermutungen an über richterliche Beweiswürdigung. Sprechen Sie über Ziel, Wunsch, Zukunfts-Szenario, Erwartungen an den Anwalt, Strategien, Hausaufgaben, Taktik, Aufgabenverteilung. Fragen Sie nach weiteren Wünschen etc.

3. Reaktives Beschwerdemanagement

Beschwerdemanagement funktioniert rhetorisch sowohl durch die **Reaktion** auf eine Beschwerde als auch durch eine **Aktion** zur Vermeidung einer Beschwerde.

Eine Beschwerde kommt hoffentlich selten allein. Beschwerdemanagement setzt voraus, dass dem Anwalt der Gegenstand der Beschwerde bekannt wird. Meistens informiert ihn die Assistentin, dass ein Mandant sauer ist; der Anwalt wusste bis dahin nicht, dass etwas schief gelaufen war – oder er wollte das nicht wissen.

Er **reagiert** auf eine Beschwerde und ruft den Mandanten an. Er **entschuldigt sich** und bietet eine **Leistung** an, um es wieder gut zu machen. Kommunikationsstarke Anwaltsassistentinnen können das u.U. auch erledigen; im Prinzip jedoch gehört **Beschwerdemanagement zu den Akquiseaktivitäten**, also zu den A-Aufgaben in einer Kanzlei, und ist daher nicht delegierbar. **Reaktives Beschwerdemanagement macht in Kanzleien etwa 90 % des Beschwerdehandlings aus**. Es ist viel besser als gar keins!

4. Pro-aktives Beschwerdemanagement

Manchmal weiß der Anwalt selber, dass er ein Versprechen gebrochen hat und **agiert** pro-aktiv: Er ruft den Mandanten an, **bevor** der sich beschwert. Das ist ratsam, sobald

a) der Mandant **den Kanzleifehler bemerken** könnte und
b) dieser Kanzleifehler **zu Lasten des Mandanten** geht.

Das klassische Beispiel für die Möglichkeit zum pro-aktiven Beschwerdemanagement ist der zu spät gefertigte Schriftsatz. Sie hatten sein Eintreffen für Donnerstag angekündigt, und heute ist schon Freitag. Beide Faktoren sind eingetreten: Der Mandant merkt es und er hat den Nachteil. Also rufen Sie ihn an und

- geben zu, dass das Ihr Fehler ist – und der ist nicht im Sinne der Kanzlei.
- bitten um Entschuldigung,
- erklären den Grund,[18] – Sie sind in Not, also rechtfertigen Sie sich!
- sagen die sofortige persönliche Erledigung zu und
- leiten damit das nächste live-Gespräch ungefragt ein!

Best Practice
„Jede Kritik wird bei uns zu einem Mandat."

Jede Kritik an unserer Kanzlei wird durch uns umgewandelt in Pluspunkte. Das Beste: Seit wir unsere Kritiker darüber informieren, wie wir ihre Kritik umgesetzt haben, ist unsere Weiterempfehlungsrate nachweislich weiter gestiegen: 44 % meiner im letzten Jahr neu gewonnenen Mandate gehen auf Empfehlungen zurück. Wir bitten am Schluss des Mandats unsere Mandanten aktiv, uns weiter zu empfehlen. Das führt in fast allen Fällen zu neuen Mandaten.
Rechtsanwältin Dr. Gabriele Sonntag, Dr. Sonntag & Kollegen, Fürth, Tel.: 0911-971870

---

5. Fehlertoleranz als Managementinstrument

„Große Menschen machen große Fehler nur einmal – sie machen sie aber wenigstens"![19] Diese Haltung ist die **philosophische Basis für die „Fehlertoleranz als Managementinstrument"**. Als Chef einer Kanzlei sollten Sie diesen Satz mit den Mitarbeitern besprechen. **Erlauben Sie den Mitarbeitern Fehler** (haftungsrelevante ausgenommen) – sofern Sie alle gemeinsam daraus lernen und der Fehler nur einmal vorkommt! Halten Sie sich dabei streng an den Kundenfokus und bewerten Sie Fehler ausschließlich durch die Kundenbrille: „Was wird der Mandant denken?"

---

18 „Keine Rechtfertigung ohne Not!" In Not sind Sie nur, wenn Sie Fehler begangen haben. Nur dort macht Rechtfertigung Sinn. Wenn Sie z. B. in der Honorarfrage angegriffen werden, sind Sie nicht in Not! Dort wäre die Rechtfertigung für die Höhe des Honorars die Einladung zu weiteren Einwänden. Vgl. das Kapitel „Honorarinformation".

19 Dr. Roderich Heinze, berichtete über eine zügig abnehmende Fehlerquote durch diese Vorgehensweise in allen Hierarchiestufen von Teams in DAX Unternehmen.

Anwälte **verdrängen den Kundenfokus** gern einmal und sind dabei statistisch vollkommen im Trend: Wenn sie entgegen ihrer Zusage einen Schriftsatz zu spät gefertigt, einen Rückruf nicht getätigt oder per E-Mail einen Anhang versehentlich an den Gegner geschickt haben(!), ist es mit ihrer Zuverlässigkeit (und Ihrer Schweigepflicht!) nicht weit her.

6. Vogel Strauß – eine Warnung

In manchen Kanzleien ist die **Erweiterung des anwaltlichen Ursprungsfehlers** (Rückruf nicht gemacht) durch **mehrere Folgefehler** zu beobachten: der Anwalt zieht sich weiter zurück, leugnet, verharmlost, verschiebt oder verschweigt den eigenen Ursprungsfehler und begibt sich dadurch in den Ruf eines **unzuverlässigen** und nicht gerade selbstbewussten **Missständeverwalters.**

In jedem Fall ist die Anwaltsassistentin die erste Leidtragende, wenn der Anwalt auf Beschwerden nicht oder zu spät reagiert. Ihre Arbeitsorganisation wird durch empörte Mandanten telefonisch oder sogar live lahm gelegt, denn der Mandant beschimpft sie – nicht den Verursacher.

Sarkastisch anmutende Scheinlösungen wie etwa: „Sagen Sie irgendetwas" oder „Ich will den nicht sprechen" haben bedrohlichere Folgen als der Anfangsfehler: Durch die schlechte Behandlung von Mitarbeitern[20] riskieren Anwälte den **teuersten GAU der Kanzleigeschichte**: die Kündigung oder zumindest die innere Kündigung der Mitarbeiterin. Vogel Strauß[21] ist der schlechteste aller Berater!

7. Offene Feedback-Systeme

Gerade im Beschwerdemanagement gilt der **schweigende Mandant als unbezwingbarer Gegner**. Man weiß nicht, was er denkt und kann ihn daher nicht führen. Der laut kritisierende Mandant ist dagegen einer, der **die Kanzlei weiter bringt** und mit dem anwaltlichen „Produkt" eng verbandelt ist. Ein lauter Kritiker wird oft zu dem **besten Multiplikator**, sofern seine **Kritik als Lernauftrag** verstanden und für die Qualitätssicherung genutzt wird. Feedback-Systeme ermitteln daher pro-aktiv die Meinung des Mandanten. **Beschwerden werden gewertet als ein Zeichen des aktiven Mandanteninteresses** an der Kanzlei und bieten wertvolle Hinweise über Verbesserungspotenziale.

---

20 Vgl. zu anwaltlichen Führungsfehlern das Kapitel „Assistentin".

21 Der arme Vogel ist ganz zu Unrecht Pate des Ausdrucks „Vogel-Strauß-Politik". Er steckt nie wirklich den Kopf in den Sand!

Geringe Beschwerdezahlen sind übrigens **kein sicheres Indiz für Mandantenzufriedenheit.** Die Barriere für Beschwerden kann zu hoch sein durch

- Angst vor dem Anwalt,
- eine unwirsche Sekretärin,
- eine autoritätshörige Persönlichkeit des Mandanten,
- eine introvertierte Persönlichkeit des Mandanten.

Die Lösung: Barrieren absenken! Weisen Sie Ihre Assistentin an, **Details über die Beschwerde zu notieren (Zeit, Häufigkeit etc.)**, sich beim Mandanten nach weiteren Optimierungsmöglichkeiten zu erkundigen und sich persönlich um die Aufklärung zu kümmern. Der Anwalt kann dadurch das Mandantengespräch mit dieser **Optimierungshilfe** beginnen. Geben Sie dem Mandanten stets das Gefühl, dass seine Kritik nicht nur berechtigt ist, sondern auch **zur Ablaufoptimierung dringend benötigt** wird.

Nehmen Sie unbedingt die **Frage nach Kritik und Beschwerden** unter dem Stichwort „**Optimierungsmöglichkeiten**" in Ihren Mandantenfragebogen auf.[22]

Erfolgstipps

- Der Kunde ist König, und Sie sind Kaiser. Bitte verhalten Sie sich auch so!
- Schwierige Mandanten sind Produkte fehlender Empathie und fehlender „herzlicher Grenzziehung" durch den Anwalt.
- Ein „Nein" ist eine Aufforderung zum Tanz, zeigt Beteiligung und Diskussionsfreude der Kunden. Ein „Nein" ist nicht gefährlich!
- Jede Beschwerde bringt ein neues Mandat. Nehmen Sie Beschwerden als Lernbedarf! Freuen Sie sich über Kritik.
- Erhöhen Sie die Fehlertoleranz in Ihrer Kanzlei für einmal gemachte Fehler. Senken Sie sie für Wiederholungsfehler!

---

22 Vgl. zu pro-aktiven Feedback-Systeme das Kapitel „Leistungs-Feedback".

Vorträge[1]

Etwa 80 % der aktiv akquirierenden Anwälte jeder Kanzleigröße geben an, **Vorträge zu Akquisezwecken** zu halten.[2] Das ist kein Zufall! Anwaltsvorträge sind **direkte Akquisemaßnahmen**, leicht zu lernen, einfach zu vermarkten und vielfach weiter zu verwerten. Umfangreiches Fachwissen geht auf Laien über, die ihren Rechtsberatungsbedarf durch Vorträge erkennen, erweitern oder auch ansatzweise decken.

Dieses Kapitel wird Sie in fünf Abschnitten dabei unterstützen, Ihre Vorträge **vor- und aufzubereiten**, das **Publikum zu führen** und **Akquise** auch nach dem Vortrag zu befördern:

I. Vier Vorkehrungen vor dem Vortrag
II. Wie Anwälte ihre Vortragstechniken verbessern
III. Wie Anwälte ihre Führung im Vortrag etablieren und optimieren
IV. Wie Anwälte ihren eigenen Präsentationstypus erkennen und nutzen
V. Aktive Akquise beginnt nach dem Vortrag

I. Vier Vorkehrungen vor dem Vortrag

Dieses Kapitel hat das Ziel, aus trockenen Fachmonolog-Wüsten saftige Erkenntniswiesen zu machen! Es zeigt auf, wodurch Vorträge zu effizienten und nachhaltigen Akquiseveranstaltungen werden. Zunächst fünf „Eckdaten“ vorweg:

1. Vorträge erhöhen die Reputation[3]

Der Referent gilt immer als **Träger besonderer Fach-Kompetenz** und manchmal schon nach zehn Minuten als Vertrauensträger. Der Hörer ist begeistert, wenn Vor-

1 In diesem Buch sind Vorträge als „monologische Präsentationen“ definiert, bei denen einer redet und die anderen hören zu. Alle Lernveranstaltungen, bei denen etwas durch die Teilnehmer „geübt“ wird, heißen in diesem Buch „Seminare“. Alle Seminare werden in diesem Buch eingruppiert unter „dialogische Präsentationen“ und befinden sich im Kapitel „In-house Veranstaltungen“. Anwälte verwenden die Begriffe „Vortrag“ und „Seminar“ synonym. Daher ist es möglich, dass sie im Kapitel „Vorträge“ etwas finden, was sie selbst als „Mandantenseminar“ bezeichnen – und umgekehrt.
2 Eigene Umfrage unter ca. 60 deutschen und österreichischen Kanzleien, die ihre Akquise durch zuvor trainierte In-house- oder Mandantenseminare optimierten.
3 Vgl. das Kapitel „Reputation“.

tragsstil und -inhalt ihn mitnehmen, fesseln, bei seinen **Alltagssorgen „packen"** – und wenn der **Vortrag auf Lösungen fokussiert** ist.

Referenten akquirieren sogar erfolgreich bei **potenziellen Mandanten, die niemals selbst Hörer ihrer Vorträge waren oder werden**: Allein durch die **Listung** bei relevanten Seminarveranstaltern sowie durch das Einstellung von **Titel-Schlagwörtern auf der eigenen Webseite** und die des Veranstalters werden sie überdurchschnittlich häufig im Internet bzw. in Printmedien gefunden sowie durch Hörer und Nicht-Hörer **weiteren Interessenten bekannt gemacht**. Sobald der Name eines Referenten in Publikationen erscheint, die auch von potenzieller Mandantschaft gelesen werden, ist die Akquise bereits angebahnt. Langer Atem ist hier oft nötig!

Anwälte berichten sogar über **Akquiseerfolge nach mehrfacher Absage** des gleichen Seminars wegen zu geringer Teilnehmerzahl. Die Reputation steigt offensichtlich bereits, wenn der Anwaltsname in Verbindung mit einer Referententätigkeit genannt wird, ohne dass der Referent eine Bühne betritt.

2. Wer veranstaltet Rechtseminare?

Rechtliche Themen durchziehen den Alltag; daher ist das **Fachwissen von Anwälten** bei externen Veranstaltern permanent gefragt. 4627 Seminartitel im Bereich **Recht** verzeichnet allein die Adresse www.seminarmarkt.de, und Google findet knapp vier Millionen Einträge unterschiedlicher Vereinigungen und Verbände von A („Vereinigung Deutscher Autohöfe") bis Z („Vereinigung deutscher Zoodirektoren"), davon veranstaltet die überwiegende Mehrheit bislang noch **keine eigenen Rechtsseminare. Ändern Sie das!**

Es handelt sich hier um vollkommen **unentdeckte Akquise-Potenziale**, denn jede Vereinigung, jeder Verband, jedes Forum, jedes Netzwerk, jede Ausbildungsstätte, jeder professionelle Seminarveranstalter, jede Universität, jede Kammer, jede Initiative, jede Schule, jedes Unternehmen, jeder Privatzirkel, jeder Club, jede Kommune, jede Behörde, jede Zeitung, jeder Verlag etc. hat ein gut begründetes **Interesse an rechtlichen Themen**, und jeder dieser Veranstalter ist ein **Multiplikator für Ihre Reputation** – oder kann es schnell werden.

Beispiele

Der „Deutsche Paritätische Wohlfahrtsverband" interessiert sich für ein Seminar zum Thema „Wie schließe ich wirksam Verträge?", die Krankenhausgesellschaft bucht einen Anwalt zum Thema: „Besondere Arbeitnehmergruppen im Betrieb" und einen Monat später zu „Aktuelle Probleme im Arbeitsalltag – vom Datenschutz bis zum Alkohol am Arbeitsplatz". Die Handwerkskammer informiert ihre Mitglieder über „Fehlverhalten von Mitarbeitern – was tun?"

Der Bundesverband Stadtentwicklung möchte einen Verwaltungsrechtler hören zum Thema „Inhouse Vergabe und wesentliche Vertragsänderungen", während das „Forum Erziehung" einlädt zu „Recht für Erzieher".

Die Mittelstandsvereinigung interessiert sich für „Das Allgemeine Gleichbehandlungsgesetz kompakt" und drei Wochen später für „Die drohende Insolvenz meines Geschäftspartners – Wie verhalte ich mich richtig?"

Die Architektenkammer lädt ein zu „Arbeitsrecht für Architekten", die Industrie- und Handelskammer zu „Mitarbeiter krank – was tun?", und die Handwerkskammer hat die „Auswahl der richtigen Rechtsform für Handwerksunternehmen" im Programm.

„Management Circle" oder „Forum Institut" oder andere laden aus Imagegründen nur anwaltliche Top-Referenten zu solchen Seminaren ein. Allein die Namensnennung in einem von **potenziellen Mandanten gelesenen Veranstaltungskatalog** kommt einem Reputationsschub gleich. Das Anheuern in solchen Organisationen lohnt sich immer und ist **für die anwaltliche Akquise weit mehr Wert** als 100 bezahlte Anzeigen![4]

3. Vorsicht! Vorträge sind aufwändig

Nicht alles ist Gold, was glänzt! Mandantenveranstaltungen sind für Fehler anfällig, **nur mit guten Referenten effizient** und **fast immer teuer**: 15 von 75 befragten Kanzleien[5] gaben an, dafür einen eigenen Etat eingerichtet zu haben. Die **Vorbereitung ist aufwändig**: Materialien müssen gesichtet, gesplittet und didaktisch aufbereitet werden. Externe Seminarveranstalter brauchen detailreiche Anweisungen, Folien brauchen Design, der Vortragende eine über jeden Zweifel erhabene Präsentationstechnik – und die ganze **Veranstaltung braucht ein Ziel.** Skripte müssen geschrieben, Räume eingerichtet und Einladungen entworfen werden. Besonders das Erstellen der Folien kostet Zeit, denn diese sind nur Stichwortgeber, erfordern also eine **drastische visuelle Vereinfachung** des Stoffs. Wer allerdings einen Vortrag einmal komplett vorbereitet hat, kann die Vorbereitung fünffach für Akquise nutzen.[6]

4. Vortragsorte drücken Vortragsziele aus

Der Fantasie sind keine Grenzen gesetzt, wenn es um die Vortragsräumlichkeiten geht, in denen Anwälte vortragen. Oft ist schon die **Wahl der räumlichen Umgebung eine Erfolgskomponente.** Ganze Mandantengruppen kommen zu manchen

---

4 Vgl. das Kapitel „Reputation".

5 Claudia Schieblon, 3. PMN Benchmark Studie Anwaltsmarketing 7/2011, S. 25, Ergebnis einer Befragung von 75 TOP Kanzleien – nach Ranking in JUVE Rechtsmarkt 10/2010; vgl. das Kapitel „In-house-Veranstaltungen" mit weiteren Tipps für die Akquise.

6 Leverage" (= Hebel, Druckmittel, etwas wirksam einsetzen) im Marketing: mehrfache Nutzung ähnlichen Informationsmaterials in mehreren Medien; vgl. das Kapitel „Kanzleimarketing".

Orten gern, zu anderen ungern und zu wieder anderen gar nicht. Das kann psychologische, geografische, thematische oder organisatorische Gründe haben. Auch die **bewusste Ausgrenzung bestimmter Interessenten funktioniert durch die Ortswahl.** Anwaltsvorträge finden statt auf Baustellen oder Kongress-Podien, an Konferenz- oder Stehtischen, bei Mitarbeiter- oder Eigentümerversammlungen, in großen Hotel-Sälen oder im Hinterzimmer bei „pro-familia", bei Vereinsversammlungen oder Incentives, in Kantinen oder Altersheimen, beim Mandanten oder beim zukünftigen Mandanten, in Friseursalons, auf Schiffen, in Museen oder in der eigenen Kanzlei.

5. Vorsicht! Verbrannte Erde[7] bringt keine Frucht

Ist der Ruf erst ruiniert, lebt sich's völlig abserviert! Als fatal stellte sich die Neigung mancher Kanzleien heraus, Vorträge anzubieten, weil „man das so tut", weil das „in" ist, weil das „der Akquise dient" – ohne die Referenten zu schulen. Dieser Schuss geht gewöhnlich nach hinten los, denn **anwaltliche Monologe langweilen gewöhnlich jeden Hörer**. Nur wenige anwaltliche Präsentatoren sind Vortrags-Naturtalente, und besondere **Maßnahmen der Redner** sind nötig, um Zuhörer zu faszinieren. **Wer mit einer suboptimalen Performance auf die Bühne geht, verbrennt Erde, auf der er eigentlich säen und ernten wollte!**

Anwälte haben Vortragstechniken nicht gelernt und treten auf Bühnen aller Art häufig suboptimal auf: sie langweilen ihre Zuhörer durch vollgemüllte Folien, Rechtsvokabular und fehlende Vortragsstruktur, durch ungeschickten Umgang mit „komplizierten" Vortragsgästen und vor allem durch wellenförmig modulierte Endlos-Monologe.

Schlechte Referenten lösen **Langeweile, Unverständnis** und den Eindruck von **Arroganz oder Besserwisserei** aus. Dadurch blockieren sie ihre eigene Akquise selbsttätig gleich dreifach. Sie sorgen dafür, dass ihre Zuhörer
- nicht noch einmal zum Vortrag erscheinen,
- auf keinen Fall Mandanten werden, und
- auch Nicht-Zuhörern gegenüber etwa 10-fach unverlangt[8] schlechtes Feedback streuen.

7 Verbrannte-Erde-Syndrom bezeichnet ursprünglich die Bodenzerstörung durch Kriegsaktivitäten.
8 Statistik: Die 10-fache unverlangte (d. h.: der Kritiker streut seine Kritik in alle Richtungen, ohne nach dem Thema gefragt worden zu sein!) Negativ-Publicity nach einer nur geringen Unzufriedenheit eines Kunden steht einer nur einfachen, unverlangten positiven Publicity eines Kunden gegenüber. Dieses 10:1 Verhältnis stammt aus dem „Kano-Modell" von Noriaki Kano, Er schuf 1978 durch ein 5-Phasen-Modell die Möglichkeit, Kundenzufriedenheit zu messen und zu segmentieren. Die Ergebnisse seiner Studie für Mitsubishi sind – obwohl für die Autoindustrie ermittelt – bis heute auch für den Dienstleistungssektor unwiderlegt.

Anwälte kommen auch bei Vorträgen um die wichtigste aller Kommunikationsregeln nicht herum: **Gut gemeint ist nicht gut gemacht!** Oder, wie es Paul Watzlawick[9] ausdrücken würde: „Kommunikation ist immer Wirkung, nicht Absicht." Allein die faktische Wirkung eines Redners auf die Hörer determiniert Akquisechancen, während seine guten Absichten („Ich informiere euch über wichtige Neuigkeiten") irrelevant für den Vortragserfolg bleiben.

Fachkenntnis bleibt zwar die innere Basis aller öffentlichen Auftritte, ermöglicht jedoch erst durch dessen geschickte Präsentation einen Akquiseerfolg. Nur **der begeisterte Hörer sorgt für nachhaltige Akquise** und erinnert alle Präsentatoren an die Grundregel:

Tipp
Ein schlechter Präsentator gehört nicht auf eine Bühne.

II. Wie Anwälte ihre Vortragstechniken verbessern

Die folgenden sieben Abschnitte helfen, anwaltliche Vorträge[10] und die dadurch möglich gewordene Akquise zu optimieren und Zuhörer zu begeistern:

1. Gestalten Sie die Vortrags-Umgebung
2. Leiten Sie ein durch organisatorische Eckdaten und inhaltlichen Nutzen
3. Optimieren Sie Ihre Rhetorik
4. Dialogisieren Sie den Monolog
5. Visualisieren Sie effizient
6. Folgen Sie Ihrem Präsentationstypus
7. Beweisen Sie „informelle Führung" in schwierigen Situationen
8. Betreiben Sie aktive Akquise nach dem Vortrag

1. Gestalten Sie die Vortrags-Umgebung

Gerade wenn Multiplikatoren (Seminarveranstalter, Organisationen etc.) den Vortrag ausrichten, sind Vorkehrungen zur räumlichen Vorbereitung unerlässlich.

Der Interessent hat häufig einen **langen Arbeitstag** hinter sich, wenn er zum Vortrag erscheint. Er möchte **persönlich begrüßt** und mit Getränken versorgt werden,

---

9 Paul Watzlawick, österreichischer Psychotherapeut und Kommunikationsforscher gilt als der Begründer des sog. radikalen Konstruktivismus und als Strukturierer der Erkenntnis, dass jeder Mensch seine eigene Wirklichkeit konstruiert und daher für objektiv hält. Großartige Lektüre dazu ist sein Buch, „Wie wirklich ist die Wirklichkeit".

10 Vgl. das Kapitel „In-house Veranstaltungen".

in einem **einladenden Ambiente** mit anderen Gästen in **lockerer Atmosphäre** sprechen, den Referenten vor dem Vortrag schon einmal kennen lernen, denn er möchte ihm trauen können. Er möchte lachen, sich willkommen fühlen und seinen Arbeitstag hinter sich lassen. Er reagiert **allergisch auf Hektik**, **gestelzte Rituale** – und manchmal auch auf **Namensschilder.**[11] Er möchte in einem angenehmen, hellen, freundlichen Raum sitzen, pünktlich beginnen und meistens pünktlich wieder nach Hause können. Er möchte **locker geführt**, persönlich beachtet und **keinesfalls gelangweilt** werden. Er möchte seine Fragen loswerden und viele Neuigkeiten hören, die ihm dienen. Er möchte **unterhalten und informiert** werden. Er möchte hinterher kleine Snacks, Small Talk und ein kurzes persönliches Gespräch mit dem Referenten. Er möchte noch Wochen später sagen können: „Das war wirklich toll."

Um das zu schaffen, bereiten gute Präsentatoren immer auch die Umgebung vor. Kreuzen Sie an; diese Checkliste hilft dabei:

Präsentationsmittel:	**Begründung:**	**ja**	**nein**
Alle Organisationsfragen als Anforderung an den Veranstalter gemailt?	Der Veranstalter hat ebenfalls Interesse am Veranstaltungserfolg. Er freut sich, wenn er was für Sie tun kann!		
Raum groß genug? Gut belüftet? Hell mit abdunkelbarem vorderen Teil? Schriftgröße der Folien aus der letzten Reihe lesbar?	Umgebung ist ein Erfolgsfaktor! Falls Sie mit Folien arbeiten, müssen diese durch jeden im Raum lesbar sein.		
Bei kleineren Tischpräsentationen: Muss Technik überhaupt sein? Reicht Bildschirm am Tisch? Visualisierungen mit Flipchart ausreichend?	Verwenden Sie so wenig Technik wie möglich und so viel wie nötig. Bei Tischvorträgen bis sechs Personen reicht ggf. die Visualisierung durch Laptop.		
Beamer? Leinwand? Laptop? Fernbedienung? Overhead Projektor, Flipchart, u.s.w.	Je größer die Veranstaltung, desto wichtiger die Technik! Alle Wünsche, die ihn rechtzeitig erreichen, kann der Veranstalter erfüllen!		
Sitzordnung: U-Form, Kino, Parlament? „Wanderweg" durch's Publikum?	Beziehen Sie das Publikum ein! Kinobestuhlung ist manchmal unvermeidbar. Ein „Wanderweg" durch die Reihen sichert direkten Kontakt.		
Teilnehmerlisten angefordert? Auf einzelne Teilnehmer vorbereitet? Deren Bedarf vorher ermittelt?	Je besser Sie den Bedarf Ihres Publikums kennen, desto eher gewinnen Sie Vertrauen. Zitate personalisieren den Vortrag!		

11 Namensschilder heben die Anonymität auf, manchmal gegen den Willen der Besucher!

Präsentationsmittel:	Begründung:	ja	nein
Mikrofon ohne Störung und gut ausgesteuert? Akustische Störungen durch Baustellen, Menschen oder Beamer?	Akustik ist genauso wichtig! Piepende Mikrofone, zu leise Stimmen, zu laute Nebengeräusche, Raumecho etc. vernichten tollste Präsentationen!		
Pausenzeiten, Mittagessen, zusätzliche Übungsräume? Vorraum angenehm gestaltet? Hinweistafel auf Veranstaltung? Parkplätze?	Jegliche Organisation dient dem Wohlbefinden der Hörer; bekannt gegebene Eckdaten schaffen Sicherheit!		
Referententisch nötig? (Meistens unnötig!) Barhocker?[11] CD-Player, Blumenvase? Klimaanlage? Kopien? Namensschilder?	Richten Sie den Raum ein auf die „Dialogisierung des Monologs". Machen Sie sich sichtbar für alle! Begrüßen Sie mal mit Rock (Lounge-)musik und Blumen!		
Rednerpult gut positioniert?[12] Ablage für den Laptop?	Rednerpult und Laptop müssen so positioniert sein, dass der Redner nicht durchs Bild läuft. Wenn der Beamer an der Decke ist, kann Technik mittig stehen.		

2. Leiten Sie ein durch organisatorische Eckdaten und inhaltlichen Nutzen

Die Antennen des Publikums sind mächtig und unbeirrbar. Im Augenblick der ersten Aktion des Redners werden dessen Kleidung, Gang, Stimme, Stimmung, Mimik, Gestik, Motivation und sogar innere Einstellung **„benotet"**. Das Publikum entscheidet intuitiv, ob es sich das Lernen „leisten" kann, ob es dem Redner die **notwendigen Kompetenzen** „glaubt", ob es gern zuhört oder ob es lediglich „durchhält". Vortragsgäste fragen sich mehr oder weniger bewusst: Wird es eine „gute Beziehung" zum Publikum geben? (Oder spult der Redner langweilige Standards ab?) Werden **Fragen erwünscht** sein und **locker beantwortet** werden? (Oder wird hier autoritär in Allgemeinplätzen monologisiert?) Wird der Redner **kompetent, angstfrei und verbindlich** wirken? (Oder ist er sich selbst nicht so sicher?) Wird ihm der **Nutzen des Hörers** wichtig sein? (Oder beweihräuchert er sich selbst?) Wird er beweisen, dass er sich im

12 Ein Barhocker dient dem Referenten als Sitzgelegenheit, wenn mehr als 30 Personen im Raum sind. Er sollte sich immer setzen, wenn er mit den Personen spricht und stehen, wenn er zu ihnen spricht. Auf einem Barhocker ist er in Diskussions- und Moderationsrolle.

13 Linkshänder-Redner schauen automatisch lieber und öfter nach rechts in den Raum, Rechtshänder-Redner eher nach links. Die Positionierung des Rednerpult sollte dieser Gehirnorganisation entgegen wirken und von Rechtshändern in die linke Seite, von Linkshändern dagegen in die rechte Diagonale des Raums gestellt werden, damit der Blick „gezwungenermaßen" eher in die nicht automatisch bevorzugte Richtung wandert. Vorteil: Auch das sonst durch Blickkontakt unterversorgte Publikum vorn in den Ecken wird mit einbezogen.

Alltag der Zuhörer auskennt? (Oder ist er etwa ein akademischer Schwätzer?) Könnte er wirklich mein Anwalt werden? (Oder greife ich hier nur etwas Spezialwissen ab und bleibe bei meinem Anwalt?).

Schon in der **Einleitung** zeigt ein guter Referent, dass er gern da ist, dass er sein Publikum kennt und versteht und dass er selbst sicher ist, etwas **Wichtiges und Alltagstaugliches** zu vermitteln. Durch die Einleitung verdeutlicht der Referent seine Chefrolle, bietet dem Vortragsgast eine Orientierung und dem schwierigen Zuhörer eine **prophylaktische Grenzziehung**. Einleitungen haben einen nicht-inhaltlichen und einen inhaltlichen Teil:

- **Die nicht-inhaltliche Einleitung besteht aus:**
- **organisatorischen Hinweisen**: Schluss der Veranstaltung, Pausen, Verpflegung. Wo sind Garderoben, Toiletten, Parkscheinentwerter etc.? Ist eine besondere Betreuung für einige Hörer nötig?[14]
- die **verbale Integration nicht änderbarer Störungen**: schlechte Akustik, kaputtes Mikro, Klimaanlage kaputt, Bagger vor der Tür etc. Störungen werden durch ihre aktive Erwähnung weitgehend entmachtet.
- **Gemeinsamkeiten mit den Hörern**: Ein Witz über das Wetter, eine Bemerkung über die Umgebung, ein Erlebnisbericht mit Schwenk auf das Thema, ein Bonmot über die Erfahrungswelt der Zuhörer.
- der **Vorstellung des Referenten** mit Namen, Kanzleinamen und vor allem mit der Auskunft, was ihn **befähigt, heute hier der Referent zu sein**. Kompetenzvermittlung gelingt durch **Spezifizierungen** (Erfahrungen, Spezialisierungen, Fachanwaltschaften etc.) und **Quantifizierungen** (x Jahre, x Fälle, x Mandate, x Gerichtsauftritte etc.). Je konkreter, desto besser!
- **Vorgaben des Referenten** über den Umgang der Zuhörer mit
  - Skript (Mitschreiben? Nachlesen? Mitlesen? Material zum Mitnehmen?)
  - Zwischenfragen (Sofort? Später? Themenweise?)
  - absichtlich ausgelassenen Themen
  - Startniveau des Vortrags
  - Methoden (z. B. Übungssequenzen, Fälle, Brainstorming mit Nachbarn)
- **Zur inhaltlichen Einleitung gehört der „dramaturgische Bogen“ von:**
- dem **Inhalt des Vortrags zum Hörernutzen.** Der Interessent muss vorher wissen, was es ihm konkret bringt, wenn er drei Stunden seines Lebens investiert, um diesem Vortrag zu lauschen: „Sie werden in den folgenden drei Stunden zehn Maßnahmen kennen lernen, durch die Sie viel Zeit und viel Geld sparen können.“

---

14 Menschen mit Behinderungen oder Krankheiten nach Wünschen fragen, mitgebrachte Hunde erfordern die Frage nach Allergien der Gäste, unangemeldeten Teilnehmern zusätzliche Sitzgelegenheiten beschaffen, bei Stau oder schlechtem Wetter für die Zu-Spät-Kommer Vorsorge treffen, Telefonregel nur mit persönlicher Begründung durchbrechen („Wir haben einen werdenden Vater in der Runde; er darf das Telefon anlassen“).

- den **Erfahrungen des Referenten zu denen der Zuhörer**: „Als ich mein erstes Mandat im Verwaltungsrecht erhielt, dachte ich noch: Wie langweilig. Heute weiß ich,...." (Ein Gespräch von vorgestern in der Bahn oder eine lustige Bemerkung Ihres Kindes sind besonders geeignet, da sie nicht stimmen müssen!).
- **Vortragsort und Vortragsziel**: „Wir sind hier ja an einem historischen Ort. Keine 200 m von hier wurden noch 1989 Schiffsschrauben hergestellt zu einem Stundenlohn von DM 4,80. Damals sind die Gewerkschaften auf die Barrikaden gegangen, heute tun sie es wieder. Wir werden heute..."
- der **aktuellen rechtlichen Entwicklung zum Vortragsziel** durch ein Zitat aus Presse, Funk und Fernsehen: „Heute morgen las ich eine kleine Randnotiz in der Süddeutschen: ..."
- der **Zeit zum Vortragsziel**: „Meine Damen und Herren, vor 12 Jahren, 3 Monaten, 14 Tagen und 4,2 Stunden wurde in Washington ein Abkommen unterzeichnet, das heute noch Auswirkungen auf uns hat. Wir untersuchen heute..."

3. Optimieren Sie Ihre Rhetorik – die „vier Verständlichmacher"

Das Publikum möchte Ihre Ausführungen verstehen und sich merken. Um das zu ermöglichen, verwenden Referenten die einfachen Tricks der „vier Verständlichmacher":
- **Ihr Vortrag wird kurz (prägnant), wenn Sie:** eine Aussage stehenlassen und nicht relativieren, Füllworte vermeiden, aktive Verben statt Nominalisierungen verwenden, im Indikativ statt im Konjunktiv reden. Per „ich" sprechen und „man" weglassen.
- **Ihr Vortrag wird einfach (verständlich), wenn Sie:** kurze Sätze formulieren, alle Hauptsachen in Hauptsätze packen, „Eselsbrücken" bauen, „Sprech-Deutsch" reden, akustisch deutlich sprechen. Pausen, Modulation und Stimme gezielt einsetzen.
- **Ihr Vortrag wird gegliedert (strukturiert), wenn Sie:** Ihre Punkte schon in der Vorbereitung klar gliedern, diese Gliederung am Anfang bekannt geben, jeden abgeschlossenen Punkt zusammenfassen, Redebeiträge mit Hinweis auf Reihenfolge auf später verschieben, alle Gedanken aufeinander aufbauen lassen und Orientierungshilfen geben.
- **Ihr Vortrag wird ansprechend (konkret/sinnlich), wenn Sie:** Viele Beispiele und Vokabeln aus dem Erfahrungsbereich Ihrer Zuhörer bringen, provokante Fragen, Übertreibungen. Überspitztheiten einstreuen, persönlich formulieren, Ihre Zuhörer (mit Namen) ansprechen und Ihre Zuhörer zitieren.

4. So würzen Anwälte ihre Monologe

Schon der Volksmund votiert vehement gegen Langeweile und setzt Grenzen: „Du kannst über alles sprechen, nur nicht über acht Minuten". Gute Redner richten sich darauf ein und stellen den **Profit des Publikums ins Zentrum ihres Vortrags.** Sie vollführen **häufige Methodenwechsel** und bringen Beispiele aus dem Alltag der Hörer. Sie **verbannen Fachsprachen** und Endlos-Sätze aus ihrem Repertoire und veranlassen das **Publikum zum Mitmachen.** Sie unterbrechen ihren Monolog durch Fragen und beteiligen das Publikum. Der Hörer hat nicht nur ein Recht auf Information sondern auch ein Recht darauf, dass diese ihm **langfristig verfügbar bleibt** und **dient.** Um Wissen haltbar zu machen, spricht der erfahrene Referent stets alle Sinne an. Vorträge bleiben am längsten im Gedächtnis, wenn das Publikum **sehen, hören und fühlen** (also „mitmachen") konnte und wenn die Sprache alltagstauglich, die Methodik vielfältig und der **Nutzen unbestritten** war.

a) So dialogisieren Anwälte ihren Monolog durch Fragen

Gute Referenten wechseln spätestens **alle zehn Minuten die Methode,**[15] von denen der „Lehrervortrag" nur eine ist. Referenten haben durch kurze, schnelle Mitmach-Sequenzen ihrer Vorträge selber große Vorteile: die Lerner-Gehirne sind entspannt und nehmen **komplexes Wissen schneller** auf (Zeit sparen). Die Redner verlagern kurz den Fokus auf das Publikum (Energie sparen) und **wirken dadurch selbstbewusster** (Chef sein).

Die Zeit vergeht wie im Flug, das Publikum ist sehr **wach** und Pausen werden unnötig. Durch Zurufe, Proteste oder ganze Redebeiträge aus dem Publikum weiß der Referent, wo er **nach dem Vortrag ansetzen** kann, um seine direkte Akquise zu erleichtern.

Er schaltet **kurze Frage-Sequenzen** ein, durch die Abwechslung sofort möglich ist. Das Publikum wird auf Referentenfragen gern antworten, wenn

- die Antwort nicht zu schwierig ist,
- die Antwort nicht ewig diskutiert wird,
- der Referent sich selbst zutraut, Antworten zu bekommen,
- er sich im Moment der Frage hinsetzt,
- gespannt herumschaut,
- er auf keinen Fall seine eigene Frage erklärt!

---

15 Vgl. das Kapitel „In-house Veranstaltungen" mit weiteren Tipps zur Didaktik und Methodik von Fachseminaren.

aa) Schätzfrage

Der Referent **aktiviert das Publikum durch Schätzfragen**: „Was schätzen Sie, wie viele neue Gesetzesbestimmungen in den vergangenen drei Jahren das Erbrecht erfahren hat?" Schätzfragen haben den Vorteil, dass jeder mitmachen kann (und zumindest im Gehirn mitmachen wird!), dass sie die Runde auflockern, dass die Antwort niemals falsch sein kann – und dass der Referent **die korrekten Zahlen** darstellen kann. Die Schätzfrage sollte stets zu einem wichtigen Vortrags-Inhalt führen, irritieren oder provozieren.

bb) Erfahrungsfrage

Der Referent testet den Erfahrungstand im Publikum: „Sie sind alle Unternehmer. Was kann im Alltag passieren, wenn Sie nicht rechtzeitig x veranlassen?" Antworten auf Erfahrungsfragen verdeutlichen Persönlichkeit und Heterogenität der Teilnehmer; Schüchterne werden sich nicht beteiligen und Personen, die ihren Alltag geheim halten möchten, auch nicht. Der Referent weiß also, wen er im Laufe des Vortrags auch über **andere Alltags-Themen** befragen kann. Die Erfahrungsfrage eignet sich für den Anfang. Besonders sinnvoll ist es, die Antworten als Stichpunkte auf einem **Flipchart** zu notieren und im Laufe des Vortrags Punkt für Punkt abzuarbeiten. Gute Vortragende merken sich, **von welchem Teilnehmer der Punkt kam, und setzen bei ihm an.**

cc) Schwierige Informationsfragen

„Binnendifferenzierung" erleichtert den Umgang mit **Leistungs- und Erfahrungsheterogenität** der Teilnehmer. Sie ist ein didaktisches Instrument und bewirkt, dass die inhaltlich „Schwächeren" im Publikum schnell dazu lernen und die inhaltlich „Stärkeren" sich nicht langweilen. Die **Informationsfrage** erfüllt diesen Zweck **zügig und elegant**. Sie darf ruhig einige Teilnehmer überfordern; für andere wirkt sie dagegen wie ein Ansporn. „Welche drei Voraussetzungen müssen erfüllt sein, damit…", „Und was ist der Unterschied zu amerikanischen Zollbestimmungen? Wer kennt sich da aus?" Die Antwort muss zum nächsten Thema führen oder das derzeitige Thema bereichern. Eine **inhaltliche Positionierung des Referenten durch „unnützes Spezialwissen"** oder allzu krasse Sonderfälle deutet eine Image-Schwäche des Referenten an und wirkt **selbstgefällig und arrogant!**

dd) Einfache Informationsfragen

Der Referent beantwortet **einfache Informationsfragen** der Teilnehmer nie selbst, sondern gibt sie weiter. Ein Hörer fragt: „Ich weiß gar nicht, was ein Pflichtteilsanspruch genau ist." Der Referent setzt sich, schau in die Runde und fragt: „Wer kann es erklären? Was genau ist ein Pflichtteilsanspruch?" Zur **Dialogisierung des Monologs** stellt der Referent einfache Informationsfragen auch selbst. Viele Zuhörer wissen die Antwort. Nach dem ersten Erklärungsversuch durch Laien bleiben allerdings gewöhnlich Lücken, die der Redner durch Nachfragen zu schließen versucht. Immer noch im Sitzen fragt er nach: „Und wie ist das mit nichtehelichen Kindern? Haben die auch einen Pflichtteilsanspruch?" Er schaut sich unter allen Gästen um. Wenn die Beteiligung rege ist, legen Sie noch weitere Fragen nach. Eine Art **Ehrgeiz** entwickelt sich im Publikum. Wenn **nur einer alle Antworten gibt**, macht der Referent die Fragen einfacher und schaut in die entgegengesetzte Richtung.

ee) Fragen zum Thema, die der Vortragende nicht selbst beantworten kann
Das wird von vielen anwaltlichen Rednern als peinlich empfunden. Er wird für die **Vermittlung von Wissen** bezahlt und hat selbst keins! Doch es gibt einen eleganten Ausweg: Der Vortragende antwortet ehrlich, dass er „im Moment nicht ausreichend seriös und erschöpfend" auf diese Frage antworten kann. Falls kein weiterer Jurist im Raum ist, fragt er: „Wer von Ihnen hat außerdem noch Interesse an der Antwort?" Es melden sich immer mehr als einer! Er sagt: „Kommen Sie doch bitte alle kurz nach dem Vortrag nach vorn zu mir. Ich würde Ihnen gern per E-Mail die ausführliche Antwort in wenigen Tagen übersenden." Falls ein weiterer Jurist im Raum ist, fragt er offen zunächst den. Auch seine Antwort wird kontrolliert, Fundstellen und ggf. Aktenzeichen werden notiert. Viele Teilnehmer und Referenten haben iPads dabei und schauen sofort nach. Verschieben Sie in diesem Fall die **Antwort auf die Zeit nach der Pause.** In keinem Fall bleibt der Referent die korrekte Antwort schuldig; ein „Nein" braucht immer eine Lösung! Falls ein weiterer Kenner im Raum sein könnte, **delegiert ein Redner** die Antwort ruhig an das Publikum, wie in diesem Beispiel:

---

i

Best Practice
„Es kam eine nicht direkt zum Stoff (Landwirtschaftserbrecht) gehörende Frage, die ich im Moment nicht seriös beantworten konnte. Ich habe den Ball zu der Zuhörermenge, alles Anwälte, zurückgespielt und sie zur Diskussion gestellt. Ich habe mich auf den Referententisch gesetzt, herum geschaut und gewartet. Der erste Wortbeitrag kam noch zögerlich, dann kam – auf meine weiter führende Frage – eine Ergänzung, die von anderer Seite vehement bestritten wurde, und dann kam noch ein weiterer Aspekt. Es wurde eine lebhafte Debatte, und ich habe gute Erfahrung damit gemacht, mein Nichtwissen zu einem Pluspunkt zu machen. Nach der Diskussion habe ich alle Interessenten an diesem nebengeordneten Thema nach vorn eingeladen. Dort habe ich die E-Mail-Adressen der Gäste erhalten und versprochen, bis Dienstag 14.00 Uhr allen die rechtssichere Antwort mit Fundstellen etc. zur Verfügung zu stellen.

Ca. 15 Mandanten pro Jahr sprechen mich auf die Ausschreibungen dieser Vorträge an. Das sind teilweise neue Mandanten, teilweise auch bestehende, die durch meinen Vortrag auf ein weiteres Rechtsgebiet aufmerksam werden."
Rechtsanwältin Monika Hähn, Kanzlei Altes Zollamt, Lübbecke, Tel.: 05741-3017-0

---

ff) Fragen abseits des Themas, die der Vortragende jetzt nicht beantworten will
Gute Dozenten kommen **niemals ungewollt** vom Thema ab. Manchmal dient ihnen ein abseitiges Thema zur Auflockerung, bedient interessante Seitenaspekte des Hauptthemas oder leitet direkt eine Akquise in einem anderen Rechtsgebiet ein. Der Dozent benennt die Anzahl der Minuten, die er jetzt für dieses Thema zur Verfügung stellt, setzt sich, begibt sich in den **Moderatorenstatus** und leitet eine Debatte, ohne sich selbst inhaltlich zu äußern. „Alle Aspekte erst einmal erledigt?" fragt er und steht

wieder auf, sobald er in seinem Thema weiter macht. Oder **verschiebt die abseitige Frage** auf die Zeit nach dem Vortrag. Manche lassen sogar nach der Pause einen Zettel herum gehen mit der abseitigen Frage als Überschrift und darunter das Versprechen, „bis Dienstag 14.00 Uhr" die Frage seriös per E-Mail durch einen Kollegen beantworten zu lassen, und darunter erfassen sie die E-Mail-Adressen der Interessenten. akquiserelevant ist es in jedem Fall, sich **die Frage zu notieren** und dem Frager die Antwort durch einen Spezialisten (Ihrer Kanzlei) beantworten zu lassen. Nennen Sie eine Deadline für die Antwort und halten Sie sie ein!

b) Dialogisieren des Monologs oder: Wie bindet man die Teilnehmer ein?

Gute Referenten wechseln ab und zu ihre Rolle. Sie werden vom Referenten zum Moderator, vom Monologisierer zum Teamleiter, vom Lehrer zum Entertainer. Sie schalten kurze Sequenzen in geänderter Rolle ein, durch die Abwechslung sofort möglich ist.

aa) Moderatorenstatus

Innerhalb des Themas entsteht eine Debatte dadurch, dass ein Teilnehmer einen Ansatz des Redners oder eines Teilnehmers kritisiert. Der Redner setzt sich, begibt sich in den **Moderatorenstatus** (antwortet also nicht selbst!) schaut in die Runde und fragt: „Was sagen andere dazu?" Geübte Redner wissen, dass sie einen Augenblick warten müssen und, dass immer eine Antwort anderer Teilnehmer kommt. Die zweite Antwort führt zur Zusammenfassung der beiden Beiträge durch den Redner, ergänzt durch eine weitere, weiter führende Frage: „Was müsste man beachten, um … zu schaffen?" Der Redner muss gewährleisten, dass **die Debatte das eigentliche Thema weiter bringt.** Ist das nicht oder nach der dritten Bemerkung nicht mehr der Fall, erhebt sich der Redner wieder, nimmt das Thema der Debatte auf und verbindet es möglichst elegant mit dem danach folgenden Punkt.

bb) Einzelne herausgreifen

Ungeübte Referenten sprechen während des gesamten Vortrags zu allen. Erfahrene Redner flexibilisieren dieses System, greifen sich einige Teilnehmer heraus und beleben dadurch den Vortrag. Sie stellen kurz einen anderen als sich in den Fokus der Aufmerksamkeit, liefern dadurch allen Gästen visuelle, auditive und gefühlte Abwechslung und lassen ihre eigene Thematik durch Alltagserfahrungen anderer verifizieren. Erwachsene Teilnehmer tolerieren nicht, entgegen ihrem Wunsch aus einer Masse heraus gehoben zu werden. Geschickte Vortragende wählen deshalb Teilnehmer aus, die

- sich zuvor durch einen Wortbeitrag beteiligt hatten; sie machen eine **indirekte inhaltliche Verbindung zu seinem Wortbeitrag** („Wie der Herr hier vorn rechts vorhin schon richtig sagte,…") oder zitieren die Gäste sogar wörtlich.
- sich vor dem Vortrag bereit erklärt haben, während des Vortrags **mit Namen und eigener Erfahrung zitiert zu werden.** Der Referent begrüßt vor dem Vortrag zu diesem Zweck die Teilnehmer persönlich und erfragt die Genehmigung.

- sich körpersprachlich aus dem Gruppenstandard[16] abheben, sich z. B. als einzige nach vorn beugen, während alle anderen zurück gelehnt in ihrem Stuhl sitzen. Solche Teilnehmer haben in aller Regel Einwände, Fragen oder Beispiele und freuen sich, wenn sie angesprochen werden.

cc) Brainstorming

Ein schnelles Brainstorming[17] belebt das Publikum und begeistert es. Es löst Langeweile, Hierarchien, Erfahrungsheterogenität und Referentenmonologe in Sekundenschnelle auf und zeigt den Redner von seiner entspannten und herzlichen Seite. Es ist leicht zu lernen, in jedem Vortrag möglich – und dennoch längst nicht von jedem Referenten erwünscht. Anwälte zählen Einwände auf:

- „Relevante Aspekte des Vortrags-Themas müssen von mir kommen!"
- „Die Teilnehmer wollen Informationen bekommen, nicht geben!"
- „Ich habe für solche Scherze keine Zeit."
- „Wie soll ich die Ergebnisse verwerten?"
- „Die Teilnehmer wollen sich nicht outen."
- „Keiner wird antworten."

Diese Bedenken kommen von Anwälten, die mit der Methode noch nie gearbeitet haben und dokumentieren keine „objektiven" Gegebenheiten, sondern eher eine gewisse „Methodenfurcht". Brainstorming ist ein zeitsparender Energielieferant und oberflächlicher Sammler, macht selbst schüchternen Teilnehmern Spaß und lenkt die Aufmerksamkeit für einen kurzen Moment auf das Publikum. Wer mit solchen schnellen Methodenwechseln arbeitet, erhält immer das bessere Feedback. Die Teilnehmer bringen von sich aus wichtige Inhalte des Vortrags. Der Referent kann sie persönlich ansprechen und hält so den Kontakt. Die Zuhörer haben den Eindruck, dass ihre Erfahrungen die Eckpfeiler des Vortrags bilden, wie dieses Beispiel zeigt:

---

i **Best Practice**

„Seit ich einige meiner Vorträge durch ein Brainstorming einleite, ist das Hörerinteresse spürbar lebendiger. Ich habe bessere Zitiermöglichkeiten, die Teilnehmer bezeichnen ganz am Anfang selbst ihren Bedarf und manchmal auch ihre Befürchtungen. So kann ich immer wieder auf die ersten Wortbeiträge zurück kommen und meinen Vortrag sogar gut danach aufbauen. Ich habe auch gute Erfah-

---

16 Nonverbaler Gruppenstandard = alle Teilnehmer sitzen während eines gut wirkenden Vortrags in vergleichbarer Pose: alle zurück gelehnt oder alle vorgebeugt etc. Jeder Teilnehmer, der diesen Gruppenstandard verlässt, gibt bekannt, dass er in diesem Moment etwas anderes möchte als Zuhören. Vielleicht hat er einen Einwand, ein Beispiel oder eine Frage. Das gilt besonders, wenn dies ruckartig geschieht und nicht durch Mitschreiben bedingt ist. Test it! Achtung: Manche wollen auch einfach nur kurz rausgehen und warten auf einen günstigen Moment.

17 Brainstorming ist eine schnelle und effiziente Methode der Sammlung von Einzelpunkten durch eine beliebige Anzahl Anwesender. Während des Brainstorming werden Punkte ausschließlich gesammelt, nicht diskutiert, gewichtig kommentiert oder geordnet.

rungen gemacht mit sehr kurzen, offenen Fragen. Die Teilnehmer wissen dadurch, dass von mir nach der Frage nichts mehr kommt und reden los.

Der Vortrag „Geld und Zeit sparen durch Prophylaxe im Arbeitsrecht" lockt etwa 20 Gründer und Geschäftsführer mittelständischer Unternehmen an. Ich beginne dort den inhaltlichen Teil mit einem Brainstorming: „Meine Damen und Herren, fangen wir doch heute mal mit einer kleinen Katastrophen-Sammlung an: Was kann alles zum Nachteil Ihres Unternehmens passieren, wenn Sie bei Ihren unternehmerischen Entscheidungen die Rechtsprechung der Arbeitsgerichte nicht genug beachten?"
Ich setze mich dann auf den Referententisch und schaue in die Runde.

- **Teilnehmer 1:** „Wenn ich unsere beiden Störer nicht sofort rauswerfe, fangen die noch an, einen Betriebsrat zu gründen". Er erntet Gelächter, zumindest Schmunzeln.
  Ich höre daraus bereits den ersten Inhalt meines Vortrags und fasse zusammen: „Betriebsratsgründung. Was noch?" Ich warte auf weitere Meldungen.
- **Teilnehmer 2:** „Wenn ich für die letzten zwei Jahre wegen einer unwirksamen Kündigung die Vergütung nachzahlen soll, kann ich gleich zum Insolvenzgericht gehen."
  Ich bestätige wieder: „Die Kündigungen müssen wirksam sein, sonst wird's teuer. Was noch?"
  Ich warte weiter.
- **Teilnehmer 3:** „Wenn ich den 55-jährigen Low-Performer nicht kündigen darf, kann ich meinen Rationalisierungseffekt gleich vergessen".
  Ich paraphrasiere erneut: „Ihre Unternehmensziele und die Buchstaben des Gesetzes könnten also auseinander fallen. Was noch?" Ich warte auch noch auf den vierten Beitrag.
- **Teilnehmer 4:** „Wie soll ich eigentlich den anderen Mitarbeitern vermitteln, dass ich dem Störenfried noch eine Abfindung hinterherwerfen muss?"

Ich erhalte auf diese Weise auch mein viertes Thema von einem Teilnehmer und fasse zusammen: „Oh ja, gerichtliche Anforderungen und die subjektive Wahrheit fallen im Arbeitsrecht besonders häufig auseinander. Gibt's eventuell noch eine weitere Erfahrung mit dem bösen Arbeitsrecht?" und warte kurz. „Keine mehr? Das reicht ja wohl auch. Danke, dass Sie uns einen Eindruck gegeben haben von der Notwenigkeit einer guten Prophylaxe in allen Fällen, und ich denke, deshalb sind Sie alle hier! Alle vier Punkte werden ausführlich vorkommen, und los geht es mit..."
Rechtsanwalt und Fachanwalt für Arbeitsrecht Dr. Ulrich Boudon, Heuking Kühn Lüer Wojtek, Tel.: 0221-2052-0

---

5. So visualisieren Anwälte effizient

Effiziente Visualisierungen erleichtern dem Hörer-Gehirn das Lernen, nicht-effiziente erschweren es. Wissen muss generell hörbar, sichtbar und fühlbar gemacht werden, damit Hörer es behalten können. Gute Redner kombinieren auditive (hörbare), visuelle (sichtbare) und kinästhetische (fühlbare) Vermittlungsmethoden und bedienen dadurch alle Wahrnehmungskanäle im Publikum.

Ein großartiger Redner – witzig, kenntnisreich, sprachgewandt und spannend – erreicht beim Publikum eine Behaltensquote von maximal 20 %, ein ungeübter Redner höchsten 10 %. Ergänzt er seinen Vortrag durch Bilder, triggert er einen weiteren Sinn im Gehirn des Lerners an und erreicht jeweils mehr als das doppelte. Wenn er dann noch das Publikum zum Mitmachen auffordert (Gruppenarbeiten, Debatten, Lerndialoge, Rollenspiele, gemeinsam Lachen etc.), ist die Behaltensquote angeblich[18] bei fast 90 %. Eine Visualisierung dieser Forschungsergebnisse sähe zum Beispiel so aus:[19]

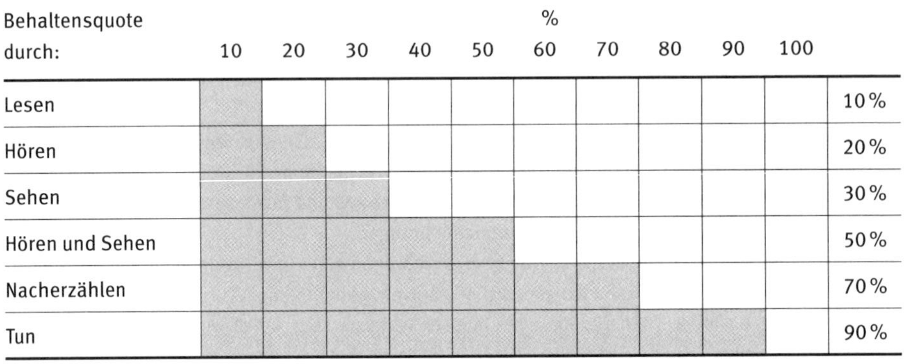

a) Spontanvisualisierungen

Visualisierungen wirken nicht nur lernfördernd, wenn sie von langer Hand vorbereitet wurden. Gute anwaltliche Redner erstellen schnelle Visualisierungen auch während ihres Vortrags.

! **Achtung**

Wenn der Redner selbst hauptsächlich visuell wahrnimmt, übertreibt er es damit gern. Die Visualisierung hat nur dann einen Sinn, wenn durch sie weitere Inhalte vermittelt werden. Das reine Festhalten von Punkten ist redundant und wirkt sterbenslangweilig auf auditive und kinästhetische Lerner!

Das Publikum profitiert, weil es die Ergebnisse ständig sieht und an ihnen beteiligt ist. Monologe werden dadurch elegant dialogisiert. Der Redner visualisiert bspw.

- **provokante Anfangsthesen**, die als Schlagwort während des gesamten Vortrags an der Wand stehen: „Verwaltungsrecht ist bürgerfeindlich!"
- **Stichwörter als Gedankenstütze für verschobene Fragen** auf einer Overhead-Folie oder Flipchart. Diese Liste wird im Lauf des Vortrags ergänzt und 30 Minuten vor Schluss abgearbeitet. Nie ohne lesbare Überschrift!
- **Stichwörter als Gedankenstütze für inhaltlich nicht kompatible Fragen** auf einem Flipchart werden nach dem Vortrag beantwortet. Nie ohne lesbare Überschrift!

---

18 Die NASA veröffentlichte 1969 erstmals solche Forschungen, die inzwischen vielfach modifiziert Ähnliches hervorbringen. Die Autorin zweifelt alle Prozent-Zahlen an, nicht jedoch die daraus folgende Erkenntnis, möglichst viele Sinneskanäle anzusprechen, damit Lernen und Behalten methodenreich erleichtert werden.

19 *Weidenmann*, S. 12.

- **komplexe Fälle und deren Verbindungen**, dargestellt durch einfache, farbige Symbole, Pfeile, Kreise auf Flipchart.
- **Rechenbeispiele durch eine Matrix**, genial auch zum Abfragen von Gruppenergebnissen. Nur ein Beispiel ist ausgefüllt, Rest durch Zuruf:

	Kinder unter 18	Kinder über 18	Eheliche Kinder	Nichteheliche Kinder
Unterhaltsanspruch:				
Beachten:				

- **Ergebnisse von Brainstorming** (oder bei ganztägigen Seminaren Ergebnisse von drei zeitgleichen Gruppenarbeiten unterschiedlichen Inhalts) in ein vorbereitetes Organigramm eintragen. Oben steht das Thema. Sinnreich, sofern die drei Ergebnissäulen darunter durch Vergleich oder Ergänzung einen weiter führenden Lernerfolg ermöglichen:

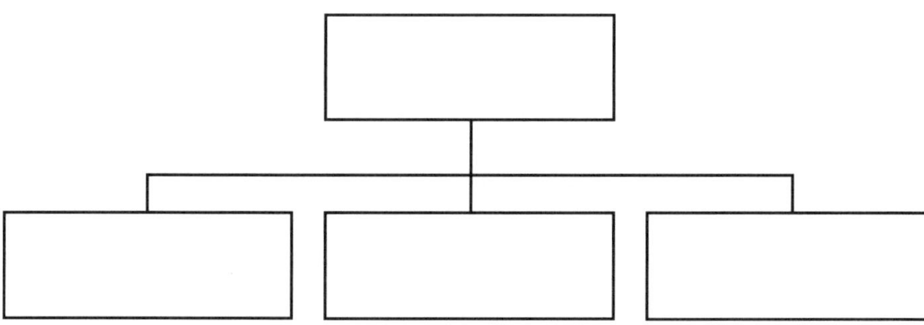

- **Eine Mind-Map,**[20] nur ausgefüllt mit einem Vortragsthema in der Mitte („Scheidung auf einen Blick"), wird zu Beginn durch Zuruf des Publikums ausgefüllt, besonders geeignet auf großem Papier (Meta-Plan) bei erfahrungsheterogenen[21] Gruppen, auch geeignet als schnelle Lernwunschanamnese zu Beginn von Kurzseminaren oder als Ergebnisprotokoll von Gruppenarbeiten, z. B. in mehrtägigen Fachanwaltskursen:

---

20 Mind-Map = „Landkarte des Gehirns", schriftlich festgehaltenes Brainstorming in einer Endlos-Visualisierung; Mind-Maps beteiligen jeden Teilnehmer!

21 „Erfahrungs- und leistungsheterogene Gruppen" = Die Zuhörerschaft setzt sich aus Personen mit unterschiedlichen Erfahrungshorizonten zusammen. Das didaktische Konzept der „Binnendifferenzierung" ist hier nötig und erfolgreich.

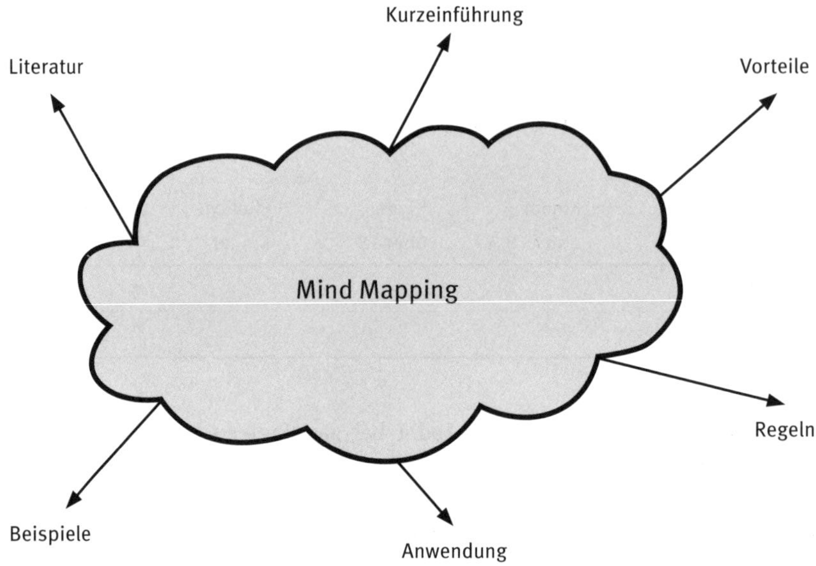

b) Vorbereitete Visualisierungen

Der größte Teil der Visualisierungen wird vor dem Vortrag vorbereitet. Eine Visualisierung kann bestehen aus einem Sprichwort, Bild, Foto, Video, Comic, Diagramm, aus einer Tabelle, einer Matrix, aus Formeln, Charts, Gemälden, Zeichnungen und schematisierten Bildern (etwa Strichmännchen), Grafiken oder Piktogrammen. Auch Textvariationen im Skript und auf Folien dienen der schnelleren und intensiveren Rezeption von Texten: eine Unterstreichung, eine farbige Markierung, Kursiv- oder Fettdruck, die Schriftgröße und die Typographie. Alle aufgezählten Visualisierungen können inzwischen leicht in PowerPoint eingefügt werden. Jede gelungene Visualisierung hat die Regel:

- **Ein Bild sagt mehr als tausend Worte**

Generell erleichtert eine effiziente Visualisierung die Aufnahme komplexer Sachverhalte. Das Gehirn ist stets an Einfachheit interessiert und honoriert das Prinzip „Weniger ist mehr". Bilder transportieren auch Gefühlswelten, die sich hinter den Worten befinden.

- **PowerPoint-Folien**

Elektronisch gestützte Präsentationen sind mittlerweile Standard. Richtig angewandt bietet diese Technik heute die eleganteste und effizienteste Visualisierung komplexen Wissens. Das Programm PowerPoint hat seine Wirkungsgrenzen nicht in der Technik selbst, sondern in den Menschen, die die Technik bedienen.

- **Präsentationsirrtümer**

Anwälte muten ihren Zuhörern – besonders wenn diese nicht selbst Anwälte sind – bei elektronisch gestützten Präsentationen eine visuelle Tragik zu, deren Opfer sie selbst ungern wären. Sie deaktivieren schlagartig jedes Gehirn: Viel zu viele Folien, und jede einzelne ist viel zu voll. Blocksatz-Bleiwüsten ohne Bilder, Skizzen oder Referenzpfeile, Hauptsätze ohne Überschriften, verschachtelte Nebensätze, ausführliche Gesetzestexte und Paragrafensammlungen, asymmetrische Einzüge und die zeitgleiche Präsentation von zehn wichtigen Punkten auf einer Seite.

Diesem Fauxpas liegen nicht nur die Unkenntnis von Foliengestaltung zugrunde (das wäre sehr schnell lernbar!), sondern auch einige fatale Vorannahmen und Irrtümer:

- Irrtum 1: Die Sachinformation determiniert den Vortragserfolg.
- Irrtum 2: Das Gesprochene sollte sich auf der Folie wiederfinden.
- Irrtum 3: Der juristische Laie ist an Paragrafen interessiert.

■ **Gestaltungstipps**

Keine Folie sollte mehr als **fünf Informationen**, jede dagegen eine **Überschrift** haben. Jede Information steht für sich und wirkt wie ein Titel. Wichtige Informationen, die länger einzeln besprochen werden, laufen nacheinander in das Bild! So erkennt jeder Gast, bei welchem Punkt der Redner gerade ist.

Die **Überschrift ist doppelt so groß** wie die Unterpunkte und evtl. in anderer Farbe oder durch Striche abgesetzt vom Text; die kleinste Schriftgröße der Unterpunkte ist **mindestens 14 Punkt** in Räumen bis zu 50 m^2 Größe. Sorgfältige Referenten testen die Lesbarkeit der kleinsten Buchstaben bis in die letzte Reihe. Um die Schriftgröße zu optimieren, bewegen sie den Beamer weiter weg von der Leinwand. Sollte der Beamer fest installiert sein (vorher ermitteln!), vergrößern sie bereits in der Vorbereitung die Buchstaben auf jeder Folie und lassen dafür andere Punkte weg.

Das **Kanzleilogo** erscheint ebenso wie das **aktuelle Datum** (stellt sich automatisch ein) und die **Seitenzahl** auf jeder Seite. In allen Vorträgen der Kanzlei ist die äußere Aufmachung gleich (CI). Großkanzleien und auch Multiplikatoren anwaltlicher Vorträge, wie Management Circle, DeutscheAnwaltAkademie, IHK, etc., verwenden Masterfolien, um das zu gewährleisten.

■ **„Stichwortmedien" transportieren Stichwortsprache**

Folien sind – wie Flipcharts – **Stichwortmedien**, und PowerPoint hilft bei der elektronischen Visualisierung der Stichwörter. Nur ausnahmsweise sollen ganze Sätze auf einer elektronischen Folie erscheinen, und das auch nur, wenn sie dort allein stehen und den Charakter eines **Merksatzes** oder einer **Provokation** haben. Die **Sprache auf einer Folie ist knapp, konkret und aktiv**. Sie transportiert einen Nutzen und verwendet dieselbe Sprachstruktur in jedem Punkt.

■ **Sprachstruktur erleichtert das Behalten**

Durch eine eingängige und vor allem durchgehaltene Sprachstruktur erreichen Sie den Eindruck maximaler Kompetenz. Sie erklären schwierigste juristische Dinge einfach, kurz und in derselben „Taktung" und erzielen mnemotechnische Vorteile im Hörerhirn. Eine Folie über „Fragetechnik" sieht demnach so aus:

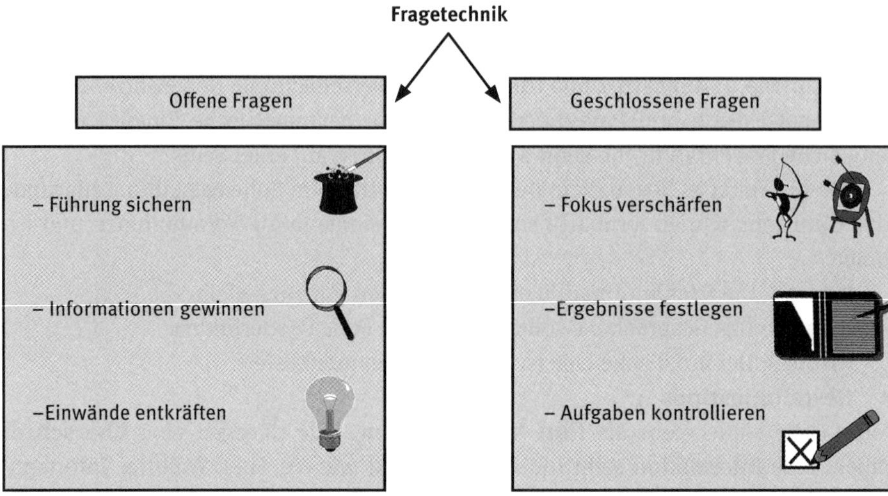

Beachten Sie besonders die **Sprachstruktur** (Substantiv – Verb), die visuelle Symmetrie (Anzahl der Punkte links und rechts, alle Kästen gleich groß etc.), die Bilder zu jedem Punkt und die **Überschriften und Pfeile**.

- **Das Bild folgt dem Wort! Nicht umgekehrt**

Gehirne schalten bei Überlastung ab, **komplexe Sachverhalte** müssen daher gestückelt werden. Geübte Redner kündigen die nächste Folie (die nächste Gehirnbelastung) an, bevor sie sie zeigen. Das steigert das „Drama", **erhöht die Aufmerksamkeit** der Hörer und erleichtert das Behalten!

Die Hörer hören: „Meine Damen und Herren, hier ist die Inhaltsübersicht des heutigen Tages" bevor sie die Übersicht sehen. Arbeiten Sie mit diesem Mittel besonders dann, wenn die nächste Folie die Gehirne inhaltlich anstrengen wird.

Vielleicht möchten Sie viele Punkte zeitgleich zeigen, von denen nur einer wichtig ist. Um zu vermeiden, dass das Publikum durch Überlastung abdriftet, kündigen Sie das wie folgt an: „In der folgenden Folie erwartet Sie ein Buchstabensalat. Kümmern Sie sich bitte **ausschließlich um Punkt drei**." Wenn Sie dann noch Punkt drei farblich herausstellen, werden Sie niemanden ermüden, nicht einmal sich selbst.

III. So etablieren und optimieren Anwälte ihre Führung im Vortrag

Der Vortragende ist der informelle Führer[22] und damit faktisch „Chef" des Events. Zu einem anerkannten Chef wird er allerdings erst durch **nachgewiesene Führungsqualitäten.** Der Referent bekommt nicht nur A-Noten als Inhaber, Strukturierer und

22 Vgl. zum „Informellen Führer" das Kapitel „Mandantengespräche". Der formelle Führer ist Chef über ein Unternehmen oder über ein Team, der informelle ist Chef über die Information.

Transporteur der Information sondern auch B-Noten als Zeremonienmeister und Choreograf der Wissens-Präsentation. Das Publikum vertraut dem Redner, wenn der klar macht, dass nach seinen Regeln und in seinen Grenzen gespielt wird. Das ist nicht von vornherein jedem Gast gleichermaßen lieb, besonders wenn sich der Gast mittelbar gezwungen fühlt (z. B. Fachanwaltskurse).

1. Der Kampf um die informelle Führung

Gruppendynamische Forschungen[23] bestätigen seit Jahrzehnten, dass es in jeder Gruppe um die „informelle Führung" **einen mehr oder weniger offenen Kampf** gibt. Vortragsgäste, die dem Redner die informelle Chefrolle absprechen möchten,

- kritisieren öffentlich und laut die Organisation: „Können wir die Pause nicht um 15 Minuten verkürzen? Dann können wir eher gehen?"
- machen „methodische Vorschläge": „Gruppenaufgaben kosten doch nur Zeit. Können wir nicht gleich weiter machen?"
- möchten öffentlich und laut den Inhalt beeinflussen: „Können wir nicht gleich zu ‚C' übergehen? Den Punkt ‚B' brauchen wir doch gar nicht."
- kommen gern mehrfach zu spät (nach allen Pausen etc.).
- lassen unabgesprochen ihr Telefon an, lassen es sogar laut klingeln, tippen unter dem Tisch auf Blackberries, kommen telefonierend in den Vortragsraum etc.
- sprechen wiederholt halblaut mit Nachbarn.
- fungieren in Pausen als „Opinion Leader".

2. Ursachen der Rangfolgekämpfe

Erwachsene Vortragsgäste suchen sich in aller Regel den Vortragenden selbst aus. Das führt gewöhnlich zu einer Art **Vertrauensvorschuss,** der **Rangfolgekämpfe überflüssig macht.** Hier folgen Tipps für den Umgang mit den fünf Ausnahmen:

a) Der Referent brüskiert selbsttätig die nettesten Gäste

Wenn er unvorbereitet ist, langweilig redet, ausschließlich fachbezogen agiert oder zu wenig bzw. viel zu sehr auf Entertainment fokussiert ist, wenn er dem Publikum „Helvetica-10-Punkt-Blocksatz-Katastrophen" auf Folien zumutet, Fragen abwehrt,

---

23 Bruce Wayne Tuckman, US-amerikanischer Psychologe, Organisationsberater und Hochschullehrer an der Ohio State University, entwarf bereits 1965 ein Phasenmodell für Gruppenentwicklungen. In der Phase 2 („storming") kommt es gewöhnlich zu notwendigen („useful") Rangordnungskämpfen, die das spätere Funktionieren des Lernteams sicherstellen, sofern der Gruppenchef sich durchsetzt.

Fachchinesisch redet, ein Selbstdarsteller ist, in die „Dialogfalle“[24] tappt oder mangelhafte äußere Bedingungen nicht pro-aktiv integriert – dann ist **jede Kritik hausgemacht** und **objektiv berechtigt!** Sogar bedürftige Besucher verlieren so schnell die Lust am Inhalt.

Was tun? Sofort lernen! Es gibt eine gute und eine schlechte Nachricht für Präsentatoren: Die Gute zuerst: Ein **Präsentator kann alles lernen**! Wenn der Redner selbst das Publikum verärgert hat, kann er alle Ursachen des Ärgers selbst wieder in den Griff kriegen. Dadurch behält er seine **Macht.** Alle anderen Einflüsse beherrscht er nicht oder nicht allein. Die schlechte Nachricht: Er muss es lernen! Manche Präsentatoren machen **denselben Fehler zweimal** und **verlieren ihre Interessenten.**

b) Der Vortragsgast ist nicht hauptsächlich am Inhalt interessiert

Er fühlt sich mittelbar oder sogar unmittelbar **„gezwungen“**. Das betrifft z. B. Anwälte, die ihren Fachanwaltstitel nach § 15 FAO halten oder erwerben möchten (letzteres oft verbunden mit der zusätzlichen **„Demütigung“** der späteren Benotung durch Kollegen) oder auch Mitarbeiter eines Unternehmens, die vom Chef „geschickt“ wurden.

Was tun? Sofort ansprechen! Geübte Präsentatoren wissen es vorher schon oder bemerken es an einer gewissen **Unruhe:** das Publikum ist nicht recht bei der Sache. Sie sprechen die Ursache sofort indirekt an: „Ich merke, dass hier viele eher auf ihre E-Mails oder auf ihre Unterlagen konzentriert sind. Was kann ich tun, damit Sie profitieren?“ (Setzen Sie sich, während Sie fragen! Das ist ein Signal, dass andere sprechen sollen!) oder direkt ins Zentrum: „Ich weiß, dass bestimmt einige von den Chefs verdonnert wurden, hier zu sitzen. Trifft das zu?“ oder vorsichtiger mit Hilfe des Perspektivwechsels: „Beim letzten Mal, als eine Gruppe so reduziert auf mich wirkte, hatte sie wirklich einen sehr guten Grund: Sie hatte drei Tage lang in einem ähnlich schlecht belüfteten Raum verbracht und musste abends auch noch eine Klausur schreiben. Ist das hier auch der Grund?“ Diese Intervention bewirkt auf der **Beziehungsebene** („abholen“) einen **guten Kontakt zu den Teilnehmern**, gerade wenn diese nicht von sich aus motiviert zu sein scheinen.

c) Der Vortragsgast ist selber ein Fachmann im Vortragsthema

Junge oder in Präsentationen unerfahrene Anwälte – und manchmal auch erfahrene! – fürchten andere Juristen, Promis und ausgewiesene Fachleute in ihren Vorträgen. Die einen befürchten, **nicht ausreichende Fachkompetenzen** zu haben, die anderen befürchten, die reichlich vorhandenen Fachkompetenzen nicht ausreichend beweisen zu können. Beide Befürchtungen sind **zunächst berechtigt.**

---

24 „Dialogfalle“ = viele Details mit nur einem Gast besprechen.

Der „Fachmann als Vortragsgast“ möchte wahrgenommen werden und benötigt eine Spezialbehandlung! Wenn er inhaltlich nicht mit seinem faktischen (oder auch imaginierten) Spezialwissen beim Vortragenden „landen“ kann, schwenkt er auf organisatorische Kritik um, verstummt oder geht nach Hause. Nichts davon nutzt dem Referenten!

Was tun? Sofort einbinden! Finden Sie einen „**Durchblicker**“ auf der Teilnehmerliste, sprechen Sie ihn schon draußen vor dem Vortragsraum an. Bitten Sie, ihn mit Namen der Gruppe vorstellen zu dürfen! Outet er sich erst während des Vortrags als Durchblicker, fragen Sie ihn ganz offen, ob Sie ihn **gelegentlich ansprechen dürfen**, um von seinen Erfahrungen zu profitieren. Setzen Sie sich, wenn er spricht. Überlassen Sie ihm **komplett die Bühne.** Wenn Sie merken, er ist ein Selbstdarsteller, stellen Sie ihm **präzise, kurze Fragen**, evtl. sogar mit Zeitlimit. Geben Sie Fragen aus dem Publikum an ihn weiter. Ein Durchblicker kann Ihnen nur helfen. **Bedrohen wird er Sie nur, wenn Sie ihn nicht beachten**! Das Publikum ist gewöhnlich fasziniert, so jemanden neben sich zu haben, und Sie wirken **souverän und komplett unerschrocken**!

Best Practice

„The Brain“ wird mir nichts tun, sondern uns was geben!

„Seit gut 15 Jahren halte ich Vorträge. Sie werden von mir nicht nur inhaltlich vorbereitet, sondern ich befasse mich auch mit den Menschen, die mir an diesem Tag zuhören möchten. Ich sehe auf der Teilnehmerliste häufig Personen mit besonderer Sachkunde.

Früher habe ich mich gefragt: Warum kommt dieser Mensch eigentlich zu mir? Er hat doch den Kommentar X geschrieben, auf dem letzten Kongress vorgetragen und in der Zeitschrift Y regelmäßig publiziert?

Seit meinem Besuch des „Train-the-trainer-Seminars“ der DeutschenAnwaltAkademie vor anderthalb Jahren weiß ich, dass und wie ich diese Kenner der Materie einbinden kann.

Ich mache es seitdem so:

Ich spreche, wenn sich die Gelegenheit bietet, vor dem Seminar den Teilnehmer an und frage ihn, ob ich während des Vortrags zu seinem Spezialthema einen Kommentar von ihm erfragen darf.

Auch wenn ich nicht Gelegenheit hatte, vor dem Seminar den Teilnehmer anzusprechen, kann die Einbeziehung noch in der Veranstaltung erfolgen. Es ist nie zu spät: Manchmal runzelt er die Stirn, und ich spreche ihn gleich aktiv an: „Was können Sie an dieser Stelle aus Ihrer Praxis ergänzen?“ oder „Wie stellt sich das aus der Sicht des X dar?“ oder: „Nach meinem Beispiel möchte ich gleich unseren Experten um seine Sicht der Dinge bitten“ oder „Was würden Sie Anwälten in diesem Augenblick empfehlen?“

Ich weiß heute, dass jeder Gast, den ich erst nehme und den ich ehrlich um sein Fachwissen bitte, mir wohl gesonnen ist.

Im Ergebnis ist der Vortrag bedeutend lebhafter und fachlich attraktiver dadurch. Seit dieser Vorgehensweise stieg nicht nur die Anzahl der Gespräche nach dem Vortrag am Beamer kontinuierlich auf mindestens 5 bis 10 Teilnehmer. Auch bis zu einem Jahr nach einem Vortrag kommen noch fachliche Anfragen und sogar Mandatierungen auf mich zu.“

Marko Sabrowsky, Rechtsanwalt und Syndikus, Hannover, Tel.: 0511-538999-86; www.ritter-gent.de

---

d) Der Vortragsgast hat Angst vor Anwälten

Der erste Vortrag eines Insolvenzrechtlers vor achtzig gewerblichen Mitarbeitern eines familiengeführten Umzugsunternehmens gerät oft zu einer **schulbuchmäßigen Inszenierung von „Mismatching“.** Der Anwalt macht alles falsch: er erscheint overdressed,[25] klebt hinter einem Rednerpult, verwendet **englische Begriffe** und respektlos erscheinende Wörter wie „Insolvenzmasse“. Er redet viel von Zahlen und **stilisiert sich persönlich als Retter**. Er provoziert dadurch verzweifelte Zwischenrufe: „Sie sitzen doch hoch und trocken! Was Sie da reden, interessiert hier keinen! Sie haben bestimmt nicht 6 Monate auf 10 % Ihres Lohns verzichtet, um Ihre Kanzlei zu retten“. Angst schlägt schnell in Wut um – und Wut richtet sich fast immer gegen den Stärkeren.

Was tun? Sofort matchen![26] Weg vom Rednerpult, nie dreiteilige Anzüge, auch keine Krawatte, Solche Vorträge finden oft in der Kantine statt. Auf dem Weg dorthin sprechen Sie die Gäste an, stellen sich vor. Geben Sie schon unterwegs bekannt, dass Sie eingearbeitet sind. Setzen Sie sich höchstens auf einen Barhocker oder auf einen Tisch. Schauen Sie in die Runde, bevor Sie sprechen. **Sprechen Sie ruhig**. Schon die ersten Worte müssen das **Herz der Hörer** berühren! „Sie wären am liebsten alle nicht hier. Der Anlass ist der unschönste von allen, und ich habe gehört, dass Sie 6 Monate lang auf 10 % Ihres Lohns verzichtet haben, um Ihre Arbeitslätze zu retten. Ich bin hier, um das mit weiteren Mitteln durchzusetzen. In den vergangenen zwei Jahren habe ich drei Insolvenzen begleitet. In zweien davon konnten wir... Das gelingt allerdings nicht immer. Es hängt ab von drei Punkten: ... „Sie wissen ja selbst aus der Presse...“ und „Ihr Betriebsrat hat ja...“ **Dann erst kommen Sie mit Zahlen**.

e) Der Vortragsgast ist persönlich defizitär

Dieser Gäste-Typ kommt glücklicherweise selten in Anwaltsvorträgen vor. Er diskutiert in voll besetzten Flugzeugen während der Getränkeausgabe mit Stewardessen über die Qualität des Mineralwassers und ist generell **auf sein eigenes Autoritätsproblem angewiesen**, um seine Position zu stärken. Er fällt auf durch Stuhlkippeln, Rauslaufen, mehrfach zu spät kommen, laute Geräusche während des Vortrags, Zeitung lesen, vehementes Kopfschütteln, Augen verdrehen, aggressiv unterlegte Zwischenrufe („Schön wär’s“ oder: „So reden Anwälte immer!“) oder wiederholtes halblautes Tuscheln mit Nachbarn.

---

25 Seminarbeispiel: Der Anwalt sagte nach seinem Präsentationstraining auf die Frage, was er gelernt hätte, unter anderem: „Ich trage nie wieder einen dreiteiligen Anzug, wenn meine Zuhörer den ganzen Tag zentnerschwere Kartons tragen!“

26 Vgl. zum „Matching“ das Kapitel „Umgang mit Mandanten“.

Was tun? „Keinerlei Psychopathenintegration!“[27] Dieser Begriff bezeichnet die taktische **Weigerung eines geübten Präsentators, Image-Defizite eines einzelnen Vortragsteilnehmers über die Interessen der anderen Zuhörer zu stellen.** Wenn dieser Gast seine – in aller Regel sehr allgemein gehaltene – Kritik äußert, stellen Sie ihn sofort öffentlich, sehr höflich und interessiert zur Rede: „Was genau an meiner Aussage war aus Ihrer Sicht unrichtig?“ Ein Störer wird **keine sachliche, inhaltliche Debatte anstreben**, sondern bei allgemeinen Aussagen bleiben wie etwa: „Schon gut, machen Sie nur weiter!“ Suchen Sie sofort Allianzen mit Dritten: „Ist anderen Gästen ein Fehler aufgefallen?“ Setzen Sie sich bei dieser Frage, schauen Sie herum, lenken Sie immer ab von einem Störer, dadurch **„verteilen“ Sie seine Bemerkungen** auf alle! Sie schützen Ihre Teilnehmer, indem Sie den **Fokus verändern**. Sie setzen andere Vortragsgäste als Korrektiv ein. Dieser Tipp ist bei allen verallgemeinernden Fragen sinnvoll. Ein Störer sagt: „Ich glaube nicht, dass das Sinn macht“. Der geübte Vortragende setzt sich und antwortet: „Interessante Sicht. Wie sehen die anderen das?“ und später: „Kann einer der anderen Anwesenden erläutern, unter welchen Umständen es Sinn macht und was man dabei stets beachten muss?“ Trocknen Sie den Störer aus durch Streuung seiner Bemerkungen. Gehen Sie **niemals in die „Dialogfalle“!**

Eine mildere Form persönlicher Defizite finden Sie bei Personen, deren Wortmeldungen in 2-minütige Statements über seine eigene Situation, nicht aber in eine Frage münden. „Wie lautet Ihre Frage?“ ist Ihre beste Antwort. „Wenn er dann sagt: „Ich habe keine Fragen, ich wollte nur damit sagen, jeder Fall ist anders“, streuen Sie wieder die Aufmerksamkeit und schauen sich um: „Dann danke ich für den Hinweis. Hat jemand eine Frage?“ Wenn Sie dabei stehen bleiben, wird selten eine Frage kommen. Falls wider Erwarten vom Störer eine Frage kommt, setzen Sie sich ebenfalls und **geben die Frage zur Beantwortung an die Gruppe weiter!** Nie selbst beantworten bei dieser Kategorie von Vortragsgästen!

IV. Wie Anwälte ihren eigenen Präsentationstypus[28] erkennen und nutzen

„Jeder Jeck ist anders“ weiß der Kölner und freut sich generell über Vielfalt. Vortragsgäste schließen sich dieser Freude an, wenn sie merken: Der Redner ist in der A-Note ein Europameister und in der B-Note ein Infotainer. Er liebt die Gäste, sein Thema,

27 Dr. Roderich Heinze, Managementtrainer und Coach der Autorin; dieser Satz stammt aus einem der Präsentationstrainings.

28 Vgl. zu typischen wahrnehmungsbedingten Verhaltensweisen und daraus resultierenden Akquisemöglichkeiten das Kapitel „Mandantengespräche“.

dessen Präsentation – und die Rednerrolle. Um diesen Eindruck zu ermöglichen, sorgen erfolgreiche Redner zunächst für ihr eigenes Wohlbefinden auf der Bühne.

Wie kommt es, dass ein Redner **hinter einem Rednerpult** eine starke Figur abgibt, während ein anderer an demselben Ort kläglich dahin dümpelt? Wie ist zu erklären, dass manche Redner **Zwischenrufe und Einwände fürchten** wie der Teufel das Weihwasser und andere durch die gleiche Publikumsaktion zur Höchstform auflaufen? Und wieso kann so mancher Präsentator **elfengleich und wie selbstverständlich** zwischen dem Publikum hin- und her gehen, während der nächste Redner durch dieselbe Aktion **hektisch und aufdringlich** wirkt?

Unterscheidbar sind Präsentatoren nicht etwa nur durch ihre Ausbildungen, Erfahrungen oder Angewohnheiten, sondern auch durch ihre **eigenen Wahrnehmungspräferenzen**: **Visuelle, auditive und kinästhetische Redner** unterscheiden sich sowohl in **Vorbereitung** und bevorzugter **Methodik** als auch im **Umgang mit Schwierigkeiten** und Wissensstoff.

Durch die folgenden Ausführungen können Leser verstehen, **zu welchem Präsentationstypus sie am ehesten gehören und wie sie das nutzen können**. Die drei Typen werden vorgestellt mit ihren Stärken und Schwächen:

1. Visuelle lernen und präsentieren durch Sehen

Dominant visuelle Redner „sehen“ die anwesenden Teilnehmer als „Zuschauer“, wollen während der Präsentation tolle Bilder, Folien und sich selbst zeigen. Sie lernen selbst durch Sehen.

a) Vorbereitung

Visuelle haben ein Rednerpult mit kleinem Tisch für den Laptop eingerichtet, die ersten **Folien** noch mal angeschaut und die **Fernbedienung** getestet. Sie haben ihre eigenen Folien ausgedruckt am Rednerpult („Falls die Technik versagt“) bzw. Notizseiten oder **Karteikarten** aus PowerPoint erstellt. Sie haben fast immer das **Raumlicht** getestet und angepasst (vorn im Raum dunkler als hinten während der Präsentation), die Tische in einigem Abstand zum Rednerpult **symmetrisch** gestellt, Vortragsmaterialien **ordentlich** auf jeden Platz gelegt, Namensschilder aufgestellt, selbst eins angesteckt, die eigene **Kleidung** überprüft, die suboptimale Krawatte des Hotelangestellten innerlich kritisiert und die **Gesichter der Gäste** zu erkennen versucht. Sie haben **visuelle Krankmacher** aus dem Vortragsraum entfernt (Plastikblumen, Bilder, Gardinen, überflüssige Ablagetische) und die kleinste Buchstabengröße auf der Folie aus der letzten Reihe kritisch auf **Lesbarkeit** geprüft.

b) Stärken

Sie **visualisieren freiwillig** Gesprochenes, auch in spontanen Skizzen, vorbereiteten Charts oder anhand der Finger, die sie bei Aufzählungen in die Luft halten. Metaphern fallen ihnen leicht. Sie beginnen und schließen ihren Vortrag gern durch **dasselbe Bild** und agieren überhaupt sehr **strukturiert.** Visuelle lieben PowerPoint und andere **Strukturmittel** wie etwa sichtbare Listen, Spiegelstriche und Mind-Maps. Sie bleiben während des gesamten Vortrags vorn, auch gern hinter einem Rednerpult, denn sie wollen das **Publikum „im Blick behalten“**. Sie **sehen selbst toll aus**, perfekt gekleidet, farblich und stilistisch immer sicher und Anlass angemessen. Ihnen sind CI, Kanzleifarben und Logos auf Folien sehr wichtig. Visuelle lieben es, das Publikum durch **Bilder** zu überraschen, zu führen – und zu verführen! Ihre Startfolie zeigt im Verkehrsrecht das **Foto** einer Massenkarambolage, zusammen mit einer provokanten Frage. Auch trainierte Visuelle brauchen immer eine **Mitlesemöglichkeit** und richten sich neben dem Pult einen kleinen Tisch für ihren Laptop ein. Sie lieben Rednerpulte aus **Glas**, in denen der Laptop auf der ersten Etage steht oder Touch-Screens, die in den Tisch eingelassen sind. Ihre Folien zeichnen sich aus durch sorgfältig verkürzte Überschriften und nacheinander ins Bild eingespielte Unterpunkte, die für sie selbst als **sichtbare Stichwörter** und Gedächtnisstütze fungieren. Dadurch erreichen sie innere Sicherheit. Visuelle arbeiten sehr geschickt mit **visuellen „Ankern“** („Stehen, wenn sie zum Publikum sprechen und sitzen, wenn sie mit dem Publikum sprechen“) und dem **Blickkontakt**, den sie durchaus auch zu einzelnen „Zuschauern“ aufnehmen und halten.

c) Schwächen

Visuelle neigen zur **Überbetonung der Visualisierung.** Sie glauben, dass sie sechzig Folien in dreißig Minuten brauchen, denn auf den Folien steht ja, was sie sagen wollen. Sie haben viel zu viele Folien, und jede Folie hat **viel zu viel Text**. Sie sprechen oft zu schnell und **folgen Bildern**, die allein sie im Kopf haben. Visuelle glauben **nur das, was sie selber sehen** und wirken besonders unerfahren, wenn sie sich zur Leinwand hinter ihnen umdrehen, dabei weiter reden und mit der Fernbedienung beim Weiter-Drücken auf die Leinwand zielen. Sie sprechen oft nur das, was **zu lesen ist** und warten mit dem Sprechen, bis es zu lesen ist. Sie überladen die Gehirne der Teilnehmer durch voll gemüllte Folien, die sie abarbeiten, ohne bekannt zu geben, bei welchem Punkt sie gerade sind. Sie glauben, sie müssten aus ihrem **Manuskript vorlesen**, und sie glauben, das Publikum wolle während dessen auch im **Manuskript mitlesen**. Visuelle arbeiten freiwillig ihre Vorträge wörtlich aus, denn sie gehen davon aus, dass jeder „zuhause nachlesen“ wolle. Sie haben nie einen Tontest durchgeführt, den Raumklang probiert oder gar Raummikrofone bestellt.

d) Optimierungen

Visuelle trainieren hauptsächlich:

- das lockere Variieren eines nur durch Stichworte visualisierten Themas,
- die taktische Einrichtung von Sprechpausen,
- drastische Reduktion der Anzahl von Folien,
- Entmüllen der einzelnen Folien,
- das Splitten des Vortragsmaterial (ein Drittel des Vortrags nur im Handout!),
- hinter dem Rednerpult stehen (= Monolog), neben dem Rednerpult stehen (= Dialog).

2. Auditive lernen und präsentieren durch Hören

Dominant auditive Dozenten erleben die anwesenden Teilnehmer als „Zuhörer". Sie wollen während der Präsentation selbst toll reden und viele Teilnehmer reden hören – allerdings nacheinander! Sie lernen selbst durch Hören.

a) Vorbereitung

Auditive testen immer die **Tontechnik** im Raum sowie die Batterieersatzmöglichkeit für ihr **Mikrofon,** am besten mit einem **Tontechniker.** Sie haben den Raumklang ausprobiert und ein **Kragenmikrofon** bestellt. Zur Vorbereitung von Großveranstaltungen stellen sie sechs Monate vorher sicher, dass die Kragenmikrofone auf keinen Fall eine **Rückkopplung** mit den zeitgleich betriebenen Raummikrofonen verursachen dürfen. In einem Raum mit Teppich verlangen sie bereits ab zwanzig Personen ein Mikrofon, um ihre **Stimme zu schonen** und beantragen **wegen der hohen Geräuschbelästigung** Beamer in der Decke oder besonders geräuschlose – oder bringen ihren eigenen mit, der immer besonders leise ist (Kaufkriterium). Sie sorgen für die **passende musikalische Untermalung** zum Vortragsbeginn. Die CDs bringen sie selbst mit; auch da überlassen sie **nichts Gehörtes dem Zufall**. Liegt der Vortragsraum an einer lauten Straße, betreiben sie vor Vertragsbeginn „Schocklüften", damit erst wieder zur Pause **Störgeräusche** eindringen.

b) Stärken

Auditive sind Sprachspieler. Für Auditive beginnt das Seminar typischerweise durch möglichst viele **Einzelgespräche** und Small Talk vor dem Seminar. Alle dort gewonnenen Informationen werden – nach Genehmigung – im Seminar **zitathaft** verwandt und führen zu gefühlter Individualität der Zuschauer. Auditive **sprechen locker einzelne Zuhörer an** und reagieren ebenso locker auf deren Antwort. Sie lieben **kurze, prägnante Sätze**, die plakativ oder sogar provokant ankommen können. Die dadurch entfachte **Debatte** brauchen und lieben sie. Sie lieben Zwischenrufe, denn **Stichwör-**

ter sind Startschüsse: Auditive machen **jeden Monolog zum Dialog**, um sich selbst und das Publikum nicht zu langweilen. Dadurch erreichen sie innere Sicherheit. Sie arbeiten stark mit ihrer **Modulation**, vergessen nie Gesprochenes und Gehörtes und sind extrem zuverlässig in Sachen Wiederaufnahme **verschobener Wortbeiträge**. Sie haben viele **Zitate** aus dem Small Talk mit den Teilnehmern auswendig gelernt und präsentieren sie immer zwischendurch. Sie sind in der Lage, komplexe Situationen **in einem Satz** zusammen zu fassen und sehr stark darin, lange Wortbeiträge der Teilnehmer **auf den Kern zu reduzieren**. Sie halten **Versprochenes wörtlich ein** und erwarten das auch von den Teilnehmern. Wenn Auditive sagen: „Weiter geht es um 14.16 Uhr meine Damen und Herren", dann wartet der Gast um 14.15 Uhr vergeblich auf den Beginn. Im Umgang mit unsachlich geäußerten Einwänden können sie allein durch ihre **sprachliche Präzision** und **Ruhe in der Fragestellung** den Einwand neutralisieren. Auditive könnten die Erfinder kurzer Mitmachsequenzen des Publikums sein: jede Art von **hörbarer Beteiligung** motiviert sie zu Höchstleistungen, auch die laute Kritik.

c) Schwächen

Auditive neigen zur Überbetonung der Worte. Was nicht expressis verbis ausgedrückt wird, wird nicht oder nicht richtig wahrgenommen. Wenn sie erst mal anfangen, **gibt es kein Halten mehr**. Sie könnten unbegrenzt reden, vorausgesetzt, die Teilnehmer sind hörbar, **rufen dazwischen**, bringen Beispiele oder protestieren. Auditive **vergessen Pausenzeiten** sogar dann, wenn diese permanent auf dem Flipchart zu sehen sind und benötigen einen Time-Assistant, der ihnen fünf Minuten vor der Pause ein Zeichen gibt. Auditive werden **durch Reden wach** und brauchen **selbst keine Pause**. Sie verwenden nicht freiwillig Visualisierungen; falls doch, sind diese oft farblich, quantitativ oder formal **inakzeptabel.** Sie reden deutlich mehr als das, was zu lesen ist und weiten ihr Vortragsthema fahrlässig aus. Sie vergessen, in PowerPoint mit ihrer Fernbedienung das Bild weiter zu schalten, wodurch sie wiederum öfter die zum Gesprochenen passende Folie suchen müssen – oft vergeblich.

Sprachlich ufern sie gern aus und **zitieren sich selbst**. Sie können dadurch **selbstgefällig** und **arrogant** wirken. Auditive müssen zu Konzentrations- und Kontrollzwecken immer das **ungeteilte Zuhören** sicherstellen. Bei einem getuschelten Gespräch im Publikum **verstummen** sie ebenso wie bei Kugelschreiberklackern, fortgesetztem Hüsteln und geräuschvollem Blättern im Skript. Sie warten mit ihren Ausführungen, denn Auditive **kennen und akzeptieren keine Nebengeräusche**. Auch manche **Dialekte werden als „Nebengeräusche" eingeordnet** und **behindern die Konzentration**.

d) Optimierungen

Auditive trainieren hauptsächlich:

- die Arbeit mit visuellen Ankern (hinsetzen bei Dialog, wieder aufstehen bei Monolog),
- die taktische Einrichtung von Spontanvisualisierungen,
- das Weiterleiten von Fragen an andere Teilnehmer,
- den Moderatorenstatus,
- „Bild folgt Wort“, also: eine Folie anzukündigen, bevor sie sichtbar ist.

3. Kinästheten lernen und präsentieren durch Fühlen/Erleben

Dominant kinästhetische Dozenten erleben die anwesenden Teilnehmer als „Emotionsauslöser“ (Angst, Euphorie...) und wollen während der Präsentation toll „ankommen“. Sie selbst lernen durch Tun und Ausprobieren.

a) Vorbereitung

Für Kinästheten beginnt das Seminar typischerweise durch möglichst viele Einzelkontakte und sehr viel Händeschütteln vor dem Seminar, wobei sie üblicherweise eine „passive Radius-Arbeit“ betreiben: Sie stehen bei Bekannten und freuen sich, wenn jemand dazu kommt. Sie haben immer für einen „Wanderweg“ durch das Publikum gesorgt, denn sie sind konzentriert, solange sie sich bewegen. Starre Inszenierungen (Rednerpult, Standmikrofon vorne) räumen sie gern beiseite. Sie haben für Gruppenarbeiten, Fallbearbeitungen und Publikumsbeteiligung gesorgt, denn **Teamaktivität** ist für sie an sich schon ein Erfolg.

b) Stärken

Kinästheten sind die „Fühltypen“ unter den Präsentatoren. Ihre **Empathie** ist legendär. Sie können eine beliebige Anzahl von schwer genervten Teilnehmern eines Fachanwaltslehrgangs in fünf Sekunden auf ihre Seite ziehen, indem sie deren **Gefühl schnörkellos ausdrücken** („Ich weiß schon, wie es Ihnen geht nach drei Tagen Verwaltungsrecht und so kurz vor der Prüfung. Ich erinnere mich selbst gut an...“). Sie benötigen **Bewegung,** um konzentriert zu sein. Durch **bewegliche Bürostühle, Telefone ohne Schnur** und **eigenhändiges Aktentragen** dokumentieren sie das in der Kanzlei, durch „Wandern“ im Vortrag. Sie sind überall im Raum zu finden und ständig in Bewegung. Sie wirken sehr **aktiv und engagiert.** Sie lieben Gruppenarbeiten und arbeiten gern mit Teamaufgaben. Katastrophen können sie beflügeln, wenn ihre **„spontane“ Über-Aktivität** in Verbindung mit Allianzen zum Publikum eine Lösung verspricht. („Meine Damen und Herren, wir haben im Hotel einen Stromausfall. Kein Bild, kein Ton! Ich habe veranlasst, dass die Pausensnacks zusammen mit Kaffee und Tee jetzt schon gereicht werden. Wir rücken hier im Raum alle zusammen. Lassen Sie den hinteren Teil des Raums ungenutzt und kommen Sie alle mit den Stühlen nach vorn. Wir lassen uns doch durch so etwas nicht unterkriegen!") Kinästheten sorgen immer und **leicht für eine gute „Chemie"** unter den Beteiligten. Der zweite Vortrag vor demselben Publikum gerät typischerweise besser als der erste, da **„man sich schon kennt"**.

c) Schwächen

Kinästheten neigen zur **Überbetonung von körperlicher Aktivität**: Sie können nicht still stehen, schon gar nicht ruhig sitzen, wenn sie sich konzentrieren müssen. Außerhalb der fachlichen Konzentration bewegen sie sich dagegen gar nicht und „harren der Dinge, die da kommen". Sie **„vergessen" Seminar-Ansagen** organisatorischer Art (Pausenzeiten, Umgang mit Skript, Methodenauswahl) und geben weder freiwillig das **Ziel noch die Struktur ihres Vortrags** bekannt, denn sie agieren gern **prozesshaft** („Mal sehen, wie weit wir kommen"). Kinästheten **mögen Konflikte nicht** und **provozieren sie dennoch**: Sie reagieren **viel zu duldsam** auf Endloswortbeiträge, Störungen und inhaltliche Fehler. Sie neigen dazu, Gruppenarbeiten **keinen eindeutigen Auftrag** und keine **Zeitbegrenzung** zu geben und verhalten sich zu wenig stringent beim Einsammeln der Ergebnisse. Durch Nicht-Ansagen oder Nicht-Einhalten der Ansagen verärgern oder **verwirren sie die Teilnehmer**.

Erfolg und Misserfolg eines Vortrags begründen sie gern durch die Teilnehmerstruktur („Das Publikum heute war sehr nett." oder: „Heute war das Publikum aber sehr ungeduldig."). Die **Nähe zum Publikum** ist ihnen doppelt wichtig: räumlich und persönlich. Kinästheten treten **viel zu nah** an Teilnehmer heran und legen wildfremden Menschen die Hand auf die Schulter. Sie **überbewerten ihre Nervosität.** Introvertierte unter ihnen warten vor dem Vortrag reglos an ihrem Platz oder hinter dem Rednerpult, wo sie den Eindruck des berühmten „Kaninchens vor der Schlange" machen. Sie bleiben unbewegt, bis alle Teilnehmer im Raum sind und ergehen sich dann in **Allgemeinplätzen** („Ich freue mich, dass Sie heute so zahlreich erschienen sind..."). Sie füllen Pausen durch „ähm", mögen keine kurzen Sätze („zu hart") und unterstreichen alles, was sie sagen, durch **sehr viel Gestik.** Sie verzetteln sich gern in Details, finden **nicht stringent zum Punkt** zurück und haben **Abgrenzungsschwierigkeiten** zu kritischen Geistern im Publikum, besonders wenn diese sich durch Detailfragen in den Vordergrund spielen möchten. Wiederholt tappen sie in die **„Dialogfalle"**.

d) Optimierungen

Kinästheten trainieren hauptsächlich:
- kurze Sätze,
- die Einleitung (oft hilft ihnen auswendig lernen, obwohl sie das „nicht mögen"!),
- Fragetechniken zur schnellen Neutralisierung von Kritik,
- Arbeit mit Bildern und Skizzen,
- Strukturieren und Kürzen komplexer Botschaften in eigener Sprache und PowerPoint.

V. Aktive Akquise beginnt nach dem Vortrag

Für einen geübten Redner beginnt die direkte Akquise erst nach dem Vortrag.[29] Er hat die **Rückfahrt deshalb spät gebucht** und sagt das auch an: „Wir können nach dem Vortrag noch so lange Fragen erörtern, wie Sie möchten. Ich habe bis x Uhr Zeit und freue mich, wenn ich weiter behilflich sein kann.“

Der Referent baut die Technik ab, räumt seine Unterlagen zusammen, plaudert mit dem Hotelpersonal und **wartet auf alle jene Vortragsgäste**, die er während des Vortrags eingeladen hat, nach vorn zu kommen. Er hat Visitenkarten und zusätzliches **Informationsmaterial** (Broschüren), auch aus anderen Rechtsgebieten der Kanzlei, auf dem Tisch platziert. Je mehr Gäste nach dem Vortrag Nachfragen haben, desto besser für die Akquise: Detailreiche rechtliche Antworten mit Beratungscharakter kann er dann „wegen der Schweigepflicht im Einzelfall“ verweigern („Das Geschäft eines Anwalts ist immer ein Vertrauensgeschäft.“), und je mehr Personen zuhören, desto breiter streut der Anwalt Fachwissen und Empathie!

Er spricht nacheinander mit den Fragern und besser noch: er gruppiert sie! „Wer ist auch an X interessiert?“ Je **mehr er gruppiert, desto weniger muss er ins Detail gehen.**

Durch diese Gespräche kann bereits auf beiden Seiten eine Art **Vertrauensverhältnis** angelegt sein, so dass der Gang in die Kanzlei für den potenziellen Mandanten noch erstrebenswerter erscheint.

Interessierte Vortragsgäste sind nach dem Vortrag oft in der **Stimmung für Details.** Manche ihrer Fragen brennen schon lange im Gehirn und wurden auch während dieses Vortrags gestellt oder angedeutet. Der Redner lädt „ab 17.00 Uhr nach vorn an den Beamer“ oder „auf ein Bier in die Bar“ oder „in die Sonne“ möglichst viele Interessenten zum Nachgespräch ein, indem er

- an passender Stelle des Vortrags darauf hinweist, dass es zu diesem Thema einen **weiter führenden Vortrag** gibt, zu dem er die Broschüren nach dem Vortrag ausgibt.
- an passender Stelle des Vortrags darauf hinweist, dass es zu einem nebengeordneten Thema einen **Vortrag durch einen Kanzleikollegen** gibt – und andere Interessenten ermittelt, die ebenfalls über dieses Thema mehr wissen möchten.
- an passender Stelle des Vortrags darauf hinweist, dass er am Schluss des Vortrags **Visitenkarten einsammeln wird**, die ausschließlich für weitere kostenlose Vortrags-Einladungen verwendet werden.
- an passender Stelle des Vortrags durch „Perspektivwechsel“[30] immer wieder **Befürchtungen oder Bedarfe** anspricht, die „einige meiner Mandanten“ haben und die **über das Vortragsthema hinausgehen**.

---

29 Vgl. das Kapitel „In-house Veranstaltungen“.

30 Vgl. zum Perspektivwechsel das Kapitel „Durchsetzung“.

– nebengeordnete oder zu detailreiche Fragen verschiebt und Interessenten an den entsprechenden Antworten offen sammelt und auffordert, **nach dem Vortrag nach vorn** zu kommen.

1. Jede Zusatzfrage kann zu einem Mandat werden

Der Anwalt notiert sich nach dem Vortrag alle Fragen – besonders die, die er im Moment nicht selbst beantworten kann! – und vereinbart den spätesten Zeitpunkt, zu dem die rechtssicheren Antworten durch einen Kollegen oder durch den Redner selbst gemailt (oder auf Wunsch per Telefon besprochen) werden. Dieser späteste Zeitpunkt dafür wird **per E-Mail bestätigt.** Eindruck macht es gewöhnlich, wenn diese **E-Mail früher zu Hause eintrifft als der Frager.**

Spezialfragen, die nicht direkt in das Vortragsthema passten, werden nach dem Vortrag **sofort inhaltlich beantwortet** oder – wenn das nicht seriös möglich ist – zu einem **vereinbarten Zeitpunkt gemailt.** Taktisch macht es Sinn, nicht alle Fragen erschöpfend zu beantworten, so dass jeder weitere notwendige Kontakt zum Frager von vornherein durch diesen erwünscht ist. Das erleichtert die Akquise.

2. Neugier, Not und Nabelschau sind Schlüssel zur Akquise

Personen, die nach dem Vortrag mit dem Referenten ein „Privatissimum" wünschen, sind entweder, **neugierig, in Not oder möchten sich selbst darstellen.** Oft werden Kombinationen dieser Dispositionen beobachtet. Jede dieser Dispositionen stellt eine „Tür" zum System des Anderen dar, die den **Einstieg in das System der zukünftigen Mandanten erleichtert.** Sie öffnet sich fast von selbst. Umgekehrt wird Akquise schwierig, wenn alle drei fehlen.

Um sich also Akquise zu erleichtern, ermitteln Anwälte diese Dispositionen und nutzen sie: **Neugier wird geschürt, Not gelindert und Nabelschau genutzt!**

- **Neugier schüren**

Umfassende anwaltliche Expertise wird nach dem Vortrag nur angedeutet, Details bleiben ausgespart. Geübte Akquisiteure verwenden dazu den Perspektivwechsel[31] in Kombination mit dem Brecht'schen Theater:[32] Auf die Frage „Was muss ich beachten beim x?" schaut der Anwalt in die Runde: „Wer möchte das noch wissen?" und antwortet nun drei Personen zeitgleich: „Also, ohne dass ich Details kenne, sind die folgenden drei Punkte wichtig, nämlich erstens... zweitens... drittens..." Welcher Punkt ist für Sie am wichtigsten?" Er schaut wieder in die Runde. Wenn nicht alle denselben

31 Vgl. rhetorische Strategien im Kapitel „Durchsetzung".
32 Vgl. rhetorische Strategien im Kapitel „Durchsetzung".

Punkt benennen, kann er bereits abbrechen und sagen: „Das geht hier zu sehr ins Detail; wir kämen dann fast zu einem Geheimnisverrat, denn ich benötige Zusatzinformationen. Jeder Fall ist unterschiedlich. Darf ich Sie vielleicht dazu irgendwann anrufen?“

Wenn alle drei denselben Punkt interessant finden, können weitere allgemeine Informationen folgen, bis einer der Frager spezieller fragt, dann weiter wie oben.

- **Not lindern**

Ein Vortragsgast schildert nach dem Vortrag vertraulich (kein anderer hört zu) ein **rechtlich äußerst brisantes und dringliches Detail**. Durch „Matching der Befindlichkeit“ und durch den Perspektivwechsel wird ihm zunächst klar, dass er damit nicht allein ist: „Oh, das ist immer so ärgerlich; durch die X wähnten Sie sich auf der sicheren Seite und dann das! (schlimm!) Einige meiner Mandanten haben sogar berichtet, dass... (noch schlimmer!). Wissen Sie, wie wir das in den Griff gekriegt haben?“ (Lösung).

Dieser Vortragsgast wird **seine Visitenkarte bestimmt überreichen**, wenn Sie ihn nicht darum bitten. Bieten Sie lediglich mit dem **Hinweis auf die Dringlichkeit** einen Anruf morgen an. **Zurückhaltung** ist angesagt, sobald Sie Ihre Kompetenzen ausreichend deutlich und fallgerecht skizzieren konnten.

- **Nabelschau nutzen**

Ein Vortragsgast schildert dem Referenten nach dem Vortrag ausführlich, was er tut, unterlässt, denkt und vorhat. Er begründet alles ausführlich, stellt keine Frage und berichtet nicht von einem Problem. Auf die Frage: „Was kann ich dabei für Sie tun?“ antwortet er mit weiteren Geschichten. Ein solcher Gast könnte ein interessanter Mandant sein oder werden, **blockiert jedoch im Augenblick Ihre Akquise** und muss ausgetrocknet werden! Die Visitenkarte des Redners ist für ihn eine Trophäe. Bitte überreichen mit den Worten: „Bevor daraus eines Tages ein Problem entsteht, bitte einfach anrufen!“ Drei andere warten **ungeduldig auf ihre Chance**, Fragen loszuwerden. In dieser Situation leiten geschickte Akquisiteure die Inhalte des Vielredners auf die anderen Gäste: „Hat Ihre Frage auch mit der X zu tun?“ oder: „Wir besprechen hier gerade die Notwendigkeit einer Y.“ Hat jemand dazu vielleicht eine Frage?“ **Unsinnige und zeitraubende Wortbeiträge** werden so zu einer Vorlage für eine akquisefördernde Frage an die anderen, die sich freuen, dass sie jetzt dran sind. Der erste Sprecher ist meist nicht sehr beleidigt, da ja wenigstens sein Thema überlebt.

---

i **Erfolgstipps**

- Bereiten Sie sich lange vor! Ein misslungener Auftritt rächt sich lange.
- Der Nutzen des Inhalts ist wichtiger als der Inhalt selbst! Sagen Sie den Nutzen an!
- Faszinieren Sie Ihr Publikum! Sprechen Sie KKP (= kurz – konkret – präzise)!
- Visualisieren Sie nur Stichpunkte! Reduzieren Sie den Folieninhalt drastisch!
- Ein schlechter Redner gehört nicht auf eine Bühne.

Werbung

100 % indirekte Akquise

Von der wohlwollend **gewährten Audienz** des Patriarchen zum **systematischen Kundenfokus** des Dienstleisters ist der Weg steinig und weit. Seit Anwaltswerbung partiell erlaubt ist, reagieren Anwälte verwirrt: „Muss ich jetzt auch einen **Kurzfilm** fürs Kino drehen?“ oder: „Muss ich jetzt auch ein **größeres Kanzleischild** anbringen?“ Schon an der Wortwahl „müssen“ erkennt auch der unbefangene Betrachter die Strapazen innerer und äußerer Wege.

Dieses Kapitel wird in zwei Abschnitten behilflich sein, **wirksame Werbemittel**[1] **vorzustellen und anwaltliche Lieblingsfehler** durch **Chancen** zu ersetzen.

I. Was ist Werbung?

II. Acht anwaltliche Lieblingsfehler und ihre Lösung

I. Was ist Werbung?

Die Aufmerksamkeit zukünftiger Kunden wird durch **bezahlte, sichtbare oder hörbare Mittel**, die in **Abwesenheit des Werbenden** greifen, erhöht. **Kompliziert** ist anwaltliche Werbung dadurch, dass sie fast ausschließlich auf **potenziell Bedürftige** trifft und nicht – wie etwa anwaltliche Webseiten – auf **akut bedürftige** Sucher. Diese Erkenntnis hat Auswirkung auf die **Platzierung** und auf die **Gestaltung** von Werbemaßnahmen.

Werbung hat vorab **drei Grundlagen**, durch deren Beachtung Sie ermitteln können, ob Sie **Werbemaßnahmen** für Ihre Kanzlei **überhaupt in Erwägung ziehen** möchten.

- **Wirksame Werbung ist penetrant:**

Im Wortsinne „durchdringt“ sie die **Gehirne der Empfänger**. Dabei ist der **Zeitpunkt** interessant: **Wirksame Werbung** trifft so gut wie nie auf den Verbraucher, während er gerade Waschpulver, eine Zahnzusatzversicherung, einen Anwalt oder eine Autoscheibenreparatur benötigt, sondern **lange vorher**.

Anwälte fühlen sich eher unwohl **in einer Reihe** mit Autoglas oder Waschpulver, denn Sie sind der Ansicht, **kein Produkt** zu haben. Letzteres ist falsch, ersteres zunächst verständlich. Überwinden Sie, bevor Sie überhaupt **Werbung** in Erwägung

1 Vgl. die Statistiken zur „Wirksamkeit anwaltlicher Marketinginstrumente“ im Kapitel „Kanzleimarketing“.

ziehen**, ideologische Überzeugungen** und auch Gefühle wie **Scham oder Eitelkeit,** die Sie privat vielleicht auszeichnen.

- **Wirksame Werbung ist teuer:**

Erwägen Sie eine Anzeige? Dann machen Sie eine **Kampagne** daraus. **Einmal ist keinmal!** Werbung muss am richtigen **Ort,** zur richtigen **Zeit** und im richtigen **Medium** erscheinen. Erst die **Wiederholung brennt sich ins Gedächtnis** ein. Kampagnen sind teuer. Design-Agenturen sind noch teurer. Sie helfen Ihnen bei der **visuellen und textlichen** Umsetzung. Ein **Erfolg von Werbung** zeigt sich niemals kurzfristig.

Erst durch die Mandatierung erfahren Sie, welche **Werbeeffekte** dem Probleminhaber im Gedächtnis geblieben sind – und welche nicht. (Vorausgesetzt natürlich, Sie **befragen Mandanten** überhaupt!)

- **Wirksame Werbung ist nur im Team stark:**

Wirksame **Werbung** („Ich rede über mich") tritt im **Erfolgsfall** zusammen auf mit **Marketing** („Meine Arbeit redet über mich") und **Public Relation** („Andere reden über mich"). Wenn die **beiden anderen Punkte fehlen**, bleibt Werbung **merkwürdig hohl**. Ihr fehlt die Basis; sie gelangt unweigerlich in das unberechenbare Fahrwasser der **bloßen Behauptung und des Marktschreiertums**.

Bezahlte **Werbung als einzige Marketing-Maßnahme** in einer Anwaltskanzlei zu verwenden, ist **Geldverschwendung**. Strukturieren Sie zunächst Ihr **Marketing**. Ihre persönlichen **Auftritte** sind dabei **durch nichts ersetzbar**! Reklame ersetzt nicht **Reputation**, Werbung gleicht Ihre **Auftritte** nicht aus. Lassen Sie **andere** über sich reden. **Veröffentlichen** Sie Mandanten-Feedbacks! Als **Stütze** für das alles kann Ihnen **anschließend oder zeitgleich** (nicht vorab) Werbung dienlich sein.

II. Acht Lieblingsfehler und ihre Lösung

Werbung verführt auch Anwälte. Trotzdem (oder vielleicht deshalb?) sind sie **skeptisch**, selbst für sich zu werben. Die rechtlichen **Vorschriften** sind gelockert, entscheiden **dürfen** Anwälte nun so gut wie alles selbst. Das heißt im Umkehrschluss, sie **müssen es selbst bestimmen**. Kein Gesetz nimmt ihnen Entscheidungen ab. Verantwortung für alle Folgen von Werbemaßnahmen – inklusive ihrer reichlich beklagten **vollständigen Wirkungslosigkeit** – tragen sie selbst.

Sieben tragische Denkfehler sind zu beobachten, wenn Anwälte über Werbung nachdenken:

1. Tun, was andere tun

„Der Kollege hat jetzt Werbung an seinem **Fahrradständer.** Das müssen wir ja jetzt wohl auch tun, sonst laufen die Mandanten an unserer Kanzlei vorbei!" Auf keinen Fall. Kanzleien, die „müssen", suchen und entwickeln **keine eigene Position**, wollen möglichst **kein Geld ausgeben** und sehen **Kosten für die Werbung** als Geldausgabe, nicht als Investition.

Wer etwas aus Mangel oder unter Zwang tut, verkleinert seine Chancen. Werbung beginnt im eigenen Kopf, nicht beim Wettbewerber oder bei der Konjunktur. Gute Werbung konzentriert langfristig Nachfrage auf Sie und informiert auch über Ihre **Werte**. Das hat eine gewisse **Bindungswirkung** auch nach innen. Wer seine eigenen Werbesprüche im Alltag nicht mit Leben füllt, **betrügt Mandanten** und bringt sich selbst um **Spaß, Glaubwürdigkeit und Erfolg.**

Wenn Sie dasselbe tun wie ein direkter Mitbewerber, **verwässern Sie Ihr Angebot**. Fahrradständer in Ihrer Straße sind für Sie **tabu**, wenn Ihr Nachbar sie als Werbefläche entdeckt hat, zwei Sportwetten-Spots **hintereinander** im Fernsehen minimieren die **Attraktion beider**, und die Flyer von drei Familienrechtlern auf dem Tisch im Wartezimmer bei „Pro Familia" **setzen sich gegenseitig außer Kraft.**

Bleiben Sie in doppelter Hinsicht **anders als andere**: Entweder Sie zeigen **andere Aktionen** als Ihr Mitbewerber – oder Sie zeigen Ihre **Aktionen anders** als er. Werben Sie daher **anders als andere** oder **gar nicht**! Werben Sie **freiwillig, unbeeinflusst** und **konstant**! **Standortmarketing** muss Sie unterscheiden von „anderen an dem Standort".

Die Werbung von Laufkundschaft gelingt eher durch ein auffälliges **Kanzleischild**, die **Aufschrift im Fenster** oder die **Leuchtreklame** am Laternenmast – falls Ihre Mitbewerber die **Fahrradständer** in Beschlag nehmen.

Tipp i

Orientieren Sie sich nicht an Konkurrenten, sondern an Ihrer Zielmandantschaft.

---

2. Ihre Kommunikation ist nicht wieder erkennbar

„Ich bin doch kein Markenunternehmen", meinen Anwälte oft. Schade! Ihnen entgeht viel **Umsatz,** wenn das stimmt. Ihre Farben, Bilder und Aussagen sind nicht identisch? Ihre **Vortragsfolien** haben eine andere Farbe als Ihr **Briefpapier**? Ihre **Fußmatte** trägt ein anderes Logo als das Namensschild Ihrer Mitarbeiterin? Ihre **Anzeige** erscheint aus Kostengründen in schwarz-weiß, obwohl Ihr Logo die orangefarbene Linie ist? Auf dem Briefbogen steht ein **anderer Slogan** als in der Anzeige? An dem einen Standort meldet sich am Telefon die „Anwaltskanzlei Berger", am anderen die „Rechtsanwälte Berger?" In Ihrer **Broschüre** fokussieren Sie auf andere **Leistungen** als auf Ihrer Webseite?

Widersprüche verwirren die Empfänger. Ihr **Leistungsversprechen** ist nicht fokussiert. Ihre **Verlässlichkeit** ist torpediert. Ändern Sie das!

Tipp
Etablieren Sie sich sichtbar und hörbar als Marke! Werbung dient der sofortigen Wiedererkennung Ihrer CI.[2]

3. Anzeigen für ineffizient halten

Umzugsanzeigen sind die ältesten aller Werbemaßnahmen für Anwälte. Sie boten Anfang der 90er Jahre fast die **einzige bezahlte Werbemöglichkeit**. Vielleicht gelten sie deshalb heutzutage als **altmodisch, teuer und ineffizient**. Wenn Anzeigen in den **falschen Zeitungen**, in der **falschen Größe, inmitten von sieben anderen Werbeanzeigen** und zur **falschen Zeit** erscheinen, stimmt das auch heute noch.

Anzeigen gehören außerhalb der **Ferienzeiten** in den **Farben der Kanzlei** in die Publikationen, die von der **Zielmandantschaft gelesen** werden. Zahlen Sie **doppelt so viel**, damit sie **außerhalb anderer Werbeanzeigen** erscheint. Der **Werbeblock** dient nur der Zeitung als Einnahmequelle, nicht Ihnen!

Erfragen Sie Termin und Aufmachung von **Sonderdrucken, Spezialthemen** und **Artikelserien** bei Ihrer Lokalzeitung. Verhandeln Sie **Sonderpreise für zwölf Anzeigen über eine Viertel Seite**, und schalten Sie die Werbung ein Jahr lang einmal im Monat. Verhandeln Sie insbesondere die **Platzierung** dieser Anzeigen neben **inhaltlich passenden Teilen** der Zeitung!

Arbeitsrechtlich ausgerichtete Kanzleien können mit **Stellenanzeigen** Erfolge verbuchen, denn sowohl Arbeitnehmer als auch Arbeitgeber sind dort Leser.

Rufen Sie bei der Zeitung an und erwähnen Sie: „Meine Kanzlei möchte einige € 1.000,– loswerden; wir wissen nur noch nicht, an welche Zeitung". Dadurch ist die **Zeitung im Wettbewerb**. Sie entscheiden sich für die, die Ihren **Vorgaben folgt**. Test it!

Best Practice
Mit einer kleinen Zeitungs-Annonce hat eine erstaunlich große Geschichte begonnen: Wir kündigten 2009 im „Starnberger Anzeiger" die Eröffnung einer Niederlassung in Starnberg an. Der Geschäftsführer einer in der Nähe ansässigen Elektronik-Firma erschien zu unserem Eröffnungsempfang und suchte umgehend den Kontakt zu uns. Im ersten Small Talk erfuhr ich bereits, dass er in Not war und wodurch. Er war mit seinem bisherigen Patentanwalt unzufrieden, da dieser ihm wegen schlechter Beweislage von einem Patentverletzungs-Verfahren abriet, welches er aber unbedingt führen wollte.

Wir (in kniffligen Fällen stets zwei Kollegen) analysierten den Sachverhalt und kamen zu demselben Ergebnis, erörterten allerdings mit dem Mandanten sofort eine Lösung: Wir ermittelten gemeinsam Wege, um evtl. an die benötigten Beweismittel zu kommen. Obwohl auch das zunächst ergebnislos war, beruhigte sich der Mandant, vermutlich allein durch unser Engagement! Und nach einiger

2 Vgl. zur „Corporate Identity" das Kapitel „Kanzleimarketing".

Zeit gelangten wir doch noch an die benötigten Beweismittel und gewannen ca. 12 Monate später den Verletzungsprozess.

Noch in der Phase unserer erfolglosen Bemühungen hatte unser Mandant seinem Bruder von uns berichtet. Der Bruder produziert Teile für die Automobilindustrie und wurde seit Jahren ebenfalls von dem Ex-Anwalt unseres Mandanten betreut.

Bereits bei der ersten kritischen patentrechtlichen Situation erfragte er eine zweite Meinung von uns und ließ sich im Jahr darauf mehrfach sporadisch wegen zweiter Rechtsmeinungen beraten. Dann jedoch entschloss sich auch der zweite Bruder, ausschließlich mit uns zu arbeiten und wechselte mit allen laufenden Fällen.

Wir hatten gewiss nicht erwartet, dass eine Zeitungsanzeige mit ihren Kosten von € 380,– mittelfristig einen bzw. zwei neue Mandanten bringen würde.

Patentanwalt Norbert Alber, Hansmann & Vogeser Patentanwälte, München, Tel.: 089-55292-130

4. Ihre Objekte sind nicht konstant

Am 29. 5. 1886 erschien im „Atlanta Journal" die erste Coca-Cola Anzeige. Nur wenige Tage nach der genialen Erfindung des Apothekers John S. Pemberton wird das neue Getränk – ganz ungewohnt zu jener Zeit – in einer Tageszeitung angepriesen. Bis heute ist die Werbung von Coca Cola **zeitlich, quantitativ**, bei den **visuellen Basics** und vor allem bei der **Subbotschaft** her **konstant.** Lernen Sie von Coca-Cola: Ein Unternehmensauftritt darf nur geändert werden, wenn das **Unternehmen sich ändert**.

Selbst Anzeigen im **Branchenbuch** (Print) bringen Mandanten, wenn Ihre Anzeige dort **konstant** ist und **auffällt** – natürlich nur, falls Ihre Mandanten **auf diese Weise** nach einem Anwalt suchen. Branchenbücher verlieren derzeit allerdings an Bedeutung (es sei denn; Ihre Kanzlei beginnt mit den Buchstaben AA). Das **elektronische Branchenbuch** funktioniert nur dann langfristig gut, wenn Sie es in die Suchmaschinenoptimierung (SEO)[3] einbinden und wenn Sie als **einer der ersten fünf** in Ihrer **Stadt** oder in Ihrem **Rechtsgebiet** gelistet sind.

Kanzleibroschüren und **Flyer** machen etwas her in Kombination mit Ihren **Auftritten** und – ohne Sie – an Orten, an denen sich Ihre **Zielmandantschaft** typischerweise aufhält. In Ihrem Wartezimmer liegen sie neben einem **Schild** in den Farben Ihrer Kanzlei mit der Aufschrift: „Tragen Sie's weiter". Bedenken Sie, der eigene Mandant braucht keine **Kompetenzbeweise** mehr. Bringen Sie ihn dazu, Ihr **Material zu promoten** – und schenken Sie ihm etwas für eine Weiterempfehlung.

Ihre Zielmandantschaft bestimmt den **Ort Ihrer Werbung**. Welche Publikationen lesen sie? Welche Fernsehsendungen sehen sie? Welches Kino besuchen sie? Welche

3 SEO (= „Search Engine Optimizing") ist die Suchmaschinenoptimierung. Einträge ins elektronische Branchenbuch können sinnreich sein, wenn sie zentrale Suchbegriffe aus der Webseite wiederholen.

Plätze suchen sie auf? Wo kaufen sie ein? Wo machen sie Sport? Wo lassen sie ihre Autos reparieren? Wo lassen sie sich beraten? **Dort** platzieren Sie Werbung.

Sie wählen einen anderen **inhaltlichen Fokus**, andere **Medien** und einen anderen **Ort als Ihre Mitbewerber.** Sie schaffen so eine **unverwechselbare Aussage** und – zusammen mit **Marketing und PR** – eine schlüssige **Unternehmensdarstellung**.

Tipp
Weniger ist mehr. Und das oft und unbeirrt, mit „langem Atem"!

---

5. Kurzfristdenke

Werbung löst keine akuten Umsatzprobleme, sondern **verschärft** sie! Kurzfristig **bewirkt bezahlte Werbung gar nichts**. Sie schmeißen Geld zum Fenster heraus, das Sie lieber für **strategische Marketingmaßnahmen** verwenden sollten, wenn Ihre Kanzlei in einer Krise ist, bzw. damit sie nie in eine solche gerät.

Werbung ist **Bestandteil ihres Kanzleimarketings** und **nicht dessen Ersatz**! Es wirkt gut als **kleinerer Teil** eines gesunden **Marketing-Mix**. Anzeige, Radiosendung, Kinospots mobilisieren nie Mandanten **„aus dem Stand"** (anders als ein Vortrag[4] oder Small Talk[5]), sondern bedienen einen **Langfristspeicher im Gehirn potenzieller Nutzer**. Erst im **akuten Bedarfsfall** greift der Mandant auf Sie zurück. Die Chance, dass bezahlte Werbung auf den Inhaber eines akuten Problems trifft, ist gleich Null.

Tipp
Werbung langfristig ansetzen, gut planen – oder weglassen!

---

6. Nett sein

Anwälte wollen ungern „auffallen". Zu groß ist die Furcht vor **aufdringlicher** oder **bedürftiger** Außenwirkung. Dadurch gerät Werbung eher zu einem **lauwarmen Lüftchen**. An gewissen Auftritten erkennt der Betrachter schon, wie **unentschieden die Person dahinter** ist.

---

4 Vgl. das Kapitel „Vorträge".
5 Vgl. das Kapitel „Small Talk".

Eine ganz andere Sprache spricht dagegen die **Werbung mit der „Wanne“**,[6] einem ausgedienten und umgewidmeten Gruppenkraftwagen der Berliner Polizei. Die „Wanne“ taucht an diversen Orten im Berliner Straßenverkehr auf, stand in der Testphase auch gern mal vor der **Bundesrechtsanwaltskammer,** die keine standesrechtlichen Bedenken äußerte – und sieht durch seine grünweiße Lackierung mit der Aufschrift „Kanzlei“ (visuelle Ähnlichkeit mit dem Wort „Polizei“ erwünscht!) auch heute noch aus wie ein Polizeiwagen. „Wie ein bunter Hund“, so wird der Bekanntheitsgrad des Anwalts beschrieben, dem diese Wanne gehört.

Viel zu „nett“ sind auch manche **Kanzleibroschüren**. Zwischen netten **Fotos** und unter netten **Überschriften** stehen **nette Sätze**. Wie wär’s stattdessen mal mit einer **Kanzleizeitung** und absichtlich „reißerischen“ Überschriften?

Individualisierte Kanzleizeitungen haben die Farben der Kanzlei, heißen „Paragrafenreiter“ oder „Justiz-Journal“ oder „Anwalt’s Liebling“ oder „Mandanten-Mobil“ oder „Rechtsrat-Rundschau“. Sie erscheinen alle drei Monate und beschreiben in **Reportageform** „Rechtsfälle“ aus Bürgersicht. Sie stehen selbstverständlich im Internet als **kostenloser Download** zur Verfügung, wenn sie ein Jahr alt sind. Der Hinweis auf sie hat ebenfalls **attraktive Überschriften.** Die Texter sollten auf jeden Fall Nicht-Juristen sein. Wenn Sie eine **sprachbegabte Assistentin** haben, hat sie einen Zusatzjob. Großkanzleien haben **eigene Marketingleute**, die Texten gelernt haben. **Text-Profis** kann man auch extern **mieten**. Das lohnt sich immer!

Tipp
Seien Sie „eigen-artig“, nicht artig!

---

7. Werbung als Geldausgabe verstehen

Anwälte denken manchmal: „Wenn das Geld weg ist, ist es weg“. Das ist natürlich falsch, es ist nur woanders. Manches Geld, das zum Fenster „rausgeschmissen“ wurde, kommt bekanntlich **durch die Vordertür wieder herein.**[7] Gute Werbung ist immer eine **Investition mit Rendite,** schlechte ist immer eine **Ausgabe ohne Profit**.

Besonders tragische Konsequenzen hat der Verzicht auf Maßnahmen, weil „es **uns doch gut geht**“. Diese Aussage bezieht sich nur auf die **Zeitzone Gegenwart** und rächt sich auf lange Sicht. Sie tut so, als gäbe es keine **konjunkturelle Entwicklungen** und daher keinen Bedarf an eigener **Bewegung** und **Prophylaxe**. Gefährlich!

---

6 www.kanzlei-hoenig.de/blog-kategorie/wanne.
7 *Karl Lagerfeld.*

Tipp
Definieren Sie strenge **Eckdaten** für den Einsatz von Werbemaßnahmen in Ihrem speziellen Fall. Beständige **Wiederholung** von **Aktion, Inhalt, Ort und Zeit** machen aus Werbung Profit.

8. Den falschen Ort wählen

Was wollen Sie mit Facebook-Aktionen bewirken, wenn Ihre Mandanten Facebook gar nicht nutzen? Wieso wollen Sie Ihre Kanzlei unbedingt zertifizieren lassen, wenn Ihre Mandantschaft nicht selbst mit Zertifizierungen arbeitet – und das also gar nicht würdigen kann? Wieso wollen Sie den dritten Fachanwaltstitel machen, wenn Ihre Ziel-Mandantschaft nur einen davon braucht? In manchen Kanzleien verkommen auch sinnreiche Investitionen zu **geschmäcklerischen, modischen Attitüden.**

Doch es geht auch anders, wie zwei Beispiele zeigen:[8]

Ein Berliner Spezialist für Ausländerrecht wirbt in der Berliner U-Bahn durch Plakate. Er beschränkt die Werbung sogar auf die U 8, jene Strecke, die von Wittenau durch den Wedding, Kreuzberg und Neukölln fährt, also durch Viertel, in denen besonders **viele potenzielle Mandanten** die Bahn nutzen. „Wer Sorgen mit seinem Aufenthalt in Deutschland hat, findet seit 30 Jahren Hilfe durch Rechtsanwalt Hans-Georg Lorenz." heißt es auf den Plakaten zweisprachig. Daneben ist ein Foto des Teams mit **türkischstämmigen Mitarbeiterinnen.**

Eine solche Werbung macht Sinn, ebenso wie die von Düsseldorfer Strafrechtlern mit einer Plakataktion direkt **vor dem Düsseldorfer Gefängnis**: „Wenn Sie ihren Urlaub lieber woanders verbringen wollen, buchen Sie uns." Als Motiv diente ein besonders trostloser Knastflur. Es folgt ein Bild der Gefängnisinsel Fort Boyard: „Wenn Sie reif für die Insel sind, buchen Sie uns." € 800,– kostete das Plakat und € 2,00 jeder Tag, an dem es hing.

Erfolgstipps
- Orientieren Sie sich an Ihrer Zielmandantschaft!
- Werbung ist langfristig und dient der
- sofortigen Wiedererkennung Ihrer CI.
- Werbung muss Sie unterscheidbar machen.
- Werbung ist konstant. Weniger ist mehr. Und das oft und unbeirrt, mit „langem Atem".
- Werbung ist teuer und ersetzt niemals Ihre persönlichen Auftritte.

8 Beide Beispiele aus: *Frank Christiansen*, „Stopp, Kanzlei", AnwBl 2012, S. 57–63.

XXS Kleine Kanzleien ganz groß

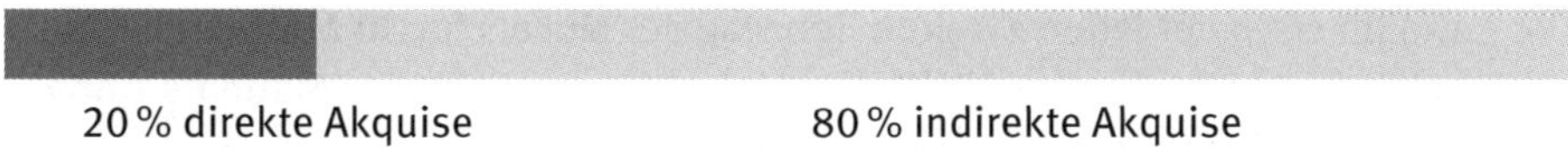

Die Geschichte kleiner Kanzleien ist so **vielfältig** wie die kleinen Kanzleien selbst. 89 % aller Kanzleien in Deutschland hatten im Jahr 2011 weniger als fünf Anwälte,[1] im Jahr 2008 gaben in einer Befragung[2] 55 % von mehr als 6.000 Anwälten an, als **Einzelanwalt** zu arbeiten.

Dieses Kapitel wird in vier Abschnitten behilflich sein, **Vorzüge kleiner Kanzleien** hervor zu heben und **Nachteile auszugleichen**:

I. Kleine Kanzleien haben große Vorteile
II. Wer die Qual hat, muss sich die Wahl schaffen
III. Auf den Zufall bauen ist dumm – den Zufall nutzen ist schlau
IV. Eine Nische finden ist Gold wert

I. Kleine Kanzleien haben große Vorteile

Stellen Sie sich das mal vor: Durch die Hochzeit mit einem Marokkaner merkt eine deutsche Anwältin, welche **behördlichen Hürden** sie zu meistern hatte. Sie verlässt die vier Kollegen ihrer Kanzlei und macht aus ihren privaten Erfahrungen ein **Geschäft:** Sie **automatisiert** verschiedene Verfahren, durch die **Eheschließungen mit Ausländern**, aber auch **Aufenthaltsgenehmigungen** und familienrechtliche Besonderheiten mit **diversen afrikanischen Ländern** schneller geregelt werden können und verknüpft diese mit einer „**Flatrate**", also einer Art **Dauerpauschale**. Der **Leistungsumfang** solcher „**Dienstleistungspakete**" ist jeweils genau definiert. Bei Überschreiten berechnet sie **erneut Pauschalen**. Sie erarbeitet mit ihren Mandanten eine Art „**Roadmap**" und gibt ihnen **regelmäßig Rückkopplung** über das Erreichte und ihre nächsten Schritte. Ihre Mandanten haben oft **kirchlich engagierte**, ehrenamtliche **Betreuer**. Diese veranstalten sonntags **ähnlich einer Messe** Meetings von vier Stunden Dauer,

---

1 Diese Zahlen errechnete Martin W. Huff, Rechtsanwaltskammer Köln, in: *Creutz*, „Deutschlands Top-Juristen", Handelsblatt v. 24.10.2011.

2 *Hommerich/Kilian*, „Einzelanwälte – Die schweigende Mehrheit", AnwBl 9/2009, S. 298. Zusätzliche „Dunkelziffern" entstehen nach Ermittlungen der Autoren dadurch, dass Titularanwälte und Syndikusanwälte, die auch zu den Einzelanwälten zählen, sich an diesen Befragungen weniger intensiv beteiligen als hauptberufliche Rechtsanwälte.

innerhalb derer die Anwesenden Danksagungen aussprechen und die **Peergroup** pflegen können. In **Anwesenheit der Anwältin** dehnen sie diese **Danksagungen** auf die **Aktionen der Anwältin** aus, geben ihr also ein **direktes, öffentliches Feedback**. Die Anwältin erscheint **jeden zweiten Sonntag** des Monats für **30 Minuten** bei einer solchen Veranstaltung, hat ihre **Visitenkarte** dabei und schafft eine **Mandats-Anbahnung** manchmal bereits **direkt nach der Veranstaltung**.

Die **Honorarspanne** beträgt pro Fall zwischen 50 € und 3.000 €. In den ersten sechs Monaten des Jahres 2012 gewann die Anwältin **allein durch den Besuch dieser Veranstaltungen** acht neue Mandate mit einem Gesamtvolumen von 6.200 € sowie eine **Assistentin aus Kamerun**, die **englisch und französisch** spricht und deren Aufenthaltsgenehmigung sie durchgesetzt hatte. Inzwischen haben **30 % ihrer Mandanten** einen **Anreiseweg von mehr als 200 Kilometern**. Fast **70 % aller Anfragen** kommen inzwischen über ihre **Webseite**, die sie gerade **um zwei Sprachen erweitert** und für deren Nutzung sie die **Betreuer kostenlos schult**.

Nicht nur diese, sondern viele andere **neu gegründete** kleine Kanzleien haben **große Vorteile** gegenüber größeren Sozietäten: Durch

- kurze oder ganz wegfallende **Absprachewege** bewahren Sie Ihre **persönliche Autonomie.**
- die Aufstellung als **Einzelkanzlei** können Sie ungehindert **kreativ und flexibel** agieren.
- **Branchensegmentierung** erleichtern Sie Ihr Marketing.
- **Rechtsgebietsbeschränkung** fokussieren Sie **Ihre Botschaft.**
- gleiche Interessen gelingt Ihre **Ziel- und Strategiefindung relativ** schnell.
- geringe Anwaltszahl verringern Sie **Reibungsverluste** bei der **internen Organisation.**
- **Kooperation** mit anderen „Kleinen" gelingt die **Profilschärfung** der beteiligten Kanzleien.
- Netzwerke mit anderen Anwälten entfalten Sie große Strahlkraft bei geringem Aufwand.
- Netzwerke mit Nichtjuristen[3] schaffen Sie ein „Full-Service-Ambiente".
- straffe Delegation an Rechtsfachwirte[4] wird die Kostenquote spürbar gesenkt.[5]

---

3 Vgl. das „Best Practice" Beispiel des Rechtsanwalts Lauppe-Assmann im Kapitel „Flexibilität".

4 Je kleiner die Kanzlei, desto wichtiger die Ausbildung der Assistenz. Sie muss die Kanzlei über weite Strecken allein führen können. Servicebereite, eigenverantwortlich arbeitende Mitarbeiter halten Sie in Ihren Reihen, indem Sie deren Fachwirtsausbildung bezahlen und drei Jahre lang unterstützen. Ohne sie sind Sie aufgeschmissen. In einer Kanzlei wurde zur Bedingung gemacht, dass die eine Mitarbeiterin der anderen alles beibringt. Innerhalb von drei Jahren hatte man so zwei Fachwirte!

5 Nach einer Untersuchung der IRES GmbH in Düsseldorf betrug die Kanzlei-Kostenquote (Anteil der Kosten / Abgaben vom Nettoumsatz) 2011 bei 250 niedergelassenen Anwälten mit mindestens drei

II. Wer die Qual hat, muss sich die Wahl selbst schaffen

In den **Gründungsgeschichten** von Kleinkanzleien ist eine **Zweiteilung** feststellbar: Die einen lösen sich, wie im Beispiel oben, aus **größeren Zusammenhängen**, weil sie in selbst organisierten Umgebungen ihre **Kompetenzen erfolgreicher, segmentierter** und **stressfreier** an den Markt bringen können. Sie gründen hoch spezialisierte, schlagkräftige **Miniteams** mit **Maxireputation.**

Viele andere, besonders Berufsanfänger, scheinen von einer **echten Wahl** weit entfernt und werden kühl von **Aschenputtel** gegrüßt. Im deutschen, derzeit ausschließlich **nach Examensnoten segmentierten Arbeitsmarkt** für Juristen kommen standardmäßig „die einen ins Töpfchen, die anderen ins Kröpfchen". Die Note „Vollbefriedigend" und besser im Zweiten Staatsexamen öffnet generell die Tore zur **Richter-** oder **Großkanzleikarriere,** alle anderen Noten **sorgen eher für Sorgen.** Von den ca. 6.000[6] registrierten, arbeitslosen Juristen waren im Jahr 2011 zwar weniger als 15 % Langzeitarbeitslose (länger als ein Jahr arbeitssuchend). Der Status des **freien Mitarbeiters** oder des **in die Selbstständigkeit getriebenen** Anwalts ist nicht nur für diese sondern auch für die Volkswirtschaft ein Problem.

„Die jungen Leute dürfen sich keine Illusionen darüber machen, was auf sie zukommt"[7] und müssen sich – einzige Lösung – eine **Wahl oft hart erarbeiten:** Ihnen bleibt nicht erspart, genau wie andere Anwälte auch, ein **erreichbares Ziel**[8] **zu definieren, sich unverzüglich mit Gleichgesinnten** zusammen zu schließen und sofort ihre **Opferrolle** abzulegen, falls sie sich **erfolgreich am Markt** positionieren wollen. Wer etwas **unter Zwang tut**, wirkt gezwungen. Ersetzen Sie Zwänge unverzüglich durch Ihren **Willen**![9] Die Vorstellung, mitleidige Mitbürger klingelten aus **karitativen Gründen** in der **Wohnzimmerkanzlei**, hat seit langem ausgedient.

---

qualifizierten Mitarbeitern bei unternehmerischer Ausrichtung 39,8 % und bei nicht unternehmerischer Ausrichtung 45,1%, wobei die Kostenquote nach der Anzahl der Anwälte (1 Anwalt = 43,1%, 2–3 Anwälte = 42,0% und 4+ Anwälte = 41,3%) gestaffelt ist. 48% aller Kanzleien verzichten auf ein konsequentes Kostencontrolling, aus: *Franke*, „Unternehmerisches Denken: Schlüssel für den Kanzleierfolg", BerlAnwBl 10/2011, 379 ff.

6 *Koschik*, „Auf der Lauer", http://www.karriere.de/beruf/umkaempfter-163571/.

7 Warnt auch der Präsident der Bundesrechtsanwaltskammer Axel Filges, in: *Hipp*, „Wettbewerb aus der Wohnzimmerkanzlei", Spiegel.de v. 28.3.2011.

8 „Erreichbares Ziel" ist eine Tautologie, wie das Kapitel „Zielführung" nachweisen wird. Wenn's nicht erreichbar ist, ist es leider nur ein folgenloser Wunsch, kein Ziel.

9 Zur Bedeutung des Willens für die Akquise siehe das Kapitel „Yes, I can".

III. Auf den Zufall bauen ist dumm – den Zufall nutzen ist schlau

Ungeplante Begegnungen, signifikante Themenhäufungen, schwere Schicksalsschläge, gelesene Artikel, offene Ohren, unfähige Behörden, aufgefangene Nachrichten, private Reisen, verhasster Smalltalk, unterschätzte Sprachbegabung, skurrile Fähigkeiten, leidenschaftliches Hobby, eigener Krankenhausaufenthalt, beeindruckende Bekannte und vieles mehr hat nicht nur wiederholt zu Mandaten sondern häufig auch zur **Einrichtung, Ausrichtung** oder gar einer völligen **Umorientierung des bisherigen Geschäftsmodells** geführt.

Als Rechtsanwalt Dr. Roderic Ortner auf der Straße zufällig einen Referendarskollegen traf, wussten sie beide beim Kaffee-Plausch noch nicht, dass sie gerade dabei waren, eine **Spezialboutique für Luft- und Raumfahrtrecht** zu gründen.[10] Zu dritt erzielten sie bereits im zweiten Jahr der gemeinsamen Kanzlei einen Pro-Kopf-Umsatz „fast wie in einer Großkanzlei" und wurden ausgezeichnet mit dem **Gründerpreis** des Kölner Soldan-Instituts.

Erfolgsgeschichten aus kleineren Kanzleien heben sich vielleicht auch deshalb oft **spektakulär** aus der **Masse** der **Erfahrungen in Kleinkanzleien** heraus, weil **Misserfolgsgeschichten** gar nicht öffentlich erwähnt werden. Ein weiteres Beispiel zeigt – erneut eindrucksvoll – den **Segen der Spezialisierung**:

---

i **Best Practice**

„Bis zum Jahr 2000 hatten unsere damals zwei Anwälte kleine, bankrechtliche Mandate für Privatanleger geführt. Rechtsschutzversicherungen zahlten damals noch zähneknirschend diese Prozesse; heute wissen wir, ohne diesen Umstand wäre es schwieriger geworden. Vermutlich waren unsere wichtigsten Erfolgskomponenten unsere Weitsicht – und unser Vertrauen in externe Berater.

Unsere „Allrounder-Aufstellung" ersetzten wir mit Hilfe eines Kanzleiberaters durch eine taktische Vernetzung und eine intensive PR-Arbeit (tagesaktuelle Pressemitteilungen sorgten für unsere bundesweite Bekanntheit) und vor allem durch eine vollständige Spezialisierung auf das Anlegerrecht. Nach einem Medientraining platzierten wir regelmäßige Kolumnen in Lokal- und Wirtschaftspresse, indem wir durch Cold Calls die Redaktion von der Brisanz des Themas überzeugten.

Dass Anlegerinteressen sogar weltweit beschädigt wurden, lernten wir zuvor bereits durch die Turbulenzen um die Bahn-Aktie im Frühjahr 1998. Wir hatten den „Riecher" und schrieben sofort mehrere US-Kanzleien an mit der Frage, ob man nicht gemeinsam etwas unternehmen sollte. Sofort kam die positive Antwort, und wir schlossen uns den dort bereits üblichen Sammelklagen an. Aus diesem Kontakt entstand unser inzwischen 10 Kanzleien umfassendes weltweites Netzwerk WIN mit Teilnehmern insbesondere aus den USA und Kanada, wo es ausgeprägte Sammelklagemöglichkeiten gibt.

Auch ein eigener Messestand bei der „Invest" in Stuttgart stützte in den ersten Jahren unsere Marktposition.

Aus der Rückschau sind wir der Ansicht, dass extreme Spezialisierung, ein klares Unternehmensziel, persönlicher Mut und nicht zuletzt externe Hilfe unsere heutige Position ermöglicht haben.

Rechtsanwalt Bernd Jochem, Rotter Rechtsanwälte München, Tel.: 089-649845-0, www.rotter-rechtsanwaelte.de

---

10 *Hipp* in „Wettbewerb aus der Wohnzimmerkanzlei", Spiegel.de v. 28.3.2011.

IV. Eine Nische finden ist Gold wert[11]

Einzelanwälte setzen häufig auf **Prozessfächer, Privatklientel** und eine **Kombination** aus Familien-, Arbeits-, Miet-, Straf- und Verkehrsrecht. Damit sind sie statistisch vollkommen im Trend.

Ein anderer Trend bleibt dabei leider häufig unerwähnt: Einsteiger haben es gerade in diesen Fächern sehr schwer, da der Markt in **diesen Rechtsgebieten** inzwischen überwiegend durch **Fachanwälte** besetzt wird. Deren **Kompetenzen** sind nicht so **leicht** und vor allem nicht so **schnell** zu toppen. Umso wichtiger, sich früh einen **Schwerpunkt** zu erarbeiten und bereits die **Stationen des Referendariats** zunächst nach **Passion** und dann nach **taktischen Gegebenheiten** zu wählen. Je **gesättigter der Markt**, desto **weniger Umsatz**! Und je unschärfer die eigene **Positionierung**, desto schärfer das **Problem**!

Der Rostocker Anwalt **Tamás Ignácz**[12] hat sich das zu Herzen genommen. Er zeigt in der **folgenden Tabelle** eine Idee. Er schreibt als **angehender Fachanwalt für Verkehrsrecht** – er hat noch längst nicht alle Fälle zusammen – einen Brief an 200 Autoreparaturwerkstätten in Mecklenburg-Vorpommern. Er überlegt derzeit noch, ob er alle Werkstätten zuvor anrufen sollte.

Auf der linken Seite sehen Sie seine erste Version, auf der rechten Seite die **korrigierte, Nutzen-orientierte Version**:

Kanzlei für Verkehrsrecht in der Hansestadt Rostock	**Verkehrsrecht in der Autoreparaturwerkstatt**
Sehr geehrter Herr Schulze,	Sehr geehrter Herr Schulze,
gerne möchte ich mich Ihnen mit diesem Schreiben und der anliegenden Kanzleibroschüre kurz vorstellen. Ich bin zugelassener Rechtsanwalt und angehender Fachanwalt für Verkehrsrecht. Seit Anfang 2011 bin ich in eigener Kanzlei tätig. Für Ihre Kunden, die einen Unfallschaden haben, ist es in jedem Fall ratsam von Anfang an einen Verkehrsrechtsanwalt in Anspruch zu nehmen. Die Kosten trägt in der Regel der Unfallverursacher. Weisen Sie Ihre Kunden darauf hin! Sie denken sicherlich: „Wir sind doch selber im Schadenmanagement ausgebildet." Jedoch bedenken Sie bitte, dass das Verkehrsrecht ständig im Wandel ist und täglich zahllose	kann ein Rechtsanwalt das **Leistungsspektrum einer Autoreparaturwerkstatt** erweitern? Ich meine: Ja. **Schnell, rechtssicher und günstig** – das fordern Unfall-Beteiligte, wenn sie **Rechtsrat** brauchen. Verkehrsrecht ist ständig im **Wandel, und juristische Laien** verlieren ganz schnell den Überblick über zahllose Urteile. **Gewiefte Versicherungs-Juristen** kürzen außerdem regelmäßig Ansprüche. Ohne einen Anwalt geht das nicht gut. Die Kosten für die **Schadensregulierung durch eigenes Werkstattpersonal** werden Ihnen nicht ersetzt; durch den **Einsatz eines Anwalts** sparen auch Sie Geld!

11 *Brenner,* „Eine Nische ist Gold wert", AnwBl Karriere 1/2012 ist der Titel einer Erfolgsgeschichte der Rechtsanwältin Dörte Zimmermann aus Berlin. Lesenswert!
12 http://www.rechtsanwalt-verkehrsrecht-rostock.de.

Urteile zu verschiedensten Schadenpositionen gesprochen werden. Auf Seite der gegnerischen Haftpflichtversicherung arbeiten ausgebildete Juristen, die jeden Tag Unfallschäden bearbeiten und versuchen Ansprüche zu kürzen, um der Versicherung zu einer besseren Kostenquote zu verhelfen.
Die Betreuung durch einen Verkehrsanwalt dient nicht nur Ihren Kunden.
Sparen Sie Personalkosten! Die Kosten für die Schadensregulierung durch eigenes Werkstattpersonal werden Ihnen nicht ersetzt!
Um Ihnen die genannten und weitere Gründe für eine Zusammenarbeit mit der Kanzlei Ignácz zu verdeutlichen, stehe ich Ihnen gerne zu einem persönlichen Gespräch zur Verfügung.

Mit freundlichen Grüßen

Anwaltskosten übernimmt in der Regel der Unfallverursacher; das freut nicht nur meine Mandanten, sondern sicher auch Ihre Kunden.
Ich würde mich deshalb über eine **Kooperation mit Ihnen** sehr freuen und Ihren Kunden meine **drei Jahre Expertise im Verkehrsrecht** –demnächst auch mit Fachanwaltstitel – gern regelmäßig zur Verfügung stellen.
Rufen Sie einfach an, wenn diese Idee Ihnen zusagt.

Mit freundlichen Grüßen
Tamás Ignácz

Rechtsanwalt in Rostock
Telefon: 0381 87742025

Einzelanwälte lassen meistens zwei **strategische Optionen** vollkommen außer Acht. Sie vergessen:

- **Kooperationen mit anderen Kanzleien**

die auf ein anderes (oder überhaupt auf ein) **Rechtsgebiet spezialisiert** sind. Durch visionäre **Netzwerk-Gründer-Gespräche**[13] **entstehen – leider noch erstaunlich selten – großartige Anwaltsnetzwerke,** die über die **Strahlkraft von Sozietäten** oder Bürogemeinschaften weit hinausgehen.

„Sie kriegen meine Verkehrsunfälle, wenn ich Ihre Familien kriege.[14] Was halten Sie davon? Und neulich lernte ich einen kennen, der braucht **Fälle** für seinen Fachanwalt Arbeitsrecht. Wir könnten ihm beide unsere Arbeitnehmer geben und von ihm Familien und Unfälle bekommen. Und wir alle drei konzipieren eine gemeinsame **Webseite** und eine gemeinsame **Vortragsreihe**. Wir könnten das übrigens auch **twittern**...Seit kurzem habe ich auch eine Facebook-Seite. Und neulich war ich in der Galerie X. Wieso beschaffen wir uns nicht einen **unbekannten Künstler** aus der Gegend und **promoten** ihn? Ich kenne jemanden aus dem **Künstlernetzwerk** „blueprint". Die freuen sich wahnsinnig. Und wir versammeln viele Interessenten bei einer **Vernissage seiner Bilder**. Ich kenne da ein neues Designhotel am Hauptbahnhof. **Kosten dritteln und Gewinn verdreifachen**! Das wäre doch mal was! Unsere **Newsletter** sollten wir bei der Gelegenheit **vereinheitlichen** und in allen drei Rechtsge-

---

13 Vgl. dazu das Kapitel „Netzwerke".

14 Alle Mandantentransfers bitte persönlich vornehmen; sonst geht das Vertrauensverhältnis nicht mit auf den Kollegen über, und der Mandant fühlt sich abgeschoben!

bieten **allen unseren Mandanten** übersenden. Dann sind meine Mandanten irgendwann froh, auch Ihre **Kompetenzen** zu kennen. Jeder von uns gewinnt **Zeit, Geld, Lebensqualität.** Haben Sie übrigens schon mal an einen **Büroservice** gedacht? Die sind gar nicht teuer und machen den **24/7 Service.**"

Wenn dieser **Vortrag des Visionärs** auf die **begrenzten Vorstellungswelten hauptberuflicher Bedenkenträger** trifft (erkennbar daran, dass diese als erstes gern etwas von „Haftung", „Standesrecht" und „ungerechter Verteilung" murmeln), klappt es vielleicht am nächsten Abend besser. Wer als **Einzelkämpfer** solchen Vorschlägen in Ruhe zuhört und dann vielleicht sogar zustimmt, hebt sich **allein dadurch schon** aus der Masse ab!

- **Eine Spezialisierung auf eine Branche oder zumindest auf ein Rechtsgebiet**

„Wer für alles offen ist, ist nicht ganz dicht!" Drastische Formulierungen beschreiben oft **einfache Regeln.** Wer Misserfolge anstrebt, begibt sich **ohne Strategie** in den Markt, die anderen **zeigen** und **erreichen ihre Geschäftsziele** durch ihre Aktionen. So einfach kann man vermutlich auch in Deutschland die **Kleine-Kanzleien-Landschaft** unterteilen.

Anwaltliche **Spezialisierung** ist **unerlässlich** und **unausweichlich.** Ihr Gegenspieler, der **„Allrounder"**, findet eine gewisse **„historische" Begründung** in einer Zeit, in der Mandanten durch Anwälte „**Audienz gewährt**" und „**Empathie verwehrt"** wurde und in der der Anwalt seinen **Terminkalender** noch selbst führte: *„Anwalt wurde man, in dem man durch Mandatsbearbeitung, meist unter Aufsicht eines älteren Kollegen, lernte, wie man mit Mandant, Behörde und Gericht umging, Rechtsfragen anging und Honorare verhandelte. Dieses ‚Training on the job' in einem Meister-Schüler-Verhältnis sorgte nicht nur für die notwendige fachliche Heranführung junger Juristen an den Anwaltsberuf, sondern auch für eine entsprechende Sozialisation. Der Anwalt war nach althergebrachtem Verständnis Generalist, in Kontinuität seines Ausbildungszieles als Volljurist für all*e Rechtsfragen qualifiziert."[15]

Anwaltliches Generalistentum muss man sich **leisten können**, und wer das Ziel hat, sich als Generalist zu positionieren, ohne zeitgleich für **Armut an Zeit, Geld und Geltung** prädestiniert zu sein, sollte einige **Regeln** einhalten:

- **Richten Sie einen Branchenfokus ein**

Sofern die Branche einen hohen **Kommunikationsgrad untereinander** und diverse **potenzielle Rechtsberatungsbedarfe** hat, spricht sich **Ihr Angebot** schnell herum. Welche Gruppe braucht **alle** Ihre angebotenen Rechtsgebiete? Kombinieren Sie Ihr Angebot mit vielen weiteren Aktionen **dieser Gruppe gegenüber**! Besuchen Sie deren **Kongresse**. Schreiben Sie in deren Mitteilungen. Elf Millionen Nennungen findet „Google" unter „**Bundesverband**". Wie viele dieser Verbände haben **eigene Anwälte**? Und selbst bei denen ist eine „Zweitmeinung" vielleicht interessant? Wie

---

15 *Christoph H. Vaagt,* Rechtsanwalt und Kanzleiberater, München, in: „Vom Jurist zum Berater", zitiert nach www.advocoach.de.

viele von denen veranstalten eigene **juristische Vorträge** an verschiedenen Standorten? Vereinbaren Sie doch mal mit dem Vorstand an fünf der größten Standorte dieses Verbandes **kostenlose Vorträge** durch Sie für das **nächste Jahr.** Der Vorsitzende des Verbandes sowie einige Mitglieder werden sich sicher über Ihre Auftritte gern auch **schriftlich äußern**. Veröffentlichen Sie diese **Feedbacks!** Ihre **Aufsätze, Folien, Flyer, Vorträge, Broschüren, Facebook-Fanpages** und **Tweets** befassen sich in der Sprache dieses Verbandes mit **dessen Bedarf**!

Wenn ein Mitglied des Verbandes Ihre Spezialkenntnisse einem anderen Mitglied gegenüber erwähnt, „erbt" der andere bereits ein gewisses **„familiäres" Vertrauensverhältnis**. Das ist oft bei „gemischtem" Publikum nicht der Fall.

- **Richten Sie einen Rechtsgebietsfokus ein**

„Im Familienrecht begleiten wir ausschließlich **einvernehmliche Scheidungen." Oder: „In Kombination mit dem Notariat** beraten wir unsere Mandanten in allen Erbrechts-, Schenkungs-, Nachfolge- und Stiftungsfragen." Oder: Im Arbeitsrecht profitieren unsere Mandanten durch unsere **profunden Kenntnisse** auf dem aktuellen Gebiet des **Arbeitnehmerdatenschutzes."**

Das letzte Thema ist derzeit durch Anwälte noch **vollkommen unentdeckt**. Entdecken Sie Rechtsberatungsbedarf, noch bevor er flächendeckend entsteht![16] **Seien Sie eher da als das Rechtsproblem**! Visionäre und vorausschauend agierende Anwälte sichern nicht nur die Zukunft ihrer Mandanten sondern auch ihre eigene. Jetzt **Aufsätze** zum Thema schreiben und **Vorträge** in **Unternehmen** und bei **Betriebsräten** halten.

- **Sorgen Sie für eine erstklassige Assistenz:**

Ihre Mitarbeiterin ist oft allein in der Kanzlei und braucht übergroße **Handlungsspielräume** und **-kapazitäten** sowie **permanente Rückendeckung**! Das gilt speziell dann, wenn ihr Chef oft außerhalb der Kanzlei arbeitet. Agieren Sie in diesem Fall in **engstem Kontakt** mit Ihrem Backoffice. Verwenden Sie **selbst synchronisierende** technische Hilfsmittel, damit die von Ihnen eingetragenen **Termine und Fristen** automatisch, von überall und sofort auf den **Kanzleirechner** gelangen. Das erspart langwierige Telefonate und verhindert böse Terminkollisionen. Informieren Sie sich über **Verschlüsselungsmethoden** für die „Cloud", die große Datenmengen transportieren kann.

Lagern Sie **Rechnungsstellung** und **Controlling** aus. Engagieren Sie **stundenweise Jurastudenten** zur **Pflege Ihrer Adressdatei** und weitere Mitarbeiter für **nicht-juristische Aufgaben** (Dokumente einsammeln und ordnen, Räume messen, Behördengänge begleiten, Aussagen überprüfen, Zeugenlisten erstellen, Mandanten besuchen etc.).

---

16 Weitere Beispiele im Kapitel „Reputationsmanagement" unter „Early Mover Advantage".

i

Erfolgstipps

- Starten Sie als Angestellter, bis Sie den **Fachanwaltstitel** haben. Dann **„verkleinern"** Sie sich (enger Branchenfokus) mit **Kollegen Ihrer Wahl**!
- **Mini-Netzwerk heißt Maxi-Ressourcen**: Gegenseitige **Mandatsübergaben**, jeder in seinem Fachgebiet, das spart Ressourcen!
- Lagern Sie die Rechnungserstellung aus. Rüsten Sie die restliche **Organisation technisch hoch**!
- Ersetzen Sie die **Inszenierung „Zwang"** durch die **Inszenierung „Passion"** und **„Wille"**.
- Kleine Kanzleien brauchen eine **top Organisation**! Übergeben Sie maximale Kompetenzen an die Assistentin. Trauen Sie sich!

Yes, I can

100 % indirekte Akquise

„Erfolg ist kein Geschenk. Erfolg muss erarbeitet werden.“[1] Die hierfür notwendige Basisarbeit findet nicht in einer Kanzlei, auf einer Akquisebühne oder in einem Gerichtssaal statt, sondern im wichtigsten **Geschäftsfeld eines Anwalts**, und das liegt **zwischen seinen Ohren**!

Keine **Macht** ist mächtiger, keine **Kraft** kräftiger und keine **Entscheidung** entschiedener als die, die wir selbst dort platzieren.

Wer erfolgreich akquiriert, weiß, wer er ist, wozu er das macht, was genau er macht, wie er es macht und wodurch genau er es macht. Er rennt nicht einfach los. Er nimmt nicht alles, was kommt. Er hat nicht Wünsche, sondern Ziele.[2] Er ist der **„Boss auf dem Schloss“** und zeigt allen anderen, auch seinem inneren Schweinehund, wo es lang geht.

Tipp

Alle Ihre Verhaltensweisen sind Ergebnis von Rollen, die Sie spielen, von Werten, die Sie antreiben und Fähigkeiten, die Sie (gelernt) haben.

Der mentale Bereich der Akquise ist wie der Motor eines Autos. Er muss gewartet, überprüft und mit passendem Brennstoff versorgt werden, damit das Auto Sie zuverlässig, in passender Geschwindigkeit und sicher von A nach B bringt. Dabei bleibt der Motor unsichtbar, empfindlich, stark und unverzichtbar! Wenn der Motor hinüber ist, hat das Auto seine Funktion verloren: **Ein Auto mit kaputtem Motor braucht keinen neuen Lack!**

Das Kapitel ist unterteilt in:

I. Steuern Sie sich selbst, bevor's ein andrer tut – Ein Selbstmanagement Kurs in zehn Lektionen

II. Die Rollen eines Anwalts – und wie Sie sie kongruent besetzen

III. Die Weiterentwicklung Ihrer beruflichen Rolle

1 *Heinze*, Aufschwung, S. 71.

2 Vgl. das Kapitel „Ziele“.

I. Steuern Sie sich selbst, bevor's ein andrer tut

Wer hätte sie nicht gern, die **Unabhängigkeit von äußeren Faktoren** und die Kompetenz, die eigene persönliche und berufliche Entwicklung weitgehend **selbst gesteuert** zu gestalten?

Ein **„Selbstmanagement-Blitzkurs"** in **zehn Lektionen** leitet das Kapitel ein, jeweils mit einer Hausaufgabe am Schluss. Es wird Ihnen behilflich sein, Ihr „wichtigstes Geschäftsfeld" so zu organisieren, dass es Sie auch bei **kompliziertesten Akquise-Vorhaben unterstützt.**

1. Lektion	**Ermitteln Sie Ihren eigenen Anteil an einem Misserfolg**
2. Lektion	**Machen Sie sich Ihre unbewussten Entscheidungen bewusst**
3. Lektion	**Wählen Sie ab, was Sie stört**
4. Lektion	**Geben Sie dem Willen Raum! Er ist Ihr mächtigster Begleiter**
5. Lektion	**Übernehmen Sie die Verantwortung für alle Konsequenzen Ihrer Wahl**
6. Lektion	**Meiden Sie Sachzwang-Junkies, Opfer-Gurus und Verantwortungsflüchter**
7. Lektion	**Love it – leave it – change it! Jammern fällt aus**
8. Lektion	**Verwenden Sie als Akquisiteur pro-aktive mentale Entwürfe**
9. Lektion	**Denken ermöglicht Lenken! Was Sie im Kopf haben, können Sie auch im Leben haben**
10. Lektion	**Überprüfen und nutzen Sie Ihre inneren Werte**

„Wer andere führen will, muss sich selber führen."[3] Das ist eine Binsenweisheit jener geheimnisumwitterten Top-Disziplin **„Selbstmanagement"**, an der nichts beliebig und alles entscheidend ist.

Führungstechniken „nach innen" werden Ihnen zeigen, welche Grundlagen eine erfolgreiche Akquise hat, welche Hindernisse ihr im Weg stehen – und wie Sie sie beheben!

1. Lektion: Ermitteln Sie Ihren eigenen Anteil an einem Misserfolg

Lägen **Misserfolge in der Akquise** an Ihrem eigenen Verhalten, an Ihrem eigenen Denken oder an Ihren eigenen Grundüberzeugungen, könnten Sie sie **drehen.** Lägen sie dagegen an der viel besungenen „Konjunktur", am bösen „Mitbewerber" oder an der stets strukturschwachen „Region", hätten Sie **keine Chance:** Die drei können sich nicht mal selbst ändern!

---

3 Pater Anselm Grün, Cellerar der Benediktinerabtei Münsterschwarzach, Interview von *Frank Muck* abgedruckt in DHZ 4/2010.

Suchen Sie also stets nach eigenen Fehlern oder suboptimalen Bestandteilen in der **Kanzleiorganisation,** beim **Mandantenservice**, bei der **Kompetenzpräsentation und vor allem,** beim **eigenen Denken**, wenn etwas schief gegangen ist – und verbessern Sie sich zügig! Jeder Fehler kommt dabei nur einmal vor, denn zum Lernen – nicht zum Wiederholen! – sind Fehler ja da!

Üben können Sie in vielen Alltagssituationen: Wenn Sie zum dritten Mal in diesem Jahr einen Mandanten verloren haben, überlegen Sie, **wodurch Sie ihn vertrieben haben**! Wenn Sie am Ende des Geldes immer wieder noch so viel Monat übrig haben, ermitteln Sie, an welcher Ihrer **Denk- und Verhaltensweisen** das liegt. Wenn die dritte Assistentin innerhalb von zwei Jahren gekündigt hat, stellen Sie fest, wodurch **Sie sie dazu veranlasst haben.** Wenn Sie sich immer noch nicht mit Ihren Wunschmandanten umgeben, machen Sie eine **Liste mit Ihren zukünftigen Vorgehensweisen**!

Aufgabe

Definieren Sie **drei Ihrer Denk- und Verhaltensweisen**, durch die Sie **wiederholt** einen eigenen **Nachteil** erwirtschaften. Legen Sie fest, **wodurch genau** Sie Ihr Denken / Verhalten modifizieren werden:

1. ______________________
2. ______________________
3. ______________________

---

2. Lektion: Machen Sie sich Ihre unbewussten Entscheidungen bewusst

Haben Sie sich eigentlich schon einmal klar gemacht, dass Sie **jeden Morgen** alle Begleitumstände Ihres kommenden Tages **neu selbst entscheiden**?

Wohin Sie gehen? Mit wem? Welchen Beruf Sie heute ausüben wollen? Und wie Sie das heute tun? Und warum Sie das tun? Mit wem Sie streiten? Mit wem Sie sich vertragen? Mit wem Sie lachen? Wen Sie anschweigen? Welche Fähigkeiten Sie heute nicht zeigen? Welche dagegen im Überfluss? Was Sie über Ihren Kollegen und sich heute denken? Wann und wohin und mit wem Sie zurückkehren? Und wozu? Und was in der Zwischenzeit mit und in Ihnen passiert?

Nicht immer ist Ihre Wahl bewusst getroffen. Doch was ändert das schon? Auch wer wiederkehrenden Stress oder unwiderstehlich charmante Glückssituationen unbewusst produziert, produziert sie. Vom Ergebnis her gesehen, ist es gleichgültig, ob Sie bewusst oder unbewusst eine Entscheidung treffen. Es ist auch gleichgültig, durch welches Verhalten Sie Ihre Entscheidung bekannt geben, etwa durch Duldung („Ich tue nichts“) oder durch Aktion („Ich tue alles“). Gehirnphysiologisch haben beide Verhaltensweisen dieselbe Basis: Sie sind **Ergebnisse Ihrer Entscheidungen** und **schaffen Fakten.**

Tipp

Einer Entscheidung ist es egal, wodurch sie getroffen wird. Sie schafft immer Fakten.

Und noch etwas ist in beiden Fällen sicher: **Ihre Wahl ist in jedem Fall aktiv.** Handeln und Unterlassen, Verursachen und Dulden, Bewegung und Starre sind jeweils **zwei Seiten derselben Medaille.** Beides sind jeweils **gewählte**, vorher von Ihnen **bewusst oder unbewusst** entschiedene Aktionen.

Viele Menschen **behalten lieber ihre Probleme** als eine Lösung anzugehen. Lösungen sind kurzfristig anstrengend, können Imageschäden bewirken, eine Fortbildung nötig machen, die Ehe auflösen, die Kollegen angreifen, Freunde vertreiben – oder sie wären einfach nur ein ungewohnter Weg.

Gern werden **eigene Entscheidungen** als „Vergessen", als „Usus" oder als „Zufall" externalisiert: Sie **entscheiden** beispielsweise, Ihren ehemaligen Sozius nach zehn Jahren gemeinschaftlichen Schweigens auch heute wieder nicht anzurufen und auch heute Abend wieder Ihre private Begleitperson anzuschweigen. Sie **wählen** natürlich auch, in ein Büro zu gehen, dessen Geruch Ihnen nicht behagt und mittags mit Ihrer Kollegin zu streiten, deren schrille Stimme Sie seit Jahren terrorisiert. Sie begeben sich auch heute wieder **freiwillig** in die Gerichts-Kantine, obwohl Sie Kartoffeln „eigentlich" hassen und haben gegen Ihre „eigentliche Absicht" schon wieder einen rechtlich langweiligen und finanziell für Sie bedrohlichen Nachbarschaftsstreit ohne stundenbasierte Honorarvereinbarung angenommen.

Sie allein **entscheiden** (Wer sonst?), dass Sie Ihrer Tochter auch heute wieder den flippigen Freund innerlich übel nehmen und im Fitness-Studio weiter trainieren, obwohl andere Sie – und **nicht Sie sich selbst** – für fett halten? Niemand außer Ihnen **entscheidet**, das Rückrufversprechen erneut zu brechen und sich stattdessen um die Bearbeitung einer „wichtigen Akte" zu kümmern.

Und wer – außer Ihnen – **sorgt** eigentlich dafür, dass Sie grußlos griesgrämig morgens im Büro erscheinen, die **komplizierte Akte** des komplizierten Mandanten auch an diesem Tag wieder auf dem „**Nordfriedhof**" (Stapel links unter Ihrem Tisch mit den rechtlich interessanten, komplexen Akten) belassen, während ein großer Teil der einfacheren, unbearbeiteten Fälle auf dem „**Südfriedhof**" (höherer Stapel rechts unter Ihrem Schreibtisch mit den rechtlich langweiligen Akten) bereits in die **dritte Zwischenlager-Woche** geht?

Niemand nimmt Ihnen diese Entscheidung ab. Sie üben also Ihre Wahl täglich und stündlich aus, und das seit langem! Sie wählen aus den Alternativen „Pest" und „Cholera", Sie wählen das Stillhalten, die Duldung – und Sie **wählen so manches Problem**, weil Sie mit ihm besser klarkommen als mit seiner Lösung.

Aufgabe

Definieren Sie **drei Ihrer Denk- und Verhaltensweisen**, durch die Sie eine unbewusste oder bewusste **Wahl** dokumentieren, deren **Konsequenz** für Sie selbst ein **Nachteil** ist:

1. ______________________________
2. ______________________________
3. ______________________________

---

3. Lektion: Wählen Sie ab, was Sie stört

Wer gewählt hat, kann wieder **abwählen,** und das geht jetzt sofort! Das glauben Sie nicht? Dann sei die Gegenfrage gestattet: „Wer sollte Sie hindern können?" Bedenken Sie, wie viele **Umgebungen, Verhaltensweisen, Fähigkeiten, Gedanken, Werte und sogar Identitäten** Sie persönlich und selbsttätig bereits **abgewählt haben**, seit Sie kein Kind mehr sind. Manche vielleicht erst vor kurzem, andere schon vor langer Zeit.

Lange schon gehorchen Sie nicht mehr jedem, der Ihnen etwas sagt. Lange schon sind Sie nicht mehr „Der Zappelphilipp", „Die Leseratte", „Der Träumer", „Der Weltenbummler" oder „Der Weltverbesserer". Lange schon fragen Sie nicht mehr nach 10 Minuten Fahrt „Wann sind wir endlich da?", lange schon wohnen Sie nicht mehr mit Mama und Papa zusammen, und höchstwahrscheinlich glauben Sie nicht mehr an den Weihnachtsmann – sondern sind selbst einer.

Sie haben also manche Ihrer üblichen Gedanken und liebgewonnenen Verhaltensweisen sowie gern gespielte Rollen aus Ihrer Kinderzeit abgewählt, einige davon komplett **abgeschafft**, andere **ergänzt,** wieder andere **ersetzt**. Da Sie das schon einmal gemacht haben, haben Sie bewiesen, dass es geht! Was ist übrig geblieben?

Ihre derzeitige **Persönlichkeit** stützt sich auf Ihre derzeitigen, **allein von Ihnen gewählten** Umgebungen, Verhaltensweisen, Fähigkeiten, Gedanken, Werte und sogar Identitäten! Nicht alle davon sind **angemessen** bzw. **angemessen ausgefüllt**, verglichen mit Ihren heutigen (Akquise-) Zielen, verglichen mit Ihren heutigen Werten, verglichen mit Ihren derzeitigen Erwartungen an sich selbst.

Manche Verhaltensweisen haben Sie sicher selber schon als „suboptimal" erkannt (Sie möchten akquirieren und reden trotzdem viel?), und manchmal kommt es auch vor, dass Sie sich nach einigen dieser freiwillig abgewählten Gedanken, Rollen, Tätigkeiten und Fähigkeiten **zurücksehnen**. Sie **fehlen Ihnen heute**! (Wann hatten Sie zuletzt ganz unbeschwerten Umgang mit einem „Nein", den völlig angstfreien Anruf bei Unbekannten oder die feste Überzeugung: „Ich bin besser als der Mitbewerber"?)

Manche **Anwendungssituationen oder Verhaltenskontexte** haben Sie sicher schon **ausgetauscht** („Gebrüllt wird ab heute nur noch auf dem Fußballplatz!" oder „Verschwiegen wird nur das Geburtstagsgeschenk an meinen Mann und nie mehr meine Kritik an meinen Mitarbeitern"), und sogar **komplett neue Identitäten** könnten theoretisch auf dem Prüfstand stehen. Auch wenn viele Kanzleichefs bis zum Tinnitus oder bis zum Herzinfarkt damit warten; vielleicht ist schon heute für Sie die Überlegung interessant, vielleicht ab morgen Tauchlehrer auf Mauritius, Chef einer eigenen Kanzlei oder ehrenamtlicher Lesehelfer[4] zu werden?

---

4 MENTOR – die Leselernhelfer, ein Erwachsener liest ein Jahr lang mit einem Kind einmal pro Woche eine Stunde lang in einem Buch und diskutiert mit dem Kind. Millionen Kinder in Deutschland können nach der Grundschule nicht richtig lesen! http://www.mentor-hamburg.de.

Haben Sie Ihre **Umgebung** so eingerichtet, dass Sie jeden Tag zu einer Arbeit gehen könnten, die Sie **richtig lieben**, mit **Kollegen**, durch die Sie weiter kommen und **Rechtsgebieten**, die Sie aufregend finden? Haben Sie Ihren Alltag so gestaltet, dass Sie und andere gern in Ihrem **Team** sind? Haben Sie in Ihrer Umgebung **jede Verhaltensweise einführen** können, die Sie selber zu erleben wünschen? Wissen Sie eigentlich, dass Sie durch Ihre derzeitigen **Fähigkeiten** noch ganz andere **Dinge erreichen** könnten als die, mit denen Sie derzeit einigermaßen zufrieden sind?

Niemand außer Ihnen ist verantwortlich für Ihr Verhalten, Ihre Fähigkeiten, Werte und Rollen – und für alle **Folgen aus Ihrer Wahl!**

Aufgabe

Definieren Sie **drei** Akquisesituationen, in denen Sie durch das **Abstellen/Modifizieren** einer **Ihrer typischen Verhaltens- oder Denkweisen** profitiert haben? Falls das noch nicht geschehen ist, notieren Sie die Nachteile, die Sie dadurch hatten/haben, dass Sie diese Verhaltens- bzw. Denkweisen immer noch verwenden.

1. ______________________________
2. ______________________________
3. ______________________________

---

4. Lektion: Geben Sie dem Willen Raum! Er ist Ihr wichtigster Begleiter

In diesem historischen Augenblick kommt **der Wille** ins Spiel. Sein Auftritt verändert nicht nur Ihr Leben. Was will ich denn überhaupt?[5] Tja, wenn ich das wüsste..., dann würde sich einiges wie von selbst regeln... dann könnte ich mich besser entscheiden... dann wäre ich nicht mehr so wankelmütig... dann hätte ich den Kollegen längst rausgeschmissen... dann hätte ich längst meine Kanzlei auf einem Boot in Kanada.... dann hätte ich längst den Blumenladen gekauft... dann hätte ich längst keine PKH Mandanten mehr... dann hätte ich längst zwei eigene Kinder... dann könnte ich viel besser delegieren etc.

Der Wille ist die wichtigste, tollkühnste und folgenreichste Erfindung seit der Erfindung des Rades. Er ist als **Akquise-Basis** sogar **so dominant**, dass man ihn – anders als Cold Calls, Honorarinformationen, Verhandlungen, Kanzleimanagement, Chefrolle, Vorträge, Präsentationen, Mitarbeiterführung oder Zeugenvernehmung – **nicht trainieren kann.**

Der echte Wille reagiert nicht auf **Appelle oder Drohungen von außen.** Appelle, Druck oder Drohung verändern Haltungen oder Präferenzen, nie jedoch einen echten Willen. **Nur** die eigene Entscheidung seines Inhabers **ersetzt einen Willen** – meistens durch einen genau so starken oder stärkeren Willen.

---

5 Vgl. dazu das Kapitel „Zielführung“.

Tipp
Wenn der Wille da ist, dirigiert er alles andere. Wenn er fehlt, auch.

Der Wille unterbricht **auf elegante Weise Standardreaktionen**: Sie reagieren seit 22 Jahren extrem wütend, wenn ein anderer Autofahrer Ihnen den **Parkplatz weggenommen** hat? Da rauft sich ein externer Beobachter die Haare und fragt sich: Was bringt diesen eigentlich sonst eher verständigen und klugen Menschen dazu, einem dahergelaufenen Autofahrer die **Macht zu erteilen**, seinen **Gemütszustand zu verändern**, obwohl er selbst das **gar nicht offensiv wünscht?**

Wenn dieser Mensch seinen **Willen** (zusammen mit dessen Fans „Fähigkeiten, Vorstellungskraft und Gewissen) **zwischen Reiz und Reaktion** stellt, sieht das so aus:

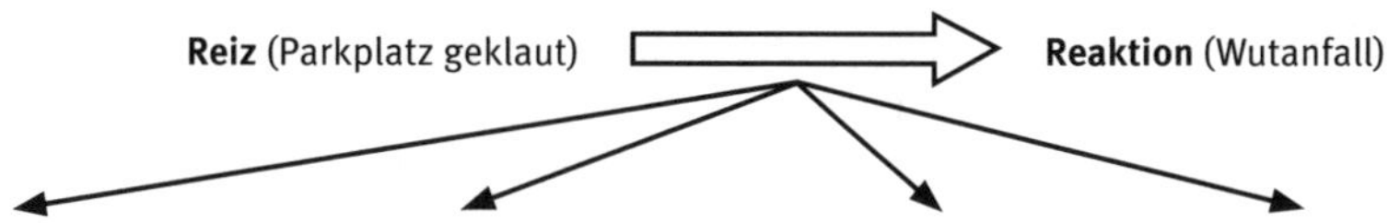

Wille	**Fähigkeit**	**Vorstellungskraft**	**Gewissen**
„Ich werde nur wütend, wenn ich das entscheide!"	„Ich bin diszipliniert und selbstbestimmt. Ich setze meine Energie nur ein für Situationen, die mir nützen."	„Der arme Parkplatzdieb wird große Probleme in seinem Leben haben. Ganz bedauerlich für ihn. Er braucht bestimmt Hilfe..."	„Ich bin allein für mich und meine Reaktionen verantwortlich. Ich stehe für alle Folgen gerade."

Zwischen **Reiz und Reaktion** gibt es ein breites Feld! Bestimmen Sie selbst, wem Sie die **Macht übertragen möchten**, Sie wütend zu machen! **Selbststeuerung** ist denkenden Wesen gegeben, sobald die sich das **selbst gestatten**. Ein Wutanfall kommt im obigen Fall nicht mehr in Frage, weil Wille, Fähigkeiten, Vorstellungskraft und Gewissen die **Reaktion auf den eingetretenen Reiz verzögern** und dadurch verändern. Denken („Was mache ich jetzt?") ist bereits eine **Störung eigener Spontanreaktion** und blockiert das Stammhirn mit seinen Impulsen „Flucht" und „Kampf", **animalische Reflexe** sind dadurch ausgeschlossen.[6]

Tipp
Üben Sie Ihre Selbststeuerung in kleinen Alltagssituationen.

6 Vgl. zur Akquiserelevanz von Stamm- und Denkhirn das Kapitel „Umgang mit Mandanten".

Drehen Sie **probeweise ein ernsthaft unnötiges Miniverhalten** pro Woche. Führen Sie darüber Buch! Zeitungslesen beim gemeinsamen Frühstück? Auto immer samstags um 15.00 Uhr waschen? Sekretärin morgens nicht nach dem Befinden fragen? Urlaubszeiten zu spät eintragen? Ihre Kinder nie zur Schule bringen? Jeden Morgen um 8.15 Uhr in den Stau fahren? Modifizieren Sie Ihre Auftritte! Geben Sie dem neuen Verhalten ein „Willens-Dach“, und ziehen Sie es **auch gegen (innere) Widerstände** durch! Sie werden nicht nur neue Wege, sondern auch eine neue Art von **Macht über Ihre Umgebung entdecken**, da diese sich schlagartig **mit Ihnen verändern wird**. Test it!

Neues Verhalten kann sich dann ungefährdet in einer „Testphase“ ausbreiten und leicht gelernt und optimiert werden, sobald es durch den **Willen des Akteurs** gestützt wird.

Der Wille findet – sogar in lebensbedrohenden Situationen – stets **kreative Wege**. Durch „kreative“ **Bewertung** kann die **subjektiven Bedeutung** einer **objektiven Bedrohung** verändert werden. Dazu folgt hier ein **weltberühmtes, historisches Beispiel:**

Viktor Frankl,[7] jüdischer Psychiater in der Tradition Freuds, hat ausgerechnet im KZ Buchenwald, wo mit Ausnahme seiner Schwester seine gesamte Familie umgebracht wurde, eine Überlebensstrategie entdeckt und später weiter entwickelt, die ihm an dem weltweit deutlichsten Ort der Unfreiheit eine **lebensrettende Freiheit** gab.

Inmitten aller Folterungen und Demütigungen begann er sich bewusst zu werden, dass die Nazis ihm alles nehmen konnten: physisches Leben, Würde und Selbstachtung, nicht aber seine **Gedankenwelten.** Er begann also zu beobachten, was mit ihm geschah und konstruierte während der Folter, so berichtet er weiter in seine Biographie, **in Gedanken** einen Hörsaal, in dem er sich selbst dabei beobachtete, wie er seinen Studenten vortrug über all das, was er im KZ **über den Unterschied zwischen „Freiheiten“ und „Freiheit“ gelernt** hatte. Er hörte sich während der Folter einen Vortrag darüber halten, dass die Nazis „Freiheiten“ hatten, von denen die Häftlinge kaum noch träumen konnten: sie konnten hingehen, wo sie wollten, sagen und tun, was sie wollten. Er, Frankl aber, konnte die Freiheit entfalten, alles außerhalb von sich so zu interpretieren, wie er es wollte. Er konnte in sich selbst **entscheiden,** wie sich all das auf ihn auswirken würde.

Aufgabe

Definieren Sie drei **typische Akquisesituationen**, in denen Sie mit Ihren bisherigen **Reaktionen** (nicht: Aktionen!) **unzufrieden** sind. Beschreiben Sie drei Miniverhaltensweisen, durch die Sie Ihre Gewohnheiten in diesen Gespräche **modifiziert** haben – und was Sie dadurch feststellten:

1. ____________________
2. ____________________
3. ____________________

---

7 Viktor Frankl ist Begründer der Logotherapie sowie Erfinder und Strukturierer der „paradoxen Intention“.

5. Lektion: Übernehmen Sie die Verantwortung für alle Konsequenzen, die Ihre Wahl hat

Es wäre so wundervoll, wenn andere als wir zuständig wären für unsere Umgebung. Es wäre alles so einfach, wenn wir unsere **Partner** verantwortlich machen könnten für unsere Stimmungen und Aktionen. Es wäre attraktiv, der **Konjunktur** fehlgeschlagene Akquisebemühungen in die Schuhe zu schieben! Es wäre unübertroffen grandios, wenn das **Wetter** unsere Depressionen und **unfähige Sekretärinnen** unser Missmanagement herbeiführen würden. Es würde uns grenzenlos erleichtern, wenn Krankenstand und Fluktuation im Büro mit uns als **Chefs** nichts zu tun hätten und wenn **Mandanten** über unsere **Zeiteinteilung beim Mandantengespräch** verfügen würden.

Wir dürften uns **wie Marionetten fühlen**, in der Ecke abhängen, bis die Vorstellung wieder beginnt und uns einer vom Haken nimmt. Marionetten sind vom Puppenspieler abhängig und funktionieren nur dann gut, wenn ihr Benutzer die Puppenspielerei gelernt hat. Als Marionetten könnten wir uns **bequem zurücklehnen** und wissen: **Ich kann ja nichts dafür!!**

Tipp i
Die Vorstellung, wir hätten „keine Wahl", widerlegt sich zwanglos durch sich selbst: Sie ist ihrerseits bereits eine Auswahl aus einem breiten Spektrum von Verhaltens- und Denkmöglichkeiten.

Jede Entscheidung hat gravierende **Konsequenzen**, die Sie durch Ihr Handeln oder Unterlassen **mit entscheiden**. Diese Erkenntnis ist besonders in solchen Fällen **unbequem**, in denen Sie das **Resultat** nicht gewünscht hatten, unerträglich finden oder lediglich zähneknirschend in Kauf nehmen.

Beklagen können Sie das Resultat allerdings nicht, selbst dann nicht, wenn Sie mit dieser Konsequenz nicht gerechnet hatten, oder wenn Ihnen die Konsequenz absolut nicht in den Kram passt. Sie haben **die Konsequenz bewirkt**; wenn Sie die Wirkung Ihres Tuns anderen in die Schuhe schieben, untergraben Sie Ihre eigene Macht!

Das **Maximum an persönlicher Freiheit** erreichen Sie, wenn Sie sich die **Konsequenzen Ihres Handelns** bewusst machen, **bevor** Sie handeln oder dulden, dramatisieren oder verharmlosen, sich selbst oder andere beschimpfen. Dann, und nur dann, **gestalten Sie Ihre Umgebung!**

Sie **bestimmen**, ob durch Ihr Verhalten in Ihrer Umgebung Begeisterung oder Stress ausbricht. (Kommen Sie morgens mit gesenktem Kopf und grußlos in die Kanzlei und schmeißen Ihre Aktentasche in die Ecke?). Sie **bestimmen** durch Ihr Verhalten, ob die Nachbarin Sie wieder grüßt oder ob sie nach wie vor grußlos an Ihnen vorbei rauscht. (Zeigen Sie Ihr einen Vogel und nennen Sie sie eine Zicke?) Sie allein lösen auf der Seite Ihres erbitterten Gegners die **Bereitschaft zum Zuhören oder die zum Draufhauen aus.** (Nennen Sie ihn einen „defizitären Taktiker auf dem

Egotrip"?) Sie allein sind es, der die Assistentin **dazu bewegt**, Sie für immer von allen organisatorischen Details zu entlasten oder auf Nimmerwiedersehen zu verschwinden. (Machen Sie ihr Vorwürfe wie etwa „Wie konnten Sie nur Herrn Bergmann nicht durchstellen! Ich spiele doch mit ihm Golf! Mein Gott, ein bisschen Mitdenken ist doch nicht zu viel verlangt?")

Freiheit hat mit Verantwortung und mit Macht zu tun. **Macht über andere Menschen auszuüben ist nicht mehr nötig, wenn Sie die Macht über sich haben!** Jeder Leser weiß intuitiv über die innere **Kleinheit und Machtlosigkeit** eines Menschen Bescheid, der anderen Befehle erteilt, wilde Bewertungen und Attacken absondert oder für Probleme stets **„die Schuld"** **statt** **„die Lösung"** sucht.

Alles das ist vordergründig einfacher, als die Folgen eigenen Verhaltens selbst zu tragen, wie es ein weltberühmter Ire bestätigt: **„Freiheit bedeutet Verantwortlichkeit. Das ist der Grund, warum so viele Menschen sie so sehr fürchten"**[8]

Aufgabe

Definieren Sie drei **typische Akquisesituationen**, in die Sie mit einem zuvor von Ihnen entschiedenen, **für Sie unüblichen Verhalten** hinein gegangen sind. Beschreiben Sie, was dieses Verhalten bewirkt hat – und wie Sie selbst darauf reagierten.

1. ____________________
2. ____________________
3. ____________________

---

6. Lektion: Meiden Sie Sachzwang-Junkies, Opfer-Gurus und Verantwortungsflüchter

Natürlich. Wir wählen Kleider aus, Möbel, Anzahl unserer Kinder, den Wein aus der Weinkarte, Reiseziele, Ehepartner, Formulierungen beim Vortrag, Teppichböden, Hobbies und Autos.

Doch was ist eigentlich mit **Schwierigkeiten**? Mit den Dingen, die uns übel mitspielen? Die wir als „Sachzwänge" katalogisieren? Die wir für „unabänderlich" halten? Böse Mächte halten uns unnachgiebig im Griff: Schlechte Konjunktur, „Fälle-für-den-Fachanwaltkurs-kriege-ich-nie-zusammen", graues Wetter, „die Personalsituation", eingestürzte World Trade Centers, manche Kollegen, hoch ritualisierte Familienfeiern, „schlechte" Sekretärinnen und „schwierige" Mandanten fordern alles.

Doch bedenken Sie, bevor Sie **äußere Hindernisse zur Grundlage eigener Entscheidungen** machen:

a) Sachzwänge sind immer **Menschenzwänge!**
b) Sachzwänge sichern den **Status Quo** und die eigene **Bequemlichkeit**!

---

8 George Bernhard Shaw, irischer Dramatiker und Satiriker (1856–1950).

a) Sachzwänge werden von Menschen gemacht

Manche Anwälte (**eigene Aktivität**) begeben sich mit dem Rechtsgebiet „Familienrecht" in den Stadtteil X, in dem schon 17 andere Kollegen dasselbe Rechtsgebiet bearbeiten und wundern sich anschließend jahrelang über zu wenig Umsatz.

Andere Anwälte (**eigene Passivität**) **dulden** Sachzwänge und sorgen so für deren Verbreitung: Sie halten eigene Ziele, Wünsche oder Ideen sogar vor sich selbst geheim, da sie „sowieso nicht durchsetzbar" sind und beschuldigen der Einfachheit halber **externe Faktoren**. Beide haben gute Gründe gefunden, nichts zu tun!

„Nicht Schuldig!" lautet das Urteil selbst ernannter **Sachzwang-Gurus**, sobald **„die Umstände" als Ursache für unerwünschte Konsequenzen** herhalten müssen: „Da konnte ich nichts machen; die Konkurrenz war stärker" oder: „Wir haben hier vier Anwälte auf 20 Bewohner. Da hat kein fünfter eine reelle Chance." Oder „Das ist doch ein Teufelskreis: je mehr Anwälte mit ihren Honoraren runtergehen, desto eher muss ich das auch tun."

Vorsicht **!**

Sachzwänge liefern externe Begründungen für etwas, das man ohnehin gern falsch machen würde!

---

b) Sachzwänge sichern den Status Quo und die eigene Bequemlichkeit

Das ist ein Vorteilspack, für das man woanders bezahlen muss: Sachzwänge liefern einem Heer von **begeisterten Usern** eine **salonfähige Passivität** und sichern dabei noch den „Status Quo"! Kein Wunder, dass sie wegen ihres charmanten Doppel-Nutzens häufig **besonders sorgfältig begründet** werden. Sie würden ansonsten schon beim Aussprechen von selbst in sich zusammenfallen.

Ein kurzer Satz würde da nicht reichen: **„Kanzleisitzungen führen bei uns zu nichts."** Allzu einfach wäre ein solcher Satz auszuhebeln, und zwar schon vom Sprecher selbst. Der Sprecher würde sich selbst diesen Satz in dieser **Totalität** nicht glauben. Also **legt er nach:** „Wir haben **alles versucht**. Wir haben Rotationssysteme ausprobiert und die Moderatoren geschult. Wir haben die Hierarchiestufen getrennt. In den Partnersitzungen bleiben die echten Probleme trotzdem immer unter dem Tisch. Tagsüber schleichen wir Entscheider umeinander herum. Nicht einmal ein gemeinsames Wochenende in der Pfalz hat Klärung gebracht. Der Zug ist abgefahren. **Kanzleisitzungen führen bei uns zu nichts.**"

Damit **Sachzwänge überleben** können, verwenden ihre Nutzer das **„System komplexer Ambivalenzen"**. Durch diesen intellektuellen Trick wird es unnötig, **die Verantwortung für eigenes Handeln und dessen Folgen** zu übernehmen.

„Komplexe Ambivalenzen" stützen eine **ursprüngliche, unbewiesene Behauptung** durch weitere unbewiesene Behauptungen, bis schließlich die ursprüngliche unbewiesene Behauptung (immer noch unbewiesen!) **wortgleich** wieder auftaucht.

In einer Partnersitzung verwenden Anwälte „komplexe Ambivalenzen", wenn sie zum Beispiel unsicher sind, wie sie mit dem **Angebot einer Fusion durch eine**

andere Kanzlei umgehen sollen. Unter dem Tagesordnungspunkt „Fusion mit der Kanzlei Y“ begeben sie sich selbst – wie das folgende vereinfachte Protokoll zeigt – in die **Bewegungslosigkeit**:

- **„Es ist ein Zeichen von Vorsicht, wenn man sich nicht in Veränderungen stürzt.“**
- Wer sich kopfüber in Veränderungen stürzt, erweist sich als unvorsichtig.
- Der Betreffende verhält sich unvorsichtig, denn Veränderungen sind riskant.
- Veränderungen sind riskant, weil sie mit Unbekanntem verknüpft sind.
- Wo es Unbekanntes gibt, hat man nicht alles im Blick.
- Man muss aber alles im Blick haben, um Risiken vorherzusehen.
- Wenn man Risiken vorhersieht, ist das ein Zeichen von Vorsicht.
- Wer sich in Veränderungen stürzt, hat aber keine Zeit, alles vorherzusehen.
- **„Es ist ein Zeichen von Vorsicht, wenn man sich nicht in Veränderungen stürzt.“**

Durch diesen Trick bleibt die Fusion unvollzogen, der Status Quo gerettet, die Unternehmerrolle nicht gelebt und die eigene Passivität unverschuldet. **Objektiv wichtige Entscheidungsparameter wie ökonomische, personelle und vor allem langfristige strategische Überlegungen bleiben komplett unerwähnt!**

Sachzwänge sind allzu **bequeme Freunde** mit der fatalen Lebensphilosophie: **Lieber ein langjähriges Problem von anderen verschuldet als eine Lösung durch mich**. Zerrieben zwischen gehen und bleiben? Zwischen Zurückhaltung und Draufgängertum? Zwischen Fusion und weiter wurschteln? Zwischen Arbeitsrecht und Familienrecht? Zwischen Doris und Renate? Es gibt nicht den Zwang zu bleiben. Es gibt nicht den Zwang zu gehen. Es gibt nicht einmal den Zwang zu fusionieren. Es gibt **wohl abgewogene**, zu Ihnen und Ihren Werten, Ihren Erfahrungen und Zielen **passende Entscheidungen**, die Ihren **Willen** dokumentieren.

Verführerisch lugen die Fratze der Außenorientierung und die **Maske des Verantwortungs-Hoppings** um die Ecke und flüstern uns schräge Wahrheiten zu: Andere sind schuld. Ich kann nicht. Die anderen sind unfähig. Schlechtes Wetter macht Depressionen. Gegen meinen Kollegen kann ich nichts tun. Die Konjunktur lässt eine Expansion nicht zu. „Cold Calls" machen mich zum Versicherungsvertreter. Kündigen in dieser Lage? Ich kann froh sein, diesen Arbeitsplatz zu haben.

Die Verantwortung für die eigene Umgebung abzugeben, erspart mir selbst anstrengende Aktionen und macht andere zu Schuldigen. Dabei ist klar:

Tipp

Von der flüchtigen Erotik des Sachzwangs zum lebenslangen Sex mit der Selbstbestimmung ist der Weg lang – und er lohnt sich!

Selbstbestimmung ist der Gegenentwurf **„Ich bestimme immer noch selbst, durch was ich mich in Schwierigkeiten bringe"** und macht Sie unabhängig von externen Faktoren. Selbstbestimmung trägt Sie noch, wenn andere und Sie eigentlich aufgeben wollen! Selbstbestimmung basiert auf Zielen und auf einem auch nach außen dokumentierten Willen. Diese beiden schicken **den oft so heiß geliebten „Sachzwang" auf die Reservebank.** Letzterer wird in der Startelf nicht mehr mitspielen, solange der Wille fit und durchtrainiert ist, explizit ausgesprochen und bewusst gegen so manche Widerstände eingesetzt wird.

Aufgabe

Definieren Sie drei „Sachzwänge", die Sie bis heute **verantwortlich für einen Misserfolg** machten. Benennen Sie, wie Sie diese Sachzwänge durch **eigene Vorkehrungen** zu einem **selbst bestimmten Handeln** drehen können:

1. ____________________
2. ____________________
3. ____________________

---

7. Lektion: „Love it – leave it – change it"; Jammern fällt aus

„Weise jammern nie vorhandenes Weh, sie schneiden gleich des Jammers Wege ab".[9] Auch im Anwaltsalltag gibt es einen perfekten Ersatz für **Jammern, Aktionismus, Verantwortungshopping** und andere Energieräuber!

Einige Ihrer bisherigen Reaktionen **auf bedrohliche externe Einflüsse** werden in der folgenden Tabelle vorgestellt. Jede davon hatte für Sie einen Vorteil (positive Intention), sonst hätten Sie sie nicht gewählt.

---

9 Bischof von Carlisle in: König Richard II., 3. Aufzug, 2. Szene, William Shakespeare.

Wie nutzen Sie die Tabelle? Wählen Sie jetzt einen solchen bedrohlichen, externen Einfluss **aus dem letzten Monat aus** und kreuzen Sie in Gedanken an, wie Sie sich am ehesten verhalten haben. Je nach Typ und Erfahrung werden Sie...

Aktion	positive Intention	Motto	Verborgenes Motiv
nichts tun	gute Erfahrung: „Aussitzen", Fehlervermeidung, taktische Positionierung	„Es wird sich schon wieder einrenken."	Machterhalt
zu blindem Aktionismus neigen	Zügel in der Hand, sich stärker fühlen als die Situation, Imagegewinn, Versicherung	„Jetzt erst recht."	Machterhalt
andere beschuldigen	„Nur auf mich selbst ist Verlass" = Selbsterhöhung, Autarkie, Energiesparen	„War ja klar. Wenn man nicht alles selbst macht."	Machterhalt
sich selbst beschuldigen	Chancenlosigkeit groß und Verantwortung klein = Entlastung, fishing for compliments	„Ist ja wieder mal typisch. Ich kann das eben nicht."	Machterhalt
Andere vorwurfsvoll anschweigen	eigene Ziele bleiben vorborgen = Ablenkung, Opferrolle, Flexibilität, Taktik	„Er weiß schon selbst, was er mir/uns damit antut."	Machterhalt
sich ablenken	„Gras über eine Sache wachsen lassen", kurzfristige Entspannung, Verdrängung	„Die Zeit heilt alle Wunden."	Machterhalt

Natürlich fällt in der Tabelle gleich auf, dass alle Verhaltensweisen das verborgene (d. h. nicht ausgesprochene und oft auch oft nicht eingestandene) Schlussmotiv des **„Machterhalts"** haben. Macht gehört zu den **inneren Werten** eines Menschen und **dirigiert dessen Verhaltensweisen**, wie Sie in Lektion 10 ausgeführt finden.

Jeder Mensch strebt **seine persönliche Art von „Macht"** an: Für manche heißt Macht eher **Geltung** (im Freundeskreis), für andere **persönliche Autorität** (in der Kanzlei), für wieder andere Image (im Kollegenkreis); manche empfinden Macht, wenn sie **Geld** auf dem Konto oder **Einfluss** auf Entscheidungen haben, wenn sie über **Selbstbewusstsein** während eines Auftritts, über wieder gewonnene **Gesundheit** oder über **Selbstbestimmung** im Leben verfügen.

Tipp
Wer „Macht" schon hat, muss sie nicht mehr ausüben.

Echte Macht schließt allerdings die „Macht über sich selbst“ ein und kann auf Attacken anderer, beleidigte Rückzüge oder eingleisige Befehle verzichten. Sie ebnet Wege, sichert persönliche Kongruenzen und ermöglicht Verlässlichkeit. Sie fördert Mitarbeiter, hebt gute Laune und hilft, Krankheiten zu vermeiden. Sie ersetzt Reaktion durch **Aktion.**

Der folgende **Dreierschritt** ist ein **Denk- und Handlungsmuster vieler erfolgreicher Menschen** und wird behilflich sein, „echte Macht“ zu gewinnen, zu halten oder sogar zu erhöhen. Er wird **Ihre Verantwortung dominanter positionieren als den originären Zwang:**

- **Love it**

Akzeptieren Sie, was um Sie herum ist. Sie haben es mit erschaffen. Stehen Sie dazu. (Beispiel: Ich habe durch massive Akquise-Anstrengungen nun erstmals einen Vortrag zu halten vor 26 anspruchsvollen Gästen. Ich bin so total nervös. Diese Nervosität zeigt ja bereits meinen Erfolg: Ich selbst habe diese großartige Chance erarbeitet).

- **Leave it**

Verlassen Sie den jetzigen Zusammenhang. Lernen Sie aus ihm. Schaffen Sie Neues. (Beispiel: Ich habe vieles versucht, um mit meinen Partnern auf eine Linie zu kommen, was die pro-aktive Akquise angeht. Wir haben lange diskutiert, und es hat nur meine Energie gekostet. Da es mir so wichtig ist, werde ich nun die Kanzlei verlassen und mich selbständig machen).

- **Change it**

Ändern Sie den jetzigen Zusammenhang. Lernen Sie aus dem, was ist. Bauen Sie darauf auf. (Beispiel: Wir haben immer wieder Ärger, weil einer unserer Sozien darauf beharrt, unrentable Fälle nach RVG abzurechnen. In seinem Büro stapeln sich die Akten; er hat durchschnittlich drei Beschwerdeanrufe pro Tag wegen nicht gehaltener Versprechen. Er behindert inzwischen unser Marketing. Morgen stellen wir ihn vor die Alternative zu gehen oder sofort sein Verhalten für immer zu ändern).

Aufgabe

Definieren Sie drei **typische Akquisesituationen**, in denen Sie diesen Dreierschritt nützlich fanden oder finden könnten. Beschreiben Sie, welcher davon Sie schon in welchen Situationen dabei unterstützt hat (unterstützen wird), auf **Jammern und andere Energiefresser** zu verzichten.

1. ______________________________
2. ______________________________
3. ______________________________

---

8. Lektion: Wählen Sie als Akquisiteur pro-aktive mentale Entwürfe[10]

Erfolgreiche anwaltliche Akquisiteure haben keine Angst vor einem „Nein“. Sie gehen auf Mandanten zu und schaffen deren Bedarf, statt auf ihn zu warten. Sie

10 Pro-aktive und reaktive Muster gehören zu den etwa zwanzig dominanten Metaprogrammen

beweisen ihr Können, statt mit Wissen zu prahlen. Sie suchen sich ihren Kundenstamm aus, statt alle Anfragen anzunehmen. Sie **ersetzen** ihre Belehrungen durch Fragen und ihre folgenlosen Wünsche durch **unveränderbare Ziele**. Sie **lieben Einwände**, statt sie zu fürchten. Sie benötigen keinerlei Angeberei oder unangemessene Schüchternheit, sondern punkten durch **taktische Zurückhaltung** und **aktive Quantifizierung ihrer Kompetenzen**.

Tipp
Erfolgreiche Akquisiteure verwenden hauptsächlich pro-aktive Denkmuster.

In dieser Tabelle finden Sie typische mentale **Muster von Denkern und Lenkern**. Ermitteln Sie, zu welcher Kategorie Sie in Bezug auf Ihre Art von Akquise derzeit gehören:

Reaktive Muster (so lenken Denker):	Pro-aktive Muster (So denken Lenker):
Ich will ja, aber...	Mein Wollen erkennt jeder an meinem Tun.
Es geht nicht.	Irgendwie geht es immer.
Ich warte erst, wie die anderen entscheiden.	Ich wähle mein Verhalten und dessen Folgen.
Wenn mein Partner x macht, mache ich y.	Ich motiviere Partner für (m)einen Weg.
Ich habe so viele Probleme.	Probleme zeigen meine Entfernung vom Ziel.
Das mache ich, solange es gut geht.	Hindernisse sind Anzeichen für meine Bewegung.
Meine Umwelt setzt mich unter Druck.	Ich wähle meine Umwelt täglich selbst.
Ich möchte immer das, was ich nicht habe.	Für ein lohnendes Ziel ändere ich den Weg.
Ich möchte das nicht, was ich habe.	Was ich habe, zeigt, was ich brauche.
Wie schön könnte es sein, wenn...	Träume sind Ziele ohne Zeitrahmen.
Das geht so nicht. Ich lasse es lieber.	Umwege schärfen die Ortskenntnis.
Das sollen am besten andere machen.	Das delegiere ich.
Ich bin nicht Herr über mein Schicksal.	Ich bin für meine Wirkung verantwortlich.
Die anderen machen es mir schwer	Externe Hindernisse zeigen meine Ziele.

(Filter im Kopf) eines Menschen. Sie sorgen für eine persönlichkeitsgemäße Einordnung äußerlicher Vorgänge in ein inneres System. Da Metaprogramme Verhaltensweisen bestimmen, sind sie längst nicht so leicht zu verändern wie das Verhalten selbst. Übung reicht dafür nicht. Ein professioneller Coach oder ein sehr analytischer, herzlicher und von außen schauender und unbeteiligter Feedback-Geber sind dafür nötig. Menschen mit dem Metaprogramm „reaktiv" sind übrigens beruflich perfekt geeignet für Berufe, in denen sie auf Anfragen reagieren oder im Kundendienst, in der Forschung oder im Controlling viel Zeit mit der Auswertung von Daten zubringen können. Sie sind im untrainierten Zustand ungeeignet für die (anwaltliche) Akquise. Ein Beispiel für die Nutzung von Metaprogrammen für die Akquise finden Sie im Kapitel „Cross-Selling".

Wenn sich Inhaber von **proaktiven und reaktiven Mustern** begegnen, sind **Langeweile oder Streit vorprogrammiert.** Der hauptberufliche Bedenkenträger trifft auf den unreflektierten Draufgänger; da hatten beide schon schönere Unterhaltungen...

Tipp
Ein Lenker, der nicht denkt, ist ebenso ineffizient wie ein Denker, der nicht lenkt!

Bei dem Thema Management der anwaltlichen Akquise geht es in aller Regel um den **Kampf beider Systeme in demselben Kopf.** Dieser Kampf ist ein **Energieräuber**, denn ein Anwalt muss als Unternehmer **pro-aktiv denken** und handeln – und wird als Anwalt **reaktiv erzogen**! Die anwaltliche Ausbildung spart jegliches **Unternehmerthema** aus, obwohl kein Anwalt überlebt, der sich nicht wie ein Unternehmer aufführt.

Die Ausbildung ist statt dessen auf **Fehlersuche** geeicht („Nur wer klagen kann, kann nicht klagen"), sie liebt den **Kampf** („Ich gewinne, wenn du verlierst") und gefällt sich in detailreich-reaktiver, rein rechtlicher **Argumentation** („angesichts der Bestimmungen des § X und insbesondere mit Rücksicht auf die Aussagen in den Abschnitten f und g wird bis auf Weiteres von der Möglichkeit einer Y Abstand genommen.").

Solange Anwälte sich bereits dadurch für erfolgreich halten, dass sie als „erfolgreiche Anwender der juristischen Methode buchhalterisch, vergangenheitsbezogen und fehlerorientiert"[11] denken, peilen sie Akquise erst gar nicht an, und die wenigen **halbherzigen Versuche misslingen** natürlich. Das rächt sich auch im Selbstbild:

Depressiv anmutende **Dispositionen** (Fehler bei anderen suchen, Details aufbauschen, langatmig sprechen, Probleme statt Lösungen interessant finden, die Meinung anderer sowie die Kapazitäten der eigenen Sekretärin gering schätzen, sich bis an die Zähne bewaffnen, „aber" sagen, anderen ins Wort fallen, vorwurfsvoll verstummen, Gespräche nicht strukturieren, hauptsächlich helfen wollen, eigene Erfolge fürchten, eigene Ziele verschweigen, Einwände als Hindernis sehen, kein Feedback geben oder einholen, an richterliche Zauberkräfte glauben etc.) versprechen bis weit über das Examen hinaus **trügerische Erfolge**.

Doch die juristische Beratung allein ernährt niemanden. **Unternehmerrollen** sind in vielen Anwaltsköpfen und noch bis ins hohe Erfahrungsalter hinein fahrlässig weit entfernt von **Anwaltsrollen.** Ihr Fehlen gefährdet Arbeitsplätze und Gesundheit aller Beteiligten.

Das Standesrecht stützt diese **energieraubendende Inkongruenz** zwischen **Fähigkeit und alltäglicher Anforderung** noch. Bei dem Versuch, sich pro-aktive Denkweisen für die Akquise anzugewöhnen, kommen Anwälte naturgemäß zügig an ihre Grenzen, denn diese Denkweisen sind (noch) nicht gestützt von passenden **Werten** und der eigenen **Unternehmeridentität.**

---

11 *Ponschab/Schweizer,* S. 52.

Aufgabe

Definieren Sie – ruhig aus der Tabelle – drei **pro-aktive Denkweisen,** die Sie gern hätten und noch nicht haben. Identifizieren Sie jetzt eine oder mehrere harmlose(!) **Alltagssituationen,** in denen Ihnen diese drei Denkweisen nützlich sein könnten und **entscheiden** Sie, wie Sie sie (zunächst nur dort!) implementieren! Bitten Sie dabei einen **vertrauten Menschen** um ein ehrliches **Feedback** und um Hinweise zu Ihrer **Optimierung.**

1. ______________________________
2. ______________________________
3. ______________________________

9. Lektion: Was Du im Kopf hast, kannst du auch im Leben haben

Wahrnehmung ist immer subjektiv. Nichts auf der Welt wird von dem einen Menschen ebenso gesehen, gehört und empfunden wie von dem anderen. Das betrifft vor allem die Wahrnehmung von sich selber. **Das Selbstbild macht noch nicht das Bild!**

Anwälte können sich als tolle Verhandler sehen und nerven jeden Mandanten, Richter und Interessenten durch eine gewisse arrogante Art. Umgekehrt erleben sie sich selbst – z. B. durch Fragen – zunächst als „schwach" und lösen bei anderen Begeisterung aus für ihre „coole Strategie".

Beobachtungsgabe **suggeriert häufig genug Neutralität**, die – gehirnphysiologisch gesprochen – ohnehin ausgeschlossen ist.

Das Gehirn sortiert jedes Detail einer Wahrnehmung in „passend" oder „unpassend" zum bisher Gelernten: Wenn ein Input von außen nicht in ein zuvor „lieb gewonnenes" **Weltbild** zu passen scheint, wird er entweder, der Einfachheit halber – getilgt, neutralisiert oder gestrichen, wodurch Lernen in diesem Moment unterbrochen wird – oder er löst eine **gewaltige Verwirrung** aus.

Tipp

Verwirrung ist – lernphysiologisch gesehen – ein Beleg für eine Störung des Gehirnfriedens durch Lernen.

Verwirrung tritt in Gestalt von **Kollisionen mit dem Selbstbild** immer dann ein, wenn ein Feedback ein völlig unerwartetes Ergebnis hat.

Anwälte arbeiten viel zu **wenig mit Feedback von außen**. Sie haben oft **keine Ahnung**, wie sie auf andere wirken. Sie glauben zum Beispiel gern von sich selbst, sie seien kooperativ, ausgewogen und sachlich, während viele Mandanten aus ihrer Sicht widersprüchlich, unwissend oder gefühlsduselig sind.

Der folgende „Dialog" spielt sich meistens leider nur in den **Gedanken** der Akteure ab. Würde die rechte Seite einmal ausgesprochen, könnte die linke Seite die **Rückmeldung sofort zur Optimierung** nutzen:

Ich bin flexibel.	Sie haben kein Rückgrat.
Ich habe meine Überzeugungen.	Sie sind starrsinnig.
Ich bin ein Idealist.	Sie sind ein Ideologe.
Ich bin Realist.	Sie haben keine Prinzipien.
Ich bin ein Kenner auf dem Gebiet.	Sie verstehen meine Beweggründe nicht.
Ich bin pragmatisch.	Sie würden auch Ihre Großmutter verkaufen.
Ich bin stark.	Sie sind aggressiv.
Ich reagiere rasch.	Sie handeln unüberlegt.
Ich bin geradeheraus.	Sie sind taktlos.
Ich bin selbstbewusst.	Sie sind arrogant.
Ich bin analytisch.	Sie sind besserwisserisch.
Ich bin vorsichtig.	Sie sind zögerlich.
Ich bin gewissenhaft.	Sie sind pingelig.

Aufgabe
Fragen Sie mehrere langjährige, sympathische oder ansonsten geeignete Mandanten – und Ihre Sekretärin! – nach drei persönlichen (nicht Kanzlei-) Optimierungsmöglichkeiten während Ihrer Kommunikationsarbeit. Nehmen Sie alle Ratschläge ernst und bitten Sie diese Personen, auf Veränderungen Ihres Verhaltens zu achten. Verkaufen Sie das Ganze als „Qualitätsoffensive"! Ohne Feedback kriegen Sie es nicht hin.

1. ____________________
2. ____________________
3. ____________________

10. Lektion: Überprüfen und nutzen Sie Ihre inneren Werte

Was motiviert Sie morgens, aufzustehen? Was bringt Sie dazu, in einer schwierigen Situation durchzuhalten? Welche **Überzeugungen** haben Sie über sich selbst? Welche davon sind fast so alt wie Sie selbst? Welche **Antreiber** sorgen dafür, dass Sie nach vorn gehen? Welche **inneren Bremser** sorgen dafür, dass Sie anhalten?

„Werte sind uns weitgehend unbewusst und stellen auf der tiefsten Ebene der Persönlichkeit die Triebkraft in Form von Motivation für unser Handeln dar."[12] Sie sind

12 *Woodsmall*, S. 183.

in einem **einzigen Substantiv** dargestellt und brauchen keinerlei Erklärungen für ihren Inhaber. Jemand, der als Wert „Sicherheit“ in sich trägt, weiß intuitiv, welche **eigenen und fremden Verhaltensweisen** er **ablehnt** und **praktiziert.** Sie fühlen sich **automatisch „richtig“** an. Er weiß also immer, **wozu er etwas tut!** Wenn er **gegen diesen Wert verstößt** (z. B. kündigt, ohne einen neuen Job zu haben) wird er den Boden unter den Füßen verlieren. In dem Moment **wird sein Verhalten „inkongruent“** zu dem darüber liegenden Wert.

Persönliche Werte sind so etwas wie übergeordnete, nicht-situationsabhängige **Überzeugungen über sich selbst.** Diese **selbst gewählten Lebensprinzipien** geben Richtung, Orientierung, zuverlässige Handlungsanweisungen sowie ein gutes (oder schlechtes) Gefühl. Sie **ändern sich nicht** durch äußere Determinanten wie Geld, Beruf, Freundeskreis, Urlaube, Ort, Wetter, Ehe, Umgebung. Sie sind auch nicht von Existenzen, Meinungen oder Interventionen anderer Menschen abhängig.

Werte sterben nicht und können nicht einfach ausgewechselt werden. Sie sind **größer und stärker** als alles um sie herum. Keine Philosophie, kein Training, keine Willensanstrengung kann einen Wert so einfach verändern – anders als ein Verhalten.

Werte sind im Persönlichkeits-Haus die **interne Statik** und halten das System im Gleichgewicht. Werte sind tragende Wände um die Verhaltens- und Fähigkeitenzimmer herum. **Eigene Werte steuern eigenes Verhalten.** Daher kann ein Verhalten bei völlig gleichen äußerlichen Erscheinungsformen durch völlig unterschiedliche **Motivationen** gestützt sein:

a) Jedes Verhalten hat einen „inneren Grund“

Sogar „Krankwerden“ ist häufig **von einem inneren Wert gestützt**: Die jährliche Herbstgrippe sichert vielleicht die anders nicht erreichbare „Ruhe“, der Autounfall sichert vielleicht das „Image“ des Fahrers[13] und der Vertrauensbruch durch Lügen sichert vielleicht die „Loyalität“ des Lügners. Untersuchen wir das an **einem Beispiel:**

Warum gehen Sie ins Theater? – „Warum“-Fragen erfragen **Werte hinter einem Verhalten**: „Warum tun Sie das?“ Da Werte nur schwer **veränderbar** sind und die **Statik des Hauses** ausmachen, wirkt die „Warum“-Frage stets wie eine Attacke![14]

---

13 Das ist einer der Gründe für die Einrichtung der „Fahrerlaubnis mit 17“: Sie reduziert nachweislich die Zahl der Unfälle von Erstfahrern. Ein Erziehungsberechtigter sitzt ein Jahr lang neben dem Erstfahrer. Die „Image fördernde“ Angeberei den Freunden gegenüber durch Rasen oder Alkohol am Steuer fällt so als Unfallgrund weitgehend weg.

14 Vgl. zur rhetorischen Funktion offener Fragen und das Wirkungs-Desaster der „Warum“-Fragen in Akquisesituationen das Kapitel „Durchsetzung“.

Stellen Sie sich also vor, Sie gingen ins Theater. Das äußere Verhalten (Parkplatz suchen, ins Gebäude gehen, Mantel abgeben, Ticket suchen, Platz suchen, aufmerksam sein, hinterher debattieren etc.) wird der Ihres Nachbarn einigermaßen ähneln. Die **innere „Deckung“** dieser Aktion (In Klammern finden Sie den **Wert, der dieses Verhalten stützt**) allerdings ist sicher ein fundamentaler Unterschied zu der des Nachbarn:

- Gehen Sie, um Ihrem Partner einen Gefallen zu tun? (Beziehung)
- Gehen Sie aus kultureller Neugier? (Lernen)
- Gehen Sie wegen der bequemen Sitze? (Bequemlichkeit)
- Gehen Sie, um gesehen zu werden? (Image)
- Gehen Sie wegen des neuen Intendanten? (Neugier)
- Gehen Sie, weil Sie das Stück gelesen haben? (Neugier)
- Gehen Sie, weil Sie das Stück nicht gelesen haben? (Information)
- Gehen Sie, weil Sie einmal im Monat gehen? (Gewohnheit)
- Gehen Sie, weil Sie Theater lieben? (Genuss)
- Gehen Sie, weil Sie ohnehin zu viel arbeiten? (Lebensqualität)
- Gehen Sie, weil Sie die Karte geschenkt bekamen? (Pflicht)
- Gehen Sie, weil Sie Ihre Begleitung bei sich haben wollen? (Beziehung)
- Gehen Sie, weil alles andere an dem Abend langweiliger wäre? (Lebensqualität)
- Gehen Sie, weil Sie ein Abo haben? (Gewohnheit)
- Gehen Sie, weil Sie angeben wollen mit Sitzplatz in der ersten Reihe? (Image)
- Gehen Sie, um abzuschalten? (Lebensqualität)
- Gehen Sie, weil „man diese Inszenierung kennen muss“? (Pflicht)
- Gehen Sie, um Ihr neues Kleid endlich auszuführen? (Genuss)
- Gehen Sie, weil Sie in dieser Stadt noch nie im Theater waren? (Neugier)
- Oder aus einem völlig anderen Grund?

Tipp

i

Unterschiedliche Werte können bei unterschiedlichen Personen genau dasselbe äußere Verhalten bewirken, während umgekehrt der gleiche Wert völlig unterschiedlicher Personen durch völlig unterschiedliche Verhaltensweisen ausgedrückt werden kann.[15]

Wie können Sie das nutzen? Diese Erkenntnis wird wichtig, wenn Sie ein Verhalten bei sich selbst langfristig ändern möchten. **Werte stützen Ihr Verhalten.** Wenn Ihr hochrangiger Wert „Gesundheit“ ist, gehen Sie joggen oder schwimmen und heuern in einer Kanzlei an, in der Sie täglich viel Spaß und Bestätigung haben. Wenn einer Ihrer hochrangigen Werte „Bequemlichkeit“ ist, bleiben Sie nach der Arbeit lieber auf dem Sofa und sind während Ihrer Arbeit eher „Zuträger“ als Unternehmer. Wenn Ihr hochrangiger Wert „Geld“ ist, werden Sie vermutlich im Gesellschaftsrecht tätig sein

15 Siehe Tabelle in Lektion 8.

und zunächst in einer Großkanzlei anheuern; in all diesen Fällen sind **Werte und Verhalten kongruent.**

Was passiert jedoch mit eigenen Verhaltensweisen, die immer wieder zu negativen Konsequenzen führen? Auch **ungeliebte Verhaltensweisen sind von Werten gestützt**:

Wenn Sie als Partner Ihrem angestellten Kollegen gegenüber eine für diesen relevante Entscheidung aus der Partnerrunde verschweigen, beeinflussen Sie die Beziehung zu ihm negativ, während Sie selbst von dem Wert „Loyalität" zur Partnerrunde gestützt werden.

Wer dem privaten Partner eine eigene Krankheit, den peinlichen Führerscheinentzug oder eine Arbeitslosigkeit verheimlicht, erzielt gewöhnlich die Wirkung eines **Vertrauensbruchs**, obwohl das Verschweigen selbst vermutlich durch den Wert „**Loyalität zum Partner**" gestützt war.

---

i **Tipp**

Misserfolge, Streits und Missverständnisse sind oft die Folgen von Wertekollisionen.

Wenn Sie **ein eigenes Verhalten modifizieren** möchten, überlegen Sie stets zuerst: Was „bringt" Ihnen dieses Verhalten derzeit? **Nur wenn Sie den Wert hinter Ihrem Verhalten für sich selbst kennen**, werden Sie das Verhalten langfristig flexibilisieren können. Denn **der das Verhalten stützende Wert ist Bestandteil Ihrer Persönlichkeit, seine Basis muss erhalten bleiben, damit Ihr System weiter funktioniert:**

- **Beispiel 1:**

Sie rauchen zu viel. Allein die Aufforderung: „Hör auf zu rauchen", wird nicht funktionieren, wenn der hinter dem Rauchen stehende „Wert" nicht durch etwas anderes sichergestellt wird. Wenn das Rauchen also für den Raucher den Sinn (die „innere Deckung") hat, im **Freundeskreis mehr Spaß zu haben**, sollte er sich überlegen, wie er im **Freundeskreis mehr Spaß als bisher haben** kann, so dass das Rauchen überflüssig wird.

- **Beispiel 2:**

Sie schnauzen Ihre Assistentin an, weil sie X vergessen hat. Ihr Verhalten ist innerlich gestützt durch die Motivation „Ich bin zuständig für **reibungslose Abläufe**". Sie sollten sich überlegen, wie Sie auch ohne Anschnauzen der Sekretärin „**reibungslose Abläufe**" sicherstellen können. Fragen Sie vor allem Ihre Sekretärin. Sie weiß die Antwort!

- **Beispiel 3:**

Sie knicken im Mandantengespräch ein bei einem Einwand in Sachen Honorar. Der dieses Verhalten stützende Wert ist vielleicht „Umsatz". Wenn Sie „Umsatz" durch ein anderes Verhalten sicherstellen, benötigen Sie Ihr ehemaliges Verhalten nicht mehr.

Aufgabe
Identifizieren Sie drei Ihrer suboptimalen Verhaltensweisen und ermitteln Sie, welche größere **Motivation** Sie während dieses Verhaltens jeweils stützt. Antworten Sie sich dabei ehrlich auf die Frage: „Was stelle ich sicher durch dieses Verhalten?" Überlegen Sie nun, welche **anderen Verhaltensweisen dieselbe größere Motivation** sicherstellen können:

1. ______
2. ______
3. ______

b) Aversions- und Appetenzwerte im Machtkampf: Das „Werte-Assessment"

Werte bestimmen Ihr Leben. Sie **dominieren** die **Zusammenstellung Ihrer Teams** ebenso wie die (Nicht-) **Erledigung von Aufgaben,** die **Partnerwahl** ebenso wie das **Verhalten in der Kanzlei**, Ihre **Führungsqualitäten** ebenso wie die Art Ihres **Umgangs mit Mandanten.**

Positiv und negativ besetzte Werte treten gewöhnlich zeitgleich auf. Sie sorgen für Spannung ebenso wie für Entspannung. Sie können manchmal **nicht ohne einander und häufig nicht miteinander.** Positive Prinzipien (Appetenzwerte) wirken zumeist motivierend, negative (Aversionswerte) in der Regel störend und beeinträchtigend.

Rechtsanwälte berichten typischerweise von **Appetenzwerten** wie Selbständigkeit, Professionalität und Anerkennung. Ihr meistgenannter **Aversionswert** ist „Zeitmangel", knapp gefolgt von „Fremdbestimmung" und „Überlastung".

In einer Akquisesituation können Sie bestimmt sein von einem **Appetenzwert,** den Sie als „Motivator" empfinden und einen **Aversionswert,** der für Sie die Rolle des „Bremsers" spielt. Die **Rangfolge entscheidet über Ihren Erfolg in der Akquise.**

Die Kombination aus „**Anerkennung**" (**Appetenzwert**) und „**Gleichgültigkeit**" (**Aversionswert)** ist in anwaltlicher Akquise häufig. Sie führt dazu, dass der Anwalt **seinen Wert „Anerkennung"** auslebt, indem er eine Kompetenz nach der anderen „nachweist", während er sich nicht darum kümmert, wie dieser „Nachweis" beim anderen ankommt.

Der Anwalt versorgt sich gewissermaßen erst einmal selbst; er ordnet seine Wirkung, seine Umgebung und sogar den Bedarf seiner potenziellen Kunden **dem eigenen Wert „Anerkennung" unter**. Dadurch erzielt er die Wirkung, „gleichgültig" gegenüber Bedarf und Persönlichkeit des Gesprächspartners zu sein. Der Anwalt wird auf diese Weise **seinen eigenen Wert „Anerkennung" langfristig torpedieren**, denn der Mandant gibt sie ihm nicht!

Manche Menschen werden durch Aversionswerte angetrieben, während Appetenzwerte sie hindern oder unter Druck setzen. Häufig erfährt das **Metaprogramm „Weg von"**[16] seine innere Deckung durch Aversionswerte: Jemand „muss" eine **„Pflicht"**

16 Metaprogramme sind Wahrnehmungsfilter und damit wichtig für die Motivation. Inhaber des

(Aversionswert) erfüllen oder bringt sich immer wieder selbst **„unter Druck“**, weil er ohne diesen Druck **nichts zustande bringt,** oder er beschuldigt **externe Faktoren**, um sich selbst zu motivieren. Dadurch **schafft er Appetenzwerte** wie etwa „Erfolg“. Anwälte mit dem Metaprogramm „Weg von“ lassen gern **Fristen bis zum letzten Tag liegen**, bis sie also **„müssen“**, und unter Aufbietung aller Kräfte **schaffen sie es doch** noch bis Mitternacht zum Briefkasten.

Aufgabe

1. Antworten Sie – ohne nachzudenken – auf die Frage: Warum akquirieren Sie?
2. Kreisen Sie fünf (Ihre „Big Five“!) der unten folgenden Werte an, die für Sie derzeit positive Antreiber in Akquisesituationen sind (Appetenzwerte) und danach fünf, die Sie derzeit in der Akquise behindern (Aversionswerte).
3. Unter den hier aufgeführten Appetenzwerten werden vielleicht einige sein, die für Sie bremsende Funktionen haben, während unter den Aversionswerten einige sein dürften, durch die Sie sich motiviert und gestützt fühlen. Identifizieren Sie solche „Fehlplatzierungen“[17] und erstellen Sie Ihre eigene Liste!

Ich fördere meine Akquise derzeit durch (Appetenzwerte):

Anerkennung	Zuverlässigkeit	Lust	Kommunikation
Kooperation	Engagement	Spaß	Erfolg
Verantwortung	Sicherheit	Führung	Sinnlichkeit
Kompetenz	Geld	Loyalität	Macht
Selbstbestimmung	Information	Offenheit	Konkurrenz
Ehrgeiz	Kreativität	Leistung	Gerechtigkeit
Wahrheit	Qualität	Unabhängigkeit	Eigenständigkeit
Innere Harmonie	Image	Selbstverwirklichung	Taktik
Freundlichkeit	Familie	Intellektualität	Professionalität

Metaprogramms „Weg von“ sind extern motivierbar durch das besondere Betonen einer Katastrophe, von der sie weg möchten. („Dieses Wetter hält man ja allmählich nicht mehr aus!“) Sie enttarnen sich vor allem als „Negativsprecher“, die zuerst Mängel wahrnehmen und sofort aussprechen. Sie erkennen immer als erstes, was „fehlt“, was „nicht ausreicht“ und was „äußerst fraglich ist“. Sie reagieren allergisch auf positive Bemerkungen und gehen sofort dagegen an!

17 Die hier gezeigte Zuordnung ist Ergebnis eines noch ungeordneten Brainstormings. Jeder Mensch empfindet unterschiedliche Werte als Antreiber oder Hinderer, und innerhalb dieser Listen hat er unterschiedliche Rangfolgen.

Ich behindere meine Akquise derzeit durch (Aversionswerte):

Abhängigkeit	Kontrolle	Bequemlichkeit	Zeitmangel
Schweigen	Neid	Intriganz	Unzuverlässigkeit
Unlust	Pflicht	Ungeduld	Aggression
Desinteresse	Dominanz	Gleichgültigkeit	Kühle
Emotionalität	Zurechtweisung	Druck	Rechthaberei
Widerspruch	Mobbing	Sturheit	Dekadenz
Rufschädigung	Langeweile	Verschlossenheit	Schlamperei
Opferstatus	Überlastung	Unterbezahlung	Vereinzelung
Geringschätzung	Spannungen	Routine	Oberflächlichkeit

Tragen Sie Ihre „Big Five" nun in diese Tabelle ein. Wählen Sie Situationen, in denen stützende (Appetenz-) und behindernde (Aversions-) Werte zeitgleich auftreten oder auftraten:

	Akquise-Situation:	Appetenzwerte:	Aversionswerte:
1)			
2)			
3)			
4)			
5)			

c) Wie lösen Sie Behinderungen durch Aversionswerte auf?

Alle Aversionswerte stellen genauso **hochrangige und positive Prinzipien** sicher wie alle Appetenzwerte: „Schlamperei" sichert vielleicht die eigene Vorstellung von „Lässigkeit", Pflicht sichert unter Umständen „Aktivität", während „Gleichgültigkeit" eventuell Enttäuschungen zu verhindern hilft. Durch „Vereinzelung" halte ich meine „Selbstbestimmung" aufrecht, während „Neid" häufig den „Ehrgeiz" weckt etc.

Identifizieren Sie bei jedem Ihrer fünf Aversionswerte, was diese positiv sicherstellen in Ihrem System und ermitteln Sie, auf welchem **anderen Weg**(!) als durch diesen Aversionswert die ursprüngliche positive Intention erhalten bleibt.

Beispiel

In der Akquisesituation „Cold Call" will ich einen mir unbekannten Menschen zu einem Vortrag von mir einladen. Ich bin angetrieben von dem Appetenzwert „Ehrgeiz" und werde gebremst (traue mich nicht) durch den Aversionswert „Scham". Diese Scham stellt sicher, dass ich **nicht wie ein Versicherungsvertreter wirke**. Scham benötige ich allerdings nicht mehr, wenn ich durch einige **andere Insze-**

nierungen sicherstelle, **nicht wie ein Versicherungsvertreter zu wirken:** Ich halte die Gespräche kurz, biete einen überzeugenden Nutzen und maile ihm eine perfekte Vortrags-Einladung nach 100 Sekunden Gespräch. Dann ziehe mich sofort und für immer zurück. Dadurch traue ich mich doch. Ich wirke nicht wie ein Versicherungsvertreter. Meine neuen Überzeugungen: Ich überrede nicht, sondern ich überzeuge! Ein Nein kann immer mal passieren und ist nicht schlimm!

II. Die Rollen eines Anwalts – und wie Sie sie kongruent besetzen

(Berufs-)Rollen haben mit Schauspielerei nichts zu tun. Jeder Anwalt bekleidet automatisch etwa 10 Hauptrollen pro Tag mit vielen weiteren Nebenrollen – hoffentlich ohne jemals zu schauspielern. Zwischen ihnen wechselt er ab, normalerweise **ohne jede bewusste Beachtung**. Die Wechsel passieren sekundenschnell und **fallen selten jemandem auf**. Verhaltensweisen, Kleidung, Körpersprache, Tonhöhe, Aktentaschen, Sprachniveau und sogar Fähigkeiten und innere Überzeugungen wechseln **ohne bewussten Plan** mit, wie das erste Beispiel zeigt.

1. Kongruent besetzte Rollen bringen Energie und Erfolg

Kaum aus der Kanzlei nach Hause gekommen, wird aus dem hart verhandelnden Taktiker und gewieften „Fachanwalt für Erbrecht" im dreiteiligen Anzug ein herzzerreißend süßer Papa mit großer Lust zum Fußballspielen, der längst Krawatte und Anzug gegen die Bolzkluft getauscht hat.

Er wird es vielleicht sogar schaffen, durch **Kongruenz in der privaten Rolle** eine gewisse **Entspannung in der beruflichen Rolle** (und umgekehrt!) herzustellen. In der Umgangssprache bezeichnen viele das mit: „Wenn's in der Familie läuft, kann ich super arbeiten" oder „Wenn ich beruflich erfolgreich bin, klappt's auch in der Familie". Um das zu schaffen, trennen viele Menschen die „Besetzung" ihrer beruflichen und privaten Rollen deutlich voneinander.

Im Fall von unserem Papa sieht das so aus:

	Rolle	Wert	Fähigkeit	Verhalten	Ort
Frage:	Wer bin ich? In welcher Rolle befinde ich mich jetzt gerade?	Warum mache ich das? Was treibt mich an?	Welche meiner Fähigkeiten zeige ich in dieser Rolle?	Welche meiner Verhaltensweisen zeige ich in dieser Rolle?	Wo? Wann? Mit wem? Kontext?
Rolle 1: Fachanwalt	Spezialist Erbrecht	Qualität Anerkennung	Taktisches Geschick	widersprechen, sachlich argumentieren, hart verhandeln	Kanzlei, bis 18 Uhr, Kollegen, Gegner
→					

Rolle 2: Vater	Papa	Familie Anerkennung	Freude verbreiten, abschalten	gröhlen, Elfmeter durchlassen, Kind auf den Schultern tragen	Garten, ab 18.30 Uhr, Kind

Jede dieser beiden Rollen ist automatisch an **Kennzeichen aus allen anderen untergeordneten Levels geknüpft.** An die **Grundüberzeugungen**, die er in dieser Rolle über sich hat, an die **Werte**, die ihn dabei antreiben, an die **Fähigkeiten**, die er in dieser Rolle einsetzt, an **Aktionen**, die daraus hervorgehen und an die **Orte, Begleitpersonen und Umgebungen,** die er dafür wählt.

Wer während einer harten Verhandlung „Elfmeter durchlässt", „gröhlt" und hauptsächlich „Freude verbreitet", gefährdet vermutlich Ergebnisse. Derselbe Effekt tritt ein, wenn der Papa mit dem Kind abends häufig „hart verhandelt" und sein „taktisches Geschick" einsetzt, statt einfach nur Fußball zu spielen. Doch nicht immer geht der Rollenwechsel glatt – sogar Wertegleichheit (Anerkennung) ist in beiden Rollen zu beobachten – wie bei o. g. Papa.

2. Inkongruente Rollenbesetzungen gefährden das Arbeitsklima in der Kanzlei

Stellen Sie sich vor: Sie kommen nach einem anstrengenden und ärgerlichen Mandanten-Telefonat aus Ihrem Zimmer in das Vorzimmer und treffen dort Ihre Assistentin an. Automatisch sind Sie nun – wenn auch nur für Sekunden – in der **Rolle des Chefs**. Jede Ihrer **Verhaltensweisen** dort wird **von ihr** als **zu ihr gehörig** eingestuft werden.

Wenn Sie Ihren Telefon-Ärger **aus der vorigen Rolle** (Berater) **in die nächste Rolle** (Chef) transportieren, also in das Büro Ihrer Assistentin, wird diese normalerweise nicht durchschauen, ob sie es ist, die „etwas falsch gemacht" hat.

Ortswechsel bedingen bisweilen einen sehr raschen Rollenwechsel. **Unwägbarkeiten und Missverständnisse** entstehen zwischen Chef und Sekretärin häufig dadurch, dass der Chef trotz seines bereits räumlich eingeleiteten Rollenwechsels die „passenden" Verhaltensweisen zur Rolle „Chef" nicht parat hat sondern noch **in den Verhaltensweisen der Rolle „Berater" verweilt**. Die Assistentin kriegt also einen Groll ab, den sie **nicht selbst hervorgerufen** hat.

Wenn der Chef mit ihr über sein Verhalten nicht **selbstkritisch spricht** (und welcher Anwalt tut das schon?), wird sie spätestens drei Tage später während der Mittagspause in der Bäckerei zu ihren Kolleginnen sagen: „... und so launisch ist der, total unberechenbar und ungerecht..."

Und so führen „inkongruente Rollenbesetzungen" zu **inneren Kündigungen**, **Streit** und einem **miesen Arbeitsklima**. Doch das ist leider noch nicht alles: **Inkongruente Rollenbesetzungen gefährden das gesamte soziale Umfeld.**

Inkongruenzen gibt es überall. Sie treten immer dann auf, wenn das **Verhalten nicht zur Rolle**, die **Fähigkeiten nicht zu den Werten** und die **Umgebung nicht zu den Zielen** passt. Einige Beispiele:

- Wer als Unternehmer wartet, bis ein Kunde einen Bedarf signalisiert, gefährdet seine Umsätze.
- Wer mit der Ehefrau genauso spricht wie mit dem störrischen Mandanten, überlädt die Ehe mit Konflikten.
- Wer als Verhandler aus wohlüberlegten strategischen Gründen rücksichtslos gegen die Interessen der Gegenseite agiert hat, produziert mit demselben Verhalten im Auto auf dem Rückweg in der Rolle des Verkehrsteilnehmers Tote und Verletzte.
- Wer im privaten Umfeld immer „Der Tolle" sein will, verliert Freunde, Ansehen und langfristig auch seine Selbstachtung.
- Wer eine Führungskraft ist und nicht delegiert bzw. das Delegierte nicht kontrolliert, gefährdet seine Umsätze.
- Wer als Einzelanwalt keine Kooperationen oder strenge Spezialisierungen anstrebt, entfernt sich vom Markt.
- Wer dem Geschäftsführer einer GmbH dasselbe Sprachniveau angedeihen lässt wie dem arbeitslosen Waldarbeiter, nimmt den Rückgang seiner Umsatzzahlen in Kauf.
- Wer der Geliebten dieselben Verhaltensweisen zumutet wie der Ehefrau, beendet die Affaire.
- Wer sich als Teamkollegin im neuen Büro ebenso zurückzieht wie damals als Einzelanwältin, entzieht seinen Partnern das Vertrauen.
- Wer als Unternehmer keine Strategie einrichtet, verliert Geld und Geltung.
- Wer für die eigenen Kinder nicht „Mutter" sondern nur „Freundin" sein will, produziert Überanpassung, Selbstzweifel und Aggression bei den Kindern.

Aufgabe
Identifizieren Sie **Inkongruenzen in den Rollenzuordnungen** mit der folgenden Tabelle. Diskutieren Sie mit Kollegen, unter welchen Umständen solche **Inkongruenzen aufgehoben** werden könnten. Diskutieren Sie, welche Inkongruenzen bei Ihnen **persönlich** und bei Ihren **Kollegen** gehäuft vorkommen und wie Sie sie künftig beheben. Dabei werden Sie feststellen, dass Modifikationen auf unterschiedlichen **„Ebenen" der Selbstorganisation** notwendig werden. Dazu weiter unten mehr.

ROLLE Wer bin ich?	**WERTE** Was treibt mich an?	**FÄHIGKEIT** Was kann ich?	**VERHALTEN** Was tue ich?	**UMGEBUNG** Wo? Wann? Wer ?
Akquisiteur	Zuverlässigkeit	Durchhalte-vermögen	dozieren	Telefon
Verhandler	Sicherheit	Durchsetzung	weinen	Konferenzraum
Ehepartner	Kontrolle	Überzeugungs-kraft	vorschlagen	Urlaub
Personalchef	Macht	Konzentration	drohen	Empfang

Kollege	Teamgeist	Prioritäten setzen	Bier trinken	Mandanten-event mit Kollegen
Teamkollege	Selbstbestimmung	Mut	zurückziehen	Bibliothek, Bücher, 14 Uhr
Freund	Konkurrenz	Auftrittsstärke	argumentieren	Kneipe
Referent	Vertrauen	Wissensvermittlung	belehren	Bühne

3. Rollenkonflikte blockieren Akquise! Sind Sie „Unternehmer" oder nur „Kanzleiinhaber"?

In Anwaltskanzleien sind Rollenkonflikte im Alltag spürbar. Die Symptome sind leicht zu erkennen, untereinander verwandt und haben ihre Ursache in der **inkongruenten Rollenbesetzung**. Die folgenden **Symptome** gehen fast immer auf eine **„Inkongruenz in der Chefrolle"** zurück:

- „Eine Hand weiß nicht, was die andere tut" (Anwalt über seine Kollegen).
- „An allen Ecken und Enden fehlen Anweisungen" (Assistentin über Anwälte).
- „Keiner übernimmt die Verantwortung" (Kanzleimanager über Partner).
- „Da wird mit der heißen Nadel gestrickt" (Angestellter Anwalt über Partner).

„Unternehmer sein" ist in Anwaltskanzleien immer noch verpönt. Eine ideologisch motivierte „No-Go-Area" hat sich in Anwaltsköpfen breit gemacht. Das Maximum an aushaltbarer Hierarchie steckt in dem Wort „Kanzleiinhaber". In den meisten Kanzleien ist das Wort „Kanzleiinhaber" allerdings leider nicht automatisch ein Ausdruck von Unternehmertum sondern Teil eines kostspieligen Paradoxon: **Er hat zwar die Kanzlei, managt sie aber nicht!**

Verantwortung für **Führung nach innen** und für **Präsentation nach außen** sowie die Erstellung eines **Businessplans** bei Gründern und die gemeinsame **Entwicklung erreichbarer Unternehmensziele** inklusive der gewünschten **Mandantenstruktur** liegen also im Wesentlichen brach.

Auch das lockere **Jonglieren mit Zahlen**, vor allem mit den angepeilten Entnahmen, den genau aufgelisteten Kosten (Gesamt-Kostenquote bis 50 % einplanen!) und den daraus wiederum folgenden, notwendigen Umsätzen, um den **„Break-Even-Point"**[18] und die minimal notwendige **Höhe der Stundensätze** zu beziffern, sind Anwälten ein Dorn im Auge.

18 „Break-Even-Point" = Gewinnschwelle; Punkt, an dem die Erlöse die fixen und variablen Kosten decken, (http://www.Wirtschaftslexikon24.net).

Aufgabe
Entwickeln Sie vollkommen unerschrocken Ihre **Unternehmerrollen** auf der **linken Seite**(!) der folgenden Tabelle. Verwenden Sie dafür die „Fünf Stufen mentaler Organisation“ aus Punkt 4: **Definieren Sie**, was Sie **in jeder dieser Rollen** antreibt (bzw. welche eigenen Überzeugungen oder Werte Sie behindern), welche **Fähigkeiten Sie bereits haben** (bzw. noch brauchen), welche **Verhaltensweisen Sie bereits zeigen** (bzw. noch lernen wollen) und **wo und mit wem** sich das Ganze wann abspielt.

Unternehmerrollen	Anwaltsrollen	private Rollen
Unternehmer	Kanzleiinhaber	Ehepartner
Stratege	Berater	Freund
Akquisiteur	Sachbearbeiter	Familienmitglied
Referent	Verhandler	Kellner
Veranstalter	Verteidiger	Papa
Autor	Aktenwühler	Helfer
Chef	Ausbilder	Chauffeur

4. Mentale Hierarchien sorgen für Kongruenz Ihrer Auftritte – Die fünf Stufen mentaler Organisation[19] in der Akquise

Sie erfahren jetzt etwas über die **Hierarchie Ihrer mentalen Organisation**. Fünf Stufen verdeutlichen diese. Die mächtigste: **Die Rolle**, die Sie am Markt spielen (**Ich bin** Fachanwalt für Arbeitsrecht und vertrete ausschließlich Mitarbeiter und Betriebsräte). Der **Wert,** der Sie antreibt (antwortet auf die Frage: Warum bin ich genau das?), ist z.B. „**Anerkennung**“. (Ich tue das, weil ich Anerkennung will). Ihre **Fähigkeiten**, die Sie in dieser Rolle einsetzen, sind **Durchsetzung und Verhandlungsgeschick**. Ihre **Verhaltensweisen** entstehen durch Ihre **Fähigkeiten** und durch den sie **stützenden Wert:** Ich **lerne** alles zu Kündigungsschutzverfahren und **halte Vorträge** vor Betriebsräten. Am Schluss kommt die Umgebung: (Wo und mit wem?) Ich tue das im Gericht, im Betrieb meines Mandanten und in meinem Büro.

Im folgenden, **verkürzten Protokoll** eines Anamnesegesprächs zur Vorbereitung eines Akquisetrainings berichtet ein Patentanwalt in **fünf hierarchischen Stufen** über den Akquise-Ist-Zustand in seiner Kanzlei. Er beginnt, statistisch vollkommen im Trend, mit der **unwichtigsten der fünf Stufen, der Umgebung** (sie wird erst wichtig, wenn die anderen Stufen entschieden sind).

19 Dieser Selbstmanagement-Ansatz geht zurück auf die Forschungen von Robert Dilts und Todd Epstein. Er wird als „Die Logischen Ebenen“ bezeichnet. Oberhalb der Identität gibt es noch die Stufe „Mission“. Allerdings ist der Nutzen dieser Stufe innerhalb des Akquisethemas in den Anwaltstrainings der Autorin nicht erwiesen.

- **Patentanwalt:** „Im 100 km Radius der Stadt X gibt es nicht einen einzigen weiteren Patentanwalt, allerdings zwölf mittelständische Unternehmen, davon acht produzierend. Also siedelte ich mich dort vor drei Jahren an mit meiner patentrechtlich ausgerichteten Kanzlei mit drei angestellten Kollegen."

Kommentar: Der Patentanwalt hat auf der Ebene „Ort, begleitende Personen, Zeit" eine **unternehmensstrategische Entscheidung getroffen**, die eine gute Erfolgsbasis darstellen kann, da sie bereits an obere Stufen (Rolle und Wert) gekoppelt zu sein scheint. An dem Ort muss voraussichtlich nichts modifiziert werden.

5. Stufe: Umwelt/Umgebung
Leitfragen: Wo bin ich? Wann? Wer ist außer mir da? Wie ist meine Umgebung?

- **Patentanwalt:** „Es stellte sich jedoch heraus, dass die potenziellen Mandanten nicht zu mir kamen, obwohl ich € 5.000,– allein für Flyer und Anzeigen ausgab. Ich weiß nicht, was ich noch tun soll."

Kommentar: Auf der Ebene „Verhalten, Tätigkeiten" sieht der Patentanwalt **ressourcenintensive, allerdings folgenlose Anstrengungen**. Er signalisiert auf dieser Ebene Ratlosigkeit: Was soll ich tun? Hier kann ein Training bereits ansetzen. Weitere **Tätigkeiten und Verhaltensweisen** jedes Kollegen werden ermittelt werden, die den Erfolg derzeit behindern und in Zukunft ermöglichen.

4. Stufe: Tätigkeiten/Verhalten
Leitfragen: Was tue ich? Welches sicht- und hörbare Verhalten lasse ich erkennen?

- **Patentanwalt:** „Wir sind gut aufgestellt. Ich habe meine Kollegen so zusammen gesucht, dass Patenrechtrecht, Geschmacksmusterrecht und Markenrecht sehr spezialisiert angeboten werden können. Wir haben zusammen genommen 57 Jahre Erfahrung auf diesen Gebieten und sind besonders durchsetzungsstark in Sachen Produktpiraterie, besonders in China. Vor Patengerichten verfügen wir ebenfalls über ausgewiesene Erfahrungen.

Kommentar: Auf der Ebene der Fähigkeiten zählt er **viel Positives** auf. Auffällig ist hier: der Patentanwalt spricht nur über die ausgewiesenen fachlichen Fähigkeiten, nicht über die Fähigkeit, diese angemessen öffentlich zu präsentieren. Ein **Seminarkonzept wird dort einhaken.**

3. Stufe: Fähigkeiten/Können
Leitfragen: Was kann ich? Welche Fähigkeiten stützen mein Verhalten? Welche davon setze ich ein?

- **Patentanwalt:** „Wir glauben, dass wir es durch unsere Reputation am Markt und durch unsere gleich bleibende Qualität schaffen können. Wir wollen unseren Ruf allerdings nicht durch zu aufdringliche Werbung beschädigen. Und auf keinen Fall laufen wir hinter unseren Mandanten her! Vielleicht ist die Zeit nicht reif für prophylaktisches Denken im Mittelstand?"

Kommentar: Auf der Ebene der „Werte, Motivation und Grundüberzeugungen“ ist hier die **Grundüberzeugung: „Wir schaffen es“.** Die Überzeugung „Die Zeit ist vielleicht noch nicht reif für...“ **externalisiert allerdings eine Begründung für bisherige Niederlagen.** Diese Grundüberzeugung kann sich als ein **Hindernis für weitere Bemühungen** erweisen und wird auf den **Prüfstand** gestellt. Leitfrage wird dabei sein: „Welche Grundüberzeugungen hätte ein erfolgreicher Akquisiteur?“ Auch die bisherigen Definitionen von „zu aufdringliche Werbung“ und „hinterher laufen“ werden **spezifiziert** werden. Leitfragen hier: „Aus wessen Sicht aufdringlich?“ und „Was würden zukünftige Mandanten schätzen?“ und „Welche Werbung würde zu Ihrer Kanzleistrategie passen?“ und vor allem der Perspektivwechsel wird den Definitionen von „aufdringlich“ und „hinterher laufen“ eine realistische Linie geben. „Wenn Sie der mittelständische Produzent X wären, wodurch würden Sie eine Ihnen bis dahin unbekannte Patentanwaltskanzlei interessant finden?“

---

2. Stufe: Werte/Motivation/Grundüberzeugungen

Leitfragen: Was treibt mich an? Was motiviert mich? Welche Grundüberzeugung habe ich über mich?

– **Patentanwalt**: „Besonders in China, bei den Gegnern unserer Mandanten, aber auch bei den Mandanten selbst, habe ich selbst das Image des Wadenbeißers. Ich bin ein super Berater, wenn die Mandanten erst mal da sind, allerdings kein guter Akquisiteur vorher. Ich eigne mich nicht als Versicherungsvertreter“.

Kommentar: Anhand **dreier Berufs-Rollen** beschreibt der Patentanwalt seine derzeitige Marktposition und -wirkung. In der Rolle des passiven Akquisiteurs (= Berater) sieht er **sich selbst gut aufgestellt**. Von den positiv oder negativ besetzten Rollen seiner angestellten Kollegen berichtet er bisher noch nicht. Seine **bislang negativ empfundene Rolle** „aktiver Akquisiteur“ („Versicherungsvertreter“) wird in einem **Coaching**[20] angefüllt werden durch weitere Überzeugungen, Fähigkeiten und Tätigkeiten, die er **mit seiner Persönlichkeit vereinbaren kann**. Die Rolle des „Abwartenden“ wird vermutlich modifizierbar sein durch Teile der bereits positiv geschilderten Rolle „Wadenbeißer“. Der Patentanwalt wird **lange staunen über die Frage**: „Welche Bestandteile Ihrer erfolgreichen und aktiven Rolle ‚Wadenbeißer‘ könnten Sie auch für Ihre aktivere Akquise nutzen?“

Stufe: Identität/Rolle

Leitfragen: Wer bin ich in diesem Moment? Welche Rolle bekleide ich?
Welche Marktposition habe ich?

---

20 Veränderungen auf den beiden hochrangigen Ebenen „Werte/ Motivation/ Grundüberzeugung“ und „Rolle/ Identität/ Marktposition“ werden gewöhnlich nicht in einem Seminar geübt, sondern in Vier-Augen-Gesprächen – sog. „Coachings“ – entwickelt.

Fazit: Es ist egal, ob Sie die **Hierarchie Ihrer mentaler Organisation** rückwärts (wie hier) oder vorwärts (Ihre „Rolle am Markt") auflisten. Nur: listen Sie sie auf. **Ohne die Abstimmung zwischen diesen Punkten von oben (Rolle) bis unten (Umgebung) erreichen Sie keine kongruente Akquise.**

III. Die Weiterentwicklung Ihrer beruflichen Rolle

In diesem Kapitel erfahren Sie, dass Ihre **persönlichen Berufs-Rollen** (Ich bin der „Wadenbeißer", ich bin der „Helfer", ich bin der „gute Jurist") Ihnen nicht weiter helfen, wenn Sie **strukturiert akquirieren wollen**. Sie haben Ihr Rollenverständnis aus der Anfangszeit Ihrer Kanzlei und auch Ihr rein persönliches Rollenverständnis **zu erweitern** auf ein **Rollenprofil der Kanzlei** und auf eine **eingegrenzte Klientel.**

1. Frühere Rollen

Denken Sie noch manchmal an die Zeit zurück, als Sie anfingen mit Ihrer eigenen Kanzlei? Das ist ja nun schon etwa vier Jahre her, und damals waren Sie **froh über jedes Mandat**. Stolz zählten Sie Ihre acht Akten und hatten sie alle aufgeschlagen vor sich. Manchmal schreckten Sie nachts hoch, weil Sie noch nicht den **„Mut zur Lücke"** hatten, der Sie heute auszeichnet. Sie nahmen alles an, was sich nur in Ihre Nähe begab. Es war ja Gründerzeit.

Sie mussten die Miete für Ihre Wohnung und für Ihr Büro zahlen, und die Halbtagskraft, die für Sie schrieb, wollte am Ende des Monats Geld sehen.

Vielleicht sahen Sie sich damals als **„J.R. Ewing"** aus Dallas, der nach all den Mühen des Studiums nun an nichts anderes als an die erotischen Komponenten der Rechnungslegung dachte, sich „als Investition" eine kalbslederne Aktentasche sowie Haifischkragenhemden mit Doppelmanschette anschaffte und jeden zweiten Mittag zum Lunch mit Kollegen ging?

Oder waren Sie vielleicht eher **„Florence Nightingale",** die unverwüstlich der bedrohten Spezies Mensch half, die Mandanten – auch ohne Termin! – den Vorzug vor eigener Zielführung gab, die ihre objektiv begrenzte Lebenszeit an Unbekannte verschenkte und auch zuhause noch Akten bearbeitete, selbstverständlich alle nach RVG abgerechnet?

Oder waren Sie doch eher **„Der-Mit-Dem-Wolf-Tanzt",** der ungebremst soziophobische Einzelgänger mit der hoch-willkommenen Melancholie um den eher selten sprechenden Mund, der die Buchstaben des Gesetzes anzuwenden verstand wie kein Zweiter, der Mandantenkontakte möglichst mied und statt dessen heiß war auf jedes Detail des Falles und auf die filigranste aller schriftsätzlichen Argumentationen – und der vor Gericht seine Kompetenzen durch den Satz verkündigte: „Wir haben dazu bereits im Detail vorgetragen."

2. Verändern Sie Ihre Kanzlei-Rolle: Vom Tante-Emma-Laden zum Marktplayer

Welche **Berufs-Rollen** Sie sich damals auch immer ausgesucht haben, es war ein großer Tag in Ihrem Leben, als Sie erstmals merkten: Irgendwas machen Sie falsch, irgendwas macht Sie unzufrieden. Und es war ein noch größerer Tag, als Sie von einer Freundin beim Feierabendbier die Frage hörten, warum Sie eigentlich nie „Nein" sagten, wenn ein Auftrag drohte. Und welche Mandanten Sie eigentlich am liebsten hätten? Und in welchen **Rechtsbereichen** Sie sich zu spezialisieren gedächten?

Noch frecher fanden Sie damals die Frage, welche **Branchen oder Mandantengruppen** Sie hauptsächlich als Mandanten haben wollten. Und mit welchem genauen Ziel und bis wann das geschehen würde? Am meisten traf Sie damals, dass diese Freundin die Impertinenz besaß, Ihnen beim Abschied zu sagen: „Überleg dir, woran die „Tante-Emma"-Läden alle eingegangen sind."

Heute wissen Sie, wer Sie sind: Sie sind Fachanwältin für Arbeitsrecht, in einer großräumigen, hellen Kanzlei, zusammen mit **zwei weiteren Fachanwältinnen für Arbeitsrecht**. Ihre Kundschaft kommt aus dem ganzen Land zu Ihnen, und Sie schreiben in zwei deutschen **Fachpublikationen** regelmäßig **Beiträge.** Darüber hinaus werden Sie eingeladen zu **Vorträgen** bei der Deutschen Mittelstandsvereinigung. Ihre Kollegin ist **rechtsvergleichend tätig** und hat zwei **Bücher** geschrieben über ein zukünftig boomendes **europäisches Arbeitsrechts**-Thema. Alle Ihre Mandanten sind **mittelständische Unternehmer** ohne eigene Rechtsabteilung. Sie haben vor kurzem einen **Steuerrechtler** eingestellt, mit dem Sie bis dahin nur kooperierten.

Hier lesen Sie eine **typische Rollenerweiterung** durch eine Hamburger Anwältin, deren Berufsrolle zu **Beginn ihrer Laufbahn** noch nichts von ihrer heutigen Bekanntheit erkennen ließ. Geliebt hatte sie ihren Beruf lange, bevor sie auch den **wirtschaftlichen Erfolg in ihrem Beruf zu lieben begann**. Das Bild sah nach einigen Fortbildungen so aus:

Level:	Start in den Beruf 2003:	heute:
Rolle:	Fachanwältin für Familienrecht	Spezialistin für Unternehmensnachfolge
Motivation:	Spaß, Anerkennung	Selbstbestimmung, „Mut tut gut", Spaß
Fähigkeiten:	Empathie, Professionalität	analytisches Geschick, Ehrgeiz
Verhalten:	lachen, verhandeln	vorstellen, Nutzen bieten, Vortrag halten
Umwelt:	Kanzlei, Gericht, 1 Kollege	Unternehmerinnenstammtisch

Die Anwältin hat heute, drei Jahre nach dem Rollenwechsel 32 Unternehmermandate.

Erfolgstipps

- Definieren Sie zunächst die Rolle, die Sie am Markt spielen möchten. Strukturieren Sie Ihre Mandantschaft (Branchenfokus statt Rechtsgebietsfokus), und entscheiden Sie, für was Sie bekannt sein möchten.
- Richten Sie alle Ihre Werte und Grundüberzeugungen auf diese Rolle aus. Entwickeln Sie gemeinsame Überzeugungen aller!
- Suchen Sie sich Branchen bzw. Mandantengruppen aus, unter denen Sie eine Reputation erwirtschaften wollen und holen Sie sich ausschließlich die dafür passenden Fähigkeiten und deren Spezialisierung an Bord.
- Verteilen Sie Arbeitsaufgaben für jeden nach seinen Fähigkeiten. Kontrollieren Sie Erfolge und lassen Sie sich selbst kontrollieren! Justieren Sie angstfrei nach, wenn etwas schief läuft!
- Gehen Sie zusammen mit dazu passenden Menschen und Fähigkeiten in Umgebungen, in denen Ihre Ziel-Mandantschaft auch ist. Und legen Sie los!

Zielführung

100 % indirekte Akquise

Nachhaltige Akquise ist Ihr Ziel? Dann **definieren** Sie es!

Ziele begradigen den Blick und straffen die Schultern. Sie sortieren Strategien und definieren den Weg. Sie unterteilen Methoden in angemessen und nicht-angemessen. Sie machen Niederlagen salonfähig und Erfolge zu Alltagsbegleitern. Ziele verstärken Lebensfreude und beseitigen das Jammern. Sie helfen beim „Nein"-Sagen und verstärken das „Ja". **Ziele sind immobil**, Wege dagegen variabel (nicht umgekehrt). Ziele sind an **Werte** gebunden und stützen die persönliche Ökologie. Ziele sind oft klein und immer effizient. Sie erschaffen den „Sog" und beenden jegliche Gleichgültigkeit. Sie sind verlässlich und erden ihren Inhaber. Ziele sind erst Denker, dann Lenker. Sie sind viel stärker als die Konjunktur und viel schwächer als der Wille. **Ein Ziel ist das Gegenteil eines Wunsches und die Folge einer Vision**. Ziele machen Mut und Spaß.

Diese Kapitel ist unterteilt in:

I. Ein Ziel ist das Gegenteil eines Wunsches
II. Persönliche Ziele
III. Unternehmensziele

I. Ein Ziel ist das Gegenteil eines Wunsches

Ziele sind in Anwaltskanzleien Mangelware. Sie werden dort häufig verwechselt mit Wünschen oder Visionen. Wünsche und Visionen sind folgenlos und unverbindlich, solange sie nicht in Ziele umgewandelt werden. **Ein Ziel macht aus einem Wunsch eine Handlungsanweisung und aus einer Vision Realität.** Das macht Ziele anstrengend und anfangs eher unbeliebt. Im folgenden Kapitel erkennen Sie den Unterschied zwischen echten Zielen und solchen, die nur so tun, als ob.

Durch zwei Faktoren enttarnen sich Wünsche – verglichen mit Zielen – wie von selbst:

- Wünsche sind folgenlos und austauschbar,
- ihre Erfüllung ist abhängig von externen Faktoren.

Gegen beides ist selbstverständlich nichts zu sagen: **Folgenlosigkeit** ist immer bequem; folgenlose Wünsche **beeindrucken die Umgebung** („Ich würde so gern mal den Mount Everest besteigen") und lösen eventuell sogar kurzfristig eigenes **Wohlbefinden** aus („Ich würde so gern sechs Kilo abnehmen"). **Externe Wunscherfüller** sind auch dann stets gern gesehene Gäste, wenn der Wunsch nur zu 90 % in Erfüllung geht. Der Nikolaus ist dafür ein gutes Beispiel: selbst wenn das heiß ersehnte Marzipanbrot mal auf dem Nikolausteller fehlt, sind dreijährige Kinder zügig getröstet und greifen in die Schoko-Abteilung. **Wünsche sind austauschbar, Ziele nicht.**

Das ist in der Kanzlei genau so: Der Satz „Ich möchte mehr mittelständische Mandate“ hat höchstens die Qualität von „Ich möchte gern ab morgen Tauchlehrer auf Mauritius sein“. Er drückt lediglich eine **diffuse Sehnsucht** aus. Vielleicht hört ja rein zufällig der ein oder andere zukünftige Mandant diesen Gedanken, dessen Vater ja bekanntlich der Wunsch ist – und heuert freiwillig an; die Hoffnung stirbt schließlich zuletzt.

Wer sich auf Zufälle, Hoffnung, Glück und auf das Wohlwollen anderer nicht verlassen möchte, kann durch eine einzige Frage selbst ermitteln, ob es sich bei einem Vorhaben um einen **folgenlosen Wunsch** handelt oder ob es sich demnächst in ein Ziel verwandeln könnte. Die Frage lautet: **„An welchen konkreten Aktionen genau kann ich erkennen, dass ich das wirklich will?“** Wenn hier keine respektable **Liste** von kanzleiweit abgesprochenen, detailreich angewiesenen und von allen(!) eingehaltenen Verhaltensweisen folgt, ist **kein Ziel im Spiel** – und die Anfangseuphorie verpufft schneller, als sie eintrat. Nichts macht den Inhaber eines Wunsches so schnell mürbe, wie die Vorstellung, dass er ein Ziel hätte. Denn diese Vorstellung programmiert regelmäßig **Enttäuschung** vor. Aus diesem Grund kommt der Satz „Ich habe das Ziel nicht erreicht“ – wenig überraschend – überdurchschnittlich häufig von Menschen, die in ihrem Leben noch kein Ziel definiert haben!

Ziele sind allerdings nicht nur an **aufwendigen Definitionen** vor Aktionsbeginn, sondern auch an **Niederlagen** unterwegs erkennbar. Je höher das gesteckte Ziel ist, desto größer die Anzahl der potenziellen Niederlagen. Diese sind an sich völlig undramatisch; der einzige sichere **Zielkiller** allerdings ist, das **Ziel wegen der Niederlagen zu verschieben** oder gar aufzugeben, statt die **Methoden** auf dem Weg dorthin zu flexibilisieren.

Der amerikanische IT-Professor Randolph Pausch vermittelt eindrucksvoll die **positiven Nebenwirkungen** nicht oder noch nicht erreichter **Zwischenziele**: *„Erfahrung ist, was du bekommst, wenn du nicht bekommst, was du wolltest.“*[1] Niederlagen sind also niemals an sich negativ, im Gegenteil, sie sind sogar ein **normaler Begleiter eines Zielinhabers.** Würden sie komplett fehlen, hätte er kein Korrektiv, das Leben

1 Randolph Pausch war Professor für Informatik an der Carnegie Mellon University in Pittsburgh, USA. Pausch war weltberühmt geworden durch seinen offensiven, humorvollen und nach vorn gerichteten Umgang mit seinem unheilbaren Bauchspeicheldrüsenkrebs. Am 18.9.2007 hielt Pausch seine letzte Vorlesung mit dem Titel „Really Achieving Your Childhood Dreams“ im voll besetzten Auditorium: Diese „Last Lecture“ ist an vielen amerikanischen Universitäten Tradition. Professoren halten eine Vorlesung, als sei es ihre letzte. Den Gästen war klar, dass das Motto dieses Mal wörtlich zu nehmen war: Kurz nach diesem Vortrag starb er. Bitte lassen Sie sich verzaubern von diesem Vortrag über Ziele, Erfahrungen und den Umgang mit Niederlagen: http://www.youtube.com/watch?v=ji5_MqicxSo.

wäre ein unrealistischer **Durchmarsch ohne Hindernisse** mit der Hauptertkenntnis: „Wer alle seine Ziele erreicht hat, hat sie zu niedrig gesteckt". Niederlagen können ein Beweis für das **Festhalten an einmal gefassten Zielen** sein. Sie dokumentieren lediglich, dass der Zielinhaber unbeirrt unterwegs ist.

In Kanzleien – wie in allen anderen Unternehmen – sind **zwei Arten von Zielen** unterscheidbar. Sie werden hier nacheinander beschrieben:

1. Persönliche Ziele und
2. Unternehmensziele.

Dieses Kapitel wird behilflich sein, beides einzurichten bzw. zu optimieren. Der Weg scheint anfangs lang und beschwerlich, doch die Mühe lohnt sich immer, denn: *„Der Langsamste, der sein Ziel nur nicht aus den Augen verliert, geht immer noch geschwinder als der, der ohne Ziel herumirrt."*[2]

Tipp

Wer keine Ziele hat, kann auch keine erreichen.

II. Persönliche Ziele

„Der erste Schritt ist die Hälfte vom Ziel", proklamierte schon Lee Iacocca.[3] Kein Wunder, denn der erste Schritt zu einem Ziel ist in der Regel der schwierigste! Er besteht aus zwei Grundlagen:

1. den **unbedingten Willen,** es zu schaffen! Der **Wille ist die wichtigste Voraussetzung für ein Ziel** und – fataler Zusammenhang – die einzige Erfolgsbasis, die sich **nicht einüben** lässt und
2. aus einer **Zieldefinition.** Sie dagegen ist **zu 100 % trainierbar!**

Sie gilt als schwierig, ungewohnt, aufwändig und ist so gut wie immer mit reichlich Ärger verbunden: Zieldefinitionen und die daraus direkt folgende **Implementierung von Strategien** beseitigen zeitnah lieb gewonnene, kontraproduktive Angewohnheiten (z. B. Rückrufe unterlassen, unverständlich reden, Mitarbeiter schlecht behandeln etc.) und implementieren neue, ungewohnte Strategien (z. B. Mitarbeiter, Mandanten

---

2 Gotthold Ephraim Lessing zugeschrieben, Dichter der Aufklärer und Verfechter des Toleranzgedankens in einer durch ständisches Denken geprägten Welt.

3 Die Biografie von Lee Iacocca, „Mein amerikanischer Traum", ist ein krimihaft spannendes Beispiel für die Relevanz von sehr großen, mittelgroßen und sehr kleinen Zielen im Unternehmensalltag. Iacocca begann am 2.11.1978 die Sanierung von Chrysler, um das hoch verschuldete Unternehmen wieder in die schwarzen Zahlen zu führen. Seine ersten Schritte außerhalb des Unternehmens waren die Flexibilisierung der Kreditlinien der Bank und die Begrenzung seines eigenen Monatsgehalts auf 1 Dollar sowie innerhalb des Unternehmens die Einrichtung eines „Round Table" für Delegierte jeder Hierarchiestufe des Unternehmens. Das Zitat „Der erste Schritt ist die Hälfte vom Ziel" wird Iaccocca zugeschrieben, findet sich jedoch nicht wörtlich im Buch.

und sich selbst durch Fragen führen, Vorträge entwerfen, Small Talk üben etc.). **„Die Definition des Ziels war schwieriger als seine Erreichung“** ist daher ein oft gehörtes Feedback nach etwa einjährigem Einsatz Ziel führender Kanzleistrategien.

Die Zielerreichungsstrategie **SPEZI**[4] verdeutlicht, in welchen **fünf Punkten sich Ziele von Wünschen unterscheiden**. Ziele sind

- **S**innesspezifisch beweisbar,
- **P**ositiv und konkret ausgedrückt ohne Vergleich,
- **E**rreichbar durch mich selbst und für mich persönlich ökologisch,
- **Z**eitlich eingegrenzt, mit Zwischenschritten und Zusammenhang versehen,
- **I**ntegrationshilfen möglicher Einwände.

Um ein Ziel erreichbar zu machen, muss der eigene Kopf mit „auf die Reise“ gehen und einen regelrechten „Sog“ entwickeln. Dazu braucht es die folgenden fünf SPEZI-Appetithäppchen:

1. Jede Zielerreichung hat sinnesspezifische Beweise

Bestimmen Sie, ob Ihr Ziel **sichtbar, hörbar oder fühlbar** sein wird, sobald es erreicht ist. Definieren Sie konkret, wodurch Sie sicher wissen, dass es jetzt erreicht ist!

Das Vorhaben: „Ich möchte gern reich sein“ ist von vornherein zum Scheitern verurteilt, wenn Ihr Gehirn nicht weiß, was genau „reich“ heißt. Wollen Sie € 136.000,– Umsatz jährlich erreichen und einen bestimmten Betrag wöchentlich auf Ihrem Geschäftskonto wachsen sehen? Oder wollen Sie „reich an Erfahrungen“ sein und diese beglückt an Ihre Kinder weiter geben? Oder wollen Sie die Angestellten eines 5-Sterne-Hotels nach Ihren Wünschen für den täglichen Obstkorb auf dem Zimmer fragen hören? Was heißt „reich“ für Sie? Und wodurch genau weiß Ihr Gehirn, wann es mit Anstrengungen aufhören soll?

Ihr Gehirn verifiziert ausschließlich in sinnlich **wahrnehmbaren Kategorien** von Sehen, Hören und Fühlen. Bei besonders ausgeprägten Synergien dieser drei Wahrnehmungssysteme sprechen manche Menschen von „Intuition“.

Im Jahr 1953(!) wurden Abgänger der Yale Universität schriftlich befragt:[5] „Haben Sie klare, spezifische, schriftlich festgehaltene Ziele für Ihr Leben, und haben Sie umfassende Pläne erarbeitet, wie Sie diese erreichen wollen?“ 20 Jahre danach wurden alle erneut, diesmal nach ihren Umsätzen, befragt. Ergebnis: Jene **3 % aller Befragten**, die ihre Ziel damals **schriftlich quantifiziert** und **spezifiziert** hatten, verfügten 20 Jahre danach über **höhere Vermögenswerte** als die restlichen 97 %

---

4 SPEZI wurde entwickelt durch Dietrich Buchner. Eine weitere Zielerreichungsstrategie heißt SMART (Spezifisch, Messbar Akzeptiert Realistisch Terminierbar). Sie scheint ebenfalls gut zu funktionieren und wird im Projektmanagement eingesetzt.

5 *Tracy*, S. 12.

zusammengenommen. Dabei war dies die **einzige Gemeinsamkeit** unter den Absolventen dieses Jahrgangs. Sie waren in völlig unterschiedlichen Branchen, Unternehmensgrößen und Ländern tätig.

Ihr Gehirn ist Ihr **Navigationsgerät**; nehmen Sie es mit auf die Reise. Geben Sie in das Navi Ihr Ziel ein und kümmern Sie sich dann detailreich um Zwischenstopps, Routenkriterien, Abzweigungen, Tankstellen, Staumeldungen, Unfallprophylaxe, Energieverbrauch, Fahrerwechsel, Baustellen, Pausen, Umleitungen und Ankunftszeit – und drücken Sie dann erst auf „Start": Gut definierte Ziele sind im Gehirn längst erreicht, bevor die Fahrt beginnt.

Auch ein Akquiseziel ist **sinnlich erfahrbar**: „Ich sehe vor mir den lächelnden Mandanten X den (Honorar) Vertrag unterschreiben" oder: „Ich höre lautes Gelächter im Publikum" oder: „Ich habe Herzklopfen vor Glück, wenn ich aktiv auf den zukünftigen Mandanten Y zugehe". Überlegen Sie, wodurch Sie den sinnesspezifischen **Beweis einer gelungenen Akquise** erlangen.

Eine ungeahnte Entspannung tritt bereits während der ersten Aktion ein, wenn man schon weiß, wie das Schlussbild aussieht, der Schlusston sich anhört oder das Schlussgefühl sich auswirkt. Test it!

Visuell wahrnehmende Anwälte werden übrigens immer ein sichtbares Ziel wählen, Auditive immer ein hörbares, Kinästheten immer ein fühlbares![6] Geschickte Akquisiteure ruhen nicht, bevor sie das – genau das! – erreicht haben. Wenn sie es erreicht haben, gehen sie feiern! Das muss nicht immer eine große **Party** sein; manchen reicht es vollkommen, der eigenen Assistentin einen Kräutertee zu kochen!

Tipp i
„Was du im Kopf hast, kannst du auch im Leben haben."

---

2. Jedes Ziel enthält positive Formulierungen ohne Vergleich und beschreibt konkrete Details

Vermeiden Sie in Ihrer Zieldefinition jede Verneinung und jeden Vergleich. Beides führt Ihr Gehirn auf unnötige **Umwege**. Einige Beispiele verdeutlichen das:

Die Aufforderung „Denken Sie jetzt bitte nicht an ein rosarotes Krokodil mit drei Beinen" führt erstmals im Leben zu einer sofortigen Assoziation eines seltsam unvollständigen Tieres in denkwürdiger Farbe! Die vermutlich gut gemeinte Ermahnung „Fall da nicht runter" bewirkt im Gehirn von Zweijährigen, die die Erfahrung „Runterfallen" bereits gemacht haben, dass sie sich an dieses Lernereignis erinnern und es daher tatsächlich reproduzieren möchten; sie fallen also runter! Das Wort „nicht"

---

6 Vgl. die Wahrnehmungstypen im Kapitel „Durchsetzung".

ist **sinnlich nicht konnotierbar** und wird getilgt! Wenn die Alternative „Festhalten" im Kindergehirn außerdem noch keine Lern-Gewohnheit ist und (noch) nicht ausreichend eingeübt wurde, ist die **Negativ-Instruktion** sogar u.U. lebensgefährlich! Das Wort „nicht" wird **sinnlich nicht aufgenommen** und „rutscht durch die Maschen", so dass das **Gegenteil des Gewünschten** eintritt!

Auch „Ich möchte nicht mehr rauchen" symbolisiert schlagartig im Raucherhirn Assoziationen zu dieser geselligen und sinnlichen Angewohnheit – und verstärkt sie!

In einer Zieldefinition würde dieser Satz mutieren zu einer **detailreich quantifizierten und spezifizierten, positiven Alternative** zum Rauchen, etwa so: „Ich möchte gesund leben. Dazu verändere ich ab morgen meine Frühstücksgewohnheiten, indem ich (...drei Maßnahmen), meine Rauchgewohnheiten, indem ich (...drei Maßnahmen) und meine Bewegungsgewohnheiten, indem ich (...drei Maßnahmen)." Geschickt ist stets die **Einbindung von Umgebungsmaßnahmen**, die das Kernziel stützen helfen. Gehirnphysiologisch gesehen schaffen Sie dadurch eine **Entkopplung eigener Lernprogramme:** Das klassische Lernprogramm bei Rauchern lautet etwa: „Ich kann keinen Kaffee trinken, ohne zu rauchen" und führt für eine vorher bestimmte Zeit zum Teetrinken. Das Gehirn weiß dadurch, vereinfacht ausgedrückt, dass sein Besitzer es ernst meint. So wird angesetzt bei der **sekundären Gewohnheit**, um die primäre in den Griff zu kriegen.

Auch **Vergleiche** bescheren Ihrem System unnötige Umwege! Wer „erfolgreicher sein will als der Nachbar", wird dessen Art von Erfolg im Kopf haben statt den eigenen. Lassen Sie jeden Vergleich mit anderen! Dieser Rat gilt übrigens nicht nur für Zieldefinitionen: Wer Art, Umfang und Nachhaltigkeit der Strategien anderer zu kopieren versucht, suggeriert eine klonhafte Gleichheit mit anderen Persönlichkeitsstrukturen, Umgebungen und Historien, die es glücklicherweise so nicht gibt.[7] Nur Ihr eigener Weg ist so attraktiv, dass Sie ihn nicht verlassen sollten!

---

i **Tipp**
Detailreich quantifizierte und spezifizierte, positiv ausgedrückte Handlungspläne machen Ziele erreichbar!

---

3. Jedes Ziel ist erreichbar durch mich selbst

Ein Ziel ist nur dann ein Ziel, wenn es durch Sie selbst erreichbar und für Sie selbst ökologisch[8] ist. „Ich möchte, dass meine Nachbarin mich wieder grüßt" ist kein Ziel

---

7 Erfolgsstrategien von anderen abzuschauen, um sie den eigenen anzugleichen und hinzu zu fügen, ist hingegen eine sehr gute Idee!
8 Ökologie (griechisch οἴκος *oikos*, Haus, Haushalt und λόγος *logos* Lehre) ist die Lehre von den Wechselbeziehungen zwischen belebter und unbelebter Umwelt (http://www.umweltdaten-bank.

sondern ein folgenloser Wunsch, denn **niemand verändert bekanntlich einen anderen Menschen als sich selbst**. Dagegen wirkt „Ich möchte mein Verhalten so umstellen, dass meine Nachbarin mich wieder grüßt“ wie eine attraktive, direkte, positive Instruktion für Ihr Gehirn.

Ziele sind ausgeschlossen, wenn die eigenen **Machtbefugnisse unzureichend** sind. „Ich möchte eine Welt ohne Atomwaffen“ wird trotz aller Petitionen, Demonstrationen und unterstützender Organisationen immer ein politischer Wunsch bleiben, selbst wenn der Sprecher Sieger wäre im amerikanischen, israelischen oder russischen Präsidentschaftswahlkampf und außerdem weltweit operierende Industrien zu Umorientierungen bewegen könnte. Der Wunsch kann nicht zu einem Ziel werden, solange **persönliche Reichweiten faktisch kürzer** sind als der lange Arm der Gegner.

In Kanzleien ist das anders. Der Chef hat dort als einziger das Sagen und bleibt bezüglich seiner Unternehmens- und persönlichen Ziele **oft erstaunlich stumm**.[9] „Ich möchte, dass unsere Mandanten uns erneut mandatieren“ ist eine Meldung aus der Zeit, „als das Wünschen noch geholfen hat“[10] und bleibt völlig folgenlos, wenn nicht ein Ziel dieser **generalisierten, diffusen Sehnsucht** eine Richtung gibt. Dagegen kann die Entscheidung: „Ich ändere unsere Kanzleistrategien bis zum ... (Datum) durch ... (Maßnahmen) so, dass der Mandant X erneut zu uns kommt“ eine solche Orientierung einleiten.

Damit ein Ziel durch Sie erreichbar ist, muss es Ihrer „**persönlichen Ökologie**“ entsprechen. Es muss mit Ihrer Persönlichkeit in Einklang und daher für alle Akteure attraktiv sein. Wenn **persönliche Überzeugungen** zu kurz kommen, ist schon der Versuch der Zielerreichung ein Garant für Unzufriedenheit und Misserfolg. Die ehrliche Antwort auf die Frage: „Wofür lohnt es sich zu kämpfen?“ führt Sie zu einer weiteren, entscheidenden Erfolgsbasis.

Das formulierte Ziel muss nicht durch Sie persönlich angegangen werden. Alle **Delegationssysteme** fallen in dieses Kapitel, die **Kontrolle** allen delegierten Materials durch Sie selbstverständlich eingeschlossen. Der angepeilte Mandant hatte im Erstmandat einen steuerrechtlichen Bedarf angedeutet? Dann kriegen Sie ihn nur zurück, wenn Sie mit einem Steuerrechtler kooperieren und diese Kooperation durch die Maßnahmen X, Y und auch noch Z in die Öffentlichkeit oder – besser noch – direkt

---

de). Der Ausdruck „persönliche Ökologie“ bezeichnet hier die Kongruenz von Verhaltens-, Denk und Fühlweisen mit den eigenen Werten und der eigenen Persönlichkeit.

9 Vgl. zu Rollenkongruenz und Selbstmanagement als Akquise-Basis das Kapitel „Yes, I can“.

10 Peter Handke, 1974: „Als das Wünschen noch geholfen hat“. In dem Gedichtband beschreibt er in großartiger sprachlicher Dichte Entwicklung und Auflösung verzwickter und scheinbar auswegloser Lebenssituationen: „... und wirklich mit einem Schlag wusste ich wieder, was ich wollte und bekam eine Lust auf die Welt (...) Ich schrieb richtig mit, sagte lange Verschwiegenes und dachte dann wörtlich: So, jetzt kann das Leben wieder weitergehen..."

in das Ohr des Kunden tragen. Sie delegieren also die **Ausweitung Ihrer Ressourcen** und das Folgeangebot an einen Kollegen.

Der Mandant braucht auch während Ihrer Abwesenheit das Gefühl des **Aufgehoben-Seins**? Ihre **Assistentin** ist zuständig, durch mindestens fünfzig gleichbleibend verbindliche Verhaltensweisen[11] die Erreichbarkeit ihres Chefs[12] gefühlt sicher zu stellen, besonders wenn Sie für zwei Wochen 8000 km entfernt auf einem Kongress sind!

Tipp
Andere Menschen zu bewegen, bedeutet, sich selbst zu bewegen!

---

4. Jedes Ziel hat Zeitrahmen, Zeiteinteilung und Zusammenhang (Kontext)

„Ziele sind Wünsche, denen eine Frist gesetzt ist".[13] Jedes Ziel hat ein vorher fest gelegtes zeitliches Ende, zeitlich definierte Zwischenschritte („Meilensteine") sowie einen bestimmten Zusammenhang bzw. Kontext. Auch diese Anleitung hilft, Wünsche von Zielen zu unterscheiden.

Sie erkennen einen **Wunsch** daran, dass er bei der Frage nach zeitlichen Eckdaten spontan in sich zusammen fällt. Ein **Ziel** jedoch wird bei derselben Frage erst munter. Hier kommt ein Test: Jemand in Ihrer privaten Umgebung schildert Ihnen einen Konflikt und eröffnet diesen denkwürdigen Dialog.

Sprecher 1: „Ich würde mich so gern wieder mit Alfred vertragen."

Sie: „Ja, das ist wirklich verständlich (Empathie zuerst!). **Ab wann**?"

Wenn Sprecher 1 lediglich einen **Wunsch** äußerte, wird er Ihre Frage völlig verblüfft und auch verärgert als „kühl" und „analytisch" beargwöhnen. Wenn er jedoch ein **Zielinhaber** ist oder werden will, wird er nicht einmal zusammenzucken, sondern sofort ernsthaft über die **Zeitschiene** nachdenken. Trennen Sie vor allem im Mandantengespräch die Spreu vom Weizen, denn dort sind Sie Ihrem Mandanten dabei behilflich, **ein rechtlich erreichbares Ziel** auszusprechen. Wenn der Mandant Ihnen

---

11 Vgl. dazu das Kapitel „Assistentin".

12 Erreichbarkeit gehört zu den B-Aufgaben in einer Anwaltskanzlei. Das erkennen Sie schon daran, dass hundertfach die Erreichbarkeit des abwesenden Chefs gefühlt durch Assistentinnen sichergestellt wird.

13 Frei nach Dietrich Buchner; trotz seines NLP-lastigen Vokabulars ist sein Buch m.E. für jeden Teamchef verständlich, und enthält teilweise sofort umsetzbare Tipps zu Teamführung. (NLP ist eine Ansammlung zusammen geklauter Methoden mit der einzigen Gemeinsamkeit, dass sie schnell und effizient funktionieren. Bitte begegnen Sie allen monomethodischen Kommunikations-Ansätzen generell eher kritisch!)

gegenüber lediglich einen Wunsch hat, wird er **während der Mandatsabwicklung Zweifel** bekommen!

Mandant: „Ich möchte nicht, dass meine Kinder unter der Scheidung leiden."
Anwalt: „Das ist ein wichtiges Vorhaben (Empathie zuerst!). **Ab wann** soll eine Regelung mit Ihrer Frau in Kraft treten?"

Sie erkennen ohne große Übung an der Mandantenreaktion, ob er einen **Wunsch oder ein Ziel** hat. Wenn er nur einen Wunsch geäußert hatte, antwortet er etwas wie „Weiß ich auch nicht genau. Kommt auf X an." In dieser Situation ist die **Einrichtung eines Zeitrahmens** eine Art **Rückversicherung** dafür, dass der Mandant Ihnen nicht abspringt.

Basiert der Mandatszweck allein auf einem solchen Wunsch, müssen Sie den Mandanten besonders akribisch über seine **Einwände** befragen. Klären Sie ihn besonders ausführlich über die Folgen einer gerichtlichen oder außergerichtlichen Intervention auf. Konfliktpotenzial, Kosten und mögliches Scheitern sowie Plan B müssen dem Mandanten – am besten schriftlich in Protokollform! – zugehen, denn **ein Wunsch ist, anders als ein Ziel, schwächer als ein Konflikt.**

a) Der „Akquisekalender" – Jedes Ziel hat eine Rückwärts-Chronologie

Wer was erreichen will, fängt in der **Zukunft** an zu planen, **beim obersten Ziel,** und arbeitet sich langsam „rückwärts" bis zur **Gegenwart** vor, denn „Wer den Gipfel nicht kennt, braucht auch keinen Kompass."[14]

Realistische zeitliche und organisatorische **Meilensteine** werden durch die Rückwärtschronologie erkannt, benannt und leicht erreicht. Meilensteine sorgen rechtzeitig für die **passenden Verhaltensweisen**, das Einrichten der **notwendigen Fähigkeiten** und das Herstellen **fruchtbarer Allianzen.**

Tipp
Ziele sind die Basis des Erfolgs, Meilensteine dessen Garantie!

Wenn eine Rückwärtschronologie unmöglich scheint, ist entweder:

- **der Einwand** insgesamt zu stark? Dann integrieren Sie ihn und finden Sie Lösungen – vor dem Loslaufen!
- die Anzahl der **Unwägbarkeiten** zu groß? Dann schaffen Sie Allianzen und suchen Sicherheiten – vor dem Loslaufen!
- das **Ziel** zu schwach? Definieren Sie ein stärkeres (d. h. häufig kleineres oder wünschenswerteres) Ziel – vor dem Loslaufen!

So sieht eine „Rückwärtschronologie" zur **Zielerreichung** im Alltag aus:

14 Management-Trainer Roderich Heinze während der Coaching Ausbildung der Autorin, in seiner Einleitung zum Thema „Ziele".

Beispiel
Sie möchten den Zug um 8.38 Uhr ohne Hast erreichen? Sie planen 5 Minuten zum Kauf der Morgenpost, also müssen Sie um 8.33 Uhr am Bahnhofskiosk sein. 20 Minuten bis zum Bahnhof; es ist noch Rush Hour, da reichen die üblichen 10 Minuten inkl. Parkplatz suchen nicht aus, also 8.13 Uhr spätestens im Auto sitzen. Wohnungstür abschließen spätestens 8.05 Uhr, Apfel, NJW und Zahnbürste einpacken spätestens bis 8.03 Uhr... etc.

Jedes Ziel hat also Zwischenschritte, die das Ziel in mehrere Etappen aufteilt. Je kleiner sie sind, desto erreichbarer sind sie auch! Diese Zielbestandteile sind stets rückwärtschronologisch aufgebaut und werden – vor allem bei großen Zielen – im „Akquisekalender" allesamt als A-Aufgaben eingetragen.

„Ich möchte fünf komplett neue Unternehmer-Mandanten, darunter die Tischlerei Meier, deren Chef ich in der Bahn getroffen habe, bis zum 31. Oktober dieses Jahres als Mandanten gewonnen haben (**großes Ziel**). Um das zu schaffen, lade ich sie alle zu meinem Arbeitsrechtsvortrag „Wie Sie durch Prophylaxe im Arbeitsrecht Geld und Zeit sparen" am 3. Juni ein (**mittleres Ziel 1**). Ich sehe sie schon alle fünf vor mir, lächelnd, in der ersten Reihe (**Schlusspunkt Zwischenziel / visueller Beweis**). Um das zu schaffen, rufe ich ab 1. April (das ist ein Montag, guter Tag für Neues) gegen 11 Uhr den ersten der fünf neuen Mandanten (Tischler Meier) an und lade ihn zu dem Vortrag ein (**mittleres Ziel 2**). Am nächsten Tag den nächsten, auch um 11 Uhr. Über jeden recherchiert meine Assistentin bis zum Freitag vorher alle auffindbaren Details (**kleines Ziel 1, Delegation**) Meine Assistentin hat für diese Anrufe an jedem Morgen dieser Woche 30 Minuten komplett geblockt. Dadurch kann ich auch nachbereiten und die Ergebnisse der Telefongespräche stichwortartig in die Kundenkartei eintragen (**kleines Ziel 2, Dokumentation**). Um die fünf Neuen effektiv zu locken, verbessere ich am 15. März in einem Akquise-Seminar meine „Cold Calls"[15] (**kleines Ziel 3, Ressourcen optimieren**). Ich entwerfe bis zum 23. März den Flyer für meine Vortragsveranstaltung „Wie Unternehmer Zeit und Geld sparen im Arbeitsrecht" (**kleines Ziel 4, Kompetenzpräsentation optimieren).** Frau Bergmann (**kleines Ziel 5, Delegation**) macht Preisvergleiche mit Druckereien und beschafft einen Drucktermin am 24. März. An dem Tag geht der Flyer in Druck. Ich halte ihn ab dem 30. März als PDF auf meinem Computer Schreibtisch, um sie den fünf zukünftigen Mandanten noch während der Telefonate ab dem 1. April gleich zu mailen.

15 Vgl. dazu das Kapitel „Telefonakquise".

Diese A-Aufgaben stehen in Rot(!) im echten Kanzlei-Kalender:

31. Oktober:	Fünf neue Mandanten (großes Ziel) haben **Mandatsvertrag** unterschrieben.
5. August:	nachfassen, **Einladungen** zu einem weiteren **Vortrag**, Feedback einholen, „kleine, frische Aufsätze“ übersenden, in **Kontakt** bleiben!
3. Juni:	nach dem Vortrag Sonderwünsche besprechen, **Gesprächsdatum** für das **Erstgespräch** in Kanzlei ausmachen
3. Juni :	**Arbeitsrechtsvortrag** (mittleres Ziel) beim Veranstalter X
1. Juni:	letztmalige Klärung, ob der Vortragsraum den Anforderungen genügt
13. Mai:	**Reminder per E-Mail** für Vortrag („Ich freue mich auf Sie!“), Anmeldebestätigung wiederholen, ggf. Sonderwünsche einholen
5. April:	Anruf neuer Mandant E (max. 2 Minuten) Kontaktdaten ergänzen
4. April:	Anruf neuer Mandant D (max. 2 Minuten) Kontaktdaten ergänzen
3. April:	Anruf neuer Mandant C (max. 2 Minuten) Kontaktdaten ergänzen
2. April:	Anruf neuer Mandant B (max. 2 Minuten) Kontaktdaten ergänzen
1. April:	Anruf Tischlerei Meier A (max. 5 Minuten) Kontaktdaten ergänzen
30. März:	zur Vorbereitung der „Cold Calls“: **Recherche** eine Stunde ungestört. Die Assistentin hatte einen Teil dieser Punkte bereits ermittelt und Ihnen Basisinformationen gegeben: Wer ist richtiger Ansprechpartner aller fünf Akquiseziele? Kontaktdaten, besonders: persönliche E-Mail-Adresse, bestehende Kontakte in meiner Kanzlei? Unternehmensstruktur? Branche? Kollisionen möglich? Kooperationen? Mitbewerber? Lieferanten? Hinweise auf Vortragsthema auffindbar?
25. März:	Der Vortrag für den 3. Juni wird **aktualisiert**, **Folien optimiert** (evtl. delegieren?), N**utzenargumentation** eingearbeitet und der Veranstalter instruiert, die Assistentin (Delegation) schickt ihm eine **Liste mit Anforderungen an den Raum**. Sie stellt auch nach Anweisung die Liste der eingeladenen **bestehenden Mandanten** zusammen. Sie erhält die **Namen der fünf potenziellen Mandanten**.
24. März:	Flyer geht in Druck
23. März	**Flyer fertig** optimiert für den Vortrag am 3. Juni
20. März:	Assistentin holt **Preisangebote aus Druckereien** ein und beschafft ein Druckdatum (da Sie den Flyer „Wie Sie durch Prophylaxe im Arbeitsrecht Geld und Zeit sparen“ auch anderen Kollegen zur Verfügung stellen und in deren Vorträgen sowie im Wartezimmer auslegen und zu Ihren Rechnungen hinzufügen wollen, müssen Sie ihn drucken lassen. Für eine Einzelaktion reicht natürlich das PDF in Ihrem Computer!)
15. März:	**Akquiseseminar** eintägig: „Cold Calls“ üben!

b) Jedes Ziel steht in einem angemessenen Kontext

„Ich möchte nicht mehr so viel rumbrüllen“ ist auch schon deshalb kein Ziel, weil es eine **Negation** und einen **Vergleich** enthält. Das wird also zuerst umgeformt in: „Ich möchte ruhig bleiben, wenn...“ Außerdem bleibt der Kontext, in dem der Sprecher „nicht mehr so viel rumbrüllen“ will, unerwähnt. Der **Kontext** kommt also hinzu:

„Ich möchte in Zukunft, ab sofort, ruhig bleiben, wenn meine Assistentin einen Fehler gemacht hat. Dazu setze ich mich nächste Woche Dienstag um 14.00 Uhr mit ihr zusammen, um mich noch mal ordentlich zu entschuldigen. Bei diesem Gespräch werde ich meine und ihre Verhaltensweisen festlegen. Vor allem frage ich sie, was ich an meinen Anweisungen optimieren kann, denn vielleicht sind die unklar. Ich werde sie auch ersuchen, mir ein Feedback zu geben über meine Fortschritte bzw. ihren eigenen Fortbildungsbedarf und sie bewegen, selbst einen Rückspracheplan zu entwerfen – für Zweifelsfälle.“

---

i **Tipp**

Ziele sind an Schlusszeiten, Zwischenstationen und Kontexte gekoppelt!

---

5. Integration von möglichen Einwänden

„Sind Einwände zu stark, ist das Ziel zu schwach“ lautet ein für dieses Thema unverzichtbarer und durch die Genussmittelwerbung[16] inspirierter Leitspruch. **Einwandintegration ist die Königsdisziplin jeder Zieldefinition**! Sind die Einwände stärker als das Ziel, ist das Ziel zu schwach und muss **vor dem ersten Schritt umgestellt oder eingestellt** werden.

Wer vor dem ersten Schritt weiß, welche **Hindernisse** auf ihn zukommen werden und wie er auf sie **reagieren** wird, verhindert, dass er sofort losrennt und dadurch **Ressourcen verschleudert**, dass er selbst Enttäuschung und der Mandant Frust entwikkelt. Zieldefinitionen legen vor dem ersten Schritt fest, welche Einwände einem Ziel im Wege stehen und vor allem, wie der Zielinhaber mit diesen Einwänden umgehen wird. Erfahrungsgemäß kommen die gewichtigsten **Einwände gegen das Ziel** – und gegen dessen Erreichung! – vom **Zielinhaber selbst**, einige auch aus seiner Umgebung.

Eine Zieldefinition bestimmt schon vor dem ersten Schritt die späteren **Einwände und deren Neutralisierung.**

---

16 „Fischerman's Friend“– Pastillen werden genial beworben durch „Sind sie zu stark, bist du zu schwach!“

6. Beispiel für eine Zieldefinition nach SPEZI mit Einwandintegration

Ich will bis zum 31. Mai zwei Mandate (**quantifiziert**) im Gesellschaftsrecht mit Schwerpunkt Unternehmensübergabe (**spezifiziert**) eigenständig führen. (positiv ausgedrückt und ohne Vergleich, **realistischer Zeitpunkt** festgelegt). Ich delegiere dazu die Aufgabe x an Herrn D, er soll bis Jahresende ... gemacht haben. Und ich delegiere y an Frau W. Sie soll mir darüber hinaus bis zum ... (**Zeitpunkt**) eine Liste mit mindestens 10 Punkten zusammengestellt haben über... (**Zwischenziel** spezifiziert und quantifiziert).

Die Mandats-Akquisition treibe ich voran durch: 1) Dr. Gerhard wird mir einen Vortrag bei der Mittelstandsvereinigung vermitteln, 2) .... und 3) ...

In der Partnerversammlung am (**Datum**) unterrichte ich unter dem Tagesordnungspunkt „Verschiedenes" meine Partner von meiner neuen Orientierung vom Familienrecht zum Gesellschaftsrecht und bringe sie dazu, mich zu unterstützen durch die Maßnahmen A, B, C. (**Eigenerreichbarkeit** – auch durch konkrete Delegation, Zeitrahmen auch bei Zwischenschritten festgelegt).

Einwand 1 (extern): Herr Dr. Weißkirch wird einwenden, dass das Familienrecht brach liegt und die Mandanten ebenfalls „not amused" sein werden. Deshalb veranlasse ich ihm gegenüber bis zum (**Datum**, **Maßnahmen**). Den Mandanten gegenüber erläutere ich bis zum (**Datum**, **Maßnahmen**).

Einwand 2 (intern): Ich selbst fühle mich noch unsicher in dem Thema „Unternehmensübergabe". Daher führe ich gemeinsam mit dem Kollegen Brauner mindestens zehn Mandantengespräche mit seinen Mittelständlern. Er weiß darüber schon Bescheid. Morgen terminieren wir sie. Außerdem bringe ich unseren Steuerrechtler dazu, mit mir die zukünftigen Mandantengespräche zu führen und mit mir zusammen Vorträge dazu zu halten (**Zwischenziele spezifiziert**).

Einwand 3 (intern): Meine Familie wird sich beschweren, denn gesellschaftsrechtliche Mandate sind Beratungsmandate und zeitlich weit weniger flexibel als meine bisherigen Mandate im Familienrecht. Ich beruhige meinen Mann und meine Kinder dadurch, dass ...

Ich weiß, dass ich mein **Ziel erreicht** habe, wenn meine beiden neuen Mandanten vor mir sitzen und zustimmend lächeln bzw. interessierte Fragen stellen (**sinnesspezifischer Beweis** visuell/auditiv).

Tipp

Ist der Einwand zu stark, ist das Ziel zu schwach und muss vor dem ersten Schritt um- oder eingestellt werden!

III. Unternehmensziele

In Anwaltskanzleien sind Ziele, wie oben ausgeführt, Mangelware. Das ist besonders tragisch, wenn es **Unternehmensziele** betrifft. Viele Anläufe von Anwälten, ein Unternehmensziel zu etablieren, scheitern. Einsicht in die **Notwendigkeit gemeinsam getragener Ziele** ist ebenso wenig an Bord wie das passende **Werkzeug**, um solche Ziele zu vereinheitlichen.

Ein Sketchartig anmutendes Wortgeplänkel aus der „wöchentlichen Sozienversammlung der Kanzlei Wisch & Weg“[17] zeigt das eindrucksvoll:

RA 1: So, und jetzt müssen wir noch die Ziele definieren.
RA 2: Warum?
RA 3: Das wurde auf dem Seminar gesagt.
RA 1: Ich bitte um Vorschläge...
RA 4: Wir wäre es mit: "Wir wollen stets gute Organe der Rechtspflege sein."
RA 2: „... und Haftungsfälle vermeiden.“
RA 1: „Einverstanden. Ich werde da noch mal nachbessern müssen, aber im Ansatz ist das gut. Wir kommen jetzt zur Frage der Anschaffung eines neuen Kopierers für den Empfangsbereich...“

Doch bedauerlicherweise ist der **Kanzleialltag** von lustigen Sketchen weit entfernt. Ökonomische Furcht, inkongruente Besetzung der **Chef- und Unternehmerrolle**, die ideologisch motivierte **Ablehnung formeller Hierarchien**, ein destruktives oder komplett fehlendes **Teamverständnis** („**T**oll, **E**in **A**nderer **M**acht's“) sowie die Angst vor **Image- und Kontrollverlust** und die damit verbundene Unfähigkeit zu **Mitarbeiterführung** und Ziel führender **Delegation** dominieren vielerorts das Geschehen.

Riskieren wir daher zunächst einen ernsthafteren Blick in das Innerste der imaginierten Anwaltskanzlei „Sturm, Stolz & Partner“:

Die Kanzlei „Sturm, Stolz & Partner“[18] positioniert sich am Markt
Die Kanzlei hat vier deutsche Standorte mit 23 Anwälten, davon vier Partner und 21 Assistentinnen, von ihnen wiederum vier noch in der Ausbildung. Seit knapp zwei Jahren existiert dieser **Zusammenschluss aus zwei Kanzleien**, jede für sich zuvor schon einigermaßen erfolgreich, ohne sich groß zu spezialisieren. Jeder Standort schrieb bis dahin zwar **schwarze Zahlen**, gelangte aber nicht überzeugend genug in die **Gewinnzone.** Dringend notwendige Investitionen „warfen uns zurück“, die „eine Hand wusste nicht, was die andere tat“, und „langwierige Debatten über Strategien“ hatten vergeblich den Stein ins Rollen zu bringen versucht.

---

17 *Mauer/Krämer*, „Braucht eine Kanzlei Ziele? - Ein Beitrag zu TQM in der Anwaltskanzlei“, AnwBl 3/1998, S. 113–119. Großartige Bestandsaufnahme!

18 Der Kanzleiname ist reine Phantasie; die innere Verfassung der Kanzlei leider nicht! Alle hier beschriebenen Szenarien – auch die Lösungen! – sind eine Mixtur aus erlebter Realität!

Es war also noch nicht der ganz große Wurf; die Fusion sollte den bringen. Knapp ein Jahr nach der Fusion gab es jedoch nach eigenen Angaben mehr **Klärungsbedarf** als zuvor.

Die erste Anamnese der Ist-Situation in der **Kanzlei „Sturm, Stolz & Partner"** ergab aufgrund von Interviews mit allen Hierarchieebenen der Sozietät folgendes Bild:

1. Die Herausforderung: Eine Kanzlei ohne Unternehmensziel ist eine Ansammlung verwirrter Einzelkämpfer

„Viele sind hartnäckig in Bezug auf den einmal eingeschlagenen Weg, wenige in Bezug auf das Ziel."[19] Als hätte Friedrich Nietzsche im Jahr 1878 die **innere Verfassung von Anwaltskanzleien** im folgenden Jahrtausend voraus gesehen, beschreiben seine einfachen Worte, was manche dieser Kanzleien von innen lahm legt:

Konfusion statt Fusion ist der erste Eindruck eines Externen vom Innenleben der Kanzlei „Sturm, Stolz & Partner". Zwei Anwälte sind durch die Fusion abgewandert, beide entrüstet über diese Pläne. Sie haben aus einem Standort besonders viele Mandanten und ein dominantes, lukratives Rechtsgebiet mitgenommen. Der Standort steht ökonomisch nun am schwächsten da. Dessen heutige Vertreter hegen einen **unausgesprochenen und doch unverhohlenen Groll** gegen „das Ganze". Ein Partner ist vor elf Monaten an diesem Standort dazu gekommen. Er fühlt sich, obwohl als Quereinsteiger sofort auf dem Briefkopf platziert, dort nicht angenommen und konfrontiert mit **„passiver Aggression"**.

Zwei **Unternehmenskulturen** konkurrieren, statt sich zu ergänzen, die Addition neuer Standorte führt offenbar zu einer Subtraktion von Kommunikation, und neu gewonnene Partner suchen ihre alt gewohnte Rolle. Externer und interner **Positionierungsstress** ist die Folge. Eine destruktive **Nabelschau** beginnt. In **Partnerversammlungen** versucht man seit sechs Monaten(!), eine einheitliche EDV in allen Standorten hinzubekommen. Die **Sitzungen** selbst gleichen – je nach Uhrzeit – eher dem Montagsstuhlkreis im Kindergarten, als einem **Managementmeeting**. Ein Anwalt kommt rituell unpünktlich, alle fallen sich ins Wort und rollen mit den Augen, jeder Vorschlag wird umgehend durch Einwände vernichtet, Unwichtiges wird dreimal wiederholt, Wichtiges dagegen weg gelassen, und jeder promotet ungebremst seine Prioritäten.[20]

Der Ruf nach **neuen Broschüren** setzt schneller ein als der Wunsch nach einem **gemeinsamen Ziel,** ausufernde Debatten über den neuen Briefkopf nehmen im Unterschied zur **Mandantenakzeptanz** spektakuläre Dimensionen an, und das

---

19 Friedrich Nietzsche, „Menschliches, Allzumenschliches" (1878), Aphorismus 494.

20 Vgl. zu anwaltlichen Schwierigkeiten mit der Chefrolle und wie Sie sie lösen können das Kapitel „Yes, I can".

Image des ausgangsnahen Parkhausplatzes[21] ist früher sichergestellt als das der Kanzlei.

Stille und laute **Vorwürfe**, intrigante Szenarien und ein drastischer **Krankenstand** treten an die Stelle von Kommunikation, **Killerphrasen** („früher war alles besser"), und andere Arten von **Arbeitsverweigerung** dominieren das Geschäft; die **innere Kündigung** vollzieht sich in der Regel schweigend.

An einem Standort gibt es wiederholt heftige **Beschwerden** über **nicht erfolgte Rückrufe**; die Sekretärinnen baden das täglich aus und tuscheln mittags in der Bäckerei über „unfähige Chefs". Eine hat bereits eine **Abmahnung** wegen „Arbeitsverweigerung", weil sie sich geweigert hat, zum zweiten Mal in diesem Monat eine **Fristsache nach 17.30 Uhr** zu bearbeiten; ihre Kernarbeitszeit geht bis 17.00 Uhr.

Es gibt keine **schlüssige Gesamtpräsentation** am Markt, daran ändert auch der gemeinsam gefundene Name nichts, und man hat das Gefühl, etwas unternehmen zu müssen, um im schärfer werdenden **Wettbewerb** deutlicher als bisher herauszustellen, was man kann und wohin die Reise gehen soll.

Seit der ersten größeren **Umsatzeinbuße** im ersten Jahr nach der Fusion hebeln sich die Anwälte selbst aus. Sie gehen auf Zehenspitzen, ignorieren Signale, schönen Begründungen und Zwischenergebnisse („Das kommt schon noch"), verschweigen Schwierigkeiten und verdrängen **interne Kollisionen** sowie äußere **Misserfolge**. Mit anderen Worten: Es wird nicht mehr gesprochen, sondern gewurschtelt.

Das interne Hauptproblem wird von Niemandem offen ausgesprochen und von Jedem erspürt: die Debatte um das liebe Geld. Unterschiedliche **Entnahme- und Erfolgsbeteiligungsmodelle** führen zu **Neid- und Projektionsszenarien** und schweben wie ein Damoklesschwert über allem. Die Regelungen gehen in zwei Standorten von der **umsatzunabhängigen Gleichbehandlung** („Lockstep System") aller Partner bis hin zur vollständig **erfolgsabhängigen Bezahlung** („Eat-What-You-Kill System") in den anderen beiden.

Die Assistentinnen berichten von **abfälligen Bemerkungen** der Anwälte untereinander über jenen älteren Partner, „der sich in Ruhe auf seinen Lorbeeren ausruht und den Garten harkt". Ein **Eklat** in diesem Bereich wird befürchtet.

Eine genauere Plus-Minus-Analyse in allen Standorten ergibt folgendes Bild:

---

21 Die drei Parkplätze direkt an der Tür sind den Partnern vorbehalten. Obwohl diese längst nicht an jedem Tag anwesend sind, gibt es großen Streit, wenn wiederholt ein angestellter Anwalt dort parkt. Dieser Streit wird nicht direkt in einem klärenden Gespräch mit dem Bösewicht erörtert, sondern zunächst ohne Worte ausgetragen. Der Wildparker wird geschnitten, seine ganze Abteilung ist schlecht angesehen, ihm wird eine halbe Sekretärin weggenommen; seine Schriftsätze werden in einem Pool geschrieben und gern hinten angestellt, und er darf nicht bei einem Kongress reden, obwohl er vermutlich der beste Vortragende der ganzen Kanzlei ist.

Negativ:	Positiv:
– Unternehmens-Ziele sind nicht definiert. – Die Expansion stagniert an einigen Standorten. An einem Standort ist durch den Weggang eines Partners ein zukunftsweisendes Rechtsgebiet beeinträchtigt. – Akquisitionen werden nicht von innen geplant, sondern „passieren“ von außen. – Keine klare Ausrichtung: Die fünf Standorte legen den öffentlichen und internen Focus auf unterschiedliche Rechtsgebiete. – Die Kanzlei präsentiert sich hauptsächlich durch Einzelpersonen, nicht unter ihrem Kanzleinamen. – Eine wegwerfend-aggressive Haltung angestellter Anwälte gegenüber dem „Primadonnengehabe“ einiger Partner. – Man spricht wenig miteinander und weiß deshalb nicht genau, was in anderen Standorten los ist. – Es gibt unausgesprochene fachliche, finanzielle und emotionale Konkurrenzen unter den Standorten und unter den Partnern. – Man hat kein gemeinsames Erfolgsbeteiligungs- und Entnahmesystem. – Die EDV ist in zentralen Punkten (Datensicherung, -übermittlung, Buchhaltung) nicht zentralisiert. – Kriterien für Einstellung und Beförderung von Mitarbeitern fehlen. – Fluktuation von 40% der Sekretärinnen im Standort X und Y seit der Fusion. Sekretärinnen an diesen zwei Standorten weigern sich, ihre Telefonmeldung anzupassen und während der Mittagspause das Telefon zu besetzen. – Hoch motorisierter BMW als Firmenwagen an einem Standort („BMW-Debatte“).	– Alle Partner wollen das Negative erklärtermaßen ändern und eine gemeinsame, aktive Akquisitionspolitik betreiben. – Die Erfolge der einzelnen Berufsträger, sowohl in außergerichtlichen Verfahren als auch in Prozessen, sind an allen Standorten sehr gut. – Die Akzeptanz in der bestehenden Mandantschaft ist gleichbleibend hoch. Mandanten machen – auch unverlangt – Werbung. – Neue Mandate entstehen durch zahlreiche Folgeaufträge und Empfehlungen. – Krankenstand und Fluktuation innerhalb der nicht-juristischen Mitarbeiter sind niedrig. – Durchschnittlich 30% der angestellten Anwälte werden in die Partnerschaft einbezogen. – Der Umsatz ist an allen Standorten kontinuierlich gestiegen. – Man hat begonnen, Projekt-Teams zur Bearbeitung größerer Fälle standortübergreifend einzurichten. – Intranet und Internet sind unverzichtbare Hilfsmittel. Alle Mitarbeiter sind in internen Schulungen mit den Programmen vertraut gemacht worden. – Die Website ist inzwischen für Interessenten „aktiv“ nutzbar und visuell ansprechend. – Die Kanzlei vertreibt einen „Newsletter“ für bestimmte Mandanten. – An zwei Standorten wird man zu „Beauty Contests“ eingeladen und hat seit dem letzten März drei völlig neue Mandate dadurch erhalten. – Zwei Gebiete (Wirtschaftsmediation, Medizinrecht) hat man durch zwei Neueinstellungen ganz neu hinzugewonnen.

2. Die Hindernisse: Die Definition eines Unternehmensziels löst bei vielen Anwälten Befürchtungen aus

Um gleich mit der Tür ins Haus zu fallen: Anwälte agieren auch heute noch im Führungsbereich ständisch. Auch bei „Sturm, Stolz & Partner“ ist das sofort spürbar. Sinnreiche und vielfach erfolgreich erprobte **Managementansätze** treffen auf Vertreter eines Berufs, die in Kategorien von **individuellen Privilegien**, einer falsch verstandenen **Selbstbestimmung** und einem durch universitäre Ausbildung geförderten **Primadonnentum** denken und handeln. Die Aufrechterhaltung dieser Kategorien – so könnte man auf Grund der Vorkommnisse in ihrer Kanzlei vermuten – sind ihnen **wichtiger als nachhaltiger ökonomischer Erfolg.**

Theoretisch ist dabei allen auch bei „Sturm, Stolz & Partner" klar, dass „jede Unternehmung einfache, klare und sie zusammenhaltende Ziele braucht. Diese müssen leicht verständlich und herausfordernd genug sein. Wenn wir heute so oft über **Unternehmenskultur** sprechen, dann meinen wir damit in Wirklichkeit das die ganze Unternehmung durchziehende Commitment, das Eingeschworensein auf gemeinsame Ziele und Werte."[22]

In Umfragen[23] zur **Ermittlung der „Ist-Situation"** liefern die Anwälte selbst Gründe für ihre bisher – freundlich ausgedrückt – zurückhaltenden Aktionen auf der Bühne der Führung. Wenn sie die oben zitierten, für jeden verbindlichen Unternehmensziele einrichten würden, **befürchten** sie,

- sich selbst **unterwerfen** zu müssen: „Da hol ich mir ja nichts als **Kontrolle** ins eigene Haus."
- ihre **Selbstbestimmung** zu torpedieren: „Ich möchte selbst bestimmen, wie mein Tag abläuft."
- ihre eigene **Persönlichkeit** zu verraten: „Ich bin doch kein autoritäres A..."
- nicht mehr Herr über ihre **Zeit** zu sein: „Das geht nicht. Ich habe doch auch private Termine dazwischen." (Antwort auf die Frage, ob die Assistentin den Terminkalender eigenständig führen soll.)
- ihrer **Führungsrolle** nicht gewachsen zu sein: „So viele Anweisungen? Bei uns sind eher flache Hierarchien üblich."[24]
- zu wenig Zeit für „**Wesentliches**" zu haben: „Wir haben genug damit zu tun, die Akten vom Tisch zu kriegen."
- sich persönlich zu **entmachten**: „Dann kann ich nicht mehr frei entscheiden, welche Mandanten ich will und welche nicht."
- die Kanzlei zu **spalten**: „Wir kriegen nie alle unter einen Hut. Wir haben nur Nachteile, wenn die Abteilung X geschlossen unser Haus verlässt."
- erfahrene Partner zu **verschrecken**: „Die haben den ganzen Laden aufgebaut. Denen können wir doch jetzt nicht mit Vorschriften kommen."
- Low-Performer weiter zu **demotivieren**: „Die fühlen sich besonders auf den Schlips getreten und schalten erst recht auf Durchzug."

---

22 Peter Drucker, österreichisch-amerikanischer Ökonom, gilt als Strukturierer des „Management by Objectives", *Simon*, S. 71.

23 Zielführungs-Workshops in Kanzleien jeder Größe beginnen mit einer Aufnahme der Ist-Situation innerhalb der Kanzlei und innerhalb der eigenen Denkweise. Alle Zitate entstammen letzterer.

24 Flache Hierarchien = häufigste und beliebteste Ausrede führungsunwilliger Rechtsanwälte. Dass echte flache Hierarchien eine besonders geschickte Führung brauchen, bleibt eher unerwähnt.

- die bisherigen **Streitigkeiten zu verstärken**: „Was machen wir mit den beiden, die dagegen sind?"
- **Teamarbeit** zwar zu wollen, nicht aber zu beherrschen: „Die geben doch nicht selbst akquirierte Mandate ab, nur weil das Rechtsgebiet nicht passt."
- durch **offene Leistungsvergleiche** Zwietracht zu säen: „Wenn wir Zahlen intern zugänglich machen, gibt es böses Blut."
- durch Kooperation mit umsatzschwachen Kollegen selbst **Einbußen** zu erleiden: „Wenn ich warten muss, bis der so weit ist..."

3. Das Konzept – die Definition eines Unternehmensziels in drei Schritten

Wie bei den persönlichen Zielen ist es auch hier mit Absichtserklärungen und wohlfeilen Botschaften nicht getan. Im Gegenteil: Eine Kanzlei möchte „mehr Mittelständler beraten und weniger Privatmandate haben?" Dann geht die Arbeit hier erst los, denn: *„Viele sind hartnäckig in Bezug auf den eingeschlagenen Weg, wenige in Bezug auf das Ziel."*[25]

Die **Metapher eines Hauses** dient der Einhaltung von **Chronologie und Dramaturgie** eines Unternehmensziels. Größe, Form und Haltbarkeit des **Daches** (Ziel) bestimmen von oben nach unten alle späteren Details des Hauses. Stützpfeiler, tragende Wände und haltbare Materialien (Strategie) determinieren seine **Statik und Lebensdauer** und das Einrichten der Zimmer (Aktion) sorgt für angemessenes **Leben im Haus** und den **Wohlfühlfaktor** für jeden.

Die Definition eines Unternehmensziels setzt auch bei „Sturm, Stolz & Partner" bei den Partnern an. Es pflanzt sich durch alle Hierarchieebenen bis ganz nach unten fort und ist demnach eine **„Top-down-Intervention"**.[26] Drei Erkenntnisse bilden bei der **Einrichtung eines Unternehmensziels** die Erfolgsgrundlage. Jede ist an die höhere Stufe gebunden und grenzt die Stufe darunter ein:

a) Es gibt keinen Erfolg ohne innere Ausrichtung! (Unternehmensziel)
b) Es gibt keine Strategie ohne Ziel (Strategisches Management)
c) Es gibt keine Aktion ohne Strategie (Operatives Management)

a) Das Unternehmensziel – Wo wollen wir hin?

Es gibt keinen Erfolg ohne innere Ausrichtung! Ein wirksames Unternehmensziel setzt den Willen aller voraus, ein solches zu definieren und **langfristig durch eindeutige, gemeinsame Aktionen zu beweisen.** Es besteht aus der Eingrenzung des

---

25 Friedrich Nietzsche, „Menschliches, Allzumenschliches" I, Aphorismus 494.

26 Das Gegenteil ist die „Bottom-up-Intervention", z. B. bei der Planung und Entwicklung von Konzeptionen; Vorschläge werden an der Basis entwickelt und dann nach oben weitergegeben (vgl. Wirtschaftslexikon24.net).

Kanzleizwecks („Wozu sind wir da?"), der Etablierung einer **Unternehmensphilosophie** („Was ist uns wichtig?") und der Definition des **obersten Kanzleiziels** („Als wer wollen wir am Markt bekannt sein?").

Nach der ersten **unstrukturierten Sammlung** besteht das zukünftige Dach von „Sturm, Stolz & Partner" aus folgenden Segmenten:

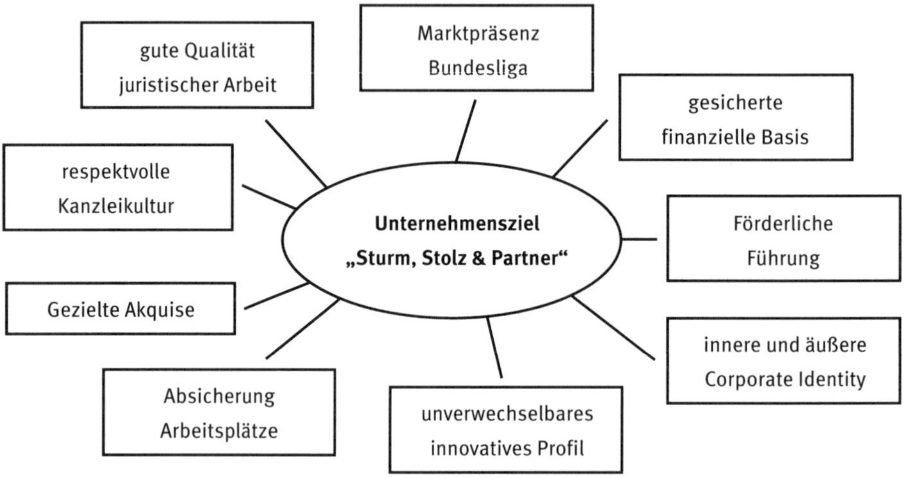

Jedes Segment wird nun **spezifiziert** (Was genau?) **und quantifiziert** (Wie viel davon?). Das dabei heraus kommende **Schluss-Dach** verringert normalerweise noch einmal die Anzahl der Überschriften (In diesem Beispiel kommen die Punkte Akquise, Corporate Identity und auch „Qualität" erst unter **Strategie** zum Zuge, denn sie sind typische **Folgen** des Daches „Marktpräsenz Bundesliga").

Dieses Dach determiniert alle **Vorgaben für die Kanzleistrategie**, und diese wiederum entwirft und entscheidet über **Anzahl und Ausstattung der Zimmer**, also die **Aktionen**, die ganz am Schluss entschieden werden. Die Definition eines Unternehmensziels zwingt also zu einem **innerlich hierarchischen** und **äußerlich chronologischen** Aufbau von:

- Ziel,
- Strategie und
- Aktion.

! **Achtung**
Wer das umgekehrt macht, wird sich nicht langfristig am Markt behaupten können! Wer gleich losrennt oder „erst mal abwartet", wie viele Zimmer zusammenkommen, deren Wände schon tapeziert, den Teppich verlegt und erst dann das Dach deckt, riskiert unangemessene Enge oder Weite, häufige Anbauten, damit verbunden eine „Dauerbaustelle" mit inhomogener Statik, unnötig hohen Reparatur – und Konstruktionskosten – und langfristig den Verlust von Dauerbewohnern.

---

aa) Kanzleizweck

Der **Kanzleizweck** wird bislang bei „Sturm, Stolz & Partner“ angegeben mit: „Wir möchten unsere Mandanten rechtlich sicher und langfristig sinnreich beraten.“ Verloren gegangen sind zwei weitere, entscheidende Erfolgskriterien, die gemeinsame **Erhaltung aller Arbeitsplätze** der Kanzlei und eine verbindlich angestrebte, genaue **Begründungspolitik** für jeden Akquiseschritt, wie zu welchem genauen **Zweck** gehen wir auf eine Bühne? Wir tun das auf keinen Fall jemals nur, um die Zuhörer zu informieren oder nur, weil wir gern Vorträge halten: alle unsere Auftritte haben den **Zweck**, unsere **Kanzlei abzusichern**, unser **Image zu erweitern** und unsere **Marktposition zu stärken**!

Testfrage !

„Tun wir wirklich alles, um Mandanten, Mitarbeiter und uns selbst langfristig zufrieden zu stellen?“

---

bb) Unternehmensphilosophie

Eine **Unternehmensphilosophie** fehlt bislang bei „Sturm, Stolz & Partner“. Die Partner antworten auf die Frage nach dem **derzeitigen Stand** einer gemeinsamen **Kanzleikultur** mit „Wir ziehen alle an einem Strang“ und „Unsere Sekretärinnen sind als wichtige Teammitglieder integriert.“ Das löst bei den juristischen und nicht-juristischen Angestellten einige Monate nach der Fusion **großes Gelächter** aus.

Unantastbare kulturelle **Grundwerte einer Kanzlei** sind wie Leitlinien,[27] an denen sich jeder orientiert. Sie kennzeichnen eine gemeinsame **Kultur auch nach innen**, heben die Kanzlei von **Mitbewerbern** ab und sorgen dafür, dass alle **gern zur Arbeit kommen**. Verstöße gegen die Kanzleikultur vernichten das **gegenseitige Vertrauen** und werden geahndet. Einmal entschieden, sollten sich alle Berufsträger **der Kanzleikultur in allen ihren Verhaltensweisen unterordnen**, denn das „**Führungskonzept** geht davon aus, dass sich Kollegen ungeachtet der gesellschaftsrechtlichen Stellung den Funktionsträgern und den fachlichen Leitern **freiwillig unterordnen**. Dort wo diese Unterordnung nicht funktioniert, sind sozialer Druck der Gruppe, institutionelle Gremien (...) und zuletzt die faktische Machtausübung Mittel der **Durchsetzung**.“[28]

cc) Wie kommen nun „Sturm, Stolz & Partner“ zu einer gemeinsamen Kultur?

Sie ziehen sich alle zusammen in ein Waldhotel zurück und ermitteln dort durch ein wildes **Brainstorming**, hierarchisch zunächst in drei Gruppen getrennt vonei-

---

27 In manchen Hotels sind solche kulturellen Leitlinien sogar auf dem Namensschild eines jeden Mitarbeiters ablesbar: „We love details“.

28 *Mauer/Krämer*, „Braucht eine Kanzlei Ziele? - Ein Beitrag zu TQM in der Anwaltskanzlei“, AnwBl 3/1998, S. 113–119.

nander, was **Kanzleikultur** in jeder Hierarchiestufe der Kanzlei zukünftig ausmachen soll. Jede Gruppe darf ihre drei Hauptanliegen nach 30 Minuten wieder in den Raum bringen. Das Ergebnis visualisieren sie in einer Matrix. Zuerst tragen sie die Ergebnisse des Brainstorming in der Spalte Zukunft ein, dann ergänzen sie daneben **schriftlich und gemeinsam** (nicht diskutieren! Jeder sagt seine Ansicht!) den gegenwärtigen „Ist-Zustand" ein (gefühlte und faktische Ist-Zustände können beim nächsten Schritt ergänzt werden).

Jede Kanzlei kann diesen Mini-Zielführungskurs zur Errichtung einer Kanzleikultur selbst durchführen! Die Matrix sieht nach dem 1. Schritt etwa so aus:

	Zukunft: (So soll es sein)	**Gegenwart:** (So ist es heute)	**Maßnahmen:**
Nichtjuristen	1. Wir sind spürbar ein Teil des Kanzlei-Erfolges. 2. Die Kanzlei braucht unsere Ideen. 3. Wir meistern Schwierigkeiten.		
Angestellte Anwälte	1. Dialoge mit den Partnern sind uns wichtig. 2. Durch Leistung ermöglichen wir Erfolge. 3. Wir bringen viele neue fachliche und organisatorische Ideen.		
Partner	1. Teamgeist und Individualität ergänzen sich. 2. Fairness und Toleranz sind Basis unserer Partnerschaft. 3. Offene Strukturen schaffen Vertrauen.		

Danach ermitteln sie bei jeder **Inkongruenz** (d. h. hier: Wenn die Gegenwart hinter der Zukunft zurück bleibt), wie sie die Zukunft bewältigen und welche genauen Maßnahmen dorthin führen. **Je detaillierter sie das schaffen, desto besser die Erfolgsaussichten!**

!

Testfrage
Welcher **Leitspruch über uns** könnte in allen unseren Fluren hängen, ohne dass ihn Mandanten, Angestellte und Partner der Sozietät übertrieben, lustig oder unglaubhaft fänden?

dd) Oberstes Kanzleiziel

Das oberste Unternehmensziel bei „Sturm, Stolz & Partner": heißt bislang „Wir wollen Umsatz machen." Dieses **Lippenbekenntnis** ist allgemein unter Anwälten anerkannt, wird aus **Glaubensgründen** mehrfach täglich rhetorisch verstärkt und löst – besonders beim Feierabendbier – in der Regel ein gutes Gefühl aus, und zwar beim Sprecher ebenso wie beim geneigten Zuhörer.

Deshalb kann das Ansinnen, folgenlose Wünsche durch ein real definiertes Kanzlei-Ziel zu ersetzen, wie ein **ganz böser Spielverderber** daher kommen. Mitarbeiter und Anwälte werden „bei der erstmaligen Formulierung von Kanzleizielen gezwungen, ihre **persönlichen Zielsetzungen** zu offenbaren. Schwelende **Konflikte** zwischen der Kanzleiführung und einzelnen Mitgliedern („Kollege X war immer schon ein Bedenkenträger.“) drohen anlässlich der Zielbildung in offenen Konflikten zutage zu treten. Solche Konflikte sollten jedoch nicht gescheut werden. Denn nur durch die offene Diskussion und gemeinsame Zielbildung können **Risikofaktoren** auf Dauer vermieden werden.“[29]

Schulterzucken und Ratlosigkeit als Reaktion auf Zielfragen sind ein **Indiz für ein fehlendes Ziel**. Bitte ausprobieren bei der Behauptung: „Wir wollen Umsatz machen.“ Die Fragen lauten: „Wodurch genau? Wie viel Umsatz? In welcher Zeit? Was wollen wir generell erreichen? Wollen wir expandieren oder uns spezialisieren? Welche Rechtsgebiete wollen wir dazu gewinnen? Welche abgeben? Wohin geben wir welche ab, unter welchen Bedingungen, an wen und mit welchem Ziel? Welche Wunschgröße wird angestrebt? Wie weit und in welchen Feldern soll Expansion geschehen?“

Tipp
Wer auf den Zufall setzt, wird nur zufällige Erfolge ernten!

Das „Dachdecken“ für dieses Ziel sowie die notwendige **„Chronologie“** innerhalb der Ziellinie klammert **Umsetzungs-Strategien vorläufig völlig aus**, denn ungelegte Eier kann man nun mal nicht essen.

Dagegen bietet ein definiertes Unternehmensziel (oft schon am ersten Tag nach seiner Einrichtung!) eine spürbar gute „Basis für eine **Atmosphäre des Vertrauens** im Unternehmen oder Team, weil allgemein Sicherheit herrscht, dass alle am **gleichen Strang** ziehen und dass keine **Querschüsse und Intrigen** auf breiter Front geduldet werden. Alle wissen, worum es geht und welchen Weg man geht.“[30]

Testfrage
Als wer wollen wir am Markt gemeinsam wahrgenommen werden? Welche Rolle wollen wir spielen?

---

29 *Mauer/Krämer*, „Braucht eine Kanzlei Ziele? - Ein Beitrag zu TQM in der Anwaltskanzlei“, AnwBl 3/1998, S. 113–119.

30 *Mauer/Krämer*, a.a.O.

Der Überblick über den **ersten Schritt** sieht so aus:

b) Die Unternehmensstrategie: Was planen wir also?
Es gibt keine Strategie ohne Ziel! Unternehmensstrategien sind nur sinnreich unter dem Dach der **Unternehmensziele.** (Das kennt jeder: Wer überdenkt schon die Aufstockung seiner Abendgarderobe, weil er den Garten frühlingsfit machen will?) Generell ist die Entwicklung einer tragfähigen Kanzlei-Strategie gekoppelt an die Definition **kurz-, mittel- und langfristiger Geschäfts-Ziele**, an ein internes **Stärken/ Schwächen-Profil** (Standortanalyse), an eine externe **Marktanalyse** und an eine alle Standorte betreffende, öffentlich wahrnehmbare **Kern-Kompetenz**, die eine ebenso wahrnehmbare **Zielmandantschaft** versorgt.

aa) Analyse und Erarbeitung der Ist-Situation
Die Erarbeitung einer Strategie ist erst der **zweite Schritt**! Sie beginnt mit der **Analyse der Ist-Situation** und fehlt bei „Sturm, Stolz & Partner" vollkommen. Welche **Stärken und Schwächen** haben wir? Wie ist der **Markt**? Was braucht der Markt? Was ergibt die Analyse der Standorte? Was folgt aus dieser Bestandsaufnahme?

Der **Mitbewerber** darf den gewählten Fokus in dieser Konstellation noch nicht dominant besetzt haben. Sollte das der Fall sein, bleibt ihr nur der **Sonderweg:** Sie muss dann entweder durch ein **Spezialfeld** dieses Rechtsgebiets, durch eine besondere **geografische Positionierung** (auch: Internationalität), durch eine besondere **Kombination** mit anderen Gebieten (X-Recht immer in Kombination mit Y-Recht) oder durch besonders viele oder besonders prominente **Veröffentlichungen** (auch: Kolumnen) auftrumpfen.

Die angestrebte **Positionierung am Markt** muss authentisch sein, sie muss also den **Ressourcen der Kanzlei** entsprechen. Sie muss auf ein **Profil** hinaus laufen (möglichst unverwechselbar) und muss von allen getragen werden. Welche **Ressourcen** hat die Kanzlei derzeit? (Veröffentlichungen, Vorträge, Rechtsgebiete, Kooperationen? Netzwerke? Kernkompetenzen, Fachanwaltschaften? Laufende Fortbildungen?...) und welche benötigt sie noch, um das Profil auszufüllen? Hier ist eine nach **Sach- und Rechtsgebieten** erstellte, hilfreiche **Matrix.** Erstellen Sie Ihre:

Ressourcen - Überblick (derzeit) bei „Sturm, Stolz & Partner“:

Sachgebiet Rechtsgebiet	IT	E-Commerce	BioTech	Gebäudeautomation	Internet	Facility Management	Nano-Technologie	Automatisierung	New Health
GesellschaftsR	●		●	●		●	●	●	●
SteuerR	●	●	●	●	●	●	●	●	●
KaufR		●				●		●	●
VergabeR				●		●			●
AGB		●	●	●	●	●	●	●	
IT-Recht	●	●			●				
WerkvertragsR		●	●	●	●	●	●	●	●
LeasingR				●			●	●	●

Aus dieser Matrix entwickelt die Kanzlei ihre **Wunschpositionierung** durch folgende Fragen: Wodurch wollen wir am Markt dominant auftreten? Was fehlt? Was kann im Hintergrund weiter laufen? Was wird nicht weiter entwickelt? Was wird durch Publikationen, Vorträge, Webseite, Allianzen, Fachkenntnisse etc. besonders hervorgehoben?

Zuvor machen sich die Entscheidungsträger bewusst, was bei der Einrichtung ihres zukünftigen Positionierungsthemas besonders zu beachten ist. **Das Positionierungsthema muss:**

- hinreichend definiert sein,
- durch einen oder mehrere Protagonisten gewährleistet sein,
- seine Zielgruppe erreichen,
- hinsichtlich der Konkurrenz besonders platziert sein,
- ausgewogen sein zwischen Generalistentum und Spezialisierung,
- nach Marktanalyse Ausbaumöglichkeiten bieten,
- Gewinn und Verlust für andere Bereiche der Kanzlei berücksichtigen,
- genügend Honorarpotential bieten,
- ein Dauerthema sein (keine Eintagsfliege),
- jederzeit eine Kontroll- und Korrekturmöglichkeit bieten und
- eine integrative Wirkung auf die Kanzlei haben.

bb) Erarbeitung eines Positionierungsthemas
Dazu ermitteln die Anwälte im Partnerkreis zunächst durch ein Brainstorming (keine Nennung kommentieren, ausschließen oder diskutieren!), in Gruppen nach Rechtsgebieten unterteilt: Welche Mandanten **wollen** wir? Hier sind die noch **ungeordneten Ergebnisse:**

Bauunternehmen (Vergabe, VOB/A), Wirtschaftsmandate (kontinuierliche Beratung), IT-Unternehmen, Unternehmen aus dem Bereich Heizung, Klima, Sanitär, Unternehmen aus dem Bereich Mess-, Steuer-, Regeltechnik, Leasing, Finanzdienstleister, Unternehmen aus dem Bereich des Pharma- und Medizinrechts, Versicherungen, gewerbliche Großvermieter, Banken, Verlage, Medienunternehmen, Kommunen, Internet-Firmen, der vermögende Privatmann/-frau, Energieunternehmen, Exploration, Bauträger, Hotels, Planungsgesellschaften, Autovermieter, Immobilienbesitzer, Handelsunternehmen, Dienstleistungsunternehmen.

Soweit die **Wunschliste.** Um aus ihr ein **Ziel** zu machen, wird jede Nennung wird nun „geclustert", also einem **Oberthema** zugeordnet.

Die zukünftig prominent in die Öffentlichkeit getragenen Gebiete werden festgelegt und erscheinen hier dunkel unterlegt:

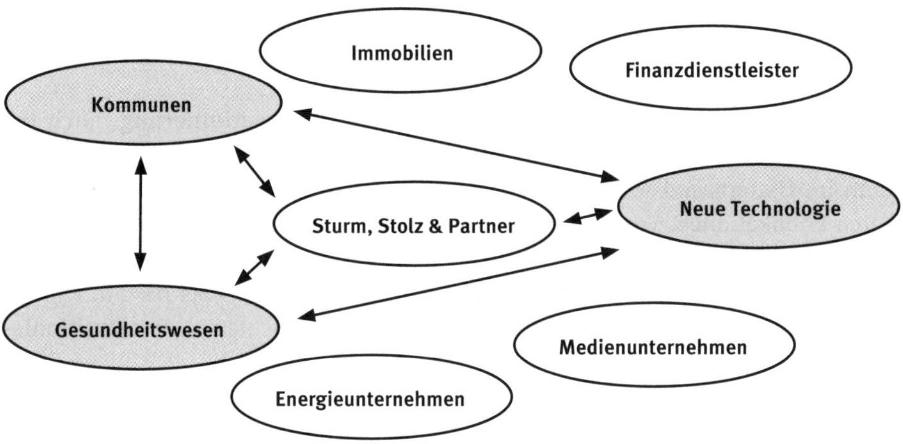

Die Entscheidung für die Positionierung durch diese drei Gebiete wird schließlich vorangetrieben durch die in der Kanzlei bereits angelegten Möglichkeiten, alle drei **Gebiete auch untereinander zu vernetzen** (vgl. die Pfeile im Bild).

Vorsicht! **Kampfabstimmungen** – wie bislang bei „Sturm, Stolz & Partner" – zeigen, dass Schwerpunktbildung noch nicht gelungen ist, wenn **relevante Entscheidungsträger** der Sozietät in wichtigen Unternehmensentscheidungen „überstimmt" werden. Dann holt sich die Kanzlei dauerhaft Torpedos ins Haus!

Tipp
In dieser Situation sind **Abstimmungen undemokratisch**! Die Alternative ist, Einwände anhören, Kompromisse eingehen, Ziel verkleinern oder drehen, Fragen stellen, Probezeiten einrichten, den Kritikern neue Rollen ermöglichen, Alternativen zu direkten Akquiseaufgaben einrichten. **Geduld und Durchhaltevermögen** sind in dieser Situation allseits gefragt!

Welche **Entnahmepolitik** fördert unsere ökonomische Positionierung? Welche **Mandantenstruktur** wählen wir? Wie kriegen wir innerhalb des Teams eine **vertrauensvolle Atmosphäre** hin?[31] Welche **Kunden** will die Kanzlei? Welche nicht mehr? Nach welchen **Kriterien** suchen wir unsere Mandantschaft aus? Welche **Honorarpolitik** steht für uns? An welchem **Außenverhalten** kann uns jeder erkennen? Welche **kurz-, mittel- und langfristigen strategischen Ziele nach außen und innen** legen wir fest?

Alle Antworten auf diese Fragen gelangen in eine **erweiterte Partnerversammlung,** an der alle Anwälte teilnehmen.

Der Überblick über den **zweiten Schritt** sieht so aus:

c) Das operatives Management: Was tun wir also?

Es gibt keine Aktion ohne Strategie! Wie kurzfristig und **Energie raubend** es ist, auf jeden vorbei fahrenden Zug aufzuspringen, machen die Anwälte der Kanzlei „Sturm, Stolz & Partner“ vor. Ihre Aktionen sind nicht unter allen Anwälten koordiniert und nicht Ziel führend, da es ja eben kein Ziel gibt! Die Anwälte ergehen sich stattdessen in **blindem Aktionismus**, über dessen Wirkungen und auch Anstrengungen sie

31 Laut *Blanchard/Randolph/Grazier*, sind *„...ein gut eingespielter Informationsfluss, verbindliche Aussagen, klare Kompetenzen und eine sinnvolle Nutzung der vorhandenen Ressourcen...“* notwendig für die Entstehung einer vertrauensvollen Atmosphäre in einem Unternehmen.

während ihrer Kanzleisitzungen gern viel und lange reden. Dabei listen sie auf, was sie alles geschafft haben.

Diesen Anwälten fehlt das Sortier- und Reihenfolge-Gen, das im nächsten Abschnitt beschrieben wird.

! **Vorsicht**

Eigentlich ist das **Aufzählen eigener Erfolge** gar nicht schlecht; diese Listen sind jedoch in sich nicht konsistent. Sie sind eher **beliebige** Aufzählungen, tragen keine Überschriften, und ein **gemeinsamer Nenner aller „Leistungsbeweise" ist reine Glückssache!**

Der Beginn der Aktionen ist immer erst der **dritte Schritt**! Die **Testfragen lauten:** Welche **konkreten Maßnahmen** für welche Einzelbereiche werden entschieden? Für welchen Zeitraum? Welche Budgets werden bereit gestellt für Einzelbereiche und Standorte? Welche **konkreten Maßnahmen** sind notwendig für Kanzleiorganisation, Kundenbindung, Service, Mandatsabwicklung, Präsentation, Fortbildung, Personalfragen, Umsetzung von Führungsgrundsätzen im Alltag, Ausstattung und Vereinheitlichung der EDV-Systeme, Internet, Terminmanagement – und vor allem **Akquise?**

Wie nutzt man vorhandene **personelle, fachliche und organisatorische Ressourcen** eines jeden Standorts? Welcher **Austausch** ist möglich und nötig? Sollen wir das **Intranet** einrichten? Welche **B-Aufgaben** werden kanzleiweit an die **Assistentinnen delegiert**? Wer übernimmt die Kontrolle über das delegierte Material? Welche Ressourcen müssen auf welche Weise erweitert werden? Welche **Kooperationen** werden für was genutzt bzw. neu eingerichtet? Wer besucht welche **Fortbildungen** (Akquisitions-, Verhandlungs- und Telefontraining, Fachfortbildungen etc.), und wie wird das Wissen daraus an alle weiter gegeben? Wie optimieren wir das **Leistungsumfeld** der Kanzlei (Logistik, Ambiente)? Wie verbessern wir den **Informationsfluss** nach innen und nach außen? Wie vereinheitlichen wir Kollisionsprüfungen, Mandatsannahme, Projektteam-Zusammenstellung, **Kostenkalkulation** und **Akquisition**? Wie optimieren wir alle unsere **Auftritte**? Sind Vorträge, Publikationen, Webseite, Broschüre, feste Honorarsätze, Probezusammenarbeit, Erstberatung kostenlos? Welche Werbemittel würden unseren Auftritt weiter optimieren?

Alle Antworten auf diese Fragen gelangen in eine **„To-do-Liste", die zusammen mit den Assistentinnen und den angestellten Anwälten gemacht wird.**

In dem **Schaubild** erkennen Sie, dass sinnvolle **Aktionen von einer Strategie gesteuert** sind. Keiner rennt mehr voraus und „kocht sein Süppchen", sondern alle wissen, wozu sie etwas tun. Die Aktion hat eine „Bindung" an ein höheres Ziel:

Ein kanzleiinterner Workshop richtet nun **To-do-Listen für jeden Mitarbeiter** ein. Jeder Mitarbeiter ist dabei beteiligt! **Assistentinnen und angestellte Anwälte** bestimmen in einer moderierten Veranstaltung selbst, durch welche **Aktionen** sie ihre **Ressourcen** beisteuern. Viele **zusätzliche Ideen** werden geboren, wenn die Aufgaben nicht von oben befohlen, sondern von den Mitarbeitern selbst gewählt und verfeinert werden!

Eine **Intervention durch Führungskräfte** ist nur noch nötig, falls einige Aufgaben nicht auf den To-do-Listen erscheinen – und natürlich für die **Kontrolle** der Ergebnisse.

Erfolgstipps

- Ziele werden erreichbar durch detailreiche quantifizierte und spezifizierte, positiv ausgedrückte Handlungspläne!
- Ziele sind an Schlusszeiten, Zwischenstationen und Kontexte gekoppelt!
- Ist der Einwand zu stark, ist das Ziel zu schwach und muss vor dem ersten Schritt um- oder eingestellt werden!
- Definieren Sie Ihr Unternehmensziel! Eine Kanzlei ohne Unternehmensziel ist eine Ansammlung verwirrter Einzelkämpfer!
- Chronologie und Choreographie eines Unternehmensziels bestehen aus drei Schritten: Ziel – Strategie – und dann erst Aktion!
